MATEMÁTICA FINANCEIRA
E SUAS APLICAÇÕES

Grupo Editorial Nacional

O GEN | Grupo Editorial Nacional – maior plataforma editorial brasileira no segmento científico, técnico e profissional – publica conteúdos nas áreas de ciências sociais aplicadas, exatas, humanas, jurídicas e da saúde, além de prover serviços direcionados à educação continuada e à preparação para concursos.

As editoras que integram o GEN, das mais respeitadas no mercado editorial, construíram catálogos inigualáveis, com obras decisivas para a formação acadêmica e o aperfeiçoamento de várias gerações de profissionais e estudantes, tendo se tornado sinônimo de qualidade e seriedade.

A missão do GEN e dos núcleos de conteúdo que o compõem é prover a melhor informação científica e distribuí-la de maneira flexível e conveniente, a preços justos, gerando benefícios e servindo a autores, docentes, livreiros, funcionários, colaboradores e acionistas.

Nosso comportamento ético incondicional e nossa responsabilidade social e ambiental são reforçados pela natureza educacional de nossa atividade e dão sustentabilidade ao crescimento contínuo e à rentabilidade do grupo.

ALEXANDRE **ASSAF NETO**

ACESSO EXCLUSIVO
Curso *on-line* com o autor

15ª edição

MATEMÁTICA FINANCEIRA E SUAS APLICAÇÕES

INSTITUTO ASSAF

gen | atlas

- O autor deste livro e a editora empenharam seus melhores esforços para assegurar que as informações e os procedimentos apresentados no texto estejam em acordo com os padrões aceitos à época da publicação, *e todos os dados foram atualizados pelo autor até a data de fechamento do livro*. Entretanto, tendo em conta a evolução das ciências, as atualizações legislativas, as mudanças regulamentares governamentais e o constante fluxo de novas informações sobre os temas que constam do livro, recomendamos enfaticamente que os leitores consultem sempre outras fontes fidedignas, de modo a se certificarem de que as informações contidas no texto estão corretas e de que não houve alterações nas recomendações ou na legislação regulamentadora.

- O autor e a editora se empenharam para citar adequadamente e dar o devido crédito a todos os detentores de direitos autorais de qualquer material utilizado neste livro, dispondo-se a possíveis acertos posteriores caso, inadvertida e involuntariamente, a identificação de algum deles tenha sido omitida.

- Data de fechamento: 20/06/2022

- **Atendimento ao cliente: (11) 5080-0751 | faleconosco@grupogen.com.br**

- Capa: Manu | OFÁ Design
- Editoração eletrônica: Set-up Time Artes Gráficas

- Ficha catalográfica

CIP-BRASIL. CATALOGAÇÃO NA PUBLICAÇÃO
SINDICATO NACIONAL DOS EDITORES DE LIVROS, RJ

A862m
15.ed

Assaf Neto, Alexandre
Matemática financeira e suas aplicações / Alexandre Assaf Neto. – 15. ed. [2ª Reimp.] – Barueri [SP]: Atlas, 2024.

Apêndice
Inclui bibliografia e índice
ISBN 978-65-5977-323-7

1. Matemática financeira. I. Título.

22-77837 CDD: 513.2
CDU: 51.7

Gabriela Faray Ferreira Lopes – Bibliotecária CRB-7/6643

Lista de Abreviaturas e Siglas

a.du – ao dia útil

a.m.o – ao mês *over*

AMORT – Amortização

ANBIMA – Associação Brasileira das Entidades dos Mercados Financeiros e de Capitais

BM&F – Bolsa de Mercadorias e Futuros

C – Capital

CA – Coeficiente de Arrendamento

CA_G – Coeficiente de Arrendamento com Juros do VRG

CDB – Certificado de Depósito Bancário

CDC – Crédito Direto ao Consumidor

CDI – Certificado de Depósito Interfinanceiro

CF – Coeficiente de Financiamento

CF_p – Coeficiente de Financiamento de Período Singular de Juros com Fluxo Postecipado

CM – Correção Monetária

CMPC – Custo Médio Ponderado de Capital

D – *Duration*

DI – Depósito Interfinanceiro

FAC – Fator de Atualização de Capital

FAS – Fator de Atualização de Juros Simples

FC – Fluxo de Caixa

FCC – Fator de Correção de Capital

FCS – Fator de Capitalização de Juros Simples

FFV – Fator de Valor Futuro

FPV – Fator de Valor Presente

FV – Valor Futuro (*Future Value*)

ICMS – Imposto sobre Circulação de Mercadorias e Serviços

IGP – Índice Geral de Preços

IGP-DI – Índice Geral de Preços – Disponibilidade Interna

IGP-M – Índice Geral de Preços de Mercado

IL – Índice de Lucratividade

INF – Inflação

INPC – Índice Nacional de Preços ao Consumidor

IOF – Imposto sobre Operações Financeiras

IPCA – Índice de Preços ao Consumidor Ampliado

IPI – Imposto sobre Produtos Industrializados

IR – Imposto de Renda

IRR – Taxa Interna de Retorno (*Internal Rate of Return*)

J – Juros

LFT – Letras Financeiras do Tesouro

LOG – Logaritmo

LTN – Letra do Tesouro Nacional

M – Montante

MaM – Marcação a Mercado

MIRR – Taxa Interna de Retorno Ajustada (*Modified Internal Rate of Return*)

MMC – Mínimo Múltiplo Comum

N – Valor Nominal

NA – Valor Nominal Atualizado

NPV – Valor Presente Líquido (*Net Present Value*)

NTN – Nota do Tesouro Nacional

P – Principal

PA – Progressão Aritmética

PG – Progressão Geométrica

PMT – Prestação (*Payment*)

PÓS – Pós-fixado

PRÉ – Prefixado

PU – Preço Unitário

PU_{MaM} – Preço a Mercado do Título
PV – Valor Presente (*Present Value*)
RDB – Recibo de Depósito Bancário
SAA – Sistema de Amortização Americano
SAC – Sistema de Amortização Constante
SAF – Sistema de Amortização Francês
SAM – Sistema de Amortização Misto
SD – Saldo Devedor
SPC – Sistema de Prestação Constante
TDM – Taxa de Desvalorização da Moeda
TLP – Taxa de Longo Prazo
TR – Taxa Referencial
TR – Taxa de Rentabilidade
UMC – Unidade Monetária de Poder Aquisitivo Constante
VNA – Valor Nominal Atualizado
VRG – Valor Residual Garantido
YTM – *Yield to Maturity*

Lista de Símbolos

C – Capital

c – Prazo de Carência

$C_1, C_2 \ldots C_n$ – Juros Periódicos (Cupons)

d – Taxa de desconto

$D_1, D_2 \ldots D_n$ – Fluxo de Dividendos

dc – Dias corridos

D_r – Desconto Racional

du – Dias úteis

e – Número constante, base dos logaritmos neperianos (e = 2,7182818284...)

g – Taxa de Crescimento

i – Taxa de Juro

i_b – Taxa Nominal Bruta (antes da dedução do Imposto de Renda)

i_q – Taxa Equivalente

i_L – Taxa Nominal Líquida (após a dedução do Imposto de Renda)

IR – Imposto de Renda ($)

J – Juros ($)

K – Taxa de Retorno Requerida

M – Montante

N – Valor Nominal (Valor de Face, Valor de Resgate)

n – Prazo

$\overline{n}$ – Prazo Médio

P – Principal

q – Número de Períodos de Capitalização

r – Taxa Real de Juros

r_b – Taxa Real Bruta

r_L – Taxa Real Líquida

T – Alíquota de Imposto de Renda

V_F – Valor Descontado "Por Fora"

V_r – Valor Descontado Racional

Apresentação

Este livro foi escrito com o intuito não somente de cobrir os fundamentos teóricos da Matemática Financeira, como também de desenvolver suas principais aplicações práticas. As extensas aplicações da matéria são processadas de forma a adaptar o conhecimento teórico a uma situação prática, não havendo preocupações maiores com relação aos detalhes normativos da operação, bastante mutáveis em nossa economia.

A obra foi concebida ainda de forma a atender aos cursos de graduação em Matemática Financeira nas áreas de Administração, Contabilidade, Economia, Engenharia etc. Devido ao seu enfoque prático e bastante ajustado à realidade dos negócios na economia brasileira, o livro pode também ser utilizado em cursos profissionais dirigidos a executivos de empresas.

Cada capítulo é ilustrado com farta quantidade de exercícios resolvidos, ilustrações e exemplos, considerados como parte integrante da aprendizagem. Ao final de cada capítulo, são propostos diversos exercícios para solução, sendo bastante recomendável que os estudantes tentem resolvê-los. Toda relação de exercícios propostos vem acompanhada de suas respectivas respostas, para melhor orientar o estudo.

Inúmeros exercícios e casos práticos desenvolvidos nos diversos capítulos da obra retratam situações reais verificadas em diversas empresas e instituições financeiras, e também operações praticadas no mercado financeiro.

Um dos aspectos que mais me entusiasmou a escrever este livro foram os inúmeros cursos de Matemática Financeira que ministrei ao longo de minha vida profissional. Estes cursos foram desenvolvidos tanto em ambientes acadêmicos como empresariais, proporcionando enriquecedora experiência. Muitas partes deste livro são resultado da contribuição recebida dos participantes dessas atividades didáticas, permitindo melhor compreender e expressar os conceitos de Matemática Financeira e suas aplicações.

Para os docentes, encontra-se disponível, no *site* do GEN, a solução dos exercícios propostos no livro através de formulações da Matemática Financeira e recursos da calculadora financeira HP 12C. Uma apostila bastante didática dos fundamentos da calculadora pode ser obtida também no *site* do GEN.

Alexandre Assaf Neto

Nota à 15ª Edição

Coerente com o objetivo de manter esta obra sempre atualizada, procedeu-se nesta 15ª edição uma ampla revisão de seu conteúdo.

Da mesma forma que em edições anteriores, os capítulos foram revistos e atualizados sempre que necessário, incorporando diversos novos procedimentos de cálculo e aplicações práticas. Procedeu-se também uma ampla revisão de todo o livro, visando identificar e corrigir eventuais erros de digitação e impressão.

Destaque deve ser dado às seguintes atualizações:

- o Capítulo 2 demonstra como são formados os juros compostos e o Anatocismo. Há efetivamente incidência de juros sobre juros?;
- foi introduzida, no Capítulo 4, a nova formulação de cálculo da caderneta de poupança vinculada ao comportamento da taxa Selic, a nova metodologia de cálculo da TR, uma análise comparativa de taxas de juros pré e pós-fixadas, e a realidade dos juros negativos;
- o Capítulo 6 introduz uma breve análise comparativa entre a taxa Selic e a taxa DI (Depósito Interfinanceiro);
- o Capítulo 7 ilustra a formulação de cálculo do valor presente de um fluxo de caixa perpétuo com crescimento a uma taxa constante (modelo de Gordon).
- o Capítulo 10 inclui o estudo das múltiplas taxas internas de retorno e o tratamento que deve ser dispensado para cada caso;
- o Capítulo 11 introduz os riscos dos ativos de renda fixa: crédito, mercado e reinvestimento dos fluxos de caixa.

Foram desenvolvidas atualizações também em diversos exemplos ilustrativos e ampliação de exercícios propostos em alguns capítulos. Além disso, procurou-se, melhorar a apresentação do livro, dando-se destaque a títulos, tabelas e fórmulas, e também a alguns conceitos relevantes.

Importante destacar que o livro não prioriza os aspectos normativos das várias operações financeiras presentes no mercado financeiro nacional, bastante mutáveis em nossa realidade, e também não tem por objetivo recomendar ou sugerir qualquer tipo de investimento.

Deve ser ressaltado, ainda, que o livro destaca a formulação do problema financeiro, exigindo o desenvolvimento de um raciocínio financeiro. Para a solução dos vários exercícios e cálculos financeiros por meio dos recursos de programação de calculadoras financeiras, recomenda-se uma pesquisa no livro *Investimentos no mercado financeiro usando a calculadora financeira HP 12C*, 4ª edição, publicado pelo GEN | Atlas e de autoria dos professores Alexandre Assaf Neto e Fabiano Guasti Lima.

Como sempre, toda e quaisquer sugestão e críticas de nossos leitores são muito bem recebidas. É nosso intento manter um constante aperfeiçoamento desta obra, visando atender da melhor forma possível a todos que desejam estudar Matemática Financeira e Suas Aplicações.

Alexandre Assaf Neto
institutoassaf@gmail.com

Recursos Didáticos

Este livro conta com vídeos do autor (acesso PIN).

Divididos em 19 aulas, os vídeos têm por objetivo apresentar os fundamentos teóricos da Matemática Financeira e suas principais formulações e cálculos, bem como demonstrar suas mais importantes aplicações práticas na realidade do mercado brasileiro.

As aulas contam com exercícios resolvidos, ilustrações e exemplos, considerados parte integrante da aprendizagem. Ao final de cada aula, são propostos exercícios e desafios para solução.

Entre os destaques do curso, estão:

- fundamentos teóricos da Matemática Financeira;
- aplicações práticas mais significativas da Matemática Financeira na realidade do mercado de trabalho;
- diversos exercícios resolvidos com o auxílio da calculadora financeira HP 12C.

Bons estudos!

Material Suplementar

Este livro conta com os seguintes materiais suplementares:

- Respostas dos exercícios propostos (exclusivo para professores);
- Apostila "Comandos Básicos nas Calculadoras HP 12C Tradicional, Platinum e Prestige";
- Vídeos do autor (requer PIN).

O acesso ao material suplementar é gratuito. Para o material que requer PIN, basta que o leitor se cadastre e faça seu *login* em nosso *site* (www.grupogen.com.br), clicando em Ambiente de aprendizagem, no *menu* superior do lado direito. Em seguida, clique no *menu* retrátil ☰ e insira o código (PIN) de acesso localizado na orelha deste livro.

O acesso ao material suplementar online fica disponível até seis meses após a edição do livro ser retirada do mercado.

Caso haja alguma mudança no sistema ou dificuldade de acesso, entre em contato conosco (gendigital@grupogen.com.br).

Sumário

1

Conceitos Gerais e Juros Simples

1.1 Juro

A matemática financeira trata, em essência, do estudo do valor do dinheiro ao longo do tempo. O seu objetivo básico é o de efetuar análises e comparações dos vários fluxos de entrada e saída de dinheiro de caixa verificados em diferentes momentos.

Receber uma quantia hoje ou no futuro não são evidentemente a mesma coisa. Em princípio, uma unidade monetária hoje é preferível à mesma unidade monetária disponível amanhã. Postergar uma entrada de caixa (recebimento) por certo tempo envolve um sacrifício, o qual deve ser pago mediante uma recompensa, definida pelos juros. Desta forma, são os juros que efetivamente induzem o adiamento do consumo, permitindo a formação de poupanças e de novos investimentos na economia.

As taxas de juros devem ser eficientes de maneira a remunerar:

a) o **risco** envolvido na operação (empréstimo ou aplicação), representado genericamente pela incerteza com relação ao futuro. Representa o risco de trocar uma liquidez imediata por uma expectativa (incerteza) de receber no futuro;

b) a **perda** do poder de compra do capital motivada pela inflação. A inflação é um fenômeno que corrói o capital, determinando um volume cada vez menor de compra com o mesmo capital. A perda do poder de compra equivale à incapacidade de, no futuro, adquirir os mesmos bens e serviços com a mesma quantidade de dinheiro;

c) o capital emprestado/aplicado. Os juros devem **gerar** um lucro (ou ganho) ao proprietário do capital como forma de compensar a sua privação por determinado período de tempo. Este ganho é estabelecido basicamente em função das diversas outras oportunidades de investimentos e definido por *custo de oportunidade*.

1.2 Taxas de juros

A taxa de juro é o coeficiente que determina o valor do juro, isto é, a remuneração do fator capital utilizado durante certo período de tempo.

As taxas de juros se referem sempre a uma unidade de tempo (mês, semestre, ano etc.) e podem ser representadas equivalentemente de duas maneiras: *taxa percentual* e *taxa unitária*.

A **taxa percentual** refere-se aos "centos" do capital, ou seja, o valor dos juros para cada centésima parte do capital.

Por exemplo, um capital de \$ 1.000,00 aplicado a 20% ao ano rende de juros, ao final deste período:

$$\text{Juro} = \frac{\$\ 1.000,00}{100} \times 20$$

$$\text{Juro} = \$\ 10,00 \times 20 = \$\ 200,00$$

O capital de \$ 1.000,00 tem dez centos. Como cada um deles rende 20, a remuneração total da aplicação no período é, portanto, de \$ 200,00.

A taxa unitária centra-se na unidade de capital. Reflete o rendimento de cada unidade de capital em certo período de tempo.

No exemplo acima, a taxa percentual de 20% ao ano indica um rendimento de 0,20 (20%/100) por unidade de capital aplicada, ou seja:

$$\text{Juro} = \$\ 1.000,00 \times \frac{20}{100}$$

$$\text{Juro} = \$\ 1.000,00 \times 0,20 = \$\ 200,00$$

A transformação da taxa percentual em unitária se processa simplesmente pela divisão da notação em percentual por 100. Para a transformação inversa, basta multiplicar a taxa unitária por 100.

Exemplo:

Taxa Percentual	Taxa Unitária
1,5%	0,015
8%	0,08
17%	0,17
86%	0,86
120%	1,20
1.500%	15,0

Nas fórmulas de matemática financeira todos os cálculos são efetuados utilizando-se a taxa *unitária* de juros. Os enunciados e as respostas dos exercícios apresentados neste livro estão indicados pela taxa *percentual*.

1.3 Diagrama do fluxo de caixa

Conforme foi comentado, a matemática financeira se preocupa com o estudo das várias relações dos movimentos monetários que se estabelecem em distintos momentos no tempo.

Estes movimentos monetários são identificados temporalmente através de um conjunto de entradas e saídas de caixa definido como *fluxo de caixa*. O *fluxo de caixa* é de grande utilidade para as operações da matemática financeira, permitindo que se visualize no tempo o que ocorre com o capital. Esquematicamente, pode ser representado conforme vemos na Figura 1.1.

Figura 1.1 *Fluxo de caixa*

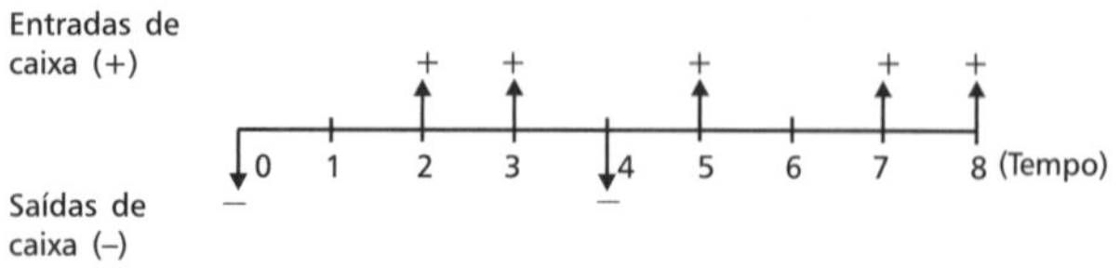

A linha horizontal registra a escala de tempo, ou seja, o horizonte financeiro da operação. O ponto zero indica o momento inicial, e os demais pontos representam os períodos de tempo (datas).

As setas para cima da linha do tempo refletem as entradas (ou recebimentos) de dinheiro, e as setas para baixo da linha indicam saídas (ou aplicações) de dinheiro.

1.4 Regras básicas

Nas fórmulas de matemática financeira, tanto o prazo da operação como a taxa de juros devem necessariamente estar expressos na **mesma unidade de tempo**. Por exemplo, admita que um fundo de poupança esteja oferecendo juros de 2% ao mês e os rendimentos creditados mensalmente. Neste caso, o prazo a que se refere a taxa (mês) e o período de capitalização do fundo (mensal) são coincidentes, atendendo à regra básica.

Se uma aplicação foi efetuada pelo prazo de um *mês*, mas os juros definidos em taxa *anual*, não há coincidência nos prazos e deve ocorrer necessariamente um "rateio". É indispensável para o uso das fórmulas financeiras transformar a taxa de juro anual para o intervalo de tempo definido pelo prazo da operação, ou vice-versa, o que for considerado mais apropriado para os cálculos. Somente após a definição do prazo e da taxa de juro na mesma unidade de tempo é que as formulações da matemática financeira podem ser operadas.

Os critérios de transformação do prazo e da taxa para a mesma unidade de tempo podem ser efetuados através das regras de juros simples (média aritmética) e de juros compostos (média geométrica), dependendo do regime de capitalização definido para a operação.

1.5 Critérios de capitalização dos juros

Os critérios (regimes) de capitalização demonstram como os juros são formados e sucessivamente incorporados ao capital no decorrer do tempo. Nesta conceituação podem ser identificados dois regimes de capitalização dos juros: ***simples*** (ou linear) e ***composto*** (ou exponencial).

O ***regime de capitalização simples*** comporta-se como se fosse uma progressão aritmética (PA), crescendo os juros de forma linear ao longo do tempo. Neste critério, os juros somente incidem sobre o capital inicial da operação (aplicação ou empréstimo), não se registrando juros sobre o saldo dos juros acumulados. Em outras palavras, na capitalização **simples** não há incidência de "juros sobre juros".

Por exemplo, admita um empréstimo de \$ 1.000,00 pelo prazo de 5 anos, pagando-se juros simples à razão de 10% ao ano. O Quadro 1.1 ilustra a evolução desta operação ao período, indicando os vários resultados.

Algumas observações podem ser apresentadas:

a) os juros, por incidirem exclusivamente sobre o capital inicial de \$ 1.000,00, apresentam valores idênticos ao final de cada ano (0,10 × \$ 1.000,00 = \$ 100,00);

b) em consequência, o crescimento dos juros no tempo é linear (no exemplo, cresce \$ 100,00 por ano), revelando um comportamento idêntico a uma progressão aritmética. Os juros totais da operação atingem, nos 5 anos, \$ 500,00;

c) se os juros simples, ainda, não forem pagos ao final de cada ano, a remuneração do capital emprestado somente se opera pelo seu valor inicial (\$ 1.000,00), não ocorrendo remuneração sobre os juros que se formam no período.

Assim, no 5º ano, a remuneração calculada de \$ 100,00 é obtida com base no capital emprestado há 5 anos, ignorando-se os $ 400,00 de juros que foram se acumulando ao longo do período;

d) como os juros variam linearmente no tempo, a apuração do custo total da dívida no prazo contratado é processada simplesmente pela multiplicação do número de anos pela taxa anual, isto é: 5 anos × 10% ao ano = 50% para 5 anos.

Se se desejar converter esta taxa anual para mês, *por exemplo*, basta dividir a taxa anual por 12, isto é: 10% ao ano/12 meses = 0,8333% ao mês, e assim por diante.

O ***regime de capitalização composta*** incorpora ao capital não somente os juros referentes a cada período, mas também os juros sobre os juros acumulados até o momento anterior. É um comportamento equivalente a uma progressão geométrica (PG) no qual os juros incidem sempre sobre o saldo apurado no início do período correspondente (e não unicamente sobre o capital inicial).

Admitindo-se no exemplo anterior que a dívida de $ 1.000,00 deve ser paga em juros compostos à taxa de 10% ao ano, têm-se os resultados ilustrados no Quadro 1.2.

Os seguintes comentários sobre o Quadro 1.2 são colocados:

a) no critério composto, os juros não incidem unicamente sobre o capital inicial de $ 1.000,00, mas sobre o saldo total existente no início de cada ano. Este saldo incorpora o capital inicial emprestado mais os juros incorridos em períodos anteriores;

b) o crescimento dos juros se dá em progressão geométrica, evoluindo de forma exponencial ao longo do tempo.

O juro do primeiro ano é produto da incidência da taxa de 10% ao ano sobre o capital emprestado de $ 1.000,00, totalizando $ 100,00.

No segundo ano, os $ 210,00 de juros identificam:

▪ juros referentes ao 1º ano:	
0,10 × $ 1.000,00 =	$ 100,00
▪ juros referentes ao 2º ano:	
0,10 × $ 1.000,00 =	$ 100,00
▪ juros s/os juros apurados no 1º ano:	
0,10 × $ 100,00 =	$ 10,00
	$ 210,00

e assim sucessivamente.

Diante dos resultados obtidos, pode-se elaborar um quadro comparativo dos regimes de capitalização discutidos. Observe o Quadro 1.3.

As seguintes observações são válidas:

a) no primeiro período do prazo total os juros simples e compostos igualam-se ($ 100,00), tornando também idêntico o saldo devedor de cada regime de capitalização.

Assim, para operações que envolvam um só período de incidência de juros (também denominado *período de capitalização*), é indiferente o uso do regime de capitalização simples ou composto, pois ambos produzem os mesmos resultados.

b) A diferença de valores entre os critérios estabelece-se em operações com mais de um período de

Quadro 1.1 *Evolução de uma operação*

Ano	Saldo no início de cada ano ($)	Juros apurados para cada ano ($)	Saldo devedor ao final de cada ano ($)	Crescimento anual do saldo devedor ($)
Início do 1º ano	–	–	1.000,00	–
Fim do 1º ano	1.000,00	0,10 × 1.000,00 = 100,00	1.100,00	100,00
Fim do 2º ano	1.100,00	0,10 × 1.000,00 = 100,00	1.200,00	100,00
Fim do 3º ano	1.200,00	0,10 × 1.000,00 = 100,00	1.300,00	100,00
Fim do 4º ano	1.300,00	0,10 × 1.000,00 = 100,00	1.400,00	100,00
Fim do 5º ano	1.400,00	0,10 × 1.000,00 = 100,00	1.500,00	100,00

Quadro 1.2 *Resultados*

Ano	Saldo no início de cada ano ($)	Juros apurados para cada ano ($)	Saldo devedor ao final de cada ano ($)
Início do 1º ano	–	–	1.000,00
Fim do 1º ano	1.000,00	0,10 × 1.000,00 = 100,00	1.100,00
Fim do 2º ano	1.100,00	0,10 × 1.100,00 = 110,00	1.210,00
Fim do 3º ano	1.210,00	0,10 × 1.210,00 = 121,00	1.331,00
Fim do 4º ano	1.331,00	0,10 × 1.331,00 = 133,10	1.464,10
Fim do 5º ano	1.464,10	0,10 × 1.464,10 = 146,41	1.610,51

capitalização. Enquanto os juros simples crescem linearmente, configurando uma PA, os juros compostos evoluem exponencialmente, segundo o comportamento de uma PG.[1]

c) No regime composto há uma capitalização dos juros, também entendida por *juros sobre juros*; os juros são periodicamente incorporados ao saldo devedor anterior e passam, assim, a gerar juros. Quanto maior for o número de períodos de incidência dos juros, maior será a diferença em relação à capitalização simples.

Observe no Quadro 1.3 que a diferença entre os juros e os saldos devedores dos regimes de capitalização cresce com o passar do tempo. As duas últimas colunas do quadro ilustram esta observação.

Um resumo do comportamento descrito dos juros simples e composto é apresentado na Figura 1.2, a seguir. Observe que, a juros simples, o capital inicial cresce linearmente ao longo do tempo. A juros compostos, o crescimento é exponencial.

1.6 Aplicações práticas dos juros simples e compostos

Os juros simples, principalmente diante de suas restrições técnicas, têm aplicações práticas bastante limitadas. São raras as operações financeiras e comerciais que formam temporalmente seus montantes de juros segundo o regime de capitalização linear. O uso de juros simples restringe-se principalmente às operações praticadas no âmbito do curto prazo.

No entanto, as operações que adotam juros simples, além de apresentarem geralmente prazos reduzidos, não costumam apurar o seu percentual de custo (ou rentabilidade) por este regime. Os juros simples são utilizados para o cálculo dos valores monetários da operação (encargos a pagar, para empréstimos, e rendimentos financeiros, para aplicações), e não para a apuração do efetivo resultado percentual.

É importante ressaltar, ainda, que muitas taxas praticadas no mercado financeiro (nacional e internacional) estão referenciadas em juros simples, porém a formação

Quadro 1.3 *Comparativo dos regimes de capitalização em foco*

	Capitalização simples		Capitalização composta		Diferença: Composta – Simples	
	Juros anuais ($)	Saldo devedor ($)	Juros anuais ($)	Saldo devedor ($)	Juros anuais ($)	Saldo devedor ($)
Início do 1º ano	–	1.000,00	–	1.000,00	–	–
Fim do 1º ano	100,00	1.100,00	100,00	1.100,00	*Nihil*	*Nihil*
Fim do 2º ano	100,00	1.200,00	110,00	1.210,00	10,00	10,00
Fim do 3º ano	100,00	1.300,00	121,00	1.331,00	21,00	31,00
Fim do 4º ano	100,00	1.400,00	133,10	1.464,10	33,10	64,10
Fim do 5º ano	100,00	1.500,00	146,41	1.610,51	46,41	110,51

Figura 1.2 *Comportamento dos juros simples e composto*

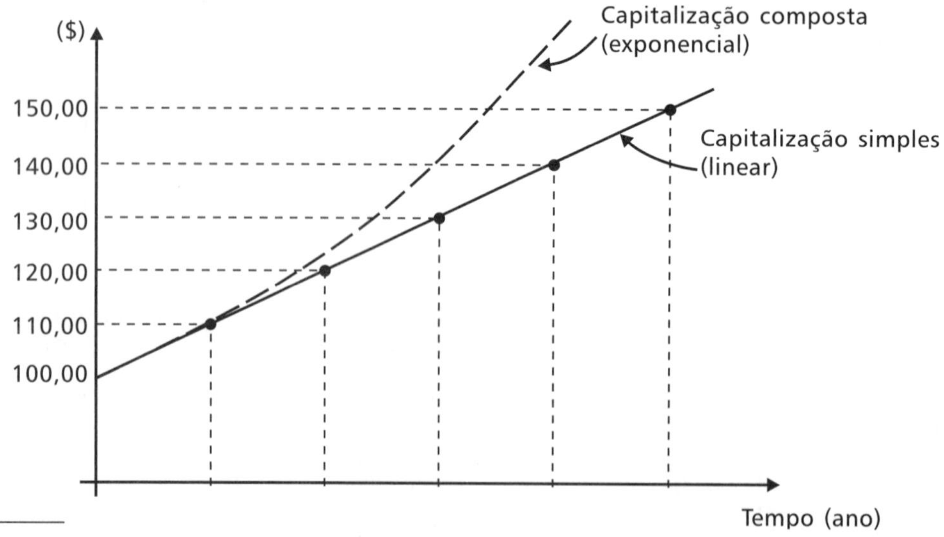

[1] O Apêndice C deste livro desenvolve o estudo de Progressão Aritmética (PA) e Progressão Geométrica (PG) necessário à Matemática Financeira.

dos montantes das operações processa-se exponencialmente (juros compostos). *Por exemplo*, a Caderneta de Poupança paga tradicionalmente uma taxa de juros de 6% ao ano para seus depositantes, creditando todo mês o rendimento proporcional de 0,5%. A taxa referenciada para esta operação é linear, porém os rendimentos são capitalizados segundo o critério de juros compostos, ocorrendo ao longo dos meses juros sobre juros.

Para uma avaliação mais rigorosa do custo ou rentabilidade expressos em percentual, mesmo para aquelas operações que referenciam suas taxas em juros simples, é sugerida a utilização do critério de juros compostos. Tecnicamente mais correto por envolver a capitalização exponencial dos juros, o regime composto é reconhecidamente adotado por todo o mercado financeiro e de capitais.

Uma observação mais detalhada, ainda, revela que outros segmentos além do mercado financeiro também seguem as leis dos juros compostos, tais como o estudo do crescimento demográfico, do comportamento dos índices de preços da economia, da evolução do faturamento e de outros indicadores empresariais de desempenho, dos agregados macroeconômicos, da apropriação contábil de receitas e despesas financeiras etc.

1.7 Capitalização contínua e descontínua

Pelo que foi apresentado, pode-se compreender *regime de capitalização* como o processo em que os juros são formados e incorporados ao principal.

Podem ser identificadas duas abordagens de capitalização: *contínua* e *descontínua*.

A ***capitalização contínua*** se processa em intervalos de tempo bastante reduzidos – caracteristicamente em intervalo de tempo infinitesimal –, promovendo grande frequência de capitalização. A capitalização contínua, na prática, pode ser entendida em todo fluxo monetário distribuído ao longo do tempo e não somente num único instante. *Por exemplo*, o faturamento de um supermercado, a formação do custo de fabricação no processamento fabril, a formação de depreciação de um equipamento etc. são capitalizações que se formam continuamente, e não somente ao final de um único período (mês, ano).

O regime de capitalização contínua encontra algumas dificuldades em aplicações práticas, sendo mais adotada em modelos financeiros de precificação e análise de risco nos mercados de ações, futuros, opções e derivativos. O item 2.7, à frente, irá desenvolver esse critério de capitalização com mais detalhe de formulação.

Na ***capitalização descontínua*** os juros são formados somente ao final de cada período de capitalização. A caderneta de poupança, que paga juros unicamente ao final do período a que se refere sua taxa de juros (mês), é um exemplo de capitalização descontínua. Os rendimentos, neste caso, passam a ocorrer descontinuamente, somente em um único momento do prazo da taxa (final do mês) e não distribuidamente pelo mês.

De conformidade com o comportamento dos juros, a capitalização descontínua pode ser identificada em juros simples e juros compostos, cujos conceitos foram apresentados anteriormente. O critério de capitalização *contínua* será detalhado no próximo capítulo, item 2.7.

A aplicação desse regime de capitalização é bastante generalizada e totalmente adotada neste livro.

1.8 Fórmulas de juros simples

O valor dos juros é calculado a partir da seguinte expressão:

$$J = C \times i \times n$$

onde: J = valor dos juros expresso em unidades monetárias ($);

C = capital. É o valor (em $) representativo de determinado momento;

i = taxa de juros, expressa em sua forma unitária;

n = prazo.

Esta fórmula é básica tanto para o cálculo dos juros como dos outros valores financeiros mediante simples dedução algébrica:

$$C = \frac{J}{i \times n} \qquad i = \frac{J}{C \times n} \qquad n = \frac{J}{C \times i}$$

Exemplos:

1. Um capital de $ 80.000,00 é aplicado à taxa de 2,5% ao mês durante um trimestre. Pede-se determinar o valor dos juros acumulados neste período.

   Solução:

   C = $ 80.000,00

   i = 2,5% a.m. (0,025)

   n = trimestre (3 meses)

   J = ?

   $J = C \times i \times n$

   $J = 80.000,00 \times 0,025 \times 3$

   J = $ 6.000,00

2. Um negociante tomou um empréstimo pagando uma taxa de juros simples de 6% ao mês durante nove meses. Ao final deste período, calculou em

$ 270.000,00 o total dos juros incorridos na operação. Determinar o valor do empréstimo.

Solução:

$C = ?$

$i = 6\%$ a.m. (0,06)

$n = 9$ meses

$J = \$ \ 270.000,00$

$$C = \frac{J}{i \times n}$$

$$C = \frac{270.000,00}{0,06 \times 9} = \frac{270.000,00}{0,54}$$

$= \$ \ 500.000,00$

3. Um capital de $ 40.000,00 foi aplicado num fundo de poupança por 11 meses, produzindo um rendimento financeiro de $ 9.680,00. Pede-se apurar a taxa de juros oferecida por esta operação.

Solução:

$C = \$ \ 40.000,00$

$i = ?$

$n = 11$ meses

$J = \$ \ 9.680,00$

$$i = \frac{J}{C \times n}$$

$$i = \frac{9.680,00}{40.000,00 \times 11} = \frac{9.680,00}{440.000,00}$$

$= 0,022$ ou 2,2% ao mês

4. Uma aplicação de $ 250.000,00, rendendo uma taxa de juros de 1,8% ao mês, produz, ao final de determinado período, juros no valor de $ 27.000,00. Calcular o prazo da aplicação.

Solução:

$C = \$ \ 250.000,00$

$i = 1,8\%$ a.m. (0,018)

$n = ?$

$J = \$ \ 27.000,00$

$$n = \frac{J}{C \times i}$$

$$n = \frac{27.000,00}{250.000,00 \times 0,018} = \frac{27.000,00}{4.500,00}$$

$= 6$ meses

1.9 Montante e capital

Um determinado capital, quando aplicado a uma taxa periódica de juro por determinado tempo, produz um valor acumulado denominado de *montante*, e identificado em juros simples por *M*. Em outras palavras, o montante é constituído do capital mais o valor acumulado dos juros no período, isto é:

$$M = C + J$$

No entanto, sabe-se que:

$J = C \times i \times n$

Substituindo esta expressão básica na fórmula do montante supra, e colocando-se *C* em evidência:

$M = C + C \times i \times n$

$$M = C\,(1 + i \times n)$$

Evidentemente, o valor de **C** desta fórmula pode ser obtido através de simples transformação algébrica:

$$C = \frac{M}{(1 + i \times n)}$$

A expressão $(1 + i \times n)$ é definida como *fator de capitalização* (ou *de valor futuro – FCS*) dos juros simples. Ao multiplicar um capital por este fator, corrige-se o seu valor para uma data futura, determinando o montante. O inverso, ou seja, $1/(1 + i \times n)$, é denominado *fator de atualização* (ou *de valor presente – FAS*). Ao se aplicar o fator sobre um valor expresso em uma data futura, apura-se o seu equivalente numa data atual. Graficamente, tem-se o disposto na Figura 1.3.

Exemplos:

1. Uma pessoa aplica $ 18.000,00 à taxa de 1,5% ao mês durante 8 meses. Determinar o valor acumulado ao final deste período.

Solução:

$C = \$ \ 18.000,00$

$i = 1,5\%$ a.m.(0,015)

$n = 8$ meses

$M = ?$

$M = C\,(1 + i \times n)$

$M = 18.000,00\ (1 + 0,015 \times 8)$

$M = 18.000,00 \times 1,12 = \$ \ 20.160,00$

2. Uma dívida de $ 900.000,00 irá vencer em 4 meses. O credor está oferecendo um desconto de 7% ao mês caso o devedor deseje antecipar o pagamento para hoje. Calcular o valor que o devedor pagaria caso antecipasse a liquidação da dívida.

Solução:

$M = \$ \ 900.000,00$

$n = 4$ meses

$i = 7\%$ a.m. (0,07)

Figura 1.3 *Apuração do valor equivalente*

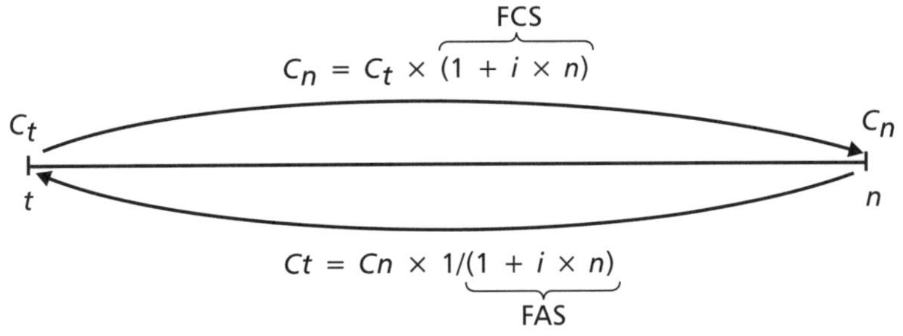

$C = ?$

$$C = \frac{M}{(1 + i \times n)}$$

$$n = \frac{900.000,00}{(1 + 0,07 \times 4)} = \frac{900.000,00}{1,28}$$

$$= 703.125,00$$

1.10 Taxa proporcional e taxa equivalente

Para se compreender mais claramente o significado destas taxas deve-se reconhecer que toda operação envolve dois prazos: (1) o prazo a que se refere a taxa de juros; e (2) o prazo de capitalização (ocorrência) dos juros.

Ilustrativamente, admita um empréstimo bancário a uma taxa (custo) nominal de 24% ao ano. O prazo a que se refere especificamente a taxa de juros é anual. A seguir, deve-se identificar a periodicidade de ocorrência dos juros. Ao se estabelecer que os encargos incidirão sobre o principal somente ao final de cada ano, os dois prazos considerados (prazo da taxa e prazo de incidência dos juros) são coincidentes.

O crédito direto do consumidor promovido pelas Financeiras é outro exemplo de operação com prazos iguais. Caracteristicamente, a taxa cobrada é definida ao *mês* e os juros capitalizados também *mensalmente*.

Mas em inúmeras outras operações estes prazos não são coincidentes. O juro pode ser capitalizado em prazo inferior ao da taxa, devendo-se nesta situação ser definido como o prazo da taxa será rateado ao período de capitalização.

Por exemplo, sabe-se que a Caderneta de Poupança paga aos seus depositantes uma taxa de juros de 6% ao ano, a qual é agregada (capitalizada) ao principal todo mês através de um percentual proporcional de 0,5%. Tem-se aqui, então, dois prazos – ***prazo da taxa***: *ano* e ***prazo de capitalização***: *mês*.

É necessário para o uso das fórmulas de matemática financeira, conforme foi abordado anteriormente, expressar estes prazos diferentes na mesma base de tempo. Ou transforma-se o prazo específico da taxa para o de capitalização ou, de maneira inversa, o período de capitalização passa a ser expresso na unidade de tempo da taxa de juros.

No regime de juros simples, diante de sua própria natureza linear, esta transformação é processada pela denominada *taxa proporcional de juros*, também denominada taxa *linear* ou *nominal*. Essa taxa proporcional é obtida da divisão entre a taxa de juros considerada na operação e o número de vezes em que ocorrerão os juros (quantidade de períodos de capitalização).

Por exemplo, para uma taxa de juros de 18% ao ano, se a capitalização for definida mensalmente (ocorrerão 12 vezes juros no período de um ano), o percentual de juros que incidirá sobre o capital a cada mês será:

$$\text{Taxa Proporcional} = \frac{18\%}{12} = 1,5\% \text{ a.m.}$$

A aplicação de taxas proporcionais é muito difundida, principalmente em operações de curto e curtíssimo prazo, tais como: cálculo de juros de mora, descontos bancários, créditos de curtíssimo prazo, apuração de encargos sobre saldo devedor de conta corrente bancária etc.

As taxas de juros simples se dizem *equivalentes* quando, aplicadas a um mesmo capital e pelo mesmo intervalo de tempo, produzem o mesmo volume linear de juros.

Por exemplo, em juros simples, um capital de \$ 500.000,00, se aplicado a 2,5% ao mês ou 15% ao semestre pelo prazo de um ano, produz o mesmo montante linear de juros. Isto é:

$$J\,(2,5\%\text{ a.m.}) = \$\ 500.000,00 \times 0,025 \times 12$$
$$= \$\ 150.000,00$$

$$J\,(15\%\text{ a.s.}) = \$\ 500.000,00 \times 0,15 \times 2$$
$$= \$\ 150.000,00$$

Os juros produzidos pelas duas taxas lineares de juros, ao final de um mesmo período, são iguais, sendo definidas como *equivalentes*.

No regime de juros simples, taxas *proporcionais* (nominais ou lineares) e taxas *equivalentes* são consideradas a mesma coisa, sendo indiferente a classificação de duas taxas de juros como proporcionais ou equivalentes.

No exemplo ilustrativo anterior, observe que 2,5% ao mês é equivalente a 15% ao semestre, verificando-se ainda uma proporção entre as taxas. A taxa de 2,5% está relacionada ao período de um mês, e a de 15% a seis meses. Logo:

$$\frac{1}{6} = \frac{2,5}{15}$$

Pelo Apêndice A (A.5) tem-se que as grandezas são proporcionais, pois o produto dos meios é igual ao produto dos extremos, isto é:

$6 \times 2,5 = 1 \times 15$

$15 = 15$

Conceitos e aplicações práticas de taxas equivalentes são bastante expandidas ao tratar-se, no capítulo seguinte, de juro composto.

Exemplos:

1. Calcular a taxa anual proporcional a: (a) 6% ao mês; (b) 10% ao bimestre.

   Solução:

   a) $i = 6\% \times 12 = 72\%$ a.a.

   b) $i = 10\% \times 6 = 60\%$ a.a.

2. Calcular a taxa de juros semestral proporcional a: (a) 60% ao ano; (b) 9% ao trimestre.

   Solução:

   Conforme foi demonstrado, deve haver uma igualdade entre a proporção das taxas e entre os períodos a que se referem.

   a) $i = \frac{60\%}{12} \times 6 = 30\%$ a.s.

   pois: $\frac{12}{6} = \frac{60}{i}$

   $\frac{12}{6} = \frac{60}{30}$

   b) $i = \frac{9\%}{3} \times 6 = 18\%$ a.s.

   ou: $i = 9\% \times 2 = 18\%$ a.s.

3. Demonstre se 36% ao ano é proporcional a 12% ao trimestre.

   Solução:

   $\frac{12}{3} = \frac{36}{12}$

   Verifica-se pela igualdade que as taxas não são proporcionais, pois o produto dos meios (3 × 36) é diferente do produto dos extremos (12 × 12).

4. Calcular o montante de um capital de $ 600.000,00 aplicado à taxa de 2,3% ao mês pelo prazo de um ano e 5 meses.

   Solução:

   $M = ?$

   $C = \$ 600.000,00$

   $n = 1$ ano e 5 meses (17 meses)

   $i = 2,3\%$ a.m. (0,023)

   $M = C(1 + i \times n)$

   $M = 600.000,00\ (1 + 0,023 \times 17) = \$ 834.600,00$

5. Uma dívida de $ 30.000,00 a vencer dentro de um ano é saldada 3 meses antes. Para a sua quitação antecipada, o credor concede um desconto de 15% ao ano. Apurar o valor da dívida a ser pago antecipadamente.

   Solução:

   $M = \$ 30.000,00$

   $n = 3$ meses

   $i = 15\%$ a.a. ($15\% / 12 = 1,25\%$ a.m.)

   $C_q = ?$

   $$C_q = \frac{\$ 30.000,00}{1 + 0,0125 \times 3} = 28.915,66$$

1.11 Juro exato e juro comercial

É comum nas operações de curto prazo, onde predominam as aplicações com taxas referenciadas em juros simples, ter-se o prazo definido em número de dias. Nesses casos, o número de dias pode ser calculado de duas maneiras:

a) pelo ***tempo exato***, utilizando-se efetivamente o calendário do ano civil (365 dias). O juro apurado desta maneira denomina-se ***juro exato***;

b) pelo ***ano comercial***, o qual admite o mês com 30 dias e o ano com 360 dias. Tem-se, por este critério, a apuração do denominado ***juro comercial*** ou ***ordinário***.

Por exemplo, 12% ao ano equivale, pelos critérios enunciados, à taxa diária de:

a) ***Juro Exato***: $\frac{12\%}{365 \text{ dias}} = 0,032877\%$ a.d.

b) ***Juro Comercial***: $\frac{12\%}{360 \text{ dias}} = 0,033333\%$ a.d.

Na ilustração, o juro ***comercial*** diário é ligeiramente superior ao ***exato*** pelo menor número de dias considerado no intervalo de tempo.

1.12 Juros de mora e multa

Os *juros de mora* são cobrados em razão de atrasos nos pagamentos devidos de obrigações. Representam uma penalidade aplicada ao devedor por não cumprir corretamente com o pagamento. Esses encargos incidem geralmente sobre o valor em atraso (valor em aberto da dívida) durante o período de inadimplência.

Além de juros de mora, costuma-se cobrar também *multa de mora* por atraso no pagamento, representada por um percentual sobre o valor da dívida.

Os juros moratórios estão limitados, de acordo com a legislação vigente, à taxa de 1,0% ao mês (ou 12,0% ao ano). Essa taxa é aplicada linearmente por dia de atraso, sendo calculada em:

$$1{,}0\%/30 \text{ dias} = 0{,}033333\% \text{ a.d.}$$

A multa de mora, por seu lado, é calculada pela taxa de 2% pelo período de inadimplemento. O percentual da multa não se altera independentemente do número de dias de atraso.

1.13 Equivalência financeira

A *equivalência financeira* constitui-se no raciocínio básico da matemática financeira. Conceitualmente, dois ou mais capitais representativos de uma certa data dizem-se equivalentes quando, a uma certa taxa de juros, produzem resultados iguais numa data comum.

Por exemplo, \$ 120,00 vencíveis daqui a um ano e \$ 100,00, hoje, são equivalentes a uma taxa de juros simples de 20%, uma vez que os \$ 100,00, capitalizados, produziriam \$ 120,00 dentro de um ano, ou os \$ 120,00, do final do primeiro ano, resultariam em \$ 100,00 se atualizados para hoje. Ou seja, ambos os capitais produzem, numa data de comparação (*data focal*) e à taxa de 20% ao ano, resultados idênticos. Graficamente:

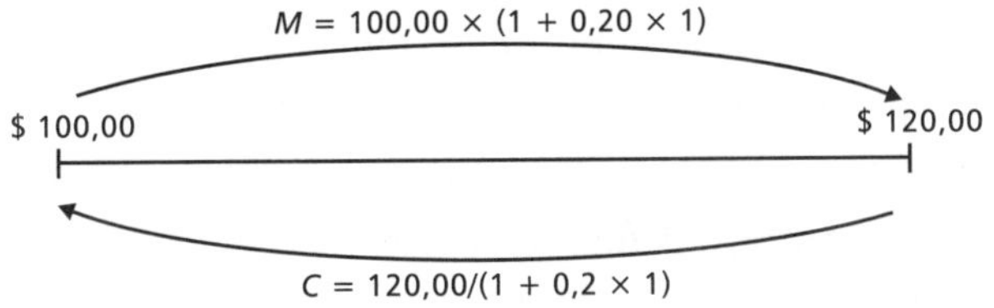

Exemplo:

1. Determinar se \$ 438.080,00 vencíveis daqui a 8 meses é equivalente a se receber hoje \$ 296.000,00, admitindo uma taxa de juros simples de 6% ao mês.

   Solução:

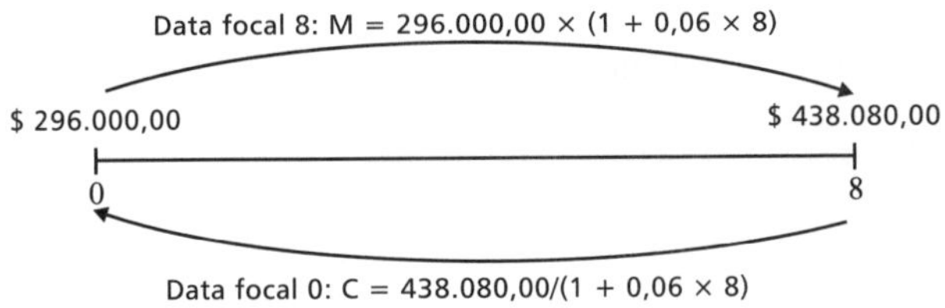

Os capitais são equivalentes à taxa de 6% ao mês. Portanto, a esta taxa de juros é indiferente receber \$ 296.000,00 hoje ou 438.080,00 daqui a 8 meses.

A equivalência de capitais pode então ser generalizada a partir da seguinte representação gráfica:

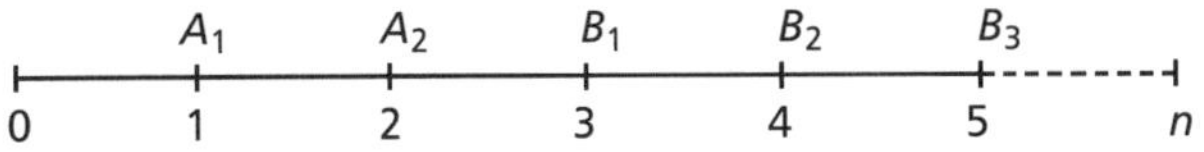

Os capitais A_1, A_2 e B_1, B_2, B_3 dizem-se equivalentes se, quando expressos em valores de uma data comum (data de comparação ou data focal), e à mesma taxa de juros, apresentam resultados iguais.

Sendo a data de comparação o momento *0*, tem-se:

$$\frac{A_1}{(1+i\times 1)}+\frac{A_2}{(1+i\times 2)}=\frac{B_1}{(1+i\times 3)}+\frac{B_2}{(1+i\times 4)}+\frac{B_3}{(1+i\times 5)}$$

Sendo o momento *6* escolhido como data focal, tem-se:

$$A_1(1+i\times 5)+A_2(1+i\times 4)=B_1(1+i\times 3)+B_2(1+i\times 2)+B_3(1+i\times 1),$$

e assim por diante.

Na questão da equivalência financeira em juros simples, é importante ressaltar que os prazos não podem ser desmembrados (fracionados) sob pena de alterar os resultados. Em outras palavras, dois capitais equivalentes, ao fracionar os seus prazos, deixam de produzir o mesmo resultado na data focal pelo critério de juros simples.

Admita *ilustrativamente* que o montante no final de dois anos de \$ 100,00 aplicados hoje, à taxa de juros simples de 20% ao ano, é igual a \$ 140,00. No entanto, este processo de capitalização linear não pode ser fracionado de forma alguma. *Por exemplo,* apurar inicialmente o montante ao final do primeiro ano e, a partir daí, chegar ao montante do segundo ano envolve a capitalização dos juros (*juros sobre juros*), prática esta não adotada no regime de juros simples (adotada somente no regime de *juros compostos*). Graficamente, tem-se o disposto na Figura 1.4.

O fracionamento em juros simples leva a resultados discrepantes, dado que:

$$C\,(1+0{,}2\times 2)\neq C\,(1+0{,}2\times 1)(1+0{,}2\times 1)$$

Como resultado das distorções produzidas pelo fracionamento do prazo, a equivalência de capitais em juro simples é dependente da data de comparação escolhida (*data focal*).

Ilustrativamente, admita que *A* deve a *B* os seguintes pagamentos:

Figura 1.4 *Representação dos dois casos*

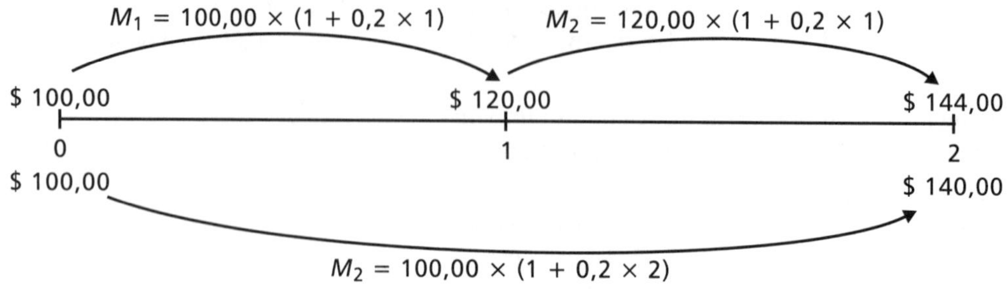

$ 50.000,00 de hoje a 4 meses.

$ 80.000,00 de hoje a 8 meses.

Suponha que ***A*** esteja avaliando um novo esquema de pagamento, em substituição ao original. A proposta de ***A*** é a de pagar $ 10.000,00 hoje, $ 30.000,00 de hoje a 6 meses, e o restante ao final do ano.

Sabe-se que ***B*** exige uma taxa de juros simples de 2,0% ao mês. Esta taxa é a que consegue obter normalmente em suas aplicações de capital. Pede-se apurar o saldo a ser pago.

O problema é mais facilmente visualizado na Figura 1.5, onde convencionou-se representar a dívida original na parte superior, e a proposta alternativa de pagamento na parte inferior.

A ilustração apresentada é de substituição de uma proposta de pagamentos por outra equivalente. Para serem equivalentes, os pagamentos devem produzir os mesmos resultados, a uma determinada taxa de juros, em qualquer data comum.

Admita inicialmente que a *data focal* selecionada é o momento hoje. Assim, ao igualar os pagamentos das propostas em valores representativos da data focal escolhida, tem-se:

<u>DATA FOCAL = 0</u>

$$\frac{50.000,00}{(1 + 0,02 \times 4)} + \frac{80.000,00}{(1 + 0,02 \times 8)} =$$

$$= 10.000,00 + \frac{30.000,00}{(1 + 0,02 \times 6)} + \frac{X}{(1 + 0,02 \times 12)}$$

$$46.296,30 + 68.965,50 =$$

$$= 10.000,00 + 26.785,70 + \frac{X}{1,24}$$

$$115.261,80 = 36.785,70 + \frac{X}{1,24}$$

$$\frac{X}{1,24} = 78.476,10$$

$$X = \$\ 97.310,40$$

Suponha que ***B*** resolva definir no mês 12 a data focal para determinar o valor do saldo a ser pago. Expressando-se os pagamentos na data focal escolhida, tem-se:

<u>DATA FOCAL = 12</u>

$$50.000,00\ (1 + 0,02 \times 8) + 80.000,00\ (1 + 0,02 \times 4) =$$

$$= 10.000,00\ (1 + 0,02 \times 12) + 30.000,00\ (1 + 0,02 \times 6) + X$$

$$144.400,00 = 46.000,00 + X$$

$$X = \$\ 98.400,00$$

Como resultado, verifica-se que o saldo a pagar altera-se quando a data focal é modificada. Esta característica é típica de juros simples (em juro composto este comportamento não existe), sendo explicada pelo fato de não ser aceito o fracionamento dos prazos.

Na prática, a definição da data focal em problemas de substituição de pagamentos no regime de juros simples deve ser decidida naturalmente pelas partes, não se verificando um posicionamento técnico definitivo da Matemática Financeira.

Figura 1.5 *Dívida original e proposta alternativa de pagamento*

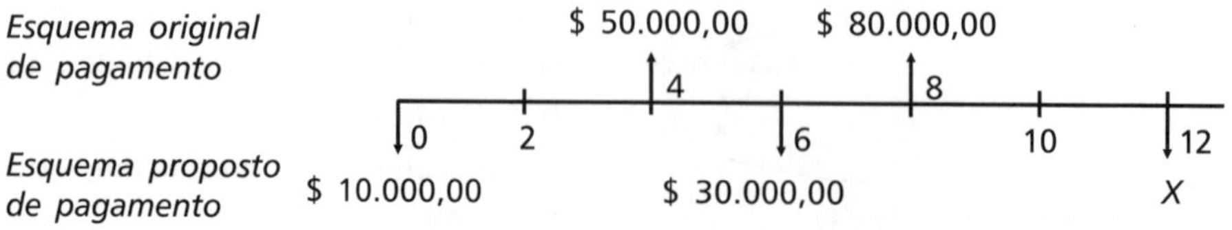

Exercícios resolvidos

1. Uma pessoa aplicou em uma instituição financeira \$ 18.000,00, resgatando \$ 21.456,00 quatro meses depois. Calcule a taxa mensal de juros simples auferida nesta aplicação.

Solução:

$C = \$\ 18.000,00$

$M = \$\ 21.456,00$

$n = 4$ meses

$i = ?$

$M = C\,(1 + i \times n)$

$21.456,00 = 18.000,00 \times (1 + 4i)$

$$\frac{21.456,00}{18.000,00} = 1 + 4i$$

$1,192 = 1 + 4i$

$4i = 0,192$

$$i = \frac{0,192}{4} = 0,048, \text{ que representa: } 4,8\% \text{ a.m.}$$

2. Se uma pessoa necessitar de \$ 100.000,00 daqui a 10 meses, quanto deverá ela depositar hoje num fundo de poupança que remunera à taxa linear de 12% ao ano?

Solução:

$M = \$\ 100.000,00$

$n = 10$ meses

$$i = 12\% \text{ a.a., ou: } i = \frac{12\%}{12} = 1\% \text{ a.m.}$$

$C = ?$

$$C = \frac{M}{(1 + i \times n)}$$

$$C = \frac{100.000,00}{1 + 0,01 \times 10} = \frac{100.000,00}{1,10}$$

$= \$\ 90.909,09$

3. Determine a taxa bimestral de juros simples que faz com que um capital triplique de valor após 2 anos.

Solução:

$C = 1$

$M = 3$

$i = ?$

$n = 24$ meses ou: 12 bimestres.

$M = C \times (1 + i \times n)$

$$\frac{M}{C} = 1 + i \times n$$

$3 = 1 + 12i$

$12i = 2$

$$i = \frac{2}{12} = 0,1666\ldots \text{ ou: } 16,6666\ldots\% \text{ a.b.}$$

4. Um título com valor nominal de \$ 7.200,00 vence em 120 dias. Para uma taxa de juros simples de 31,2% ao ano, pede-se calcular o valor deste título:

a) hoje;

b) dois meses antes de seu vencimento;

c) um mês após o seu vencimento.

Solução:

a) $$C_0 = \frac{7.200,00}{\left[1 + \frac{0,312}{12} \times 4\right]} = \frac{7.200,00}{1,104}$$

$= \$\ 6.521,74$

b) $$C_2 = \frac{7.200,00}{\left[1 + \frac{0,312}{12} \times 2\right]} = \frac{7.200,00}{1,052}$$

$= 6.844,11$

c) $$C_5 = 7.200,00\left[1 + \frac{0,312}{12} \times 1\right]$$

$= 7.200,00 \times 1,026$

$C_5 = \$\ 7.387,20$

5. Uma pessoa deve dois títulos no valor de \$ 25.000,00 e \$ 56.000,00 cada. O primeiro título vence de hoje a 2 meses, e o segundo um mês após. O devedor deseja propor a substituição destas duas obrigações por um único pagamento ao final do 5º mês. Considerando 3% ao mês a taxa corrente de juros simples, determine o valor deste pagamento único.

Solução:

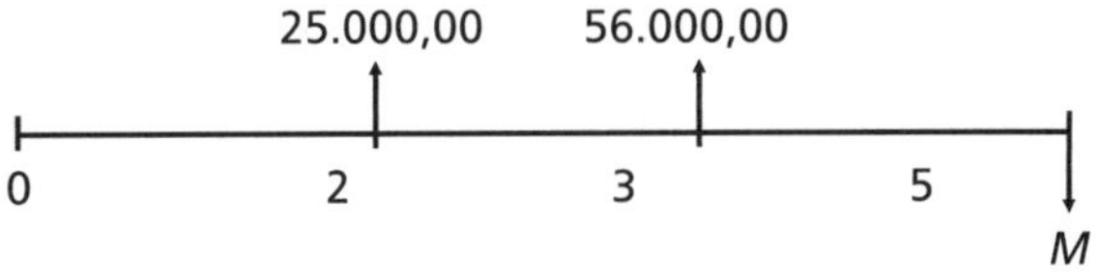

$M_5 = 25.000,00 \times (1 + 0,03 \times 3) + 56.000,00 \times (1 + 0,03 \times 2)$

$M_5 = 27.250,00 + 59.360,00 = \$\ 86.610,00$

6. Uma pessoa tem os seguintes compromissos financeiros:

$ 35.000,00 vencíveis no fim de 3 meses;

$ 65.000,00 vencíveis no fim de 5 meses.

Para o resgate dessas dívidas, o devedor pretende utilizar suas reservas financeiras aplicando-as em uma conta de poupança que rende 66% ao ano de juros simples. Pede-se determinar o valor do capital que deve ser aplicado nesta poupança de forma que possam ser sacados os valores devidos em suas respectivas datas de vencimentos sem deixar saldo final na conta.

Solução:

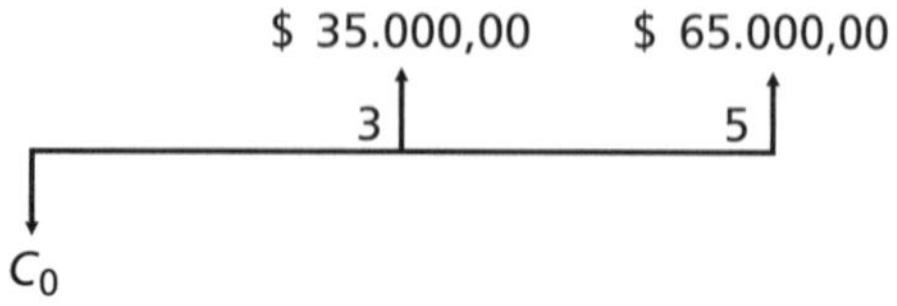

i = 66% a.a. (5,5% a.m.)

$$C_0 = \frac{35.000,00}{(1 + 0,055 \times 3)} + \frac{65.000,00}{(1 + 0,055 \times 5)}$$

$C_0 = 30.042,92 + 50.980,39 = \$ 81.023,31$

A pessoa, depositando hoje $ 81.023,31 em uma poupança que paga 5,5% ao mês de juros simples, terá condições, com este capital aplicado, de resgatar suas dívidas nas respectivas datas de vencimento.

Logo, ao capitalizar o capital aplicado para os momentos 3 e 5, o resultado registrado deve ser igual ao valor dos pagamentos, isto é:

Momento 3 = 81.023,31 × (1 + 0,055 × 3)
= $ 94.392,16
(–) Resgate (35.000,00)
Saldo: $ 59.392,16

Momento 5 = 59.392,16 × (1 + 0,055 × 2)
= $ 65.925,30
(–) Resgate (65.000,00)
Saldo: $ 925,30

O saldo remanescente de $ 925,30 é devido à capitalização dos juros, procedimento este incorreto no regime linear. Foi demonstrado que em juros simples o prazo da operação não pode ser fracionado, originando-se daí a diferença encontrada.

7. Uma dívida no valor de $ 48.000,00 vence daqui a 6 meses. O devedor pretende resgatar a dívida pagando $ 4.800,00 hoje, $ 14.000,00 de hoje a dois meses, e o restante um mês após a data de vencimento. Sendo o momento deste último pagamento definido como a data focal da operação, e sabendo-se ainda que é de 34,8% ao ano a taxa linear de juros adotada nesta operação, determine o montante do pagamento.

Solução:

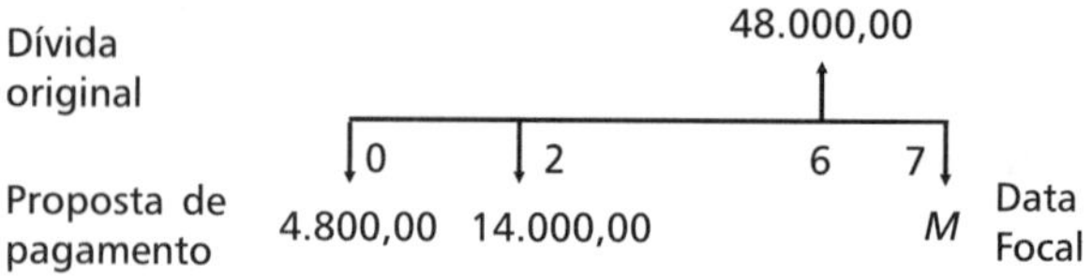

$$48.000,00 \times \left[1 + \frac{0,348}{12} \times 1\right] =$$

$$4.800,00 \times \left[1 + \frac{0,348}{12} \times 7\right] +$$

$$+\ 14.000 \times \left[1 + \frac{0,348}{12} \times 5\right] + M$$

$49.392,00 = 5.774,40 + 16.030,00 + M$

$49.392,00 = 21.804,40 + M$

$M = \$ 27.587,60$

Exercícios propostos

1. Calcule a taxa mensal proporcional de juros de:
   a) 14,4% ao ano;
   b) 6,8% ao quadrimestre;
   c) 11,4% ao semestre;
   d) 110,4% ao ano;
   e) 54,72% ao biênio.

2. Calcule a taxa trimestral proporcional a juros de:
   a) 120% ao ano;
   b) 3,2% ao quadrimestre;
   c) 1,5% ao mês.

3. Determine a taxa de juros simples anual proporcional às seguintes taxas:
   a) 2,5% ao mês;
   b) 56% ao quadrimestre;
   c) 12,5% p/meses.

4. Calcule o montante de $ 85.000,00 aplicado por:
   a) 7 meses à taxa linear de 2,5% ao mês;
   b) 9 meses à taxa linear de 11,6% ao semestre;
   c) 1 ano e 5 meses à taxa linear de 21% ao ano.

5. Determine os juros e o montante de uma aplicação de $ 300.000,00, por 19 meses, à taxa linear de 42% ao ano.

6. Calcule o valor do juro referente a uma aplicação financeira de $ 7.500,00, que rende 15% de taxa nominal ao ano, pelo período de 2 anos e 3 meses.

7. Qual o capital que produz $ 18.000,00 de juros simples, à taxa de 3% ao mês, pelo prazo de:
   a) 60 dias;
   b) 80 dias;
   c) 3 meses e 20 dias;
   d) 2 anos, 4 meses e 14 dias.

8. Uma pessoa aplicou $ 12.000,00 numa Instituição Financeira, resgatando, após 7 meses, o montante de $ 13.008,00. Qual a taxa de juros equivalente linear mensal que o aplicador recebeu?

9. Uma nota promissória de valor nominal de $ 140.000,00 é resgatada dois meses antes de seu vencimento. Qual o valor pago no resgate, sendo que a taxa de juros simples é de 1,9% ao mês?

10. O montante de um capital de $ 6.600,00 ao final de 7 meses é determinado adicionando-se $ 1.090,32 de juros. Calcule a taxa linear mensal e anual utilizada.

11. Um empréstimo de $ 3.480,00 foi resgatado 5 meses depois pelo valor de $ 3.949,80. Calcule a taxa de juros simples em bases mensais e anuais desta operação.

12. Se o valor atual de um título é igual a 4/5 de seu valor nominal e o prazo de aplicação for de 15 meses, qual a taxa de juros simples considerada?

13. Uma mercadoria é oferecida num magazine por $ 130,00 à vista, ou nas seguintes condições: 20% de entrada e um pagamento de $ 106,90 em 30 dias. Calcule a taxa linear mensal de juros que está sendo cobrada.

14. Em quanto tempo um capital de $ 4.000,00 aplicado a 29,3% ao ano pelo regime linear renderá $ 1.940,00?

15. Em quanto tempo duplica um capital aplicado à taxa simples de 8% ao ano?

16. Em quanto tempo triplica um capital que cresce à taxa de 21% ao semestre?

17. O valor de resgate de um título é 140% maior que o valor da aplicação. Sendo de 30% ao ano a taxa de juros simples, pede-se calcular o prazo da aplicação.

18. Uma aplicação de $ 15.000,00 é efetuada pelo prazo de 3 meses à taxa de juros simples de 26% ao ano. Que outra quantia deve ser aplicada por 2 meses à taxa linear de 18% ao ano para se obter o mesmo rendimento financeiro?

19. Uma TV 4K é vendida nas seguintes condições:
   - preço à vista = $ 1.800,00;
   - condições a prazo = 30% de entrada e $ 1.306,00 em 30 dias.

   Determine a taxa de juros simples cobrada na venda a prazo.

20. Um eletrodoméstico é vendido em três pagamentos mensais e iguais. O primeiro pagamento é efetuado no ato da compra, e os demais são devidos em 30 e 60 dias. Sendo de 4,4% ao mês a taxa linear de juros, pede-se calcular até que valor interessa adquirir o bem à vista.

21. Uma dívida é composta de três pagamentos no valor de $ 2.800,00, $ 4.200,00 e $ 7.000,00, vencíveis em 60, 90 e 150 dias, respectivamente. Sabe-se ainda que a taxa de juros simples de mercado é de 4,5% ao mês. Determine o valor da dívida se o devedor liquidar os pagamentos:
    a) hoje;
    b) daqui a 7 meses.

22. Um negociante tem as seguintes obrigações de pagamento com um banco:
    - $ 18.000,00 vencíveis em 37 dias;
    - $ 42.000,00 vencíveis em 83 dias;
    - $ 100.000,00 vencíveis em 114 dias.

    Com problemas de caixa nestas datas, deseja substituir este fluxo de pagamentos pelo seguinte esquema:
    - $ 20.000,00 em 60 dias;
    - $ 50.000,00 em 100 dias;
    - restante em 150 dias.

    Sendo de 3,2% ao mês a taxa de juros simples adotada pelo banco nestas operações, pede-se calcular o valor do pagamento remanescente adotando como data focal o momento atual.

23. Uma máquina calculadora está sendo vendida a prazo nas seguintes condições:
    - $ 128,00 de entrada;
    - $ 192,00 em 30 dias;
    - $ 192,00 em 60 dias.

    Sendo de 1,1% ao mês a taxa linear de juros, pede-se calcular até que preço é interessante comprar a máquina à vista.

24. Uma pessoa tem uma dívida composta dos seguintes pagamentos:
    - $ 22.000,00 de hoje a 2 meses;
    - $ 57.000,00 de hoje a 5 meses;
    - $ 90.000,00 de hoje a 7 meses.

    Deseja trocar estas obrigações equivalentemente por dois pagamentos iguais, vencíveis o primeiro ao final do 6º mês e o segundo no 8º mês. Sendo de 3,7% ao mês de juros simples, calcule o valor destes pagamentos admitindo-se as seguintes datas de comparação:
    a) hoje;
    b) no vencimento do primeiro pagamento proposto;
    c) no vencimento do segundo pagamento proposto.

25. Um poupador com certo volume de capital deseja diversificar suas aplicações no mercado financeiro. Para tanto, aplica 60% do capital numa alternativa de investimento que paga 34,2% ao ano de juros simples pelo prazo de 60 dias. A outra parte é invertida numa conta de poupança por 30 dias, sendo remunerada pela taxa linear de 3,1% ao mês. O total dos rendimentos auferidos pelo aplicador atinge $ 1.562,40. Pede-se calcular o valor de todo o capital investido.

26. Uma pessoa contrai um empréstimo de $ 75.000,00 à taxa linear de 3,3% ao mês. Em determinada data, liquida esse empréstimo pelo montante de $ 92.325,00 e contrai nova dívida no valor de $ 40.000,00, pagando uma taxa de juros simples mais baixa. Este último empréstimo é resgatado 10 meses depois pelo montante de $ 49.600,00.

    Pede-se calcular:
    a) o prazo do primeiro empréstimo e o valor dos juros pagos;
    b) a taxa simples de juros mensal e anual cobrada no segundo empréstimo.

27. Um empréstimo de $ 42.000,00 foi tomado por determinado prazo a uma taxa linear de 7% ao mês. Em determinado momento o devedor resgata este empréstimo e contrai outro no valor de $ 200.000,00 pagando 5% de juros simples ao mês por certo prazo. Após dois anos de ter contraído o primeiro empréstimo, o devedor liquida sua dívida remanescente. O total dos juros pagos nos dois empréstimos tomados atinge $ 180.000,00. Pede-se calcular os prazos referentes a cada um dos empréstimos.

28. O valor atual de um título equivale a 2/3 de seu valor nominal (valor de resgate). Para uma taxa de juro simples de 2% ao mês, calcule o tempo que resta até o vencimento do título.

29. Um financiamento no valor de $ 60.000 é concedido para pagamento em 5 prestações mensais e iguais, sendo cobrada uma taxa de juros simples de 2,2% ao mês. Determine o valor de cada prestação pelo critério de capitalização linear.

30. Calcule a taxa de juro simples mensal em cada alternativa abaixo. Admita um valor de aplicação de $ 30.000.
    a) o investidor apura um montante de $ 31.305,00 após 3 meses;
    b) os juros apurados totalizaram $ 3.612,00 após 7 meses;
    c) o montante após 5 anos foi de $ 32.805,00;
    d) os juros totais foram de $ 6.720,00 após 1 ano e 8 meses.

Respostas

1. a) 1,2% a.m.
   b) 1,7% a.m.
   c) 1,9% a.m.
   d) 9,2% a.m.
   e) 2,28% a.m.

2. a) 30% a.t.
   b) 2,4% a.t.
   c) 4,5% a.t.

3. a) 30% a.a.
   b) 168% a.a.
   c) 30% a.a.

4. a) $ 99.875,00
   b) $ 99.790,00
   c) $ 110.287,50

5. M = $ 499.500,00
   J = $ 199.500,00

6. $ 2.531.25

7. a) $ 300.000,00
   b) $ 225.000,00
   c) $ 163.636,36
   d) $ 21.077,28

8. 1,2% a.m.

9. $ 134.874,76

10. 2,36 a.m. e 28,32% a.a.

11. 2,7% a.m. e 32,4% a.a.

12. 1,6666...% a.m.

13. 2,79% a.m.

14. 20 meses (19,86 meses)

15. 12,5 anos

16. 57,1428 meses (9,52 semestres)

17. 56 meses

18. $ 32.500,00

19. 3,65% a.m.

20. Interessa adquirir o produto à vista por até 95,9% de seu valor, isto é, com um desconto de 4,1%.

21. a) $ 11.983,53
    b) $ 16.016,00

22. $ 94.054,23

23. $ 505,78

24. a) $ 88.098,38
    b) $ 88.630,28
    c) $ 88.496,14

25. $ 33.527,90

26. a) 7 meses; $ 17.325,00
    b) 2,4% a.m.; 28,8% a.a.

27. n_1 = 8,5 meses
    n_2 = 15,5 meses

28. 25 meses

29. $ 12.781,10

30. a) 1,45% a.m.
    b) 1,72% a.m.
    c) 0,1558% a.m.
    d) 1,12% a.m.

2

Juros Compostos

O regime de juros compostos considera que os juros formados em cada período são acrescidos ao capital formando o montante (capital mais juros) do período. Este montante, por sua vez, passará a render juros no período seguinte, formando um novo montante (constituído do capital inicial, dos juros acumulados e dos juros sobre os juros formados em períodos anteriores), e assim por diante.

Este processo de formação dos juros é diferente daquele descrito para os juros simples, onde unicamente o capital rende juros, não ocorrendo remuneração sobre os juros formados em períodos anteriores.

Tecnicamente, o regime de juros compostos é superior ao de juros simples, principalmente pela possibilidade de fracionamento dos prazos, conforme foi introduzido no capítulo anterior. No critério composto, a equivalência entre capitais pode ser apurada em qualquer data, retratando melhor a realidade das operações que o regime linear.

2.1 Fórmulas de juros compostos

No regime de juros compostos, os juros são capitalizados, produzindo juros sobre juros periodicamente.

Para melhor desenvolver este conceito e definir suas fórmulas de cálculo, admita ilustrativamente uma aplicação de \$ 1.000,00 a taxa composta de 10% ao mês. Identificando-se por *PV* o valor presente (capital) e *FV* o valor futuro (montante),[1] têm-se os seguintes resultados ao final de cada período:

- ***Final do 1º mês***: o capital de \$ 1.000,00 produz juros de \$ 100,00 (10% × \$ 1.000,00) e um montante de \$ 1.100,00 (\$ 1.000,00 + \$ 100,00), ou seja:

$$FV = 1.000,00 \times (1 + 0,10) = \$\ 1.100,00$$

- ***Final do 2º mês***: o montante do mês anterior (\$ 1.100,00) é o capital deste 2º mês, servindo de base para o cálculo dos juros deste período. Assim:

$$FV = 1.000,00 \times (1 + 0,10) \times (1 + 0,10)$$

$$FV = 1.000,00 \times (1 + 0,10)^2 = \$\ 1.210,00$$

O montante do 2º mês pode ser assim decomposto:

\$ 1.000,00	capital aplicado
\$ 100,00	juros referentes ao 1º mês (10% × \$ 1.000,00)
\$ 100,00	juros referentes ao 2º mês (10% × \$ 1.000,00)
\$ 10,00	juros sobre os juros produzidos no 1º mês (10% × \$ 100,00)

- ***Final do 3º mês***: dando sequência ao raciocínio de juros compostos:

$$FV = 1.000,00 \times (1 + 0,10) \times (1 + 0,10) \times (1 + 0,10)$$

$$FV = 1.000,00 \times (1 + 0,10)^3 = \$\ 1.331,00$$

- ***Final do enésimo mês***: aplicando-se a evolução dos juros compostos exposta para cada um dos meses, o montante (valor futuro) acumulado ao final do período atinge:

$$FV = 1.000,00 \times (1 + 0,10) \times (1 + 0,10) \times (1 + 0,10) \ldots (1 + 0,10)$$

$$FV = 1.000,00 \times (1 + 0,10)^n$$

Generalizando-se:

$$FV = PV(1+i)^n \quad \text{e} \quad PV = \frac{FV}{(1+i)^n}$$

onde $(1 + i)^n$ é o *fator de capitalização* (*ou de valor futuro*), – *FCC* (*i*, *n*) a juros compostos, e $1/(1 + i)^n$ o *fator*

[1] Para melhor adequar as formulações da Matemática Financeira com o uso de Calculadoras Financeiras, a simbologia adotada em juros compostos e nas várias aplicações a serem expostas em capítulos posteriores acompanha as identificações das teclas utilizadas por estas calculadoras.

de atualização (ou de valor presente) – FAC (i, n) a juros compostos.

A movimentação de um capital ao longo de uma escala de tempo em juros compostos se processa mediante a aplicação destes fatores, conforme pode ser visualizado na Figura 2.1.

Figura 2.1 *Movimentação de capital com juros compostos*

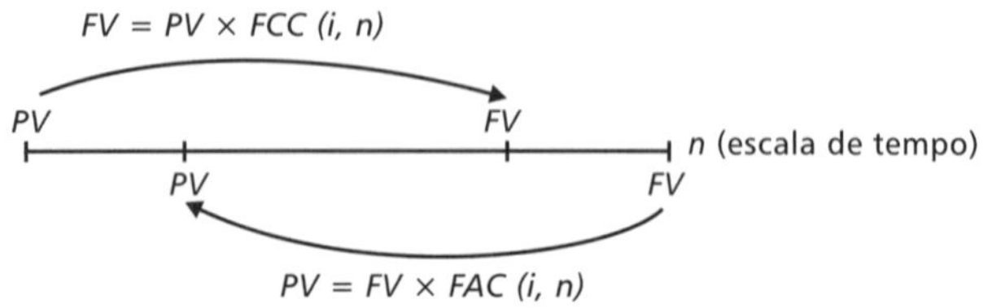

Por outro lado, sabe-se que o valor monetário dos juros (*J*) é apurado pela diferença entre o montante (*FV*) e o capital (*PV*), podendo-se obter o seu resultado também pela seguinte expressão:

$$J = FV - PV$$

Como:

$$FV = PV\,(1 + i)^n$$

Tem-se:

$$J = PV\,(1 + i)^n - PV$$

Colocando-se *PV* em evidência:

$$J = PV \times [(1 + i)n - 1]$$

Exemplos:

1. Se uma pessoa deseja obter \$ 27.500,00 dentro de um ano, quanto deverá ela depositar hoje numa alternativa de poupança que rende 1,7% de juros compostos ao mês?

Solução:

$FV = \$\ 27.500,00$

$n = 1$ ano (12 meses)

$i = 1,7\%$ a.m.

$PV = ?$

$$PV = \frac{FV}{(1+i)^n}$$

$$PV = \frac{27.500,00}{(1+0,017)^{12}} = \frac{27.500,00}{(1,017)^{12}}$$

$$PV = \frac{27.500,00}{1,224197} = \$\ 22.463,70$$

De fato, uma aplicação de \$ 22.463,70 hoje, a 1,7% ao mês de juros compostos, produz ao final de um ano o montante de \$ 27.500,00, ou seja:

$$FV = 22.463,70 \times (1,017)^{12} = \$\ 27.500,00$$

Considerando-se ainda a taxa composta de 1,7 ao mês, pelo conceito de valor presente (*PV*) é indiferente a essa pessoa receber \$ 22.463,70 (valor presente) hoje ou esse valor capitalizado ao final de 12 meses. Efetivamente, esses valores, mesmo distribuídos em diferentes datas, são *equivalentes* para uma mesma taxa de juros de 1,7% ao mês.

2. Qual o valor de resgate de uma aplicação de \$ 12.000,00 em um título pelo prazo de 8 meses à taxa de juros composta de 3,5% ao mês?

Solução:

$PV = \$\ 12.000,00$

$n = 8$ meses

$i = 3,5\%$ a.m.

$FV = ?$

$FV = PV\,(1 + i)^n$

$FV = 12.000,00 \times (1 + 0,035)^8$

$FV = 12.000,00 \times 1,316809 = \$\ 15.801,71$

3. Determinar a taxa mensal composta de juros de uma aplicação de \$ 40.000,00 que produz um montante de \$ 43.894,63 ao final de um quadrimestre.

Solução:

$PV = \$\ 40.000,00$

$FV = \$\ 43.894,63$

$n = 4$ meses

$i = ?$

$FV = PV\,(1 + i)^n$

$$\frac{FV}{PV} = (1+i)^4$$

$$\frac{43.894,63}{40.000,00} = (1+i)^4$$

$1,097366 = (1 + i)^4$

$\sqrt[4]{1,097366} = \sqrt[4]{(1+i)^4}$ (ver Apêndice)

$1 + i = 1,0235$

$i = 0,0235$ ou 2,35% a.m.

4. Uma aplicação de \$ 22.000,00 efetuada em certa data produz, à taxa composta de juros de 2,4% ao mês, um montante de \$ 26.596,40 em certa data futura. Calcular o prazo da operação.

Solução:

$PV = \$\ 22.000,00$

$FV = \$\ 26.596,40$

$i = 2,4\%$ a.m.

$n = ?$

$FV = PV\,(1 + i)^n$

$$\frac{FV}{PV} = (1+i)^4$$

$$\frac{26.596,40}{22.000,00} = (1,024)^n$$

$1,208927 = (1,024)^n$

Aplicando-se logaritmos (ver Apêndice B), tem-se:

$\log 1,208927 = n \times \log 1,024$

$$n = \frac{\log 1,208927}{\log 1,024} = \frac{0,082400}{0,010300} = 8 \text{ meses}$$

5. Determinar o juro pago de um empréstimo de \$ 88.000,00 pelo prazo de 5 meses à taxa composta de 4,5% ao mês.

Solução:

$J = ?$

$PV = \$\ 88.000,00$

$n = 5$ meses

$i = 4,5\%$ a.m.

$J = PV\,[(1 + i)^n - 1]$

$J = 88.000,00\,[(1,045)^5 - 1]$

$J = 88.000,00\,(0,246182) = \$\ 21.664,02$

2.1.1 Extensões ao uso das fórmulas

Deve ser acrescentado ao estudo de juros compostos que o valor presente (capital) não se refere necessariamente a um valor expresso no momento zero. Em verdade, o valor presente pode ser apurado em qualquer data focal anterior à do valor futuro (montante).

Por exemplo, pode-se desejar calcular quanto será pago por um empréstimo de \$ 20.000,00 vencível de hoje a 14 meses ao se antecipar por 5 meses a data de seu pagamento. Sabe-se que o credor está disposto a atualizar a dívida à taxa composta de 2,5% ao mês.

O problema envolve basicamente o cálculo do valor presente, ou seja, um valor atualizado a uma data anterior à do montante (mês 9). Logo:

$$PV = \frac{20.000,00}{(1+0,025)^5} = \frac{20.000,00}{(1,025)^5} = \$\,17.677,10$$

Na Figura 2.2, tem-se a representação do problema.

Figura 2.2 *Pagamento de empréstimo com antecipação*

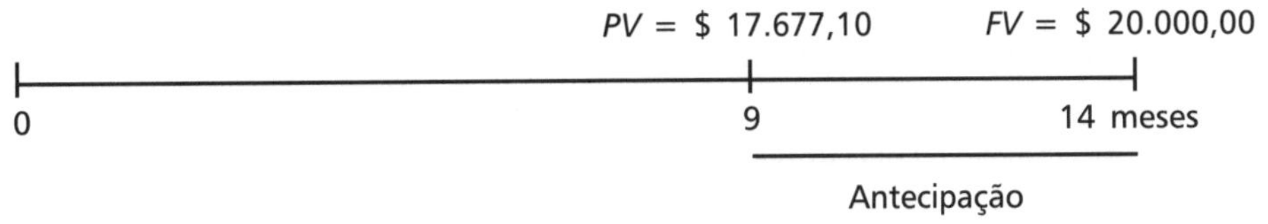

É importante ressaltar que as expressões de cálculos de *PV* e *FV* permitem capitalizações e atualizações envolvendo diversos valores e não somente um único capital ou montante.

Por exemplo, admita um empréstimo que envolve os seguintes pagamentos: \$ 15.000,00 de hoje a 2 meses; \$ 40.000,00 de hoje a 5 meses; \$ 50.000,00 de hoje a 6 meses e \$ 70.000,00 de hoje a 8 meses.

O devedor deseja apurar o valor presente (na data zero) destes fluxos de pagamento, pois está negociando com o banco a liquidação imediata de toda a sua dívida. A taxa de juros considerada nesta antecipação é de 3% ao mês.

Solução:

Representação gráfica da dívida:

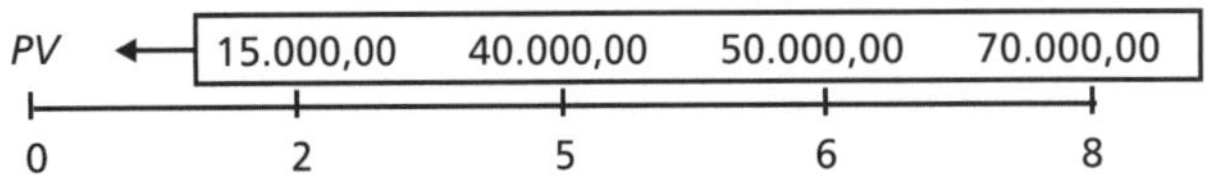

Utilizando-se a fórmula de valor presente:

$$PV = \frac{15.000,00}{(1,03)^2} + \frac{40.000,00}{(1,03)^5} + \frac{50.000,00}{(1,03)^6} + \frac{70.000,00}{(1,03)^8}$$

$PV = 14.138,94 + 34.504,35 + 41.874,21 + 55.258,65$

$PV = \$\ 145.776,15$

2.2 Taxas equivalentes

Ao se tratar de juros simples, foi comentado que a taxa equivalente é a própria taxa proporcional da operação. *Por exemplo*, a taxa de 3% ao mês e 9% ao trimestre são ditas proporcionais, pois mantêm a seguinte relação:

$$\frac{1}{\underset{\text{Prazos}}{3}} = \frac{3}{\underset{\text{Taxas}}{9}}$$

São também equivalentes, pois promovem a igualdade dos montantes de um mesmo capital ao final de certo período de tempo.

Por exemplo, em juros simples um capital de \$ 80.000,00 produz o mesmo montante em qualquer data se capitalizado a 3% ao mês e 9% ao trimestre.

$$n = 3 \text{ meses} \begin{cases} FV(3\% \text{ a.m.}) = 80.000,00(1+ \\ 0,03 \times 3) = \$\ 87.200,00 \\ FV(9\% \text{ a.t.}) = 80.000,00(1+ \\ 0,09 \times 1) = \$\ 87.200,00 \end{cases}$$

$$n = 12 \text{ meses} \begin{cases} FV(3\% \text{ a.m.}) = 80.000,00(1+ \\ 0,03 \times 12) = \$\ 108.800,00 \\ FV(9\% \text{ a.t.}) = 80.000,00(1+ \\ 0,09 \times 4) = \$\ 108.800,00 \end{cases}$$

e assim por diante.

O conceito enunciado de taxa equivalente permanece válido para o regime de juros compostos diferenciando-se, no entanto, a fórmula de cálculo da taxa de juros. Por se tratar de capitalização exponencial, a expressão da taxa equivalente composta é a média geométrica da taxa de juros do período inteiro, isto é:

$$i_q = \sqrt[q]{1+i} - 1$$

onde:

q = número de períodos de capitalização.

Por exemplo, a taxa equivalente composta mensal de 10,3826% ao semestre é de 1,66%, ou seja:

$$i_6 = \sqrt[6]{1+0,103826} - 1$$
$$i_6 = \sqrt[6]{1,103826} - 1 = 1,0166 - 1$$
$$= 0,0166 \text{ ou } 1,66\% \text{ a.m.}$$

Assim, para um mesmo capital e prazo de aplicação, é indiferente (equivalente) o rendimento de 1,66% ao mês ou 10,3826% ao semestre. Ilustrativamente, um capital de \$ 100.000,00 aplicado por dois anos produz:

- Para i = 1,66% e n = 24 meses:
  $FV = 100.000,00\ (1,0166)^{24} = \$\ 148.457,63$
- Para i = 10,3826% e n = 4 semestres:
  $FV = 100.000,00\ (1,103826)^4 = \$\ 148.457,63$

Outra *ilustração* visa facilitar o melhor entendimento do conceito e cálculo de taxa equivalente de juros no regime exponencial.

Um certo banco divulga que a rentabilidade oferecida por uma aplicação financeira é de 12% ao semestre (ou 2% ao mês). Desta maneira, uma aplicação de \$ 10.000,00 produz, ao final de 6 meses, o montante de \$ 11.200,00 (\$ 10.000,00 × 1,12). Efetivamente, os 12% constituem-se na taxa de rentabilidade da operação para o período inteiro de um semestre, e, em bases mensais, esse percentual deve ser expresso em termos de taxa equivalente composta.

Assim, os 12% de rendimentos do semestre determinam uma rentabilidade efetiva mensal de 1,91%, e não de 2%, conforme foi anunciado.

De outra maneira:

$$i_6 = \sqrt[6]{1,12} - 1 = 1,91\% \text{ a.m.}$$

Naturalmente, ao se aplicar \$ 10.000,00 por 6 meses a uma taxa efetiva composta de 1,91% ao mês, chega-se ao montante de \$ 11.200,00:

$$FV = 10.000,00\ (1,0191)^6 = \$\ 11.200,00$$

Verifica-se, então, que o processo de descapitalização da taxa de juro no regime composto processa-se pela apuração de sua média geométrica, ou seja, da *taxa equivalente*. Nesse caso, o percentual de juro considerado representa a *taxa efetiva* de juro da operação.

Exemplos:

1. Quais as taxas de juros compostos mensal e trimestral equivalentes a 25% ao ano?

   Solução:

   a) Taxa de juros equivalente <u>mensal</u>

   i = 25% a.a.

   q = 1 ano (12 meses)

   $$i_{12} = \sqrt[12]{1+0,25} - 1$$

   $$i_{12} = \sqrt[12]{1,25} - 1 = 1,877\% \text{ a.m.}$$

   b) Taxa de juros equivalente <u>trimestral</u>

   q = 1 ano (4 trimestres)

   $$i_4 = \sqrt[4]{1+0,25} - 1$$

   $$i_4 = \sqrt[4]{1,25} - 1 = 5,737\% \text{ a.t.}$$

2. Explicar a melhor opção: aplicar um capital de \$ 60.000,00 à taxa de juros compostos de 9,9% ao semestre ou à taxa de 20,78% ao ano.

   Solução:

   Para a identificação da melhor opção apura-se o montante para as duas taxas e para um mesmo período. Por exemplo: n = *1 ano*.

   $$FV(9,9\% \text{ a.s.}) = 60.000,00\ (1 + 0,099)^2 = \$\ 72.468,00$$

   $$FV(20,78\% \text{ a.a.}) = 60.000,00\ (1 + 0,2078)^1 = \$\ 72.468,00$$

   Produzindo resultados iguais para um mesmo período, diz-se que as taxas são equivalentes. É indiferente, para um mesmo prazo, e para o regime de juros compostos, aplicar a 9,9% ao semestre ou a 20,78% ao ano.

3. Demonstrar se a taxa de juros de 11,8387% ao trimestre é equivalente à taxa de 20,4999% para cinco meses. Calcular também a equivalente mensal composta dessas taxas.

Solução:

Uma maneira simples de identificar a equivalência de taxas de juros é apurar o MMC de seus prazos e capitalizá-las para este momento.

Se os resultados forem iguais na data definida pelo MMC, diz-se que as taxas são equivalentes, pois produzem, para um mesmo capital, montantes idênticos.

Sabendo-se que o MMC dos prazos das taxas é de 15 meses (3 meses e 5 meses), tem-se:

$(1 + 0{,}118387)^5 - 1 = 74{,}9688\%$ para 15 meses

$(1 + 0{,}204999)^3 - 1 = 74{,}9688\%$ para 15 meses

As taxas de 11,8387% ao trimestre e 20,4999% para 5 meses são equivalentes compostas, pois quando capitalizadas para um mesmo momento, produzem resultados iguais.

Taxa Equivalente Mensal (descapitalização):

- $i_q = \sqrt[3]{1+0{,}118387} - 1 = 3{,}8\%$ a.m.
- $i_q = \sqrt[5]{1+0{,}204999} - 1 = 3{,}8\%$ a.m.

Por serem equivalentes, a taxa mensal é igual.

4. a) Uma aplicação financeira rendeu 11,35% em 365 dias. Determinar a taxa equivalente de retorno para 360 dias.

Solução:

$$i_q = \left[\sqrt[365]{(1+0{,}1135)}\right]^{360} - 1$$

$$i_q = \left[(1{,}1135)^{\frac{1}{365}}\right]^{360} - 1$$

$$i_q = (1{,}135)^{\frac{360}{365}} - 1 = 11{,}186\% \text{ p / 360 dias}$$

b) Calcular a taxa de juro que equivale, em 44 dias, a uma taxa anual de 11,2%.

Solução:

$$i_{44} \text{ dias} = \left[\sqrt[360]{1{,}112}\right]^{44} - 1 =$$

$$i_{44} \text{ dias} = (1{,}112)^{\frac{44}{360}} - 1 = 1{,}306\% \text{ p / 44 dias}$$

5. Uma mercadoria pode ser adquirida à vista com desconto de 7% sobre o seu preço a prazo. Calcular a taxa efetiva mensal de juros que é cobrada na venda a prazo, admitindo um prazo de pagamento de:

a) 30 dias;

b) 40 dias.

Solução:

a) $n = 30$ dias

$100 = (100 - 7\%) \times (1 + i)$

$$1 + i = \frac{100}{93}$$

$i = 1{,}0753 - 1$

$i = 0{,}0753$ (7,53% a.m.)

b) $n = 40$ dias

$100 = (100 - 7\%) \times (1 + i)$

$$1 + i = \frac{100}{93}$$

$i = 0{,}0753$ (7,53% p/ 40 dias)

$i = (1{,}0753)^{30/40} - 1$

$i = 5{,}59\%$ a.m.

2.3 Taxa nominal e taxa efetiva

A *taxa nominal* de juros é uma taxa aparente. Esse termo é, geralmente, adotado para taxas lineares de juros quando o prazo das taxas não coincide com os intervalos de capitalização. *Exemplo*: um financiamento a ser pago em 12 prestações mensais foi contratado por uma taxa nominal de juros de 12% ao ano.

A *taxa efetiva* de juros é a taxa dos juros apurada durante todo o prazo n, sendo formada exponencialmente através dos períodos de capitalização. Ou seja, taxa efetiva é o processo de formação dos juros pelo regime de juros compostos ao longo dos períodos de capitalização. É obtida pela seguinte expressão:

Taxa Efetiva (i_f) = $(1 + i)^q - 1$

onde q representa o número de períodos de capitalização dos juros.

Por exemplo, a taxa nominal de 12,0% ao ano com capitalização mensal (12,0%/12 meses = 1,0% ao mês) determina um montante efetivo de juros de 12,68% ao ano, ou seja:

$$i_f = (1 + 0{,}010)^{12} - 1 = 12{,}68\% \text{ a.a.}$$

Quando se diz, conforme colocado anteriormente, que uma taxa de juros é *nominal*, geralmente é admitido que o prazo de capitalização dos juros (ou seja, período de formação e incorporação dos juros ao principal) não é o mesmo daquele definido para a taxa de juros. A taxa nominal de juros é uma taxa aparente e não representa a *taxa efetiva* de juros da operação.

Por exemplo, seja a taxa nominal de juros de 36% ao ano capitalizada mensalmente. Os prazos não são coincidentes.

O prazo de capitalização é de um *mês* e o prazo a que se refere a taxa de juros igual a um *ano* (12 meses).

Assim, 36% ao ano representa uma taxa nominal de juros, expressa para um período inteiro, a qual deve ser atribuída ao período de capitalização.

Quando se trata de taxa nominal é comum admitir-se que a capitalização ocorre por juros proporcionais simples. Assim, no exemplo, a taxa por período de capitalização é de 36%/12 = 3% ao mês (taxa proporcional ou linear).

Ao se capitalizar esta taxa nominal, apura-se uma taxa efetiva de juros superior àquela declarada para a operação. Baseando-se nos dados do exemplo ilustrativo acima, tem-se:

- Taxa nominal da operação para o período = 36% ao ano
- Taxa proporcional simples (taxa definida para o período de capitalização) = 3% ao mês
- Taxa efetiva de juros: $i_f = \left(1+\dfrac{0,36}{12}\right)^{12} - 1$ = 42,6% ao ano

Observe que a taxa nominal não revela a efetiva taxa de juros de uma operação. Ao dizer que os juros anuais são de 36%, mas capitalizados mensalmente, apura-se que a efetiva taxa de juros atinge 42,6% ao ano.

Para que 36% ao ano fosse considerada a taxa efetiva, a formação mensal dos juros deveria ser feita a partir da taxa equivalente composta, ou seja:

$$\text{Taxa Equivalente Mensal de 36\% a.a.}\left\{ i_q = \sqrt[q]{1+i} - 1 \right.$$

$$i_{12} = \sqrt[12]{1+0,36} - 1 = \sqrt[12]{1,36} - 1 = 2,6\% \text{ a.m.}$$

Ao se capitalizar exponencialmente esta taxa de juros equivalente mensal chega-se, evidentemente, aos 36% ao ano:

$$\text{Taxa Efetiva Anual}\begin{cases} i_f = (1+0,026)^{12} - 1 \\ i_f = (1,026)^{12} - 1 = 36\% \text{ ao ano} \end{cases}$$

Convenciona-se neste livro que, quando houver mais de um período de capitalização e não houver uma menção explícita de que se trata de uma taxa efetiva, a atribuição dos juros a estes períodos deve ser processada através da taxa proporcional. Por outro lado, quando os prazos forem coincidentes (prazo da taxa e o de formação dos juros) a representação da taxa de juros é abreviada. *Por exemplo*, a expressão única "10% ao ano" indica que os juros são também capitalizados em termos anuais.

A expressão *taxa nominal* é também adotada pelo mercado para taxas de juros que incorporam a inflação e outros gastos da operação, como comissões, impostos etc.

Muitas vezes, ainda, o mercado define, para uma mesma operação, expressões diferentes de juros em termos de sua forma de capitalização. *Por exemplo*, o custo efetivo de 4,2% ao mês cobrado por um banco pode ser equivalentemente definido em 4,12% ao mês para o mesmo período, ou seja:

$$\sqrt[30]{1,042} - 1 = 0,137234\% \text{ a.d.}$$
$$\times\ 30$$
$$4,12\% \text{ a.m.}$$

A taxa de 4,12% ao mês é nominal (linear) e equivalente à efetiva de 4,2% ao mês.

Os exemplos desenvolvidos a seguir visam promover um melhor entendimento do conceito e cálculo das taxas nominais e efetivas de juros.

Exemplos:

1. Um empréstimo no valor de $ 11.000,00 é efetuado pelo prazo de um ano à taxa nominal (linear) de juros de 32% ao ano, capitalizados trimestralmente. Pede-se determinar o montante e o custo efetivo do empréstimo.

   Solução:

   Admitindo, de acordo com a convenção adotada, que a taxa de juros pelo período de capitalização seja a proporcional simples, tem-se:

   - Taxa nominal (linear) i = 32% a.a.
   - Descapitalização proporcional i = 32%/4 = 8% a.t.
   - Montante do empréstimo:

     $FV = PV \times (1 + i)^4$

     $FV = 11.000,00 \times (1,08)^4 \rightarrow$

     $FV = \$\ 14.965,40$

   - Taxa Efetiva: $i_f = (1 + 0,08)^4 - 1$

     $i_f = (1,08)^4 - 1$

     $i_f = 36,0\%$ a.a.

2. A Caderneta de Poupança paga juros anuais de 6% com capitalização mensal à base de 0,5%. Calcular a rentabilidade efetiva desta aplicação financeira.

   Solução:

   Taxa Efetiva: $i_f = \left(1+\dfrac{i}{q}\right)^q - 1$

   $$i_f = \left(1+\frac{0,06}{12}\right)^{12} - 1$$

   $$i_f = (1 + 0,005)^{12} - 1 = 6,17\% \text{ a.a.}$$

3. Sendo de 24% ao ano a taxa nominal de juros cobrada por uma instituição, calcular o custo efetivo anual, admitindo que o período de capitalização dos juros seja:
   a) mensal;
   b) trimestral;
   c) semestral.

Solução:

a) Custo efetivo $(i_f) = \left(1+\frac{0,24}{12}\right)^{12} - 1 = 26,82\%$ a.a.

b) Custo efetivo $(i_f) = \left(1+\frac{0,24}{4}\right)^{4} - 1 = 26,25\%$ a.a.

c) Custo efetivo $(i_f) = \left(1+\frac{0,24}{2}\right)^{2} - 1 = 25,44\%$ a.a.

4. Uma aplicação financeira promete pagar 42% ao ano de juros. Sendo de um mês o prazo da aplicação, pede-se determinar a sua rentabilidade efetiva considerando os juros de 42% ao ano como:
   a) Taxa Efetiva
   b) Taxa Nominal

Solução:

a) Taxa Efetiva – A rentabilidade mensal é a taxa equivalente composta de 42% ao ano.

$i_q = \sqrt[12]{1+0,42} - 1$

$i_q = \sqrt[12]{1,42} - 1 = 2,97\%$ a.m.

Capitalizando-se exponencialmente os juros de 2,97% ao mês, chega-se, evidentemente, à taxa efetiva anual de 42%, isto é:

$(1 + 0,0297)^{12} - 1 = 42\%$ a.a.

b) Taxa Nominal – A rentabilidade mensal de 42% ao ano é definida pela taxa proporcional simples, isto é:

$$i = \frac{42\%}{12} = 305\% \text{ a.m.}$$

Ao se capitalizar exponencialmente esta taxa para o prazo de um ano, chega-se a um resultado efetivo superior à taxa nominal dada de 42% ao ano:

$i_f = (1 + 0,035)^{12} - 1 = 51,1\%$ a.a.

Logo, 51,1% é a taxa efetiva anual da operação, sendo de 42% a taxa declarada (nominal).

2.3.1 Conversão de taxa efetiva em nominal

Muitas vezes, o mercado financeiro define, para uma mesma operação, expressões diferentes de juros em termos de sua forma de capitalização. Por exemplo, uma linha de crédito de cheque especial costuma ser definida, na prática, tanto por taxa efetiva como por taxa nominal (linear). Nessas condições, para a comparabilidade dos custos é essencial que se referenciem as taxas segundo um mesmo critério de apuração dos juros.

Ilustrativamente, admita que o custo do crédito pessoal do banco *A* corresponda a uma taxa efetiva de 4,2% ao mês. Por outro lado, o banco *B* diz que está cobrando uma taxa nominal de somente 4,12% ao mês (30 dias corridos). Os juros da operação são calculados diariamente sobre o saldo devedor da conta corrente.

Em verdade, os custos das instituições são equivalentes, produzindo a mesma taxa efetiva, ou seja:

Banco A
- *Taxa efetiva*: 4,2% a.m.
- Conversão em taxa nominal:
  $\sqrt[30]{1+0,042} - 1 = 0,137234\%$ a.d. × 30: 4,12% a.m.

Banco B
- Conversão em taxa efetiva:
  $\frac{4,12}{30} = 0,137333\%$ a.d.
  $(1 + 0,00137333)^{30} - 1$: 4,2% a.m.
- *Taxa nominal*: 4,12% a.m.

Outro *exemplo ilustrativo* visa melhor compreender o processo de conversão das taxas de juros.

Transformar a taxa efetiva de 48% ao ano em taxa nominal com capitalização mensal:

Solução:

$\sqrt[12]{1+0,48} - 1 = 3,3210\%$ a.m.

× 12

39,852% a.a.

2.3.2 Taxa efetiva e número de períodos de capitalização

À medida que o número de períodos de capitalização de uma taxa nominal de juros aumenta, a taxa efetiva também se eleva. Em outras palavras, quanto maior a frequência de capitalização de uma mesma taxa nominal, mais alto é o rendimento acumulado.

Para *ilustrar*, admita uma taxa nominal de 18% ao ano. O Quadro 2.1 a seguir apresenta a taxa efetiva anual para diferentes períodos de capitalização.

Quadro 2.1 *Taxa efetiva anual, por períodos*

Período de Capitalização	*Número de Períodos*	*Taxa Efetiva Anual*
Anual	1	18,0%
Semestral	2	18,81%
Quadrimestral	3	19,10%
Trimestral	4	19,25%
Mensal	12	19,56%
Diário	360	19,72%

Observe que a taxa efetiva anual cresce conforme aumenta o número de períodos de incidência dos juros, produzindo um valor futuro (montante) maior.

Para uma mesma taxa nominal, pode-se concluir que maior número de períodos de capitalização é mais interessante aos aplicadores de recursos, pois produz maior rendimento acumulado efetivo. Para os tomadores de empréstimos, ao contrário, uma maior frequência na capitalização dos juros eleva o custo efetivo da operação.

2.4 Fracionamento do prazo e equivalência financeira em juros compostos

Muitos conceitos desenvolvidos para juros simples permanecem válidos em juros compostos, alterando-se unicamente suas expressões de cálculo. Por exemplo, apuração do valor presente e valor futuro. Outros enunciados, no entanto, apesar de manterem a mesma linha de raciocínio, assumem algumas propriedades diferenciadoras no regime composto, necessitando de um tratamento específico. Assim, podem ser considerados os aspectos referentes ao fracionamento dos prazos de juros e à formulação da equivalência financeira.

Ao contrário do que ocorre em juros simples, o prazo de uma operação pode ser fracionado (desmembrado) no regime de juros compostos sem que isso leve a alterar os resultados de valor presente e valor futuro calculados.

Basicamente, esta propriedade pode ser explicada pelo produto de potências, conforme exposto no Apêndice B. Sendo $n = n_1 + n_2$, tem-se:

$$FV = PV \times (1 + i)^n$$

ou:

$$FV = PV\,(1 + i)^{n_1} \times (1 + i)^{n_2}$$
$$= PV \times (1 + i)^{n_1 + n_2} = PV \times (1 + i)^n$$

O prazo do expoente (do prazo n) pode ser fracionado de forma que a soma dos subperíodos seja igual ao período inteiro.

Por exemplo, calcular o montante de um capital de $ 30.000,00 aplicado a 14% ao ano, pelo prazo de um ano, tendo os seguintes períodos de capitalização:

n = 12 meses: $FV = 30.000,00 \times (1,14) = \$\ 34.200,00$

n = 6 meses: $FV = 30.000,00 \times (1,14)^{1/2} \times (1,14)^{1/2} = \$\ 34.200,00$

n = 4 meses: $FV = 30.000,00 \times (1,14)^{1/3} \times (1,14)^{1/3} \times (1,14)^{1/3} = \$\ 34.200,00$

e assim por diante.

Para cada período de capitalização pode-se também utilizar a respectiva taxa equivalente composta, ao invés de se trabalhar com expoentes fracionários, isto é:

- n = 12 meses i = 14% a.a.
  $FV = 30.000,00 \times (1,14) = \$\ 34.200,00$
- n = 6 meses $i_q = \sqrt{1,14} - 1 = 6,77\%$ a.s.
  $FV = 30.000,00 \times (1,0677)^2 = \$\ 34.200,00$
- n = 4 meses $i_q = \sqrt[3]{1,14} - 1 = 4,46\%$ a.q.
  $FV = 30.000,00 \times (1,0446)^3 = \$\ 34.200,00$

Sabe-se que a *equivalência financeira* se verifica quando dois ou mais capitais produzem o mesmo resultado se expressos em certa data comum de comparação a uma mesma taxa de juros.

Em juros compostos, ao contrário do verificado no regime linear, a equivalência de capitais pode ser definida para qualquer data focal. A capacidade de desmembramento do prazo descrita há pouco determina que a equivalência independe da data de comparação escolhida.

Ilustrativamente, admita o mesmo exemplo desenvolvido no item 1.11 do capítulo anterior e descrito na Figura 2.3. A taxa de juros considerada é de 2% ao mês.

Figura 2.3 *Desmembramento de prazo com equivalência de capitais*

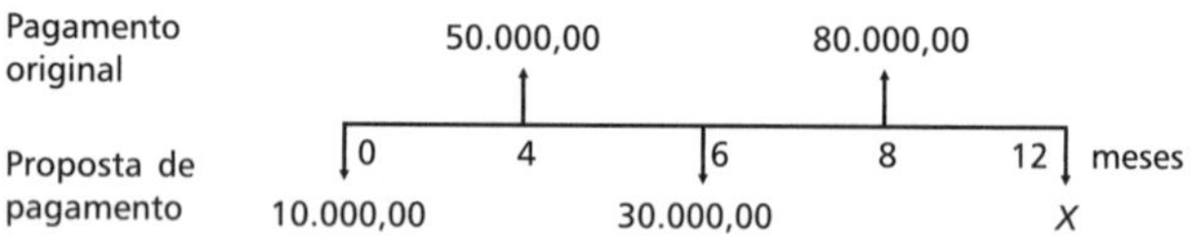

A situação trata, em essência, da substituição de um conjunto de compromissos financeiros por outro equivalente, devendo-se determinar o valor do pagamento no mês 12. Esse pagamento deve ser tal que o valor da proposta expressa em certa data focal seja exatamente igual ao valor do plano original expresso no mesmo momento.

Admitindo-se que a data de comparação escolhida seja o momento atual (data zero), tem-se:

- **DATA FOCAL = 0**

$$\frac{50.000,00}{(1+0,02)^4} + \frac{80.000,00}{(1+0,02)^8} = 10.000,00 + \frac{30.000,00}{(1+0,02)^6} + \frac{X}{(1+0,02)^{12}}$$

$$46.192,27 + 68.279,23 = 10.000,00 + 26.639,14 + \frac{X}{1,2682}$$

$$114.471,50 = 36.639,14 + 0,7885\,X$$

$$0,7885\,X = 77.832,36$$

$$X = \$\ 98.710,25$$

Definindo-se no mês 12 outra data focal para o cálculo do pagamento:

- **DATA FOCAL = 12**

$50.000,00 \times (1 + 0,02)^8 + 80.000,00 \times (1 + 0,02)^4 = 10.000,00 \times (1 + 0,02)^{12} + 30.000,00 \times (1 + 0,02)^6 + X$

$58.582,97 + 86.594,57 = 12.682,42 + 33.784,87 + X$

$145.177,54 = 46.467,29 + X$

$X = \$\ 98.710,25$

O saldo a pagar não se altera com a data focal. Em juros compostos a equivalência financeira independe do momento tomado como comparação.

Exemplos:

1. Uma empresa deve $ 180.000,00 a um banco, sendo o vencimento definido em 3 meses contados de hoje. Prevendo dificuldades de caixa no período, a empresa negocia com o banco a substituição desse compromisso por dois outros de valores iguais nos meses 5 e 6 contados de hoje. Sendo de 3,6% ao mês a taxa de juros, pede-se calcular o valor dos pagamentos propostos sendo a data focal:

a) hoje;

b) de hoje a 3 meses;

c) de hoje a 5 meses.

Solução:

Graficamente:

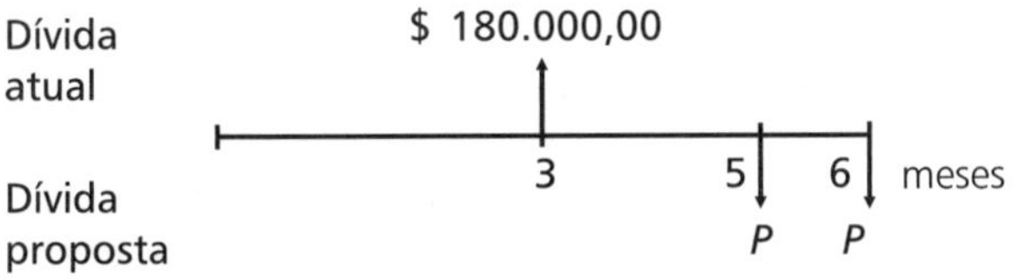

a) DATA FOCAL = hoje

$$\frac{180.000,00}{(1,036)^3} = \frac{P}{(1,036)^5} + \frac{P}{(1,036)^6}$$

$161.880,00 = (0,837917 \times P) + (0,808801 \times P)$

$161.880,00 = 1,646718 \times P$

$$P = \frac{161.880,00}{1,646718} = \$\ 98.304,64$$

b) DATA FOCAL no 3º mês

$$180.000,00 = \frac{P}{(1,036)^2} + \frac{P}{(1,036)^3}$$

$180.000,00 = 0,931709 \times P + 0,899333 \times P$

$1,831042 \times P = 180.000,00$

$$P = \frac{180.000,00}{1,831042} = \$\ 98.304,64$$

c) DATA FOCAL no 5º mês

$$180.000,00 \times (1,036)^2 = P + \frac{P}{(1,036)}$$

$193.193,30 = P + 0,965251 \times P$

$1,965251 \times P = 193.193,30$

$$P = \frac{193.193,30}{1,965251} = \$\ 98.304,6$$

2. Um título vence daqui a 4 meses apresentando um valor nominal (resgate) de $ 407.164,90. É proposta a troca deste título por outro de valor nominal de $ 480.000,00 vencível daqui a 8 meses. Sendo de 5% ao mês a rentabilidade exigida pelo aplicador, pede-se avaliar se a troca é vantajosa.

Solução:

Graficamente, a operação é representada:

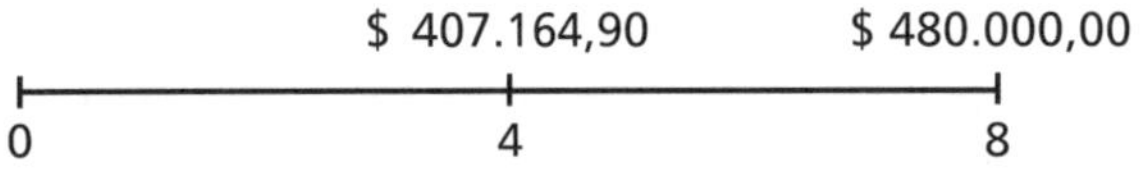

Com o intuito de promover um entendimento mais profundo de equivalência, este problema será solucionado de diferentes maneiras:

Rentabilidade

Inicialmente, calcula-se a rentabilidade esperada da proposta comparando-a com a taxa mínima exigida pelo aplicador.

Se a taxa calculada superar o percentual mínimo exigido, a proposta é classificada como atraente. Em caso contrário, a decisão é de rejeição.

$PV = \$\ 407.164,90$

$FV = \$\ 480.000,00$

$n = 4$ meses

$FV = PV\,(1 + i)^n$

$480.000,00 = 407.164,90\,(1 + i)^4$

$$\frac{480.000,00}{407.164,90} = (1+i)^4$$

$1,178884 = (1 + i)^4$

$\sqrt[4]{1,178884} = \sqrt[4]{(1+i)^4}$

$1,042 = 1 + i$

$i = 0,042$ ou 4,2% a.m.

A proposta não é vantajosa, pois oferece uma rentabilidade (4,2% ao mês) inferior à taxa mínima exigida pelo aplicador (5% ao mês).

Valor Presente

Uma maneira simples de resolver o problema é calcular o valor presente do título que vence em 8 meses no momento do vencimento do outro título à taxa de atratividade do investidor, isto é:

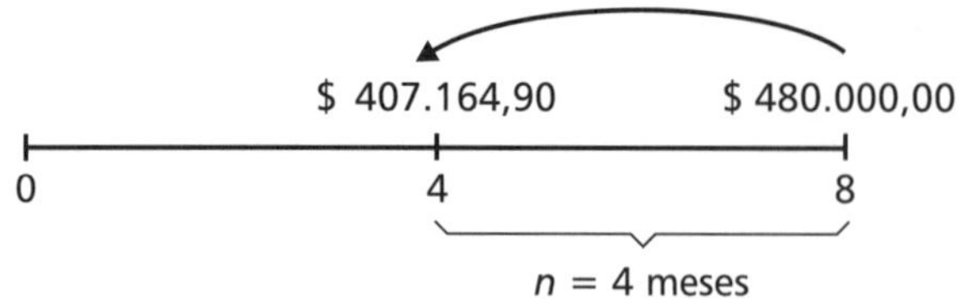

$$PV = \frac{480.000,00}{(1,05)^4} = \$\ 394.897,20$$

Verifica-se que o *PV* é menor que os $ 407.164,90 do título proposto, indicando que a rentabilidade oferecida no intervalo de tempo $n = 4$ a $n = 8$ é inferior a 5% ao mês (taxa exigida pelo investidor). Portanto, o critério do *PV* (valor presente) ratifica o desinteresse pela substituição dos títulos.

O valor presente também poderia ser calculado na data focal zero (ou em qualquer outra data de comparação), mantendo-se as mesmas conclusões a respeito da desvantagem na troca. É sugerido ao leitor que faça a comparação em outras datas focais.

2.5 Convenção linear e convenção exponencial para períodos não inteiros

Em algumas operações financeiras, o prazo não é um número inteiro em relação ao prazo definido para a taxa. Por exemplo: taxa de juros de 18% ao ano e prazo da operação de 1 ano e 7 meses. Sendo anual o período de capitalização dos juros, o prazo inteiro é *1 ano* e o fracionário *7 meses.*

Ao se adotar rigorosamente o conceito de capitalização descontínua, conforme definida no capítulo anterior (item 1.7), não poderia haver a incorrência de juros no intervalo de tempo fracionário, somente ao final de um período completo.

Como na prática é muito raro a não formação dos juros (e incorporação ao principal) em intervalos de tempo inferiores a um período inteiro, passa-se a adotar duas convenções para solucionar estes casos: *linear* e *exponencial.*

2.5.1 Convenção linear

A convenção linear admite a formação de juros compostos para a parte inteira do prazo e de juros simples para a parte fracionária. Essa convenção é, em essência, uma mistura do regime composto e linear, adotando fórmulas de juros compostos na parte inteira do período e uma formação de juros simples na parte fracionária.

A expressão de cálculo do montante na convenção linear é a seguinte:

$$FV = PV(1+i)^n \times \left(1+i\times\frac{m}{k}\right)$$

sendo: m/k = parte fracionária do prazo.

Por exemplo, seja o capital de $ 100.000,00 emprestado à taxa de 18% ao ano pelo prazo de 4 anos e 9 meses. Calcular o montante desse empréstimo pela convenção linear.

Solução:

$PV = \$\ 100.000,00$

n (inteiro) $= 4$ anos

$\frac{m}{c}(\text{fracionário}) = \frac{9}{12}$

$i = 18\%$ a.a.

$FV = ?$

$FV = PV \times (1+i)^n \times \left(1+i\times\frac{m}{n}\right)$

$FV = 100.000,00 \times (1 + 0,18)^4 \times \left(1+0,18\times\frac{9}{12}\right)$

$FV = 100.000,00 \times 1,938778 \times 1,135$

$FV = \$\ 220.051,30$

Deve ser registrado que o uso deste critério de formação dos juros na prática é bastante reduzido. A ampla maioria das operações financeiras adota a convenção exponencial para todo o intervalo de tempo.

2.5.2 Convenção exponencial

A convenção exponencial adota o mesmo regime de capitalização para todo o período. Ou seja, utiliza capitalização composta tanto para a parte inteira como para a fracionária.

Esta convenção é mais generalizadamente usada na prática, sendo considerada tecnicamente mais correta por empregar somente juros compostos e taxas equivalentes para os períodos não inteiros.

A expressão básica de cálculo é a seguinte:

$$FV = PV\ (1 + i)^{n + m/k}$$

Utilizando-se os dados do *exemplo anterior*, calcula-se o montante:

$FV = 100.000,00 \times (1 + 0,18)^{4 + 9/12}$

$FV = 100.000,00 \times (1,18)^{4 + 0,75}$

$FV = 100.000,00 \times (1,18)^{4,75} = \$\ 219.502,50$

O procedimento é o mesmo ao se determinar a taxa equivalente mensal de 18% ao ano e capitalizá-la para os 57 meses (4 anos e 9 meses):

i = 18% a.a.

$$i_q = \sqrt[12]{1,18} - 1 = 1,388843\% \text{ a.m.}$$

$$FV = 100.000,00 \times (1 + 0,01388843)^{57}$$
$$= \$ \ 219.502,50$$

Observe que existe uma diferença entre os montantes apurados:

FV (Conv. Linear)	=	$ 220.051,30
FV (Conv. Exponencial)	=	$ 219.502,50
Diferença:		$ 548,80

Isso se deve, conforme foi explicado, à formação de juros simples no prazo fracionário da convenção linear.

Apesar de não parecer grande (apenas $ 548,80 ou 0,25% em relação ao montante apurado na convenção exponencial), em outras situações, principalmente de maiores expressões numéricas, a diferença pode ser relevante.

Exemplo:

1. Uma pessoa aplicou um capital pelo prazo de 2 anos e 5 meses à taxa de 18% ao ano. Determinar o valor da aplicação sabendo-se que o montante produzido ao final do período atinge $ 24.800,00. Resolver o problema utilizando as convenções linear e exponencial.

Solução:

FV = $ 24.800,00

n = 2 anos e 5 meses

i = 18% a.a.

Convenção Linear

$$FV = PV(1 + i)^n \times \left(1 + i \times \frac{m}{k}\right)$$

$$24.800,00 = PV \times (1,18)^2 \times \left(1 + 0,18 \times \frac{5}{12}\right)$$

$$24.800,00 = PV \times 1,3924 \times 1,075$$

$$PV = \frac{24.800,00}{1,3924 \times 1,075} = \frac{24.800,00}{1,496830}$$

$$= \$ \ 16.568,35$$

Convenção Exponencial

$$FV = PV \times (1 + i)^{n + m/K}$$

$$24.800,00 = PV \times (1,18)^{2 + 5/12}$$

$$24.800,00 = PV \times (1,18)^{2,4166}$$

$$PV = \frac{24.800,00}{(1,18)^{2,4166}} = \$ \ 16.624,05$$

2.6 Introdução à taxa interna de retorno (IRR)[2]

O conceito de taxa interna de retorno, representada por IRR, apresenta inúmeras aplicações práticas, constituindo-se num dos mais importantes instrumentos de avaliação da matemática financeira. É relevante notar que a IRR é utilizada não somente para calcular a taxa de retorno (rentabilidade) de uma aplicação, como também para determinar o custo de um empréstimo/financiamento. Por esse uso mais amplo, talvez fosse melhor denominá-la de *taxa interna de juros*, em vez de retorno.

Conceitualmente, a taxa interna de retorno (IRR) é a taxa de juros que iguala, numa *única data*, os fluxos de entrada e saída de caixa produzidos por uma operação financeira (aplicação ou captação). Em outras palavras, é a taxa de juros que, se utilizada para descontar um fluxo de caixa, produz um resultado nulo. Na formulação de juros compostos apresentada, a taxa interna de retorno é o ***i*** da expressão de cálculo.

Por exemplo, admita uma aplicação de $ 360.000,00 que produz montante de $ 387.680,60 ao final de 3 meses. A taxa de juros que iguala a entrada de caixa (resgate da aplicação) no mês 3 com a saída de caixa (aplicação financeira) de $ 360.000,00 na data zero constitui-se, efetivamente, na IRR da operação, ou seja, em sua rentabilidade.

Veja a Figura 2.4.

Figura 2.4 *Taxa interna de retorno*

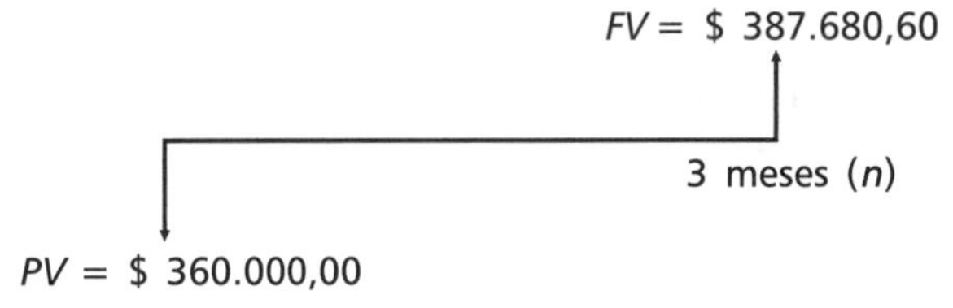

Sendo:

$$FV = PV(1 + i)^n$$

tem-se:

$$387.680,60 = 360.000,00 \times (1 + i)^3$$

$$\frac{387.680,60}{360.000,00} = (1 + i)^3$$

$$1,076891 = (1 + i)^3$$

$$\sqrt[3]{(1+i)^3} = \sqrt[3]{1,076891}$$

$$1 + i = 1,025$$

$$i = 2,5\% \text{ a.m.}$$

Observe que, pela equivalência de capitais em juros compostos, a taxa de 2,5% iguala o fluxo de caixa em

[2] **IRR** - *Internal Rate of Return* (Taxa Interna de Retorno).

qualquer data focal. Por conveniência é que se adota, na maioria das vezes, a data zero como a de comparação dos valores. Logo, 2,5% é a *taxa interna de retorno* da aplicação realizada, pois iguala, em qualquer momento do horizonte de tempo, o capital de $ 360.000,00 com o montante de $ 387.680,60 produzido após três meses.

O Capítulo 10 dedica-se mais pormenorizadamente ao estudo do método da taxa interna de retorno e de suas aplicações na matemática financeira e análise de investimentos.

Exemplo:

1. Para um empréstimo de $ 11.500,00, um banco exige o pagamento de duas prestações mensais e consecutivas de $ 6.000,00 cada. Determinar o custo mensal da operação.

Solução:

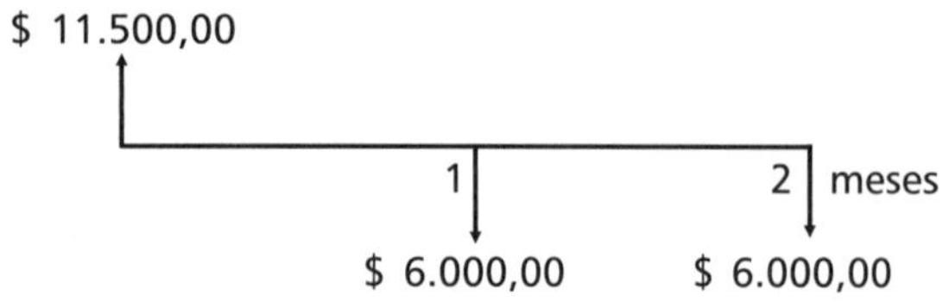

O custo do empréstimo é a taxa de juros que iguala, numa mesma data, os valores do fluxo de caixa. Para uma data focal = zero:

$$11.500{,}00 = \frac{6.000{,}00}{(1+i)} + \frac{6.000{,}00}{(1+i)^2}$$

Com o auxílio de uma calculadora financeira, chega-se a um custo de:

i = 2,885% ao mês, que representa a taxa interna de retorno da operação.

Corroborando, ao se calcular o *PV* dos pagamentos mensais a 2,885% ao mês, apura-se um resultado exatamente igual a $ 11.500,00, anulando o fluxo de caixa:

$$PV = \left(\frac{6.000{,}00}{(1{,}02885)} + \frac{6.000{,}00}{(1{,}02885)^2}\right) - 11.500{,}00$$

$$PV = (5.831{,}75 + 5.668{,}25) - 11.500{,}00$$

$$PV = 11.500{,}00 - 11.500{,}00 = 0$$

2. Um imóvel no valor de $ 470.000 é vendido nas seguintes condições:
   - Entrada de $ 190.000;
   - 2 parcelas mensais, iguais e sucessivas de $ 96.000.
   - 1 parcela ao final do 5º mês de $ 180.000.

   Determinar a taxa de juros (% ao mês) embutida no financiamento do imóvel.

Solução:

Representação da venda do imóvel no fluxo de caixa:

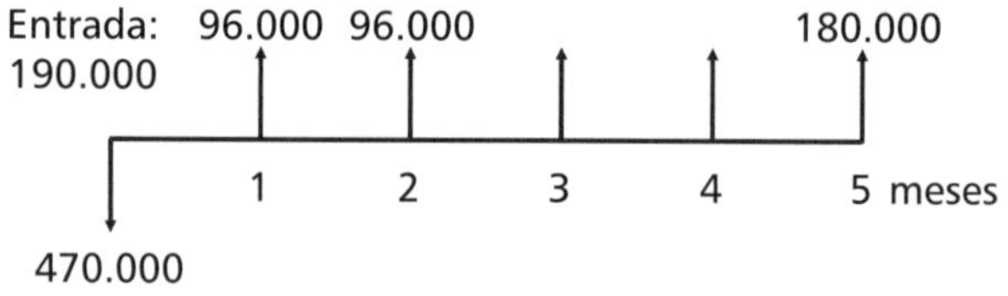

A taxa de juro embutida no financiamento (taxa interna de retorno do fluxo de caixa) é a taxa de desconto que iguala o valor presente dos pagamentos ao valor do imóvel no momento zero. Assim:

$$(470.000 - 190.000) = \frac{96.000}{(1+i)} + \frac{96.000}{(1+i)^2} + \frac{180.000}{(1+i)^5}$$

Calculando com o auxílio de uma calculadora financeira, tem-se:

Taxa Interna de Retorno (i) = 9,78% a.m.

Esta é a taxa de juro mensal cobrado no financiamento do imóvel. Observe que o valor presente dos pagamentos pela taxa de retorno calculada é igual ao valor líquido do financiamento, ou seja:

$$(470.000 - 190.000) = \frac{96.000}{1{,}0978} + \frac{96.000}{1{,}0978^2} + \frac{180.000}{1{,}0978^5}$$

$$280.000 = 280.000$$

2.7 Capitalização contínua

O capítulo tratou das taxas de juros, ocorrendo, de forma finita e discreta, ao final de cada período, conforme é mais usual nas operações que envolvem matemática financeira. Foram apresentadas diversas situações em que os juros são capitalizados por cada período, com frequência cada vez maior, como anual, semestral, trimestral, mensal, diária etc.

Nessa sequência, pode-se ainda prever uma forma de capitalização infinitamente grande, que ocorre a cada instante infinitesimal, conhecida por **capitalização contínua**. A formulação da capitalização contínua apresenta-se da forma seguinte:

$$FV = PV \times e^{I \times n}$$

onde:

e = número constante, base dos logaritmos neperianos (e = 2,7182818284...)[3];

I = taxa de juro periódica, conhecida por *taxa instantânea*.

[3] Número de Napier (neperiano), descoberto pelo matemático escocês John Napier no século XVII. Número irracional limite da capitalização contínua.

Por exemplo, admita uma aplicação de \$ 1.000,00 por dois anos, à taxa de 10% com capitalização contínua. Qual o montante apurado ao final desse período com capitalização contínua e nas condições de capitalização discreta de juros compostos?

Solução:

- *Capitalização contínua*

$FV = PV \times e^{I \times n}$

$FV = \$\ 1.000,00 \times 2,7182^{0,10 \times 2}$

$FV = \$\ 1.000,00 \times 2,7182^{0,20}$

$FV = \$\ 1.221,40$

- *Juros compostos (capitalização discreta)*

$FV = PV \times (1 + i)^n$

$FV = \$\ 1.000,00 \times (1,10)^2$

$FV = \$\ 1.210,00$

A *capitalização contínua* produz um resultado final maior que o calculado pelas condições de juros compostos. A taxa capitalizada de forma contínua equivale a uma taxa de juros compostos com capitalização discreta anual de 10,5%: **[\$ 1.221,4/\$ 1.000,00]**$^{1/2}$ **– 1**, tornando indiferente as duas formas de capitalização.

As aplicações práticas de capitalização contínua são restritas a certas operações em que os fluxos de caixa encontram-se de forma uniforme distribuídos no tempo. **Alguns exemplos**: receitas de vendas de um supermercado, depreciações de ativos fixos, formação do preço de venda, rentabilidade de um título cotado no mercado etc.

Da mesma forma, uma carteira formada por inúmeras ações paga rendimentos em intervalos bastante curtos de tempo. Uma carteira mais diversificada, com ações e títulos de renda fixa, oferece ganhos de juros e dividendos praticamente todos os dias. Esses valores reaplicados oferecem retornos capitalizados com grande frequência, sendo também recomendado o uso das formulações de capitalização contínua.

Exemplo Ilustrativo 1

Determinar o montante produzido por um capital inicial de \$ 70.00,00, aplicado por 15 meses, à taxa de juros de 1,5% ao mês, nos regimes de capitalização descontínua (finita) e contínua.

Solução:

- *Capitalização descontínua*

$FV = PV \times (1 + i)^n$

$FV = 70.000,00 \times (1,015)^{15}$

$FV = \$\ 87.516,24$

- *Capitalização contínua*

$FV = PV \times e^{I \times n}$

$FV = 70.000,00 \times e^{0,015 \times 15}$

$FV = 70.000,00 \times 2,718281^{0,015 \times 15}$

$FV = \$\ 87.662,59$

Taxa Contínua ou Instantânea (*I*)

Conforme explicado, na capitalização contínua supõe-se que as variações do tempo (variável *n*) sejam mínimas (infinitesimais), assumindo uma capitalização instantânea.

No caso da capitalização descontínua, tem-se:

$FV = PV \times (1 + i)^n$

Para a capitalização contínua:

$FV = PV \times e^{I \times n}$

Igualando-se:

$PV \times (1 + i)^n = PV \times e^{I \times n}$

$(1 + i)^n = e^{I \times n}$

$1 + i = e^I$

$I = \ln(1 + i)$

Por exemplo, uma taxa de 2,2% ao mês, no regime de capitalização descontínua, equivale, na capitalização contínua, à taxa de:

$I = \ln(1,022) = 2,176\%$ a.m.

As duas taxas ($i = 2,2\%$ ao mês e $I = 2,176\%$ ao mês) são equivalentes, produzindo em cada regime de capitalização o mesmo montante. Assim, para um capital de \$ 5.000,00 aplicado por 2 meses, tem-se:

Descontínua → $FV = 5.000,00 \times (1,022)^2$

$FV = \$\ 5.222,40$

Contínua → $FV = 5.000,00 \times e^{0,2176 \times 2}$

$FV = \$\ 5.222,40$

Exemplo Ilustrativo 2

Sendo 4,5% a valorização de uma ação em determinado mês, apurar a taxa de juro instantânea.

Solução:

$I = \ln(1,045)$

$I = 4,40\%$ a.m.

Crescimento do Capital – Tanto a capitalização contínua como a descontínua crescem segundo uma progressão geométrica, porém com razões diferentes. A taxa de crescimento da capitalização contínua é maior, determinando um crescimento mais rápido do capital.

2.8 Juros compostos: juros sobre juros não pagos

O regime de juros compostos é amplamente adotado no mercado financeiro nacional e internacional, sendo considerado o método de capitalização tecnicamente mais correto. Na capitalização composta, a taxa de juros incide sempre sobre o montante apurado no período imediatamente anterior, acrescido dos juros *não pagos*. Se os juros forem pagos ao final de cada período, o comportamento dos juros compostos e dos juros simples é igual. A diferença passa a existir somente no caso de os encargos financeiros *não* terem sido pagos, sendo refinanciados e incorporados ao capital devido. É uma nova dívida. Apesar das críticas de incidência de *juros sobre juros*, o regime composto é coerente com o saldo devedor, e calcula encargos financeiros somente sobre valores devidos e ainda não liquidados.

2.9 Capitalização composta

Para *ilustrar* como os juros compostos são formados admita, de forma simplista, um empréstimo de $ 1.000,00, com juros de 10% ao ano pagos anualmente e prazo de liquidação de 3 anos. São descritas a seguir algumas alternativas de pagamentos da dívida conforme adotadas na prática.

a) Juros pagos anualmente, e o principal, ao final

Os desembolsos financeiros dessa modalidade de amortização são os seguintes:

Ano	Saldo devedor	Amortização principal	Juros pagos	Prestação
0	1.000,00	–	–	–
1	1.000,00	–	10% × 1.000,00 = 100,00	100,00
2	1.000,00	–	10% × 1.000,00 = 100,00	100,00
3	–	1.000,00	10% × 1.000,00 = 100,00	1.100,00
TOTAL	–	**$ 1.000,00**	**$ 300,00**	**$ 1.300,00**

Observa-se que a taxa de juro incide unicamente sobre o saldo devedor anterior, o qual equivale ao capital emprestado de $ 1.000,00. Ao pagar juros ao final de cada período, o regime composto calcula juros somente sobre o capital inicial (valor do empréstimo), repetindo o comportamento dos juros simples. *Não há juros sobre juros* desde que os juros tenham sido pagos ao final de cada período. A ocorrência de *juros sobre juros* verifica-se somente na hipótese dos encargos financeiros (juros) de um ano não terem sido pagos no vencimento, incorporando-se esse valor devido ao principal e gerando, naturalmente, uma nova dívida e novos encargos financeiros.

b) Juros acumulados e pagos ao final junto com o principal

Nesta forma de amortização do empréstimo, os juros são calculados e acrescidos ao principal, formando um novo montante em cada ano. O pagamento do principal, mais os juros, ocorrerá somente ao final do prazo do empréstimo (3º ano), não se prevendo nenhum desembolso no período. Os valores dos juros e do principal são demonstrados a seguir.

	Início	Juros (J) final Ano 1	Juros (J) final Ano 2	Juros (J) final Ano 3
Capital Emprestado	$ 1.000,00	–	–	–
Juros s/ Capital Emprestado: 10% × $1.000,00	–	$ 100,00	$ 100,00	$ 100,00
Juros s/ Juros Não Pagos	–	–	$ 10,00	$ 10,00 $ 10,00 $ 1,00
TOTAL DE CADA ANO	–	**$ 100,00**	**$ 110,00**	**$ 121,00**
JUROS ACUMULADOS	–	**$ 100,00 – 10%**	**$ 210,00 – 21%**	**$ 331,00 – 33,1%**
PRINCIPAL + JUROS ACUMULADOS	–	**$ 1.100,00**	**$ 1.210,00**	**$ 1.331,00**

Uma vez mais é possível avaliar a presença de juros sobre juros no regime de juros compostos, porém o cálculo é efetuado sobre os *juros não pagos*. O valor não quitado dos juros devidos de um período é como se fosse uma nova dívida contraída, sobre a qual haveria a incidência de novos juros. Pelas formulações básicas de matemática financeira, conforme demonstradas neste capítulo, pode-se calcular o valor do montante de cada período por meio de:

$$FV = PV \times (1 + i)^n$$

Onde:

FV = Montante (principal + juros);

PV = Principal (valor do empréstimo);

n = Prazo;

i = Taxa de juros (unitária).

Logo:

ANO 1 – FV_1 = \$ 1.000,00 × (1,10) = \$ 1.100,00

ANO 2 – FV_2 = \$ 1.000,00 × $(1,10)^2$

ou: FV_2 = \$ 1.100,00 × (1,10) = \$ 1.210,00

ANO 3 – FV_3 = \$ 1.000,00 × $(1,10)^3$

ou: FV_3 = \$ 1.210,00 × (1,10) = \$ 1.331,00

c) Amortização da dívida através de 3 pagamentos anuais, iguais e sucessivos

Neste sistema, a amortização da dívida é realizada por meio de 3 prestações anuais, as quais incorporam uma parcela do principal e os juros relativos ao período devido. Por meio das formulações da Matemática Financeira – juros compostos, as prestações são calculadas da forma seguinte:

$$PV = \frac{PMT}{(1+i)} + \frac{PMT}{(1+i)^2} + \frac{PMT}{(1+i)^3}$$

Onde:

PMT = valor de cada pagamento anual, igual e sucessivo

$$1.000,00 = \frac{PMT}{1,10} + \frac{PMT}{(1,10)^2} + \frac{PMT}{(1+i)^3}$$

Resolvendo a expressão, tem-se:

PMT = \$ 402,11/ANO

Para melhor analisar a composição do valor da prestação, é construída a seguinte planilha financeira:

Períodos (anos)	Saldo devedor (SD)	Amortização (Amort)	Juros (J)	Prestação (PMT)
0	\$ 1.000,00	–	–	–
1	\$ 697,87	\$ 302,11	\$ 100,00	\$ 402,11
2	\$ 365,55	\$ 332,32	\$ 69,79	\$ 402,11
3	-	\$ 365,66	\$ 36,56	\$ 402,11

O preenchimento da planilha segue estes cálculos:

$$J = 10\% \times SD_{t-1}$$

$$Amort = PMT - Juros$$

$$SD = SD_{t-1} - Amort$$

$$PMT = Amort + Juros$$

Os juros são *decrescentes* por incidirem sobre o saldo devedor, e as parcelas de amortização assumem um comportamento crescente. Não há ônus financeiro sobre valores pagos, somente sobre a dívida presente. Ao se pagar a última prestação, o saldo devedor do empréstimo é "zerado".

2.10 Conclusões

Qualquer que seja a metodologia de amortização, os juros compostos consideram somente a incidência de *juros sobre juros não desembolsados*. Esses encargos devidos (a pagar) são entendidos como novas dívidas, sendo incorporados ao principal servindo de base para o cálculo dos juros de períodos posteriores. É uma nova dívida acrescida ao empréstimo original. O regime composto, por incidir unicamente sobre *valores não pagos*, é justo no tratamento dos juros e lógico em seus cálculos, sendo por isso o critério mais adotado nos mercados financeiros mundiais.

ANATOCISMO

Anatocismo é um conceito jurídico que se refere à incidência de juros sobre juros vencidos e *não* pagos. Esse valor de juros sobre os juros devidos e *não pagos* é incorporado ao principal, gerando um novo montante.

O regime de juros compostos é amplamente adotado nos mercados financeiros nacional e internacional, sendo considerado o método de capitalização tecnicamente mais correto. Na capitalização composta, a taxa de juros incide sempre sobre o montante apurado no período imediatamente anterior, acrescido dos juros vencidos e *não pagos*.

Se os juros forem pagos ao final de cada período, o comportamento dos juros compostos e dos juros simples é o mesmo. A diferença passa a existir somente no caso de os encargos financeiros *não terem sido pagos*, sendo refinanciados e incorporados ao capital devido. Apesar de críticas de incidência de juros sobre juros, o regime composto é coerente com o saldo devedor, e calcula encargos financeiros unicamente sobre valores devidos e ainda *não liquidados*.

Qualquer que seja a metodologia de amortização de empréstimos e financiamentos,[4] é importante ressaltar, uma vez mais, que os juros compostos consideram somente a incidência de *juros sobre juros não desembolsados*. Esses encargos financeiros devidos (a pagar) são interpretados como novas dívidas, sendo

---

4 Os sistemas de amortização de empréstimos e financiamentos são desenvolvidos no Capítulo 12.

incorporados ao principal, servindo de base para o cálculo dos juros de períodos posteriores. É uma nova dívida acrescida ao capital original.

O regime de capitalização composta, por incidir unicamente sobre *valores devidos e não pagos*, é justo no tratamento dos juros e lógico em seus cálculos, sendo por isso o critério mais adotado nos mercados financeiros para o cálculo da taxa de retorno (ou custo) efetivo das operações financeiras.

Exercícios resolvidos

1. Calcule o montante de uma aplicação financeira de \$ 80.000,00 admitindo-se os seguintes prazos e taxas:

a) $i = 5{,}5\%$ a.m.; $n = 2$ anos

b) $i = 9\%$ ao bimestre; $n = 1$ ano e 8 meses

c) $i = 12\%$ a.a.; $n = 108$ meses

Solução:

a) $i = 5{,}5\%$ a.m.

$n = 24$ meses

$FV = PV \times (1 + i)^n$

$FV = 80.000{,}00 \times (1 + 0{,}055)^{24}$

$FV = 80.000{,}00 \times (1{,}055)^{24}$

$FV = 80.000{,}00 \times 3{,}614590 = \$\ 289.167{,}20$

b) $i = 9\%$ a.b.

$n = 1$ ano e 8 meses; 20 meses; 10 bimestres

$FV = 80.000{,}00 \times (1 + 0{,}09)^{10}$

$FV = 80.000{,}00 \times (1{,}09)^{10}$

$FV = 80.000{,}00 \times 2{,}367364 = \$\ 189.389{,}10$

c) $i = 12\%$ a.a.

$n = 108$ meses; 9 anos

$FV = 80.000{,}00 \times (1 + 0{,}12)^9$

$FV = 80.000{,}00 \times (1{,}12)^9$

$FV = 80.000{,}00 \times 2{,}773079$
$= \$\ 221.846{,}30$

2. Determine o juro (*J*) de uma aplicação de \$ 100.000,00 nas seguintes condições de taxa e prazo:

a) $i = 1{,}5\%$ a.m.; $n = 1$ ano

b) $i = 3{,}5\%$ a.t.; $n = 2$ anos e meio

c) $i = 5\%$ a.s.; $n = 3$ anos

d) $i = 4{,}2\%$ a.q.; $n = 84$ meses

Solução:

a) $i = 1{,}5\%$ a.m.

$n = 1$ ano; 12 meses

$J = PV \times [(1 + i)^n - 1]$

$J = 100.000{,}00 \times [(1 + 0{,}015)^{12} - 1]$

$J = 100.000{,}00 \times [(1{,}015)^{12} - 1]$

$J = 100.000{,}00 \times [0{,}195618]$
$= \$\ 19.561{,}80$

b) $i = 3{,}5\%$ a.t.

$n = 2$ anos e meio; 10 trimestres

$J = 100.000{,}00 \times [(1{,}035)^{10} - 1]$

$J = 100.000{,}00 \times [0{,}410599]$
$= \$\ 41.059{,}90$

c) $i = 5\%$ a.s.

$n = 3$ anos; 6 semestres

$J = 100.000{,}00 \times [(1{,}05)^6 - 1]$

$J = 100.000{,}00 \times [0{,}340096] = \$\ 34.009{,}60$

d) $i = 4{,}2\%$ a.q.

$n = 84$ meses; 21 quadrimestres

$J = 100.000{,}00 \times [(1{,}042)^{21} - 1]$

$J = 100.000{,}00 \times [1{,}372587] = \$\ 137.258{,}70$

3. Uma pessoa irá necessitar de \$ 12.000,00 daqui a 7 meses. Quanto deverá ela depositar hoje numa conta de poupança, para resgatar o valor desejado no prazo, admitindo uma taxa de juros de 3,5% ao mês?

Solução:

$PV = ?$ $FV = \$\ 12.000{,}00$

0 $i = 3{,}5\%$ a.m. 7 (meses)

$$PV = \frac{FV}{(1+i)^n}$$

$$PV = \frac{12.000{,}00}{(1+0{,}035)^7} = \frac{12.000{,}00}{(1{,}035)^7}$$
$$= \$\ 9.431{,}89$$

4. Calcule a taxa mensal de juros de uma aplicação de \$ 6.600,00 que produz um montante de \$ 7.385,81 ao final de 7 meses.

Solução:

$i = ?$

$PV = \$ \ 6.600,00$

$FV = \$ \ 7.385,81$

$n = 7$ meses

$FV = PV\,(1 + i)^n$

$$\frac{FV}{PV} = (1+i)^n$$

$$\frac{7.385,81}{6.600,00} = (1+i)^7$$

$1,119 = (1 + i)^7$

$$\sqrt[7]{1,119} = \sqrt[7]{(1+i)^7}$$

$1,0162 = 1 + i$

$i = 1,62\%$ a.m.

5. Em quanto tempo duplica um capital que cresce à taxa de juros compostos de 2,2% ao mês?

Solução:

$PV = 1$

$FV = 2$

Mantida a proporção ($FV = 2\ PV$), pode-se atribuir qualquer valor a PV e FV.

$i = 2,2\%$ a.m.

$n = ?$

Utilizando-se a fórmula básica:

$FV = PV\,(1 + i)^n$

$$\frac{FV}{PV} = (1+i)^n$$

$2 = (1,022)^n$

Aplicando-se logaritmo, conforme demonstrado no Apêndice B:

$\log 2 = \log\,(1,022)^n$

$\log 2 = n \times \log 1,022$

$$n = \frac{\log 2}{\log 1,022} = \frac{0,301030}{0,009451}$$

$= 31,85$ meses (31 meses e 26 dias)

6. Uma pessoa deve a um banco dois títulos com valores de resgate de \$ 4.000,00 e \$ 9.000,00 vencíveis, respectivamente, em 5 e 7 meses. Desejando antecipar a liquidação de toda a dívida para o momento atual (data zero), pede-se determinar o valor a pagar considerando uma taxa de juros de 1,9% ao mês.

Solução:

PV — \$ 4.000,00 (mês 5) — \$ 9.000,00 (mês 7)

0 — 5 — 7 (meses)

$i = 1,9\%$ a.m.

$$PV = \frac{4.000,00}{(1+0,019)^5} + \frac{9.000,00}{(1+0,019)^7}$$

$PV = 3.640,74 + 7.889,02 = \$ \ 11.529,76$

7. Verifique se as taxas de juros de 13,789318% a.t. e 35,177214% para 7 meses são equivalentes.

Solução:

Uma solução simples é calcular o MMC dos prazos definidos para as taxas e capitalizá-las até esta data. Sendo de 21 meses o MMC, tem-se:

- $(1 + 0,137893)^7 - 1 = 147\%$ p/21 meses
- $(1 + 0,351772)^3 - 1 = 147\%$ p/21 meses

As taxas são equivalentes. Alternativamente, a equivalência poderia também ser verificada na taxa mensal:

- $i_q = \sqrt[3]{1,137893} - 1 = 4,4\%$ a.m.
- $i_q = \sqrt[7]{1,351772} - 1 = 4,4\%$ a.m.

8. Calcule a taxa efetiva anual (ou capitalizar para um ano) às seguintes taxas:

a) 2,5% a.m.

b) 4% a.b.

c) 6% a.t.

d) 10% a.s.

Solução:

a) $i_{12} = (1 + 0,025)^{12} - 1 = 34,49\%$ a.a.

b) $i_{12} = (1 + 0,04)^6 - 1 = 26,53\%$ a.a.

c) $i_{12} = (1 + 0,06)^4 - 1 = 26,25\%$ a.a.

d) $i_{12} = (1 + 0,10)^2 - 1 = 21,0\%$ a.a.

9. Uma aplicação de \$ 78.000,00 gerou um montante de \$ 110.211,96 numa certa data. Sendo de 2,5% ao mês a taxa de juros considerada, calcular o prazo da aplicação.

Solução:

$PV = \$ \ 78.000,00$

$FV = \$ \ 110.211,96$

$i = 2{,}5\%$ a.m.

$FV = PV \times (1 + i)^n$

$$\frac{FV}{PV} = (1+i)^n$$

$$\frac{110.211{,}96}{78.000{,}00} = (1{,}025)^n$$

$1{,}412974 = (1{,}025)^n$

Aplicando-se log:

$\log 1{,}412974 = \log (1{,}025)^n$

$\log 1{,}412974 = n \times \log 1{,}025$

$$n = \frac{\log 1{,}412974}{\log 1{,}025} = \frac{0{,}150134}{0{,}010724} = 14 \text{ meses}$$

10. Para uma taxa de juros de 7% ao mês, qual das duas alternativas de pagamento apresenta menor custo para o devedor:

a) pagamento integral de $ 140.000,00 à vista (na data zero);

b) $ 30.000,00 de entrada, $ 40.000,00 em 60 dias e $ 104.368,56 em 120 dias.

Solução:

O problema pode ser solucionado calculando-se o *PV* das duas alternativas à taxa de 7% ao mês. A alternativa que apresentar o maior valor presente é a que tem o maior custo, isto é:

a) $PV = \$\ 140.000{,}00$

b) $PV = 30.000{,}00 + \dfrac{40.000{,}00}{(1{,}07)^2} + \dfrac{104.368{,}56}{(1{,}07)^4}$

$PV = 30.000{,}00 + 34.937{,}55 + 79.622{,}27$

$= \$\ 144.559{,}82$

A alternativa de pagamento *b*), com maior valor presente, apresenta um custo superior a 7% ao mês, sendo, portanto, a mais onerosa.

O custo (taxa percentual) da alternativa *b*) em relação ao pagamento à vista é calculado pelo conceito da taxa interna de retorno. Em verdade, deseja-se saber a taxa de juros que iguala o *PV* da alternativa *b*) ao valor do pagamento à vista. Assim:

$140.000{,}00 =$

$$= 30.000{,}000 + \frac{40.000{,}00}{(1+i)^2} + \frac{104.368{,}56}{(1+i)^4}$$

$$110.000{,}00 = \frac{40.000{,}00}{(1+i)^2} + \frac{104.368{,}56}{(1+i)^4}$$

Com o auxílio de uma calculadora financeira, chega-se a: IRR = 8,3% ao mês, que representa o custo mensal efetivo das condições de pagamento expostas em *b*).

Exercícios propostos

1. A taxa de juros de um financiamento está fixada em 3,3% ao mês em determinado momento. Qual o percentual desta taxa acumulada para um ano?

2. Capitalize as seguintes taxas:
   a) 2,3% ao mês para um ano;
   b) 0,14% ao dia para 23 dias;
   c) 7,45% ao trimestre para um ano;
   d) 6,75% ao semestre para um ano;
   e) 1,87% equivalente a 20 dias para um ano.

3. Calcule a taxa equivalente composta a 34% ao ano para os seguintes prazos:
   a) 1 mês;
   b) 1 quadrimestre;
   c) 1 semestre;
   d) 5 meses;
   e) 10 meses.

4. Se um investidor deseja ganhar 18% ao ano de taxa efetiva, pede-se calcular a taxa de juro que deverá exigir de uma aplicação se o prazo de capitalização for igual a:
   a) 1 mês;
   b) 1 trimestre;
   c) 7 meses.

5. Admita-se que um banco esteja pagando 16,5% ao ano de juros na colocação de um título de sua emissão. Apure a taxa efetiva (equivalente) para os seguintes prazos:
   a) 1 mês;
   b) 9 meses;
   c) 37 dias;
   d) 100 dias.

6. Calcule a taxa equivalente mensal das seguintes taxas:
   a) 2,9% para 26 dias;
   b) 3,55% para 34 dias.

7. Com relação à formação das taxas de juros, pede-se:
   a) em 77 dias uma aplicação rendeu 8,3% de juros. Apurar as taxas mensal e anual equivalentes;
   b) um banco cobra atualmente 18,6% ao ano de juros. Para uma operação de 136 dias, determinar a taxa efetiva (equivalente) que será cobrada;
   c) uma empresa está cobrando juros de 3% para vendas a prazo de 28 dias corridos. Determinar a taxa efetiva mensal e anual da venda a prazo;
   d) determinar a taxa equivalente para 44 dias de 109,3% ao ano.

8. Um financiamento está sendo negociado a uma taxa nominal (linear) de 72% ao ano. Determine o custo efetivo anual desta operação, admitindo que os juros sejam capitalizados:
   a) mensalmente;
   b) trimestralmente;
   c) semestralmente.

9.
a) Um título está pagando uma taxa efetiva de 2,85% ao mês. Para um mês de 30 dias, transforme esta remuneração em taxa nominal (linear).
b) Para cada taxa nominal apresentada a seguir, pede-se calcular a taxa efetiva anual:
   - 9% a.a. capitalizados mensalmente;
   - 14% a.a. capitalizados trimestralmente;
   - 15% a.a. capitalizados semestralmente;
   - 12% a.a. capitalizados anualmente.

10. Determine o montante de uma aplicação de $ 22.000,00 admitindo os seguintes prazos e taxas:
   a) i = 2,2% a.m.; n = 7 meses
   b) i = 5% a.m.; n = 2 anos
   c) i = 12% a.t.; n = 1 ano e meio
   d) i = 20% a.s.; n = 4 anos
   e) i = 0,15% a.d.; n = 47 dias
   f) i = 9% a.a.; n = 216 meses

11. Calcule o juro de uma aplicação de $ 300.000,00 nas seguintes condições de prazo e taxa:
   a) i = 2,5% a.m.; n = 1 semestre
   b) i = 3,3% a.m.; n = 1 ano e 3 meses
   c) i = 6% a.s.; n = 72 meses
   d) i = 10% a.a.; n = 120 meses
   e) i = 25% a.q.; n = 4 anos

12. Um banco lança um título pagando 6% ao trimestre. Se uma pessoa necessitar de $ 58.000,00 daqui a 3 anos, quanto deverá aplicar neste título?

13. Sendo a taxa corrente de juros de 10% ao quadrimestre, quanto deve ser aplicado hoje para se resgatar $ 38.500,00 daqui a 28 meses?

14. Calcule a taxa mensal de juros de uma aplicação de $ 68.700,00 que produz um montante de $ 82.084,90 ao final de 8 meses.

15. Um banco publica em suas agências o seguinte anúncio: "aplique $ 1.000,00 hoje e receba $ 1.180,00 ao final de 6 meses". Determine a efetiva taxa mensal, semestral e anual de juros oferecida por esta aplicação.

16. Uma loja está oferecendo uma mercadoria no valor de $ 900,00 com desconto de 12% para pagamento à vista. Outra opção de compra é pagar os $ 900,00 após 30 dias sem desconto. Calcule o custo efetivo mensal da venda a prazo.

17. Os rendimentos de uma aplicação de $ 12.800,00 somaram $ 7.433,12 ao final de 36 meses. Determine a taxa efetiva mensal de juros desta aplicação.

18. Determine as taxas mensal e anual equivalentes de juros de um capital de $ 67.000,00 que produz um montante de $ 171.929,17 ao final de 17 meses.

19. Determine a taxa mensal de juros de uma aplicação de $ 22.960,00 que produz um montante de $ 28.822,30 ao final de 10 meses.

20. Uma empresa tem observado um crescimento exponencial médio de 10% ao ano na demanda física de seus produtos. Mantida esta tendência ao longo do tempo, determine em quantos anos dobrará a demanda.

21. Uma empresa observa que seu faturamento está crescendo a uma taxa geométrica de 4% ao semestre nos últimos anos. Mantida esta tendência, calcule em quantos anos o faturamento irá:
    a) duplicar;
    b) triplicar.

22. Determine a taxa mensal de juros compostos que faz com que um capital triplique de valor após três anos e meio.

23. Uma taxa efetiva de juros com capitalização quadrimestral é aplicada a um capital, gerando um total de juros, ao final de 2 anos, igual a 270% do valor do capital aplicado. Determine o valor desta taxa de juros.

24. Uma empresa contrata um empréstimo de 48.700,00 e prazo de vencimento de 30 meses. Sendo a taxa de juro anual de 19,5% pede-se calcular o montante a pagar utilizando as convenções linear e exponencial.

25. Quanto um investidor pagaria hoje por um título de valor nominal (valor de resgate) de $ 13.450,00 com vencimento para daqui a um semestre? Sabe-se que esse investidor está disposto a realizar a aplicação somente se auferir uma rentabilidade efetiva de 20% ao ano.

26. Admita que uma pessoa irá necessitar de $ 33.000,00 em 11 meses e $ 47.000,00 em 14 meses. Quanto deverá ela depositar hoje numa alternativa de investimento que oferece uma taxa efetiva de rentabilidade de 17% ao ano?

27. Para um poupador que deseja ganhar 2,5% ao mês, o que é mais interessante: a) receber $ 18.500,00 de hoje a 4 meses ou; b) $ 25.500,00 de hoje a 12 meses?

28. Uma pessoa deve $ 2.500,00 vencíveis no fim de 4 meses e $ 8.500,00 de hoje a 8 meses. Que valor deve essa pessoa depositar numa conta de poupança, que remunera à taxa de 2,77% ao mês, de forma que possa efetuar os saques necessários para pagar seus compromissos?

    Admita em sua resposta que após a última retirada para liquidação da dívida: a) não permanece saldo final; e b) permanece um saldo igual a $ 4.000,00 na conta de poupança.

29. Um investidor efetuou no passado uma aplicação num título cujo vencimento se dará daqui a 4 meses, sendo seu montante de $ 36.670,00. O banco procura o aplicador e oferece trocar este título por outro vencível daqui a 9 meses, apresentando valor de resgate de $ 41.400,00. Sendo de 2,1% ao mês a taxa corrente de juros de mercado, é interessante para o investidor a troca de títulos. Qual a rentabilidade da nova aplicação proposta pelo banco?

30. João tem as seguintes obrigações financeiras com Pedro:
    - dívida de $ 18.200,00 vencível no fim de um mês;
    - dívida de $ 23.300,00 vencível no fim de 5 meses;
    - dívida de $ 30.000,00 vencível no fim de 10 meses.

    Prevendo dificuldades no pagamento desses compromissos, João propõe substituir este plano original por dois pagamentos iguais, vencendo o primeiro de hoje a 12 meses e o segundo no fim de 15 meses. Determine o valor desses pagamentos para uma taxa de juros de 2,8% ao mês.

31. Uma empresa levanta um empréstimo de $ 25.000,00 a ser pago em 3 prestações crescentes em PA de razão igual ao primeiro termo. O primeiro pagamento deve ser efetuado no fim de

3 meses, o segundo no fim de 4 meses e o terceiro no fim de um ano.

Para uma taxa de juros de 3,5% ao mês, apure o valor desses pagamentos.

32. Uma empresa tem o seguinte conjunto de dívidas com um banco:
   - $ 39.000,00 vencível de hoje a 3 meses;
   - $ 55.000,00 vencível do hoje a 6 meses;
   - $ 74.000,00 vencível de hoje a 8 meses.

   Toda a dívida poderia ser quitada em um único pagamento de $ 192.387,07. Para uma taxa de juro nominal de 28,08% ao ano capitalizada mensalmente, determine em que momento deveria ser efetuado esse pagamento para que seja equivalente com o conjunto atual da dívida.

33. Uma pessoa deve a outra a importância de $ 12.400,00. Para a liquidação da dívida, propõe os seguintes pagamentos: $ 3.500,00 ao final de 2 meses; $ 4.000,00 ao final de 5 meses; $ 1.700,00 ao final de 7 meses e o restante em um ano. Sendo de 3% ao mês a taxa efetiva de juros cobrada no empréstimo, pede-se: calcular o valor do último pagamento.

34. Uma dívida apresenta as seguintes condições de pagamento: $ 6.200,00 vencíveis em certa data e $ 9.600,00 vencíveis 4 meses após. O devedor propõe uma renegociação da dívida nas seguintes condições: $ 3.000,00 após 3 meses do vencimento do primeiro pagamento original; $ 4.500,00 daí a 3 meses e o restante 5 meses depois deste último pagamento. Para uma taxa efetiva de juros de 2,9% ao mês, calcular o saldo a pagar.

35. Determinada mercadoria foi adquirida em 4 pagamentos bimestrais de $ 1.460,00 cada um. Alternativamente, essa mesma mercadoria poderia ser adquirida pagando-se 20% de seu valor como entrada e o restante ao final de 5 meses. Sendo de 30,60% ao ano a taxa nominal de juros com capitalização mensal a ser considerada nesta operação, pede-se determinar o valor da prestação vencível ao final de 5 meses.

36. Uma dívida tem o seguinte esquema de pagamento: $ 3.900,00 vencíveis em 3 meses a partir de hoje e $ 11.700,00 de hoje a 5 meses. O devedor propõe ao credor refinanciar esta dívida mediante 5 pagamentos bimestrais, iguais e sucessivos, vencendo o primeiro de hoje a um mês. Sendo de 2,1% ao mês a taxa de juros da dívida original e de 3,0% ao mês a taxa a ser considerada no refinanciamento, pede-se determinar o valor de cada pagamento bimestral.

37. Sabe-se que a taxa nominal de uma aplicação financeira é de 12% ao ano, capitalizados mensalmente. Pede-se determinar:
   a) quanto valerá uma aplicação de $ 10.000,00 depois de 5 meses;
   b) taxa efetiva anual da aplicação financeira;
   c) taxa efetiva mensal da aplicação financeira.

38. Um investidor aplicou $ 240.000,00 em fundo de investimento, apurando as seguintes taxas efetivas mensais de retorno:

   Mês 1: 0,9376%

   Mês 2: 0,9399%

   Mês 3: 0,8283%

   Mês 4: 0,8950%

   Pede-se calcular:
   a) montante do investimento ao final do mês 4;
   b) taxa de retorno acumulada do período;
   c) taxa média equivalente mensal.

39. Uma pessoa levanta um empréstimo de $ 60.000,00 pagando uma taxa de juro de 1,2% ao mês. Pede-se:
   a) se o empréstimo prever um pagamento de $ 25.000,00 ao final de 3 meses, $ 15.000,00 ao final de 4 meses e uma parcela ao final de 6 meses, calcular o valor deste último pagamento;
   b) calcular o valor de cada pagamento admitindo que o empréstimo seja liquidado em 3 parcelas iguais, vencíveis, respectivamente, em 2, 4 e 6 meses.

40. Um banco concede um empréstimo de $ 120.000 para uma empresa para ser pago em 4 prestações ao final dos meses 3, 5, 6 e 8. As três primeiras

prestações têm o mesmo valor, porém o último pagamento, previsto para o final do mês 8, é igual ao dobro das parcelas anteriores. A taxa de juro cobrada pelo banco é de 1,5% ao mês. Calcule o valor de cada um dos pagamentos.

41. O aplicador *A* possui o dobro do capital de *B*. O capital somado de *A* e *B* totaliza $ 42.000,00. Os dois aplicadores decidiram investir seus capitais por três meses da forma seguinte:
    - 20% em caderneta de poupança com rendimento nominal de 0,94% ao mês;
    - 30% em título de renda fixa com rendimento nominal de 11,25% ao ano;
    - 50% em um fundo de investimento (renda fixa) com rendimento nominal de 10,75% ao ano.

    Pede-se calcular o montante (principal e juros) de cada aplicador, em cada alternativa de investimento, ao final do trimestre.

Respostas

1. 47,64% a.a.

2. a) 31,37% a.a.
   b) 3,27% p/23 dias
   c) 33,30% a.a.
   d) 13,96% a.a.
   e) 39,58% a.a.

3. a) 2,47% a.m.
   b) 10,25% a.q.
   c) 15,76% a.s.
   d) 12,97% p/5 meses
   e) 27,62% p/10 meses

4. a) 1,39% a.m.
   b) 4,22% a.t.
   c) 10,14% p/7 meses

5. a) 1,28% a.m.
   b) 12,14% p/9 meses
   c) 1,58% p/37 dias
   d) 4,33% p/100 dias

6. a) 3,35% a.m.
   b) 3,13% a.m.

7. a) 3,16% a.m.
   45,18% a.a.
   b) 6,66% p/136 dias
   c) 3,22% a.m.
   46,23% a.a.
   d) 9,45% p/44 dias

8. a) 101,22% a.a.
   b) 93,88% a.a.
   c) 84,96% a.a.

9. a) 2,81% a.m. (taxa nominal)
   b) Taxa Efetiva Anual:
   - $i = 9,38\%$
   - $i = 14,75\%$
   - $i = 15,56\%$
   - $i = 12,0\%$

10. a) FV = $ 25.619,99
    b) FV = $ 70.952,20
    c) FV = $ 43.424,10
    d) FV = $ 94.595,97
    e) FV = $ 23.605,73
    f) FV = $ 103.776,65

11. a) J = $ 47.908,03
    b) J = $ 188.231,82
    c) J = $ 303.658,94
    d) J = $ 478.122,74
    e) J = $ 4.065.574,57

12. PV = \$ 28.824,22

13. PV = \$ 19.756,59

14. i = 2,25% a.m.

15. i = 2,80% a.m.
i = 18,0% a.s.
i = 39,24% a.a.

16. i = 13,64% a.m.

17. i = 1,28% a.m.

18. i = 5,7% a.m.
i = 94,50% a.a.

19. i = 2,3% a.m.

20. 7,27 anos

21. a) 17,67 semestres
b) 28,01 semestres

22. i = 2,65% a.m.

23. i = 24,37% a.q.
i = 92,35% a.a.

24. FV (Linear) = \$ 76.325,44
FV (Exponencial) = \$ 76.023,65

25. PV = \$ 12.278,11

26. PV = \$ 67.710,00

27. Receber \$ 25.500,00 ao final de um ano (maior PV).

28. a) PV = \$ 9.072,23
b) PV = \$ 12.286,84

29. i = 2,46% a.m.
A troca do título foi interessante.

30. Valor de cada pagamento = \$ 44.068,10

31. 1º Pagamento = \$ 5.399,36
2º Pagamento = \$ 10.798,72
3º Pagamento = \$ 16.198,08

32. 12º mês

33. \$ 6.085,47

34. \$ 11.255,47

35. \$ 4.679,41

36. \$ 3.283,06

37. a) \$ 10.510,10
b) i = 12,68% a.a.
c) i = 1% a.m.

38. a) \$ 248.759,21
b) i = 3,65% ao período
c) i = 0,90% a.m.

39. a) \$ 23.178,69
b) \$ 20.973,44

40. $P_3 = P_5 = P_6 = \$ 26.232,14$

$P_8 = \$ 52.464,28$

41.

	Aplicador A	Aplicador B
Caderneta de poupança	$ 5.759,41	$ 2.879,70
Título de renda fixa	$ 8.626,89	$ 4.313,45
Fundo de investimento	$ 14.361,97	$ 7.180,98

3

Descontos

Entende-se por *valor nominal* o valor de resgate, ou seja, o valor definido para um título em sua data de vencimento. Representa, em outras palavras, o próprio montante da operação.

A operação de se liquidar um título antes de seu vencimento envolve geralmente uma recompensa, ou um desconto pelo pagamento antecipado. Desta maneira, *desconto* pode ser entendido como a diferença entre o valor nominal de um título e o seu valor atualizado apurado n períodos antes de seu vencimento.

Por outro lado, *valor descontado* de um título é o seu valor atual na data do desconto, sendo determinado pela diferença entre o valor nominal e o desconto, ou seja:

Valor Descontado = Valor Nominal - Desconto

As operações de desconto podem ser realizadas tanto sob o regime de juros simples como no de juros compostos. O uso do desconto simples é amplamente adotado em operações de curto prazo, restringindo-se o desconto composto para as operações de longo prazo.

Tanto no regime linear como no composto ainda são identificados dois tipos de desconto: (a) desconto "por dentro" (ou racional) e; (b) desconto "por fora" (ou bancário, ou comercial).

3.1 Desconto simples

Conforme foi salientado, são identificados dois tipos de desconto simples: o desconto "por dentro" (ou racional) e o desconto "por fora" (ou bancário, ou comercial).

3.1.1 Desconto Racional (ou "por dentro")

O *desconto racional*, também denominado desconto "por dentro", incorpora os conceitos e relações básicas de juros simples, conforme desenvolvidos no primeiro capítulo.

Assim, sendo D_r o valor do desconto racional, C o capital (ou valor atual), i a taxa periódica de juros e n o prazo do desconto (número de períodos que o título é negociado antes de seu vencimento), tem-se a conhecida expressão de juros simples:

$$D_r = C \times i \times n$$

Pela própria definição de desconto e introduzindo-se o conceito de *valor descontado* no lugar de *capital* no cálculo do desconto, tem-se:

$$D_r = N - V_r$$

sendo N o valor nominal (ou valor de resgate, ou montante) e V_r o valor descontado racional (ou valor atual) na data da operação.

Como:

$$V_r = C = \frac{N}{1+i\times n}$$

tem-se:

$$D_r = N - \frac{N}{1+i\times n}$$

$$D_r = \frac{N(1+i\times n)\times N}{1+i\times n} = \frac{\cancel{N}+N\times i\times n\times \cancel{N}}{1+i\times n}$$

$$D_r = \frac{N\times i\times n}{1+i\times n}$$

A partir dessa fórmula é possível calcular o valor do desconto racional obtido de determinado valor nominal (N), a uma dada taxa simples de juros (i) e a determinado prazo de antecipação (n).

Já o *valor descontado*, conforme definição apresentada, é obtido pela seguinte expressão de cálculo:

$$V_r = N - D_r$$

$$V_r = N = \frac{N\times i\times n}{1+i\times n}$$

$$V_r = \frac{N(1+i\times n)-N\times i\times n}{1+i\times n}$$

$$= \frac{N+\cancel{N\times i\times n}-\cancel{N\times i\times n}}{1+i\times n}$$

$$V_r = \frac{N}{1+i\times n}$$

Observe, uma vez mais, que o desconto racional representa exatamente as relações de juros simples descritas no capítulo inicial. É importante registrar que o juro incide sobre o capital (valor atual) do título, ou seja, sobre o capital liberado da operação. A taxa de juro (desconto) cobrada representa, dessa maneira, o custo efetivo de todo o período do desconto.

Exemplos:

1. Seja um título de valor nominal de $ 4.000,00 vencível em um ano, que está sendo liquidado 3 meses antes de seu vencimento. Sendo de 42% a.a. a taxa nominal de juros corrente, pede-se calcular o desconto e o valor descontado desta operação.

Solução:

Graficamente:

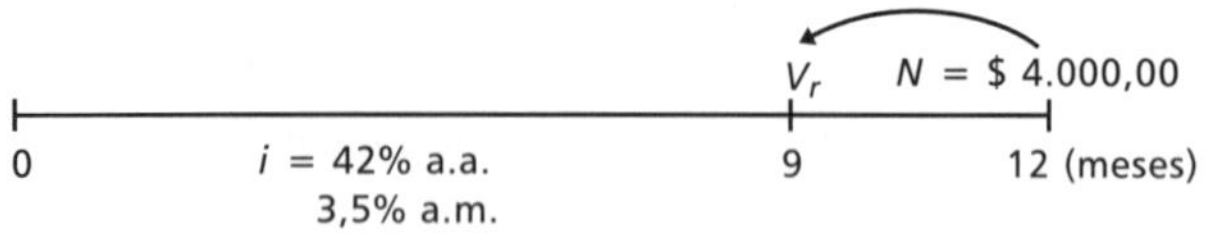

- ***Desconto***

$$D_r = \frac{N\, x\, i\, x\, n}{1+i\, x\, n}$$

$$D_r = \frac{4.000,00\times 0,035\times 3}{1+0,035\times 3}$$

$$= \frac{420,00}{1,105} = \$\,350,10$$

- ***Valor Descontado***

$V_r = N - D_r$

$V_r = 4.000,00 - 380,10 = \$\ 3.619,90$

ou

$$V_r = \frac{N}{1+i\times n}$$

$$V_r = \frac{4.000,00}{1+0,035\times 3} = \$\,3.619,90$$

Do ponto de vista do devedor, $ 380,10 representam o valor que está deixando de pagar por saldar a dívida antecipadamente (3 meses antes de seu vencimento).

O valor líquido do pagamento (valor descontado) é de $ 3.619,90.

2. Determinar a taxa mensal de desconto racional de um título negociado 60 dias antes de seu vencimento, sendo seu valor de resgate igual a $ 26.000,00 e valor atual na data do desconto de $ 24.436,10.

Solução:

n = 2 meses (60 dias)

N = $ 26.000,00

V_r = $ 24.436,10

Sabe-se que no desconto racional o desconto é aplicado sobre o valor atual do título, ou seja, sobre o capital liberado. Logo:

$D_r = V_r \times i \times n$

$$i = \frac{D_r}{V_r \times n}$$

$$i = \frac{26.000,00-24.436,10}{24.436,10} =$$

$$= \frac{1.563,90}{48.872,20} = 0,032 \text{ ou } 3,2\% \text{ a.m.}$$

3.1.2 Desconto bancário (ou comercial, ou "por fora")

Esse tipo de desconto, simplificadamente por incidir sobre o valor nominal (valor de resgate) do título, proporciona maior volume de encargos financeiros efetivos nas operações. Observe que, ao contrário dos juros "por dentro", que calculam os encargos sobre o capital efetivamente liberado na operação, ou seja, sobre o valor presente, o critério "por fora" apura os juros sobre o montante, indicando custos adicionais ao tomador de recursos.

A modalidade de desconto "por fora" é amplamente adotada pelo mercado, notadamente em operações de crédito bancário e comercial a curto prazo.

O valor desse desconto, genericamente denominado desconto "por fora" (D_F), no regime de juros simples, é determinado pelo produto do valor nominal do título (N), da taxa de desconto periódica "por fora" contratada na operação (d) e do prazo de antecipação definido para o desconto (n). Isto é:

$$\boldsymbol{D_F = N \times d \times n}$$

O valor descontado "por fora" (V_F), aplicando-se a definição, é obtido:

$V_F = N - D_F$

$V_F = N - N \times d \times n$

$$\boldsymbol{V_F = N\,(1 - d \times n)}$$

Exemplos: Para melhor avaliar as diferenças dos tipos de descontos, são desenvolvidos os mesmos exemplos utilizados anteriormente no desconto racional (ou "por dentro").

1. Seja um título de valor nominal de \$ 4.000,00 vencível em um ano, que está sendo liquidado antes de seu vencimento. Sendo de 42% ao ano a taxa de desconto adotada, pede-se calcular o desconto e o valor descontado desta operação.

Solução:

Analogamente:

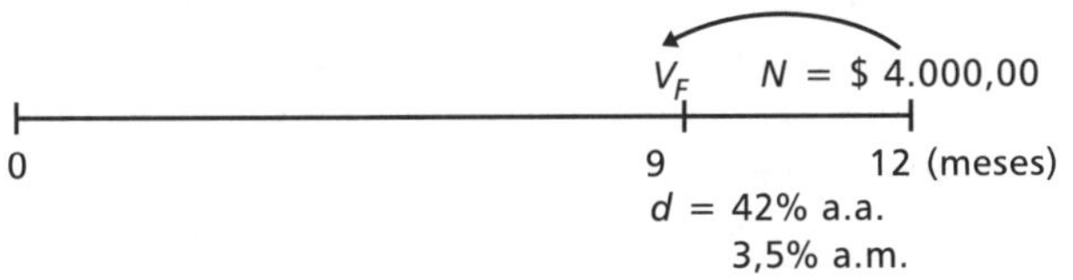

- ***Desconto***

$D_F = N \times d \times n$

$D_F = 4.000{,}00 \times 0{,}035 \times 3$

$D_F = 420{,}00$

Observe que o maior valor dos juros cobrado pelo título deve-se ao fato, conforme ressaltado anteriormente, de o desconto "por fora" ser aplicado diretamente sobre o valor nominal (valor de resgate) e não sobre o valor atual, como é característico das operações de desconto racional.

Em verdade, o valor do desconto "por fora" equivale, em um mesmo momento do tempo, ao montante do desconto "por dentro", supondo-se as mesmas condições de prazo e taxa. Isto é:

$D_r = \$\ 380{,}10$

$D_F = \$\ 420{,}00$

Para uma taxa de 3,5% ao mês e um período de desconto de 3 meses, conforme estabelecido na ilustração, tem-se:

$D_F = D_r\,(1 + i \times n)$

$D_F = 380{,}10 \times (1 + 0{,}035 \times 3)$

$D_F = 380{,}10 \times (1{,}105)$

$D_F = \$\ 420{,}00$

O cálculo do *valor descontado* (V_F) é desenvolvido:

$V_F = N\,(1 - d \times n)$

$V_F = 4.000{,}00 \times (1 - 0{,}035 \times 3)$

$V_F = 4.000{,}00 \times (0{,}895)$

$V_F = \$\ 3.580{,}00$

Torna-se evidente que o devedor desse título, descontado pelo desconto bancário (ou comercial, ou "por fora"), assume encargos maiores que aqueles declarados para a operação.

A taxa de juros efetiva desta operação não equivale à taxa de desconto utilizada. Note que, se são pagos \$ 420,00 de juros sobre um valor atual de \$ 3.580,00, a taxa de juros assume o seguinte percentual efetivo:

$$i = \frac{\$\ 420{,}00}{\$\ 3.580{,}00} = 11{,}73\%\ \text{a.t.}$$

(ou: 3,77% ao mês pela equivalente composta).

Logo, no desconto "por fora" é fundamental separar a taxa de desconto (*d*) e a taxa efetiva de juros (*i*) da operação. Em toda operação de desconto "por fora" há uma taxa implícita (efetiva) de juro superior à taxa declarada. O item seguinte dispensa um tratamento mais detalhado para este assunto.

2. Determinar a taxa de desconto "por fora" de um título negociado 60 dias antes de seu vencimento, sendo seu valor de resgate igual a \$ 26.000,00 e valor atual na data do desconto de \$ 24.436,10.

Solução:

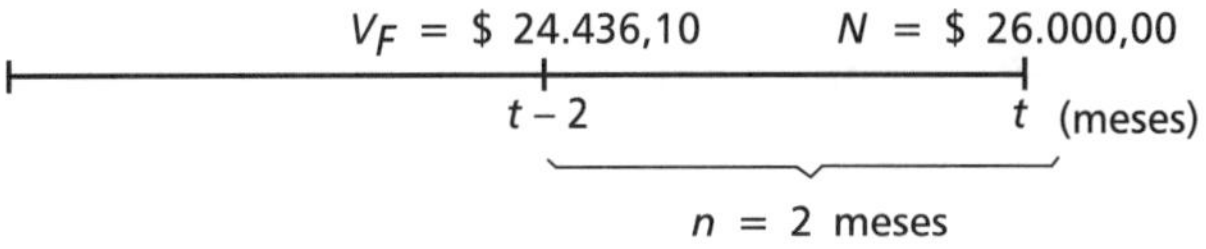

$D_F = N \times d \times n$

$D_F = 26.000{,}00 - 24{,}436{,}10 = \$\ 1.563{,}90$

$n = 2$ meses (60 dias)

$N = \$\ 26.000{,}00$

$d = ?$

$D_F = N \times d \times n$

$1.563{,}90 = 26.000{,}00 \times d \times 2$

$1.563{,}90 = 52.000{,}00 \times d$

$$d = \frac{1.563{,}90}{52.000{,}00} = 3{,}0\%\ \text{a.m.}$$

A liquidação de um título 60 dias antes de seu vencimento foi efetuada pela taxa mensal de desconto "por fora" de 3,0% (*d* = 3,0% ao mês).

Essa taxa, conforme será abordado no item a seguir, não indica o *custo efetivo* desta operação, mas a taxa de desconto aplicada sobre o valor nominal (resgate) do título. O juro efetivo desta operação de desconto é aquele obtido pelo critério racional ("por dentro"), conforme apurado no exemplo 2 do item 3.1.1.

DESCONTO "POR DENTRO" × DESCONTO "POR FORA"

Admita uma operação de desconto de um título de \$ 50.000,00 realizada por uma empresa pelo prazo de 3 meses. O banco cobra uma taxa de desconto de 2,2% a.m. Desenvolver uma análise da operação pelas metodologias de desconto *por dentro* (desconto racional) e desconto *por fora* (desconto bancário ou comercial).

Desconto "Por Dentro"

Valor do Resgate (Nominal): \$ 50.000,00

Valor Líquido Liberado: $\dfrac{50.000,00}{1+0,022\times 3}$: \$ 46.904,32

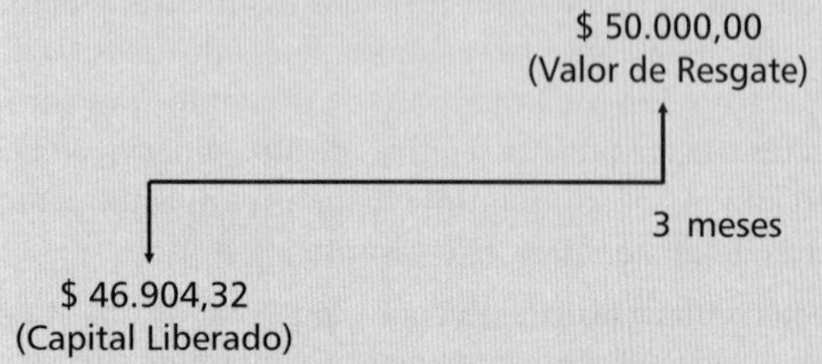

O custo da operação equivale a 6,6% ao trimestre, e corresponde a uma taxa efetiva de 2,15% ao mês, ou seja:

$$i = [(1{,}066)^{1/3} - 1] \times 100 = 2{,}15\% \text{ a.m.}$$

Desconto "Por Fora"

Valor do Desconto "Por Fora":

\$ 50.000,00 × 0,022 × 3: \$ 3.300,00

Valor Líquido Liberado:

\$ 50.000,00 – \$ 3.300,00: \$ 46.700,00

O crédito liberado ao tomador pelo desconto bancário ou comercial ("Por Fora") é menor, explicado pela incidência dos juros sobre o valor de resgate do título. Com isso, a taxa efetiva é maior, atingindo a:

$$\text{Custo Efetivo (i)} = \frac{\$\,50.000,00}{\$\,46.700,00} - 1 = 7{,}066\% \text{ a.t.}$$

Esta taxa equivale a uma taxa efetiva mensal de juros de:

$$i = [(1{,}0766)^{1/3} - 1] \times 100 = 2{,}3\% \text{ a.m.}$$

3.1.2.1 Despesas bancárias

É importante registrar que em operações de desconto com bancos comerciais são geralmente cobradas taxas adicionais de desconto a pretexto de cobrir certas despesas administrativas e operacionais incorridas pela instituição financeira. Essas taxas são geralmente prefixadas e incidem sobre o valor nominal do título uma única vez no momento do desconto.

A formulação do desconto "por fora" apresenta-se, conforme demonstrada anteriormente:

$$D_F = N \times d \times n$$

Chamando de ***t*** a taxa administrativa cobrada pelos bancos em suas operações de desconto e incluindo esta taxa na formulação, tem-se:

$$D_F = (N \times d \times n) + (t \times N)$$

$$\mathbf{D_F = N\,(d \times n + t)}$$

De forma análoga, o valor descontado (V_F) incluindo a cobrança da taxa administrativa *t* é apurado da forma seguinte:

$$V_F = N - D_F$$

$$V_F = N - N\,(d \times n + t)$$

$$\mathbf{V_F = N\,[1 - (d \times n + t)]}$$

Exemplo:

1. Uma duplicata de valor nominal de \$ 60.000,00 é descontada num banco dois meses antes de seu vencimento. Sendo de 2,8% ao mês a taxa de desconto usada na operação, calcular o desconto e o valor descontado. Sabe-se ainda que o banco cobra 1,5% sobre o valor nominal do título, descontados integralmente no momento da liberação dos recursos, como despesa administrativa.

Solução:

N = \$ 60.000,00

d = 2,8% a.m.

n = 2 meses

t = 1,5% sobre valor nominal

- ***Desconto***

$D_F = N\,(d \times n + t)$

$D_F = 60.000,00 \times (0,028 \times 2 + 0,015)$

$D_F = 60.000,00 \times (0,071)$

D_F = \$ 4.260,00

Observe que o desconto de \$ 4.260,00 representa:

Desconto ($N \times d \times n$)

60.000,00 × 0,028 × 2	=	\$ 3.360,00

Despesa Administrativa ($N \times t$)

60.000,00 × 0,015	=	900,00
		\$ 4.260,00

- ***Valor Descontado***

$V_F = N\,[1 - (d \times n + t)]$

$V_F = 60.000,00\,[1 - (0,028 \times 2 + 0,015)]$

$V_F = 60.000,00\,[1 - 0,071]$

$V_F = 60.000,00 \times 0,929$

V_F = \$ 55.740,00

3.2 Taxa implícita de juros do desconto "por fora"

Conforme foi introduzido nos exemplos ilustrativos apresentados no item anterior, o desconto "por fora", ao

Figura 3.1 *Desconto por fora*

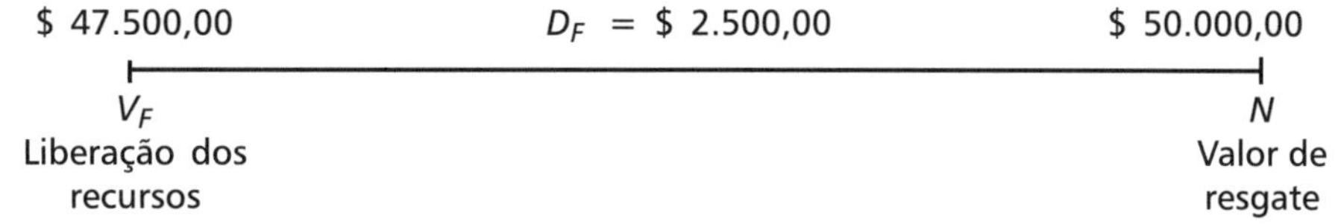

ser apurado sobre o valor nominal (resgate) do título, admite implicitamente uma taxa de juros superior àquela declarada para a operação.

Por exemplo, suponha um título de valor nominal de $ 50.000,00 descontado em um banco um mês antes de seu vencimento à taxa de 5% ao mês.

Aplicando-se o critério de desconto "por fora", como é típico destas operações, tem-se a Figura 3.1.

Observe que a taxa de juros adotada de 5% ao mês não iguala V_F e N em nenhum momento do tempo. Ou seja, essa taxa, se aplicada ao valor descontado de $ 47.500,00, não produz, para o período de um mês, o montante de $ 50.000,00 (atinge a: $ 47.500,00 + 5% = $ 49.875,00).

Logo, há uma taxa *implícita* de juros na operação, superior aos declarados 5% ao mês, que conduz V_F e N a um mesmo resultado no período. Essa taxa é obtida pelo critério de desconto racional (juros "por dentro"), conforme definido, atingindo a:

$$D = C \times i \times n$$

Deslocando-se *i*:

$$i = \frac{d \times n}{1 - d \times n}$$

Substituindo os valores, chega-se a:

$$i = \frac{2.500,00}{47.500,00 \times 1\,\text{mês}} = \frac{2.500,00}{47.500,00}$$
$$= 5,26\%\ \text{a.m.}$$

O resultado indica que há uma taxa implícita de juro de 5,26% numa operação de desconto de 5% ao mês ($d = 5\%$) pelo período de um mês.

Admitindo, em sequência, que essa operação de desconto tenha sido realizada com antecipação de dois meses, tem-se a Figura 3.2.

Figura 3.2 *Desconto com antecipação de dois meses*

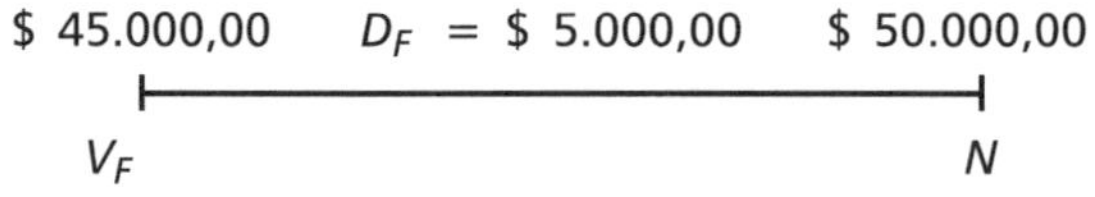

$$i = \frac{5.000,00}{45.000,00 \times 1} = 11,1\%\ \text{a.b.}$$

À base de juros simples, esta taxa equivale a 5,56% ao mês, ou seja:

$$i = \frac{5.000,00}{45.000,00 \times 2\ \text{meses}} = 5,56\%\ \text{a.m.}$$

Em termos de juros compostos, critério tecnicamente mais correto, a taxa de todo o período (bimestre) atinge a 11,1%. No entanto, a mensal efetiva é a equivalente composta:

$$i = \sqrt{1,111} - 1 = 5,4\ \text{a.m.}$$

Algumas observações conclusivas com relação aos tipos de descontos simples são elaboradas a seguir:

a) o desconto "por fora" é apurado sobre o valor de resgate (valor nominal) do título, e o desconto "por dentro" é obtido sobre o valor líquido liberado (capital).

Em verdade, o desconto "por fora", apesar de amplamente adotado nas operações bancárias e comerciais de curto prazo, não pode ser entendido como juro em sua forma mais rigorosa de interpretação. É preferível interpretá-lo como uma metodologia peculiar de cálculo, pois o seu valor é obtido do montante a pagar (ou receber) e não do capital efetivamente empregado pelo devedor (ou credor).

O valor do desconto "por fora" será sempre superior ao do desconto "por dentro" quando obtidos em idênticas condições de prazo e taxa, determinando maior volume de receitas ao credor;

b) a operação de desconto "por fora" a uma determinada taxa *d*, e a um prazo *n*, implica a existência de uma *taxa implícita i* apurada para este mesmo prazo, a qual é calculada segundo os critérios de desconto racional ("por dentro"). A taxa de desconto "por fora" adotada numa operação será sempre inferior à taxa de desconto racional calculada nas mesmas condições;

c) no exemplo ilustrativo de desconto acima definiu-se em 5% a taxa de desconto da operação. No entanto, ao se apurar o custo racional desta operação, que é determinado sobre o capital efetivamente empenhado, chega-se à taxa implícita mensal de 5,26% para $n = 1$ mês e de 11,1% para $n = 2$ meses.

Os cálculos de apuração da taxa racional de juros podem ser substituídos pelo emprego direto da seguinte fórmula:

$$i = \frac{d \times n}{1 - d \times n}$$

Assim, para a obtenção da taxa implícita (i) da operação, basta tão somente conhecer a taxa de desconto "por fora" e o prazo do desconto. Aplicando-se esta fórmula nos exemplos anteriores:

n = 1 mês

$$i = \frac{0,05}{1 - 0,05 \times 1} = \frac{0,05}{0,95} = 5,26\% \text{ a.m.}$$

n = 2 meses

$$i = \frac{0,05 \cdot 2}{1 - 0,05 \cdot 2} = \frac{0,10}{0,90} = 11,1\% \text{ a.b.}$$

Deve ser ressaltado que essas taxas mensais são representativas do regime de juros simples. Para cálculos mais rigorosos é necessário, conforme foi discutido em capítulos anteriores, adotar o regime de juros compostos.

Para o desconto de um mês, a taxa implícita mensal de 5,26% está correta. Lembre-se que, para um único período, os dois regimes de capitalização produzem o mesmo resultado.

No entanto, para um desconto de dois meses, a taxa mensal não é de 5,56%, resultado da média aritmética da taxa bimestral de 11,1%. Nas operações com mais de um período, é necessário *sempre* trabalhar com *juros compostos*, ou seja:

Taxa Mensal Implícita: $(i) = \sqrt{1,111} - 1$
$= 5,4\%$ a.m.

Assim, pela fórmula direta apresentada, o custo efetivo deve ser apurado para todo o período da operação e, a partir deste resultado, pode-se obter, pelo critério de juros compostos, a taxa equivalente para os intervalos de tempo.

Por exemplo, admita uma taxa de desconto (d) de 2,7% ao mês para uma operação de desconto de 35 dias. O custo efetivo para o período de 35 dias pela fórmula direta atinge:

$$i = \frac{d \times n}{1 - d \times n}$$

$$i = \frac{\frac{0,027}{30} \times 35}{1 - \frac{0,027}{30} \times 35} = \frac{0,0315}{0,9685}$$

$= 3,25\%$ p / 35 dias

Observe que o valor percentual de ***d*** é representativo para todo o prazo da operação.

A partir deste custo efetivo para todo o período do desconto (35 dias), pode-se apurar o equivalente composto para outros intervalos de tempo:

Taxa Efetiva Mensal:

$$\left(\sqrt[35]{1,0325}\right)^{30} - 1 = 2,78\% \text{ a.m.}$$

Taxa Efetiva Anual:

$$\left(\sqrt[35]{1,0325}\right)^{360} - 1 = 38,95\% \text{ a.a.}$$

e assim por diante.

Exemplos:

1. Um título é descontado num banco 3 meses antes de seu vencimento. A taxa de desconto definida pelo banco é de 3,3% ao mês. Sendo de \$ 25.000,00 o valor nominal deste título, e sabendo-se que a instituição financeira trabalha com o sistema de desconto "por fora", pede-se calcular:

a) valor do desconto cobrado pelo banco e o valor descontado do título liberado ao cliente;

b) taxa implícita simples e composta desta operação;

c) apuração da taxa implícita pela fórmula direta de cálculo.

Solução:

a) ***Desconto***

$D_F = N \times d \times n$

$D_F = 25.000,00 \times 0,033 \times 3$

$D_F = \$\ 2.475,00$

- ***Valor Descontado***

$V_F = N - D_F$

$V_F = 25.000,00 - 2.475,00 = \$\ 22.525,00$

ou:

$V_F = N\ (1 - d \times n)$

$V_F = 25.000,00 \times (1 - 0,033 \times 3)$

$V_F = 25.000,00 \times 0,901 = \$\ 22.525,00$

b) ***Taxa Implícita***

$$i = \frac{2.475,00}{22.525,00 \times 1 \text{ trim.}} = 10,99\% \text{ a.t. (taxa de juros referente ao trimestre).}$$

- Mensal simples – i =

$$\frac{2.475,00}{22.525,00 \times 3 \text{ m.}} = 3,66\% \text{ a.m.}$$

ou:

$$i = \frac{10,99\%}{3} = 3,66\% \text{ a.m.}$$

- A *taxa efetiva* mensal da operação de desconto, obtida pelo critério de juro composto, atinge:

$$i = \sqrt[3]{1{,}1099} - 1 = 3{,}54\%\ \text{a.m.}$$

c) ***Emprego da fórmula direta***

$$i = \frac{d}{1 - d \times n}$$

$$i = \frac{0{,}033 \times 3\ \text{m.}}{1 - 0{,}033 \times 3\ \text{m.}} = 10{,}99\%\ \text{a.t. (taxa efetiva do período)}$$

Logo, a taxa efetiva (implícita) para um mês é a equivalente composta, ou seja:

$$i = \sqrt[3]{1{,}1099} - 1 = 3{,}54\%\ \text{a.m.}$$

Observe, uma vez mais, que *d* é a taxa de desconto referente a todo o período da operação.

2. Uma instituição financeira publica que sua taxa de desconto é de 3,5% ao mês. Calcular a taxa implícita mensal (simples e composta) admitindo um prazo de desconto de dois meses.

Solução:

$$i = \frac{d \times n}{1 - d \times n}$$

$$i = \frac{0{,}035 \times 2}{1 - 0{,}035 \times 2} = \frac{0{,}07}{0{,}93} = 7{,}53\%\ \text{a.b.}$$

$$i = \sqrt{1{,}0753} - 1 = 3{,}7\%\ \text{a.m. (equivalente composta)}$$

3. Admita que uma instituição financeira esteja cobrando juros "por fora" de 2,2% a.m. em suas operações de desconto. Sendo um título descontado 39 dias antes de seu vencimento, pede-se determinar a taxa efetiva (implícita) de juros mensal e anual.

Solução:

Taxa Efetiva para todo o Período de Desconto (39 dias):

$$i = \frac{d \times n}{1 - d \times n}$$

$$i = \frac{\frac{0{,}022}{30} \times 39}{1 - \frac{0{,}022}{30} \times 39} = \frac{0{,}0286}{0{,}09714} = 2{,}94\%\ \text{p / 39 dias}$$

Taxa Efetiva Mensal:

$$i = \left(\sqrt[39]{1{,}0294}\right)^{30} - 1 = 2{,}25\%\ \text{a.m.}$$

Taxa Efetiva Anual:

$$i = \left(\sqrt[39]{1{,}0294}\right)^{360} - 1 = 30{,}7\%\ \text{a.a.}$$

3.2.1 Taxa efetiva de juros

Nos exemplos ilustrativos anteriores, ficou demonstrado que a taxa implícita de juros calculada para todo o período da operação é adequada para a matemática financeira, permitindo comparações em idênticas condições de prazo. No entanto, quando os prazos dos descontos não forem os mesmos, o regime de juros simples não é adequado tecnicamente para esta análise. Ficou esclarecido também no capítulo anterior a nítida superioridade técnica do regime composto para o cálculo da taxa de juros de um fluxo de caixa.

Dessa maneira, a *taxa efetiva* de juros de um desconto "por fora" apurado à taxa *d* é definida pela aplicação do conceito de taxa interna de retorno, conforme exposta no capítulo anterior. Em outras palavras, a taxa efetiva conceitualmente é aquela obtida pelo critério de capitalização composta.

Com relação aos exemplos desenvolvidos no item anterior, a taxa equivalente mensal obtida pelo regime de juros compostos é interpretada como a taxa efetiva da operação.

Em verdade, é a própria taxa interna de juros da operação, ou seja, a taxa de juros, que iguala, num único momento, entradas com saídas de caixa. Assim, para o Exemplo 1 apresentado, tem-se a Figura 3.3.

Figura 3.3 *Taxa efetiva de juros*

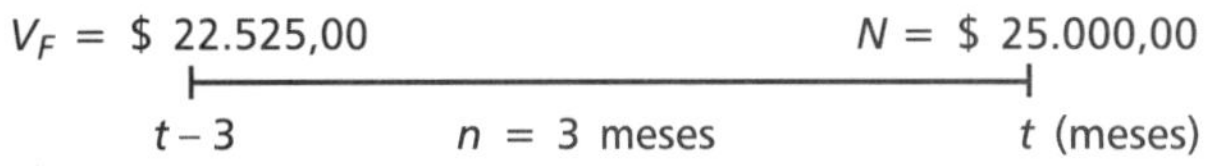

$$FV = PV\,(1 + i)^n$$

$$25.000{,}00 = 22.525{,}00\,(1 + i)^3$$

$$\frac{25.000{,}00}{22.525{,}00} = (1 + i)^3$$

$$1{,}109878 = (1 + i)3$$

$$\sqrt[3]{1{,}1098878} = \sqrt[3]{(1 + i)^3}$$

$$1{,}0354 = 1 + i$$

i = 3,54% a.m. (conforme calculado no referido exemplo)

Exemplos:

1. Sendo de 4% ao mês a taxa de juros "por fora" aplicada sobre uma operação de desconto de um título de valor nominal de $ 700.000,00, calcular a taxa de juros efetiva mensal e anual desta operação. O título foi descontado 4 meses antes de seu vencimento.

Solução:

- $D_F = N \times d \times n$

  $D_F = 700.000{,}00 \times 0{,}04 \times 4$

  $D_F = \$\ 112.000{,}00$

- N = \$ 700.000,00
- V_F = 700.000,00 – 112.000,00

  V_F = \$ 588.000,00
- $i = \dfrac{112.000,00}{588.000,00 \times 1 \text{ quadr.}} = 19,05\%$ a.q.

ou:

$$i = \frac{112.000,00}{588.000,00 \times 4 \text{ meses}}$$

$= 4,76\%$ a.m. (juros simples)

- Taxa Efetiva Composta

  $i = \sqrt[4]{1,1905} - 1 = 4,46\%$ a.m.

  $i = (1,1905)^3 - 1 = 68,7\%$ a.a.

Obs.: A taxa efetiva pode também ser obtida desconhecendo-se o valor do título descontado. Aplicando-se a fórmula direta de cálculo demonstrada anteriormente, tem-se:

$i = \dfrac{d \times n}{1 - d \times n}$, sendo:

$d = 16\%$ a.q. (4% a.m.)

$n = 1$ quadr.

Substituindo:

$$i = \frac{0,16}{1 - 0,16 \times 1} = \frac{0,16}{0,84} = 19,05\% \text{ a.q.}$$

Logo:

$i = \sqrt[4]{1,1905} - 1 = 4,46\%$ a.m.

$i = (1,1905)^3 - 1 = 68,7\%$ a.a.

2. Um título com valor de resgate de \$ 14.000,00 é descontado num banco 78 dias antes de seu vencimento. Determinar o valor do desconto calculado para a operação, e a taxa efetiva mensal de juros, sabendo-se que a taxa de desconto contratada é de 45% ao ano.

Solução:

N = \$ 14.000,00

n = 78 dias, ou: 78/30 = 2,6 meses

d = 45% a.a., ou: 45%/12 = 3,75% a.m.

- ***Desconto***

  $D_F = 14.000,00 \times \dfrac{0,0375}{30} \times 78$

  $D_F = 1.365,00$

- ***Valor Descontado***

  V_F = 14.000,00 – 1.365,00

  V_F = \$ 12.635,00

- ***Taxa Efetiva***

  $i = \dfrac{1.365,00}{12.635,00 \times 1 \text{ período}} = 10,8\%$ p/78 dias

ou:

$$i = \frac{d \times n}{1 - d \times n} = \frac{\frac{0,0375}{30} \times 78}{1 - \frac{0,0375}{30} \times 78} = 10,8\% \text{ p/ 78 dias}$$

Logo:

$i = \left(\sqrt[78]{1,108}\right)^{30} - 1 = 4,02\%$ a.m. (taxa efetiva por juros compostos).

3. As condições de desconto de dois bancos são as seguintes:

Banco A: taxa de desconto bancário de 4,3% ao mês para operações com prazo de desconto de 4 meses;

Banco B: taxa de desconto bancário de 3,9% ao mês para operações com prazo de desconto de 3 meses.

Com base nestas informações, determinar a taxa efetiva mensal de juros cobrada por cada banco.

Solução:

- i (***Banco A***) $= \dfrac{0,043 \times 4}{1 - 0,043 \times 4} = 20,77\%$ a.q.

  $i = \sqrt[4]{1,2077} - 1 = 4,83\%$ a.m. (taxa efetiva mensal)

- i (***Banco B***) $= \dfrac{0,039 \times 3}{1 - 0,039 \times 3} = 13,25\%$ a.t.

  $i = \sqrt[3]{1,1325} - 1 = 4,23\%$ a.m. (taxa efetiva mensal)

3.2.2 Apuração da taxa de desconto com base na taxa efetiva

As formulações apresentadas nos itens precedentes atribuíram maior destaque ao cálculo da taxa efetiva de juros com base em dada taxa de desconto. Considerando a fórmula desenvolvida, é possível também isolar o percentual do desconto "por fora" definido com base na taxa efetiva de juros. Isto é:

$$i = \frac{d}{1 - d}$$

sendo *d*, conforme definido, a taxa de desconto de todo o prazo da operação; e *i* a taxa efetiva de juros (taxa implícita).

Logo:

$i (1 - d) = d$

$i - id = d$

$id + d = i$

$d (1 + i) = i$

$$d = \frac{i}{1 + i}$$

Por exemplo, admita que uma instituição deseja cobrar uma taxa efetiva de juro de 3,7% ao mês em suas operações de desconto de duplicatas. A taxa de desconto mensal "por fora" que deve ser cobrada para prazos de 30 dias e 40 dias é calculada:

- *Prazo do desconto: 1 mês (30 dias)*

  Taxa efetiva desejada: 3,7% a.m.

  Logo: $d = \dfrac{0,037}{1+0,037} = 3,57\%$ a.m.

- *Prazo do desconto: 40 dias*

  Taxa efetiva desejada: 3,7% a.m.

  $(1,037)^{40/30} - 1 = 4,96\%$ p/40 dias

  Logo: $d = \dfrac{0,0496}{1+0,0496} = 4,73\%$ p/40 dias

  $d = \dfrac{4,73\%}{40} \times 30 = 3,55\%$ a.m.

3.3 O prazo e a taxa efetiva nas operações de desconto "por fora"

As características de apuração do desconto "por fora", convencionalmente obtido a partir do valor de resgate do título, podem apresentar certos resultados bastante estranhos.

Inicialmente, coloca-se a situação de uma operação de desconto bancário (ou comercial) apresentando um prazo longo. Dependendo do produto "taxa de desconto × prazo de desconto" a que se chega, pode-se concluir pela existência de um valor descontado negativo. Ou seja, o proprietário do título, além de não receber recurso algum pelo desconto, deve ainda desembolsar certa quantia no ato da operação.

Por exemplo, seja o caso de um empréstimo de $ 30.000,00 concedido por meio de desconto "por fora" de uma nota promissória 18 meses antes de seu vencimento. Sendo de 6% ao mês a taxa de juros simples considerada, tem-se o seguinte valor descontado:

$$V_F = 30.000,00 \times [1 - (0,06 \times 18)]$$

$$V_F = 30.000,00 \times [1 - 1,08] = -\ \$\ 2.400,00$$

Nesse caso hipotético, o detentor do título não recebe nada pela operação e ainda tem que desembolsar a quantia de $ 2.400,00.

Em outras palavras, os encargos financeiros (desconto) da operação são $ 2.400,00 maiores que o valor descontado ($D_F = 30.000,00 \times 0,06 \times 18 = \$\ 32.400,00$). Como, por convenção, os encargos são descontados no ato da operação, o proprietário do título nada recebe pelo desconto realizado. Ao contrário, deve ele ainda pagar uma quantia equivalente ao saldo negativo do valor descontado apurado.

Para que esse resultado absurdo não venha a ocorrer, é necessário que as condições de prazo e taxa de desconto sejam definidas da forma seguinte:

$$d \times n < 1$$

Nesse caso, de o produto $d \times n$ ser inferior a 1, o V_F apresenta valor positivo. Se, ao contrário, $d \times n$ for maior que 1, tem-se um V_F negativo, pois os encargos dos juros superam o valor dos juros. Sendo $d \times n = 1$, o V_F é nulo.

No exemplo ilustrativo acima, sendo $d = 6\%$ ao mês, o prazo do desconto não pode exceder 16,67 meses para que se produza um V_F positivo, isto é:

$n < 1/d$

$n < 1/0,06$

$n < 16,67$ meses

Como o prazo admitido na operação foi de 18 meses, o valor descontado totalizou absurdamente – $ 2.400,00.

Por outro lado, para um prazo fixado, por exemplo, em 10 meses, o V_F positivo somente se realiza para uma taxa de desconto inferior a 10% ao mês, isto é:

$$d < 1/n$$

$$d < 1/10 < 0,10\ (10\%\ \text{a.m.})$$

Outro aspecto importante também presente no desconto "por fora" (ou bancário, ou comercial) diz respeito à influência do prazo da operação sobre o seu custo efetivo. Para uma mesma taxa de desconto "por fora", *quanto maior o prazo de desconto, maior o custo efetivo da operação.*

Ilustrativamente, admita uma taxa de desconto "por fora" de 4% ao mês. O custo efetivo desta taxa assumindo-se diferentes prazos de desconto pode ser apurado a partir da fórmula apresentada anteriormente:

$$i = \frac{d \times n}{1 - d \times n}$$

ou seja:

- $n = 1$ mês

  $i = \dfrac{0,04}{1-0,04 \times 1} = 4,17\%$ a.m.

- $n = 2$ meses

  $i = \dfrac{(0,04 \times 2)}{1-0,04 \times 2} = 8,7\%$ a.b. (i = 4,26% a.m., por juros compostos)

- $n = 3$ meses

  $i = \dfrac{(0,04 \times 3)}{1-0,04 \times 3} = 13,6\%$ a.t. (i = 4,34% a.m., por juros compostos)

- $n = 4$ meses

  $i = \dfrac{(0,04 \times 4)}{1-0,04 \times 4} = 19,0\%$ a.q. (i = 4,46% a.m., por juros compostos)

e assim por diante.

Pelo que se observa na ilustração, o prazo do desconto exerce grande influência sobre o custo efetivo da operação. *Prazos menores acarretam custos mais reduzidos.*

Em princípio, torna-se mais interessante às empresas obterem créditos em prazos mais curtos e renová-los periodicamente. No entanto, esta política de barateamento de custos pode trazer certas dificuldades de caixa para a empresa, principalmente em relação ao risco de não conseguir renovar o crédito em qualquer época do ano. Ademais, está presente também o risco de as taxas de juros de mercado não se manterem inalteradas em todo o horizonte de tempo. Acréscimos nesses percentuais determinam, evidentemente, maiores custos efetivos aos tomadores de empréstimos. Esses aspectos essenciais devem ser levados em consideração no momento de se realizar uma operação de desconto comercial ou bancário, conjugando-se os vários aspectos de custo e risco envolvidos.

3.3.1 Taxas de desconto decrescentes para prazos crescentes

Pelo fato de o prazo de desconto exercer influência sobre o custo efetivo da operação, acréscimos no prazo podem determinar taxas efetivas excessivamente altas (fora da realidade de mercado) ou, até mesmo, resultados absurdos como o valor descontado negativo.

Diante dessas características comentadas de juros "por fora", é comum no mercado serem definidas taxas de desconto decrescentes de conformidade com a elevação dos prazos de desconto. Neste caso, a taxa efetiva da operação pode permanecer inalterada, variando somente a taxa de desconto "por fora".

A partir da fórmula direta de cálculo da taxa efetiva é possível enunciar a seguinte identidade que define uma taxa de desconto "por fora" (d) para cada prazo (n), de forma a manter a taxa efetiva (i) inalterada:

$$\frac{d}{1-d} = \left[(1+i)^n - 1\right]$$

sendo d a taxa de desconto simples "por fora" para todo o período.

Por exemplo, suponha que uma instituição financeira tenha definido em 4,5% ao mês sua taxa de desconto "por fora". Essa taxa, conforme é ilustrado na apuração da taxa implícita de juros, produz um custo efetivo de 4,7% ao mês para operações de um mês de prazo.

Ao elevar o prazo de desconto da operação, foi demonstrado no item precedente que o custo também se incrementa, passando para uma taxa efetiva de 4,83% ao mês se o prazo subir para dois meses, de 4,95% ao mês se o prazo for definido em três meses, e assim por diante. Ao se fixar ilustrativamente em 4,95% ao mês a taxa de juro que efetivamente se deseja cobrar nas operações de desconto, a taxa de desconto declarada para cada prazo é reduzida para:

- $n = 3$ meses

$$\frac{d}{1-d} = \left[(1+0,0495)^3 - 1\right]$$

$$\frac{d}{1-d} = 0,156$$

$$0,156 - 0,156\,d = d$$

$$1,156\,d = 0,156$$

$$d = \frac{0,156}{1,156} = 13,5\%\text{ a.t.}$$

$$d = \frac{13,5\%}{3} = 4,5\%\text{ a.m.}$$

- $n = 4$ meses

$$\frac{d}{1-d} = \left[(1,0495)^4 - 1\right]$$

$$\frac{d}{1-d} = 0,2132$$

$$0,2132 - 0,2132\,d = d$$

$$1,2132\,d = 0,2132$$

$$d = 17,6\%\text{ a.q.}\ \left(d = \frac{17,6\%}{4} = 4,4\%\text{ a.m.}\right)$$

A partir do exemplo apresentado, pode-se elaborar a seguinte tabela ilustrativa de taxas de desconto para diferentes prazos mostrada no Quadro 3.1.

Quadro 3.1 *Taxas de desconto em diversos prazos*

Prazo (em meses)	Taxa de desconto "por fora" (ao mês)	Taxa Efetiva (ao mês)
2	4,6%	4,95%
3	4,5%	4,95%
4	4,4%	4,95%
5	4,3%	4,95%
6	4,19%	4,95%

Exemplos:

1. Elaborar uma tabela de taxa efetiva (racional) mensal admitindo-se taxas mensais de desconto "por fora" variando de 1 a 15% para prazos de desconto de 1 a 6 meses.

Solução:

Desconto "por fora" (ao mês)	Taxa de Juro Efetiva Mensal para:					
	1 mês	2 meses	3 meses	4 meses	5 meses	6 meses
1,0%	1,01%	1,02%	1,02%	1,03%	1,03%	1,04%
2,0%	2,04%	2,06%	2,08%	2,10%	2,13%	2,15%
3,0%	3,09%	3,14%	3,19%	3,25%	3,30%	3,36%
4,0%	4,17%	4,26%	4,35%	4,46%	4,56%	4,68%
5,0%	5,26%	5,41%	5,57%	5,74%	5,92%	6,12%
6,0%	6,38%	6,60%	6,84%	7,10%	7,39%	7,72%
7,0%	7,53%	7,83%	8,17%	8,56%	9,00%	9,50%

Desconto "por fora" (ao mês)	Taxa de Juro Efetiva Mensal para:					
	1 mês	2 meses	3 meses	4 meses	5 meses	6 meses
8,0%	8,70%	9,11%	9,58%	10,12%	10,76%	11,51%
9,0%	9,89%	10,43%	11,06%	11,80%	12,70%	13,82%
10,0%	11,11%	11,80%	12,62%	13,62%	14,87%	16,50%
11,0%	12,36%	11,80%	14,28%	15,60%	17,32%	19,70%
12,0%	13,64%	14,71%	16,04%	17,76%	20,11%	23,63%
13,0%	14,94%	16,25%	17,91%	20,14%	23,36%	28,71%
14,0%	16,28%	17,85%	19,91%	22,78%	27,23%	35,72%
15,0%	17,65%	19,52%	22,05%	25,74%	31,95%	46,78%

2. No exemplo anterior, admita que um banco deseje cobrar uma taxa efetiva de 4,2% ao mês em suas operações de desconto. Pede-se determinar a taxa de juros "por fora" que deve adotar para prazos de desconto de 1 a 6 meses.

Solução:

Prazo de Desconto (meses)	Taxa de Juros "Por Fora" (ao mês)	Taxa Efetiva de Juros (ao mês)
1	4,03%	4,2%
2	3,95%	4,2%
3	3,87%	4,2%
4	3,79%	4,2%
5	3,72%	4,2%
6	3,65%	4,2%

3.4 Desconto para vários títulos

As diversas situações desenvolvidas neste capítulo consideraram preferencialmente o cálculo do desconto e, consequentemente, da taxa racional (efetiva) de juros, para um único título.

No entanto, é bastante adotado na prática, principalmente em operações com bancos comerciais, proceder-se de uma única vez ao desconto de vários títulos. Esses títulos, com prazos e valores nominais geralmente diferentes, são descontados numa mesma data, produzindo um valor descontado representativo da soma do valor descontado de cada título.

O problema maior dessa operação restringe-se à obtenção da taxa efetiva de juros representativa de um conjunto de títulos com prazos desiguais. Uma maneira simples e bastante empregada na prática de solucionar essa questão é definir o prazo de antecipação dos títulos pelo seu valor médio ponderado.

Dessa maneira, a identidade de cálculo da taxa racional de juros passa a ter a seguinte expressão:

$$i = \frac{D}{C \times \bar{n}}$$

onde: $\bar{n}$ = prazo médio ponderado de desconto dos títulos.

Ilustrativamente, suponha que em determinada data um banco creditou o valor líquido de \$ 23.600,00 na conta de um cliente após efetuar a operação de desconto no borderô de duplicatas enviado que exibimos no Quadro 3.2.

Quadro 3.2 *Borderô de duplicatas*

Título	Valor Nominal	Prazo de Antecipação
A	\$ 5.000,00	50 dias
B	\$ 9.000,00	70 dias
C	\$ 8.000,00	82 dias
D	\$ 4.000,00	60 dias
Total	**\$ 26.000,00**	

Pelo enunciado da operação, são conhecidos os seguintes valores:

- Valor Nominal Total dos Títulos (N) \$ 26.000,00
- Valor Descontado (V_F) \$ 23.600,00
- Valor do Desconto (D_F) \$ 2.400,00

Por estarem envolvidos diversos títulos com diferentes prazos de desconto, o critério proposto apura n por meio de uma média ponderada, em que cada título tem o seu valor ponderado pelo número de dias de antecipação, ou seja:

$$\bar{n} = \frac{(5.000,00 \times 50) + (9.000,00 \times 70) + (8.000,00 \times 82) + (4.000,00 \times 60)}{5.000,00 + 9.000,00 + 8.000,00 + 4.000,00}$$

$$\bar{n} = \frac{1.776.000,00}{26.000,00} = 68,3 \text{ dias ou} : 68,3/30 = 2,2767 \text{ meses}$$

Substituindo os valores identificados na fórmula da taxa de juros racional (i), conforme apresentada, chega-se a:

$$i = \frac{2.400,00}{23.600,00 \times 2,2767} = 0,0447 \text{ ou } 4,47\% \text{ a.m.}$$

A forma de cálculo da taxa racional apresentada é baseada no regime de juros simples, o qual rigorosamente não é o critério de capitalização de juros mais correto. O amplo uso desta metodologia, notadamente para apuração da taxa efetiva de um conjunto de títulos descontados num banco comercial, é explicado principalmente pela simplicidade dos cálculos.

Ao adotar o regime de juros compostos para a obtenção da taxa efetiva desta operação, a solução passa necessariamente pela taxa interna de retorno do fluxo de caixa, conforme a Figura 3.4.

Figura 3.4 *Taxa efetiva para uma operação com juros compostos*

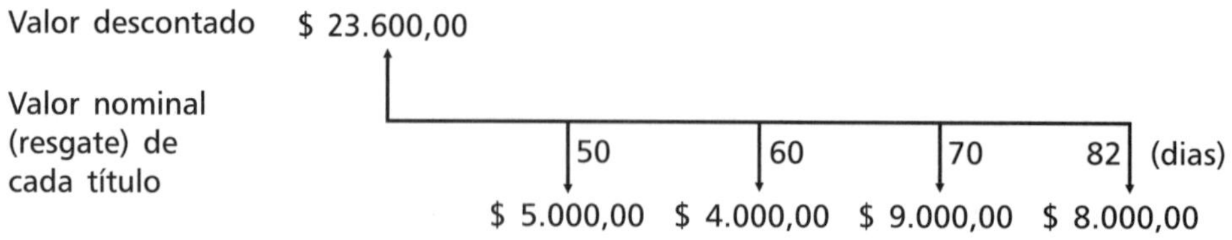

A *IRR*, conforme foi demonstrado no capítulo anterior, é obtida pela taxa de juros que iguala, numa única data (convencionalmente na data zero), entradas de caixa (valor descontado) com saídas de caixa (valor nominal de cada título), isto é:

$$23.600,00 = \frac{5.000,00}{(1+i)^{50/30}} + \frac{4.000,00}{(1+i)^{60/30}} + $$

$$+ \frac{9.000,00}{(1+i)^{70/30}} + \frac{8.000,00}{(1+i)^{82/30}}$$

Resolvendo-se a expressão com o auxílio de uma calculadora financeira, chega-se à taxa efetiva de juros cobrada no desconto do borderô de duplicatas:

$i = 4{,}35\%$ a.m.

ou

$i = (1{,}0435)^{12} - 1 = 66{,}7\%$ a.a.

3.5 Desconto composto

O desconto composto, utilizado basicamente em operações de longo prazo, pode ser identificado, igualmente ao desconto simples, em dois tipos: o desconto "por dentro" (racional) e o desconto "por fora".

O desconto composto "por fora" (ou comercial) é raramente empregado no Brasil, não apresentando uso prático. O desconto "por dentro" (racional) envolve valor atual e valor nominal de um título capitalizado segundo o regime de juros compostos, apresentando, portanto, larga utilização prática.

3.5.1 Desconto composto "por fora"

O desconto composto "por fora" caracteriza-se pela incidência sucessiva da taxa de desconto sobre o valor nominal do título, o qual é deduzido, em cada período, dos descontos obtidos em períodos anteriores.

Nessa conceituação, o desconto composto "por fora" apresenta os seguintes resultados numa sucessão de períodos:

1º Período:

$V_{F1} = N - D$

Como:

$D_F = N \times d$

tem-se:

$V_{F1} = N - N \times d$

$V_{F1} = N\,(1 - d)$

O valor $N\,(1 - d)$ é o novo valor nominal sobre o qual incidirá a taxa de desconto no período seguinte.

2º Período:

$D_{F2} = N\,(1 - d) \times d$

Logo:

$V_{F2} = V_{F1} - D_{F2}$

$V_{F2} = N\,(1 - d) - N\,(1 - d) \times d$

$V_{F2} = N - Nd - (N + Nd) \times d$

$V_{F2} = N - Nd - Nd + Nd^2$

$V_{F2} = N - 2Nd + Nd^2$

Colocando N em evidência:

$V_{F2} = N\,(1 - 2d + d^2)$

$V_{F2} = N\,(1 - d)^2$

3º Período:

$D_{F3} = N\,(1 - d)^2 \times d$

Logo:

$V_{F3} = V_{F2} - D_{F3}$

$V_{F3} = N(1 - d)^2 - N\,(1 - d)^2 \times d$

$V_{F3} = N\,(1 - 2d + d^2) - N\,(1 - 2d + d^2) \times d$

$V_{F3} = N - 2dN + Nd^2 - Nd + 2d^2N - Nd^3$

$V_{F3} = N\,(1 - 2d + d^2 - d + 2d^2 - d^3)$

$V_{F3} = N\,(1 - 3d + 3d^2 - d^3)$

$V_{F3} = N\,(1 - d)^3$

e assim sucessivamente até o enésimo período.

Enésimo Período

Generalizando o desenvolvimento do desconto composto "por fora", obtém-se a seguinte expressão de cálculo:

$$\boldsymbol{V_F = N\,(1 - d)^n}$$

Como:

$D_F = N - V_F$

tem-se:

$D_F = N - N\,(1 - d)^n$

$$\boldsymbol{D_F = N\,[1 - (1 - d)^n]}$$

Por apresentar raríssimas aplicações práticas, os exercícios deste tipo de desconto composto ficam restritos aos exemplos abaixo desenvolvidos.

Exemplos:

1. Um título de valor nominal de $ 35.000,00 é negociado mediante uma operação de desconto composto "por fora" 3 meses antes de seu vencimento. A taxa de desconto adotada atinge 5% ao mês. Pede-se determinar o valor descontado, o desconto e a taxa de juros efetiva da operação.

Solução:

N = 35.000,00 V_F = ?

n = 3 meses D_F = ?

d = 5% a.m. i = ?

- ***Desconto***

$D_F = N \times [1 - (1 - d)^n]$

$D_F = 35.000,00 \times [1 - (1 - 0,05)^3]$

$D_F = 35.000,00 \times 0,142625$

$D_F = \$\ 4.991,88$

- ***Valor Descontado***

$V_F = N\ (1 - d)^n$

$V_F = 35.000,00\ (1 - 0,05)^3$

$V_F = \$\ 30.008,12$

ou:

$V_F = N - D_F$

$V_F = 35.000,00 - 4.991,88$

$V_F = \$\ 30.008,12$

- ***Taxa Efetiva de Juros***

V_F = 30.008,12 (0) ———— N = $ 35.000,00 (3 meses)

$35.000,00 = 30.008,12\ (1 + i)^3$

$$\sqrt[3]{\frac{35.000,00}{30.008,12}} = \sqrt[3]{(1+i)^3}$$

$$\sqrt[3]{1,166351} = (1+i)$$

$1,0526 = 1 + i$

$i = 0,0526$ ou: 5,26% a.m.

2. A partir das informações do exemplo anterior, efetuar uma demonstração mensal ilustrando a formação do desconto e do valor descontado conforme a sequência apresentada no desenvolvimento das fórmulas:

Solução:

1º mês

- $D_{F1} = N \times d$

$D_{F1} = 35.000,00 \times 0,05 = \$\ 1.750,00$

- $V_{F1} = N\ (1 - d)$

$V_{F1} = 35.000,00\ (1 - 0,05) = \$\ 33.250,00$

2º mês

- $D_{F2} = N\ (1 - d) \times d$

$D_{F2} = 35.000,00\ (1 - 0,05) \times 0,05$
$= \$\ 1.662,50$

- $V_{F2} = N\ (1 - d)^2$

$V_{F2} = 35.000,00\ (1 - 0,05)^2 = \$\ 31.587,50$

ou:

$V_{F2} = 35.000,00 - (1.750,00 + 1.662,50)$
$= \$\ 31.587,50$

3º mês

- $D_{F3} = N\ (1 - d)^2 \times d$

$D_{F3} = 35.000,00 \times (1 - 0,05)^2 \times 0,05$
$= \$\ 1.579,38$

- $V_{F3} = N\ (1 - d)^3$

$V_{F3} = 35.000,00 \times (1 - 0,05)^3 = \$\ 30.008,12$

ou:

$V_{F3} = 35.000,00 - (1.750,00 + 1.662,50 + 1.579,38) =$
$= \$\ 30.008,12$

3. Uma empresa deve $ 80.000,00 a um banco cujo vencimento se dará daqui a 10 meses. No entanto, 4 meses antes do vencimento da dívida resolve quitar antecipadamente o empréstimo e solicita ao banco um desconto.

O banco informa que opera de acordo com o conceito de desconto composto "por fora", sendo sua taxa de desconto para esse tipo de operação de 3,5% ao mês.

Pede-se calcular o valor líquido que a empresa deve pagar ao banco quando da liquidação antecipada do empréstimo.

Solução:

N = $ 80.000,00 V_F = ?

n = 4 meses

d = 3,5% a.m.

$V_F = N\ (1 - d)^n$

$V_F = 80.000,00 \times (1 - 0,035)^4 = \$\ 69.374,40$

4. Um título foi descontado à taxa de 3% ao mês 5 meses antes de seu vencimento. Sabe-se que esta operação produziu um desconto de $ 39.000,00. Admitindo o conceito de desconto composto "por fora", calcular o valor nominal do título.

Solução:

$D_F = N\ [1 - (1 - d)^n]$

$$39.000,00 = N\,[1 - (1 - 0,03)^5]$$

$$39.000,00 = N \times 0,141266$$

$$N = \frac{39.000,00}{0,141266} = \$\,276.074,92$$

3.5.2 Desconto composto "por dentro"

Conforme comentado, o desconto composto "por dentro" (ou racional) é aquele estabelecido segundo as conhecidas relações do regime de juros compostos.

Assim sendo, o valor descontado racional (V_r) equivale ao valor presente de juros compostos, conforme apresentado no Capítulo 2, ou seja:

$$V_r = \frac{N}{(1+i)^n}$$

Por outro lado, sabe-se que o desconto é obtido pela diferença entre o valor nominal (resgate) e o valor descontado (valor presente). Logo, o desconto racional (D_r) tem a seguinte expressão de cálculo:

$$D_r = N - V_r$$

$$D_r = N - \frac{N}{(1+i)^n}$$

Colocando-se N em evidência:

$$D_r = N\left(1 - \frac{1}{(1+i)^n}\right)$$

Por exemplo, suponha que uma pessoa deseja descontar uma nota promissória 3 meses antes de seu vencimento. O valor nominal desse título é de $ 50.000,00. Sendo de 4,5% ao mês a taxa de desconto racional, o valor líquido recebido (valor descontado) pela pessoa na operação atinge:

$$V_r = \frac{50.000,00}{(1+0,045)^3} = \$\,43.814,83$$

O valor do desconto racional, por seu lado, soma a:

$$D_r = 50.000,00 - 43.814,83 = \$\ 6.185,17$$

Por se tratar de desconto racional ("por dentro"), a taxa efetiva de juros é a própria taxa de desconto considerada, isto é:

$$50.000,00 = 43.814,83\,(1+i)^3$$

$$\sqrt[3]{\frac{50.000,00}{43.814,83}} = \sqrt[3]{(1+i)^3}$$

$$\sqrt[3]{1,141166} = 1+i$$

$$1,045 = 1 + i$$

$$i = 4,5\%\ \text{a.m.}$$

Exemplos:

1. Sabe-se que um título, para ser pago daqui a 12 meses, foi descontado 5 meses antes de seu vencimento. O valor nominal do título é de $ 42.000,00 e a taxa de desconto, de 3,5% ao mês. Calcular o valor líquido liberado nessa operação sabendo-se que foi utilizado o desconto composto "por dentro".

Solução:

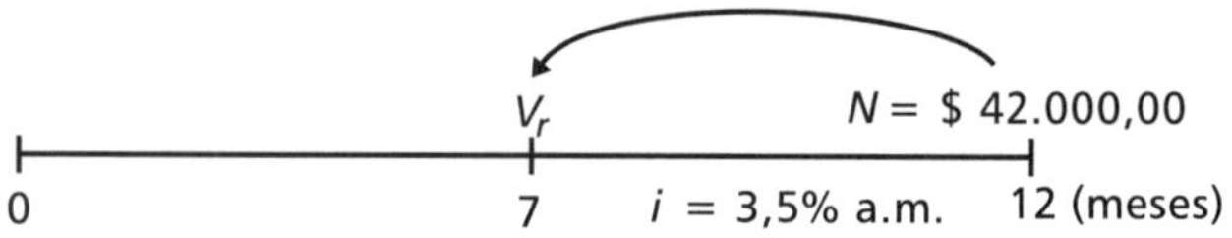

$$V_r = \frac{N}{(1+i)^n}$$

$$V_r = \frac{42.000,00}{(1+0,035)^5} = \$\,35.362,87$$

2. Calcular o valor do desconto racional de um título de valor nominal de $ 12.000,00 descontado 4 meses antes de seu vencimento à taxa de 2,5% ao mês.

Solução:

$D_r = ?$

$N = \$\ 12.000,00$

$n = 4$ meses

$i = 2,5\%$ a.m.

$$D_r = N\left(1 - \frac{1}{(1+i)^n}\right)$$

$$D_r = 12.000,00\left(1 - \frac{1}{(1+0,025)^4}\right)$$

$$D_r = 12.000,00 \times 0,094049 = \$\ 1.128,59$$

3. Um banco libera a um cliente $ 6.800,00 provenientes do desconto de um título de valor nominal de $ 9.000,00 descontado à taxa de 4% ao mês. Calcular o prazo de antecipação que foi descontado este título.

Solução:

$D_r = \$\ 6.800,00$

$N = \$\ 9.000,00$

$i = 4\%$ a.m.

$n = ?$

$$V_r = \frac{N}{(1+i)^n}$$

$$6.800,00 = \frac{9.000,00}{(1+0,04)^n}$$

$(1{,}04)^n = \frac{9.000{,}00}{6.800{,}00}$

$(1{,}04)^n = 1{,}323529$

$\log (1{,}04)^n = \log 1{,}323529$

$n \times \log 1{,}04 = \log 1{,}323529$

$n = \frac{\log 1{,}323529}{\log 1{,}04} = \frac{0{,}121733}{0{,}017033} =$ 7,15 meses (7 meses e 4 dias)

Fórmulas de operações de desconto

Desconto racional - "por dentro"

$D_r = C \times i \times n$ — D_r = Valor do Desconto Racional

$D_r = N - V_r$ — n = Prazo do Desconto

$D_r = \frac{N \times i \times n}{1 + i \times n}$ — N = Valor Nominal do Título (resgate, montante)

$V_r = \frac{N}{1 + i \times n}$ — V_r = Valor Atual do Desconto Racional (valor descontado)

Desconto bancário ou comercial - "por fora"

$D_F = N \times d \times n$ — D_F = Valor do Desconto "Por Fora"

$V_F = N - D_F$ — d = Taxa de Desconto "Por Fora"

$V_F = N\,(1 - d \times n)$ — n = Prazo da Operação (Antecipação)

$D_F = N\,(d \times n + t)$ — V_F = Valor Descontado "Por Fora"

$V_F = N\,[1 - (d \times n + t)]$ — t = Taxa Administrativa Cobrada na Operação

Taxa implícita de juros

$D = C \times i \times n \qquad i = \frac{D}{C \times n} \qquad i = \frac{d \times n}{1 - d \times n}$

$d = \frac{i}{1+i}$ — d = Taxa de Desconto "Por Fora"

$i = \frac{d}{i-d}$ — i = Taxa Efetiva (Implícita) de Juros

Exercícios resolvidos - descontos simples

1. Calcule o valor descontado racional nas seguintes condições:

a) Valor Nominal: $ 17.000,00
   Prazo de Desconto: 3 meses
   Taxa de Desconto: 50% ao ano

b) Valor Nominal: $ 52.000,00
   Prazo de Desconto: 4 meses
   Taxa de Desconto: 36% ao ano

c) Valor Nominal: $ 35.000,00
   Prazo de Desconto: 2 meses
   Taxa de Desconto: 18,8% ao ano

Solução:

$$V_r = \frac{N}{1 + i \times n}$$

a) $V_r = \frac{17.000{,}00}{1 + \frac{0{,}5}{12} \times 3} = \$\,15.111{,}11$

b) $V_r = \frac{52.000{,}00}{1 + \frac{0{,}36}{12} \times 4} = \$\,46.428{,}57$

c) $V_r = \frac{35.000{,}00}{1 + \frac{0{,}188}{12} \times 2} = \$\,33.936{,}65$

2. Calcule o desconto "por fora" nas seguintes condições:

a) Valor Nominal: $ 44.000,00
   Prazo de Desconto: 120 dias
   Taxa de Desconto: 33,6% ao ano

b) Valor Nominal: $ 78.600,00
   Prazo de Desconto: 25 dias
   Taxa de Desconto: 30% ao ano

c) Valor Nominal: $ 280.000,00
   Prazo de Desconto: 2 meses e 10 dias
   Taxa de Desconto: 36% ao ano

Solução:

$$D_F = N \times d \times n$$

a) $D_F = 44.000{,}00 \times \frac{0{,}336}{12} \times 4 = \$\,4.928{,}00$

b) $D_F = 78.600{,}00 \times \frac{0{,}30}{360} \times 25 = \$\,1.637{,}50$

c) $D_F = 280.000{,}00 \times \frac{0{,}36}{360} \times 70 = \$\,19.600{,}00$

3. Um título de valor nominal de $ 41.000,00 é descontado comercialmente 4 meses antes de ser pago. A taxa de desconto adotada atinge 2,5% ao mês. Calcule o valor liberado, o valor do desconto e a taxa efetiva de juros desta operação.

Solução:

$N = 41.000{,}00 \quad V_F = ?$

$n = 4$ meses $\quad D_F = ?$

$d = 2{,}5\%$ ao mês $\quad i = ?$

$$\boldsymbol{D_F = N \times d \times n}$$

$D_F = 41.000{,}00 \times 0{,}025 \times 4 = \$\ 4.100{,}00$

$$\boldsymbol{V_F = N - D_F}$$

$V_F = 41.000{,}00 - 4.100{,}00 = \$\ 36.900{,}00$

- $\boldsymbol{i = \dfrac{D}{C \times n}}$

$$i = \frac{4.100{,}00}{36.900{,}00 \times 4} = 2{,}78\%\ \text{a.m. (juros simples)}$$

$i = 2{,}78\% \times 4 = 11{,}12\%$ a.q.

$i = \sqrt[4]{1{,}1112} - 1 = 2{,}67\%$ a.m. (juros compostos)

4. Sendo de 4% ao mês a taxa de desconto "por fora", pede-se calcular a taxa efetiva de juros mensal e anual desta operação para os seguintes prazos de desconto:
a) 1 mês.
b) 2 meses.
c) 3 meses.

Solução:

$$i = \frac{d \times n}{1 - d \times n}$$

a) $i = \dfrac{0{,}04}{1 - 0{,}04} = 4{,}17\%$ a.m. – $(1{,}0417)^{12} - 1$

$= 63{,}3\%$ a.a.

b) $i = \dfrac{0{,}04 \times 2}{1 - 0{,}04 \times 2} = 8{,}7\%$ a.b.

$i = \sqrt[2]{1{,}087} - 1 = 4{,}26\%$ a.m. – $(1{,}0426)^{12} - 1$

$= 65{,}0\%$ a.a.

c) $i = \dfrac{0{,}04 \times 3}{1 - 0{,}04 \times 3} = 13{,}64\%$ a.t.

$i = \sqrt[3]{1{,}1364} - 1 = 4{,}35\%$ a.m. – $(1{,}0435)^{12} - 1$

$= 66{,}7\%$ a.a.

5. Sendo de 18,4% a taxa anual de desconto "por fora" de um título, pede-se determinar a sua taxa efetiva mensal admitindo um prazo de desconto de 3 meses.

Solução:

$d = 18{,}4\%$ a.a. – $18{,}4\%/12 = 1{,}53\%$ a.m.

$$i = \frac{0{,}0153 \times 3}{1 - 0{,}0153 \times 3} = 4{,}81\%\ \text{a.t.}$$

$i = \sqrt[3]{1{,}0481} - 1 = 1{,}58\%$ a.m.

6. O valor atual de um título é de \$ 159.529,30, sendo o valor de seu desconto racional, apurado a uma taxa de juros de 5,5% ao mês, igual a \$ 20.470,70. Com base nessas informações, determinar o número de dias que falta para o vencimento do título.

Solução:

$V_r = \$\ 159.529{,}30$

$i = 5{,}5\%$ a.m.

$D_r = \$\ 20.470{,}70$

$n = ?$

$$V_r = \frac{N}{1 + i \times n}$$

$$159.529{,}30 = \frac{159.529{,}30 + 20.470{,}70}{1 + 0{,}055 \times n}$$

$159.529{,}30 + 8.774{,}11\ n = 180.000{,}00$

$8.774{,}11 \times n = 20.470{,}70$

$$n = \frac{20.470{,}70}{8.774{,}11} = 2{,}33\ \text{meses (70 dias)}$$

7. Calcule o valor do desconto "por dentro" (racional) e "por fora" de um título de valor nominal \$ 54.000,00 descontado 95 dias antes de seu vencimento à taxa de desconto de 4,5% ao mês.

Solução:

- $D_r = \dfrac{N \times i \times n}{1 + i \times n}$

$N = \$\ 54.000{,}00$

$n = 95$ dias

Taxa de desconto $= 4{,}5\%$ a.m.

$$D_r = \frac{54.000{,}00 \times \frac{0{,}045}{30} \times 95}{1 + \frac{0{,}045}{30} \times 95}$$

$$D_r = \frac{7.695{,}00}{1{,}1425} = \$\ 6.735{,}23$$

- $\boldsymbol{D_F = N \times d \times n}$

$$D_F = 54.000{,}00 \times \frac{0{,}045}{30} \times 95 = \$\ 7.695{,}00$$

8. O desconto de uma duplicata de valor nominal de \$ 77.000,00 e com prazo de vencimento de 141 dias produz um valor atual de \$ 65.000,00. Determinar a taxa de desconto "por dentro" e "por fora" desta operação.

Solução:

$$V_r = \frac{N}{1 + i \times n}$$

$$65.000,00 = \frac{77.000,00}{1 + i \times \frac{141}{30}}$$

$$65.000,00 + 305.500,00\,i = 77.000,00$$

$$305.500,00\,i = 12.000,00$$

$$i = \frac{12.000,00}{305.500,00} = 3,93\%\ \text{a.m.}$$

- $D_F = N \times d \times n$

$$d = \frac{D_F}{N \times n}$$

$$d = \frac{77.000,00 - 65.000,00}{77.000,00 \times \frac{141}{30}} = \frac{12.000,00}{361.900,00}$$

$$= 3,32\%\ \text{a.m.}$$

Exercícios propostos – descontos simples

1. Calcule o desconto racional ("por dentro") nas seguintes condições:

a)	Valor Nominal:	$ 70.000,00
	Prazo do Desconto:	3 meses
	Taxa de Desconto:	34% ao ano
b)	Valor Nominal:	$ 37.000,00
	Prazo do Desconto:	80 dias
	Taxa de Desconto:	25% ao ano

2. Um título no valor de $ 22.000,00 é descontado 2 meses antes de seu vencimento. O conceito usado na operação é de desconto "por fora", sendo a taxa de desconto considerada de 48% ao ano. Pede-se calcular a taxa efetiva mensal composta de juros desta operação.

3. Calcule o valor descontado (valor atual) "por fora" nas seguintes condições:

a)	Valor Nominal:	$ 66.000,00
	Prazo do Desconto:	3 meses
	Taxa de Desconto:	24% ao ano
b)	Valor Nominal:	$ 105.000,00
	Prazo do Desconto:	130 dias
	Taxa de Desconto:	15% ao ano

4. Calcule a taxa efetiva mensal e anual de juros das operações de desconto "por fora" nas seguintes condições de prazo e taxa:

Prazo de Desconto	*Taxa de Desconto "por fora"*
a) 1 mês	4,5% ao mês
b) 2 meses	4,0% ao mês
c) 3 meses	3,5% ao mês

5. Calcule a taxa mensal de desconto racional de um título com valor nominal de $ 5.400,00 negociado 90 dias antes de seu vencimento. O valor atual desse título é de $ 4.956,90.

6. Um banco oferece um empréstimo à taxa efetiva de 4,7% ao mês para um prazo de 40 dias. Nessa alternativa, o pagamento do principal, acrescido dos juros, é efetuado ao final do período contratado.

   O banco deseja oferecer esse mesmo empréstimo, porém mediante uma operação de desconto, cobrando uma taxa antecipada "por fora". Qual deve ser a taxa de desconto mensal de forma que o custo efetivo da operação não se altere?

7. Uma empresa realiza uma operação de desconto bancário com uma instituição financeira pelo prazo de 23 dias. O banco opera com uma taxa efetiva de juros de 45,76% ao ano. Determine a taxa de desconto "por fora" que deve ser utilizada na operação.

8. Um banco desconta um título de valor nominal de $ 16.000,00 80 dias antes de seu vencimento. Nesta operação, o banco cobra 39% ao ano de taxa de desconto "por fora" e 2% de despesa administrativa. Calcule o valor líquido liberado ao cliente e a taxa efetiva mensal composta desta operação.

9. O valor descontado de um título é de $ 32.000,00 tendo sido negociado 100 dias antes de seu vencimento à taxa de desconto comercial de 30% ao ano. Determine o valor nominal desse título.

10. Um banco credita na conta de um cliente a quantia de $ 27.000,00 proveniente do desconto de um título efetuado 80 dias antes de seu vencimento. Sendo 2,85% ao mês a taxa de desconto e de 1,5% a taxa administrativa cobrada pelo banco, pede-se determinar o valor nominal desse título.

11. Sabe-se que o valor do desconto racional de um título à taxa de 66% ao ano e prazo de desconto de 50 dias atinge $ 28.963,00. Para essas mesmas condições, pede-se determinar o valor do desconto desse título se fosse adotado o conceito de desconto comercial (ou "por fora").

12. A taxa de desconto comercial publicada por uma instituição financeira é de 27,6% ao ano. Determine a taxa efetiva mensal e anual composta desta operação admitindo um prazo de desconto de: a) 1 mês; b) 2 meses; c) 3 meses.

13. Uma instituição financeira deseja cobrar uma taxa efetiva de 3,1% ao mês em suas operações de desconto "por fora". Determine a taxa de desconto que deve ser considerada para um prazo de antecipação de: a) 1 mês; b) 2 meses; c) 3 meses.

14. Qual o valor máximo que uma pessoa deve pagar por um título de valor nominal de $ 82.000,00 com vencimento para 110 dias, se deseja ganhar 5% ao mês? (Usar desconto racional.)

15. Uma instituição desconta comercialmente um título n dias antes de seu vencimento, creditando o valor líquido de $ 54.400,00 na conta do cliente. O valor de resgate desse título é de $ 63.000,00 tendo sido adotada a taxa de desconto "por fora" de 2,2% ao mês. Pede-se determinar o prazo de antecipação desse título.

16. Qual a taxa de juros efetiva anual de um título descontado à taxa "por fora" de 69,6% ao ano 30 dias antes de seu vencimento?

17. Uma instituição concede empréstimos de acordo com o conceito de desconto simples "por fora". São propostas duas alternativas a um cliente, em termos de taxa de desconto e prazo:

a) d = 3,8% ao mês e n = 3 meses;

b) d = 3,5% ao mês e n = 5 meses.

Determine o custo mensal efetivo de cada proposta de empréstimo.

18. A taxa de desconto "por fora" do banco *A* é de 3,1% ao mês para operações com prazo de 90 dias. O banco *B* oferece uma taxa de desconto de 2,9% ao mês com o prazo de 120 dias. Determine qual banco está cobrando a maior taxa efetiva mensal de juros (juros compostos).

19. Determine o tempo que falta para o vencimento de uma duplicata de valor nominal de $ 370.000,00 que produziu um desconto bancário de $ 33.720,00 à taxa de desconto "por fora" de 38% ao ano.

20. Uma empresa apresenta num banco, para desconto, três duplicatas no valor nominal de $ 19.000,00, $ 42.000,00 e $ 63.000,00, cada uma. Respectivamente, as duplicatas foram descontadas 37 dias, 66 dias e 98 dias antes do vencimento. Sendo de 21,2% ao ano a taxa de desconto, calcule o valor do desconto bancário, o valor líquido liberado à empresa e a taxa efetiva mensal de juros desta operação utilizando o prazo médio ponderado. Calcule também a taxa interna de retorno da operação.

21. Uma empresa leva a um banco para desconto as seguintes duplicatas:

Duplicata	Valor Nominal ($)	Prazo de Desconto
A	9.000,00	60 dias
B	7.500,00	60 dias
C	13.500,00	90 dias
D	3.000,00	120 dias
E	6.000,00	120 dias
F	6.000,00	150 dias

Com base nessas informações, o banco creditou na conta da empresa o valor líquido de $ 39.900,00.

Determine o custo efetivo dessa operação pelo prazo médio ponderado e pelo regime de juros compostos.

Respostas

1. a) $ 5.483,87
   b) $ 1.947,37

2. 4,26% a.m.

3. a) $ 62.040,00
   b) $ 99.312,50

4. a) 4,71% a.m.; 73,76% a.a.
   b) 4,26% a.m.; 64,9% a.a.
   c) 3,77% a.m.; 55,9% a.a.

5. 2,98% a.m. (taxa linear)
   2,90% a.m. (taxa composta)

6. 5,94% p/40 dias; 4,45% a.m.

7. 2,38% p/23 dias; 3,1% a.m.

8. $ 14.293,33
   4,32% a.m.

9. $ 34.909,10

10. $ 29.702,97

11. $ 31.617,94

12. a) 2,35% a.m.; 32,15% a.a.
    b) 2,38% a.m.; 32,65% a.a.
    c) 2,41% a.m.; 33,11% a.a.

13. a) 3,0% a.m.; 36,0% a.a.
    b) 2,96% a.m.; 35,54% a.a.
    c) 2,92% a.m.; 35,00% a.a.

14. $ 69.295,77

15. 6,2 meses

16. 104,83% a.a.

17. a) 4,12% a.m.
    b) 3,92% a.m.

18. 3,31% a.m. (Banco *A*)
    3,13% a.m. (Banco *B*)

19. 2,88 meses

20. Prazo médio ponderado: 78 dias
    Desconto bancário: $ 5.695,73
    Valor Liberado: $ 118.304,27
    i (médio ponderado): 1,85% a.m.
    i (*IRR*): 1,82% a.m.

21. *i* (médio ponderado): 4,12% a.m.
    i (*IRR*): 3,98% a.m.

4

Matemática Financeira e Inflação

Em ambientes inflacionários é indispensável, para o correto uso das técnicas da Matemática Financeira, ressaltar, nas várias taxas de juros nominais praticadas na economia, o componente devido à inflação e aquele declarado como real. A parte real é aquela obtida livre das influências da taxa de depreciação monetária verificada, isto é, adicionalmente à inflação.

De maneira simplista, o processo *inflacionário* de uma economia pode ser entendido pela elevação generalizada dos preços dos vários bens e serviços.

Em sentido contrário, diante de uma baixa predominante dos preços de mercado dos bens e serviços, tem-se o fenômeno definido por *deflação*.

Tradicionalmente, o desenvolvimento da economia brasileira tem se caracterizado pela presença marcante da inflação, apresentando taxas, na maior parte do tempo, em níveis relevantes.

É importante acrescentar, ainda, que mesmo diante de cenários econômicos de reduzida taxa de inflação, o conhecimento do juro real permanece bastante importante para a Matemática Financeira. Nessas condições, mesmo pequenas oscilações nos índices de preços produzem impacto relevante sobre as taxas de juros ao longo do tempo, alterando a competitividade dos ativos negociados no mercado.

4.1 Principais indicadores de preços utilizados no Brasil

Fundação Getulio Vargas (FGV)

- *Índice Geral de Preços (IGP)*: índice de preços bastante abrangente, formado por três indicadores:
- *Índice de Preços por Atacado (IPA)*: mede as variações de preços a partir dos fornecedores de insumos para a economia (indústria, agronegócios e outros produtores);
- *Índice de Preços ao Consumidor (IPC)*: avalia a variação mensal de preços a partir do consumo de famílias com renda mensal de 1 a 33 salários mínimos.
- *Índice Nacional de Construção Civil (INCC)*: apura a evolução dos preços de bens e serviços (mão de obra, materiais etc.) utilizados no segmento de construções residenciais.

O IGP (FGV) apresenta três versões: IGP-DI (Disponibilidade Interna), IGP-M (Mercado) e IGP-10.

A diferença básica entre esses índices de inflação é o período em que os preços são coletados. No IGP-DI, os preços são levantados no período do dia 1 ao dia 30 de cada mês; no IGP-M, a coleta dos preços ocorre do dia 21 de um mês ao dia 20 do mês seguinte; no IGP-10, o período da coleta cobre do dia 11 de um mês ao dia 10 do mês seguinte.

O IGP-M é bastante utilizado pelo mercado, servindo de parâmetro para reajustes nos contratos de aluguel, tarifas públicas etc. O Índice Geral de Preço (IGP) é calculado de acordo com a seguinte expressão:

$$IGP = 60\%\ IPA + 30\%\ IPC + 10\%\ INCC$$

Instituto Brasileiro de Geografia e Estatística (IBGE)

- *Índice nacional de Preços ao Consumidor (INPC)*: avalia a variação dos preços de famílias com renda mensal de até 5 salários mínimos;
- *Índice Nacional de Preços ao Consumidor Amplo (IPCA)*: índice mais abrangente, calcula a evolução média dos preços de consumo de famílias com renda de 1 a 40 salários mínimos;

O IPCA é adotado como *medida oficial da inflação* da economia brasileira, servindo de referência para a formação dos juros de mercado. Por exemplo, alguns títulos públicos emitidos pelo Tesouro Nacional têm seus rendimentos determinados por uma taxa de juros previamente acertada mais a variação do IPCA verificada no período da aplicação.

Fundação Instituto de Pesquisas Econômicas (FIPE)

- *Índice de Preços ao Consumidor (IPC)*: indica a evolução dos preços ao consumidor de famílias com renda de 1 a 10 salários mínimos na cidade de São Paulo.

Inflação e deflação

Enquanto a inflação revela o aumento persistente e generalizado dos preços, a deflação mede a redução nos preços dos bens e serviços disponíveis na economia, em determinado intervalo de tempo.

A deflação na economia ocorre principalmente quando a oferta dos bens e serviços supera a demanda, gerando excedentes no mercado; em momentos em que ocorre uma forte retração monetária na economia, há menos dinheiro do que bens e serviços oferecidos. Com menos dinheiro, as pessoas compram menos, e o estímulo natural verificado no mercado é a redução dos preços.

4.2 Índices de preços e taxas de inflação

Um índice de preços é resultante de um procedimento estatístico que, entre outras aplicações, permite medir as variações ocorridas nos níveis gerais de preços de um período para outro. Em outras palavras, o índice de preços representa uma média global das variações de preços que se verificaram num conjunto de determinados bens ponderada pelas quantidades respectivas.

No Brasil são utilizados inúmeros índices de preços, sendo originados de amostragem e critérios desiguais e elaborados por diferentes instituições de pesquisa. É importante, antes de selecionar um índice para atualização de uma série de valores monetários, proceder-se a uma análise de sua representatividade em relação aos propósitos em consideração.

Ilustrativamente, relacionamos no Quadro 4.1 os valores do IGP (Índice Geral de Preços – conceito disponibilidade interna da FGV) referentes aos meses de maio a dezembro de determinado ano.

Pela evolução desses índices de preços pode ser constatado como os preços gerais da economia variaram no período. Para tanto, relaciona-se o índice do fim do período que se deseja estudar com o do início.

Por exemplo, a taxa de inflação do 2º semestre medida pelo IGP está refletida na evolução apresentada entre o índice de junho (início do semestre) e o de dezembro (fim do semestre). Assim:

$$\text{Inflação do 2º semestre} = \frac{1.576,56}{703,38} - 1$$
$$= 2,2414 - 1 = 124,14\%$$

Os preços nesse período cresceram 2,2414 vezes, indicando uma evolução de 124,14%.

A inflação do trimestre out./dez., seguindo o mesmo raciocínio, é medida da forma seguinte:

$$\text{Inflação de Out./Dez.} = \frac{1.576,56}{1.009,67} - 1 = 56,15\%$$

A inflação verificada no mês de outubro atinge 14,16%, isto é:

$$\text{Inflação de Out.} = \frac{1.152,63}{1.009,67} - 1 = 14,16\%$$

e assim por diante.

Dessa maneira, a taxa de inflação, a partir de índices de preços, pode ser medida pela seguinte expressão:

$$I = \frac{P_n}{P_{n-t}} - 1$$

onde: I = taxa de inflação obtida a partir de determinado índice de preços;

P = índice de preços utilizado para o cálculo da taxa de inflação;

n, $n - t$ = respectivamente, data de determinação da taxa de inflação e o período anterior considerado.

Exemplos:

1. Abaixo são transcritos alguns valores divulgados do IGP-di e do INPC (Índice Nacional de Preços ao Consumidor). Com base nestes resultados, pede-se:
   a) calcular a taxa de inflação, medida pelo IGP e INPC, para os seguintes períodos de 20x3:
      - ano;
      - 1º semestre;
      - mês de dezembro;
   b) um bem que custava $ 5.000,00 no início do ano, quanto deve valer ao final deste ano se for corrigido pela variação do IGP e INPC;
   c) admitindo que o proprietário tenha vendido este imóvel ao final do ano por $ 90.000,00, determinar o lucro auferido.

Quadro 4.1 *Valores do Índice Geral de Preços (IGP)*

MÊS	Maio	Junho	Julho	Agosto	Setembro	Outubro	Novembro	Dezembro
IGP	649,79	703,38	800,31	903,79	1.009,67	1.152,63	1.353,79	1.576,56

	Dez./x2	Jun./x3	Nov./x3	Dez./x3
IGP-DI	751,121	785,221	917,538	924,504
INPC	5.449,84	5.469,41	5.664,02	5.746,71

Solução:

a) ***Taxa de Inflação – I***

	IGP	INPC
Ano	(924,504/751,121) – 1 = 23,08%	(5.746,71/5.449,84) – 1 = 5,45%
1º sem.	(785,221/751,121) – 1 = 4,54%	(5.469,41/5.449,84) – 1 = 0,359%
Dez.	(924,504/917,538) – 1 = 0,76%	(5.746,71/5.664,02) – 1 = 1,46%

b) ***Valor Corrigido do Imóvel***

Pelo IGP:

$$\$\ 50.000{,}00\ \frac{924{,}504}{751{,}121} = \$61.541{,}62$$

Pelo INPC:

$$\$\ 50.000{,}00\ \frac{5.746{,}71}{5.449{,}84} = \$52.723{,}66$$

c) O lucro pode ser avaliado sob duas formas: o *nominal,* medido pela simples diferença entre o valor de venda e o de compra, e o *real,* apurado adicionalmente à inflação.

No caso em questão, o proprietário vendeu o imóvel apurando lucro real, isto é, o preço de venda excedeu ao valor de compra corrigido. Assim, pelo IGP apura-se um lucro real de: $ 90.000,00 – $ 61.541,62 = $ 28.458,38, e pelo INPC o lucro real foi menor: $ 90.000,00 – $ 52.723,66 = $ 37.276,34.

2. Um investidor aplicou $ 100.000,00 e obteve, ao final de um ano, rendimentos de juros de $ 12.000,00. Sabe-se que no período da aplicação, a inflação da economia atingiu 5,6%. Desenvolver uma análise do resultado do investidor.

Solução:

- O investidor apurou os seguintes resultados:

Rendimento nominal:	$ 12.000,00
Inflação do período:	
5,6% × $ 100.000,00:	<u>($ 5.600,00)</u>
Ganho do investidor acima da inflação (ganho real)	$ 6.400,00

- Valor da aplicação corrigido para o final do ano:

Capital corrigido:
$ 100.000,00 × 1,056 = $ 105.600,00

A taxa de retorno *nominal* do investidor é medida pela relação entre o ganho nominal e o valor histórico do capital investido, ou seja:

$$\text{Retorno nominal} = \frac{\$\,12.000{,}00}{\$\,100.000{,}00} = 12\%$$

O ganho *real* é obtido após depurar-se os efeitos da inflação do investimento. É calculado pela relação entre o rendimento real e o capital investido corrigido pela inflação (em moeda de poder de compra de final do ano):

$$\text{Retorno real} = \frac{\$\,6.400{,}00}{\$\,105.600{,}00} = 6{,}06\%$$

Em contexto de inflação, somente existe lucro ao se comparar valores expressos com mesmo poder de compra.

4.3 Valores monetários em inflação

Ao relacionar valores monetários de dois ou mais períodos em condições de inflação, defronta-se com o problema dos diferentes níveis de poder aquisitivo da moeda.

Por exemplo, suponha que uma pessoa tenha adquirido um imóvel por $ 60.000,00 em certa data, e vendido, dois anos depois, por $ 80.000,00. Neste período a inflação atingiu 40%.

Qualquer avaliação com relação ao resultado auferido nesse negócio é precipitada (Lucro: $ 80.000,00 – $ 60.000,00 = $ 20.000,00), principalmente ao se conhecer que os preços cresceram, em média, 40% no período. O ganho na venda terá sido aparente (nominal), determinado prioritariamente pela evolução dos preços e não por uma valorização real (acima da inflação) do imóvel vendido.

Observe, simplistamente, que para não ocorrer prejuízo, o imóvel deveria ser vendido por um preço de 40% maior que o seu valor de compra há dois anos, ou seja, por: $ 60.000,00 × (1 + 0,40) = $ 84.000,00. Somente a partir desse valor é que existe legitimamente lucro. A venda por $ 80.000,00, conforme ilustrada no exemplo, indica um prejuízo *real* de $ 4.000,00 (Preço de Venda: $ 80.000,00 – Preço de Custo Corrigido: $ 84.000,00).

Assim, do resultado encontrado ao comparar valores de diferentes datas, deve ser dissociado do ganho *nominal* de $ 20.000,00 (ou 33,3% de rentabilidade) auferida na venda do imóvel a parcela de resultado *real* produzida adicionalmente à inflação.

Os ajustes para se conhecer a evolução real de valores monetários em inflação se processam mediante *indexações* (inflacionamento) e *desindexações* (deflacionamento) dos valores nominais, os quais se processam por meio de índices de preços.

A *indexação* consiste em corrigir os valores nominais de uma data em moeda representativa de mesmo poder de compra em momento posterior. A *desindexação*, ao contrário, envolve transformar valores nominais em moeda representativa de mesmo poder de compra num momento anterior.

Assim, no exemplo comentado de compra e venda de um imóvel, observa-se um ganho nominal de 33,3%, isto é:

$$\text{Ganho Nominal} = \frac{\$\ 80.000,00}{\$\ 60.000,00} - 1 = 33,3\%$$

Em outras palavras, o imóvel foi vendido por 1,333 vezes o seu valor de compra.

Essa relação, no entanto, compara valores de diferentes datas com capacidades de compra desiguais. É necessário, para se conhecer o resultado real da operação, expressar os valores monetários em moeda representativa de poder de compra de um mesmo momento.

Ao se indexar os valores para a data da venda, admitindo-se uma inflação de 40% no período, tem-se:

$$\frac{\text{Preço de venda na data da venda}}{\text{Preço de compra corrigido para data da venda}} =$$

$$= \frac{\$\ 80.000,00}{\$\ 60.000,00 \times 1,40} - 1 = -4,76\%$$

que representa uma evolução real negativa de 4,76%.

Note que essa taxa real negativa de 4,76% é obtida rigorosamente pelo regime de juros compostos e não pelo critério linear. Esse aspecto é compatível com o próprio comportamento exponencial da formação da taxa de inflação. Dessa maneira, é incorreto subtrair da taxa nominal encontrada de 33,3% o percentual específico da inflação de 40%. (Itens posteriores deste capítulo abordarão este assunto com mais profundidade.)

Por outro lado, ao desindexar os valores, colocando-os em moeda da data da compra do imóvel, obtém-se:

$$\frac{\text{Preço de venda deflacionado para data da compra}}{\text{Preço de compra na data da compra}} =$$

$$= \frac{\$\ 80.000,00/(1,40)}{\$\ 60.000,00} - 1 = -4,76\%$$

Pelo processo de inflacionamento ou de deflacionamento apura-se para o negócio um mesmo prejuízo real, depurado dos efeitos da inflação, de 4,76%.

4.3.1 Comportamento exponencial da taxa de inflação

O comportamento da inflação se processa de maneira exponencial, ocorrendo aumento de preço sobre um valor que já incorpora acréscimos apurados em períodos anteriores. Da mesma forma que o regime de juros compostos, a formação da taxa de inflação assemelha-se a uma progressão geométrica, verificando-se juros sobre juros.

Por exemplo, sendo de 2,8%, 1,4% e 3,0%, respectivamente, as taxas de inflação dos três primeiros meses de um ano, um ativo de $ 12.000,00 no início do ano, se corrigido plenamente pela inflação da economia, apresentaria os seguintes valores ao final dos meses:

1º mês: $ 12.000,00 × 1,028 = $ 12.336,00

2º mês: $ 12.336,00 × 1,014 = $ 12.508,70

3º mês: $ 12.508,70 × 1,03 = $ 12.883,97

O incremento do valor do ativo no trimestre é de 7,03% ($ 12.843,86 / $ 12.000,00), o que equivale ao produto (capitalização composta) das taxas mensais de inflação, isto é:

$$\text{Inflação do Trimestre } (I) =$$
$$= [(1,028) \times (1,014) \times (1,03)] - 1 = 7,37\%$$

A taxa equivalente mensal de inflação do período, identicamente ao regime de juros compostos, é apurada:

$$\text{Taxa Equivalente Mensal } (I_q) =$$
$$= \sqrt[3]{1,0737} - 1 = 2,4\% \text{ a.m.}$$

Dessa forma, são válidos para a inflação os mesmos conceitos e expressões de cálculos enunciados no estudo de juros compostos do Capítulo 2.

Exemplos:

1. A taxa mensal de inflação de um quadrimestre atinge, respectivamente, 2,8%, 3,4%, 5,7% e 8,8%. Determinar a taxa de inflação acumulada do período e a taxa média (geométrica) mensal.

   Solução:

   $$I = [(1,028) \times (1,034) \times (1,057) \times (1,088)] - 1 = 22,2\% \text{ a.q.}$$

   $$I_q = \sqrt[4]{1,222} - 1 = 5,15\% \text{ a.m.}$$

2. A taxa de inflação da economia de determinado ano foi de 6,78%. Calcular a taxa equivalente semestral e mensal da inflação do período.

Solução:

$$\text{Equivalente Semestral} - I_q = \sqrt[2]{1+0,0678} - 1$$
$$= 3,33\% \text{ a.s.}$$

$$\text{Equivalente Mensal} - I_q = \sqrt[12]{1+0,0678} - 1$$
$$= 0,548\% \text{ a.m.}$$

3. Sendo projetada em 0,91% ao mês a taxa de inflação para os próximos 5 meses, determinar a inflação acumulada deste período.

Solução:

I (para 5 meses) = $(1{,}0091)^5 - 1$ = 4,63% p/ 5 meses.

4. Determinado trimestre apresenta as seguintes taxas mensais de variações nos preços gerais da economia: 7,2%, 2,9% e – 1,2% (deflação). Determinar a taxa de inflação acumulada do trimestre.

Solução:

I (trim.) = $[(1 + 0{,}072) \times (1 + 0{,}029) \times (1 - 0{,}012)] - 1$ = 8,99% a.t.

4.3.2 Série de valores monetários deflacionados

Ao se tratar de uma série de informações monetárias é comum trabalhar-se com valores deflacionados para se chegar à evolução real de cada período.

Um exemplo desenvolvido a seguir ilustra o cálculo do crescimento real de uma série de valores monetários.

Ilustrativamente, admita que se deseja conhecer o crescimento real anual das vendas de uma empresa referentes ao período 20x0-20x4. Os valores nominais de cada ano e os índices gerais de preços que servirão de ajuste dos valores das receitas de venda são transcritos no Quadro 4.2.

Quadro 4.2 *Crescimento anual de vendas*

Ano	Vendas Nominais ($)	Índice Geral de Preços
20x0	25.715,00	100,0
20x1	35.728,00	120,8
20x2	47.890,00	148,6
20x3	59.288,00	179,8
20x4	71.050,00	227,7

Para uma avaliação inicial do comportamento dos valores no período, são apuradas a seguir a evolução nominal das vendas e o crescimento do índice de preços. Observe o Quadro 4.3.

Quadro 4.3 *Evolução nominal de vendas e de índice de preços*

Ano	Vendas Nominais ($)	Evolução Nominal das Vendas	Índice Geral de Preços	Crescimento do Índice de Preços
20x0	25.715,00	–	100,0	–
20x1	35.728,00	1,389	120,8	1,208
20x2	47.890,00	1,340	148,6	1,230
20x3	59.288,00	1,238	179,8	1,210
20x4	71.050,00	1,198	227,7	1,266

Tanto a evolução das vendas, como a do índice de preços, são determinadas pela divisão entre o valor de um período e o do período imediatamente anterior.

Pelos resultados apurados, é possível concluir-se que no período de 20x0 a 20x3 as vendas apresentaram crescimento real positivo, ou seja, cresceram mais que a inflação registrada em cada ano. Esse comportamento é determinado por apresentarem as vendas uma evolução anual nominal superior à dos índices de preços.

Em 20x4 verifica-se um comportamento inverso, crescendo as vendas nominalmente menos que a inflação. Depurada a inflação, pode-se afirmar que as vendas decresceram neste ano.

A partir dessas informações, a taxa real de crescimento das vendas é determinada pela divisão do índice de evolução nominal das vendas pelo índice de evolução dos preços de cada ano, conforme vemos no Quadro 4.4.

Quadro 4.4 *Taxa real de crescimento das vendas*

Ano	Evolução Real das Vendas
20x1	(1,389/1,208) – 1 = 15,01%
20x2	(1,340/1,230) – 1 = 8,96%
20x3	(1,238/1,210) – 1 = 2,31%
20x4	(1,198/1,266) – 1 = (5,37%)

As vendas anuais deflacionadas e a taxa de variação real do ano são também calculadas no Quadro 4.5.

Quadro 4.5 *Variação real nas vendas*

Ano	(1) Vendas Nominais ($)	(2) Evolução do Índice de Preços (Base: 20x0)	(3) = (1)/(2) Vendas Deflacionadas a Preços de 20x0 ($)	(4) Variação Real
20x0	25.715,00	1,000	25.715,00	–
20x1	35.728,00	1,208	29.576,16	15,01%
20x2	47.890,00	1,486	32.227,46	8,96%
20x3	59.288,00	1,798	32.974,42	2,31%
20x4	71.050,00	2,277	31.203,34	(5,37%)

Conforme observou-se, as vendas apresentaram crescimento real até 20x3, decrescendo em 5,37% em 20x4. Em termos acumulados, o crescimento das receitas de vendas no período atingiu 21,3%, o qual pode ser obtido da forma seguinte:

Crescimento real de 20x0-20x4:

$$\frac{\$\,31.203,34}{\$\,25.715,00} - 1 = 21{,}3\%$$

ou:

$$[(1 + 0,1501) \times (1 + 0,0896) \times (1 + 0,0231) \times (1 - 0,0537)] - 1 = 21,3\%$$

4.4 Taxa de desvalorização da moeda

Enquanto a inflação representa uma elevação nos níveis de preços, a taxa de desvalorização da moeda (TDM) mede a queda no poder de compra da moeda causada por estes aumentos de preços.

Por exemplo, se em determinado período os preços em geral dobraram (inflação de 100%), conclui-se que a capacidade de compra das pessoas reduziu-se em 50%, ou seja, somente podem adquirir a metade do que costumavam consumir no passado. Diz-se, em outras palavras, que a capacidade aquisitiva da moeda diminuiu em 50%.

A taxa de desvalorização da moeda (TDM), para diferentes taxas de inflação, pode ser obtida a partir da seguinte fórmula:

$$TDM = \frac{I}{1+I}$$

sendo I a taxa de inflação do período.

Por exemplo, se em determinado período a taxa de inflação alcançar a 8%, a queda na capacidade de compra registra a marca de 7,4%, isto é:

$$TDM = \frac{0,08}{1+0,08} = \frac{0,08}{1,08} = 7,4\%$$

A inflação de 8% determina uma redução do poder de compra da moeda igual a 7,4%, isto é, com este percentual de evolução dos preços as pessoas adquirem 7,4% a menos de bens e serviços que costumam consumir.

Quanto maior a inflação, evidentemente maior será a taxa de desvalorização da moeda, definindo em consequência uma menor capacidade aquisitiva.

Outro *exemplo* permite uma melhor compreensão das taxas de inflação e de desvalorização da moeda.

Admita que a inflação em determinado período tenha alcançado a taxa de 40%. Esse percentual indica uma queda na capacidade de compra geral de 28,6% (0,4/1,4) ou, o que é o mesmo, ao final do período somente podem ser consumidos 71,4% dos bens e serviços originais. Para que o poder de compra se mantenha inalterado, as rendas das pessoas devem ser corrigidas por 40%, que corresponde à inflação verificada no período.

Para um salário de, *por exemplo*, $ 1.000,00, o reajuste para manter inalterado o poder de compra deve atingir 40%, passando o seu valor para $ 1.400,00.

Se for atribuído um reajuste salarial de 50%, o assalariado obtém um ganho real em suas rendas, isto é, uma correção acima da inflação. Assim, seu salário se eleva para $ 1.500,00, que representa um reajuste adicional à inflação de $ 100,00, ou: [($ 1.500,00/$ 1.400,00) - 1] = 7,14%.

Um reajuste salarial exatamente igual à inflação de 40% preserva o poder aquisitivo constante. O salário passa para $ 1.400,00, indicando que, em média, pode ser adquirido ao final do período o mesmo montante de bens e serviços consumidos no início.

Uma correção de 25% nos salários, por outro lado, denota uma perda no poder de compra, reduzindo o ingresso de recursos, em valores reais, em $ 150,00 : [($ 1.000,00 × 1,25) - $ 1.400,00]. Essa correção nominal dos salários menor que a inflação equivale a uma perda real de 10,7% [($ 1.250,00/$ 1.400,00) - 1].

4.4.1 Inflação e prazo de pagamento

Uma aplicação do conceito da taxa de desvalorização da moeda muito utilizada na prática refere-se ao cálculo da perda do poder de compra do dinheiro nas operações de venda a prazo.

Conforme foi demonstrado, o dinheiro tem diferentes valores no tempo, motivados basicamente pelas taxas de juros e da inflação. Centrando o objetivo deste item unicamente na inflação, a postergação do recebimento de uma venda produz uma perda inflacionária determinada pela redução do poder de compra do dinheiro.

Ilustrativamente, admita que uma empresa tenha vendido $ 100.000,00 para recebimento em 120 dias. Sendo de 10% a taxa de inflação do período, a taxa de perda inflacionária assumida pela empresa na operação atinge a:

$$TDM = \frac{I}{1+I}$$

$$TDM = \frac{0,1}{1,1} = 9,09\%$$

Quando do recebimento do dinheiro ao final do quadrimestre, seu poder efetivo de compra reduziu-se para 90,91% de seu valor.

Em outras palavras, a receita de venda realizada perdeu 9,09% de sua capacidade aquisitiva, originando-se uma perda inflacionária de: $ 100.000,00 × 9,09% = $ 9.090,90. Essa perda indica, em valores monetários, a queda do poder de compra motivada pelo aumento nos níveis gerais de preços.

Nessa situação, ainda, a desvalorização de 9,09% pode ser interpretada como o desconto máximo que a empresa poderia conceder para pagamento imediato, de forma a tornar equivalente (indiferente) vender à vista ou a prazo em 120 dias. O desconto de 9,09% reduz a receita num montante exatamente igual à perda inflacionária determinada pela venda a prazo, admitindo-se uma taxa de inflação de 10%.

Exemplos:

1. Admita que em determinado período a inflação tenha atingido 10,6%. Determinar: a) reposição salarial necessária para que um assalariado mantenha a mesma capacidade de compra; b) redução do poder aquisitivo do assalariado, supondo que os seus vencimentos não sofreram reajuste no período.

   Solução:

   a) A reposição salarial para manutenção do seu poder aquisitivo é a própria taxa de inflação de 10,6%.

   Por refletir o aumento médio dos bens e serviços consumidos na economia, admite-se que a correção dos salários pela taxa de inflação repõe, pelo menos ao nível de uma cesta básica de bens e serviços, a perda da capacidade de compra da moeda.

   b) A redução do poder aquisitivo é mensurada pela taxa de desvalorização da moeda, ou seja:

   $$\text{TDM} = \frac{I}{1+I} = \frac{0{,}106}{1{,}106} = 9{,}58\%$$

   Com a elevação de 10,6% nos índices de preços, o assalariado passa a ter uma capacidade de compra 9,58% menor.

2. Num período de inflação, a moeda perde uma parte de sua capacidade de compra, afetando principalmente aqueles que não obtêm um reajuste em suas rendas. Nessas condições, determinar, para uma pessoa que manteve inalterado o seu salário no período, quanto pode adquirir ao final do mês daquilo que consumia no início. Considere uma inflação de 2,5% no mês.

   Solução:

   $$\text{TDM} = \frac{0{,}025}{1{,}025} = 2{,}44\%$$

   A pessoa perdeu 2,44% de seu poder de compra, indicando uma capacidade de consumo de 97,56% no final do mês do que consumia no início.

3. Uma loja está vendendo suas mercadorias para pagamento em 30 dias sem acréscimo. Sendo de 1,8% ao mês a taxa de inflação, determinar o percentual de perda inflacionária motivada pela venda a prazo.

   Solução:

   A perda inflacionária pela venda a prazo está refletida na taxa de desvalorização da moeda, isto é:

   $$\text{TDM} = \frac{I}{1+I} = \frac{0{,}018}{1{,}018} = 1{,}77\%$$

   Em outras palavras, o dinheiro no momento do recebimento estará valendo 1,77% a menos, determinado pela taxa de inflação verificada no período.

4. Uma venda de $ 40.000,00 foi efetuada com prazo de pagamento de 40 dias. Sendo de 2% ao mês a inflação, determinar o montante da perda inflacionária desta venda e a taxa de redução do poder de compra do dinheiro.

   Solução:

   $I = 2\%$ a.m. ou $\left(\sqrt[30]{1{,}02}\right)^{40} - 1 = 2{,}68\%$ p/40 dias

   $\text{TDM} = \dfrac{0{,}0268}{1{,}0268} = 2{,}61\%$ (taxa de redução do poder de compra)

   Montante da Perda:

   $ 40.000,00 × 2,61% = $ 1.044,00

4.5 Taxa nominal e taxa real

A taxa *nominal* de juros é aquela adotada normalmente nas operações correntes de mercado, incluindo os efeitos inflacionários previstos para o prazo da operação. Constitui-se, em outras palavras, numa taxa prefixada de juros, que incorpora as expectativas da inflação.

É importante separar claramente a taxa *nominal* de juros, que mede o resultado de uma operação em valor corrente, da taxa *nominal* (linear) estudada nos dois primeiros capítulos, que indica a descapitalização do juro de forma proporcional (juros simples).

Em contexto inflacionário, ainda, devem ser identificadas na taxa *nominal* (prefixada) uma parte devida à inflação, e outra definida como legítima, *real,* que reflete "realmente" os juros que foram pagos ou recebidos.

Em consequência, o termo *real* para as operações de Matemática Financeira denota um resultado apurado livre dos efeitos inflacionários. Ou seja, quanto se ganhou (ou perdeu) verdadeiramente, sem a interferência das variações verificadas nos preços.

O objetivo do cálculo da taxa *real* (*r*) é o de expurgar a indexação da taxa total de juros (nominal), de maneira a expressar o juro real.

Por exemplo, foi publicado que a remuneração das aplicações em determinado título atingiu 12,8% num período, sendo de 9,2% a taxa de inflação deste intervalo de tempo. Logo, quem aplicou, ilustrativamente, $ 100.000,00 no início do período obteve um rendimento nominal de $ 12.800,00 (12,8% × $ 100.000,00) no período, totalizando um montante de $ 112.800,00.

Por outro lado, para manter inalterado o seu poder de compra, o capital acumulado do aplicador deve atingir, ao final do período, a soma de $ 109.200,00 ($ 100.000,00 × 1,092). Como o valor de resgate soma $ 112.800,00 conclui-se pela existência de um lucro *real*, em valores monetários, de \$ 3.600,00 (\$ 112.800,00 – \$ 109.200,00). Isto é, o aplicador obteve um ganho *real*, acima do principal investido corrigido pela inflação, de \$ 3.600,00. Em termos percentuais, o retorno *real* da operação, determinado pela relação entre o lucro (ganho) e o valor aplicado, ambos expressos em moeda de mesmo poder de compra, é igual a 3,3% (\$ 3.600,00/\$ 109.200,00).

De uma maneira geral, a fórmula de apuração da taxa real é a seguinte:

$$\text{Taxa real}(r) = \frac{1 + \text{taxa nominal}(i)}{1 + \text{taxa de inflação}(I)} - 1$$

Substituindo-se os valores do exemplo acima na expressão de cálculo de *r*, tem-se:

$$r = \frac{1+0{,}128}{1+0{,}092} - 1 = \frac{1{,}128}{1{,}092} - 1 = 3{,}3\%$$

A partir da identidade da taxa real, pode-se calcular a taxa nominal e a taxa de inflação:

$$i = (1 + r) \times (1 + I) - 1^{1}$$

$$I = \frac{(1+i)}{(1+r)} - 1$$

A taxa real também pode ser *negativa*, desde que a inflação supere a variação nominal dos juros. *Por exemplo*, sabe-se que no mesmo período da ilustração anterior o dólar apresentou uma evolução de 7,5%, abaixo, portanto, da inflação de 9,2%. Quem aplicou \$ 100.000,00 neste ativo no período conseguiu resgatar \$ 107.500,00 (\$ 100.000,00 × 1,075). Como precisava obter um montante de \$ 109.200,00 para manter o poder de compra da moeda com base na taxa de inflação da economia, conclui-se que o investidor teve uma perda real de \$ 1.700,00 (\$ 107.500,00 – \$ 109.200,00). Ou, em termos percentuais, a perda real atingiu a taxa negativa de 1,56% (– \$ 1.700,00/\$ 109.200,00).

Em outras palavras, o aplicador obteve somente 98,44% (\$ 107.500,00/\$ 109.200,00) do valor de seu investimento corrigido, perdendo em consequência 1,56% em capacidade de compra.

Pela expressão de cálculo da taxa real, tem-se:

$$r = \frac{1 + \text{variação nominal do dólar}}{1 + \text{taxa de inflação}} - 1 =$$

$$= \frac{1+0{,}075}{1+0{,}0992} - 1 = -1{,}56\%$$

[1] Esta expressão de cálculo foi originalmente proposta por Irving Fisher (*The Theory of Interest*. New York: The Macmillan, 1930), por isso sua utilização é conhecida como "efeito Fisher". *Fórmula de Fischer*: (1 + *i*) = (1 + *r*) × (1 + *I*)

Exemplos:

1. Uma pessoa aplicou \$ 400.000,00 num título por 3 meses à taxa nominal de 6,5% ao trimestre. Sendo de 4,0% a inflação deste período, demonstrar os rendimentos nominal e real auferidos pelo aplicador, assim como as respectivas taxas de retorno.

Solução:

- Valor de Resgate: \$ 400.000,00 × 1,065 = \$ 426.000,00
- Valor Aplicado = (400.000,00)
  Rendimento Nominal: \$ 26.000,00

$$\text{Rentabilidade Nominal } (i) = \frac{\$\,26.000{,}00}{\$\,400.000{,}00} = 6{,}5\%\text{ a.t.}$$

ou: $\sqrt[3]{1{,}065} - 1 = 2{,}12\%$ a.m.

- Perda pela Inflação do Trimestre:
  \$ 400.000,00 × 4% (\$ 16.000,00)
  Rendimento Real: \$ 10.000,00

Rentabilidade Real (*r*) =

$$\frac{\$\,10.000{,}00}{\$\,400.000{,}00 \times 1{,}04} = 2{,}4\%\text{ a.t.}$$

ou: $\sqrt[3]{1.024} - 1 = 0{,}79\%$ a.m.

A taxa real pode ser obtida pelo emprego direto da fórmula:

$$r = \frac{1+i}{1+I} - 1 = \frac{1+0{,}065}{1+0{,}04} - 1 = 2{,}4\%\text{ a.t.}$$

2. Suponha que uma pessoa adquira, no início de determinado ano, um imóvel por \$ 60.000,00, vendendo-o, dois anos após, por \$ 85.320,00. Sendo de 31,1% a inflação deste biênio, pede-se determinar a rentabilidade nominal e real anual produzida por esta operação.

Solução:

$$\text{Rentab. Nominal } (i) = \frac{\text{Preço de venda}}{\text{Preço de compra}} - 1$$

$$i = \frac{\$\,85.320{,}00}{\$\,60.000{,}00} - 1 = 42{,}2\%\text{ ao biênio}$$

$$i = \sqrt{1+0{,}422} - 1 = 19{,}25\%\text{ a.a.}$$

$$\text{Rentab. Real } (r) = \frac{1+i}{1+I} - 1$$

$$r = \frac{1+0{,}422}{1+0{,}311} - 1 = \frac{1{,}422}{1{,}311} - 1$$

$$= 8{,}47\%\text{ ao biênio}$$

$$r = \sqrt{1{,}0847} - 1 = 4{,}15\%\text{ a.a.}$$

4.5.1 Taxas de juros prefixados e pós-fixados

As *taxas prefixadas* são aquelas cujos rendimentos (juros) são declarados no momento da realização da operação.

O investidor conhece os rendimentos da aplicação financeira ou os encargos financeiros de empréstimos/financiamentos previamente, no ato da realização da operação, permanecendo os juros fixos (inalterados) por todo o período.

A taxa prefixada é interpretada como uma *taxa nominal* de juros, sendo formada por uma taxa real mais a inflação, ou seja:

Taxa Prefixada = [(1 + Real) × (1 + Indexador)] – 1

Por exemplo, o preço unitário de um título no mercado é igual a $ 942,80 para um prazo de 62 dias até seu vencimento. O valor de resgate do título é de $1.000,00.

A rentabilidade desse título é prefixada, conhecida no momento da aplicação, ou seja:

$$\text{Taxa Pré} = \left[\frac{\$\ 1.000{,}00}{\$\ 942{,}80}\right] - 1 = 0{,}06067\ (6{,}067\%\ \text{p/ 62 dias})$$

$$\text{Taxa Pré} = (1 + 0{,}06067)^{30/62} - 1 = 2{,}89\%\ \text{a.m.}$$

Nas *taxas pós-fixadas*, por outro lado, os rendimentos (ou encargos) financeiros são atrelados a um indexador da economia, podendo ser um índice de inflação, variação cambial, taxa Selic etc. Em razão de os indexadores acompanharem os ciclos da economia, os juros das operações pós-fixadas podem variar ao longo do tempo, sendo conhecida a taxa efetiva somente ao final da operação.

Como *ilustração*, admita uma aplicação de $ 100.000,00 em um título que paga 1,2% ao mês de juro real mais atualização monetária medida pelo índice de inflação. Sendo de 0,8% a inflação do mês, as taxas de juros dessa operação são calculadas:

– Taxa Pós-Fixada (Taxa Real) = 1,2% a.m.

– Rendimento Total (Nominal) = [(1 + 0,012) × (1 + 0,008)] – 1 = 2,01% a.m.

Em operações pós-fixadas o investidor irá conhecer o resultado financeiro efetivo somente ao final do período (final do mês), após ser divulgada a taxa de inflação do período. Conforme foi demonstrado ao longo deste capítulo, os juros incidem sobre o valor do principal acrescido da correção pela inflação.

Assim, o valor de resgate da aplicação atinge:

Resgate da Aplicação = $ 100.000,00 × (1 + 0,008) × (1 + 0,012) = $ 102.009,60

O Capítulo 11 aborda as principais aplicações e cálculos das taxas pré e pós-fixadas de maneira bem detalhada.

4.5.2 Taxa de juros negativa

Taxa de juro nominal negativa é uma taxa menor que zero (-2,5%, por exemplo), determinando um rendimento negativo ao investidor. De maneira simples, o investidor pagaria para aplicar seu capital, ou seja, o valor de resgate de uma aplicação seria menor que o valor do capital que foi aplicado.

Por outro lado, *taxa de juro real negativa* ocorre quando o retorno nominal de uma aplicação for inferior a taxa de inflação, ou seja, o investidor não consegue manter seu padrão de consumo com o valor recebido. Se descontada a inflação do juro nominal, o resultado real de uma aplicação financeira resulta em uma taxa negativa.

Capitalização de taxas de juros negativas:

I: Mês 1 = + 5% ; Mês 2 = + 4%

II: Mês 1 = + 10% ; Mês 2 = – 5%

III: Mês 1 = – 10% ; Mês 2 = + 5%

Juros acumulados (juros compostos) ao final do 2º mês:

I – *i* = [(1 + 0,05) × (1 + 0,04)] – 1 = + 9,2%

II – *i* = [(1 + 0,10) × (1 – 0,05)] – 1 = + 4,5%

III – *i* = [(1 – 0,10) × (1 + 0,05)] – 1 = – 5,5%

4.5.3 Fórmula abrangente dos juros

A estrutura da taxa de juro de uma economia pode se apresentar, de forma mais abrangente e completa, de acordo com a seguinte estrutura de cálculo:

Taxa Nominal (*i*) = [(1 + Taxa Pura Líq.) × (1 + Taxa de Risco) × (1 + Taxa de inflação)] – 1

A *Taxa Pura* é definida como uma taxa de juros Livre de Risco (*Risk Free*) e, geralmente, líquida da inflação. *Por exemplo*, admita as seguintes taxas de juros praticadas na economia:

Taxa de Inflação = 4,5% a.a.

Taxa de Risco = 2,6% a.a.

Taxa Pura (Líquida da Inflação) = 1,2% a.a.

O referencial da taxa nominal de juros da economia atinge:

Taxa Nominal (*i*) = [(1 + 0,012) × (1 + 0,026) × (1 + 0,045)] – 1

Taxa Nominal (*i*) = 1,085 – 1

Taxa Nominal (*i*) = 1,085 – 1 = 0,085 (8,5% a.a.)

A *Taxa Pura* geralmente adotada pelo mercado é a remuneração de um título de mais baixo risco negociado no mercado financeiro internacional, sendo definida pela remuneração real (líquida da inflação) dos Títulos emitidos pelo Tesouro dos EUA (*T Bonds*). Um título emitido pelo Tesouro americano que garante proteção contra a inflação é conhecido por *TIPS – Treasury Inflation Protected Securities*. Por ser corrigido monetariamente de acordo com a variação da inflação, esses títulos mantêm o poder de compra dos investidores.

4.6 Taxa Referencial (TR)

A *taxa referencial* é apurada a partir das taxas prefixadas de juros praticadas pelos bancos na colocação de títulos de sua emissão. A TR é utilizada como um indexador em diversos contratos de financiamentos (inclusive nos pagamentos de seguros), e também em aplicações financeiras, como a caderneta de poupança, e remuneração do FGTS.

A TR é calculada e divulgada pelo Banco Central, e obedece à seguinte metodologia de apuração:

- diariamente, os principais bancos captadores de recursos informam ao Banco Central suas taxas de juros pagas aos aplicadores em certificados e recibos de depósitos bancários (prefixados), de emissão de 30 a 35 dias;
- o Banco Central calcula então a média ponderada dos juros pagos pelo mercado bancário, sendo esta taxa média conhecida por *Taxa Básica Financeira* (TBF). A TBF representa, dessa forma, o custo médio de captação dos bancos na colocação de seus títulos de renda fixa no mercado;
- sobre a taxa básica financeira (TBF), o Banco Central aplica um redutor, obtendo assim a *Taxa Referencial* (TR).

Desde 2018, essa metodologia de cálculo da TR foi alterada pelo Banco Central, sendo a taxa referencial apurada com base nas taxas de juros praticadas pelas Letras do Tesouro Nacional (título público prefixado emitido pelo Tesouro Nacional).

Por exemplo, se a TBF e a TR publicadas em determinado dia atingirem, respectivamente, 1,1723% e 0,6787%, sabe-se que o redutor aplicado sobre as taxas de juros usadas na remuneração aos aplicadores de CDB será de 0,4936%.

O cálculo do redutor segue, em essência, os critérios de política econômica de competência do Banco Central. Ao elevar o valor do redutor, a autoridade monetária imprime menor custo ao tomador do empréstimo corrigido em TR e, ao mesmo tempo, reduz os rendimentos dos aplicadores em caderneta de poupança.

De maneira inversa, ao diminuir o redutor, promove uma elevação do empréstimo indexado à TR, incentivando, ainda, as aplicações em caderneta de poupança pelo aumento de seus rendimentos.

A Taxa Referencial (TR) foi criada em 1990 com o objetivo de se tornar uma taxa de referência dos juros praticados no Brasil. Com o tempo a TR, foi perdendo sua relevância para o cálculo dos juros da economia, estando essa taxa *zerada* desde 2017 (rendimento = 0%).

4.7 Caderneta de poupança

A caderneta de poupança é considerada a modalidade de aplicação financeira mais popular do mercado. Seus principais atrativos encontram-se na liquidez imediata (o aplicador pode sacar seu saldo a qualquer momento), na garantia de pagamento dada pelo governo e na isenção de impostos.

A rentabilidade da caderneta de poupança está vinculada a outra taxa de juros, a taxa Selic, entendida como taxa de referência da economia brasileira, calculada e divulgada pelo Banco Central. Existem atualmente dois modelos, visualizados no Quadro 4.6, de cálculo dos rendimentos da poupança:

- Se a taxa Selic Meta da economia for *superior a 8,5% ao ano*, a remuneração dos depósitos de poupança será calculada pela TR mais juros de 0,5% ao mês (Taxa Linear = 6,0% ao ano; Taxa Efetiva Composta = 6.168% ao ano).
- Se a taxa Selic na data de início do período de juros da caderneta for *igual ou inferior a 8,5% ao ano*, os rendimentos serão calculados pela TR mais 70% da taxa Selic Meta mensalizada.

Quadro 4.6 *Rentabilidade da poupança vinculada à taxa Selic*

Taxa Selic Meta > 8,5% a.a.	Taxa Selic Meta < 8,5% a.a.
Rendimentos: TR + 0,5% a.m. (6,0% a.a.)	*Rendimentos: TR + 70% s/ taxa Selic Meta*

Por não haver incidência de impostos sobre os rendimentos, os percentuais calculados expressam a taxa líquida de remuneração. Os cálculos dos rendimentos terão por base sempre o menor saldo mantido pelo aplicador no período.

Os rendimentos da poupança são calculados e creditados mensalmente aos depositantes pessoas físicas e entidades sem fins lucrativos. Para os demais titulares (pessoas jurídicas etc.), o período de rendimento dos saldos depositados é o trimestre. O período mensal de rendimento da caderneta de poupança é contado a partir de sua *data de aniversário* (data de abertura da conta ou de realização do depósito). Se uma mesma conta apresentar mais de um depósito, o banco deverá creditar os rendimentos mensais nas respectivas datas de aniversário.

Caso o depositante resgate o dinheiro aplicado em qualquer momento antes da data de aniversário (um dia antes, por exemplo), perderá integralmente os rendimentos do mês.

A *taxa Selic* constitui-se na taxa básica de juros da economia brasileira, no principal instrumento de política monetária adotado pelo Banco Central para o controle dos meios de pagamentos e inflação da economia. A Selic serve, ainda, de referência para a formação das taxas de juros praticadas nas operações financeiras de empréstimos/financiamentos e retornos dos investimentos. A taxa Selic meta da economia é divulgada pelo Comitê de Política Monetária (COPOM) do Banco Central a cada 45 dias.

Exemplos:

1. Admita uma aplicação de $ 7.500 em caderneta de poupança por dois meses. A TR na data de aniversário e a taxa Selic Meta definidas para cada mês (período da aplicação) são as seguintes:

	Mês 1	Mês 2
Taxa Selic	12,50% a.a.	11,75% a.a.
TR	0,056% a.m.	0,048% a.m.

Calcular a rentabilidade mensal e acumulada do bimestre, e o capital acrescido dos rendimentos (montante) ao final do período.

Como a taxa Selic Meta é superior a 8,5% ao ano, a remuneração dos depósitos da caderneta de poupança será calculada pela TR mais uma remuneração adicional de 0,5% ao mês. Ou seja,

$$(1 + i) = [(1 + \text{TRmês}) \times (1 + 0{,}005)] - 1$$

- *Taxa de rentabilidade para cada mês da aplicação:*

Mês 1: $(1 + i_1) = [(1 + 0{,}00056) \times (1 + 0{,}005)] - 1 = 0{,}0055628$ (0,55628% a.m.)

Mês 2: $(1 + i_2) = [(1 + 0{,}00048) \times (1 + 0{,}005)] - 1 = 0{,}0054824$ (0,54824% a.m.)

- *Taxa de rentabilidade acumulada no bimestre:*

$$(1 + i) = [(1 + i_1) \times (1 + i_2)] - 1$$

Bimestre: $(1 + i) = [(1 + 0{,}0055628) \times (1 + 0{,}0054824)] - 1 = 1{,}1076\%$ a.b.

- *Montante da aplicação ao final do bimestre:*

$$FV = PV \times (1 + i_1) \times (1 + i_2)$$

$$FV = \$\ 7.500{,}00 \times (1 + 0{,}0055628) \times (1 + 0{,}0054824) = \$\ 7.583{,}07$$

2. Admita que nos meses 1 e 2 as taxas TR e Selic tenham atingido os seguintes percentuais:

	Mês 1	Mês 2
Taxa TR	0,041% a.m.	0,034% a.m.
Taxa Selic	8,25% a.a.	7,75% a.a.

Calcular a taxa de rentabilidade para cada mês e a acumulada para o bimestre.

Como a taxa Selic Meta é inferior a 8,5% nos dois meses da aplicação, a rentabilidade da poupança é calculada por 70% da Selic mais a TR:

$$\mathbf{(1 + i) = [(1 + TR) \times (1 + Selic_{a.a.} \times 70\%)]}$$

- *Taxa de rentabilidade para cada mês da aplicação:*

Mês 1: $(1 + i) = [(1 + 0{,}00041) \times (1 + 0{,}0825 \times 0{,}70)^{1/12}]$

$i_1 = [(1{,}00041) \times (1{,}004690)] - 1 = 0{,}005102$ (0,5102% a.m.)

Mês 2: $(1 + i) = [(1 + 0{,}00034) \times (1 + 0{,}825 \times 0{,}70)^{1/12}]$

$i_1 = [(1{,}00034) \times (1{,}004690)] - 1 = 0{,}005031$ (0,5031% a.m.)

- *Taxa de rentabilidade acumulada do bimestre:*

$$\mathbf{(1 + i) = [(1 + i_1) \times (1 + i_2)] - 1}$$

Bimestre: $(1 + i) = [(1 + 0{,}005102) \times (1 + 0{,}005031)] - 1 = 1{,}0159\%$ a.b.

Exercícios resolvidos

1. No primeiro mês de um ano a taxa de inflação foi de 1,27%. No segundo mês, foi de 1,56%, e no terceiro mês, de 1,89%. De quanto foi a inflação acumulada no trimestre?

Solução:

O crescimento da inflação se processa de forma exponencial (igual a juros compostos). Logo:

$I = [(1 + 0{,}0127) \times (1 + 0{,}0156) \times (1 + 0{,}0189)] - 1 = 4{,}79\%$ a.t.

2. Determine a variação real do poder aquisitivo de um assalariado que obtém, em determinado semestre, um reajuste salarial de 12%, admitindo que a inflação do período tenha atingido: a) 8%; b) 12%; c) 20%.

Solução:

a) $r = \frac{1,12}{1,08} - 1 = 3,7\%$

b) $r = \frac{1,12}{1,12} - 1 = nihil$

c) $r = \frac{1,12}{1,20} - 1 = -6,67\%$

3. Sabe-se que o preço à vista de um imóvel é de $ 78.000,00. Na hipótese de serem oferecidos uma entrada de 40% e o saldo restante após um semestre, determine o valor deste pagamento, sabendo-se que a taxa de inflação projetada para um ano atinge 21%.

Solução:

Valor a Financiar =

$ 78.000,00 – 40% = $ 46.800,00

Valor Corrigido do Pagamento:

$\$ 46.800,00 \times \sqrt{1,21} = \$ 51.480,00$

4. A taxa nominal de juros explicitada num empréstimo é de 12% ao ano. Tendo ocorrido uma variação de 5,4% nos índices de preços neste mesmo período, determine a taxa real anual de juros do empréstimo.

Solução:

$$r = \frac{1+i}{1+I} - 1 = \frac{1+0,12}{1+0,054} - 1 =$$

$$= \frac{1,12}{1,054} - 1 = 6,26\%$$

5. Uma aplicação de $ 38.600,00, pelo prazo de 7 meses, gera um resgate de $ 48.400,00. Sendo os juros reais de 1,5% ao mês, calcule a taxa de correção monetária mensal e a taxa nominal de juros desta operação.

Solução:

$FV = \$ 48.400,00$ $CM = ?$

$PV = \$ 38.600,00$ $i = ?$

$r = 1,5\%$ a.m.

$i = \frac{48.400,00}{38.600,00} - 1 = 25,39\%$ p/7 meses

Taxa Nominal – $i = \sqrt[7]{1,2539} - 1 = 3,29\%$ a.m.

Correção Monetária – $CM = \frac{1+i}{1+r} - 1 =$

$$= \frac{1+0,0329}{1+0,015} - 1 = 1,76 \text{ a.m.}$$

6. Calcule a rentabilidade nominal anual de uma caderneta de poupança que paga juros reais de 0,5% ao mês, sendo de 7,5% a correção monetária do ano.

Solução:

$i = [(1 + 0,005)^{12} \times (1 + 1,075)] - 1 = 14,13\%$ a.a.

7. Os índices gerais de preços referentes ao primeiro semestre de 20x6 são os seguintes:

Data	Índice de Preços
31-12-x5	148,70
31-01-x6	150,07
28-02-x6	152,15
31-03-x6	153,98
30-04-x6	157,21
31-05-x6	158,13
30-06-x6	162,01

Com base nesses valores, calcule:

a) evolução dos preços no semestre;

b) evolução mensal dos preços;

c) se as inflações de julho e agosto de 19x6 atingirem, respectivamente, 1,13% e 0,97%, determine o índice de preços que deve vigorar em cada um desses meses.

Solução:

a) $I_{sem.} = \frac{162,01}{148,70} - 1 = 8,95\%$

$I_{jan.} = \frac{150,07}{148,70} - 1 = 0,92\%$

$I_{fev.} = \frac{152,15}{150,07} - 1 = 1,39\%$

$I_{mar.} = \frac{153,98}{152,15} - 1 = 1,20\%$

$I_{abr.} = \frac{157,21}{153,98} - 1 = 2,10\%$

$I_{maio} = \frac{158,13}{157,21} - 1 = 0,58\%$

$I_{jun.} = \frac{162,01}{158,13} - 1 = 2,45\%$

c) Índice/jul. = 162,01 × 1,0113 = 163,84

Índice/ago. = 163,84 × 1,0097 = 165,43

8. Um financiamento em moeda estrangeira (US$) cobra juros de 8,0% ao ano mais variação cambial. Sendo de 4,5% a variação cambial do dólar e de 6,8% a inflação da economia, pede-se calcular a taxa real de juros com base no dólar e na inflação.

Solução:

Moeda estrangeira

Taxa real de juros: 8,0% a.a.

Taxa nominal de juros: [(1,08)(1,045)] – 1 = 12,86%

Inflação da economia

$$\text{Taxa real} = \frac{(1{,}08)(1{,}045)}{1{,}068} - 1 = 5{,}67\%$$

O devedor em dólar obteve um custo real menor em razão da inflação da economia superar a variação cambial.

Exercícios propostos

1. Uma aplicação rendeu 2,95% de taxa nominal em determinado mês. Sabendo que a variação cambial do dólar em relação à moeda nacional foi de 1,8% e a inflação da economia, de 2,2% no mesmo período, determine a rentabilidade real da aplicação em relação à inflação interna e à variação cambial.

2. Qual o custo real mensal de uma operação de financiamento por 5 meses, sabendo-se que os juros nominais cobrados atingem 2,8% ao mês e a inflação de todo o período, 12%?

3. Uma pessoa levanta um empréstimo para ser liquidado ao final de 4 meses, pagando uma taxa real de juros de 20% ao ano. Determinar a taxa nominal equivalente mensal de juros desta operação ao se prever, para cada um dos meses considerados, respectivamente, as seguintes taxas de inflação: 1,5%, 1,2%, 2,2% e 1,7%.

4. Um banco oferece duas alternativas de rendimentos para aplicação em título de sua emissão:

   a) taxa prefixada de 50% ao ano;

   b) correção monetária pós-fixada mais juros de 20% ao ano.

   Qual a taxa de correção monetária anual que determina os mesmos rendimentos para as duas alternativas?

5. Um imóvel foi adquirido por $ 3.000,00 em determinada data, sendo vendido por $ 30.000,00 quatro anos depois. Sendo a taxa de inflação equivalente em cada um desses anos de 100%, determine a rentabilidade nominal e real anual desta operação.

6. Em determinado período, a variação cambial do dólar foi de 15%, enquanto a inflação da economia atingiu 17,5%. Admitindo que uma dívida em dólar esteja sujeita a juros de 16% no período mais variação cambial, determine o custo real da operação em dólar em relação à inflação da economia.

7. Os rendimentos nominais mensais da caderneta de poupança no segundo trimestre de determinado ano foram os seguintes:

   abril – i = 3,984%

   maio – i = 3,763%

   junho – i = 3,400%

   a) Determine o rendimento nominal acumulado da caderneta de poupança no trimestre.

   b) Com base nas variações mensais do índice de preços ao consumidor demonstradas a seguir, apure a rentabilidade real da caderneta de poupança no trimestre.

      abril: 2,90%

      maio: 2,21%

      junho: 4,39%

8. Sendo de 9,8% a inflação de determinado semestre, calcule a variação real do poder de compra de um assalariado, admitindo que:

a) não tenha ocorrido reajuste de salário no período;

b) o salário tenha sido corrigido em 5,3%;

c) o salário tenha sido corrigido em 12,1%.

9. A correção monetária de um empréstimo baseada no IPC em determinado período foi de 24%. Neste mesmo período, os índices gerais de preços da economia variaram 30%. Se for de 14% a taxa real de juros, apure o custo real efetivo do empréstimo no período em relação ao IGP da economia.

10. Em determinado semestre em que a inflação alcançou a marca dos 15%, os salários foram reajustados em 11,5%. Determine a perda efetiva no poder de compra do assalariado.

11. Admita que uma pessoa deseja ganhar 25% ao ano de taxa real em suas aplicações financeiras. Projetando-se a inflação no valor médio mensal de 1,8% nos próximos 3 meses, e de 1,0% ao longo dos 3 meses seguintes, determine a que taxa nominal mensal a pessoa deve aplicar seus recursos no semestre.

12. Um investidor adquiriu um título por $ 40.000,00 e o resgatou 70 dias após por $ 41.997,00. Sabendo que a correção monetária deste período atingiu a 6,6%, pede-se determinar a rentabilidade real mensal auferida pelo investidor.

13. Sendo de 1.183,5% a inflação de determinado ano, calcule a taxa média equivalente mensal.

14. Até abril de um ano, a inflação atingiu a 4,4%. Mantendo-se em 1,1% a taxa mensal de inflação até o fim do ano, calcule a inflação acumulada do período.

15. A inflação de certo mês atingiu 3,94%. Tendo este mês 20 dias úteis, determine a taxa de inflação por dia útil.

16. Um índice de preços ao consumidor publicado apresentou os seguintes valores para o segundo trimestre de um ano: abril = 739,18; maio = 786,43 e junho = 828,23. Sendo de 4,6%, 3,1% e 3,9%, respectivamente, as taxas de inflação de julho, agosto e setembro, determine o valor mensal deste índice de preços ao consumidor para o terceiro trimestre deste ano.

17. Sendo de 2,2% a taxa de inflação de determinado mês e de 1,8% a taxa do mês seguinte, determine a redução no poder de compra verificada no bimestre.

18. Sendo de 11,8% a taxa de desvalorização da moeda em determinado período, calcule a inflação que determinou este resultado negativo no poder de compra da moeda.

19. Os índices gerais de preços (IGP) referentes aos seis primeiros meses de determinado ano no Brasil foram:

Dez./x8	107,325
Jan./x9	108,785
Fev./x9	110,039
Mar./x9	112,035
Abr./x9	114,614
Maio/x9	115,071
Jun./x9	118,090

Pede-se calcular:

a) taxa de inflação dos meses de janeiro, fevereiro e março de x9;

b) inflação do primeiro trimestre de x9;

c) taxa média mensal de inflação do primeiro trimestre de x9;

d) taxa de inflação do semestre;

e) considerando de 2,24% a inflação de julho, apurar o IGP do mês.

20. A taxa de inflação verificada em cada um dos quatro primeiros meses de determinado ano é apresentada a seguir:

$I_{jan.}$ = 0,92%

$I_{fev.}$ = 0,35%

$I_{mar.}$ = – 0,53% (deflação)

$I_{abr.}$ = 1,01%

Pede-se determinar a taxa acumulada de inflação do quadrimestre e a equivalente mensal.

21. Um empréstimo em dólar foi contratado à taxa real efetiva de 14% ao ano, mais variação cambial, pelo prazo de três meses. Os índices de correção cambial atingem, para cada um dos meses da operação, respectivamente, 1,18%, 1,27% e 1,09%.

    Admitindo que a operação seja liquidada ao final do trimestre, determine o custo efetivo nominal trimestral e mensal do empréstimo.

22. Admita uma instituição financeira que deseja obter uma remuneração real de 1,5% ao mês em suas operações de crédito. Sendo de 0,9% ao mês a taxa esperada de inflação, pede-se calcular a taxa nominal de juros a ser cobrada.

23. Os rendimentos trimestrais acumulados de uma caderneta de poupança em determinado ano foram:

    1º trimestre = 1,98%.

    2º trimestre = 2,11%.

    3º trimestre = 2,21%.

    Para que se obtenha um rendimento total de 12% ao ano, qual deveria ser a taxa de remuneração da caderneta de poupança no último trimestre?

24. Admita que o governo tenha fixado uma meta de inflação (IGP-M) de 2,2% no primeiro trimestre do ano de x2. A tabela a seguir apresenta os índices de preços dos primeiros meses do ano. Qual deve ser o IGP-M de março/x2 para que se obtenha a taxa de inflação projetada de 2,2% para o ano?

Mês/ano	IGP-M
Dez./x1	213,34
Jan./x2	215,02
Fev./x2	217,01
Mar./x2	?

25. Admita as seguintes informações de três aplicações financeiras:

    - *Fundo de investimento* A:
    - remuneração: 10,5% ao ano (taxa efetiva);
    - tributação: 25% s/ os rendimentos nominais.
    - *Caderneta de poupança*:
    - remuneração: taxa de juros de 6% com capitalização linear mensal, mais correção pela TR;
    - tributação: isento.
    - *Fundo de investimento* B:
    - remuneração: 9,75% ao ano (taxa efetiva);
    - tributação: 20% s/ os rendimentos nominais.

    A taxa de inflação projetada da economia para o próximo mês (IPCA) é igual a 0,5%. Pede-se calcular a rentabilidade real líquida mensal e anual de cada alternativa de investimento.

Respostas

1. *r* (inflação) = 0,73%
   r (câmbio) = 1,13%

2. *r* = 2,5% p/5 meses
   r = 0,496% a.m.

3. *i* = 13,45% a.q.
   i = 3,2% a.m.

4. *I* = 25%

5. *i* = 77,83% a.a.
   r = – 11,09% a.a.

6. *r* = 13,53%

7. *i* = 11,57% a.t.
   r = 1,62% a.t.

8. a) – 8,93%

b) – 4,1%

c) 2,09%

9. 8,73%

10. 3,04%

11. 3,3% a.m.

12. r = – 1,5% p/70 dias

r = – 0,65% a.m.

13. I = 23,7% a.m.

14. I = 13,95%

15. I = 0,193% p/dia útil

16. Julho = 866,33

Agosto = 893,18

Setembro = 928,02

17. 3,88%

18. I = 13,38%

19. a) $I_{jan.}$ = 1,36%

$I_{fev.}$ = 1,15%

$I_{mar.}$ = 1,81%

b) $I_{trim.}$ = 4,39%

c) $I_{média}$ = 1,44% a.m.

d) $I_{sem.}$ = 10,0%

e) $IGP_{jul.}$ = 120,735

20. $I_{quadr.}$ = 1,75%

I_{mensal} = 0,44%

21. i = 7,03% a.t.

i = 2,29% a.m.

22. i = 2,41% a.m.

23. i = 5,23% a.t.

24. IGP-M = 218,04

25. Fundo A: 0,126% a.m.; 1,52% a.a.

Caderneta de poupança: 0,5% a.m.; 6,1678% a.a.

Fundo B: 0,1220% a.m.; 1,47% a.a.

5

Matemática Financeira e Empréstimos para Capital de Giro

A Matemática Financeira encontra importantes aplicações práticas no âmbito das atividades comerciais, tanto no que se refere às operações bancárias de crédito comercial como em avaliações de estratégias de compras e vendas mercantis. Este capítulo tem por objetivo básico o estudo das várias modalidades de empréstimos bancários de curto prazo, dirigidos ao capital de giro das empresas.

As operações de desconto bancário, uma das formas mais tradicionais de financiamento do capital de giro das empresas, incorporam, além da taxa de desconto paga à vista, certas características de tributação (IOF) e de despesas bancárias que impõem um maior rigor na determinação de seus resultados.

A mesma atenção, ainda, deve ser dispensada às demais operações bancárias de crédito comercial, cujos custos finais geralmente se elevam pela cobrança de taxas e comissões adicionais.

5.1 Descontos de duplicatas

O Capítulo 3 dedicou-se integralmente ao estudo das operações de desconto e de seus tipos conhecidos: desconto racional ou *por dentro* e desconto bancário, ou comercial, ou *por fora*. Este item, a partir dos conhecimentos extraídos do referido capítulo, tem por objetivo desenvolver a prática de cálculo dos encargos financeiros e da taxa efetiva de custo das operações bancárias de desconto de duplicatas, definidas por desconto bancário (ou "por fora").

Conforme foi apresentado, a operação de desconto envolve basicamente a negociação de um título representativo de um crédito em algum momento anterior à data de seu vencimento. É interpretado, em outras palavras, como uma cessão dos direitos existentes sobre um título em troca de alguma compensação financeira.

As operações de desconto praticadas pelos bancos comerciais costumam apresentar os seguintes encargos financeiros, os quais são geralmente cobrados sobre o valor nominal do título (valor de resgate) e pagos à vista (descontados no momento da liberação dos recursos):

a) ***Taxa de Desconto (nominal)***. Segue as características de desconto bancário estudadas no Capítulo 3. Basicamente, representa a relação entre os juros e o valor nominal do título. Esta taxa costuma ser definida em bases mensais e empregada de forma linear nas operações de desconto.

b) ***IOF – Imposto sobre Operações Financeiras***. Identicamente à taxa de desconto, este percentual é calculado linearmente sobre o valor nominal do título e cobrado no ato da liberação dos recursos.

c) ***Taxa Administrativa***. Cobrada muitas vezes pelas instituições financeiras visando cobrir certas despesas de abertura, concessão e controle do crédito. É calculada geralmente de uma única vez sobre o valor do título e descontada na liberação dos recursos.

Esses encargos financeiros do desconto bancário são referenciados, para o cálculo de seus valores monetários, pelo critério de juros simples. Evidentemente, para uma apuração rigorosa da taxa de juros efetiva dessas operações é adotado o *regime composto*, conforme amplamente discutido.

Foi estudado ainda, no Capítulo 3 (item 3.2), a taxa implícita de juros admitida no desconto *por fora* (ou bancário), a qual é calculada com base nos critérios *por dentro*. A fórmula direta de apuração desta taxa racional de juros, para todo o período da operação, foi colocada como:

$$i = \frac{d \times n}{1 - d \times n}$$

Adaptando-se essa equação mediante a inclusão da despesa de IOF, tem-se a expressão de cálculo do custo efetivo para todo o período da operação:

$$i = \frac{d + \text{IOF}}{1 - (d + \text{IOF})}$$

sendo d e IOF taxas representativas de *todo o período* do desconto.

Por exemplo, atingindo a 3,8% ao mês a taxa de desconto bancário (taxa nominal), 0,0041% ao dia o IOF, e um prazo de desconto de 60 dias, o custo efetivo desta operação, aplicando-se a fórmula direta de cálculo, atinge:

$$i = \frac{(0,038 \times 2) + (0,000041 \times 60)}{1 - [(0,038 \times 2) + (0,000041 \times 60)]}$$

$$= \frac{0,07846}{0,92154} = 8,51\% \text{ a.b.}$$

Em termos de juros compostos, a taxa efetiva mensal é a equivalente, ou seja:

$$i = \sqrt{1,0851} - 1 = 4,17\% \text{ a.m.}$$

Admitindo-se, por outro lado, que o valor nominal (resgate) do título descontado dois meses antes de seu vencimento e nas demais condições anteriores seja de $ 40.000,00, têm-se os seguintes resultados:

Valor Nominal do Título	$ 40.000,00
Desconto: 40.000,00 × 0,038 × 2	(3.040,00)
IOF: 40.000,00 × 0,000041 × 60	(98,40)
Valor Líquido Liberado:	$ 36.861,60

O custo efetivo, a partir desses resultados, é determinado por:

$$i = \frac{\text{Valor Nominal do Título}}{\text{Valor Líquido Liberado}} - 1$$

$$i = \frac{40.000,00}{36.861,60} - 1 = 8,51\% \text{ a.b.}$$

Em termos mensais, o custo efetivo atinge a:

$$i = \sqrt{1,0851} - 1 = 4,17\% \text{ a.m.}$$

ou:

$$i = \frac{\text{Encargos Financeiros Totais}}{\text{Valor Líquido Liberado}}$$

$$i = \frac{3.040,00 + 98,40}{36.861,60} = 8,51\% \text{ a.b. } (4,17\% \text{ a.m.})$$

Exemplos:

1. Suponha o desconto de uma duplicata de valor nominal de $ 15.000,00 descontada 50 dias antes de seu vencimento. A taxa de desconto nominal cobrada pelo banco é de 3,3% a.m. e o IOF atinge a 0,0041% ao dia. Determinar o valor líquido liberado e o custo efetivo desta operação.

Solução:

FV = $ 15.000,00

n = 50 dias

d = 3,3% a.m.

IOF = 0,0041% a.d.

Pela fórmula direta tem-se a seguinte taxa implícita de juros:

$$i = \frac{(0,033 \times 50/30) + (0,000041 \times 50)}{[(0,033 \times 50/30) + (0,000041 \times 50)]}$$

$$i = \frac{0,05705}{0,94295} = 6,05\% \text{ p / 50 dias}$$

que equivale, no regime de juros compostos, à taxa de:

$$(1,0605)^{30/50} - 1 = 3,59\% \text{ a.m.}$$

A demonstração financeira dos resultados dessa operação é processada da maneira seguinte:

Valor Nominal do Título:	$ 15.000,00
Desconto: 15.000,00 × $\frac{0,033}{30}$ × 50	(825,00)
IOF: 15.000,00 × 0,000041 × 50	(30,75)
Valor Líquido Liberado:	$ 14.144,25

O custo efetivo a partir desses resultados é apurado:

$$i = \frac{15.000,00}{14.144,25} - 1 = 6,05\% \text{ p/ 50 dias } (3,59\% \text{ a.m.})$$

ou:

$$i = \frac{825,00 + 30,75}{14.144,25} = 6,05\% \text{ p/ 50 dias } (3,59\% \text{ a.m.})$$

2. Admita no exercício acima que a instituição financeira cobra ainda 1,5% de taxa administrativa. Calcular o valor líquido liberado e o custo efetivo da operação incluindo essa despesa adicional.

Solução:

Valor Liberado Anterior:	$ 14.144,25
Taxa Administrativa: 15.000,00 × 0,015	(225,00)
Valor Líquido Liberado	$ 13.919,25

O custo efetivo do desconto se eleva para:

$$i = \frac{15.000,00}{13.919,25} - 1 = 7,76\% \text{ p/50 dias } (4,59\% \text{ a.m.})$$

ou:

$$i = \frac{825,00 + 30,75 + 225,00}{13.919,25} = 7,76\% \text{ p/50 dias } (4,59\% \text{ a.m.})$$

3. Admita que uma empresa tenha apresentado a um banco o seguinte borderô de duplicatas para desconto:

Duplicata	Valor Nominal ($)	Prazo de Desconto (n)
A	15.000,00	27 dias
B	28.000,00	39 dias
C	11.000,00	42 dias
D	32.000,00	36 dias

Sendo de 4,5% ao mês a taxa de desconto cobrada pelo banco, e de 0,0041% a.d. o IOF incidente sobre a operação, determinar:

a) valor do desconto calculado pelo banco;
b) valor líquido liberado ao cliente;
c) custo efetivo mensal pelo custo médio ponderado.

Solução:

	Duplicata A	Duplicata B	Duplicata C	Duplicata D	Total
Valor Nominal	$ 15.000,00	$ 28.000,00	$ 11.000,00	$ 32.000,00	$ 86.000,00
Desconto (0,15% a.d. × *n*)	(607,50)	(1.638,00)	(693,00)	(1.728,00)	(4.666,50)
IOF (0,0041% a.d.)	(16,60)	(44,77)	(18,94)	(47,23)	(127,54)
Valor Líquido Liberado	$ 14.375,90	$ 26.317,23	$ 10.288,06	$ 30.224,77	$ 81.205,96

O cálculo do desconto e valor líquido liberado do borderô pode mais facilmente ser processado por meio do prazo médio, isto é:

$$\bar{n} = \frac{(15.000,00 \times 27) + (28.000,00 \times 39) + \ldots}{15.000,00 + 28.000,00 + \ldots}$$

$$\frac{\ldots + (11.000,00 \times 42) + (32.000,00 \times 36)}{\ldots + 11.000,00 + 32.000,00}$$

$$\bar{n} = 36,1744 \text{ dias}$$

Logo:

Valor Nominal Total:	$ 86.000,00
Desconto: 86.000,00 × 36,1744 × 0,0015:	(4.666,50)
IOF: 86.000,00 × 0,000041 × 36,1744:	(127,56)
Valor Líquido Liberado	$ 81.205,96

Custo Efetivo Mensal

$$i = \frac{\$\,86.000,00}{\$\,81.205,96} - 1 = 5,9\% \text{ p/36,1744 dias}$$

Utilizando a fórmula direta:

$$i = \frac{(0,0015 + 0,000041) \times 36,1744}{1 - (0,0015 + 0,000041) \times 36,1744} =$$

$$= \frac{0,0557}{0,9443} = 5,9\% \text{ p / 36,1744 dias}$$

O custo efetivo mensal é apurado pela taxa equivalente, ou seja:

$$i = (1,059)^{30/36,1744} - 1 = 4,87\% \text{ a.m.}$$

4. Suponha que um banco tenha definido em 41% a.a. a taxa efetiva de juros que deseja ganhar em suas operações de desconto. Para uma operação de 72 dias, determinar a taxa nominal mensal de desconto que deve cobrar.

Solução:

- A taxa efetiva de 41% ao ano equivale a 7,11% para 72 dias:

$$i = (1,41)^{72/360} - 1 = 7,11\% \text{ p/ 72 dias}$$

- A fórmula da taxa efetiva de juros a partir de uma taxa de desconto é expressa, conforme demonstrado, da forma seguinte:

$$i = \frac{d}{1-d}$$

Logo:

$i\,(1 - d) = d$

$i - id = d$

$i = d + id$

$i = d\,(1 + i)$

$$d = \frac{i}{1+i}$$

Substituindo:

$$d = \frac{0,0711}{1+0,0711} = 6,64\% \text{ p/ 72 dias}$$

$$d = \frac{6,64\%}{72} \times 30 = 2,77\% \text{ a.m.}$$

Observe que a taxa nominal de 6,64% para 72 dias determina uma taxa efetiva de 7,11% no período (0,0664/1 - 0,0664). Capitalizando-se esta taxa para um ano chega-se evidentemente nos 41% de juros desejados: $(1,0711)^{360/50} - 1 = 41\%$ ao ano.

5.1.1 Operações de desconto no Brasil

No mercado de crédito brasileiro, o Imposto sobre Operações Financeiras (IOF) é decomposto em duas partes: IOF diário de IOF adicional.

O *IOF diário* de 0,0041% ao dia é calculado sobre o valor descontado (principal) da operação:

Valor Descontado (Principal) =
Valor Nominal (N) – Valor do Desconto

O *IOF adicional* é calculado pela alíquota de 0,38% sobre o valor descontado, qualquer que seja o prazo.

Para *ilustrar* os cálculos da operação de desconto no Brasil, admita as seguintes informações:

- Valor do título: $ 120.000,00

- Taxa de desconto (d): 1,6% a.m.
- Prazo (n): 110 dias
- Taxa de abertura de crédito (TAC): $ 220,0
- IOF diário: 0,0041% a.d.
- IOF adicional: 0,38%

Cálculos da operação:

Valor nominal (N)	= $ 120.000,00
Juros: $ 120.000,00 × (0,016/30 dias) × 110 dias	= ($ 7.040,00)
Principal	**= $ 112.960,00**
IOF diário: $ 112.960,00 × 0,0041% × 110 dias	= ($ 509,45)
IOF adicional: $ 112.960,00 × 0,38%	= $ 429,25
TAC	= ($ 200,00)
Valor descontado (liberado)	**= $ 111.821,30**

Valor Descontado = Valor de Face (Nominal) – Valor dos Juros – IOF (Diário + Adicional) – TAC

Exemplo:

Um banco cobra 1,2% a.m. de juro "por fora" em suas operações de desconto de duplicatas no mercado de crédito no Brasil. O IOF diário é de 0,0041% a.d. e o IOF adicional, de 0,38%, ambos impostos calculados sobre o principal da operação. Calcular o valor liberado e o custo efetivo mensal do empréstimo para um título de valor nominal de $ 280.000,00 e prazo de desconto de 117 dias.

Solução:

Valor Nominal (N) = $ 280.000,00	Valor nominal (resgate)	= $ 280.000,00
d = 1,2% a.m.	Desconto: $ 280.000,00 × 0,012/30 × 117	= ($ 13.104,00)
Prazo (n) = 117 dias	**Principal**	**$ 266.896,00**
IOF diário = 0,0041%	IOF diário: 280.000 × 0,0041% × 117	= ($ 1.343,16)
	IOF diário: 266.896,00 × 0,0041% × 117	= ($ 1.280,30)
IOF adicional = 0,38%	**IOF adicional: 266.896,00 × 0,38%**	= ($ 1.014,20)
	Valor descontado Liberado)	**$ 264.601,50**

$$\text{Custo efetivo } (i) = \frac{280.000,00}{264.601,50}^{30/117} - 1 \times 100 = \\ = 1,461\% \text{ a.m.}$$

5.2 *Commercial papers*

Os *commercial papers* (ou "notas promissórias") são títulos de crédito de curto prazo que as empresas emitem, visando captar recursos no mercado para financiar suas necessidades de capital de giro. Estes títulos são emitidos por sociedades anônimas de capital aberto ou fechado, sociedades limitadas e cooperativas. O prazo máximo de emissão do *comercial paper* é de 360 dias para empresas de capital aberto e de 180 dias para empresas de capital fechado.

Por se tratar de um valor mobiliário, da mesma forma que as ações, o lançamento do *comercial paper* ocorre no mercado primário e necessita de registro junto à Comissão de Valores Mobiliários (CVM). Investidores podem adquirir esses títulos no mercado secundário ou por meio de Fundos de Investimentos.

É uma alternativa às operações de empréstimos bancários convencionais, permitindo geralmente uma redução nas taxas de juros pela eliminação da intermediação financeira bancária. Os *commercial papers* imprimem, ainda, maior agilidade às captações das empresas, determinada pela possibilidade de os tomadores negociarem diretamente com os investidores de mercado (bancos, fundos de pensão etc.).

Os custos de emissão desses títulos são, em geral, formados pelos juros pagos aos aplicadores, comissões e despesas diversas (publicações, taxas de registro na Comissão de Valores Mobiliários etc.).

Os *commercial papers* costumam ser negociados com desconto, sendo seu valor de face (valor nominal) pago por ocasião do resgate. Os títulos podem ser adquiridos no mercado ou por meio de fundos de investimentos.

Exemplos:

1. Admita que uma empresa tenha emitido $ 3,5 milhões em *commercial papers* por 180 dias. A remuneração oferecida aos aplicadores é uma taxa de desconto de 1,2% ao mês (7,2% ao semestre). A empresa incorre, ainda, em despesas diversas equivalentes a 0,4% do valor da emissão.

   Calcular o valor líquido recebido pela empresa emitente e o custo efetivo mensal da operação.

   Solução:

   - *Valor Líquido Recebido*

Valor nominal:	$ 3.500.000
Desconto: $ 3.500.000 × 7,2%:	(252.000)
Despesas diversas: $ 3.500.000 × 0,4%:	(14.000)
Valor líquido recebido:	$ 3.234.000

   - *Custo Efetivo*

   $$i = \left(\frac{\$\ 3.500.000}{\$\ 3.234.000}\right)^{1/6} - 1 = 1,32\% \text{ a.m.}$$

2. Admita uma nota promissória de seis meses negociada no mercado por $ 989,40, sendo seu valor nominal igual a $ 1.000,00. O título paga variação do IGP-M mais 12,8% ao ano de juros. Sendo de 2,1% a variação monetária do semestre, pede-se determinar o valor de resgate e a taxa nominal de retorno obtida pelo investidor.

Solução:

- *Valor de Resgate do Título*

  $\text{Resgate} = \$\ 1.000,00 \times (1 + 0,021) \times (1 + 0,128)^{1/2}$

  $\text{Resgate} = \$\ 1.084,38$

- *Taxa Nominal de Retorno*

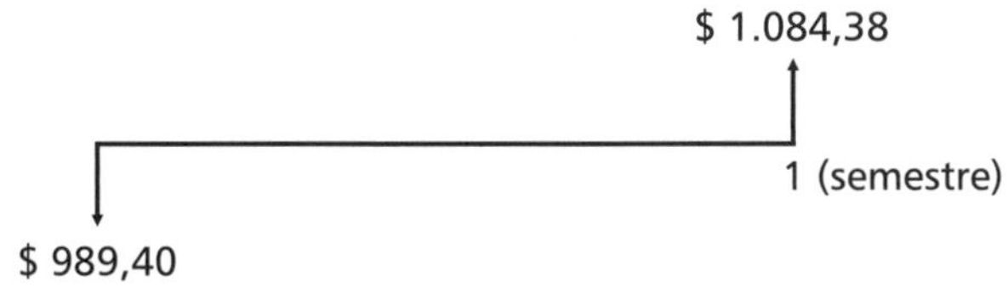

$$NOM(i) = \frac{\$\ 1.084,38}{\$\ 989,40} - 1 = 9,60\%\ \text{a.s.}$$

$$(1,096)^{1/6} - 1 = 1,54\%\ \text{a.m.}$$

$$(1,096)^{2} - 1 = 20,12\%\ \text{a.a.}$$

5.3 Contas garantidas e o método hamburguês

Esse tipo de conta é uma forma de crédito rotativo no qual é definido um limite máximo de recursos que poderá ser sacado. Representa, em outras palavras, uma conta de saldo devedor, em que o cliente saca a descoberto e os juros são calculados periodicamente sobre o saldo médio utilizado.

A determinação dos encargos financeiros sobre os valores devedores é geralmente processada por capitalização simples por meio do denominado "método hamburguês". Os principais encargos cobrados na operação são: juros prefixados (taxa proporcional ao dia) sobre o saldo devedor, IOF (normal + adicional de 0,38% e Taxa de Abertura de Crédito (TAC).

O *exemplo ilustrativo*, a seguir, permite melhor entendimento do funcionamento das contas garantidas e do "método hamburguês" para cálculo dos juros incidentes sobre os saldos devedores.

Assim, *admita* uma conta garantida com limite de $ 500.000,00 contratada por 2 meses e aberta no dia 15-01. Os encargos financeiros fixados para a operação são juros nominais de 3,9% ao mês, debitados ao final de cada mês, e uma taxa de abertura de crédito (TAC) de 2% cobrada no ato e incidente sobre o limite.

Sabe-se que no período da operação foram realizadas as seguintes movimentações na conta garantida:

MÊS 1

Dia 15 – Saque de $ 250.000,00 (data da abertura da conta)

Dia 20 – Saque de $ 100.000,00

MÊS 2

Dia 01 – Saque de $ 50.000,00

Dia 10 – Depósito de $ 40.000,00

Dia 18 – Saque de $ 35.000,00

Dia 22 – Saque de $ 50.000,00

Conforme se observa nas movimentações, o devedor da conta pode também processar créditos mediante depósitos em sua conta garantida.

Os resultados das várias movimentações realizadas na conta garantida são apresentados no Quadro 5.1.

Quadro 5.1 *Movimentações na conta e resultados*

Data	Histórico	Débito (D)/ Crédito (C) $	Saldo Devedor $	Número de Dias	Número de Dias × Saldo Devedor ($)
15-01	TAC	10.000,00 (D)	10.000,00	–	–
15-01	Saque	250.000,00 (D)	260.000,00	5	1.300.000,00
20-01	Saque	100.000,00 (D)	360.000,00	11	3.960.000,00
31-01	Juros	6.838,00 (D)	366.838,00	–	–
31-01	Total Mês 1:			16	5.260.000,00
01-02	Saque	50.000,00 (D)	416.838,00	9	3.751.542,00
10-02	Depósito	40.000,00 (C)	376.838,00	8	3.014.704,00
18-02	Saque	35.000,00 (D)	411.838,00	4	1.647.352,00
22-02	Saque	50.000,00 (D)	461.838,00	8	3.694.704,00
28-02	Total Mês 2:			29	12.108.302,00
28-02	Total do Bimestre:			45	17.368.302,00

- TAC – Taxa de Abertura de Crédito: $ 500.000,00 × 2% = $ 10.000,00.
- *Número de Dias* – indica o número de dias que o saldo permanece descoberto, sujeito a juros.

O cálculo dos juros pelo "método hamburguês" envolve o produto da taxa proporcional diária dos juros pelo também produto do saldo devedor e quantidade de dias em que esses valores tenham permanecido acumulados. Ou seja:

$$\textbf{Juros} = i \times \sum_{j=1}^{k} SD_j \times D_j$$

em que: i = taxa de juros proporcional diária;

SD = saldo devedor;

D = número de dias que o saldo permanece inalterado.

Assim, para o *primeiro mês* tem-se o seguinte montante de juros:

$$\text{Juros} = \frac{0,039}{30} \times (5.260.000,00) = \$\ 6.838,00$$

Esse valor, conforme aparece no quadro anterior (juros em 31-01), é debitado na conta do mutuário no último dia do primeiro mês.

Para o *segundo mês*, os juros somam:

$$\text{Juros} = \frac{0,039}{30} \times 12.108.302,00 = 15.740,80$$

E, para todo o *bimestre*:

$$\text{Juros} = \frac{0,039}{30} \times 17.368.302,00 = \$\ 22.578,80$$

Exemplo:

1. Admita um cliente que mantenha um cheque especial com limite definido de $ 200.000,00. Ao final do mês de junho, o banco expede um extrato de movimentação do período conforme ilustrado a seguir. Sabendo-se que esse banco cobra 3,2% ao mês de juros, determinar os encargos totais do mês que devem ser debitados na conta do cliente.

Data	Histórico	Débito (D)/ Crédito (C) ($)	Saldo (D/C) ($)
01-04	Transporte	36.000,00 (C)	36.000,00 (C)
03-04	Cheque	30.000,00 (D)	6.000,00 (C)
09-04	Cheque	72.000,00 (D)	66.000,00 (D)
15-04	Aviso Débito	14.000,00 (D)	80.000,00 (D)
18-04	Cheque	100.000,00 (D)	180.000,00 (D)
24-04	Depósito	60.000,00 (C)	120.000,00 (D)
29-04	Cheque	30.000,00 (D)	150.000,00 (D)
30-04	Depósito	70.000,00 (C)	80.000,00 (D)

Solução:

Data	Histórico	Débito (D)/ Crédito (C) ($)	Saldo (D/C) ($)	Nº de Dias a Descoberto	Nº de Dias × Saldo Devedor
01-04	Transporte	36.000,00 (C)	36.000,00 (C)	–	–
03-04	Cheque	30.000,00 (D)	6.000,00 (C)	–	–
09-04	Cheque	72.000,00 (D)	66.000,00 (D)	06	396.000,00
15-04	Aviso Débito	14.000,00 (D)	80.000,00 (D)	03	240.000,00
18-04	Cheque	100.000,00 (D)	180.000,00 (D)	06	1.080.000,00
24-04	Depósito	60.000,00 (C)	120.000,00 (D)	02	240.000,00
26-04	Cheque	30.000,00 (D)	150.000,00 (D)	03	450.000,00
29-04	Depósito	70.000,00 (C)	80.000,00 (D)	01	70.000,00
			TOTAL:	21	2.476.000,00

$$\text{Juros Totais do Mês: } \frac{0,032}{30} \times 2.476.000,00 = \$\ 2.641,07$$

5.3.1 Cálculo do custo efetivo

Nessa modalidade de operação, conforme comentado, é geralmente cobrada uma taxa de juros, definida em bases mensais, e também uma taxa de abertura de crédito (TAC). Essa taxa de crédito, cobrada no momento da liberação dos recursos, eleva o percentual de juros cobrados.

O critério básico de se apurar o custo efetivo de uma conta garantida pode ser expresso no seguinte diagrama de fluxo de caixa mensal apresentado na Figura 5.1.

Figura 5.1 *Apuração do custo efetivo*

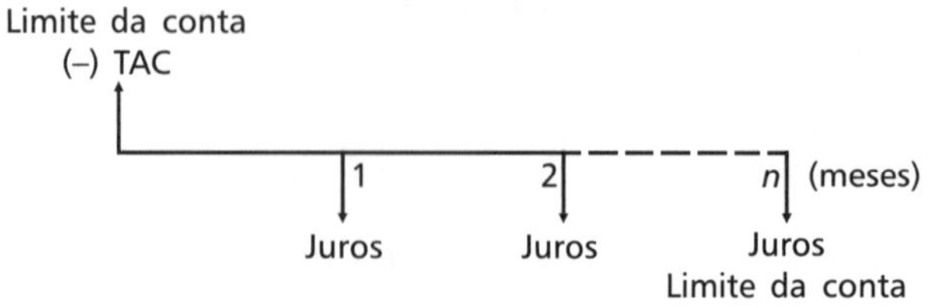

O custo efetivo final será, evidentemente, a taxa interna de retorno deste fluxo de entradas e saídas de caixa.

Por exemplo, suponha uma conta garantida que cobra juros de 2,6% ao mês, debitados mensalmente, e uma TAC de 1,5%. Determinar o custo efetivo admitindo que a conta garantida tenha sido contratada por:

a) 30 dias;

b) 60 dias;

c) 90 dias.

Assim, para um prazo de 30 dias, tem-se o custo mostrado na Figura 5.2.

Figura 5.2 *Custo efetivo para 30 dias*

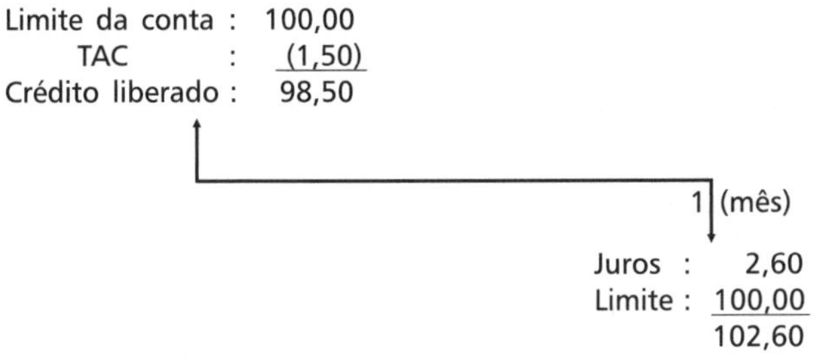

$$\text{Custo Efetivo } (i) = \frac{102,60}{98,50} - 1 = 4,16\% \text{ a.m.}$$

Observe que a comissão de abertura de crédito eleva o custo da conta garantida por 30 dias de 2,6% para 4,16% ao mês.

Sendo de 60 dias o prazo da conta, veja a Figura 5.3.

Figura 5.3 *Custo efetivo para 60 dias*

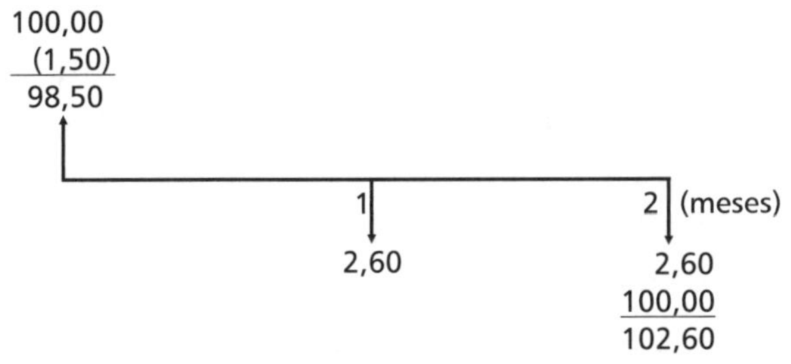

$$\text{Custo Efetivo } (i) \rightarrow 98,50 = \frac{2,60}{(1+i)} + \frac{102,60}{(1+i)^2}$$

Resolvendo-se:

$i = 3,39\%$ a.m.

Finalmente, para 90 dias, veja a Figura 5.4.

Figura 5.4 *Custo efetivo para 90 dias*

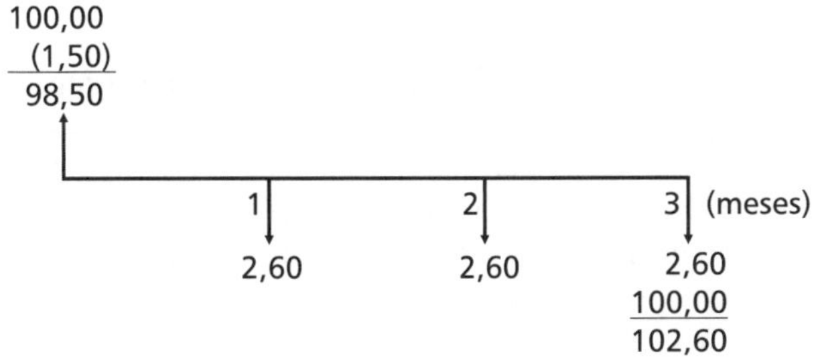

Custo Efetivo $(i) \rightarrow$

$$98,50 = \frac{2,60}{(1+i)} + \frac{102,60}{(1+i)^2} + \frac{102,60}{(1+i)^3}$$

Resolvendo-se:

$i = 3,13\%$ a.m.

O custo final se reduz à medida que se eleva o prazo da conta garantida. Este comportamento é explicado pela maior diluição da TAC cobrada, uma única vez, no ato de liberação do crédito, pelos meses da operação.

5.4 Operações de fomento comercial – *factoring*

As operações de *factoring* (fomento mercantil ou comercial) visam financiar o giro das empresas por meio da compra de direitos creditórios decorrentes de vendas mercantis realizadas a prazo e também prestar serviços associados a essa aquisição.

Como provedora de crédito, a operação de *factoring* consiste na cessão (venda) de direitos de créditos, representados geralmente por duplicatas, de um sacador (tomador de recursos) a uma instituição compradora (*factor*), mediante um deságio no valor nominal dos ativos negociados. O *factor* adquire esses direitos creditórios seguindo geralmente a metodologia de cálculo de um desconto de duplicatas, conforme demonstrada no Capítulo 3, pagando ao cedente um valor descontado.

A atuação das sociedades de fomento comercial ampliou-se bastante no Brasil, incluindo principalmente as prestações de serviços associados à gestão comercial de pequenas e médias empresas, como a administração de fluxos de caixa, assessoria na gestão de estoques e controles de valores a pagar e a receber.

Como municiadora de créditos para giro, o *factor* adquire ativos por meio da aplicação de um fator sobre o preço dos títulos de créditos negociados. Esse fator deve ser capaz de cobrir todas as despesas operacionais, o custo do dinheiro, os impostos, e apurar, ainda, uma margem de lucro para a empresa de fomento. A formulação geralmente adotada para o fator de fomento é apresentada da forma seguinte:

$$\text{FATOR} = \frac{\textit{Custo do dinheiro} + \textit{Despesa} + \textit{Margem de Lucro}}{1 = \textit{Impostos}}$$

- **Custo do Dinheiro**: também denominado de taxa de *fundeamento* dos recursos. Constitui-se, em essência, no custo médio ponderado do capital (CMPC) de terceiros levantado pela empresa de *factoring* para financiar a operação e no custo de oportunidade calculado para o capital próprio utilizado.

Para *ilustrar* o cálculo do custo médio ponderado, admita que uma empresa de *factoring* esteja operando com a seguinte estrutura de capital:

Capital próprio	= 70%
Empréstimos bancários	= 30%
Custo dos empréstimos bancários (*Ki*)	= 1,7% a.m.
Custo do capital próprio (*Ke*)	= 2,4% a.m.

O custo do dinheiro (CMPC) que deverá fundear a operação de *factoring* atinge a:

$$CMPC = [Ke \times 70\%] + [Ki \times 30\%]$$

$$CMPC = [2{,}4\% \times 0{,}70] + [1{,}7\% \times 0{,}30] = 2{,}19\% \text{ a.m.}$$

- **Despesas**: incluem basicamente as despesas fixas e variáveis, inclusive as bancárias, calculadas como uma porcentagem das receitas mensais totais do *factor*.

Para ilustrar, admita que as despesas incorridas sejam equivalentes a 1,5% das receitas mensais da sociedade.

- **Margem de lucro**: representa o ganho esperado pela sociedade de *factoring* em suas operações. Essa margem é geralmente um percentual sobre o valor de face dos títulos adquiridos.

Admita que a margem de lucro desejada do *factor* seja de 1,8% a.m.

- **Impostos**: incluem PIS, Cofins, e IOF etc.

Na ilustração, considere que esses impostos atingem a 1% das receitas.

O cálculo do fator de uma operação de *factoring* é formado da forma seguinte:

$$\textbf{Custo total} = 2{,}19\% + 1{,}5\% + 1{,}8\% = 5{,}49\%$$

$$\textbf{Fator de Factoring} = \frac{5{,}49\%}{1-0{,}01} = 5{,}55\%$$

A transformação do fator de *factoring* para taxa de desconto processa-se por meio da fórmula apresentada

$$\textbf{Taxa de Desconto } (d) = \frac{0{,}0555}{1{,}0555} = 5{,}26\%$$

que representa a taxa a ser aplicada sobre o valor nominal do título adquirido.

Por exemplo, um título de $ 72.000,00, com vencimento para 30 dias, é adquirido pela sociedade de *factoring* de uma empresa cliente por: $ 72.000,00 × [1 – 0,0526] = $ 68.212,80, o que equivale a um custo efetivo de 5,55% ao mês.

Exemplo:

Admita uma sociedade de fomento comercial que esteja avaliando a aquisição de $ 3,8 milhões em duplicatas de uma empresa-cliente. O prazo de vencimento dos títulos é de 70 dias. A *factoring* irá financiar a operação mediante um empréstimo equivalente a 22% do valor da operação, captado, a um custo efetivo de 16% ao ano, antes do benefício fiscal. O restante do capital necessário para a compra dos ativos será financiado por recursos próprios, com um custo efetivo anual de 24%. Admita que a alíquota de imposto de renda da sociedade seja de 34%.

As despesas da *factoring* equivalem a 1,2% de suas receitas, e seu ganho esperado nas operações de crédito atinge 1,5% sobre o valor dos títulos adquiridos. Os impostos incidentes sobre as receitas da operação de crédito somam 1%.

Pede-se determinar o fator de *factoring* em taxa efetiva e em taxa de desconto.

Solução:

- **Custo do Dinheiro**

Estrutura de Financiamento

Capital próprio:	78%
Capital de Terceiros:	22%
Custo do Capital Próprio (*Ke*):	24% a.a.
Custo do Capital de Terceiros (*Ki*) antes do IR:	16% a.a.

Deve ser deduzido o benefício fiscal da sociedade tomadora dos recursos.

Para uma alíquota sugerida de IR de 34%, tem-se:

$$Ki \text{ (após IR)} = 16\% \times (1 - 0{,}34) = 10{,}56\%$$

Logo, o custo do dinheiro da *factoring*, calculado pelo conceito de custo médio ponderado de capital (CMPC), atinge:

$$CMPC = [24\% \times 0{,}78] + [10{,}56\% \times 0{,}22]$$

$$CMPC = 21{,}0\% \text{ a.a.}$$

- **Despesas e Margem de Lucro Desejada** = 1,2% + 1,5% = 2,7%
- **Impostos sobre Receitas** = 1,0%
- **Fator de *Factoring***

$$\text{Taxa Efetiva} = \frac{21{,}0\% + 2{,}7\%}{1-0{,}01} = 23{,}94\% \text{ a.a.}$$

Equivalendo a: 4,26% para 70 dias (prazo da operação).

$$\text{Taxa de desconto } (d) = \frac{i}{1+i} = \frac{0{,}0426}{1+0{,}0426} = 4{,}1\% \text{ para 70 dias.}$$

O critério adotado de cálculo do fator de *factoring* foi a descapitalização da taxa (custo) efetiva anual de 23,94% para o período da operação (70 dias). Com isso, apura-se uma taxa de desconto para os 70 dias da operação. Em outras palavras, uma taxa de desconto de 4,1% para um prazo de 70 dias equivale, em termos de juros compostos, a uma taxa efetiva anual de 23,94%.

Exercícios resolvidos

1. Uma duplicata de valor nominal de $ 32.700,00 é descontada junto a uma instituição financeira 77 dias antes de seu vencimento. Considerando que o IOF atinge 0,0041% ao dia, e a taxa de desconto cobrada pelo banco 2,5% ao mês, determine:

a) valor líquido liberado ao cliente e o custo efetivo mensal e anual desta operação;

b) recalcule o custo efetivo mensal e anual admitindo que o banco exija um saldo médio igual a 7% do valor liberado do título para realizar o negócio.

Solução:

a) *Valor Nominal da Duplicata* $ 32.700,00

Desconto:

$\$ 32.700,00 \times \frac{0,025}{30} \times 77$ (2.098,25)

IOF:

$\$ 32.700,00 \times 0,000041 \times 77$ (103,23)

Valor Líquido Liberado: $ 30.498,52

$$i = \frac{32.700,00}{30,498,52} - 1 = 7,22\%\ p/77\ dias$$

ou

$$i = \frac{2.098,25 + 103,23}{30.498,52} = 7,22\%\ p/77\ dias$$

$$i = (1,0722)^{30/77} - 1 = 2,75\%\ a.m.$$

$$i = (1,0722)^{360/77} - 1 = 38,53\%\ a.a.$$

b) *Valor Líquido Liberado* $ 30.498,52

Saldo Médio:

$7\% \times \$ 30.498,52$ (2.134,90)

$ 28.363,62

$$i = \frac{32.700,00 - 2.134,90}{28.363,62} - 1 = 7,76\%\ p/77\ dias$$

ou

$$i = \frac{2.098,25 + 103,23}{28.363,62} = 7,76\%\ p/77\ dias$$

$$i = (1,0776)^{30/77} - 1 = 2,95\%\ a.m.$$

2. Admita um título descontado junto a um banco 37 dias antes de seu vencimento. A taxa nominal de desconto cobrada pelo banco é de 2,8% ao mês, e o IOF de 0,0041% ao dia. Determine:

a) custo efetivo mensal e anual da operação;

b) recalcular o custo efetivo admitindo que como reciprocidade a instituição libere o valor líquido do título somente após 2 dias da realização do negócio.

Solução:

a) $$i = \frac{(0,28/30 + 0,000041) \times 37}{1[(0,028/30 + 0,000041) \times 37]} = 3,74\%$$ p/37 dias.

$$i = (1,0374)^{30/37} - 1 = 3,02\%\ a.m.$$

$$i = (1,0374)^{360/37} - 1 = 42,9\%\ a.a.$$

b) Para cada $ 100,00 de desconto, a instituição libera $ 96,40, ou seja:

- $(d + IOF) \times n = (0,028/30 + 0,000041) \times 37$
  $= 3,60\%\ p/37\ dias$
- Valor Liberado = $ 100,00 – 3,60%
  = $ 96,40

Representando o desconto no diagrama do fluxo de caixa, tem-se:

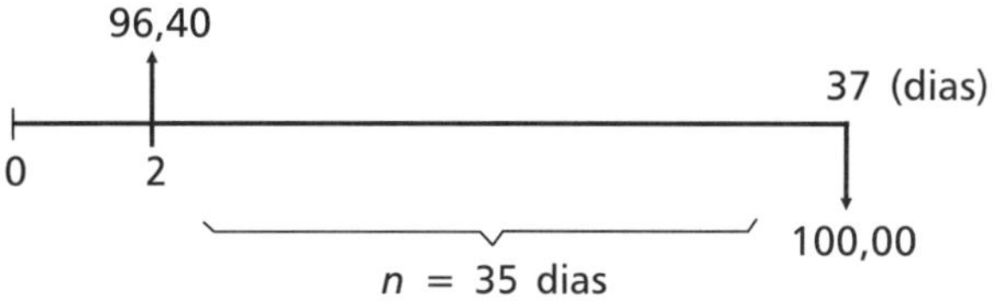

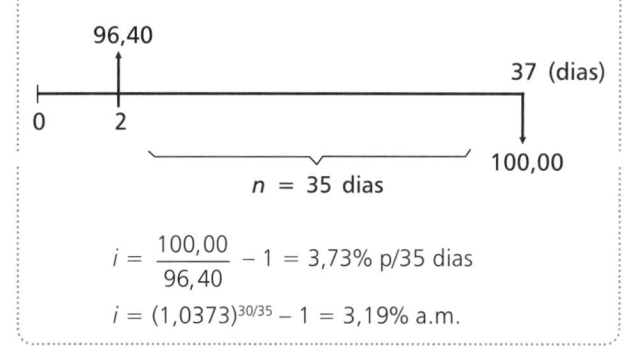

$$i = \frac{100,00}{96,40} - 1 = 3,73\%\ p/35\ dias$$

$$i = (1,0373)^{30/35} - 1 = 3,19\%\ a.m.$$

3. Um banco está atualmente operando com uma taxa *prime* (taxa de juros de cliente preferencial) efetiva de 25% ao ano, mais um *spread* (remuneração adicional pelo risco) de 12% ao ano.

Apure a taxa de juro mensal a ser utilizada numa operação de desconto de duplicatas por 30 dias.

Solução:

- *Prime* mensal: $(1,25)^{1/12} - 1 = 1,877\%$ a.m.
- *Spread* mensal: $(1,12)^{1/12} - 1 = 0,949\%$ a.m.
- Juro total cobrado: $[(1,01877)\ (1,00949)] - 1 = 2,84\%$ a.m.
- Taxa de desconto mensal (d):

$$d = \frac{i}{1+i}$$

$$d = \frac{0,0284}{1,0284} = 2,76\%\ a.m.$$

4. Admita uma operação de desconto de dois cheques realizada por uma empresa. Um cheque tem valor de $ 6.000,00 para 44 dias e o outro de $ 4.000,00 para 51 dias. A taxa de juros cobrada pelo banco no desconto é de 2% ao mês. A empresa incorre ainda pela operação em despesas de IOF de 0,0041% ao dia, taxa de abertura de crédito (TAC) de $ 80,00 e custódia de $ 2,00 por cheque.

Pede-se calcular:

a) valor líquido liberado ao cliente;

b) custo efetivo mensal da operação.

Solução:

a) Para o cálculo do capital liberado pelo banco deve ser calculado o prazo médio ponderado ($\overline{n}$) dos cheques:

$$\overline{n} = \frac{(6.000,00 \times 44) + (4.000,00 \times 51)}{6.000,00 + 4.000,00} =$$
$$= 46,8 \text{ dias}$$

Valor líquido liberado:

Total dos cheques: $ 10.000,00

(–) Juros:

$10.000,00 \times \frac{0,02}{30} \times 46,8$: (312,00)

(–) IOF:

$10.000,00 \times 0,000041 \times 46,8$: (19,19)

(–) TAC: (80,00)

(–) Custódia: 2 cheques × $ 2,00: (4,00)

Valor líquido liberado $ 9.584,81

b) Custo efetivo do desconto (*i*):

$$\text{Custo } (i) = \frac{10.000,00}{9.584,81} =$$
$$= 4,33\% \text{ s/ } 46,8 \text{ dias}$$

$$\text{Taxa equivalente mensal} = (1,0433)^{30/46,8} - 1$$
$$= 0,02756 \ (2,756\% \text{ a.m.})$$

Esta taxa representa o custo efetivo de toda a operação, incluindo juros, IOF, TAC e custódia dos títulos.

IOF INCIDENTE SOBRE OPERAÇÕES DE CRÉDITO – PRÁTICA VIGENTE

O Imposto sobre Operações de Crédito, Câmbio e Seguros (IOF) incide sobre as diversas modalidades de operações de crédito a pessoas físicas e pessoas jurídicas, como concessão de empréstimos, operações de desconto, financiamentos etc.

A alíquota do IOF é diária e incide sobre o valor disponibilizado ao solicitante do crédito. As alíquotas atuais do IOF são reguladas através dos Decretos n°s 6.339/08 e 6.345/08, que se encontram em vigor.

Para as pessoas físicas, a alíquota do IOF é de 0,0081% ao dia limitada a 365 dias, ou seja, a 3% ao ano do valor contratado. Mesmo que a operação de crédito supere os 365 dias, a alíquota máxima será de 3% ao ano.

Além deste percentual diário, há uma incidência adicional de IOF de 0,38% sobre o valor contratado, independentemente do prazo da operação.

Para as pessoas jurídicas, a alíquota de IOF é menor, sendo fixada em 0,0041% ao dia e limitada a 365 dias, isto é, a 1,5% ao ano do valor contratado.

Sobre as operações de crédito em que o tomador é uma pessoa jurídica incide também a alíquota adicional de 0,38%, igual ao previsto para as pessoas físicas.

Importante ressaltar, uma vez mais, que os impostos considerados nos vários exercícios desenvolvidos visam preferencialmente ilustrar os cálculos do custo efetivo das operações. Não se tem por objetivo manter atualizados os procedimentos fiscais e alíquotas vigentes, os quais costumam sofrer modificações normativas.

Exercícios propostos

1. Um banco diz cobrar 3,1% ao mês "por fora" em suas operações de desconto de duplicatas. Apure o custo efetivo mensal, incluindo o IOF de 0,0041% ao dia, para os seguintes prazos de desconto:

   a) 20 dias;

   b) 30 dias;

   c) 51 dias;

   d) 60 dias.

2. Admitindo um prazo de desconto de 36 dias, calcule o custo efetivo mensal, incluindo o IOF de 0,0041% ao dia, para as seguintes taxas de desconto bancário:

   a) 2,6% a.m.;

   b) 1,7% a.m.;

   c) 2,9% a.m.;

   d) 4,5% a.m.;

   e) 5,0% a.m.

3. Um banco deseja cobrar 31% a.a. de taxa efetiva em suas operações de desconto. Para uma operação de 40 dias, determine a taxa de desconto mensal que deve cobrar.

4. Determine a taxa mensal de desconto bancário, para um prazo de 35 dias, que corresponde a uma taxa efetiva de 23% ao ano.

5. Uma empresa apresenta em um banco comercial para desconto o seguinte borderô de duplicatas:

Duplicata	Valor Nominal ($)	Prazo de Antecipação
A	6.000,00	60 dias
B	9.000,00	90 dias
C	8.100,00	30 dias
D	12.000,00	120 dias

O valor líquido liberado pelo banco, já deduzidos todos os encargos financeiros da operação, atinge $ 30.100,00. Pede-se determinar o custo efetivo mensal pelo método da taxa interna de retorno.

6. A taxa de desconto bancária de uma instituição financeira está definida em 3,6% ao mês. Sendo de 0,0041% ao dia o IOF vigente, determine o custo efetivo mensal e anual de uma operação de desconto com prazo de 45 dias.

7. Um banco está avaliando a taxa de desconto de duplicatas para uma operação de 70 dias. A instituição deseja apurar uma *prime* de 2,2% ao mês, mais um *spread* de 1,0% ao mês. Ambas as taxas são consideradas efetivas pelo banco. Determine a taxa de desconto mensal que deve cobrar.

8. Admita que uma instituição financeira esteja cobrando uma taxa efetiva de 4,7% ao mês em suas operações de empréstimo. Os juros, acrescidos do principal, são pagos ao final do prazo.

   Transforme este empréstimo para uma operação de desconto mensal, calculando a taxa de juros *por fora* mensal que mantenha inalterado o seu custo efetivo.

9. Um banco está exigindo para uma operação de empréstimo uma taxa preferencial efetiva de juros de 3,74% ao mês, mais um *spread* de 9,8% ao ano. Admita que a operação seja de desconto bancário. Determine a taxa de desconto mensal que deve ser utilizada na operação. O prazo da operação está definido em 42 dias.

10. Em suas operações de desconto, um banco deseja apurar uma taxa efetiva de 36,9% ao ano. Apure a taxa de desconto mensal que deve cobrar, admitindo os seguintes prazos de desconto:

    a) 23 dias;

    b) 57 dias.

11. Determinado financiamento bancário tem estipulado uma taxa efetiva de juros de 41,22% ao ano (365 dias). Calcule a taxa equivalente mensal.

12. Considerando que seja de 2,11% ao mês a taxa efetiva de juro de um empréstimo para capital de giro, determine o custo efetivo anual (365 dias).

13. Calcule o custo efetivo de uma conta garantida por 30 dias na qual o banco cobra uma taxa de juros de 4,2% ao mês, além de uma comissão de abertura de crédito, paga no ato da contratação do empréstimo, de 1,8%.

14. Admita que um banco esteja cobrando 2,4% ao mês para conta garantida de 30 dias. No entanto, a taxa que efetivamente o banco deseja cobrar nesta operação é de 3,5% ao mês. Calcule o valor da taxa de abertura de crédito que deve ser fixada, de maneira que o custo efetivo da conta garantida atinja os 3,5% ao mês desejados.

15. Um investidor adquire um lote de *commercial paper*, com vencimento para 140 dias, por $ 952.000. O valor nominal (resgate) dos títulos atinge a $ 1.000.000. Calcule a rentabilidade efetiva mensal auferida pelo investidor.

16. Uma empresa está necessitando de $ 130.000 por 100 dias.

Para tanto, está negociando uma operação de desconto com uma instituição bancária, nas seguintes condições:

- taxa de desconto: 2,9% ao mês;
- IOF: 0,0041% ao dia;
- taxa de abertura de crédito a ser paga na liberação dos recursos: 1,1%.

Qual deve ser o valor nominal do título a ser descontado de maneira que a quantia desejada possa ser liberada?

17. Calcule o custo efetivo mensal da alternativa de empréstimo ilustrada a seguir:
    - desconto de duplicatas pelo prazo de 84 dias, à taxa de desconto *por fora* (comercial) de 2,1% ao mês. O banco cobra ainda, no ato da liberação dos recursos, despesas administrativas de 1,5% e IOF de 0,0041% ao dia, calculados sobre o valor nominal dos títulos.

18. Uma duplicata no valor de $ 27.800,00 deve ser quitada por uma empresa em 69 dias. A empresa, com disponibilidades de caixa, está propondo pagar este título hoje no valor de $ 26.680,00. O credor pode aplicar seus recursos à taxa efetiva de 20,3% ao dia. Qual a melhor decisão a ser tomada pelo credor?

19. Se um banco exige uma taxa efetiva anual de 28,0% em seus empréstimos de capital de giro, que taxa de desconto mensal "por fora" deve cobrar de seus clientes para operações com prazos de:

    a) 1 mês;

    b) 50 dias;

    c) 2 meses;

    d) 70 dias.

    Sabe-se que as operações de desconto bancário cobram IOF de 0,0041% ao dia.

20. Uma sociedade de *factoring* opera com um custo de dinheiro igual a 1,7% ao mês (taxa efetiva). As despesas equivalem a 1,4% de suas receitas mensais, e a margem de lucro esperada em suas operações é de 1,5% sobre o valor dos títulos. Os impostos incidentes sobre as receitas atingem 1,1%.

    Pede-se:

    a) determinar o fator de *factoring* em taxa efetiva e taxa de desconto mensal;

    b) admitindo a aquisição de uma carteira de ativos de $ 785.000,00, com vencimento para 110 dias, determinar o fator de *factoring* para o período de operação (taxa de desconto) e o valor descontado pago à empresa-cliente (cedente).

21. Uma empresa desconta uma duplicata no banco com prazo de 80 dias à taxa de 2,1% ao mês (desconto comercial). No momento da liberação dos recursos é cobrado também IOF (imposto sobre operações financeiras) de 0,0041% ao dia, incidente sobre o valor nominal da operação. Na data do seu vencimento do título, deve a empresa pagar ainda uma taxa de 2% para cobrir despesas de cobrança e 0,38% de imposto sobre movimentação financeira, calculados sobre o valor nominal do título.

    Pede-se calcular o custo efetivo mensal do desconto.

22. Uma nota promissória prefixada de 90 dias e valor nominal de $ 1.000,00 é adquirida no mercado por $ 956,50. Pede-se determinar a taxa de retorno efetiva mensal e anual oferecida pelo título.

23. Uma nota promissória de 60 dias tem remuneração prevista de 13,7% ao ano acima da variação do IGP-M. O título foi adquirido por $ 982,70, com deságio de 1,73% sobre o valor nominal de $ 1.000,00. A variação monetária do período (bimestre) da aplicação é de 1,87%. Pede-se determinar a rentabilidade nominal mensal obtida pelo investidor.

24. Um banco libera um empréstimo a uma empresa pelo prazo de 5 meses cobrando uma taxa de juros de 2,4% ao mês. A tributação total incidente sobre a

operação equivale a uma alíquota de 2,5%, calculada sobre o montante do empréstimo (principal + juros) e descontada do capital liberado. Pede-se calcular:

a) custo efetivo mensal da operação;

b) se o imposto fosse pago por ocasião do resgate, qual seria o custo efetivo mensal do empréstimo.

25. Condições de uma operação de empréstimo para giro praticadas por um banco:

- prazo da operação = 4 meses (120 dias);
- pagamento do principal mais os encargos em uma única parcela ao final do prazo (4 meses). Taxa de juro efetiva cobrada pelo banco: 18,5% ao ano;
- demais despesas incidentes sobre a operação:

  IOF = 0,0041% ao dia, calculado sobre o valor emprestado e cobrado no ato da operação;

  TAC = 2%, calculada sobre o capital emprestado e descontado no ato da operação;
- admita que na liquidação do empréstimo a empresa deve pagar um imposto de 0,38% sobre o montante a ser pago.

Pede-se calcular o custo efetivo mensal do empréstimo.

26. Uma empresa tem os seguintes fluxos de pagamentos decorrentes de um empréstimo contraído no passado:

- $ 4.800 daqui a 2 meses;
- $ 18.000 daqui a 7 meses;
- $ 32.100 daqui a 11 meses.

A taxa de juros do empréstimo é de 2,4% ao mês (taxa efetiva).

Se a empresa efetuasse um pagamento de $ 7.700 hoje e outro de $ 15.000 daqui a 3 meses, pede-se calcular a parcela que deveria ser paga no 11º mês para liquidar toda a dívida.

Respostas

1. a) i = 3,31% a.m.
   b) i = 3,33% a.m.
   c) i = 3,37% a.m.
   d) i = 3,39% a.m.

2. a) i = 2,81% a.m.
   b) i = 1,86% a.m.
   c) i = 3,13% a.m.
   d) i = 4,87% a.m.
   e) i = 5,43% a.m.

3. d = 2,22% a.m.

4. d = 1,71% a.m.

5. i = 5,92% a.m.

6. i = 3,9% a.m.
   i = 58,4% a.a.

7. d = 3,05% a.m.

8. d = 4,489% a.m.

9. d = 4,31% a.m.

10. a) d = 2,59% a.m.
    b) d = 2,55% a.m.

11. 2,877% a.m.

12. 28,9% a.a.

13. i = 6,1% a.m.

14. TAC = 1,063%

15. i = 1,06% a.m.

16. N = $ 146.357,94

17. i = 8,37% p/ 84 dias
    i = 2,91% a.m.

18. Manter a dívida até o vencimento.
    A taxa que pode aplicar os recursos (i = 1,55% a.m.; i = 20,3% a.a.) é menor que o desconto proposto para pagamento antecipado (i = 1,8% a.m.)

19. a) d = 2,159% a.m.
    b) d = 2,145% a.m.
    c) d = 2,138% a.m.
    d) d = 2,131% a.m.

20. a) Fator (taxa efetiva) = 4,65% a.m.;
    Fator (taxa de desconto) = 4,44% a.m.
    b) Fator (taxa de desconto) = 15,35% para 110 dias
    Valor descontado = $ 664.502,50

21. i = 3,22% a.m.

22. i = 1,49% a.m.; i = 19,47% a.a.

23. i = 2,91% a.m.

24. a) i = 2,986% a.m.
    b) i = 2,90% a.m.

25. i = 2,16% a.m.

26. $ 29.704,26.

6

Matemática Financeira, Reciprocidade Bancária, Taxas *Over* e *Spread* Bancário

Principalmente em operações de desconto bancário, é comum defrontar-se com certas exigências de reciprocidade estabelecidas pelas instituições financeiras. *Por exemplo*, a liberação de um crédito bancário é comumente definida a partir dos valores que o cliente mantém em conta-corrente ou aplicados em títulos da instituição. O nível de exigências da reciprocidade bancária é estabelecido, evidentemente, a partir da disponibilidade de dinheiro na praça.

O saldo médio e outras formas de reciprocidade constituem-se efetivamente em um encargo, o qual deve ser qualificado e incorporado ao custo final da operação financeira.

Dependendo do nível da reciprocidade exigida pelos bancos, a sua inclusão no cálculo do custo racional do crédito pode promover alterações relevantes nas decisões de alocação de recursos.

Algumas operações financeiras, por outro lado, principalmente aquelas de curto prazo, definem os juros com base no número de *dias úteis*, e não em dias corridos, conforme é mais usual. Essa sistemática costuma se verificar nas operações financeiras de prazos curtos (curtíssimos) definidas por *hot money*, as quais têm como referencial a taxa do certificado de depósito interfinanceiro (CDI), acrescida de um *spread* (comissão).

Outras operações do mercado financeiro também vêm incorporando o uso de taxas *over* em seus cálculos, como é o caso dos juros dos cheques especiais, fundos de investimentos, entre outras.

Este capítulo está voltado ao estudo da reciprocidade bancária e operações financeiras que adotam as taxas *over*, conforme praticadas no mercado brasileiro, e da formação dos juros bancários.

6.1 Reciprocidade bancária

Existem diversas formas de reciprocidade bancária, estando as mais expressivas apresentadas a seguir.

6.1.1 Saldo médio

Uma forma bastante adotada de reciprocidade bancária é aquela baseada na manutenção, geralmente pelo prazo da operação, de determinado percentual do crédito concedido em conta-corrente no banco. Em verdade, essa modalidade constitui-se no pagamento antecipado de uma parcela do principal da dívida, elevando o custo efetivo do empréstimo.

Por exemplo, suponha uma operação de desconto envolvendo os seguintes valores:

- Valor das duplicatas: $ 19.000,00
- Taxa de Desconto: 3% a.m.
- Prazo: 30 dias
- IOF: 0,0041% a.d. (0,123% a.m.)
- Reciprocidade: manter um saldo médio em conta-corrente equivalente a 10% do valor liberado.

Nessas condições, é determinado inicialmente o valor liberado pela instituição financeira.

Valor das Duplicatas:	$ 19.000,00
Desconto: 19.000,00 × 0,03	(570,00)
IOF: 19.000,00 × 0,00123	(23,37)
Valor Líquido:	$ 18.406,63

Conforme estabelece a reciprocidade do saldo médio, do total do crédito são descontados 10% que permanecerão depositados em conta-corrente no banco. Admitindo que o saldo médio seja calculado a partir do montante solicitado, o valor efetivamente liberado ao cliente atinge a:

$ 18.406,63 – (10% × $ 19.000,00) = $ 16.506,63

Ao final de 30 dias, os $ 19.000,00 em duplicatas são resgatados e creditados ao banco. Nesse momento, ainda, os $ 1.900,00 que ficaram em conta-corrente do cliente são liberados e reduzem o valor da parcela transferida ao banco de $ 19.000,00 para $ 17.100,00 ($ 19.000,00 – $ 1.900,00).

Dessa maneira, o custo efetivo dessa operação, incluindo a perda dos recursos retidos pelo banco na forma de reciprocidade, atinge:

$$i = \frac{19.000,00 - 1.900,00}{16.506,63} - 1 = 3{,}59\% \text{ a.m.}$$

ou:

$$i = \frac{570,00 + 23,37}{16.506,63} = 3{,}59\% \text{ a.m.}$$

Nesse raciocínio, considera-se, para o cálculo do valor líquido liberado e, consequentemente, da determinação da taxa racional de desconto, os encargos financeiros totais pagos à vista (juros e IOF) e também o montante retido pelo banco (saldo médio) como reciprocidade.

É interessante observar que, nessa metodologia de cálculo, o custo de oportunidade do saldo médio é embutido no custo total da operação, considerando-se a taxa efetiva de juros cobrada pelo banco (i = 3,59% ao mês, como calculado).

Ao se acrescentar aos encargos financeiros de $ 593,37 o custo de manutenção do saldo médio de $ 68,21 (3,59% × $ 1.900,00), e relacionar esse resul- tado com o valor líquido (valor da duplicata menos juros e IOF), chega-se naturalmente ao mesmo valor, ou seja:

$$i = \frac{593,37 + 68,21}{18.406,63} = 3{,}59\% \text{ a.m.}$$

6.1.2 Saldo médio remunerado

Em determinadas ocasiões, o banco pode oferecer remunerar o saldo médio exigido como reciprocidade mediante sua aplicação em alguma alternativa de poupança. No entanto, o rendimento financeiro é normalmente inferior à taxa efetiva cobrada pela instituição em sua operação de empréstimo.

O cálculo do custo efetivo nessa situação segue basicamente a metodologia desenvolvida anteriormente, só que deduzindo do valor final a ser resgatado pelo cliente a remuneração apurada no período.

No *exemplo ilustrativo* comentado no item anterior, admita que o banco remunere o saldo médio de $ 1.900,00 a uma taxa nominal de juros de 1,5% ao mês. O rendimento é resgatado somente quando da liquidação da operação de desconto. Permanecendo inalteradas as demais condições descritas para a operação, tem-se:

Montante a Pagar	$ 19.000,00
Saldo Médio Exigido (Amortização Antecipada)	(1.900,00)
Remuneração do Saldo Médio: 1,5% × 1.900,00	(28,50)
Valor Líquido a Pagar:	$ 17.071,50

Com a redução do montante a pagar, o custo efetivo atinge:

$$i = \frac{17.071,50}{16.506,63} - 1 = 3{,}42\% \text{ a.m.}$$

ou, considerando a redução dos encargos financeiros pelos rendimentos auferidos:

$$i = \frac{(570,00 + 23,37) - 28,50}{16.506,63} = 3{,}42 \text{ a.m.}$$

Exemplo:

1. Um banco cobra de forma antecipada 3,2% ao mês para desconto de duplicatas, considerando um prazo de 54 dias (taxa linear). O IOF incidente na operação é de 0,0041% ao dia. No entanto, para realizar a operação, o banco exige do tomador uma aplicação equivalente a 8% do valor nominal da duplicata apresentada para desconto em título de sua emissão, o qual rende 1,6% ao mês em juros compostos. O prazo da aplicação coincide com o da captação. Sendo de $ 50.000,00 o valor de resgate das duplicatas descontadas, determinar:

a) Valor líquido liberado ao cliente;

b) Valor líquido de pagamento;

c) Custo efetivo mensal da operação.

Solução:

a) ***Valor Líquido Liberado***

Valor das Duplicatas	$ 50.000,00
Desconto: $50.000,00 \times \frac{0,032}{30} \times 54$	(2.880,00)
IOF: 50.000,00 × 0,0041% × 54	(110,70)
Valor Líquido	$ 47.009,30
Reciprocidade: 8% × 50.000,00	(4.000,00)
Valor Líquido Liberado:	$ 43.009,30

b) ***Valor de Pagamento***

Montante a Pagar	$ 50.000,00
Reciprocidade: Aplicação Financeira	(4.000,00)
Remuneração da Aplicação: $4.000,00 \times [(1,016)^{54/30} - 1]$	(115,94)
Valor Líquido a Pagar:	$ 45.884,06

c) ***Custo Efetivo Mensal***

$$i = \frac{45.884,06}{43,009,30} - 1 = 6{,}68\% \text{ p/54 dias}$$

A taxa mensal, por juros compostos, atinge:

$$i = (1{,}0668)^{30/54} - 1 = 3{,}66\% \text{ a.m.}$$

Alternativamente, pela relação entre os encargos financeiros líquidos e o valor liberado, chega-se ao mesmo resultado:

$$i = \frac{(2.880,00 + 110,70) - 115,94}{43.009,30} =$$

$$= 6,68\%\ \text{p/54 dias, que equivale a: } 3,66\%\ \text{a.m.}$$

6.1.3 Uso do *floating* como reciprocidade

As instituições financeiras podem também solicitar como garantia em suas operações de crédito a entrega de duplicatas para cobrança em volume igual ou maior que o valor do empréstimo solicitado. No entanto, nessa exigência normal de mercado é que se visualiza uma forma de reciprocidade capaz de alterar bastante o custo efetivo do empréstimo.

Ao reter, *por exemplo*, por alguns dias o dinheiro arrecadado das duplicatas em cobrança antes de creditar em conta-corrente do cliente, num mecanismo conhecido como *floating* de duplicatas, o custo da operação é acrescido com base na taxa diária do valor do dinheiro.

Um exemplo ajuda a esclarecer melhor esse mecanismo de *floating* e sua influência sobre o custo do crédito. *Admita* que uma empresa esteja negociando uma operação de desconto com um banco pelo prazo de 60 dias. A taxa de desconto é de 2,7% ao mês e o IOF atinge a 0,123% ao mês. O valor da duplicata é de $ 44.000,00.

Adotando-se a fórmula direta de cálculo da taxa efetiva apresentada no item 5.1, tem-se:

$$i = \frac{(d = IOF)}{1 - (d + IOF)}$$

$$i = \frac{(0,027 + 0,00123) \times 2}{1 - [(0,027 + 0,00123) \times 2]} =$$

$$= \frac{0,05646}{0,94354} = 5,98\%\ \text{a.b.}$$

O custo efetivo nominal mensal atinge:

$$i = \sqrt{1,0598} - 1 = 2,95\%\ \text{a.m.}$$

Ao se supor, por outro lado, que a instituição financeira exija 100% do valor nominal da operação em duplicatas sacadas, como garantia da operação, e ainda decida creditar o dinheiro em conta-corrente do cliente somente quatro dias após o seu recebimento, é certo que o custo final do crédito se eleva.

Cada dia de atraso no recebimento representa uma perda determinada basicamente pelo que o tomador do empréstimo deixou de receber no período em que o banco, utilizando-se do mecanismo do *floating*, reteve o dinheiro recebido das duplicatas. Em outras palavras, nesses quatro dias de *floating* o emitente das duplicatas perdeu a oportunidade de efetuar aplicações em diferentes ativos com o produto do recebimento, realizando um prejuízo evidente.

O valor líquido liberado pelo banco na operação atinge:

Valor Nominal	$ 44.000,00
Desconto: $ 44.000,00 × (0, 027 + + 0,00123) × 2	(2.484,24)
Valor Liberado:	$ 41.515,76

O fluxo de caixa do *floating*, admitindo ilustrativamente que as duplicatas sacadas tenham vencimento no resgate da operação (final do 2º mês), apresenta-se conforme a Figura 6.1.

Figura 6.1 *Fluxo de caixa do* floating

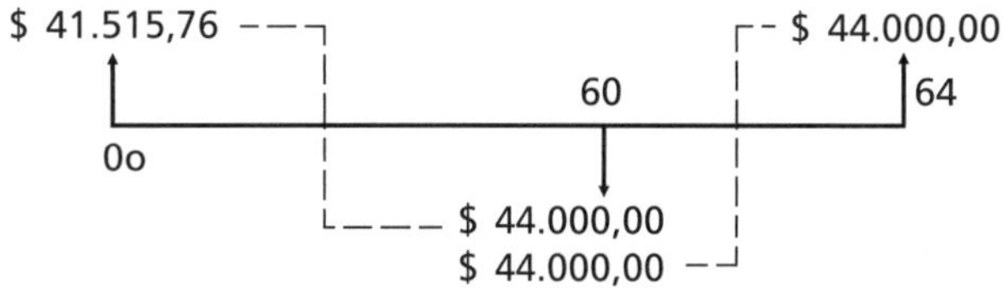

Expressando os valores em moeda atual, tem-se:

$$41.515,76 - \frac{88.000,00}{(1+i)^2} + \frac{44.000,00}{(1+i)^{64/30}} = 0$$

Resolvendo-se com o auxílio de uma calculadora financeira:

$$i\ (IRR) = 3,16\%\ \text{a.m.}$$

que representa o custo efetivo do desconto com *floating*.

Uma metodologia mais simplificada, porém não tão exata quanto o cálculo ilustrado da taxa interna de retorno do fluxo de caixa, propõe estender a taxa efetiva calculada para mais quatro dias, que representam o prazo do *floating*.

Dessa maneira:

$$(1,0598)^{64/60} - 1 = 6,39\%\ \text{a.m.}$$

equivalendo a:

$$\sqrt{1,0639} - 1 = 3,15\%\ \text{a.m.}$$

O resultado, sobretudo diante da suposição de as duplicatas em garantia apresentarem vencimento na mesma data da operação, é bastante próximo à *IRR* apurada de 3,16% ao mês. Principalmente diante da facilidade de cálculo, o critério simplificado é bastante utilizado pelo mercado.

Evidentemente, outras formas de reciprocidade bancária podem ocorrer na prática, onerando de diferentes maneiras o custo efetivo dos empréstimos. Entretanto, o raciocínio desenvolvido pode ser diretamente aplicado na determinação do custo final das outras modalidades, sem necessidade de se introduzir novos conceitos ou instrumentos de cálculo.

Exemplos:

1. Admita um empréstimo pelo prazo de 50 dias à taxa mensal efetiva de 4%. O banco exige como reciprocidade a entrega, para cobrança, de um montante de duplicatas com vencimento idêntico ao da operação. O repasse do dinheiro será feito 4 dias após a cobrança. Calcular o custo efetivo deste empréstimo.

Solução:

Tomando-se por 100 a base do valor emprestado, tem-se o seguinte fluxo de caixa para o tomador dos recursos:

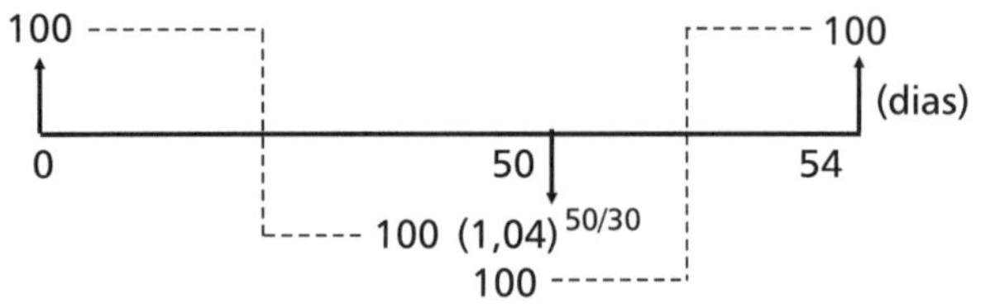

Igualando-se os valores financeiros no vencimento da operação:

$$100\,(1+i)^{50/30} - 100\,(1{,}04)^{50/30} + \frac{100}{(1+i)^{4/30}} = 100$$

O custo efetivo da operação de empréstimo com *floating* é a taxa interna de retorno do fluxo de caixa. Resolvendo a expressão com o auxílio de uma calculadora financeira, chega-se a:

$$i = 4{,}329\%\ \text{a.m.}$$

2. Admita, no exemplo ilustrativo acima, que o vencimento das duplicatas em garantia ocorre no momento da liberação do empréstimo. Determinar o custo efetivo mensal desta nova situação, mantendo-se em 4 dias o prazo do *floating*.

Solução:

O fluxo de caixa para o vencimento antecipado das duplicatas em garantia apresenta-se:

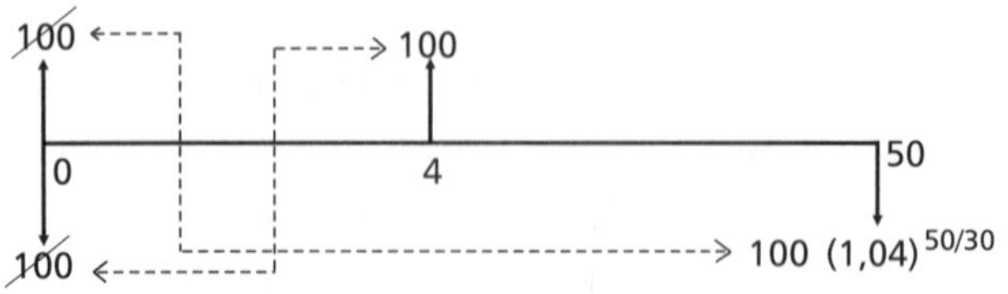

O cálculo do custo efetivo (taxa interna de retorno) é processado:

$PV = 100{,}00$

$FV = 100\,(1{,}04)^{50/30} = 106{,}76$

$n = 46$ dias

Logo:

$106{,}76 = 100\,(1+i)^{46/30}$

$1{,}0676 = (1+i)^{1{,}5333}$

$$\sqrt[1{,}5333]{1{,}0676} = \sqrt[1{,}5333]{(1+i)^{1{,}5333}}$$

$1{,}0436 = 1 + i$

$i = 4{,}36\%$ a.m.

Observe que o uso da metodologia mais simplificada de cálculo do custo do *floating*, conforme sugerido, apresenta um resultado praticamente igual ao obtido na suposição de os títulos em cobrança apresentarem o mesmo vencimento da operação, conforme ilustrado no exemplo 1. Isto é:

Custo do *Floating*: $(1{,}04)^{54/50} - 1 = 4{,}327\%$ a.m.

Ao se admitir o vencimento dos títulos em outra data diferente da definida pela operação de empréstimo, conforme previsto neste exemplo, há uma diferença maior entre os valores, expondo as limitações técnicas da metodologia mais simplificada de cálculo do custo de um empréstimo com *floating*.

6.2 Juros por dias úteis – taxa nominal *over*

Toda taxa nominal *over* deve informar o número de dias úteis em que os juros serão capitalizados, de forma que se possa apurar a taxa efetiva do período. *Por exemplo*, suponha que a taxa *over* em determinado momento esteja definida em 1,5% ao mês. No período de referência da taxa, estão previstos 22 dias úteis.

Sendo a taxa *over* definida por juros simples (taxa nominal), a taxa diária atinge:

$$i = \frac{1{,}5\%}{30} = 0{,}05\%\ \text{a.d.}$$

Sabendo que no período de referência dessa taxa existem 22 dias úteis, a taxa efetiva é obtida pela capitalização composta, ou seja:

$$i = (1 + 0{,}0005)^{22} - 1 = 1{,}11\%\ \text{a.m.}$$

Em outras palavras, pode-se concluir que 1,11% representa a taxa efetiva para 22 dias úteis, ou mesmo para os 30 dias corridos do mês.

Em resumo, os procedimentos de apurar a taxa efetiva dada uma taxa nominal mensal de juros *over* são os seguintes:

- Dividir a taxa *over* mensal pelo número de dias corridos no período para se obter a taxa nominal diária;
- Capitalizar a taxa diária pelo número de dias úteis previsto na operação.

A expressão básica de cálculo da taxa efetiva é:

$$i\,(\text{efetiva}) = \left(1 + \frac{OVER}{30}\right)^{du} - 1$$

sendo: *over* a taxa nominal mensal *over*; *du* o número de dias úteis previsto no prazo da operação.

Por outro lado, muitas vezes é interessante transformar uma taxa efetiva em taxa *over*. No exemplo acima, foi definida uma taxa nominal *over* de 1,5% ao mês para um período com 22 dias úteis. Com isso, calculou-se a taxa efetiva de 1,11% ao mês.

Se fosse dada a taxa efetiva para se transformar em *over*, o procedimento de cálculo seria o inverso, ou seja:

- descapitalizar exponencialmente a taxa efetiva para cada dia útil previsto na operação;
- por ser nominal, e definida mensalmente, a taxa *over* é obtida pelo produto da taxa descapitalizada pelo número de dias corridos do mês.

Aplicando-se esses procedimentos na ilustração, tem-se:

i = 1,11% a.m.

du = 22 dias úteis

$i = (1{,}0111)^{1/22} - 1$ = 0,05% a.du. (ao dia útil)

$OVER$ = 0,05% × 30 = 1,5% a.m.[1]

A fórmula de cálculo da taxa *over*, dada uma taxa efetiva de juros, pode ser desenvolvida da forma seguinte:

$$OVER = [(1 + i)^{1/du} - 1] \times 30$$

Substituindo os valores ilustrativos dados, chega-se a 1,5% ao mês, ou seja:

$OVER = [(1{,}0111)^{1/22} - 1] \times 30$ = 1,5% a.m.o.

Para períodos anuais, o mercado utiliza o ano de 252 dias úteis, conforme estabelecido em Circular do Banco Central. Por exemplo, a taxa de 11,5% ao ano pode ser expressa da seguinte forma:

Taxa Efetiva ao dia (i) = (1 + 0,115)1/252 – 1
= 0,000432 (0,432% a.du.)

Taxa Over Mensal (*over* a.m.o.) = 0,432% × 30
= 1,296% a.m.o.

Exemplos:

1. Uma taxa *over* nominal está definida em 4,8% a.m. Para um mês de 23 dias úteis, determinar a taxa efetiva.

[1] Uma taxa *over* é geralmente representada por a.m.o. (ao mês *over*). Por exemplo, uma taxa *over* mensal de 1,5% é expressa por: 1,5% a.m.o.

Solução:

$$i\,(\text{efetiva}) = \left(1 + \frac{0{,}048}{30}\right)^{23} - 1 = 3{,}75\%\ \text{a.m.}$$

2. Converter a taxa efetiva de 4,1% ao mês. em taxa *over* mensal, sabendo que no período existem 21 dias úteis.

Solução:

$OVER = [(1 + 0{,}041)^{1/21} - 1] \times 30$
= 5,75% a.m.o.

3. Uma aplicação pelo prazo de 35 dias corridos, que incluem 25 dias úteis, remunerou o capital aplicado a uma taxa *over* nominal de 4,3% ao mês. Determinar a taxa efetiva mensal de juros.

Solução:

$$OVER = \frac{4{,}3\%}{30} = 0{,}1433\%\ \text{a.d.}$$

Os juros são capitalizados somente nos dias úteis. Os 25 dias úteis considerados na operação equivalem a: 25/35 = 0,714286 dos 35 dias da aplicação financeira, ou a: 0,714286 × 30 = 21,42858 dias do mês. Logo:

$i\,(\text{efetiva}) = (1 + 0{,}001433)^{21{,}42858} - 1$ = 3,12% a.m.

4. Admita que a taxa efetiva de juros de mercado no mês de janeiro tenha sido de 1,03%. Pede-se:
   a) calcular a taxa mensal *over* para o mês de janeiro, que acumula 21 dias úteis;
   b) supondo que a taxa efetiva de 1,03% seja mantida em fevereiro, determinar a taxa *over* para o mês de fevereiro, com 17 dias úteis.

Solução

a) $i(\text{a.du}) = [(1{,}0103)^{1/21} - 1]$ = 0,0488% a.du.
i(a.m.o.) = 0,0488% × 30 dias
= 1,46% a.m.o.

b) $i(\text{a.du}) = [(1{,}0103)^{1/17} - 1]$ = 0,0603% a.du.
i(a.m.o) = 0,0603% × 30 dias
= 1,81% a.m.o.

TAXA SELIC E TAXA DI

Selic ("Sistema Especial de Liquidação e Custódia") é um sistema computadorizado adotado pelo Banco Central do Brasil destinado ao controle das emissões e negociações diárias de títulos públicos emitidos pelo Tesouro Nacional. A taxa Selic é determinada pela média ponderada das taxas de juros praticadas nesse mercado, sendo considerada a *taxa básica de juros da economia.*

Há dois tipos de taxa Selic:

- Selic Meta;
- Selic *Over*.

A *Taxa Selic Meta* é estipulada periodicamente (a cada 45 dias) e divulgada pelo Comitê de Política Monetária (COPOM) do Banco Central. A definição da Selic orienta o comportamento futuro das taxas de juros da economia.

A *Taxa Selic Over*, por seu lado, é a taxa efetiva praticada no mercado. Essa taxa é apurada diariamente pela média ponderada de todas as operações com títulos públicos realizadas no âmbito do sistema Selic. Essa taxa torna-se uma referência para as instituições financeiras operarem no mercado. O Banco Central atua no mercado negociando (comprando e vendendo) títulos de maneira a trazer essa taxa *over* o mais próximo possível da meta estabelecida. A tendência das duas taxas é estarem sempre muito próximas.

TAXA DI - CDI

O *CDI (Certificado de Depósito Interfinanceiro)* é um título de curtíssima maturidade, prazo de vencimento de um dia útil, tendo por lastro as operações de transferências de recursos (empréstimos) realizadas entre instituições financeiras. O objetivo desses títulos é viabilizar as operações de empréstimos e tomada de recursos dos bancos entre si, contribuindo para o equilíbrio e a regulação do sistema financeiro.

Por exemplo, se um banco apresentar em determinado dia uma pressão maior de resgates (saques) do que de entradas de caixa, pode levantar um empréstimo através da emissão de um CDI visando reequilibrar seu caixa. Este CDI emitido pela instituição captadora é adquirido por outra instituição superavitária, contribuindo assim para o restabelecimento do equilíbrio de caixa.

Nas operações realizadas entre bancos, há cobrança de juros, e a taxa média calculada para todas as transações realizadas com CDI é divulgada diariamente ao mercado, sendo conhecida por "Taxa DI". Essa taxa de juros revela a média dos juros dos empréstimos entre os bancos, sendo uma referência para as outras taxas de juros do mercado.

A *taxa Selic* e a *taxa DI* costumam estar bastante próximas, apresentando as mesmas tendências de evolução.

6.2.1 Operações financeiras com taxa *over*

Ilustrativamente, suponha uma empresa que obteve um empréstimo *hot money* por um dia. A taxa de negociação contratada é nominal tipo *over* de 4,4% ao mês, sendo cobrado pelo banco, ainda, um *spread* de 0,1% ao dia pela intermediação da operação.

O *spread* é um percentual cobrado pelo banco anterior da taxa de negociação. É normalmente calculado para cada renovação.

Sabe-se que, na prática, os encargos dessas operações envolvendo taxa *over* são geralmente apurados por dia segundo o critério de juros simples. O cálculo do custo efetivo processa-se:

- $OVER = 4,4\%$ a.m.

  $OVER = \dfrac{4,4\%}{30} = 0,1467\%$ a.d.

- Custo efetivo do empréstimo incluindo o *spread* cobrado:

$i = [(1 + 0,001467) \times (1 + 0,001)] - 1 = 0,247\%$ a.du.

Logo, a taxa efetiva para todo o mês, admitindo a existência de 21 dias úteis no período, e supondo também a renovação do empréstimo 21 vezes no mês pela mesma taxa de juro (e de *spread*), atinge:

$$i = [(1 + 0,001467)^{21} \times (1 + 0,001)^{21}] - 1$$
$$= 5,31\% \text{ a.m.}$$

Nessas condições, pode ser estabelecida a seguinte expressão genérica de cálculo do custo efetivo final de uma operação de empréstimo com taxa *over* e cobrança de *spread*:

$$i(\text{efetiva}) = \left[\left(1 + \frac{OVER}{30}\right)^{du} \times (1 + Spread)\right] - 1$$

Exemplos:

1. Uma empresa levantou um empréstimo por sete dias corridos. Neste período, são identificados cinco dias úteis. A taxa de negociação contratada é uma *over* de 3,2% ao mês, cobrando ainda a instituição financeira um *spread* de 0,6% para todo o período.

   Determinar o custo efetivo mensal da operação.

   Solução:

   $$i = \left[\left(1 + \frac{0,032}{30}\right)^5 \times (1 + 0,006)\right] - 1$$
   $$= 1,14\% \text{ p/os 5 dias úteis}$$

   A taxa de 1,14% é válida para o período de sete dias corridos, sendo determinada a partir dos cinco dias úteis existentes. Logo, a *taxa equivalente mensal* é obtida supondo-se 30/7 renovações do empréstimo, ou seja:

   $$i = (1 + 0,0114)^{30/7} - 1 = 4,98\% \text{ a.m.}$$

   IMPORTANTE: Deve ser registrado que esse tipo de operação é geralmente realizado considerando-se para cada dia do prazo contratado a taxa de juro vigente. Dessa maneira, os 3,2% ao mês de taxa *over*, definidos no exemplo, são válidos somente para o primeiro dia, podendo alterar-se esse percentual para os demais dias da operação financeira de acordo com as taxas estabelecidas pelo mercado.

2. Um empréstimo tipo *hot money* é contratado por três dias úteis. As taxas *over* estabelecidas para cada dia do prazo da operação são: 2,8% ao mês, 3,0% ao mês e 3,1% ao mês.

O intermediário financeiro cobra um *spread* de 2,4% ao mês (taxa efetiva).

Determinar o custo efetivo da operação. Admita a existência de 23 dias úteis.

Solução:

- *Over* (1º dia) = $\dfrac{2,8\%}{30}$ = 0,0933% a.du.

  Over (2º dia) = $\dfrac{3,0\%}{30}$ = 0,10% a.du.

  Over (3º dia) = $\dfrac{3,1\%}{30}$ = 0,1033% a.du.

- *Spread* = 2,4% a.m. (taxa efetiva)

  Spread = $(1,024)^{1/23} - 1$ = 0,1032% a.du.

- Custo Efetivo Total (i):

  Apesar de o prazo contratado ser de três dias, o empréstimo deve ser renovado diariamente com base na taxa *over* vigente. Logo:

  i (1º dia) = [(1,000933) × (1,001032)] – 1 = 0,1966%

  i (2º dia) = [(1,0010) × (1,001032)] – 1 = 0,2033%

  i (3º dia) = [(1,001033) × (1,001032)] – 1 = 0,2066%

  i (total) = [(1,001966) × (1,002033) × (1,002066)] – 1 = = 0,6077% p/os 3 dias da operação

  Tendo o mês 23 dias úteis, o custo efetivo mensal atinge:

  $i = (1,006077)^{23/3} - 1$ = 4,75% a.m.

3. Determinar o custo efetivo mensal de uma operação de empréstimo *hot money*, sendo a taxa de negociação de 3,6% ao mês. Admitindo que a taxa se mantenha constante, determinar o custo efetivo mensal, assumindo-se os seguintes prazos para a operação:

a) 8 dias corridos, sendo 6 dias úteis;

b) 5 dias, todos úteis.

Solução:

a) $i = \left(\dfrac{1+0,036}{30}\right)^6 - 1$ = 0,7222% p/os 6 dias úteis

$i = (1,007222)^{30/8} - 1$ = 2,735% a.m.

b) $i = \left(\dfrac{1+0,036}{30}\right)^5 - 1$ = 0,6014% para os 5 dias úteis

$i = (1,006014)^{30/5} - 1$ = 3,66% a.m.

A metodologia de cálculo do custo final das operações *hot money*, conforme ilustrada em termos de dias úteis, estabelece um custo efetivo final maior quanto menor se apresentar o prazo da operação. Quando o prazo é menor, existem evidentemente mais períodos de capitalização. No exemplo anterior, o custo final cresceu quando o prazo reduziu, indicando um maior número de períodos de capitalização.

4. Uma empresa levanta um empréstimo de $ 500.000,00 por 3 dias úteis, realizando uma operação *hot money*. As taxas de juros mensais *over* para cada dia do empréstimo são, respectivamente, iguais a 1,66%, 1,54% e 1,52%. Determinar:

a) Montante a ser pago ao final;

b) Taxa efetiva média por dia útil;

c) Taxa *over* média mensal;

d) Taxa *over* efetiva anual.

Solução:

a) Montante a pagar = $ 500.000 ×

$$\times\left(1+\frac{0,0166}{30}\right)\times\left(1+\frac{0,0154}{30}\right)\times\left(1+\frac{0,0152}{30}\right)$$

Montante a pagar = $ 500.787,08

b) $\text{Taxa dia útil} = \left[\left(1+\dfrac{0,0166}{30}\right)\times\left(1+\dfrac{0,0154}{30}\right)\times\left(1+\dfrac{0,0152}{30}\right)\right]^{1/3} - 1$

Taxa dia útil = 0,0005244 (0,0524% a.du.)

c) Taxa *over* mensal = 0,0524% × 30 dias = 1,5733% a.m.o.

d) Taxa *over* anual = $\left(1+\dfrac{0,015733}{30}\right)^{252} - 1$ = 14,12% a.a.o.

6.2.2 Equivalência das taxas de aplicações financeiras

O raciocínio desenvolvido sobre a taxa *over* pode ser estendido também para avaliações em aplicações em títulos de renda fixa cujos vencimentos ocorrem em feriados ou fins de semana. As taxas nominais de juros desses títulos costumam elevar-se, dando por vezes a impressão de um aumento na rentabilidade, sem que necessariamente esse ganho maior tenha ocorrido.

Ilustrativamente, suponha uma aplicação num título prefixado pelo prazo corrido de 30 dias, o qual apresenta 22 dias úteis, à taxa efetiva de 30% ao ano. A remuneração do período da aplicação é obtida, conforme foi visto, pela taxa equivalente composta, isto é:

$i = (1{,}30)^{30/360} - 1 = 2{,}21\%$ a.m.

Ao se verificar, *por exemplo*, que a data de resgate do título cai num sábado, o prazo corrido se eleva para 32 dias, mantendo-se ainda em 22 o número de dias úteis do período.

Nesse caso, a taxa equivalente para 32 dias se eleva para:

$i = (1{,}30)^{32/360} - 1 = 2{,}36\%$ p/32 dias

No entanto, a taxa equivalente anual de juros da aplicação por 32 dias corridos e 22 dias úteis se reduz para:

$i = (1{,}0221)^{360/32} - 1 = 27{,}9\%$ a.a.

Outra aplicação prática relevante é determinar, a partir de um percentual de juros definido para um período, a taxa equivalente para outro intervalo de tempo com diferente número de dias úteis.

Por exemplo, admita que a taxa efetiva de um título esteja definida, para uma aplicação por 30 dias, em 26% a.a. No período da aplicação, são identificados 22 dias úteis. Qual a taxa de juro equivalente para uma aplicação por 34 dias e 24 dias úteis?

Em dias corridos, a aplicação por 30 dias apresenta a seguinte rentabilidade:

$i = (1{,}26)^{30/360} - 1 = 1{,}94\%$ a.m.

que equivale a 0,087% por dia útil, ou seja:

$i = (1{,}0194)^{1/22} - 1 = 0{,}087\%$ a.du.

Ampliando-se o prazo para 24 dias úteis, a taxa de juro passa para:

$i = (1{,}00087)^{24} - 1 = 2{,}11\%$ p/ 24 dias úteis

Logo, a taxa equivalente anual para uma aplicação por 34 dias corridos com 24 dias úteis atinge:

$i = (1{,}0211)^{360/34} - 1 = 24{,}74\%$ a.a.

Exemplo:

1. Um investidor aplica $ 120.000,00 no mercado financeiro, e resgata $ 125.600,00 90 dias após. Neste intervalo de tempo, são contados 62 dias úteis. Pede-se calcular:

a) Taxa de retorno efetiva do período;

b) Taxa por dia corrido;

c) Taxa ao mês *over* (a.m.o.)

Solução:

a) $EFE(i) = \frac{125.600{,}00}{120.000{,}00} - 1$
$= 4{,}67\%$ p / 90 dias

b) $i(\text{dia corrido}) = \left(\frac{125.600{,}00}{120.000{,}00}\right)^{1/90} - 1$
$= 0{,}0507\%$ a.d.

c) $i(\text{dia útil}) = \left(\frac{125.600{,}00}{120.000{,}00}\right)^{1/62} - 1$
$= 0{,}0736\%$ a.du.

i (mês over) $= 0{,}0736\% \times 30$ dias $=$ 2,21% a.m.o.

6.2.3 Taxa *over* anual efetiva

As taxas de juros *over*, conforme descritas neste item, estão referenciadas no padrão mês. A partir de 1998, no entanto, o Banco Central do Brasil passou a privilegiar o tratamento dessas taxas em base ano, visando difundir uma visão de longo prazo no mercado financeiro. Com o término das altas taxas de inflação predominantes até 1995, o objetivo da autoridade monetária era o de formar uma taxa básica de juros na economia que fosse capaz de refletir um período maior, independentemente do mês e do número de dias úteis.

O cálculo da taxa *over* ano é processado com base em 252 dias úteis. *Por exemplo*, sendo de 18,43% ao ano a taxa efetiva de um título, a taxa por dia útil atinge:

$\left(\sqrt[252]{1{,}1843}\right) - 1 = 0{,}0671\%$ a.du.

Para obter-se a taxa *over* nominal expressa ao mês basta multiplicar a taxa ao dia útil por 30.

No mês, a taxa *over* nominal é de: 0,0671% × 30 dias = 2,014% a.m.o.

A taxa *over* efetiva do mês é apurada capitalizando-se a taxa ao dia útil pelo número de dias úteis. Admitindo a existência de 22 dias úteis no mês, tem-se:

$i = (1{,}000671)^{22} - 1 = 1{,}487\%$ a.m.o.

No exemplo, a taxa de 18,43% é denominada taxa *over* anual efetiva. Equivale a uma taxa anual efetiva, transformada para dia útil considerando a presença de 252 dias úteis no período. Os jornais costumam publicar diversas taxas de juros efetivas anuais referenciadas em taxa *over* anualizada.

Exemplos:

1. Sendo de 20,24% a.a. a taxa efetiva de juro, determinar a taxa *over* nominal mensal.

Solução:

- Taxa Efetiva por Dia Útil: $\left(\sqrt[252]{1{,}2024}\right) - 1 = 0{,}0732\%$ a.du.

- Taxa *Over* Nominal Mensal: 0,0732% × 30 dias = 2,19% a.m.o.
- Ao se desejar apurar a taxa *over* efetiva do mês, deve-se capitalizar a taxa diária pelos dias úteis no mês, ou seja:

  $i = (1{,}000732)^{du} - 1$

  Admitindo $du = 22$:

  $i = (1{,}000732)^{22} - 1 = 1{,}623\%$ a.m.o.

2. Sendo de 1,52% a taxa *over* efetiva mensal de um CDB, determinar sua equivalente *over* anual, sabendo que existem 21 dias úteis no mês.

Solução:

- Taxa Efetiva por dia útil no mês:

  $\left(\sqrt[21]{1{,}0152}\right) - 1 = 0{,}0719\%$ a.du.

- Taxa *over* anual:

  $(1{,}000719)^{252} - 1 = 19{,}8\%$ a.a.o.

3. Demonstrar os cálculos da taxa *over* anual de um título conforme publicada em um jornal de economia e finanças.

Data	Prazo (dias úteis)	Taxa % a.a. Efetiva
19-9	21	20,7%

Solução:

- Taxa Equivalente Mensal

  $\left(\sqrt[12]{1{,}207}\right) - 1 = 1{,}58\%$ a.m.

- Taxa por Dia Útil

  $\left(\sqrt[21]{1{,}0158}\right) - 1 = 0{,}0747\%$ a.du.

- Taxa *over* Anual

  $(1{,}000747)^{252} - 1 = 20{,}7\%$ a.a.o.

4. A seguir, são fornecidos os dados históricos da taxa Selic anual efetiva referentes aos dias úteis do mês de fevereiro/x5.

Data	Taxa Anual*	Data	Taxa Anual	Data	Taxa Anual
01-02	18,24%	11-02	18,26%	21-02	18,75%
02-02	18,25%	14-02	18,26%	22-02	18,75%
03-02	18,25%	15-02	18,26%	23-02	18,75%
04-02	18,25%	16-02	18,26%	24-02	18,75%
09-02	18,25%	17-02	18,75%	25-02	18,75%
10-02	18,25%	18-02	18,75%	28-02	18,74%

* Taxa efetiva *over* (base 252 dias úteis).

a) Determinar a taxa efetiva Selic para o mês de fevereiro.

$i_{FEV} = [(1{,}1824)^{1/252} \times (1{,}1825)^{1/252} \times (1{,}1825)^{1/252} \times \ldots \times (1{,}1874)^{1/252}] - 1$

$i_{FEV} = 1{,}2182\%$ a.m.o.

b) Determinar a taxa efetiva Selic (ao ano *over*).

Como fevereiro/x5 tem 18 dias úteis, a taxa mensal é capitalizada 252/18 vezes, ou seja:

$i_{SELIC}\ (1{,}012182)^{252/18} - 1 = 18{,}47\%$ a.a.o.

5. Uma aplicação financeira foi realizada pelo prazo de 33 dias corridos. No período existem apenas 24 dias úteis. A taxa *over* efetiva anual considerada na operação atingiu 11,75%.

Pede-se determinar a taxa de retorno da operação para: a) 24 dias úteis; b) efetiva mensal; c) *over* nominal anual.

Solução:

a) *Período de 24 dias úteis*

$i = (1{,}1175)^{24/252} - 1 = 1{,}06366\%$ p/ 24 a.du.

A taxa efetiva de 1,06366% equivale a 24 dias úteis ou 33 dias corridos.

b) *Mês (taxa efetiva mensal)*

$i = (1{,}0106366)^{30/33} - 1 = 0{,}9665\%$ a.m.

c) *Taxa* over *nominal mensal*

$i = (1{,}0106366)^{1/24} - 1 = 0{,}044095\%$ a.du.

$i = 0{,}044095\% \times 30 = 1{,}32\%$ a.m. (*over* nominal)

6.3 *Spread* bancário

Spread é entendido como a diferença entre a taxa de juros que os bancos cobram para emprestar dinheiro e o percentual que pagam ao captarem esses recursos de poupadores. É uma margem de ganho do banco incluída na formação dos juros cobrados em suas operações ativas. No *spread* bancário de uma operação de empréstimo estão incluídos os impostos, as despesas operacionais do banco, risco da operação e margem de lucro desejada. A Figura 6.2 traduz essa definição.

Figura 6.2 *Representação da intermediação financeira*

Por exemplo, um banco colocou títulos de sua emissão no mercado pagando juros de 8,5% ao ano. Esses recursos captados foram direcionados para empréstimos a clientes que pagavam 12,0% ao ano de taxa de juros. Nessas operações, o banco apura uma margem (*spread*) de:

Spread = *Taxa de Aplicação* – *Taxa de Captação*

Spread = 12,0% – 8,5% = 3,5%

Dessa forma, pode-se definir a taxa de juro de aplicação de um banco pela expressão:

Taxa de Aplicação (i_A) = [(1 + Taxa de Captação) × (1 + Spread)] – 1

6.3.1 Taxa de juros de referência do mercado financeiro

O Governo Federal financia a dívida pública nacional principalmente por empréstimos realizados através da venda de títulos públicos no mercado. Os investidores compram títulos do governo e recebem, em contrapartida, juros pelo dinheiro aplicado. Os principais títulos emitidos pelo Tesouro Nacional serão estudados mais adiante, no Capítulo 15.

O juro médio pago pelo governo nas negociações com títulos públicos é considerado como a *taxa básica (referência) de juros da economia*, também conhecida por taxa Selic (Sistema Especial de Liquidação e Custódia). Essa taxa representa a porcentagem média de juros da economia brasileira e influencia o comportamento das demais taxas de juros do mercado. A taxa Selic é calculada e divulgada diariamente pelo Banco Central, servindo de referência para os bancos realizarem suas operações de empréstimo e captações de recursos.

Assim, nas negociações de captação e empréstimo de recursos realizadas pelos bancos, a referência dos juros é a taxa Selic. A formulação da taxa de aplicação dos bancos pode ser representada da seguinte forma:

Taxa de Aplicação (i_A) = [(1 + Selic) × (1 + *Spread*)] 1

Exemplos:

1. Um banco vem captando recursos no mercado pagando 95% da Selic. O dinheiro levantado é direcionado para empréstimos cobrando 125% da Selic. Sabe-se que a taxa Selic está definida em 7,25% ao ano no mercado. Determinar:

a) taxa (custo) de captação do banco;

b) taxa mínima cobrada nos empréstimos;

c) *spread* do banco.

Solução:

a) Taxa de captação: 95% × 7,25% = 6,8875%

b) Taxa cobrada pelos empréstimos (aplicação): 125% × 7,25% = 9,0625%

c) *Spread* = 9,0625% – 6,8875% = 2,175%

2. Admita que o custo de captação de um banco corresponde à taxa efetiva de juros compostos de 8,25% ao ano. O banco acrescenta um *spread* de 6% ao ano (taxa efetiva) para repassar esse dinheiro. Calcular a taxa efetiva mensal de juros que o banco pode cobrar em suas operações de empréstimo.

Solução:

Taxa de Aplicação (i_A) = [(1 + Taxa de Captação) × (1 + Spread)] – 1

$$i_A = [(1{,}0825)^{1/12} \times (1{,}06)^{1/12}] - 1 =$$
$$= 0{,}011528 \text{ (1,1528\% a.m.)}$$

Exercícios resolvidos

1. Uma empresa contrata junto a um banco um empréstimo *hot money* de \$ 50.000,00 pelo prazo de um dia útil. A taxa de negociação firmada é de 4,1% ao mês mais um *spread* de 0,4% para todo o período. Determine:

a) montante a pagar;

b) custo efetivo da operação no período.

Solução:

a) *Total a Pagar*

$$50.000{,}00 \times \left(1+\frac{0{,}041}{30}\right) \times (1{,}004) =$$
$$= \$\ 50.268{,}60$$

b) *Custo Efetivo do Período*

$$i = \left[\left(1+\frac{0{,}041}{30}\right)\times(1{,}004)\right] - 1 = 0{,}54\% \text{ a.d.}$$

2. Uma empresa capta no mercado um empréstimo de \$ 90.000,00 para ser resgatado em 44 dias, à taxa nominal de 18% ao ano.

No entanto, a condição formalizada pela instituição financeira é a de liberar o valor do empréstimo em parcelas, de acordo com o seguinte cronograma de desembolso:

Valor da Parcela a Liberar (\$)	Dias para Liberação
40.000,00	no ato
30.000,00	4 dias
20.000,00	8 dias

Diante dessas condições estabelecidas, calcule o custo efetivo mensal dessa operação de empréstimo.

Solução:

- Montante a Pagar do Empréstimo:

$$FV_{44} = \$\ 90.000{,}00 \times \left(1+\frac{0{,}18}{360}\times 44\right)$$
$$= \$\ 91.980{,}00$$

- Fluxo de Caixa da Operação:

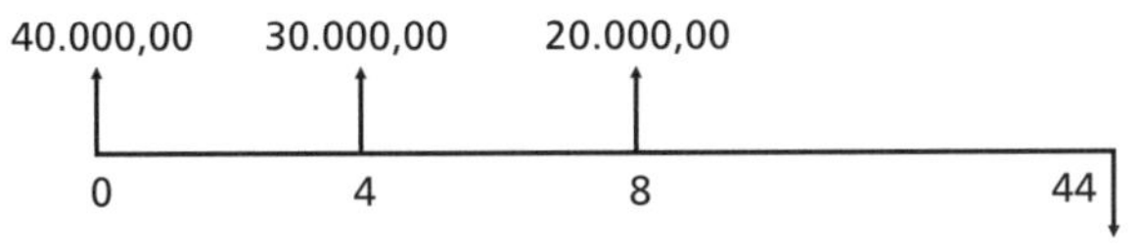

Uma forma de apurar o custo efetivo desse empréstimo é atualizar os valores das parcelas liberadas por uma taxa de desconto representativa do custo de oportunidade do tomador dos recursos. Admitindo-se ser essa taxa de 1,0% ao mês, tem-se:

PV do Empréstimo = 40.000,00 +

$$+\frac{30.000{,}00}{(1{,}01)^{4/30}}+\frac{20.000{,}00}{(1{,}01)^{8/30}}$$

PV do Empréstimo = $ 89.907,23

O custo efetivo do empréstimo, embutindo-se a reciprocidade, é obtido:

$$i = \frac{91.980{,}00}{89.907{,}23} - 1 = 2{,}3\%\ \text{p/44 dias}$$

$$i = (1{,}023)^{30/44} - 1 = 1{,}57\%\ \text{a.m.}$$

que equivale à taxa efetiva de 20,5% ao ano.

3. Considerando a taxa *over* de 2,85% ao mês, pede-se determinar:

a) taxa efetiva mensal num mês com 22 dias úteis;

b) taxa *over* anualizada.

Solução:

a) Taxa por dia útil $\frac{2{,}85\%}{30\ \text{dias}} = 0{,}095\%$ a.du.

Taxa Efetiva Mensal $[(1{,}00095)^{22} - 1 = 2{,}11\%$ a.m.o.

b) *Taxa over anualizada*

$(1{,}00095)^{252} - 1 = 27{,}03\%$ a.a.o.

4. Sendo de 14,8% a taxa *over* anualizada, determine a taxa *over* nominal ao mês.

Solução:

Taxa Equivalente ao Dia:

$\left(\sqrt[252]{1{,}148}\right) - 1 = 0{,}0548\%$

Taxa *Over* Nominal ao Mês:

$0{,}0548\% \times 30$ dias $= 1{,}64\%$ a.m.o.

5. Admita uma aplicação financeira que paga taxa de 13,5% ao ano *over*. O prazo da operação é de 21 dias úteis.

Pedem-se:

a) Taxa efetiva de retorno no período da operação (21 dias úteis).

Solução:

$i = (1{,}135)^{21/252} - 1 = 1{,}061\%$ p/ 21 dias úteis

b) Sendo de 33 dias corridos e 21 dias úteis o prazo da operação, calcular a taxa efetiva de retorno do mês (30 dias).

Solução:

$i = (1{,}01061)^{30/33} - 1 = 0{,}964\%$ a.m.

6. A taxa básica de juro divulgada como meta pelo Banco Central (taxa Selic), para fevereiro de 2012, está fixada em 10,5% ao ano. Pede-se calcular a taxa equivalente por dia útil.

Solução:

$i(\text{dia útil}) = [1{,}105)^{1/252} - 1] = 0{,}0396\%$ a.du.

7. Admita que um banco esteja prevendo uma taxa de juros anual efetiva de 13,75% (base de 252 dias úteis) para o mês de setembro, que tem 20 dias úteis. Dessa forma, seu interesse em aplicar recursos em contratos futuros de juros deve ser a uma taxa maior que os 13,75% ao ano *over*. previstos. Admitindo que o banco realize um negócio à taxa de 14,25% a.a.o., pede-se calcular o PU do contrato, ou seja, quanto estaria o banco disposto a pagar hoje para receber R$ 100.000,00 no vencimento do contrato.

Solução:

$$PU = \frac{R\$\ 100.000{,}00}{1{,}1425^{20/252}} = R\$\ 98.948{,}28$$

8. Uma aplicação promete rendimentos financeiros baseados na taxa *over* anual efetiva de 10,85%

(base: 252 dias úteis). Sobre o ganho nominal obtido incide imposto de renda de 20%. O prazo da operação é de 3 meses, existindo nesse período 64 dias úteis. Pede-se calcular a taxa de retorno efetiva mensal (base: 30 dias corridos) da aplicação.

Solução:

Taxa *over* anual: 10,85% a.a.o.

Taxa por dia útil:

$[(1{,}1085)^{1/252} - 1] = 0{,}04088\%$ a.du.

Taxa efetiva p/ o período (3 meses):

$[(1{,}04088)^{64} - 1] = 2{,}65\%$ p/ 64 dias úteis

Taxa líquida do IR:

$2{,}65\% \times (1 - 0{,}20) = 2{,}12\%$

Taxa efetiva mensal:

$[(1{,}0212)^{1/3} - 1] = 0{,}70\%$ a.m.

Exercícios propostos

1. Uma nota promissória no valor de $ 53.908,00 é descontada num banco 20 dias antes de seu vencimento. A taxa de desconto utilizada atinge 2,9% ao mês, e o IOF, 0,0041% ao dia. O banco exige, no entanto, que o tomador mantenha 10% do valor nominal do empréstimo em conta-corrente a título do saldo médio, sem oferecer nenhum rendimento financeiro. Determine:

   a) custo efetivo mensal do empréstimo;

   b) custo efetivo real mensal do empréstimo admitindo uma taxa de inflação de 1,2% no período.

2. Admita que para realizar uma operação de desconto de um título de $ 45.000,00 por 60 dias, uma instituição financeira está exigindo que o tomador adquira com o valor líquido liberado um título de sua emissão. O banco assume nesta operação um compromisso imediato de recompra do título com um deságio (desconto) de 3%. Sendo de 2,7% ao mês a taxa de desconto cobrada pelo banco e de 0,123% ao mês. o IOF, pede-se determinar o custo efetivo mensal desse empréstimo incorporando a perda pelo deságio sofrido na aplicação.

3. Uma empresa obtém junto a um banco comercial $ 70.000,00 de empréstimo para ser pago em 40 dias. O empréstimo se processa mediante o desconto de uma nota promissória.

   Para a liberação da operação, no entanto, a instituição exige a retenção de 8% do valor nominal do empréstimo em conta-corrente (reciprocidade) pelo prazo da operação. Admita que o IOF seja de 0,0041% ao dia e a taxa de desconto de 3,4% ao mês:

   a) determinar o custo efetivo mensal e anual do empréstimo, supondo que o banco não remunera o saldo mantido em conta-corrente;

   b) recalcular o custo acima supondo que a instituição bancária aplica o saldo médio exigido em um fundo que remunera à taxa nominal de 1,5% ao mês.

4. Um banco comercial fornece a seus clientes as seguintes condições em suas operações de desconto:

   - Taxas de desconto: 4,5% ao mês.
   - Taxa administrativa: 1% sobre o valor nominal do título a ser cobrado, identicamente aos demais encargos, no ato da liberação dos recursos.
   - IOF: 0,0041% ao dia.
   - Reciprocidade: retenção de 7% sobre o valor nominal do título pelo prazo da operação. O saldo não é remunerado.

   Sabendo-se que a empresa necessita de $ 49.000,00 para pagamento de uma dívida, determine quanto deve solicitar de empréstimo do banco dadas as condições estipuladas. O prazo do desconto é de 55 dias.

5. Uma empresa está levantando um empréstimo junto a um banco pelo prazo de 60 dias. A taxa efetiva (postecipada) de juros considerada para a operação é de 5% ao mês. Admita que o banco está exigindo como reciprocidade para a realização do empréstimo uma das seguintes alternativas:

   (1) manutenção de um saldo médio equivalente a 10% do valor nominal do empréstimo durante todo o prazo da operação;

   (2) entrega ao banco, para cobrança, de duplicatas no valor igual ao empréstimo e com vencimento na mesma data da operação.

   Pede-se:

   a) determinar o custo efetivo mensal da operação, considerando-se a manutenção do saldo médio durante todo o prazo do empréstimo;

b) apurar o número de dias para repasse da cobrança para que o empréstimo apresente o mesmo custo efetivo calculado acima. Admita, em sua resposta, que as duplicatas entregues para cobrança tenham vencimento na data de realização da operação;

c) na hipótese de as duplicatas em cobrança apresentarem vencimento idêntico ao do empréstimo, determinar o número de dias para repasse da cobrança visando manter o mesmo custo efetivo calculado em (a).

6. Uma empresa realiza uma operação de desconto junto a um banco com prazo de 50 dias. A taxa de desconto simples cobrada é de 5,8% ao mês, mais IOF de 0,0041% ao dia. O banco exige para a realização da operação a entrega de duplicatas para cobrança em montante igual ao valor nominal do desconto. O vencimento destas duplicatas ocorre na data de vencimento da operação de desconto.

O banco libera para a empresa o crédito relativo à cobrança somente quatro dias após o recebimento das duplicatas. Pede-se determinar o custo efetivo mensal da operação.

7. Uma taxa *over* está definida, em determinada data, em 2,45% ao mês. Para um mês de 22 dias úteis, pede-se determinar a taxa efetiva mensal.

8. Supondo uma taxa efetiva mensal de 3,0%, converta em taxa *over*, sabendo que no mês estão previstos 21 dias úteis.

9. A formação da taxa de juros de um banco para empréstimo compõe-se da taxa *over* de 2,2% ao mês, para um período de 20 dias úteis, e um *spread* de 14% ao dia (taxa efetiva). Calcule a taxa efetiva mensal que a instituição deve cobrar na operação de empréstimo.

10. Admita que um banco tenha captado recursos no mercado, pagando uma taxa *over* de 1,42% ao mês, para 22 dias úteis.

Pede-se calcular:

a) custo efetivo mensal pago pelo banco ao aplicador;

b) se a instituição bancária acrescentar um *spread* de 15% ao ano (taxa nominal), qual a taxa efetiva mensal que deve repassar esse recurso?

11. O custo efetivo de captação de um banco está atualmente fixado em 15,4% ao dia. A instituição repassa esse dinheiro, acrescentando um *spread* de 12% ao ano (taxa efetiva).

Admita ainda que o Banco Central está exigindo um encaixe de 10% calculado sobre os empréstimos, e exigido no momento de sua liberação.

Determine a taxa efetiva mensal que o banco deve cobrar em suas operações de empréstimos, considerando o custo associado a esse recolhimento compulsório.

12. Com relação aos diferentes tipos de taxas de juros:

a) uma taxa *over* está definida em 3,3% ao mês. Para um mês de 21 dias úteis, determine a taxa efetiva mensal;

b) converta a taxa efetiva de 4,7% ao mês em taxa *over*, sabendo que no período existem 23 dias úteis.

13. Uma operação de *hot money* é contratada por 3 dias úteis. O banco define o custo do empréstimo de acordo com a taxa de negociação vigente em cada dia. Sendo de 2,7%, 2,9% e 3,0% ao mês, respectivamente, as taxas de cada um dos dias da operação, e de 0,4% o *spread* cobrado pelo banco para os três dias da operação, determine o custo efetivo final da operação no período. Admite-se que no período existem 21 dias úteis.

14. Admita uma instituição financeira que está pagando 2,5% ao mês de taxa *over* na colocação de títulos de sua emissão. O período de vencimento destes títulos tem 22 dias úteis. O banco, para repassar este dinheiro sob a forma de empréstimo, acrescenta um *spread* de 22% ao ano (taxa efetiva).

Determine a taxa efetiva mensal de juros desta operação de empréstimo.

15. A taxa efetiva para empréstimo de uma instituição bancária é de 1,6% a.m. Desejando elevar

sua rentabilidade para 2,0% ao mês, o banco está estudando a retenção dos recursos liberados para empréstimos por alguns dias. Para uma operação de 60 dias (o principal acrescido dos juros são pagos ao final), por quantos dias devem os recursos ser retidos?

16. Um empréstimo de $ 18.000,00 a ser pago em 90 dias foi contratado à taxa efetiva de 1,8% ao mês. O banco reteve a liberação dos recursos por quatro dias. Calcule o custo efetivo mensal do tomador do empréstimo.

17. Calcule a taxa equivalente composta mensal das seguintes taxas de juros:
    a) 1,15% para 19 dias;
    b) 2,05% para 42 dias.

18. a) capitalizar (juros compostos) 4,13% equivalente a 54 dias para um ano;
    b) para uma taxa efetiva de 25,2% ao ano (ou 1,89% ao mês), pede-se determinar:
    - taxa *over* mensal, admitindo-se 23 dias úteis no período;
    - taxa de desconto (por fora) mensal para uma operação de 53 dias;
    - sendo de 0,95% a taxa de inflação no mês, apurar a taxa real mensal.

19. Um empréstimo é concedido por 7 dias à taxa *over* de 2,9% ao mês. Nesse intervalo, existem 5 dias úteis. A instituição financeira cobra um *spread* de 0,06% ao dia para realizar essa operação de empréstimo. Calcule o custo efetivo mensal da operação para o tomador de recursos.

20. Para uma taxa efetiva de 32,5% ao ano, *pede-se* determinar:
    a) taxa de desconto "por fora" mensal para uma operação de 53 dias;
    b) taxa *over* mensal admitindo-se 23 dias úteis no período.

21. Admita que o custo de captação de um banco esteja definido pela taxa *over* de 2,48% ao mês. O número de dias úteis no mês de referência desta taxa é 21.

    Sabe-se que o Banco Central vem exigindo um encaixe equivalente a 10% dos recursos liberados para empréstimos, sem oferecer qualquer remuneração sobre o depósito. Esse encaixe é recolhido no momento da liberação do empréstimo.

    Pede-se calcular:
    a) custo efetivo mensal de captação do banco;
    b) taxa efetiva mensal da operação de empréstimo sabendo que o banco, ao repassar esse dinheiro, exige um ganho (*spread*) de 12% ao ano (taxa nominal) com capitalização mensal.

22. Um banco cobra de uma empresa uma taxa efetiva de juro de 17,5% ao ano para um empréstimo de 4 meses.

    A empresa tomadora dos recursos incorre ainda nos seguintes custos:
    - IOF = 4% incidente sobre o principal da dívida e recolhido na data do empréstimo;
    - despesa de cobrança de 0,5% calculada sobre o valor final da operação (montante) e paga na data de liquidação do empréstimo.

    Pede-se calcular o custo efetivo anual da captação.

23. No dia 04.06, a taxa *over* estava fixada em 0,0691% ao dia útil. Sabe-se que no mês existem 20 dias úteis. Determine a taxa *over*-mês nominal e a taxa *over*-ano efetiva.

24. Admita uma aplicação de $ 300.000,00 em um título por 59 dias corridos nos quais são previstos 39 dias úteis. O valor do resgate é de 313.500,00. *Pede-se* calcular:
    a) taxa efetiva do período da aplicação;
    b) taxa efetiva mensal;
    c) taxa efetiva por dia corrido;
    d) taxa efetiva por dia útil;
    e) taxa *over* nominal ao mês;
    f) taxa *over* ao ano.

25. Para uma taxa *over* nominal ao mês de 2,28%, pede-se determinar a taxa *over* efetiva anual (ao ano *over*).

26. Para uma taxa *over* efetiva anual de 16,5%, determinar a taxa de juros *over* nominal mensal e a taxa efetiva mensal, admitindo um mês com 22 dias úteis.

27. A taxa Selic (taxa básica da economia) mensal referente aos meses de março e abril do ano x5 e os dias úteis existentes em cada mês são apresentados a seguir. Pede-se determinar a taxa efetiva anual (base de 252 dias úteis) da Selic para cada mês.

	Taxa Efetiva	Dias Úteis
Março/x5	1,528% a.m.	22
Abril/x5	1,412% a.m.	20

28. Uma aplicação financeira produziu uma taxa efetiva de retorno de 1,92% no período. Supondo que no intervalo de tempo da aplicação existam 47 dias corridos e 33 dias úteis, determine a taxa *over* mensal.

29. Admita que o CDI esteja oferecendo as seguintes taxas efetivas anuais *over* (a.a.o) nos quatro primeiros dias de um mês:

Dia 1: 13,29%

Dia 2: 11,66%

Dia 3: 12,76%

Dia 4: 13,57%

Pede-se calcular:

a) taxa acumulada do período;

b) taxa *over* mensal.

30. Um CDB é negociado à taxa de 12,8% ao ano *over*. O prazo da operação é de 22 dias úteis e 30 dias corridos. Pede-se determinar:

a) taxa efetiva do período (base 252 dias úteis);

b) taxa efetiva anual (base 360 dias corridos).

31. a) Admitindo que a taxa de juro esteja definida em 10,8% ao ano (efetiva), determine a taxa *over* para um mês com 20 dias úteis.

b) Uma taxa *over* mensal está definida em 1,9% ao mês. Para um mês com 22 dias úteis, calcule a taxa efetiva mensal.

32. O custo de captação de um banco corresponde a uma taxa *over* mensal de 1,8% para um período de 22 dias úteis. O banco adiciona um *spread* de 10,0% ao ano (taxa efetiva) para repassar esse dinheiro. Calcule a taxa efetiva mensal de juros (taxa de aplicação) para a operação de empréstimo.

Respostas

1. a) i = 3,46% a.m.;

   b) r = 1,62% a.m.

2. i = 4,53%

3. a) i = 4,0% a.m., 60,3% a.a.;

   b) i = 3,9% a.m., 57,8% a.a.

4. $ 58.665,42

5. a) i = 5,54% a.m.;

   b) 5,7 dias;

   c) 6,38 dias.

6. i = 7,0% a.m.

7. i = 1,81% a.m.

8. *over* = 4,23% a.m.

9. i = 2,59% a.m.

10. a) i = 1,046% a.m.;
    b) i = 2,3% a.m.

11. i = 2,29% a.m.

12. a) i = 2,34% a.m.;
    b) *over* = 5,997% a.m.

13. i = 0,688% p/3 dias úteis;
    i = 4,9% a.m.

14. i = 3,55% a.m.

15. 11,9 dias

16. i = 1,88% a.m.

17. a) i = 1,82% a.m.;
    b) i = 1,46% a.m.

18. a) i = 30,97% a.a.;
    b) *over* = 2,44% a.m. desconto (d) = 1,84% a.m. real (r) = 0,93% a.m.

19. i = 3,41% a.m.

20. d = 2,297% a.m.
    over = 3,057% a.m.

21. a) i = 1,94% a.m.
    b) i = 2,96% a.m.

22. i = 34,81% a.a.

23. *over-mês* = 2,073% a.m.
    over-ano = 19,01% a.a.

24. a) 4,5% ao período
    b) 2,26% a.m.
    c) 0,0746% a.dc.
    d) 0,1129% a.du.
    e) 3,39% a.m.o.
    f) 32,89% a.a.

25. 21,1% a.a.

26. Taxa *over* mês = 1,8187% a.m.
    Taxa efetiva mês = 1,34% a.m.

27. $i_{mar.}$ = 18,97% a.a.o. $i_{abr.}$ = 19,32% a.a.o.

28. i = 1,73% a.m.o.

29. a) i = 0,1916% a.p.
    b) i = 1,44% a.m.o.

30 a) i = 1,0571% p/ 22 du.
    b) i = 13,45% a.a.

31. a) Taxa *over* = 0,817262% a.m.
    b) Taxa efetiva = 1,40% a.m.

32. 2,136356%

7

Fluxos de Caixa

Um fluxo de caixa representa uma série de pagamentos ou de recebimentos que se estima ocorrer em determinado intervalo de tempo.

É bastante comum, na prática, defrontar-se com operações financeiras que se representam por um fluxo de caixa. *Por exemplo*, empréstimos e financiamentos de diferentes tipos costumam envolver uma sequência de desembolsos periódicos de caixa. De maneira idêntica, têm-se os fluxos de pagamentos/recebimentos de aluguéis, de prestações oriundas de compras a prazo, de investimentos empresariais, de dividendos etc.

Os fluxos de caixa podem ser verificados das mais variadas formas e tipos em termos de *períodos de ocorrência* (postecipados, antecipados ou diferidos), de *periodicidade* (períodos iguais entre si ou diferentes), de *duração* (limitados ou indeferidos) e *de valores* (constantes ou variáveis).

Com o intuito de melhor estudar as formulações e aplicações práticas do fluxo de caixa, como um dos mais importantes temas da Matemática Financeira, o assunto será tratado separadamente. A primeira parte do capítulo dedica-se ao estudo do fluxo de caixa uniforme, o qual apresenta uma característica de formação-padrão. É entendido como o *modelo-padrão* de uma sucessão de pagamentos ou de recebimentos. A sequência do capítulo dedica-se às demais classificações dos fluxos de caixa, definidas como *não convencionais*.

Os termos dos fluxos de caixa são genericamente simbolizados por *PMT*, sendo para as demais variáveis empregada a mesma simbologia adotada em capítulos anteriores (*PV*, *FV*, *n*, *i*).

7.1 Modelo-padrão

Os fluxos de caixa podem ser representados sob diferentes formas e tipos, exigindo cada um deles um tratamento específico em termos de formulações.

Esquematicamente, os fluxos de caixa são identificados com base na seguinte classificação:

1. *Período de Ocorrência* { *Postecipados*; Antecipados; Diferidos
2. *Periodicidade* { *Periódicos*; Não periódicos
3. *Duração* { *Limitados* (Finitos); Indeterminados (Indefinidos)
4. *Valores* { *Constantes*; Variáveis

O modelo-padrão de um fluxo de caixa, conforme grifado no esquema acima, é verificado quando os termos de uma sucessão de pagamentos ou recebimentos apresentam, ao mesmo tempo, as seguintes classificações:

a) ***Postecipados*** – indica que os fluxos de pagamentos ou recebimentos começam a ocorrer ao final do primeiro intervalo de tempo. *Por exemplo*, não havendo carência, a prestação inicial de um financiamento é paga ao final do primeiro período do prazo contratado, vencendo as demais em intervalos sequenciais.

b) ***Limitados*** – o prazo total do fluxo de caixa é conhecido *a priori*, sendo finito o número de termos (pagamentos e recebimentos). *Por exemplo*, um financiamento por 2 anos envolve desembolsos neste intervalo fixo de tempo, sendo, consequentemente, limitado o número de termos do fluxo (prestações do financiamento).

c) ***Constantes*** – indica que os valores dos termos que compõem o fluxo de caixa são iguais entre si.

d) ***Periódicos*** – é quando os intervalos entre os termos do fluxo são idênticos entre si. Ou seja, o tempo entre um fluxo e outro é constante.

Graficamente, o fluxo de caixa *uniforme (padrão)* é representado na forma da Figura 7.1.

Figura 7.1 *Fluxo de caixa uniforme*

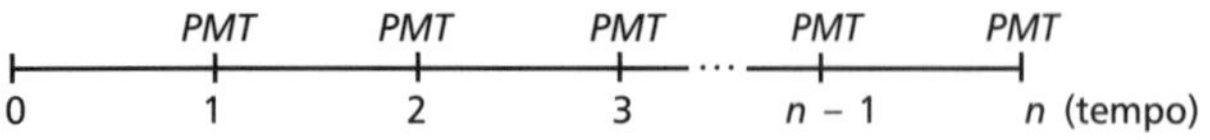

Observe que a estrutura desse fluxo obedece à classificação-padrão apresentada anteriormente:

- o *PMT* inicial ocorre em $n = 1$: *postecipado*;
- a diferença entre a data de um termo e outro é constante: *periódico*;
- o prazo do fluxo é preestabelecido (fixo), apresentando n períodos: *limitado* ou *finito*;
- os valores do *PMT* são uniformes (iguais): *constantes*.

7.1.1 Valor presente e fator de valor presente

O valor presente de um fluxo de caixa uniforme, conforme discutido no item precedente, para uma taxa periódica de juros, é determinado pelo somatório dos valores presentes de cada um de seus valores.

Reportando-se à representação gráfica do fluxo padrão apresentado, tem-se a Figura 7.2.

Figura 7.2 *Fluxo padrão*

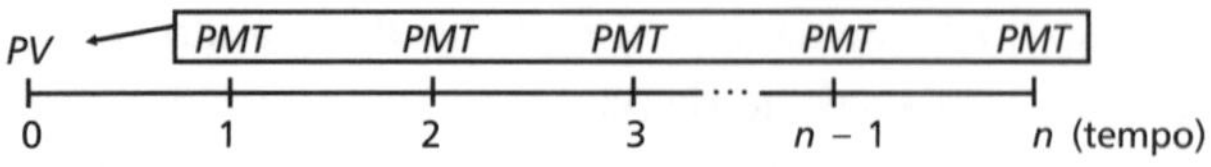

Logo:

$$PV = \frac{PMT}{(1+i)} + \frac{PMT}{(1+i)^2} + \frac{PMT}{(1+i)^3} + \ldots + \frac{PMT}{(1+i)^{n-1}} + \frac{PMT}{(1+i)^n}$$

Colocando-se *PMT* em evidência:

$$PV = PMT\left[\frac{1}{(1+i)} + \frac{1}{(1+i)^2} + \frac{1}{(1+i)^3} + \ldots + \frac{1}{(1+i)^{n-1}} + \frac{1}{(1+i)^n}\right]$$

$$\underbrace{PV = PMT\left[(1+i)^{-1} + (1+i)^{-2} + (1+i)^{-3} + \ldots + (1+i)^{-n+1} + (1+i)^{-n}\right]}_{PV}$$

A expressão entre colchetes é denominada *Fator de Valor Presente (FPV)*, sendo representada pela Matemática Financeira da forma seguinte:

$$FPV\ (i,\ n)$$

Com isso, a formulação genérica do valor presente assume a expressão:

$$PV = PMT \times FPV\ (i,\ n)$$

Observe que *FPV*, conforme é apresentado na formulação anterior entre colchetes, equipara-se à soma de uma progressão geométrica (*PG*) de n termos, sendo o primeiro termo (a_1) e a razão (q) igual a $(1 + i)^{-1}$, e o n-ésimo termo (a_n) igual a $(1 + i)^{-n}$.

A fórmula de cálculo da soma de uma PG é dada por:

$$Sn = FPV\ (i,\ n) = \frac{a_1 - a_n \times q}{1 - q}$$

Substituindo-se os valores da expressão na soma dos termos de uma PG, tem-se:

$$FPV(i,n) = \frac{(1+i)^{-1} - (1+i)^{-n} \times (1+i)^{-1}}{1-(1+i)^{-1}}$$

Seguindo-se a sequência de dedução adotada por Mathias e Gomes[1] multiplica-se o numerador e o denominador por $(1 + i)$, obtendo-se:

$$FPV(i,n) = \frac{\left[(1+i)^{-1} - (1+i)^{-n} \times (1+i)^{-1}\right] \times (1+i)}{\left[1-(1+i)^{-1}\right] \times (1+i)}$$

$$FPV(i,n) = \frac{(1+i)^{-1} \times (1+i) - (1+i)^{-n} \times (1+i)^{-1} \times (1+i)}{(1+i) - (1+i)^{-1} \times (1+i)}$$

$$FPV(i,n) = \frac{(1+i)^{-1+1} - (1+i)^{-n} \times (1+i)^{-1+1}}{(1+i) - (1+i)^{-1+1}}$$

$$FPV(i,n) = \frac{1-(1+i)^{-n}}{1+i-1}$$

$$FPV(i,n) = \frac{1-(1+i)^{-n}}{i}$$

Essa expressão é muitas vezes representada da maneira seguinte:

$$FPV(i,n) = \frac{1 - \frac{1}{(1+i)^n}}{i}$$

$$FPV(i,n) = \frac{\frac{(1+i)^n - 1}{(1+i)^n}}{i}$$

$$FPV(i,n) = \frac{(1+i)^n - 1}{(1+i)^n \times i}$$

[1] MATHIAS, N. Franco; GOMES, J. Maria. *Matemática financeira*. 2. ed. São Paulo: Atlas, 1998. p. 242.

Mediante o *FPV*, a fórmula do valor presente de um fluxo de caixa uniforme é apresentada da maneira seguinte:

$$PV = PMT \times \frac{1-(1+i)^{-n}}{i}$$

ou

$$PV = PMT \times FPV\,(i,\, n)$$

Exemplos:

1. Determinado bem é vendido em 7 pagamentos mensais, iguais e consecutivos de $ 4.000,00. Para uma taxa de juros de 2,6% ao mês, até que preço compensa adquirir o aparelho à vista?

Solução:

PMT = $ 4.000,00 PV = ?

i = 2,6% a.m.

n = 7

$$PV = PMT \times \frac{1-(1+i)^{-n}}{i}$$

ou

$$PV = PMT \times FPV\,(i,\, n)$$

$$PV = 4.000{,}00 \times \frac{1-(1{,}026)^{-7}}{0{,}026}$$

$$PV = 4.000{,}00 \times 6{,}325294 = \$\ 25.301{,}18$$

O valor presente pode também ser calculado pela atualização de cada um dos termos do fluxo, ou seja:

$$PV = \frac{4.000{,}00}{(1{,}026)} + \frac{4.000{,}00}{(1{,}026)^2} + \frac{4.000{,}00}{(1{,}026)^3} + \ldots + \frac{4.000{,}00}{(1{,}026)^7}$$

Resolvendo-se a expressão chega-se, evidentemente, ao mesmo resultado:

PV = $ 25.301,18

2. Determinar o valor presente de um fluxo de 12 pagamentos trimestrais, iguais e sucessivos de $ 700,00, sendo a taxa de juros igual a 1,7% ao mês.

Solução:

PMT = $ 700,00

n = 12 pagamentos trimestrais

i = 1,7% a.m. ou $(1{,}017)^3 - 1$ = 5,19% a.t.

$PV = PMT \times FPV\,(i,\, n)$

PV = $ 700,00 × FPV (5,19%, 12)

PV = $ 700,00 × 8,769034

PV = $ 6.138,30

3. Um empréstimo de $ 20.000,00 é concedido para pagamento em 5 prestações mensais, iguais e sucessivas de $ 4.300,00. Calcular o custo mensal deste empréstimo.

Solução:

PV = $ 20.000,00

n = 5 pagamentos mensais

PMT = $ 4.300,00

i = ?

$PV = PMT \times FPV\,(i,\, n)$

$20.000{,}00 = 4.300{,}00 \times FPV\,(i,\, 5)$

$$20.000{,}00 = 4.300{,}00 \times \frac{1-(1+i)^{-5}}{i}$$

Resolvendo-se com o auxílio de uma calculadora eletrônica ou tabelas financeiras, conforme apresentadas no Capítulo 13, tem-se o seguinte custo mensal efetivo do empréstimo:

i = 2,46% a.m.

4. Um veículo novo está sendo vendido por $ 4.000,00 de entrada mais 6 pagamentos mensais, iguais e consecutivos de $ 3.000,00. Sabendo-se que a taxa de juros de mercado é de 5,5% ao mês, determinar até que preço interessa comprar o veículo à vista.

Solução:

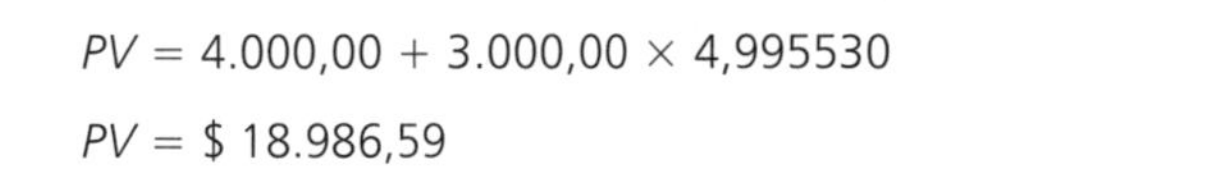

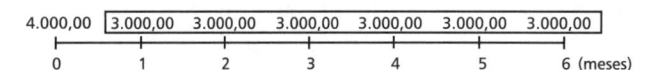

O preço à vista é formado pela entrada de $ 4.000,00 mais a soma dos valores atuais das prestações de $ 3.000,00 cada, ou seja:

PV = Entrada + [$PMT \times FPV\,(i,\, n)$]

PV = 4.000,00 + 3.000,00 × FPV (5,5%, 6)

PV = 4.000,00 + 3.000,00 × 4,995530

PV = $ 18.986,59

7.1.2 Valor futuro e fator de valor futuro

O valor futuro, para determinada taxa de juros por período, é a soma dos montantes de cada um dos termos da série de pagamentos/recebimentos. Graficamente, tem-se a Figura 7.3.

Figura 7.3 *Valor futuro*

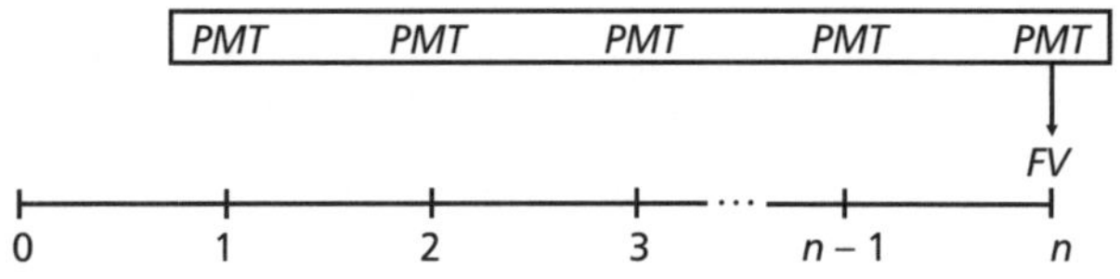

O valor futuro pelo padrão ocorre junto com o último termo do fluxo de caixa. Capitalizando-se cada um dos valores da série, apura-se a seguinte expressão:

$$FV = PMT + PMT \times (1 + i) + PMT \times (1 + i)^2 + PMT \times (1 + i)^3 + ... + PMT \times (1 + i)^{n-1}$$

Colocando-se *PMT* em evidência:

$$FV = PMT \underbrace{\left[1 + (1+i) + (1+i)^2 + (1+i)^3 + ... + (1+i)^{n-1}\right]}_{FFV}$$

Identicamente, a expressão entre colchetes é definida por *Fator de Valor Futuro* e representada por:

$$FFV\ (i,\ n)$$

A formulação genérica do valor futuro de um fluxo de caixa uniforme é expressa da forma seguinte:

$$\mathbf{FV = PMT \times FFV\ (i,\ n)}$$

Da mesma maneira em relação ao desenvolvimento da fórmula do valor presente, observe que a expressão do *FFV* representa a soma dos termos de uma progressão geométrica, onde $a_1 = 1$; $q = (1 + i)$ e $a_n = (1 + i)^{n-1}$.

Pela mesma equação de cálculo da soma dos valores de uma *PG*, tem-se:

$$Sn = FFV \times (i,\ n) = \frac{a_1 - a_n \times q}{1 - q}$$

Promovendo os mesmos ajustes e simplificações desenvolvidos na identidade do valor presente, chega-se a:

$$\mathbf{FFV(i, n) = \frac{(1+i)^n - 1}{i}}$$

Assim, a partir do *FFV* pode-se elaborar a expressão de cálculo do valor futuro (montante) de um fluxo de caixa uniforme, ou seja:

$$\mathbf{FV = PMT \cdot \frac{(1+i)^n - 1}{i}}$$

ou

$$\mathbf{FV = PMT \times FFV\ (i,\ n)}$$

Exemplos:

1. Calcular o montante acumulado ao final do 7º mês de uma sequência de 7 depósitos mensais e sucessivos, no valor de $ 800,00 cada, numa conta de poupança que remunera a uma taxa de juros de 2,1% ao mês.

Solução:

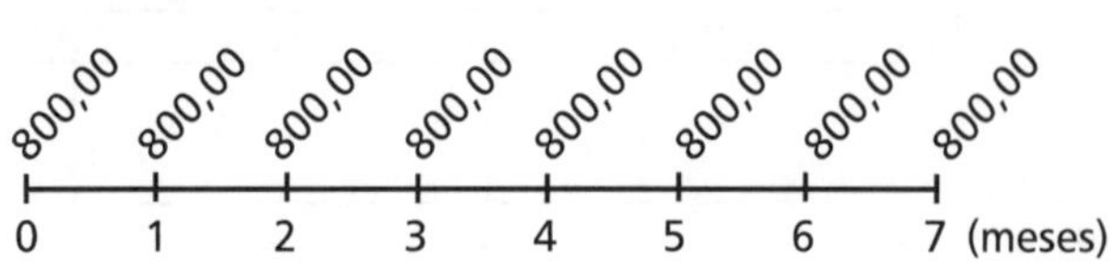

O valor futuro pode ser calculado pela soma do montante de cada depósito, isto é:

$$FV = 800,00 + 800,00\ (1,021) + 800,00\ (1,021)^2 + 800,00\ (1,021)^3 + ... + 800,00\ (1,021)^6$$

$$FV = \$\ 5.965,41$$

Aplicando-se a fórmula-padrão de apuração do valor futuro, tem-se, de forma abreviada, o mesmo resultado:

$$FV = PMT \times FFV\ (i,\ n)$$

$$FV = PMT \times \frac{(1+i)^n - 1}{i}$$

$$FV = 800,00 \times \frac{(1,021)^7 - 1}{0,021}$$

$$FV = 800,00 \times 7,456763 = \$\ 5.965,41$$

2. Uma pessoa irá necessitar de $ 22.000,00 daqui a um ano para realizar uma viagem. Para tanto, está sendo feita uma economia mensal de $ 1.250,00, a qual é depositada numa conta de poupança que remunera os depósitos a uma taxa de juros compostos de 4% ao mês. Determinar se essa pessoa terá acumulado o montante necessário ao final de um ano para fazer a sua viagem.

Solução:

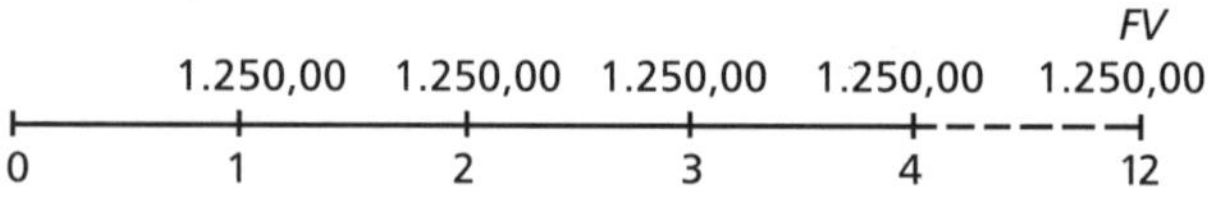

$$FV = PMT \times FFV\ (4\%,\ 12)$$

$$FV = 1.250,00 \times \frac{(1,04)^{12} - 1}{0,04}$$

$$FV = 1.250,00 \times 15,025805 = \$\ 18.782,26$$

O montante acumulado nos 12 meses apresenta-se insuficiente para a viagem. Para apurar os $ 22.000,00 necessários, os depósitos mensais nessa conta de poupança devem ser de $ 1.464,15, ou seja:

$$FV = PMT \times \frac{(1+i)^n - 1}{i}$$

$$22.000,00 = PMT \times \frac{(1,04)^{12} - 1}{0,04}$$

$$22.000,00 = PMT \times 15,025805$$

$$PMT = \frac{22.000,00}{15,025805} = \$\ 1.464,15$$

7.2 Equivalência financeira e fluxos de caixa

Deve ser ressaltado também no estudo do fluxo de caixa o conceito de equivalência financeira, conforme está desenvolvida no Capítulo 2. Esse raciocínio é de fundamental importância para a Matemática Financeira, permitindo o correto entendimento e uso de seus resultados.

A equivalência financeira encontra extensas aplicações práticas, estando presente na tomada de decisões financeiras, na seleção de planos de empréstimos e financiamentos mais atraentes, em propostas de refinanciamento e reescalonamento de dívidas etc.

De acordo com o que foi desenvolvido anteriormente, diz-se que dois ou mais fluxos de caixa (capitais) são equivalentes quando produzem idênticos valores presentes num mesmo momento, convencionando-se determinada taxa de juros.

Por exemplo, os 4 fluxos de caixa ilustrados na Figura 7.4 são equivalentes para uma taxa de juros de 5% ao mês, pois geram, para uma mesma taxa de juros, valores iguais em qualquer data focal escolhida.

Figura 7.4 *Fluxos para taxa de 5% ao mês.*

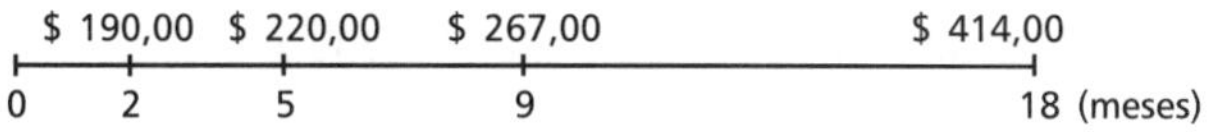

Definindo-se t_0 (momento presente como data focal):

$$\frac{190,00}{(1,05)^2} = \frac{220,00}{(1,05)^5} = \frac{267,00}{(1,05)^9} = \frac{414,00}{(1,05)^{18}}$$

Registre-se, uma vez mais, que a equivalência financeira no regime de juros compostos, para dada taxa de juros, pode ser verificada em qualquer momento tomado como referência (data focal). Por exemplo, se a data focal for definida em t_{18}, tem-se:

$$414,00 = 267,00\ (1,05)^9 = 220,00\ (1,05)^{13}$$
$$= 190,00\ (1,05)^{16}$$

e assim por diante.

A equivalência de dois ou mais capitais, para determinada taxa de juros, ocorre em qualquer data tomada como referência. Alterando-se a taxa, a equivalência evidentemente deixa de existir, dado que o conceito depende da taxa de juros.

Algumas ilustrações práticas evidenciando o uso do conceito de equivalência financeira são desenvolvidas a seguir.

Exemplos:

1. Admita que uma empresa esteja avaliando quatro planos de pagamentos de um financiamento de $ 300.000,00 conforme apresentados a seguir. A taxa de juros considerada nas propostas é de 7% ao mês. Qual a opção de pagamento economicamente mais atraente?

Mês	Plano I ($)	Plano II ($)	Plano III ($)	Plano IV ($)
1	42.713,25	–	–	–
2	42.713,25	–	105.026,60	–
3	42.713,25	148.033,10	105.026,60	–
4	42.713,25	–	–	–
5	42.713,25	–	–	82.499,85
6	42.713,25	148.033,10	–	82.499,85
7	42.713,25	–	105.026,60	82.499,85
8	42.713,25	–	–	82.499,85
9	42.713,25	148.033,10	105.026,60	82.499,85
10	42.713,25	–	–	82.499,85
Total	427.132,50	444.099,30	420.106,40	494.999,10

Solução:

Os planos de pagamento formulados apresentam o mesmo valor presente (data zero) quando descontados à taxa de juros de 7% ao mês. O resultado atualizado continua igual, mesmo se definida outra data focal. Logo, conclui-se que os fluxos de pagamento do financiamento são equivalentes, apresentando o mesmo custo.

Assim, em termos estritamente econômicos de atratividade, torna-se indiferente (equivalente) a escolha de uma ou outra forma de pagamento. Mesmo que a soma das prestações seja diferente em cada proposta, o fundamental na avaliação econômica é a comparação entre valores expressos em uma mesma unidade de tempo.

A decisão, dessa forma, deve ser tomada levando em conta o aspecto financeiro do desembolso, pois os fluxos de caixa são diferentes em cada plano em termos de valores e data de ocorrência. A forma de pagamento escolhida deve, evidentemente, adequar-se à capacidade financeira do tomador de recursos e ao comportamento das taxas de juros de mercado.

2. Determinado produto é vendido por $ 1.000,00 à vista, ou em 2 pagamentos mensais, iguais e sucessivos de $ 520,00 cada, vencendo o primeiro de hoje a 30 dias. Determinar o custo mensal da compra a prazo.

Solução:

O preço à vista (na data atual) é de $ 1.000,00. O custo da venda a prazo é a taxa de juros que torna equivalentes essas duas alternativas de pagamento.

Assim, descontando-se os pagamentos mensais a determinada taxa de juros *i*, de forma que o *PV* seja igual ao preço à vista, tem-se o custo mensal, ou seja:

$PV = 1.000,00$

$PMT = 520,00$

$n = 2$

$i = ?$

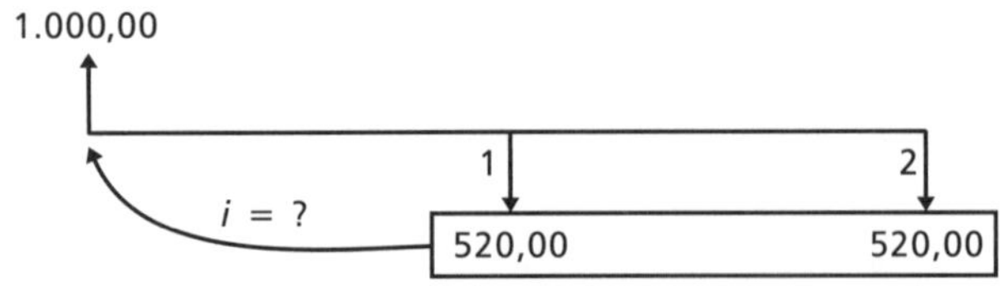

$$1.000,00 = 520,00 \times FPV\,(i,\ 2)$$

$$1.000,00 = \frac{520,00}{(1+i)} + \frac{520,00}{(1+i)^2}$$

Resolvendo-se:

$i = 2,66\%$ a.m.

3. Uma empresa contraiu um empréstimo de $ 90.000,00 para ser pago em 6 prestações mensais uniformes de $ 16.284,90 cada. No entanto, quando do pagamento da 2ª prestação, a empresa, passando por dificuldades financeiras, solicita ao banco que refinancie o saldo de sua dívida em 12 prestações mensais, iguais e sucessivas, vencendo a primeira a partir de 30 dias dessa data.

A taxa de juro cobrada pelo banco no refinanciamento é de 3,5% ao mês.

Determinar o valor de cada prestação do refinanciamento solicitado.

Solução:

a) A taxa de juro cobrada no empréstimo original é de 2,4% ao mês, inferior aos 3,5% cobrados no refinanciamento. Ou seja:

$$90.000,00 = 16.284,90 \times FPV\,(i,\ 6)$$

Resolvendo-se:

$$i = 2,4\% \text{ a.m.}$$

b) Após o pagamento da 2ª *PMT* restam ainda 4 pagamentos de $ 16.284,90 cada a serem efetuados, que equivalem a $ 61.411,24 de valor presente à taxa de 2,4% ao mês.

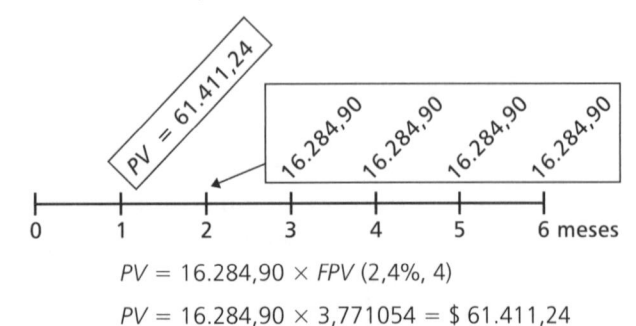

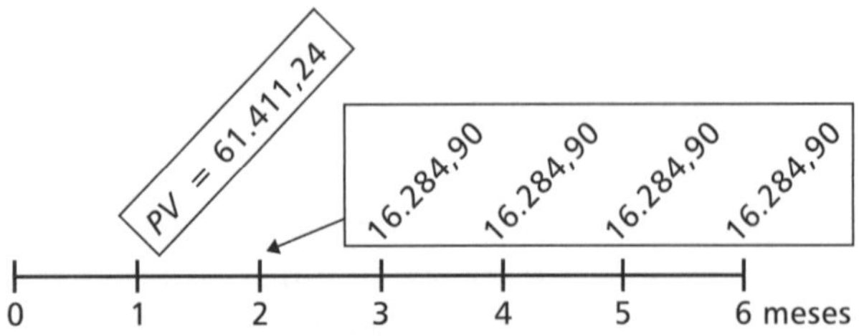

$$PV = 16.284,90 \times FPV\,(2,4\%,\ 4)$$

$$PV = 16.284,90 \times 3,771054 = \$\ 61.411,24$$

O fluxo de 12 *PMT* proposto, a uma taxa de juro mensal de 3,5%, deve ser equivalente ao valor presente da dívida original, isto é:

$$61.411,24 = PMT \times (3,5\%,\ 12)$$

$$61.411,24 = PMT \times \frac{1-(1,035)^{-12}}{0,035}$$

$$PMT = \frac{61.411,24}{9,663334} = 6.355,08$$

7.3 Fluxos de caixa não convencionais

Os fluxos definidos no denominado modelo-padrão foram amplamente estudados no início do capítulo. Esta parte dedica-se, mais especificamente, aos demais tipos de caixa, não considerados no modelo-padrão.

A seguir são desenvolvidas as várias classificações não convencionais dos fluxos de caixa.

7.3.1 Período de ocorrência

Com relação ao período em que começa a ocorrer, o fluxo de caixa pode ser identificado como *postecipado*, *antecipado* e *diferido*.

■ *POSTECIPADO*

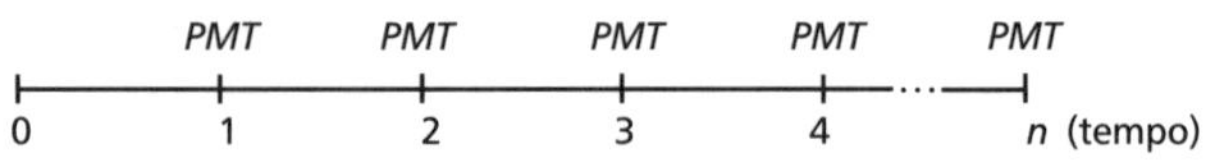

No tipo *postecipado*, a série de pagamentos/recebimentos começa a ocorrer exatamente ao final do primeiro período, de acordo com a ilustração gráfica acima. Esse fluxo enquadra-se no modelo-padrão detalhado inicialmente, não havendo nada mais a acrescentar.

■ *ANTECIPADO*

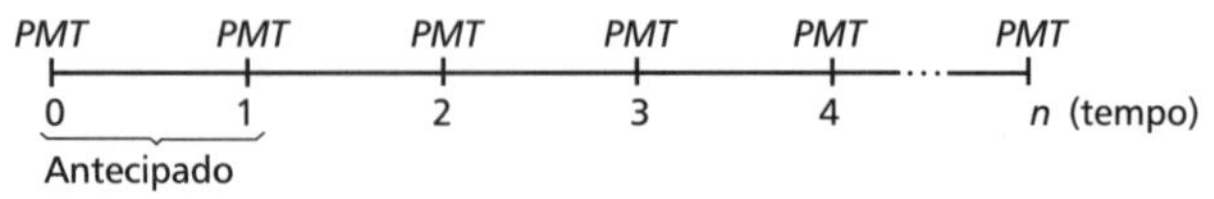

O fluxo de caixa *antecipado* indica que a série de valores começa a ocorrer *antes* do final do primeiro período, conforme é representado graficamente acima. *Por exemplo*, um aluguel pago no início do período de competência (geralmente no início do mês) enquadra-se como um fluxo de caixa antecipado por um período (mês). Se dois aluguéis forem adiantados ao locador, a antecipação é de dois períodos, e assim por diante.

A determinação do valor presente e montante de um fluxo de caixa antecipado não apresenta maiores novidades. Além de ter-se sempre a opção de atualizar ou corrigir os seus termos individualmente, pode-se também utilizar a fórmula do modelo-padrão para a parte convencional do fluxo, e adicionar os termos antecipados (corrigidos) a esse resultado.

Por exemplo, admita o seguinte fluxo de caixa com antecipação de dois períodos:

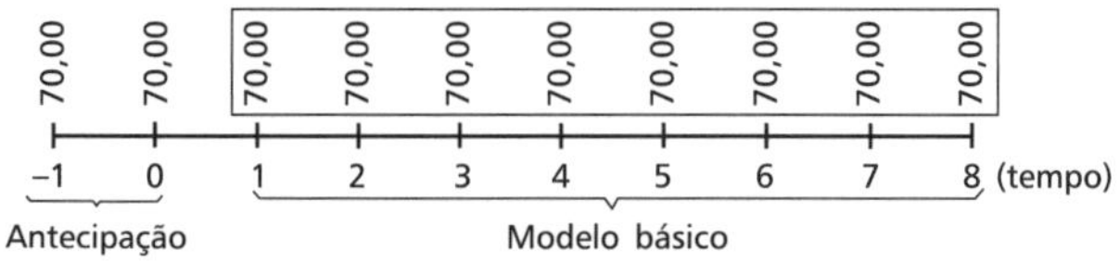

Para uma taxa de juros de 4% por período, tem-se:

$PV = [70{,}00 \times FPV\,(4\%, 8)] + 70{,}00 + 70{,}00 \times (1{,}04)$

$PV = (70{,}00 \times 6{,}732745) + 70{,}00 + 72{,}80$

$PV = 471{,}29 + 70{,}00 + 72{,}80 = \underline{\$\ 614{,}09}$

$FV = [70{,}00 \times FFV\,(4\%, 8)] + 70{,}00\,(1{,}04)^8 + 70{,}00\,(1{,}04)^9$

$FV = (70{,}00 \times 9{,}214226) + 95{,}80 + 99{,}63$

$FV = 645{,}00 + 95{,}80 + 99{,}63 = \underline{\$\ 840{,}43}$

■ *DIFERIDO (CARÊNCIA)*

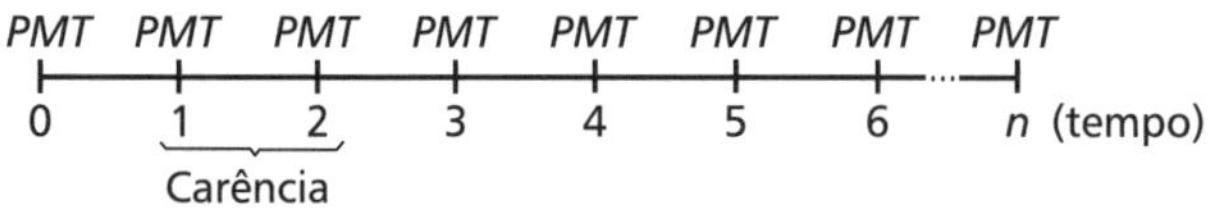

O diferimento indica que os termos da série começam a ocorrer *após* o final do primeiro período, conforme ilustrado no gráfico anterior.

Nessa ilustração, a série inicia-se no período imediatamente após o final do primeiro intervalo de tempo, indicando consequentemente uma carência de um período. Se a série começar a ocorrer no momento 3 do gráfico, a carência atinge dois períodos: no momento 4 tem-se uma carência de 3 períodos; e assim por diante.

Em suma, a base de comparação para se definir uma carência é o *final do primeiro período*. Para a Matemática Financeira, a carência existe quando o primeiro fluxo de caixa se verificar após o final do primeiro período, ou seja, após ter decorrido ***c*** períodos de tempo.

A determinação do montante de um fluxo de caixa com carência segue a formulação desenvolvida do modelo-padrão. Deve ser ressaltado, uma vez mais, que nesse caso *n* representa o número de termos da série, e não o seu prazo total.

A formulação do valor presente, no entanto, requer um pequeno ajuste, de forma a ser expresso na data zero, ou seja:

$$PV = PMT \times FPV\,(i, n) \times FAC\,(i, c)$$

onde: *c* = número de períodos de carência.

FAC = Fator de Atualização de Capital (valor presente), conforme estudado no Capítulo 2 (item 2.1).

$FAC = 1/(1 + i)^n$

Por exemplo, admita o seguinte fluxo de caixa diferido por 2 períodos:

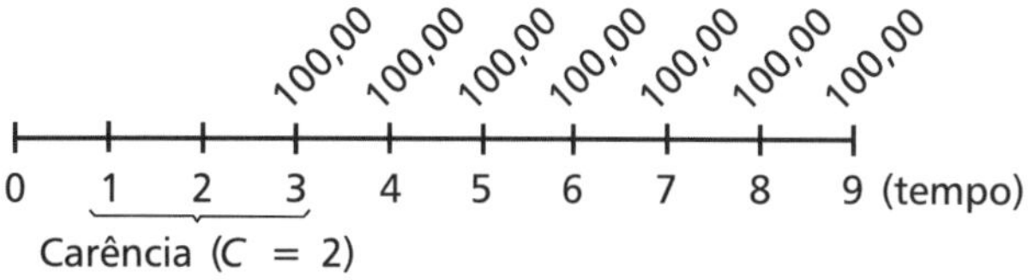

Observe que o fluxo de caixa apresenta um prazo total de 9 períodos, sendo o número de termos igual a 7 ($n = 7$) e a carência de 2 períodos ($c = 2$).

Para uma taxa de juros de 2,2% por período, têm-se os seguintes resultados:

$PV = 100{,}00 \times FPV\,(2{,}2\%, 7) \times FAC\,(2{,}2\%, 2)$

$PV = 100{,}00 \times 6{,}422524 \times 0{,}957410 = \$\ 614{,}90$

$FV = 100{,}00 \times FFV\,(2{,}2\%, 7)$

$FV = 100{,}00 \times 7{,}479318 = \$\ 747{,}93$

7.3.2 Periodicidade

A periodicidade reflete os intervalos de tempo em que os fluxos de caixa ocorrem. Se esses intervalos forem sempre iguais, diz-se que os fluxos são *periódicos*, enquadrando-se no modelo-padrão apresentado.

Se, por outro lado, os termos se verificarem em intervalos irregulares (diferentes entre si), tem-se o que se denomina fluxos de caixa *não periódicos*.

A Figura 7.5 ilustra um fluxo de caixa não periódico, onde os valores não se verificam uniformemente em termos de sua periodicidade.

Figura 7.5 *Fluxo de caixa não periódico*

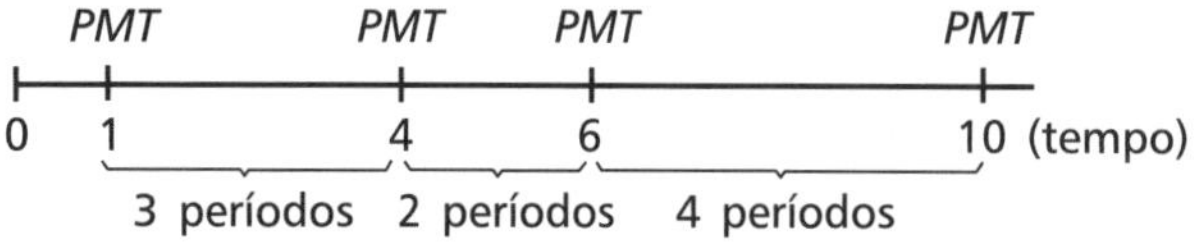

Tanto o cálculo do valor presente como o do valor futuro devem ser processados, respectivamente, pelo somatório da atualização e *capitalização de cada um dos termos.*

Genericamente, têm-se as seguintes expressões:

$$PV = \sum_{j=0}^{n} PMT_j \Big/ (1+i)^j$$

$$PV = \sum_{j=0}^{n} PMT_j \Big/ (1+i)^{n-j}$$

Ilustrativamente, admita o seguinte fluxo de caixa não periódico:

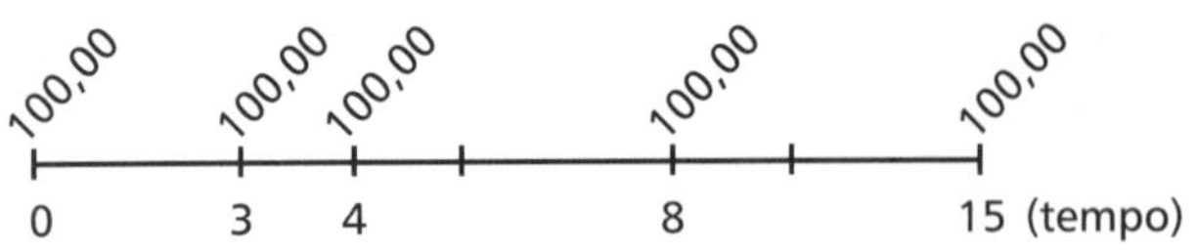

Para uma taxa de juros de 1,9% ao mês, tem-se:

- $PV = 100{,}00 + \dfrac{100{,}00}{(1{,}019)^3} + \dfrac{100{,}00}{(1{,}019)^4}$

  $\dfrac{100{,}00}{(1{,}019)^8} + \dfrac{100{,}00}{(1{,}019)^{15}}$

  $PV = 100{,}00 + 94{,}51 + 92{,}75 + 86{,}02 + 75{,}40$

  $PV = \$\ 448{,}68$

- $FV = 100{,}00 + 100{,}00\,(1{,}019)^7 + 100{,}00\,(1{,}019)^{11} + 100{,}00\,(1{,}019)^{12} + 100{,}00\,(1{,}019)^{15}$

  $FV = 100{,}00 + 114{,}08 + 123{,}00 + 125{,}34 + 132{,}62$

  $FV = \$\ 595{,}04$

ou:

$$FV = 448{,}68 \times (1{,}019)^{15} = \$\ 595{,}04$$

7.3.3 Duração

A duração de um fluxo de caixa pode ser *finita*, característica do modelo-padrão, ou *indeterminada* (indefinida), quando o prazo não é conhecido previamente.

No caso de uma série infinita, determina-se unicamente o seu valor presente. Para algumas situações específicas podem ser atribuídas probabilidades para se definir a duração de um fluxo, como é o caso da atividade de seguros. No entanto, este tipo de situação não será tratado aqui, ficando mais restrito ao estudo da Matemática Atuarial.

A representação gráfica de uma *série infinita* pode ser ilustrada na forma da Figura 7.6.

Figura 7.6 *Série infinita*

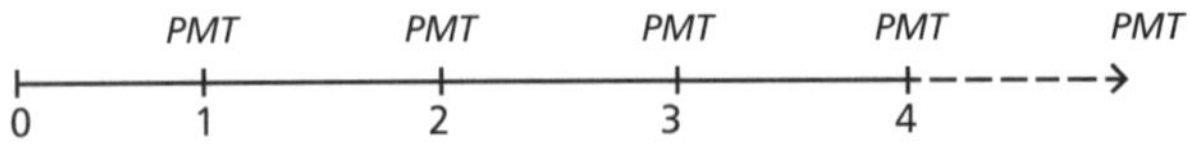

O cálculo do valor presente é efetuado pelo somatório do valor atualizado de cada um de seus termos, isto é:

$$PV = \frac{PMT}{(1+i)} + \frac{PMT}{(1+i)^2} + \frac{PMT}{(1+i)^3} + \ldots + \frac{PMT}{(1+i)^\infty}$$

Genericamente:

$$PV = \sum_{j=1}^{\infty} \frac{PMT_j}{(1+i)^j}$$

Detalhando a formulação:

$$PV = \frac{PMT}{(1+i)} + \frac{PMT}{(1+i)^2} + \frac{PMT}{(1+i)^3} + \frac{PMT}{(1+i)^4} + \ldots + \frac{PMT}{(1+i)^\infty}$$

$$PV = PMT\left[\frac{1}{(1+2)} + \frac{1}{(1+2)^2} + \frac{1}{(1+2)^3} + \frac{1}{(1+2)^4} + \ldots + \frac{1}{(1+2)^\infty}\right]$$

Os valores entre colchetes representam a soma dos termos de uma progressão geométrica indefinida, cuja razão é menor que 1. Aplicando-se o teorema de limite na fórmula da soma dos termos, tem-se:

$$FPV = \lim_{n \to \infty} \frac{a_1 - a_n \times q}{1 - q}$$

Processando-se as deduções e simplificações pertinentes a partir dessa expressão, chega-se ao valor presente de um fluxo de caixa igual, constante, periódico e indeterminado, ou seja:

$$PV = \frac{PMT}{i}$$

Em outras palavras, o valor presente desse fluxo é determinado pela relação entre o pagamento/recebimento periódico, igual e sucessivo, e a taxa de juros considerada.

As séries indeterminadas encontram aplicações práticas principalmente em avaliações de imóveis efetuadas com base nos rendimentos de aluguéis, na apuração do preço de mercado de uma ação a partir do fluxo previsto de dividendos etc.

Com o intuito de proceder a uma aplicação prática do cálculo do valor presente de um fluxo indeterminado, *admita* que um imóvel esteja rendendo \$ 2.000,00 de aluguel mensalmente. Sendo de 2% ao mês o custo de oportunidade de mercado (ganho da melhor alternativa de aplicação disponível), pode-se avaliar preliminarmente que o valor deste imóvel com base em seu rendimento de caixa atinge \$ 100.000,00, isto é:

$$PV = \frac{2.000{,}00}{0{,}02} = \$\ 100.000{,}00$$

O valor de referência do imóvel, válido para uma avaliação inicial, é o valor presente do fluxo de rendimentos mensais (aluguéis) previsto por um prazo indeterminado, descontado a um custo de oportunidade.

7.3.4 Fluxos de caixa indeterminados com crescimento

O modelo de duração indeterminada (perpetuidade) apresentado admitiu fluxos de caixa constantes. Em algumas situações, ainda, pode ser previsto crescimento *constante* nos fluxos de caixa de forma infinita, representado por uma taxa g, conforme a Figura 7.7.

Figura 7.7 *Fluxo de caixa infinito a taxa constante*

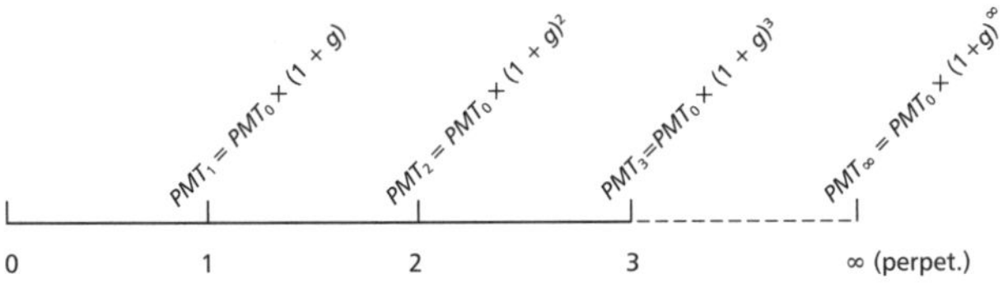

O cálculo do valor presente (*PV*) deste fluxo indeterminado (infinito) e crescente a uma taxa constante g foi desenvolvido por Gordon,[2] ficando a fórmula de cálculo conhecida por *modelo de Gordon*. O modelo tem a seguinte expressão de cálculo:

$$PV = \frac{PMT_0 \times (1+g)}{i-g}$$

em que: i = taxa de juro (desconto) selecionada para a operação;

g = taxa de crescimento constante dos fluxos de caixa.

É importante ressaltar que a aplicação da fórmula de Gordon exige algumas condições:

- o fluxo de caixa é infinito (perpétuo) e calcula o valor presente para o momento imediatamente anterior ao seu início;
- a taxa de crescimento g do fluxo de caixa é *constante*;
- a taxa de juro (i) deve ser maior que a taxa de crescimento (g).

Exemplos:

1. Admitir uma empresa que promete pagar $ 0,60 por ação de dividendos aos seus acionistas. Os investidores exigem um retorno mínimo (taxa de atratividade) de 15% ao ano. Determinar o valor teórico dessa ação, admitindo uma taxa de crescimento (**g**) constante e perpétua dos dividendos:

   a) nula;

   b) de 2,5% ao ano.

   Solução:

   a) Admitindo um crescimento nulo dos fluxos de caixa (dividendos) – **g = 0%**

   $$\text{Preço Teórico } (PV) = \frac{\$\,0,60}{0,15} = \textbf{\$ 4,0/ação}$$

   b) **g = 2,5% a.a.**

   $$PV = \frac{\$\,0,60 \times (1+0,025)}{0,15-0,025} = \textbf{\$ 4,92/ação}$$

2. Os rendimentos atuais pagos por uma ação aos acionistas totalizam $ 0,80/ano por ação. Pede-se: calcular a taxa de crescimento desse fluxo de dividendos de maneira que o preço teórico da ação seja o dobro. Os investidores exigem uma taxa de retorno mínima de 16% a.a.

   Solução:

   Ao manter os fluxos de caixa constantes em $ 0,80 (crescimento nulo), o preço teórico da ação atinge:

   $$PV = \frac{PMT = \$\,0,80}{i = 0,16} = \textbf{\$ 5,00/ação}$$

   Para que o preço teórico dobre (PV = $ 10,00/ação), a taxa de crescimento deve atingir:

   $$PV = \frac{PMT \times (1+g)}{i-g}$$

   $$\$\,10,00 = \frac{\$\,0,80 \times (1+g)}{0,16-g}$$

   $$10,00 \times (0,16 - g) = 0,80 \times (1 + g)$$

   $$1,6 - 10,0\,g = 0,80 + 0,80\,g$$

   $$10,8\,g = 0,80$$

   $$g = \frac{0,80}{10,8} = 7,4\%$$

   Para comprovar, basta substituir na fórmula do PV a taxa calculada para g:

   $$PV = \frac{0,80 \times (1+0,074)}{0,16-0,074} = \textbf{10,0}$$

3. Uma empresa prevê não pagar dividendos nos próximos dois anos. A partir do 3º ano, projeta pagamentos infinitos de $ 1,10/ano com crescimento de 1,0%. Determinar o valor teórico (*PV*) da ação, admitindo uma taxa de desconto de 12% ao ano.

   Solução:

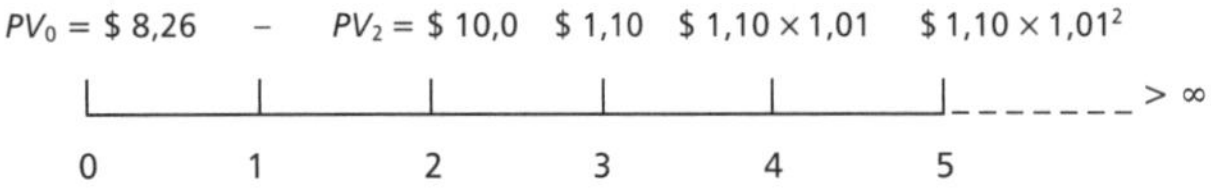

   $$PV_0 = \underbrace{\left[\frac{\$\,1,10}{0,12-0,01}\right]}_{PV_2\,=\,\$\,10,00} / (1,10)^2 = \$\,8,26/\text{ação}$$

7.3.5 Valores

No que se refere aos valores, os termos de caixa podem ser *constantes*, se os fluxos de caixa se apresentarem sempre iguais, ou *variáveis*, se os fluxos não forem sempre iguais entre si.

Se os valores de caixa forem constantes, o fluxo identifica-se com o modelo-padrão estudado. No entanto, se os valores de caixa apresentarem-se desiguais (variáveis), o valor presente é calculado pela soma dos valores atualizados de cada um de seus termos. O valor futuro, por

[2] GORDON, Myron. Dividends, earnings and stock prices. *Review of Economics and Statistics*, v. 41, May 1959.

seu lado, é determinado pelo somatório dos montantes de cada um dos termos ou, ainda, capitalizando-se o valor presente para a data futura.

Identicamente aos fluxos de caixa não periódicos, têm-se as seguintes generalizações:

$$PV = \sum_{j=0}^{n} PMT_j / (1+i)^j$$

$$FV = \sum_{j=0}^{n} PMT_j \times (1+i)^j$$

ou

$$FV = PV \times (1+i)^n$$

Por exemplo, admita um fluxo de caixa com os seguintes valores, ocorrendo respectivamente ao final de cada um dos próximos 5 anos: $ 80,00, $ 126,00, $ 194,00, $ 340,00 e $ 570,00. Para uma taxa de juros de 4% ao ano, têm-se os resultados conforme ilustrados na Figura 7.8.

Figura 7.8 *Resultados da taxa de 4% ao ano.*

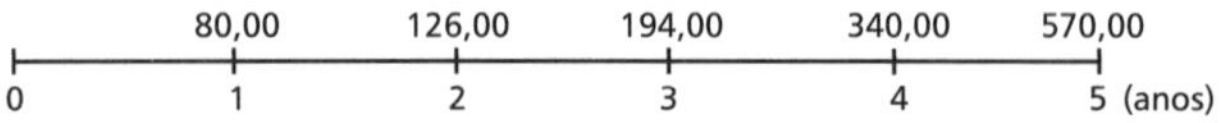

- $PV = \dfrac{80{,}00}{(1{,}04)} + \dfrac{126{,}00}{(1{,}04)^2} + \dfrac{194{,}00}{(1{,}04)^3} + \dfrac{340{,}00}{(1{,}04)^4} + \dfrac{570{,}00}{(1{,}04)^5}$

  $PV = 76{,}92 + 116{,}49 + 172{,}46 + 290{,}63 + 468{,}50$

  $PV = \$\ 1.125{,}00$

- $FV = 570{,}00 + 340{,}00(1{,}04) + 194{,}00(1{,}04)^2 + 126{,}00(1{,}04)^3 + 80{,}00(1{,}04)^4$

  $FV = 570{,}00 + 353{,}60 + 209{,}83 + 141{,}73 + 93{,}59$

  $FV = \$\ 1.368{,}80$

ou

$FV = 1.125{,}00 \times (1{,}04)^5 = \$\ 1.368{,}80$

Exercícios resolvidos[3]

1. Uma mercadoria é vendida a prazo em 5 pagamentos mensais de $ 700,00. Sendo de 3,5% ao mês a taxa de juros, determine o seu preço à vista admitindo que:

a) o primeiro pagamento é efetuado no ato da compra;

b) o primeiro pagamento é efetuado ao final do primeiro mês;

c) o primeiro pagamento é efetuado ao final do segundo mês.

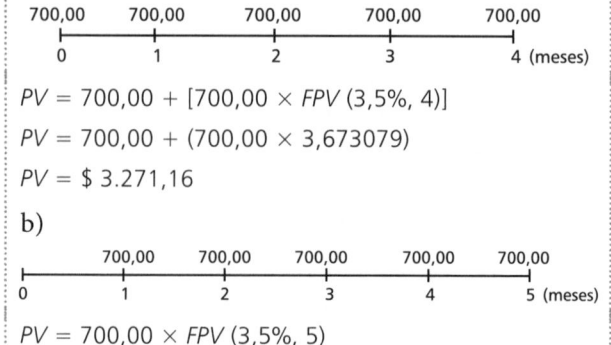

Solução:

a)

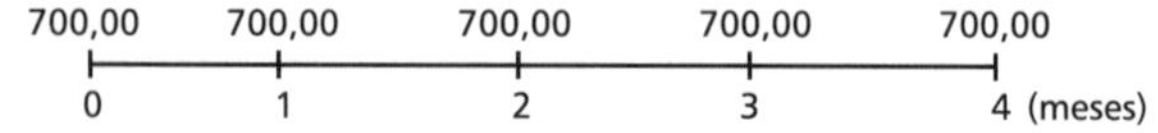

$PV = 700{,}00 + [700{,}00 \times FPV\ (3{,}5\%, 4)]$

$PV = 700{,}00 + (700{,}00 \times 3{,}673079)$

$PV = \$\ 3.271{,}16$

b)

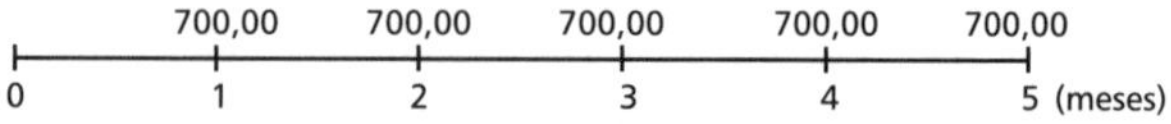

$PV = 700{,}00 \times FPV\ (3{,}5\%, 5)$

$PV = 700{,}00 \times 4{,}515052$

$PV = \$\ 3.160{,}54$

c)

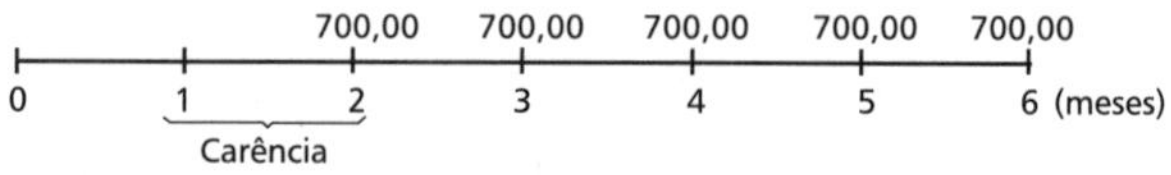

$PV = 700{,}00 \times [FPV\ (3{,}5\%, 5)] \times [FAC\ (3{,}5\%, 1)]$

$PV = 700{,}00 \times 4{,}515052 \times 0{,}966184$

$PV = \$\ 3.053{,}66$

2. Uma pessoa irá necessitar de $ 7.000,00 daqui a 10 meses. Quanto deverá ela depositar mensalmente num fundo de poupança que rende 1,7% ao mês de juros?

Solução:

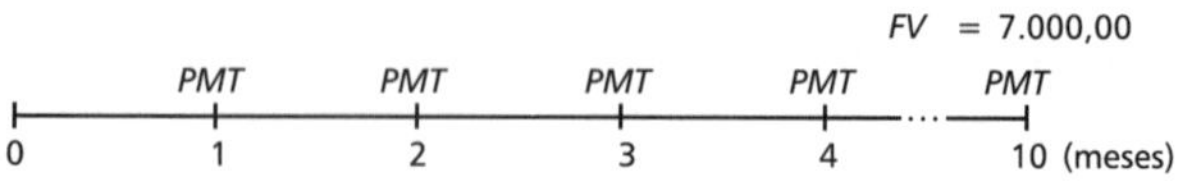

$FV = PMT \times FFV\ (i, n)$

$7.000{,}00 = PMT \times FFV\ (1{,}7\%, 10)$

$7.000{,}00 = PMT \times 10{,}800733$

$PMT = \dfrac{7.000{,}00}{10{,}800733} = \$\ 648{,}10$

3. Uma pessoa possui hoje $ 50.000,00 em dinheiro e uma capacidade de poupança de $ 3.000,00 mensais no próximo semestre e $ 4.000,00 mensais nos 4 meses seguintes ao semestre. Se esse fluxo de poupança for depositado mensalmente

[3] Para a solução dos vários exercícios e cálculos financeiros através de calculadoras financeiras, recomenda-se: ASSAF NETO, Alexandre; LIMA, F. Guasti. *Investimentos no mercado financeiro usando a calculadora HP12-C*. 2. ed. São Paulo: Inside Books Editora, 2008.

num fundo que rende 2,5% ao mês, determine quanto essa pessoa terá acumulado ao final de:

a) 10 meses;

b) 15 meses.

Solução:

a) *Valor Acumulado no 10º Mês*

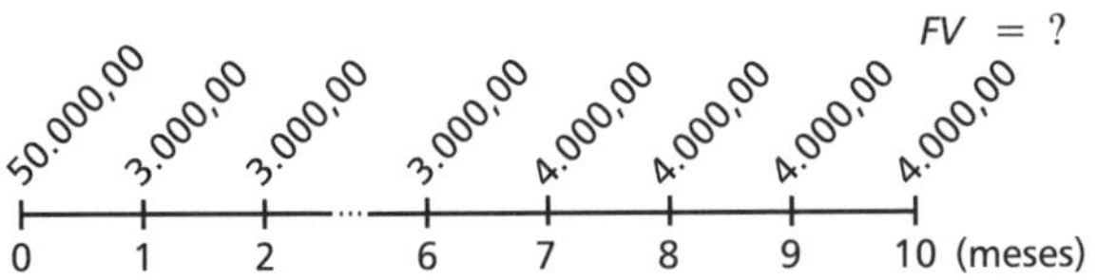

Todo o fluxo de depósitos deve ser corrigido para o 10º mês. Com o intuito de melhor explicar o processo, a correção será efetuada em três partes: depósito inicial, 6 depósitos mensais de \$ 3.000,00 e 4 depósitos mensais de \$ 4.000,00.

- $FV_{10} = 50.000{,}00 \times FCC\,(2{,}5\%, 10)$

  $FV_{10} = 50.000{,}00 \times (1{,}025)^{10} = \$\ 64.004{,}23$

- $FV_{10} = [3.000{,}00 \times FFV\,(2{,}5\%, 6)] \times FCC\,(2{,}5\%, 4)$

  $$FV_{10} = \left[3.000{,}00 \times \frac{(1{,}025)^6 - 1}{0{,}025}\right] \times (1{,}025)^4$$

  $FV_{10} = (3.000{,}00 \times 6{,}387737) \times 1{,}103813$

  $FV_{10} = \$\ 21.152{,}60$

Observe que o *FFV* corrige o fluxo para a data do último depósito (6º mês). Para obter o valor acumulado no 10º mês, o montante encontrado deve ser corrigido por mais 4 meses.

- $FV_{10} = 4.000{,}00 \times FFV\,(2{,}5\%, 4)$

  $$FV_{10} = 4.000{,}00 \times \frac{(1{,}025)^4 - 1}{0{,}025}$$

  $FV_{10} = 4.000{,}00 \times 4{,}152516 = \$\ 16.610{,}06$

- *Valor Total Acumulado no 10º Mês:*

  $64.004{,}23 + 21.152{,}60 + 16.610{,}06 =$
  $= \$\ 101.766{,}89$

b) *Valor Acumulado no 15º Mês*

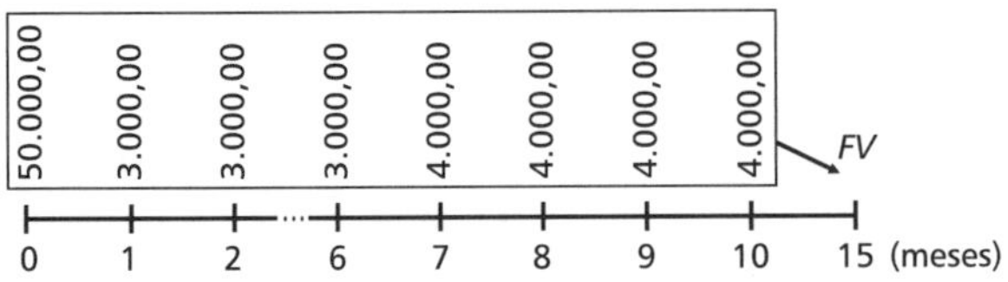

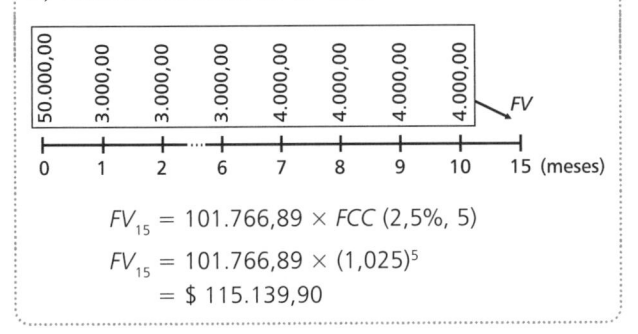

$FV_{15} = 101.766{,}89 \times FCC\,(2{,}5\%, 5)$

$FV_{15} = 101.766{,}89 \times (1{,}025)^5$

$= \$\ 115.139{,}90$

4. Um veículo, cujo preço à vista é de \$ 30.000,00, está sendo vendido nas seguintes condições:

a) entrada = 30%;

b) saldo em 6 prestações mensais, iguais e sucessivas, vencendo a primeira daqui a dois meses.

Determine o valor de cada prestação, admitindo uma taxa de juros de 2% ao mês.

Solução:

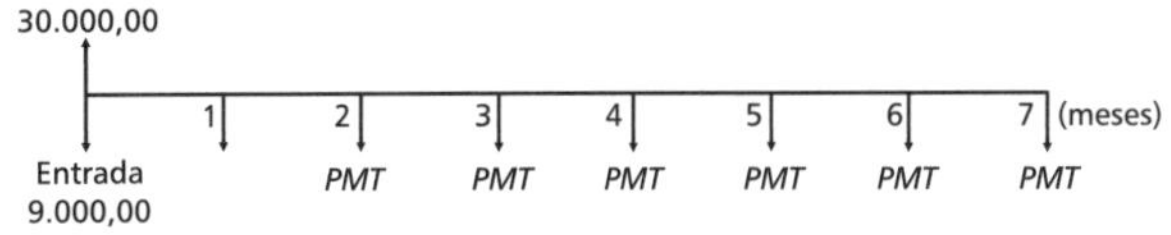

- Valor a Financiar = 30.000,00 − 9.000,00 = \$ 21.000,00
- $PV = PMT \times FPV\,(2\%, 6) \times FAC\,(2\%, 1)$

  $$21.000{,}00 = PMT \times \frac{1-(1{,}02)^{-6}}{0{,}02} \times (1{,}02)^{-1}$$

  $21.000{,}00 = PMT \times 5{,}601431 \times 0{,}980392$

  $21.000{,}00 = PMT \times 5{,}491598$

  $$PMT = \frac{21.000{,}00}{5{,}491598} = \$\ 3.824{,}02$$

5. Determinado produto está sendo vendido por \$ 1.800,00 à vista, ou em 3 pagamentos mensais e iguais de \$ 650,00. Estando atualmente em 3,3% ao mês. as taxas de juros de mercado, pede-se avaliar a melhor alternativa de compra.

Solução:

A indicação da alternativa de compra mais interessante pode ser obtida pelo valor presente das duas propostas (escolhe-se evidentemente aquela de menor *PV*), ou pela determinação do custo mensal da venda a prazo (o percentual apurado é comparado com a taxa de mercado).

- *PV* (à vista) = \$ 1.800,00
- PV (a prazo) $= 650{,}00 \times FPV\,(3{,}3\%, 3)$

  $650{,}00 \times 2{,}812375 = \$\ 1.828{,}04$

A venda a prazo, por apresentar um *PV* maior que o valor à vista, indica um custo maior que a taxa de mercado (3,3% ao mês). Interessa a compra à vista.

O custo mensal da compra a prazo é calculado:

$PV = PMT \times FPV\,(i, n)$

$$1.800{,}00 = 650{,}00 \times \frac{1-(1+i)^{-3}}{i}$$

$i = 4{,}11\%$ a.m.

Confirma-se um custo embutido na venda a prazo de 4,11% ao mês maior que os juros de mercado (3,3% ao mês).

6. Calcule o valor presente de cada um dos fluxos abaixo:

a) 48 prestações mensais, iguais e sucessivas de \$ 4.000,00. Taxa de juros: 1,2% ao mês;

b) 14 prestações trimestrais, iguais e sucessivas de \$ 7.000,00. Taxa de juros = 5% ao mês;

c) 5 prestações mensais e sucessivas crescentes em *PA* à razão de 2.000,00. O valor da primeira prestação é de \$ 10.000,00. Taxa de juros = 2,6% ao mês.

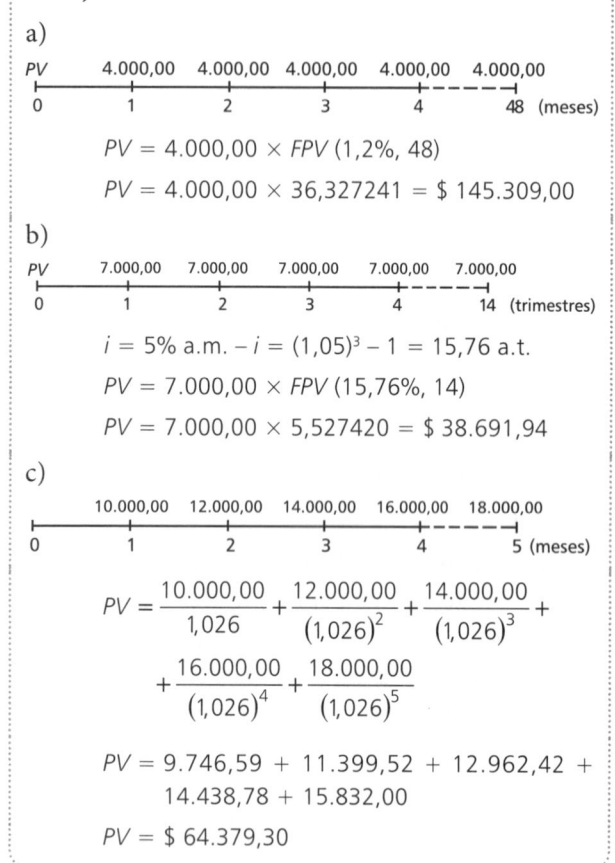

Solução:

a)

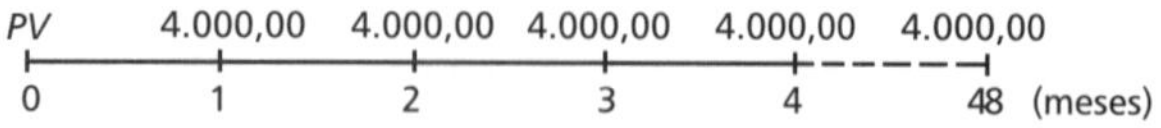

$PV = 4.000{,}00 \times FPV\,(1{,}2\%, 48)$

$PV = 4.000{,}00 \times 36{,}327241 = \$\ 145.309{,}00$

b)

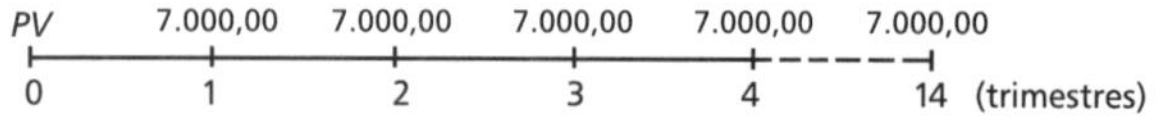

$i = 5\%$ a.m. $- i = (1{,}05)^3 - 1 = 15{,}76$ a.t.

$PV = 7.000{,}00 \times FPV\,(15{,}76\%, 14)$

$PV = 7.000{,}00 \times 5{,}527420 = \$\ 38.691{,}94$

c)

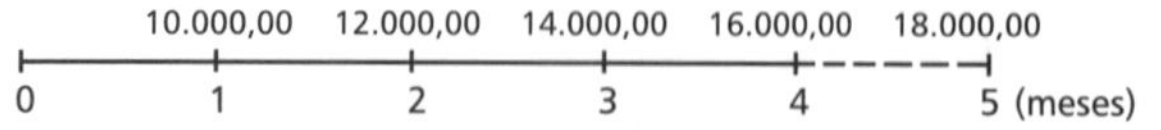

$$PV = \frac{10.000{,}00}{1{,}026} + \frac{12.000{,}00}{(1{,}026)^2} + \frac{14.000{,}00}{(1{,}026)^3} + \frac{16.000{,}00}{(1{,}026)^4} + \frac{18.000{,}00}{(1{,}026)^5}$$

$PV = 9.746{,}59 + 11.399{,}52 + 12.962{,}42 + 14.438{,}78 + 15.832{,}00$

$PV = \$\ 64.379{,}30$

7. Determinada mercadoria é vendida por \$ 2.500,00 à vista ou por 20% de entrada mais prestações mensais de \$ 309,00. Sendo de 2% ao mês a taxa corrente de juros, determine o número de prestações.

Solução:

- Valor a Financiar: 2.500,00 – 20% = \$ 2.000,00
- $PV = PMT + FPV\,(i, n)$

$2.000{,}00 = 309{,}00 \times FPV\,(2{,}0\%, n)$

$$2.000{,}00 = 309{,}00 \times \frac{1-(1{,}02)^{-n}}{0{,}02}$$

$$\frac{2.000{,}00}{309{,}00} \times 0{,}02 = 1 - (1{,}02)^{-n}$$

$0{,}129450 = 1 - (1{,}02)^{-n}$

$(1{,}02)^{-n} = 0{,}870550$

Aplicando-se a propriedade de logaritmo (ver Apêndice B):

$-n \times \log 1{,}02 = \log 0{,}870550$

$$n = -\frac{\log 0{,}870550}{\log 1{,}02}$$

$$n = \frac{-0{,}060206}{0{,}008600} = 7 \text{ meses (prestações mensais)}$$

8. Um eletrodoméstico é vendido à vista por \$ 8.000,00, ou em 4 pagamentos mensais de \$ 2.085,79, ocorrendo o primeiro pagamento 3 meses após a compra. Qual deve ser o valor da entrada admitindo uma taxa de juros de 4% ao mês?

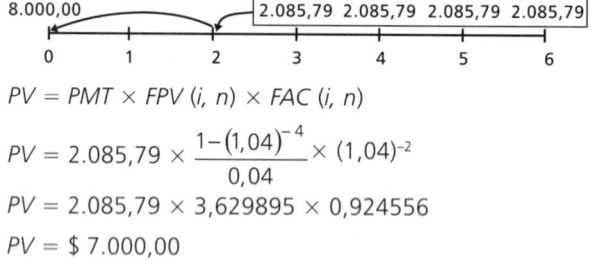

Solução:

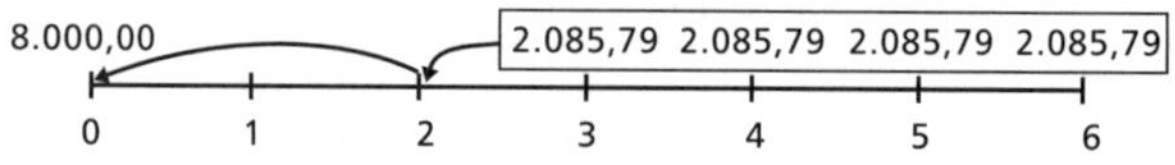

$PV = PMT \times FPV\,(i, n) \times FAC\,(i, n)$

$$PV = 2.085{,}79 \times \frac{1-(1{,}04)^{-4}}{0{,}04} \times (1{,}04)^{-2}$$

$PV = 2.085{,}79 \times 3{,}629895 \times 0{,}924556$

$PV = \$\ 7.000{,}00$

Pelo conceito de equivalência financeira, o valor presente das prestações deve ser igual ao preço à vista. Logo:

Entrada = 8.000,00 – 7.000,00 = \$ 1.000,00

9. Um financiamento no valor de \$ 35.000,00 é concedido para pagamento em 12 prestações mensais, iguais, com 3 meses de carência. Para uma taxa de juros de 3,5% ao mês, determine o valor das prestações.

Solução:

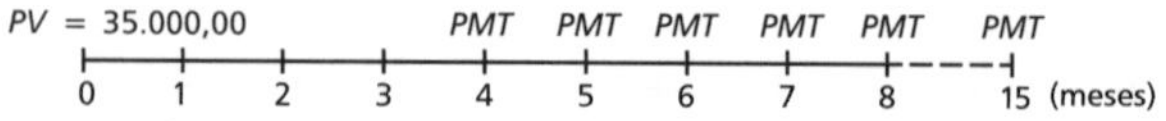

$PV = PMT \times FPV\,(i, n) \times FAC\,(i, c)$

$$35.000{,}00 = PMT \times \frac{1-(1{,}035)^{-12}}{0{,}035} \times (1{,}035)^{-3}$$

$35.000{,}00 = PMT \times 9{,}663334 \times 0{,}901943$

$35.000,00 = 8,715776 \times PMT$

$PMT = \dfrac{35.000,00}{8,715776} = \$\ 4.015,70$

10. Um fluxo de caixa está definido em 12 prestações mensais de $ 1.200,00. Calcule o fluxo de caixa equivalente para 5 prestações trimestrais iguais. Considere uma taxa de juros de 1,5% ao mês.

Solução:

Dois fluxos de caixa se dizem equivalentes quando produzem o mesmo valor num mesmo momento. Admitindo a data de hoje como a data focal, tem-se:

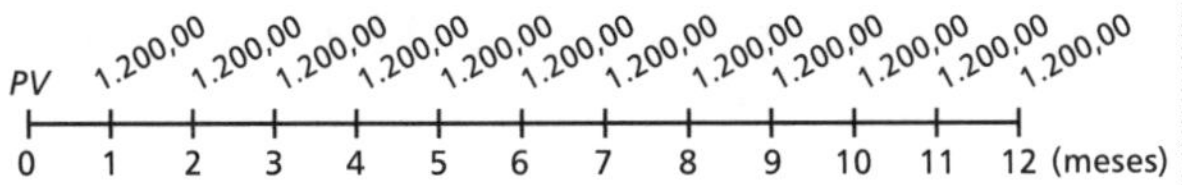

$PV = PMT \times FPV\ (i, n)$

$PV = 1.200,00 \times (1,5\%, 12)$

$PV = 1.200,00 \times 10,907505$

$PV = \$\ 13.089,00$

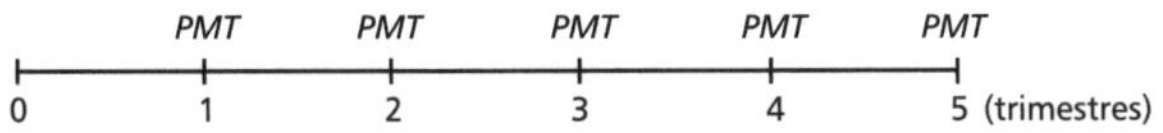

$i = 1,5\%$ a.m. $\rightarrow i = (1,015)^3 - 1 = 4,57\%$ a.t.

$PV = PMT \times FPV\ (4,57\%, 5)$

$PV = PMT \times 4,381427$

Igualando-se o *PV* dos dois fluxos, tem-se o valor de cada uma das cinco prestações trimestrais:

$13.089,00 = PMT \times 4,381427$

$PMT\ \dfrac{13.089,00}{4,381427} = \$\ 2.987,40$

11. Um empréstimo no valor de $ 15.000,00 é concedido à taxa de juro de 2,23% a.m. Os fluxos de caixa da operação são apresentados abaixo:

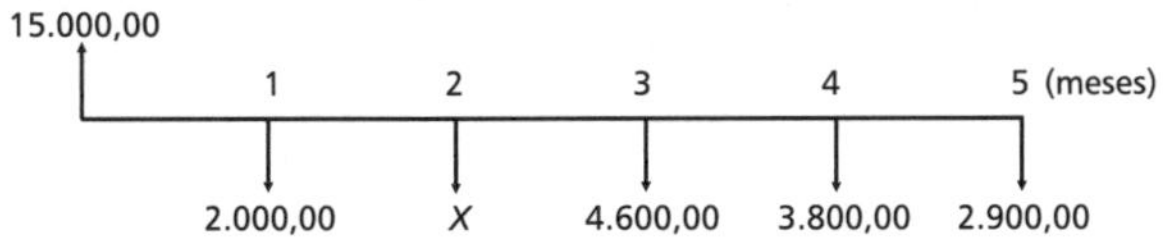

Para os dados do empréstimo, pede-se calcular o valor da parcela referente ao 2º mês.

Solução:

Pelo conceito de equivalência de capital estudado, os fluxos de saídas de caixa devem igualar-se, a certa taxa de juro, às entradas de caixa em um momento do tempo. Logo:

$$15.000,00 = \frac{2.000,00}{(1,0223)} + \frac{X}{(1,0223)^2} + \frac{4.600,00}{(1,0223)^3} + \frac{3.800,00}{(1,0223)^4} + \frac{2.900,00}{(1,0223)^5}$$

$15.000,00 = 1.956,37 + 0,9568X + 4.305,49 + 3.479,13 + 2.597,20$

$0,9568\ X = 2.661,81$

$X = \$\ 2.782,00$

12. Um empréstimo no valor de $ 12.500,00 deve ser pago em 4 parcelas trimestrais de valores linearmente crescentes na razão de 12%. A primeira parcela vence de hoje a 3 meses, e as demais sequencialmente.

A taxa de juro contratada para a operação é de 27% ao ano (taxa efetiva). Determine o valor de cada pagamento do empréstimo.

Solução:

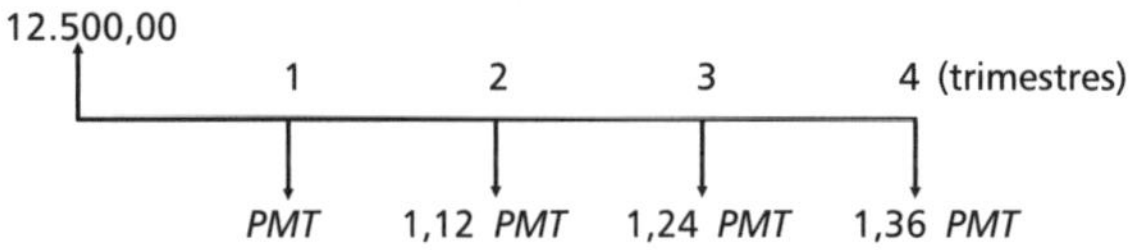

$i = 27\%$ a.a., equivalendo a:

$i = (1,27)^{1/4} - 1 = 6,16\%$ a.t.

$$12.500,00 = \frac{PMT}{1,0616} + \frac{1,12\ PMT}{(1,0616)^2} + \frac{1,24\ PMT}{(1,0616)^3} + \frac{1,36\ PMT}{(1,0616)^4}$$

$12.500,00 = 0,9420\ PMT + 0,9938\ PMT + 1,0364\ PMT + 1,0708\ PMT$

$12.500,00 = 4,0430\ PMT$

$PMT = \$\ 3.091,80$

- Valor de cada Prestação:

$PMT_1 = \$\ 3.091,80$

$PMT_2 = \$\ 3.091,80 \times 1,12 = \$\ 3.462,80$

$PMT_3 = \$\ 3.091,80 \times 1,24 = \$\ 3.833,80$

$PMT_4 = \$\ 3.091,80 \times 1,36 = \$\ 4.204,80$

Exercícios propostos

1. Determine o valor presente (*PV*) de cada fluxo de caixa identificado a seguir. Admita uma taxa de juros de 2,9% ao mês.

a) 36 prestações mensais, iguais e sucessivas de $ 1.650,00;

b) 24 prestações mensais, iguais e sucessivas de $ 850,00 cada, vencendo a primeira ao final do 3º mês;

c) 10 prestações trimestrais, iguais e sucessivas de $ 2.800,00 cada;

d) 05 prestações bimestrais e sucessivas de, respectivamente, $ 4.200,00; $ 5.300,00; $ 7.700,00; $ 10.900,00 e $ 15.000,00;

e) 06 prestações iguais de $ 1.200,00 cada, com vencimentos, respectivamente, no 3º mês, 7º mês, 11º mês, 25º mês, 28º mês e 33º mês.

2. São efetuados, a partir do final do primeiro mês, 12 depósitos mensais de $ 900,00 num fundo de investimento que paga juros de 1,85% ao mês. Calcule o montante acumulado ao final dos seguintes meses:

a) 12º mês;

b) 15º mês;

c) 24º mês.

3. Um terreno é vendido por $ 20.000,00 à vista, ou por 40% de entrada e o restante em 12 prestações mensais. Para uma taxa de juros de 2,5% ao mês, determine o valor de cada prestação mensal.

4. Sabe-se que uma pessoa tem a receber os seguintes pagamentos:

a) 10 prestações mensais de $ 700,00 cada, vencendo a primeira de hoje a um mês;

b) 06 prestações trimestrais de $ 2.800,00 cada, vencendo a primeira 3 meses após o término da sequência de pagamentos acima.

Para uma taxa de juros de 4,1% ao mês, determine o valor presente (na data zero) e o valor futuro (ao final do 19º mês) desse fluxo de pagamentos.

5. Uma pessoa deve a outra 15 pagamentos mensais de $ 2.400,00. Até o final do 6º mês não havia efetuado nenhum pagamento. Nesta data o devedor procura o credor e decide liquidar toda a sua dívida (vencida e vincenda). Para uma taxa de juros de 3,7% ao mês, determine quanto deve ser pago.

6. Um empréstimo no valor de $ 24.300,00 prevê a sua liquidação em 4 parcelas iguais e vencíveis, respectivamente, de hoje a 17 dias, 39 dias, 66 dias e 90 dias. Para uma taxa efetiva de juro de 3,1% ao mês, pede-se calcular o valor de cada parcela de pagamento.

7. Uma televisão está sendo negociada em 6 pagamentos mensais de $ 72,00 cada um. Qual deve ser a entrada, de forma que o financiamento seja equivalente ao preço à vista de $ 650,00? A taxa de juro mensal é de 3,9%.

8. Uma dívida de $ 17.600,00 deve ser paga em 5 parcelas mensais e decrescentes na razão aritmética de 10%. Os vencimentos começam a ocorrer de hoje a 60 dias. Pede-se calcular o valor de cada prestação mensal admitindo uma taxa efetiva de juros de 23,5% ao ano.

9. Uma pessoa deseja acumular $ 14.000,00 ao final de um semestre. Para tanto, deposita mensalmente num fundo a importância de $ 1.500,00, sendo corrigida à taxa de 4,5% ao mês. Qual deve ser o valor do depósito inicial (momento zero) de forma que possa obter o montante desejado ao final do período?

10. Um veículo é vendido por $ 18.000,00 à vista, ou a prazo com $ 4.000,00 de entrada e 4 prestações mensais de $ 3.845,05 cada. Determine o custo efetivo mensal do financiamento.

11. Uma loja apresenta duas propostas de venda de um produto eletrônico:

a) entrada de $ 400,00 mais 8 prestações mensais de $ 720,00 cada;

b) entrada de $ 650,00 mais 15 prestações mensais de $ 600,00 cada.

Sendo de 3,5% ao mês a taxa corrente de juros, indique a alternativa mais atraente para o comprador.

12. Calcule o valor presente de um fluxo de 15 pagamentos mensais de $ 2.100,00 cada, sendo que o primeiro desembolso ocorre de hoje a 15 dias. Admita uma taxa de juros de 2,2% ao mês.

13. Um sítio é vendido nas seguintes condições:

a) entrada = $ 30.000,00;

b) 20 prestações mensais de $ 1.100,00 cada, vencendo a primeira daqui a 30 dias;

c) 06 prestações semestrais de $ 7.500,00 cada, vencíveis a partir do final do 3º mês.

Sendo de 2,5% ao mês a taxa de juros, determine até que preço é interessante adquirir este sítio à vista.

14. Determinado produto é vendido numa loja por $ 1.120,00 à vista, ou em 5 prestações mensais de $ 245,00 cada. Calcule o custo efetivo mensal admitindo que:

a) a primeira prestação vence ao final do 1º mês;

b) a primeira prestação é paga como entrada (no momento inicial);

c) a primeira prestação vence ao final do segundo mês.

15. Um imóvel é vendido nas seguintes condições de pagamento:

a) $ 10.000,00 de entrada;

b) mais 4 pagamentos trimestrais de $ 5.000,00 cada, vencendo o primeiro daqui a 120 dias;

c) mais 60 prestações mensais de $ 800,00 cada, ocorrendo o primeiro pagamento daqui a dois meses.

Sendo de 1,8% ao mês a taxa corrente de juros de mercado, até que preço vale a pena pagar o imóvel à vista?

16. Uma empresa apresenta o seguinte fluxo de desembolso de um financiamento de $ 29.800,00:

Valor a Pagar	Momento do Pagamento
$ 5.600,00	17 dias
$ 7.900,00	44 dias
$ 8.700,00	73 dias
X	109 dias
$ 4.100,00	152 dias

Para uma taxa de juros efetiva de 34,2% ao ano, determine o montante do pagamento previsto para daqui a 109 dias.

17. Uma pessoa deve atualmente 18 prestações mensais de $ 2.200,00 cada uma. Com o intuito de adequar esses desembolsos mensais com suas disponibilidades de caixa, está propondo ao credor a transformação deste fluxo numa série de 8 pagamentos trimestrais, iguais e sucessivos. Para uma taxa de juros de 2,4% ao mês, determine o valor de cada prestação trimestral que está sendo proposta.

18. Um financiamento no valor de $ 70.000,00 está sendo concedido a uma taxa de juros de 4% ao mês. O prazo da operação é de 12 meses, e as alternativas de pagamento da dívida apresentadas são as seguintes:

a) 12 pagamentos mensais, iguais e sucessivos;

b) 04 pagamentos trimestrais, iguais e sucessivos;

c) 07 pagamentos mensais, iguais, com carência de 5 meses;

d) 04 pagamentos mensais, vencendo o primeiro ao final do 2º mês, o segundo ao final do 5º mês, o terceiro ao final do 9º mês, e o quarto ao final do 12º mês.

Calcule o valor das prestações para cada proposta de pagamento.

19. Um depósito de $ 8.000,00 é efetuado num fundo de poupança que rende juros de 2,1% ao mês. Após 5 meses, o depositante decide retirar sua poupança em 12 parcelas mensais, iguais e sucessivas, vencendo a primeira 30 dias após. Admitindo a manutenção da mesma taxa de juros para todo o período, determine o valor das parcelas que serão sacadas.

20. Um financiamento no valor de $ 6.800,00 é concedido para pagamento em 10 prestações mensais e iguais com 2 meses de carência. Sendo de 3,6% ao mês a taxa de juros, calcule o valor de cada pagamento mensal.

21. Determine quanto deve ser aplicado mensalmente num fundo de poupança durante 8 meses, de forma que se possa efetuar, a partir do 11º mês, 4 retiradas trimestrais de $ 1.900,00 cada. Considere uma taxa de juros de 1,5% ao mês.

22. Uma pessoa efetua um depósito inicial de $ 28.000,00, numa conta remunerada, processando sequencialmente mais 9 depósitos mensais iguais de $ 3.000,00 cada. Determine quanto essa pessoa terá acumulado quando da realização do último depósito, admitindo-se uma taxa de juros de 1,7% ao mês.

23. Uma empresa consegue um empréstimo de $ 30.000,00 para ser liquidado da seguinte maneira: 20% do montante ao final de 2 meses, e o restante em 6 prestações mensais iguais vencíveis a partir do 4º mês. Para uma taxa de juros de 3,4% ao mês, determine o valor dos pagamentos.

24. Um financiamento no valor de $ 8.700,00 está sendo negociado a uma taxa de juros de 2,7% ao mês. Determine o valor de cada prestação admitindo as seguintes condições de pagamento:

a) 10 prestações mensais, iguais, com 2 meses de carência;

b) 03 prestações iguais vencíveis, respectivamente, ao final do primeiro, quarto e décimo mês.

25. Uma empresa tem atualmente as seguintes dívidas junto a um banco: $ 12.000,00, $ 16.000,00, $ 21.000,00, $ 30.000,00 e $ 50.000,00 vencíveis sucessivamente ao final dos próximos 5 bimestres. Esta dívida foi contraída pagando uma taxa de juro nominal de 28% ao ano.

A empresa está negociando o refinanciamento desta dívida em 10 prestações bimestrais, iguais e sucessivas, vencendo a primeira em dois meses. O banco está exigindo uma taxa de juro nominal de 40% a.a. para aceitar o negócio.

Determine o valor de cada pagamento bimestral.

26. A capacidade de pagamento mensal de um consumidor é de $ 350,00. Desejando adquirir a prazo um aparelho eletrônico no valor de $ 2.700,00, pede-se determinar o número de prestações que o financiamento deve apresentar nas seguintes hipóteses:

a) a primeira prestação é paga de hoje a 30 dias;

b) a primeira prestação é paga no ato como entrada.

Admita uma taxa de juros de 2,3% ao mês.

27. Uma pessoa deve 36 prestações de $ 1.200,00 cada uma. Tendo atualmente $ 9.000,00 em disponibilidade, deseja liquidar tantas prestações quantas forem possíveis. Para uma taxa de juro definida em 3,5% ao mês, calcule quantas prestações podem ser pagas admitindo que sejam liquidadas:

a) as *n* primeiras;

b) as *n* últimas.

28. Admita um financiamento de $ 5.000,00 a ser pago em 8 prestações iguais e mensais. A taxa de juro cobrada na operação é de 2,6% ao mês. Determine o valor das prestações sabendo que:

a) a primeira prestação vence em 20 dias e as demais de 30 em 30 dias;

b) a primeira prestação vence em 45 dias e as demais de 30 em 30 dias.

29. Um financiamento de $ 3.500,00 é concedido a juros de 2,35% ao mês. Podendo dispor de $ 270,00 ao final de cada mês, determine quantos pagamentos são necessários para liquidar o empréstimo.

30. Um empréstimo de $ 38.000,00 deve ser liquidado em 3 pagamentos trimestrais crescentes em progressão geométrica a uma razão igual a 2. Sendo de 8,5% ao trimestre. a taxa corrente de juros, calcule o valor de cada prestação.

31. Um imóvel é vendido por $ 180.000,00 à vista. A construtora facilita o negócio da forma seguinte:

- entrada 10%.
- prestações intermediárias de $ 18.000,00 vencíveis de hoje a 3 meses, $ 24.000,00 de hoje a 7 meses, e $ 36.000,00 de hoje a 12 meses.
- 12 prestações mensais, iguais e sucessivas, vencíveis de hoje a um mês.

Para uma taxa de juros de 3,2% ao mês, determine o valor de cada prestação mensal.

32. Uma empresa captou um financiamento de $ 54.000,00 para ser liquidado em 18 prestações mensais, iguais e sucessivas. Quando do pagamento da 7ª prestação, passando por dificuldades financeiras, solicitou ao banco que refinanciasse o seu saldo devedor para 20 prestações mensais, iguais e sucessivas. O empréstimo foi levantado com juros de 2,9% ao mês, e o refinanciamento foi processado cobrando juros de 4,0% ao mês. Determine o valor de cada prestação do refinanciamento.

33. Uma loja de móveis diz financiar a seus clientes de acordo com as seguintes condições:
    - Entrada = 20%
    - Saldo em 4 prestações mensais e iguais
    - Cálculo do valor de cada prestação:

$$PMT = \frac{(\text{Valor de Compra - Entrada}) \times 1,2}{4}$$

A loja anuncia estar cobrando 5% de juros ao mês. Você concorda?

34. Um bem é financiado em 15 prestações mensais crescentes em *PA* à razão de $ 1.400,00 por mês. Sabe-se que o valor da 9ª prestação é de $ 22.500,00. Para uma taxa de juros de 3,5% ao mês, determinar o valor presente deste fluxo de caixa (valor à vista).

35. Calcule o valor presente dos fluxos de caixa ilustrados a seguir, admitindo-se uma taxa de juros de 3% ao mês.

a) 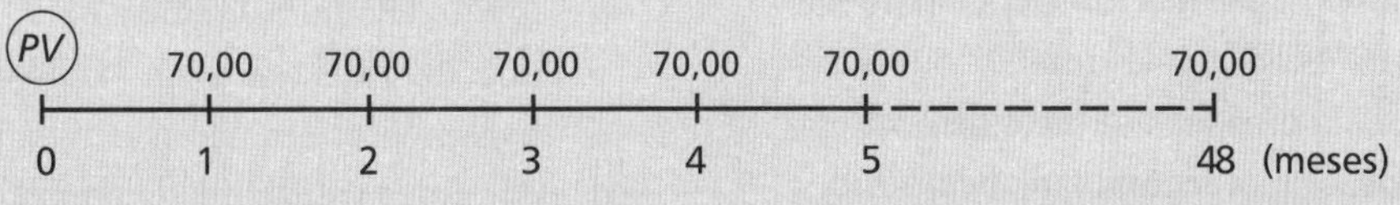

b) 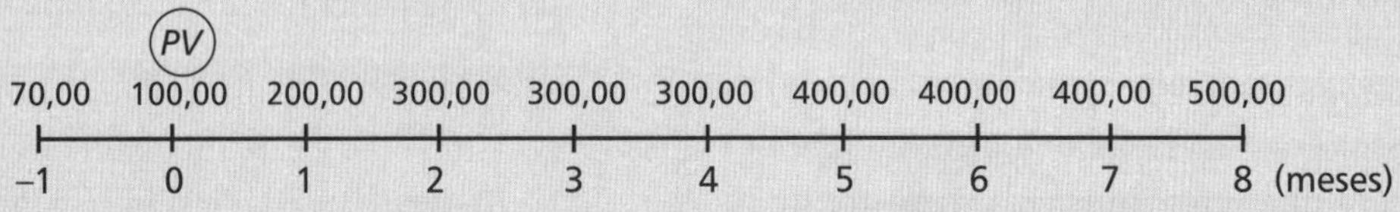

c) 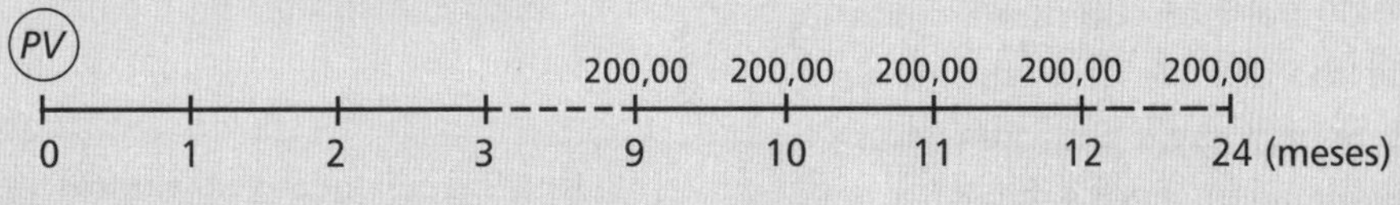

d) 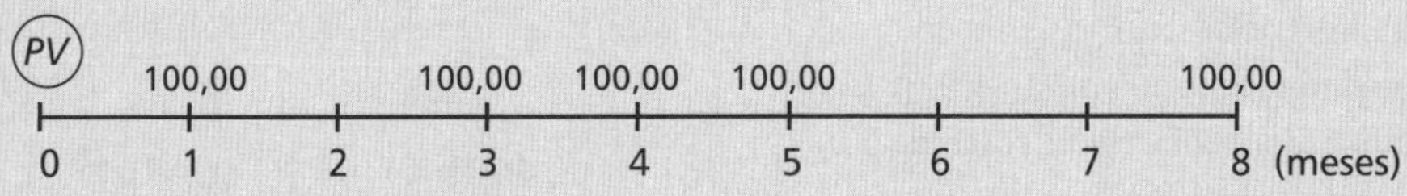

e) 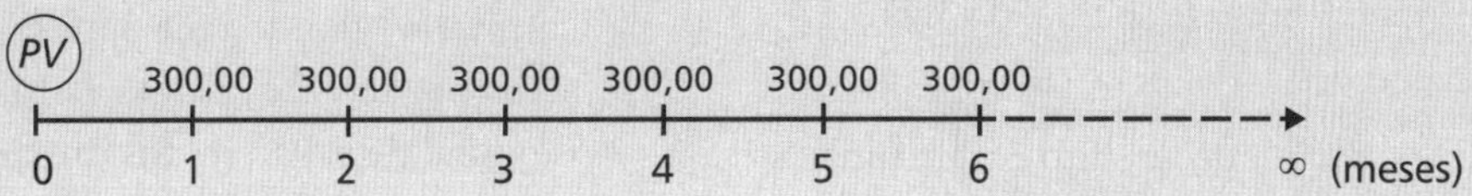

36. Calcule o valor futuro dos fluxos de caixa ilustrados a seguir, admitindo-se uma taxa de juros de 5% ao mês.

a) 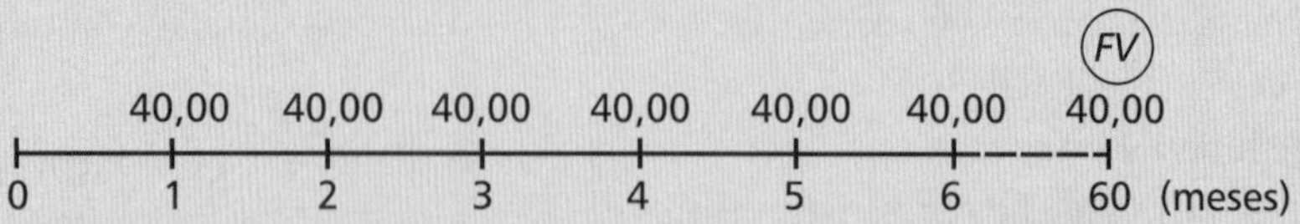

b) 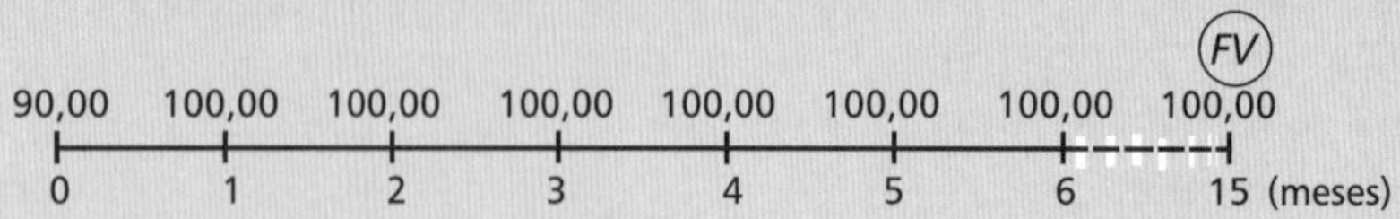

c) 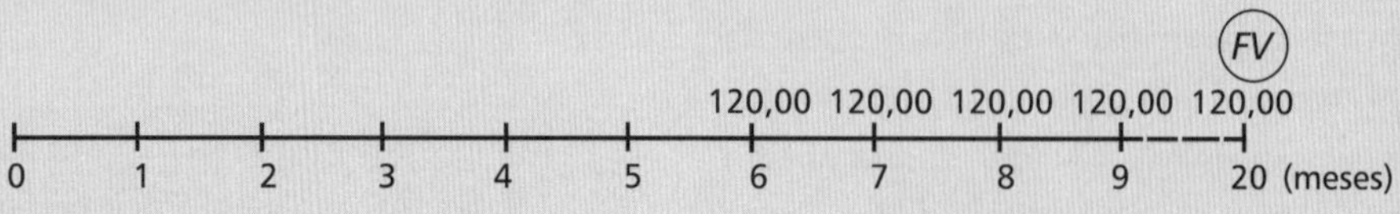

d) 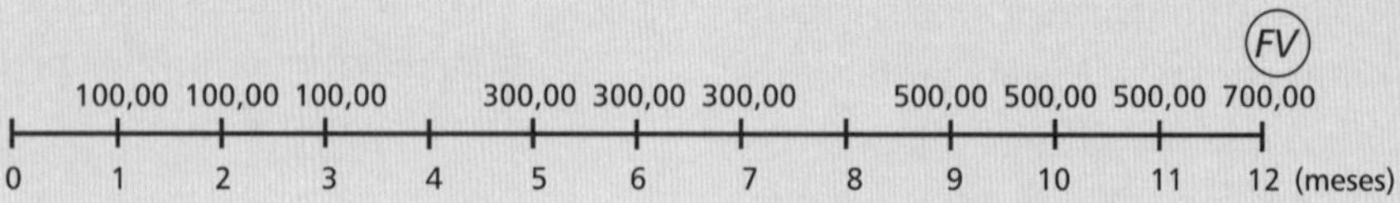

37. Um Fundo de Poupança inicia-se, em determinado mês, com um saldo de $ 7.750,00. Ao final de cada um dos meses seguintes são depositados $ 9.000,00 no Fundo. A cada trimestre ainda são sacados $ 13.000,00. Para uma taxa de juros de 2,5% ao mês, determine o montante acumulado pelo Fundo de Poupança ao final de 3 e de 8 anos.

38. Uma pessoa irá necessitar de um montante de $ 31.000,00 daqui a 4 anos. Ela deposita hoje $ 2.500,00 e planeja fazer depósitos mensais no valor de $ 290,00 por período numa conta de poupança. Que taxa de juros deve esta conta pagar mensalmente para que o poupador receba o montante desejado ao final dos 4 anos?

39. Uma pessoa levanta um financiamento de $ 70.000,00, pagando uma taxa de juros de 1,74% ao mês. Pede-se:

a) se o financiamento for liquidado em duas parcelas iguais, respectivamente ao final do 3º mês e do 5º mês, determinar o valor de cada parcela;

b) se o banco concedente do crédito exigir um pagamento de $ 25.000,00 ao final do 2º mês, e duas parcelas iguais ao final do 4º mês e do 6º mês, calcular o valor de cada parcela.

40. Uma empresa contrata um financiamento de $ 2.500.000,00 nas seguintes condições:

- prazo da operação: 2 anos;
- taxa de juros (efetiva): 11,5% ao ano;
- pagamentos em parcelas iguais.

Determine o valor de cada parcela considerando:

a) os pagamentos são efetuados mensalmente;

b) os pagamentos são efetuados trimestralmente;

c) se o financiamento prever uma carência de 4 meses, e forem mantidos 24 pagamentos mensais, iguais e sucessivos, calcular o valor de cada parcela mensal.

41. Um financiamento no valor de $ 2.000.000,00 é concedido por um banco nas seguintes condições:

- taxa efetiva de juros: 12% ao ano;
- pagamento em parcelas iguais;
- prazo da operação: 3 anos.

Pede-se:

a) calcular o valor de cada parcela do empréstimo se os pagamentos forem feitos mensalmente (ao final de cada um dos próximos 36 meses);

b) calcular o valor de cada parcela se os pagamentos forem realizados no início de cada um dos próximos 12 trimestres.

42. Uma pessoa planeja depositar mensalmente nos próximos 10 anos uma determinada quantia em um fundo de investimentos, que promete pagar uma remuneração de 0,7% a.m. O valor acumulado nos 10 anos de poupança deve ser suficiente para que a pessoa efetue uma retirada mensal de $ 2.000,00 por mais 12 anos. As retiradas devem iniciar um mês após o último depósito.

    Admitindo parcelas iguais, pede-se calcular o valor do depósito mensal a ser efetuado no fundo de investimento por 12 anos.

43. Uma ação prevê o seguinte fluxo de pagamento aos seus acionistas:
    - $ 0,40, $ 0,60 e $ 0,80 ao final de cada um dos próximos 3 anos;
    - para o 4º ano, o rendimento está previsto em $ 0,90 por ação de maneira perpétua. Espera-se que esses rendimentos cresçam à taxa de 1,5% ao ano indeterminadamente.

    A taxa de desconto definida para o título é de 14% ao ano. Apure o preço teórico da ação.

44. Determine o investimento necessário para garantir uma renda anual de $ 40.000,00/ano perpétua, admitindo uma taxa de desconto de 10% ao ano. Considere que os fluxos de caixa tenham as seguintes taxas de crescimento (g):

    a) g = nulo;

    b) g = 2,5% ao ano.

Respostas

1. a) $ 36.566,78
   b) $ 13.742,87
   c) $ 18.005,30
   d) $ 35.122,27
   e) $ 4.553,30

2. a) $ 11.969,57
   b) $ 12.646,25
   c) $ 14.914,60

3. $ 1.169,85

4. PV = $ 13.178,37 FV_{19} = $ 28.276,50

5. $ 33.890,84

6. $ 6.409,14

7. $ 271,33

8. PMT_2 = $ 4.697,83
   PMT_3 = $ 4.228,05
   PMT_4 = $ 3.758,26
   PMT_5 = $ 3.288,48
   PMT_6 = $ 2.818,70

9. $ 3.013,73

10. 3,87% a.m.

11. A alternativa a), por apresentar menor PV, é a mais atraente.
    PV_a = $ 5.349,25 PV_b = $ 7.560,45

12. $ 26.874,90

13. $ 76.932,70

14. a) i = 3,06% a.m.
    b) i = 4,69% a.m.
    c) i = 2,28% a.m.

15. $ 55.906,00

16. $ 5.289,63

17. $ 5.411,68

18. a) *PMT* = $ 7.458,65
    b) *PMT* = $ 23.282,93
    c) *PMT* = $ 14.189,42
    d) *PMT* = $ 22.774,10

19. $ 844,48

20. $ 882,00

21. $ 807,02

22. $ 61.497,90

23. $ 4.962,90

24. a) $ 1.059,32
    b) $ 3.297,03

25. $ 15.357,38

26. a) 8,5895 prestações
    b) 7,3767 prestações

27. a) 8,8511 prestações
    b) 18,7448 prestações

28. a) $ 694,35
    b) $ 709,36

29. 15,6410 pagamentos

30. PMT_1 = $ 6.606,17
    PMT_2 = $ 13.212,34
    PMT_3 = $ 26.424,68

31. $ 10.339,69

32. $ 2.665,29

33. Não. O custo efetivo do crédito é de 7,71% a.m.

34. $ 232.708,80

35. a) $ 1.768,67
    b) $ 2.590,12
    c) $ 1.983,17
    d) $ 442,65
    e) $ 10.000,00

36. a) $ 14.143,35
    b) $ 2.344,96
    c) $ 2.589,43
    d) $ 4.051,16

37. FV_3 = $ 292.364,22
    FV_8 = $ 1.935.478,70

38. 2,16% a.m.

39. a) Parcela (x) = $ 37.494,74
    b) Parcela (x) = $ 24.985,20

40. a) *PMT* = $ 116.444,12/mês
    b) *PMT* = $ 352.525,31/trim.
    c) *PMT* = $ 120.746,19/mês

41. a) $ 65.844,15
    b) $ 193.841,89

42. $ 967,88

43. $ 6,21

44. a) $ 400.000,00
    b) $ 546.666,67

8

Coeficientes de Financiamento

O coeficiente de financiamento pode ser entendido como um fator financeiro constante que, ao multiplicar-se pelo valor presente de um financiamento, apura o valor das prestações.

Esses coeficientes são amplamente utilizados na prática, sendo importante o seu manuseio. As operações de financiamento pelo Crédito Direto ao Consumidor (CDC), e as operações de arrendamento mercantil, constituem-se em aplicações práticas importantes desses fatores.

O capítulo desenvolve os coeficientes de financiamento para séries uniformes, inseridas no modelo-padrão apresentado anteriormente, para séries não periódicas, as quais apresentam intervalos de tempo entre uma e outra prestação desiguais, e para fluxos de caixa com carência. A partir das formulações estudadas nessas situações, é possível desenvolver fatores para outras formas de amortização.

8.1 Coeficientes de financiamento para fluxos de caixa uniformes

Nesse caso, o coeficiente é desenvolvido a partir do modelo-padrão dos fluxos de caixa adotado pela Matemática Financeira, e estudado no capítulo anterior.

Por exemplo, admita que uma instituição financeira divulgue que seu coeficiente para financiamento a ser liquidado em 6 prestações mensais, iguais e sucessivas atinge atualmente 0,189346 (utiliza-se geralmente seis casas decimais).

Em consequência, um financiamento de $ 16.000,00 envolve o pagamento de 6 prestações mensais e iguais de $ 3.029,54, ou seja:

$$\textbf{PMT = PV × Coeficiente de Financiamento}$$

$$PMT = \$\ 16.000,00 \times 0,189346 = \$\ 3.029,54$$

Esse fator financeiro indica, em outras palavras, o valor da prestação para cada unidade monetária tomada emprestada. Assim, cada $ 1,00 de empréstimo gera 6 prestações de $ 0,189346; $ 2,00 determinam $ 0,378692 de prestação; e assim por diante. Logo, um financiamento de $ 16.000,00, conforme ilustrado, determina prestações de $ 3.029,54 mensais, iguais e sucessivas.

A expressão de cálculo do coeficiente de financiamento é desenvolvida a partir da fórmula do valor presente padrão dos fluxos de caixa, conforme estudada no Capítulo 7, ou seja:

$$PV = PMT \times FPV\,(i,\ n)$$

Operando-se com *PMT*:

$$PMT = \frac{PV}{FPV(i,n)}$$

$$PMT = PV \times \frac{1}{FPV(i,n)}$$

Observe que multiplicando-se o valor presente do financiamento pelo inverso do *FPV* chega-se ao valor de cada prestação. Logo:

$$CF = \frac{1}{FPV(i,n)}$$

onde: *CF* = coeficiente de financiamento
FPV = fator de valor presente

Expressando-se a fórmula do *FPV*, tem-se:

$$CF = \frac{1}{\frac{1-(1+i)^{-n}}{i}}$$

$$\mathbf{CF = \frac{1}{1-(1+i)^{-n}}}$$

Resultados do coeficiente de financiamento (*CF*) para diferentes valores de *i* e *n* podem ser obtidos de tabelas de fator de valor presente (*FPV*) especialmente preparadas, ou mediante a utilização de calculadoras financeiras (ou planilhas eletrônicas).

Por exemplo, o coeficiente de financiamento de uma dívida a ser paga em 10 prestações mensais, iguais e sucessivas, admitindo-se uma taxa de juros de 3% ao mês, atinge:

$$CF = \frac{i}{1-(1+i)^{-n}}$$

$$CF = \frac{0,03}{1-(1,03)^{-10}} = \frac{0,03}{0,255906} = 0,117231$$

Logo, cada unidade de capital emprestado envolve o pagamento de 10 prestações mensais de $ 0,117231. *Por exemplo*, se o valor do financiamento for de $ 4.800,00 a operação envolve o desembolso mensal de 10 prestações de $ 562,70 cada ($ 4.800,00 × 0,117231).

Por outro lado, a partir do coeficiente de financiamento, pode-se determinar a taxa de juros cobrada na operação. *Por exemplo*, suponha que o fator para 5 prestações mensais seja de 0,217420. O custo desse financiamento embutido no fator é:

$$CF = \frac{i}{1-(1+i)^{-n}}$$

$$0,217420 = \frac{i}{1-(1+i)^{-5}}$$

Resolvendo-se com o auxílio de uma calculadora financeira, chega-se ao custo efetivo de:

i = 2,85% a.m.

Conforme foi exposto, o coeficiente de financiamento embute os juros definidos para a operação. No entanto, outras despesas podem ainda ser consideradas no fator financeiro, tais como *IOF*, taxa de abertura de crédito usualmente cobrada em operações de financiamento, encargos do valor residual de um contrato de arrendamento mercantil etc.

Exemplos:

1. Construir o coeficiente financeiro de um contrato de financiamento envolvendo 15 prestações mensais, iguais e sucessivas, a uma taxa de juros de 3,5% ao mês.

Solução:

$$CF = \frac{i}{1-(1+i)^{-n}}$$

$$CF = \frac{0,035}{1-(1,035)^{-15}} = \frac{0,035}{0,403109} = 0,086825$$

Para o cálculo da prestação mensal, basta multiplicar o valor do financiamento pelo fator encontrado (*CF* = 0,086825).

2. Uma empresa está avaliando o custo de determinado financiamento. Para tanto, identificou as seguintes condições em dois bancos:

a) Coeficiente = 0,119153

Pagamento = 10 prestações mensais, iguais e sucessivas.

b) Coeficiente = 0,307932

Pagamento = 4 prestações trimestrais, iguais e sucessivas.

Determinar a proposta que apresenta o menor custo mensal.

Solução:

a) A taxa mensal de juros cobrada pela primeira proposta atinge:

$$CF = \frac{i}{1-(1+i)^{-n}}$$

$$0,119153 = \frac{i}{1-(1+i)^{-10}}$$

Resolvendo-se:

i = 3,32% a.m.

b) A segunda proposta, apesar de apresentar um coeficiente maior indicando prestações mais elevadas, envolve pagamentos em intervalos trimestrais. Logo:

$$0,307932 = \frac{i}{1-(1+i)^{-4}}$$

i = 8,89% a.t., que equivale a:

$i = \sqrt[3]{1,0889} - 1$ = 2,88% a.m.

Pela taxa equivalente mensal de 2,88%, conclui-se ser esta proposta de menor custo que a primeira.

8.2 Coeficientes de financiamento para séries não periódicas

Conforme foi demonstrado, o coeficiente de financiamento para séries uniformes (modelo-padrão) é obtido a partir da identidade de cálculo do valor presente, ou seja:

$$PV = PMT \times FPV\ (i, n)$$

O desenvolvimento do fator financeiro nessas condições implica a determinação de prestações *periódicas* (intervalos de tempo entre as prestações sempre iguais), *iguais* (de mesmo valor), *sucessivas* e *finitas*.

No entanto, certas operações financeiras envolvem a apuração de prestações iguais e finitas, porém com intervalos de ocorrência desiguais. *Por exemplo*, um financiamento pode prever resgate em 3 prestações iguais, porém vencendo a primeira ao final do 1º mês, a segunda ao final do 4º mês e a terceira ao final do 9º mês.

Graficamente, essa situação é representada na forma da Figura 8.1.

Figura 8.1 *Prestações iguais a intervalos desiguais*

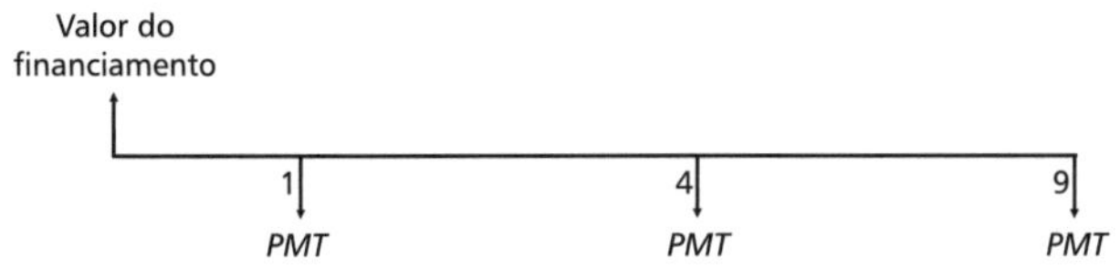

Como não se constitui em série uniforme definida no modelo-padrão (os fluxos não são periódicos), não é possível utilizar-se a fórmula direta do valor presente para todos os fluxos de caixa. As prestações devem ser atualizadas uma a uma, constituindo-se o seu somatório no valor presente da série. Isto é:

$$PV = \frac{PMT}{(1+i)} + \frac{PMT}{(1+i)^4} + \frac{PMT}{(1+i)^9}$$

Colocando-se *PMT* em evidência:

$$PV = PMT \times \left[\frac{1}{(1+i)} + \frac{1}{(1+i)^4} + \frac{1}{(1+i)^9}\right]$$

Os termos entre colchetes são os *fatores de atualização* (ou de valor presente) a juros compostos, conforme definidos no Capítulo 2 (item 2.1), para cada um dos termos do fluxo de prestações, ou seja:

$$\mathbf{FAC(i,n) = \frac{1}{(1+i)^n}}$$

Dessa maneira:

$$PV = PMT \times [FAC\ (i,\ 1) + FAC\ (i,\ 4) + FAC\ (i,\ 9)]$$

$$PMT = \frac{PV}{[FAC(i,1) + FAC(i,4) + FAC(i,9)]}$$

$$PMT = PV \times \underbrace{\frac{1}{[FAC(i,1) + FAC(i,4) + FAC(i,9)]}}_{\text{Coeficiente de Financiamento para Séries Não Periódicas}}$$

Logo, pode-se representar o coeficiente de financiamento para fluxos de caixa não periódicos como o inverso do somatório dos *FAC (i, n)* de cada prestação. Assim, para o exemplo em consideração, tem-se:

$$CF = 1/[FAC\ (i,\ 1) + FAC\ (i,\ 4) + FAC\ (i,\ 9)]$$

ou:

$$CF = 1 \Big/ \left[\frac{1}{(1+i)} + \frac{1}{(1+i)^4} + \frac{1}{(1+i)^9}\right]$$

Generalizando-se a expressão:

$$\mathbf{CF = 1 \Big/ \left[\sum_{j=1}^{t} FAC(i,n)_j\right]}$$

No *exemplo ilustrativo* em consideração, definindo-se em 4% a taxa mensal de juros, e em $ 40.000,00 o valor do financiamento, obtém-se:

$$CF = 1 \Big/ \left[\frac{1}{(1{,}04)} + \frac{1}{(1{,}04)^4} + \frac{1}{(1{,}04)^9}\right]$$

$$CF = 1/(0{,}961538 + 0{,}854804 + 0{,}702587)$$

$$CF = 1/2{,}518929 = 0{,}396994$$

Logo, o valor de cada prestação vencível ao final do 1º, 4º e 9º meses atinge:

$$PMT = PV \times CF$$

$$PMT = 40.000{,}00 \times 0{,}396994 = \$\ 15.879{,}76$$

Graficamente, temos o exposto na Figura 8.2.

Figura 8.2 *Valores de cada prestação*

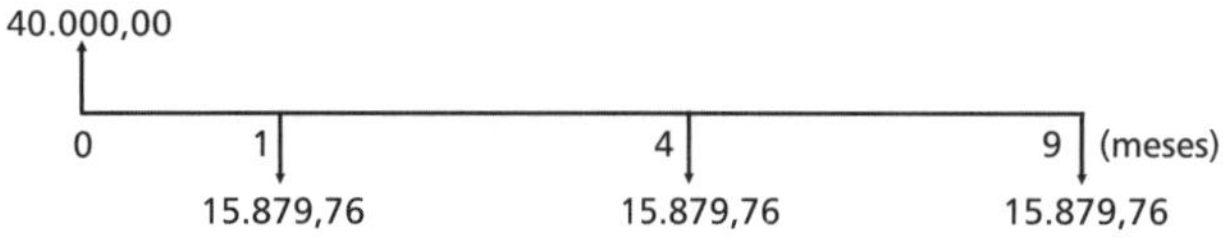

Observe que, ao se determinar o custo efetivo desse financiamento pelo método da taxa interna de retorno, chega-se evidentemente à taxa mensal equivalente de 4%, ou seja:

$$40.000{,}00 = \frac{15.879{,}76}{(1+i)} + \frac{15.879{,}76}{(1+i)^4} + \frac{15.879{,}76}{(1+i)^9}$$

Calculando-se com o auxílio de uma máquina financeira:

$$i = 4{,}0\%\ \text{a.m.}$$

corroborando-se assim o raciocínio utilizado no cálculo do fator financeiro.

Exemplo:

1. Uma pessoa contrata, no início de janeiro de determinado ano, um empréstimo para ser pago em 5 prestações iguais, vencíveis respectivamente ao final dos seguintes meses: janeiro, março, junho, julho e dezembro. Sendo de 1,8% ao mês a taxa de juros cobrada nesta operação, determinar:

a) coeficiente de financiamento para as 5 prestações não periódicas;

b) o valor de cada prestação admitindo que o valor do empréstimo atinja $ 120.000,00.

Solução:

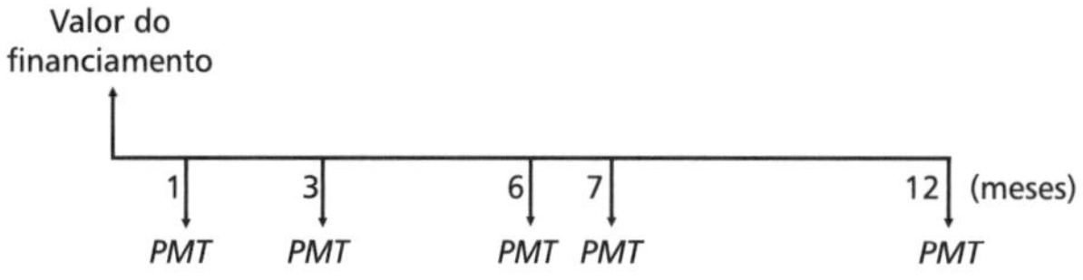

a) $$CF = 1 \Big/ \left[\frac{1}{1{,}018} + \frac{1}{(1{,}018)^3} + \frac{1}{(1{,}018)^6} + \frac{1}{(1{,}018)^7} + \frac{1}{(1{,}018)^{12}} \right]$$

$CF = 1/4{,}518584$

$CF = 0{,}221308$

b) $PMT = PV \times CF$

$PMT = 120.000{,}00 \times 0{,}221308$

$PMT = \$\ 26.556{,}96$

Esse é o valor de cada prestação vencível nos meses assinalados acima.

8.3 Coeficientes de financiamento com carência

Um fluxo de caixa com carência (ou diferido) é aquele em que os pagamentos/recebimentos começam a ocorrer *após o final do primeiro período*, conforme foi demonstrado no capítulo anterior.

Graficamente, pode-se representar o diferimento como na Figura 8.3.

Figura 8.3 *Fluxo de caixa com carência*

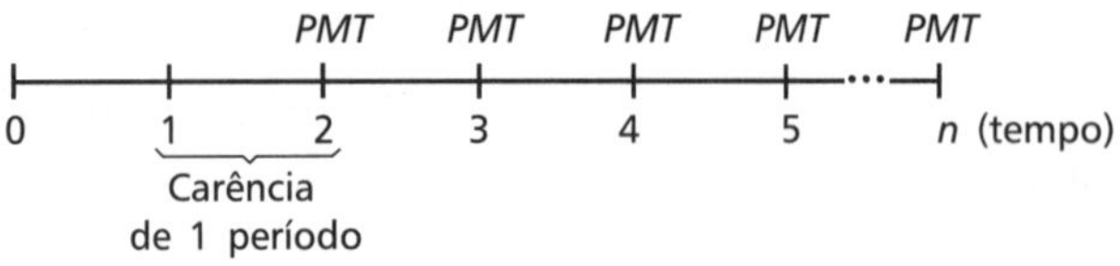

Ilustrativamente, se um empréstimo é contraído para pagamento em 5 prestações mensais e iguais com carência de 3 meses, tem-se a seguinte representação mostrada na Figura 8.4.

Ao se desejar determinar o *PV* desse fluxo de caixa no momento zero pela atualização de cada um de seus termos, tem-se:

$$PV = \frac{PMT}{(1+i)^4} + \frac{PMT}{(1+i)^5} + \frac{PMT}{(1+i)^6} + \frac{PMT}{(1+i)^7} + \frac{PMT}{(1+i)^8}$$

Por outro lado, a aplicação direta da fórmula do valor presente para *n* fluxos de caixa traz os valores somente para o momento 3 (PV_3, conforme ilustrado no gráfico).

A partir desse ponto, o capital calculado deve ser atualizado para a data inicial (zero) pelo período de carência, de acordo com o ilustrado no gráfico.

Utilizando-se as expressões de cálculo apresentadas anteriormente:

$$PV = \underbrace{PMT \times FPV(i, 5)}_{\text{PV no mês}} \times \underbrace{FAC(i, 3)}_{\text{PV na data zero}}$$

É importante observar que a atualização do *FPV* pelo *FAC* de 3 meses representa o intervalo de tempo em que os fluxos de caixa se encontram diferidos. É o prazo de carência.

Sabendo-se que o coeficiente de financiamento equivale ao inverso desses fatores, tem-se:

$$CF = \frac{1}{FPV(1, n)} \times \frac{1}{FAC(i, c)}$$

$$CF = \frac{1}{\frac{1(1+i)^{-n}}{i}} \times \frac{1}{\frac{1}{(1+i)^c}}$$

onde: *c* = número de períodos de carência.

Logo:

$$CF = \frac{i}{1-(1+i)^{-n}} \times (1+i)^c$$

O coeficiente de financiamento diferido é igual ao coeficiente desenvolvido para um fluxo de caixa uniforme e corrigido pela taxa de juros capitalizada pelo período de carência.

Por exemplo, se um financiamento for pago em 18 prestações mensais e iguais, com carência de um trimestre, e admitindo-se uma taxa de juros de 2,3% ao mês, o coeficiente de financiamento assume a seguinte expressão:

n = 18 prestações mensais e iguais;

c = 3 meses de carência;

i = 2,3% ao mês.

$$CF = \frac{i}{1-(1+i)^{-n}} \times (1+i)^c$$

$$CF = \frac{0{,}023}{1-(1{,}023)^{-18}} \times (1{,}023)^3$$

$CF = 0{,}068474 \times 1{,}070599$

$CF = 0{,}073308$

Figura 8.4 *Fluxo em cinco prestações com carência de 3 meses*

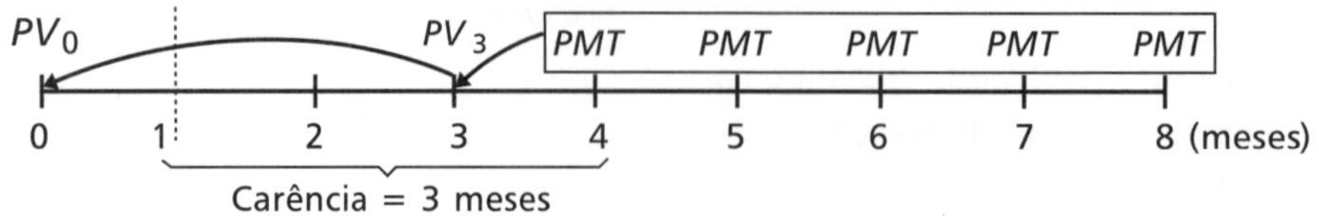

Admitindo-se ainda que o valor do financiamento seja de \$ 25.000,00, as prestações mensais somam:

$PMT = 25.000,00 \times 0,073308$

$PMT = \$\ 1.832,70$ cada uma

Graficamente, representa-se:

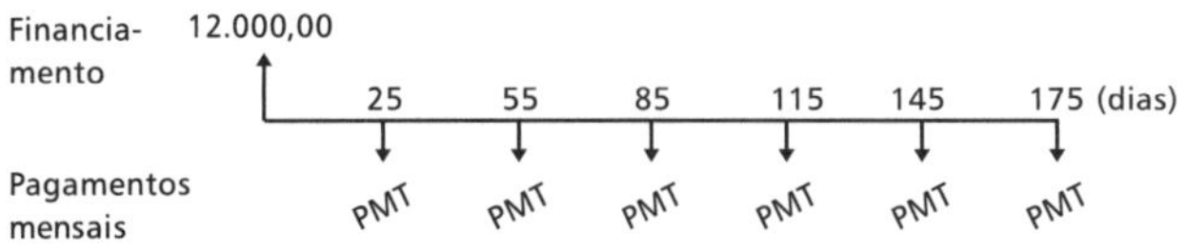

Exemplos:

1. Determinar o coeficiente de financiamento e o valor das prestações de uma operação de financiamento de \$ 25.000,00 a ser liquidado em 18 prestações mensais e iguais com carência de um trimestre. Admita uma taxa de juros de 2,73% ao mês.

Solução:

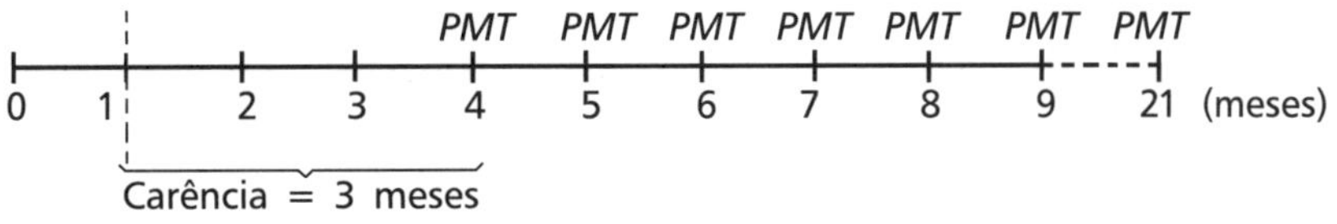

- $CF = \dfrac{i}{1-(1+i)^{-n}} \times (1+i)^c$

$$CF = \frac{0,0273}{1-(1,0273)^{-18}} \times (1,0273)^3$$

$$CF = 0,071059 \times 1,084156 = 0,077039$$

- $PMT = PV \times CF$

$PMT = 25.000,00 \times 0,077039$

$PMT = \$\ 1.926,00$

A liquidação do financiamento deve ser efetuada em 18 prestações mensais e sucessivas de \$ 1.926,00, vencendo a primeira ao final do 3º mês.

2. O preço à vista de uma TV é de \$ 2.000,00. O vendedor está oferecendo as seguintes condições para venda a prazo:

a) entrada = 20%;

b) saldo em 4 prestações mensais, iguais e sucessivas, vencendo a primeira de hoje a 60 dias.

Determinar o valor de cada prestação admitindo uma taxa de juros de 3,1% ao mês.

Solução:

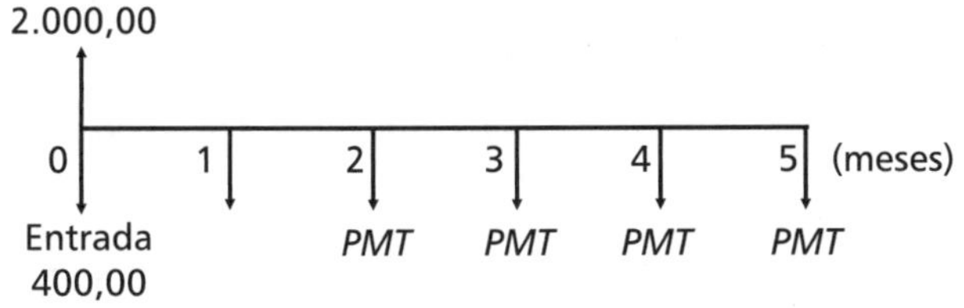

Uma maneira direta de calcular o valor da prestação mensal é por meio do coeficiente de financiamento com carência, ou seja:

- Valor a Financiar $(PV) = \$\ 2.000,00 - 20\%$
  $= \$\ 1.600,00$

- $CF\ (\text{c/carência}) = \dfrac{i}{1-(1+i)^{-n}} \times (1+i)^c$

$$CF = \frac{0,031}{1-(1,031)^{-4}} \times 1,031$$

$$CF = 0,269671 \times 1,031 = 0,278030$$

- $PMT = PV \times CF$

$PMT = 1.600,00 \times 0,278030 = \$\ 444,85$

Pelo conceito de equivalência financeira, o valor presente desse fluxo de pagamento, descontado à taxa de 3,1% ao mês, deve ser igual ao valor do financiamento, ou seja:

$PV = [444,85 \times FPV\ (3,1\%,\ 4)] \times FAC\ (3,1\%,\ 1)$

$PV = 444,85 \times 3,708227 \times 0,969932$

$PV = \$\ 1.600,00$

8.4 Coeficientes de financiamento com entrada

A entrada para os fluxos de caixa é definida, conforme estudado no capítulo anterior, quando a primeira prestação é paga no ato da operação. Graficamente, esta alternativa é ilustrada na Figura 8.5.

Figura 8.5 *Fluxo de caixa com entrada*

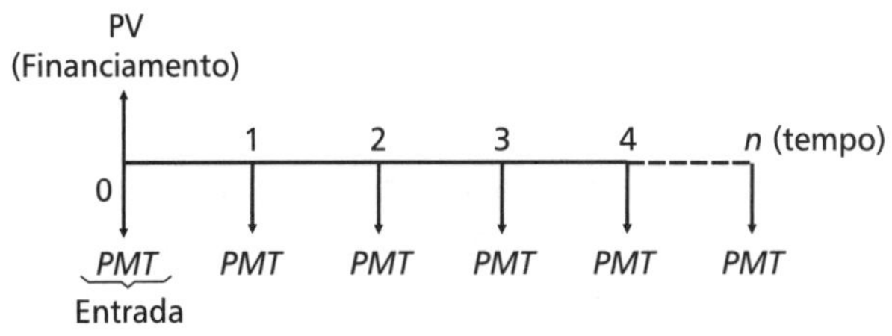

A formulação do valor presente dessa estrutura de fluxo de caixa é apresentada:

$$PV = PMT + \left[PMT \times \frac{1-(1+i)^{-(n-1)}}{i}\right]$$

Colocando-se *PMT* em evidência:

$$PV = PMT\left[1+\frac{1-(1+i)^{-(n-1)}}{i}\right]$$

$$PMT = \frac{PV}{1+\frac{1-(1+i)^{-(n-1)}}{i}}$$

$$\mathbf{PMT = PV \times \frac{1}{1+\frac{1-(1+i)^{-(n-1)}}{i}}}$$

O coeficiente de financiamento (*CF*) para uma série de valores com entrada (fluxo de caixa antecipado) é representado pela formulação:

$$\mathbf{CF\,(Entrada) = \frac{1}{1+\frac{1-(1+i)^{-(n-1)}}{i}}}$$

Por exemplo, suponha que uma loja esteja interessada em determinar o coeficiente de financiamento com entrada a ser aplicado às modalidades de vendas em 4 e 5 pagamentos. A taxa de juros definida para a operação é de 4,2% ao mês.

A elaboração dos fatores, admitindo o primeiro pagamento como entrada, é desenvolvida:

- $CF\,(1+3) = \dfrac{1}{1+\dfrac{1-(1{,}042)^{-(4-1)}}{0{,}042}} = 0{,}265633$

Para cada \$ 1 de compra a prazo, o cliente deve pagar \$ 0,265633 de prestação, vencendo a primeira no ato, isto é:

\$ 0,265633	\$ 0,265633	\$ 0,265633	\$ 0,265633
0	1	2	3

- $CF\,(1+4) = \dfrac{1}{1+\dfrac{1-(1{,}042)^{-(5-1)}}{0{,}042}} = 0{,}216786$

Identicamente, para uma compra a prazo de \$ 3.400,00 em 5 pagamentos com entrada, o cliente deve pagar prestações de: \$ 3.400,00 × 0,216786 = \$ 737,07 mensais, vencendo a primeira no momento da compra.

8.5 Coeficiente de financiamento aplicado às operações de arrendamento mercantil

O arrendamento mercantil (*leasing*) é uma modalidade de financiamento que, como o próprio nome descreve, promove o arrendamento (aluguel) de bens móveis e imóveis entre pessoas jurídicas. Durante o período do aluguel, a empresa Arrendatária (tomadora do arrendamento) paga uma prestação, mais conhecida por contraprestação, à instituição Arrendadora.

O contrato de arrendamento também prevê que a Arrendatária, ao final do contrato, pode devolver o bem à Arrendadora ou, se for de seu interesse, adquiri-lo por determinado preço previamente estipulado no contrato. Este preço de compra é definido por *valor residual garantido* (*VRG*).

Para o cálculo das contraprestações de um arrendamento, o mercado trabalha geralmente com um fator de financiamento fixo, denominado *coeficiente de arrendamento* (*CA*). Ao se multiplicar este coeficiente pelo valor do bem arrendado determinam-se as contraprestações periódicas de responsabilidade da Arrendatária.

O coeficiente de arrendamento é apurado de maneira semelhante aos outros fatores de financiamento estudados ao longo deste capítulo. No entanto, o processo de cálculo das contraprestações requer alguns ajustes em razão de seus valores não se apresentarem uniformemente constantes, verificando-se frequentemente algum pagamento diferenciado ao final do fluxo do arrendamento referente ao seu *VRG*.

Basicamente, existem duas maneiras de tratar essa situação: a) se incluem os juros do *VRG* nas contraprestações em vez de no coeficiente; ou b) apura-se o coeficiente de arrendamento levando-se em conta os encargos do *VRG*. Estas duas metodologias são tratadas a seguir.

8.5.1 Inclusão dos juros do *VRG* nas contraprestações

Nesse caso, as contraprestações do contrato de arrendamento são calculadas pela aplicação do *CA* sobre o valor do bem arrendado diminuído do valor residual garantido.

Para melhor compreensão dessa metodologia, admita *ilustrativamente* um contrato de arrendamento mercantil com as seguintes características:

▪ Valor global do bem arrendado	\$ 300.000,00
▪ Valor residual garantido (*VRG*)	\$ 30.000,00
▪ Taxa de juros cobrada	2,7% ao mês
▪ Prazo	24 meses
▪ Periodicidade dos pagamentos	Mensal

Com base nessas informações, e utilizando as mesmas formulações desenvolvidas em itens precedentes para a apuração do coeficiente de financiamento, tem-se:

→ Custo do Bem a Recuperar = Valor Global do Bem – *VRG*
= 300.000,00 – 30.000,00
= $ 270.000,00

→ Coeficiente de Arrendamento/ Financiamento – *CA* $= \dfrac{i}{1-(1+i)^{-n}}$

$$CA = \frac{0{,}027}{1-(1{,}027)^{-24}}$$
$$= 0{,}057156$$

Os valores das contraprestações do contrato de arrendamento são definidos conforme vemos no Quadro 8.1.

Quadro 8.1 *Definição das contraprestações de um contrato*

Mês	Valor das contraprestações: custo do bem a recuperar × *CA* ($)	Encargos sobre o *VRG* ($)	Amortização do *VRG* ($)	Contraprestações totais ($)
1 a 23	270.000,00 × 0,057156 = 15.432,12	30.000,00 × 2,7% = 810,00	–	16.242,12
24	15.432,12	810,00	30.000,00	46.242,12

Ao se determinar a taxa interna de retorno do fluxo gerado do contrato de arrendamento em ilustração chega-se, evidentemente, ao custo de 2,7% ao mês, conforme definido pela Arrendadora, ou seja:

$$300.000{,}00 = [16.242{,}12 \times FPV(i, 23)] + [46.242{,}12 \times FAC(i, 24)]$$

Resolvendo-se:

$$i = 2{,}7\% \text{ a.m.}$$

Observe que o esquema apresentado promove o cálculo das contraprestações sobre o custo do bem a recuperar e não sobre o seu valor global. Em outras palavras, o valor periódico das contraprestações é computado sobre o custo do bem a recuperar, sendo adicionado, em cada parcela encontrada, os juros referentes ao *VRG*. Desta forma, fica demonstrado que a taxa de juros estipulada pela instituição Arrendadora embute, além da remuneração dos recursos aplicados, os juros provenientes do *VRG* a ser liquidado ao final do contrato de arrendamento.

8.5.2 Inclusão dos juros do *VRG* no coeficiente de arrendamento

A empresa de *leasing* pode também optar por aplicar diretamente o coeficiente de arrendamento sobre o valor global do bem arrendado, sem excluir o seu *VRG*. Nesta situação, evidentemente, a instituição passa a operar com um coeficiente menor, mas que irá ser aplicado sobre um montante maior. Este critério, apesar das diferenças de cálculo, produz os mesmos resultados do método anterior, supondo idênticas condições.

A expressão de cálculo do coeficiente de arrendamento segundo esse critério apresenta-se da forma seguinte:

$$CAG = [(1 - W) \times CA] + i \times W$$

onde: W = percentual do *VRG* em relação ao bem arrendado.

CA_G = Coeficiente de arrendamento com a inclusão dos juros do *VRG*.

Processando-se o cálculo do CA_G no exemplo ilustrativo desenvolvido no item anterior, tem-se:

- $W = \dfrac{30.000{,}00}{300.000{,}00} = 10\%$
- $CA = 0{,}057156$
- $i = 2{,}7\%$ a.m.

Portanto:

$CA_G = [(1 - 0{,}1) \times 0{,}057156] + (0{,}027 \times 0{,}1)$

$CA_G = 0{,}051440 + 0{,}0027$

$CA_G = 0{,}054140$

Aplicando-se o coeficiente de arrendamento encontrado sobre o valor global do bem arrendado de $ 300.000,00 determinam-se as contraprestações exatamente iguais àquelas apuradas anteriormente. Veja o Quadro 8.2.

Quadro 8.2 *Aplicação do coeficiente de arrendamento*

Mês	Valor das Contraprestações ($)	Amortização do *VRG* ($)	Contraprestações Totais ($)
1 a 23	300.000,00 × 0,054140 = 16.242,12	–	16.242,12
24	16.242,12	30.000,00	46.242,12

Exemplo:

1. Um contrato de arrendamento foi realizado com as seguintes características:

- Valor Global do Bem Arrendado — $ 265.000,00
- Valor Residual Garantido — $ 18.550,00
- Contraprestações — 36 contraprestações mensais
- Taxa de Juros — 5% ao mês

Pede-se determinar o valor das contraprestações a pagar e o coeficiente de financiamento de acordo com as duas metodologias apresentadas.

Solução:

a) Juros do *VRG* nas Contraprestações

- Custo do Bem a Recuperar = 265.000,00 – 18.550,00 = $ 246.450,00
- $CA = \dfrac{i}{1-(1+i)^{-n}}$
- $CA = \dfrac{0,05}{1-(1,05)^{-36}} = 0,060434$

Mês	Valor das Contraprestações ($)	Encargos sobre o *VRG* ($)	Amortização do *VRG* ($)	Contraprestações Totais ($)
1 a 35	246.450,00 × 0,060434 = 14.893,96	18.550,00 × 5% = 927,50	–	15.821,46
36	14.893,96	927,50	18.550,00	34.371,46

b) Juros do *VRG* no Coeficiente

- $W = \dfrac{18.550,00}{265.000,00} = 7\%$
- $CA = 0,060434$
- $i = 5\%$
- $CA_G = [(1 - W) \times CA] + i \times W$

  $CA_G = [(1 - 0,07) \times 0,060434] + (0,05 \times 0,07)$

  $CA_G = 0,056204 + 0,0035$

  $CA_G = 0,059704$

Mês	Valor das Contraprestações ($)	Amortização do *VRG* ($)	Contraprestações Totais ($)
1 a 35	265.000,00 × 0,059704 = 15.821,56	–	15.821,56
36	15.821,56	18.550,00	34.371,56

8.6 Crédito direto ao consumidor

O crédito direto ao consumidor, conhecido no mercado por *CDC*, é uma operação destinada a financiar a aquisição de bens e serviços por consumidores ou usuários finais.

O financiamento é geralmente amortizado com prestações mensais, iguais e sucessivas, seguindo a estrutura do modelo-padrão de fluxo de caixa apresentado. Podem existir também contratos de *CDC* com carência e com entrada.

Os encargos do *CDC* são basicamente juros e um tributo denominado *imposto sobre operações financeiras* (*IOF*). O imposto é pago pelo financiado e recolhido pela instituição financeira.

Para uma alíquota do *IOF* de 0,3% ao mês embutida na prestação, tem-se a seguinte fórmula de cálculo:

$$PMT(c/IOF) = \frac{PMT(s/IOF)}{1 - n \times (IOF/100)}$$

onde: *IOF*/100 = Taxa unitária do *IOF*

c/*IOF* = com *IOF* incluído

s/*IOF* = sem *IOF*

Por exemplo, admita um financiamento de $ 5.000,00 feito por meio de um contrato de *CDC* por 7 meses (7 prestações mensais, iguais e sucessivas), à taxa de 3,8% ao mês. O *IOF* é de 0,3% ao mês. O valor das prestações atinge:

- $PMT\ (s/IOF)\ \dfrac{PV}{FPV(i,n)}$

  $\dfrac{5.000,00}{FPV(3,8\%, 7)}$

  $= \dfrac{5.000,00}{6,046668} = 826,90$

- $PMT\ (c/IOF) = \dfrac{PMT(s/IOF)}{1-n\times(IOF/100)}$

  $= \dfrac{826,90}{1-7\times 0,003} = \dfrac{826,90}{0,979} =$

  $= \$\ 844,64$

O cálculo do *coeficiente de financiamento* processa-se da forma seguinte:

- $CF\ (s/IOF) = \dfrac{i}{1-(1+i)^{-n}}$

  $= \dfrac{0,038}{1-(1,038)^{-7}} = \dfrac{0,038}{0,229773} =$

  $= 00,165381$

- $CF\ (c/IOF) = \dfrac{CF(s/IOF)}{1-n\times(IOF/100)}$

  $= \dfrac{0,165381}{1-7\times 0,003} = \dfrac{0,1665381}{0,979} =$

  $= 0,168928$

Exemplo:

1. Calcular o valor das prestações e o custo mensal efetivo de um financiamento de $ 25.000,00 em 6 prestações mensais, iguais e sucessivas à taxa de juros de 3,5% ao mês. A alíquota de *IOF* é de 0,3% ao mês. Admita que o *CDC* é realizado:

   a) sem carência;

   b) com carência.

Solução:

a) *Sem carência*

- $PMT\ (s/IOF) = \dfrac{PV}{FPV(i,n)}$

$= \dfrac{25.000,00}{FPV(3,5\%,6)} = \dfrac{25.000,00}{5,328553} =$

$= \$\ 4.691,70$

- $PMT\ (c/IOF) = \dfrac{4.691,70}{1-6\times 0,003} = \dfrac{4.691,70}{0,982} =$

$= \$\ 4.777,70$

- Custo Mensal Efetivo:

$PV = PMT\ (c/IOF) \times FPV\ (i,\ n)$

$25.000,00 = 4.777,70 \times FPV\ (i,\ 6)$

$i = 4,06\%$ a.m.

O IOF embutido nas prestações elevou a taxa efetiva de juros de 3,5% para 4,06% ao mês.

b) *Com carência*

- $PMT\ (s/IOF) = \dfrac{PV}{FPV(i,n)} \times (1+i)^c$

$= \dfrac{25.000,00}{FPV(3,5\%,\ 6)} \times (1,035)$

$= \dfrac{25.000,00}{4,328553} \times 1,035 =$

$= \$\ 4.855,91$

- $CF\ (s/IOF) = \dfrac{i}{1-(1+i)^{-n}} \times (1+i)^c$

$= \dfrac{0,035}{1-(1,035)^{-6}} \times (1,035)$

$= 0,187668 \times 1,035$

$= 0,194236$

- $PMT\ (c/IOF) = \dfrac{4.855,91}{1-6\times 0,03} = \$\ 4.944,92$

- $CF\ (c/IOF) = \dfrac{CF(s/IOF)}{1-n\times(IOF/100)}$

$= \dfrac{0,194236}{1-6\times 0,003} = 0,197796$

8.7 Período singular de juros

O denominado período singular de juros é identificado quando o prazo da primeira prestação de um fluxo de caixa não coincide com os prazos das demais prestações, todas iguais e sucessivas. *Por exemplo*, o financiamento de um veículo em 10 prestações mensais é oferecido, vencendo a primeira prestação em 20 dias e as demais, sequencialmente, a cada 30 dias. O prazo de pagamento da primeira parcela (20 dias) é diferente dos demais pagamentos periódicos (mensais), sendo conhecido por *período singular de juros*.

Quando o intervalo de tempo para pagamento da primeira parcela for menor que os demais períodos, tem-se um fluxo definido por *antecipado*; quando for maior, será *postecipado*.

A. *EXEMPLO DE UM FLUXO ANTECIPADO*

Admita um financiamento de \$ 12.000,00 a ser pago em 6 prestações mensais. A primeira parcela vence em 25 dias e as demais de 30 em 30 dias. A taxa de juros considerada na operação é de 3,6% ao mês.

Determinar o valor da prestação.

Solução:

Graficamente, o financiamento é ilustrado da maneira seguinte:

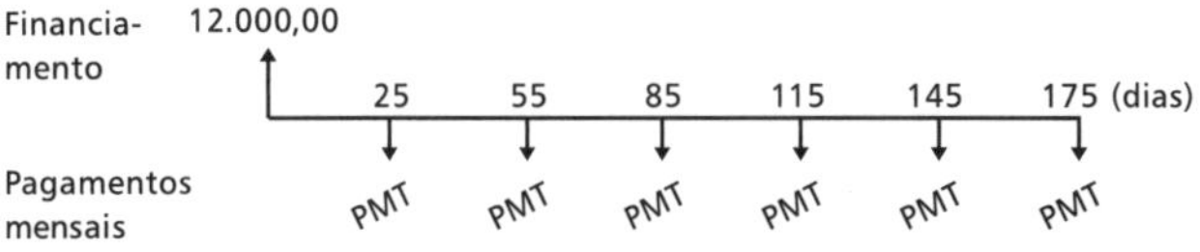

Ao se aplicar a fórmula do fluxo de caixa padrão, os valores das prestações serão atualizados pela taxa mensal de 3,6% pelo intervalo de 30 dias, sendo identificados no momento 5. Logo, para se colocar todas as parcelas num mesmo momento (data focal = 0), o resultado atualizado deve ser corrigido por 5 dias, isto é:

$12.000,00 = [PMT \times FPV\ (3,6\%,\ 6)] \times FCC\ (3,6\%,\ 5/30)$

$12.000,00 = \left(PMT \times \dfrac{1-(1,036)^{-6}}{0,036}\right) \times (1,036)^{5/30}$

$12.000,00 = PMT \times 5,311094 \times 1,005912$

$PMT = \$\ 2.246,14$

O financiamento prevê 6 pagamentos mensais de \$ 2.246,14, vencendo o primeiro em 25 dias e os demais de 30/30 dias.

Quando o período singular for de um fluxo de caixa antecipado, o *coeficiente de financiamento* se expressa da maneira seguinte:

$$PMT = \frac{PV}{FPV(i,n)\times FCC\left[i,(t-a)/t\right]}$$

$$PMT = PV \times \frac{1}{FPV(i,n)} \times \frac{1}{FCC\left[i,(t-a)/t\right]}$$

Logo:

$$\mathbf{PMT = PV \times \frac{1}{FPV(i,n)} \times FAC\ [i,\ (t-a)/t]}$$

Dessa forma, o coeficiente de financiamento de um período singular antecipado (CF_a) pode ser apurado pela expressão:

$$\mathbf{CFa = 1/FPV\ (i,\ n) \times FAC\ [i,\ (t-a)/t]}$$

sendo: t o intervalo de tempo padrão do fluxo de caixa; e a o prazo do primeiro pagamento do período singular.

Desenvolvendo a formulação:

$$CFa = \frac{i}{1-(1+i)^{-n}} \cdot \frac{1}{(1+i)^{(t-a)/t}}$$

Substituindo os valores do exemplo ilustrativo acima na expressão do coeficiente de financiamento, chega-se a:

$$CFa = \frac{0{,}036}{1-(1{,}036)^{-6}} \times \frac{1}{(1{,}036)^{(30-28)/30}}$$

$$CFa = 0{,}188285 \times 0{,}994123$$

$$CFa = 0{,}187178$$

Efetivamente, multiplicando-se o coeficiente calculado pelo valor do financiamento encontra-se a prestação mensal, conforme indicada no exemplo:

$$PMT = PV \times CFa$$

$$PMT = 12.000{,}00 \times 0{,}187178$$

$$PMT = \$\ 2.246{,}14$$

B. *EXEMPLO DE FLUXO POSTECIPADO*

Suponha, no exemplo anterior, que o primeiro pagamento deve ocorrer em 40 dias, vencendo os demais sequencialmente a cada intervalo de 30 dias. Mantendo as demais informações do financiamento, calcular o valor da prestação.

Solução:

Graficamente, tem-se:

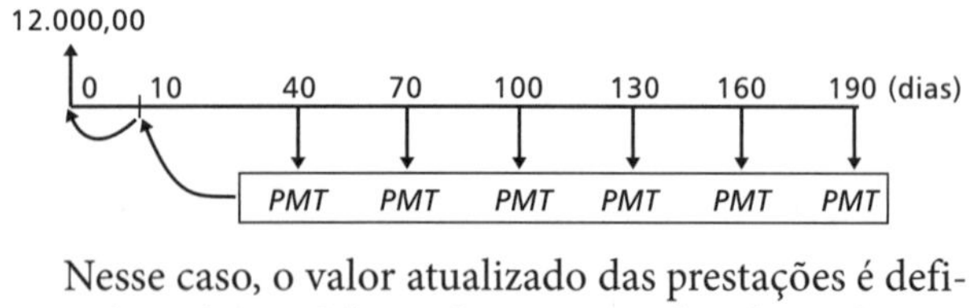

Nesse caso, o valor atualizado das prestações é definido pelo modelo-padrão no 10º dia, devendo este resultado ser expresso no momento 0. Ou seja:

$$12.000{,}00 = [PMT \times FPV(3{,}6\%, 6)] \times FAC(3{,}6\%, 10/30)$$

$$12.000{,}00 = \left(PMT \times \frac{1-(1{,}036)^{-6}}{0{,}036}\right) \times (1{,}036)^{-10/30}$$

$$12.000{,}00 = PMT \times 5{,}311094 \times 0{,}988280$$

$$PMT = \$\ 2.286{,}22$$

A expressão de cálculo do coeficiente de financiamento de um período singular com fluxo postecipado (CF_p) é apurada:

$$CF_p = 1/FPV\ (i, n) \times FCC\ [i, (p-t)/t]$$

sendo p o período singular de juros de um fluxo postecipado (intervalo de tempo do primeiro pagamento).

Substituindo-se os dados do exemplo ilustrativo acima na formulação do coeficiente de financiamento, tem-se:

$$CF_p = \frac{0{,}036}{1-(1{,}036)^{-6}} \times (1{,}036)^{(40-30)/30}$$

$$CF_p = 0{,}188285 \times 1{,}011859$$

$$CF_p = 0{,}190518$$

Multiplicando-se o valor do financiamento pelo coeficiente, apura-se o montante dos pagamentos periódicos, vencendo o primeiro em 40 dias, e os demais sucessivamente a cada 30 dias. Isto é:

$$PMT = PV \times CF_p$$

$$PMP = 12.000{,}00 \times 0{,}190518$$

$$PMP = \$\ 2.286{,}22$$

Exercícios propostos

1. Construa os coeficientes de financiamento mensais e uniformes a partir das seguintes taxas de juros e prazos:

Taxa de Juros	*Prazo*
a) $i = 2{,}5\%$ ao mês	$n = 6$ meses
b) $i = 2{,}1\%$ ao mês	$n = 12$ meses
c) $i = 1{,}7\%$ ao mês	$n = 20$ meses

2. A partir dos coeficientes de financiamento para séries mensais, iguais e sucessivas e prazos respectivos apresentados a seguir, determine o custo efetivo considerado em cada coeficiente.

Coeficiente de Financiamento	*Prazo*
a) 0,278744	$n = 4$ meses
b) 0,081954	$n = 18$ meses
c) 0,069817	$n = 36$ meses

3. Apure os coeficientes de financiamento para pagamentos iguais, porém ocorrendo em diferentes momentos, conforme discriminados a seguir. Admita uma taxa de juros de 3% ao mês.
   a) 05 pagamentos previstos para serem efetuados ao final dos meses 1, 5, 7, 13 e 20;
   b) 06 pagamentos previstos para serem efetuados ao final dos meses 3, 6, 10, 15, 21 e 27.

4. Um financiamento é concedido para pagamento em 18 prestações mensais, iguais e sucessivas com carência de 3 meses. Para uma taxa de juros de 4% ao mês, determine:

a) coeficiente de financiamento;

b) valor de cada prestação para um financiamento de $ 18.000,00.

5. Com base nos valores discriminados a seguir, calcule o custo efetivo mensal de cada opção de financiamento:

Opção de Financiamento	Coeficiente de Financiamento	Condições de Pagamento
a)	0,110136	10 prestações mensais e iguais
b)	0,239211	05 prestações trimestrais e iguais
c)	0,424666	04 prestações semestrais e iguais

6. O coeficiente de financiamento para um plano de pagamento de 24 prestações mensais e iguais com 6 meses de carência atinge 0,079604. Determine:

a) custo efetivo do financiamento;

b) custo efetivo mensal, admitindo-se que o período de carência se reduza para 4 meses.

7. Uma empresa está contratando um financiamento junto a um banco para pagamento em 4 prestações iguais, vencendo a primeira de hoje a 3 meses, a segunda de hoje a 5 meses, a terceira de hoje a 9 meses e a última de hoje a 15 meses. Determine o coeficiente de financiamento sabendo-se que a taxa de juros cobrada na operação atinge 2,2% ao mês.

8. Um bem é financiado em 24 prestações mensais com um mês de carência. A taxa de juros prefixada é de 3,14% ao mês. Determine o coeficiente de financiamento.

9. Um financiamento é concedido para pagamento em 18 prestações mensais, iguais e sucessivas. Para uma taxa de juros de 2,56% ao mês, determine o coeficiente de financiamento, sendo:

a) a primeira prestação é paga ao final do mês;

b) a primeira prestação é paga no ato (entrada);

c) a primeira prestação é paga com carência de um mês.

10. Um financiamento está sendo contratado para ser pago em 3 prestações, vencendo a primeira em 28 dias, a segunda em 42 dias, e a terceira em 56 dias. Determine o coeficiente de financiamento desta operação, sabendo-se que a taxa de juros cobrada é de 2,3% ao mês.

11. Admita um financiamento para pagamento em 7 prestações mensais, sendo a primeira vencível em 20 dias e as demais de 30 em 30 dias. Os juros cobrados na operação atingem 3,7% ao mês. Determine o coeficiente de financiamento.

12. O coeficiente de financiamento publicado por um banco é de 0,158933 para 8 prestações mensais, sendo a primeira vencível em 40 dias e as demais de 30/30 dias cada uma. Apure o custo efetivo mensal deste financiamento.

13. Uma instituição financeira revela que seu coeficiente de financiamento para séries uniformes de 10 prestações iguais é de 0,113269. Se, além disso, ainda cobrar 2% sobre o valor do financiamento no ato da liberação dos recursos a pretexto de cobrir despesas de abertura de crédito, determine a taxa de juros mensal efetivamente cobrada.

14. Um computador está sendo vendido por $ 5.000,00 à vista. O vendedor oferece as seguintes condições para venda a prazo:

a) entrada = 30%;

b) saldo em 5 prestações mensais, iguais e sucessivas, vencendo a primeira de hoje a 60 dias.

Determine o valor de cada prestação, admitindo uma taxa de juros de 3% ao mês.

15. Calcule os termos dos fluxos de caixa apresentados a seguir, admitindo-se uma taxa mensal de juros de 3%.

a) 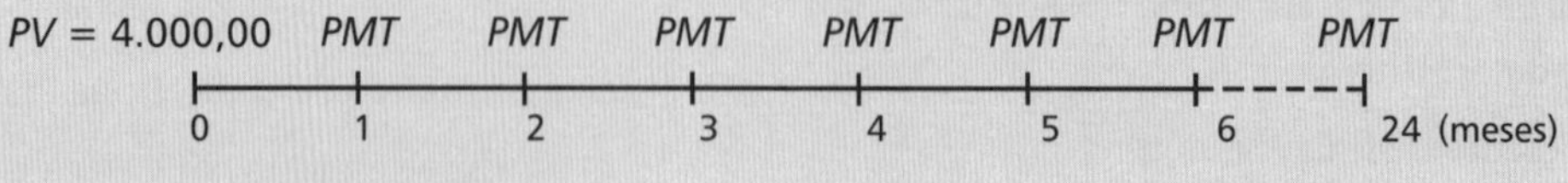

b) 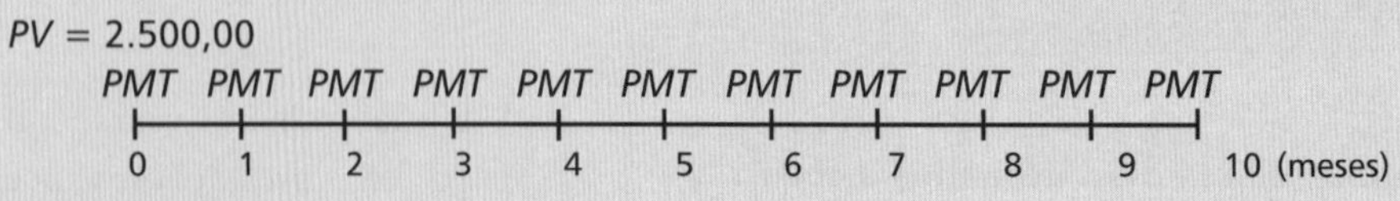

c) 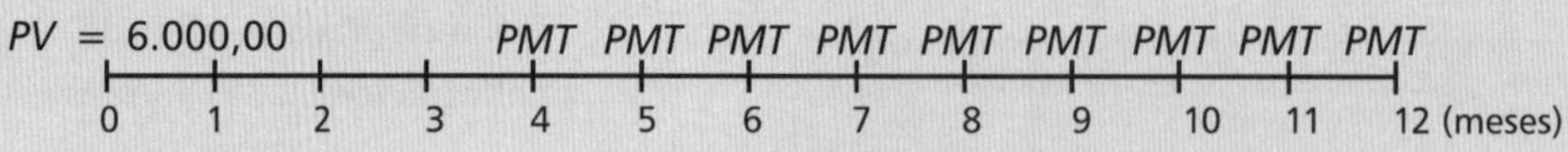

d) 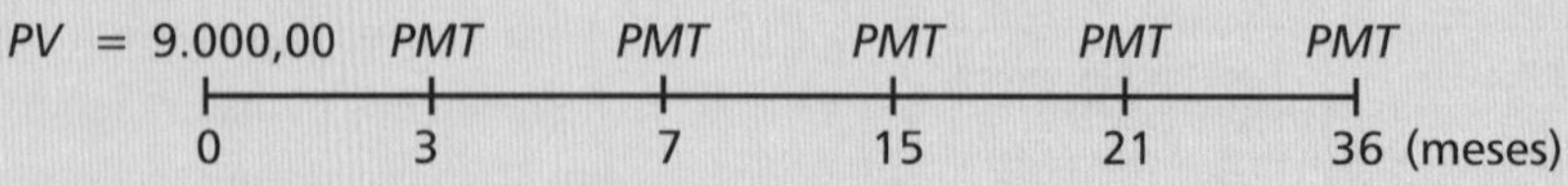

e) 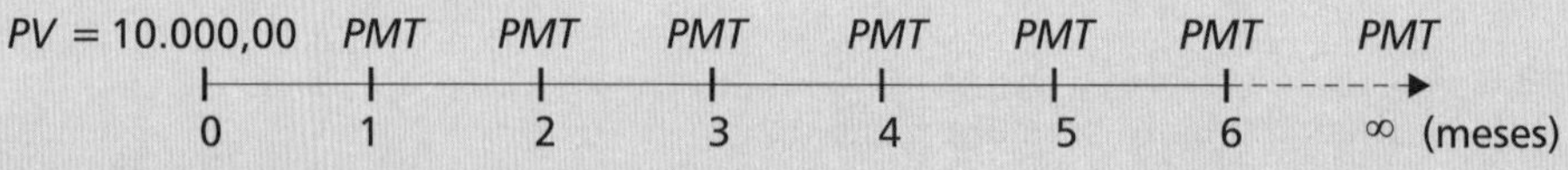

f) 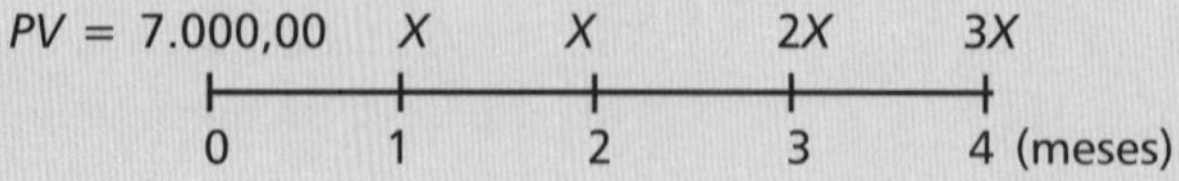

g) 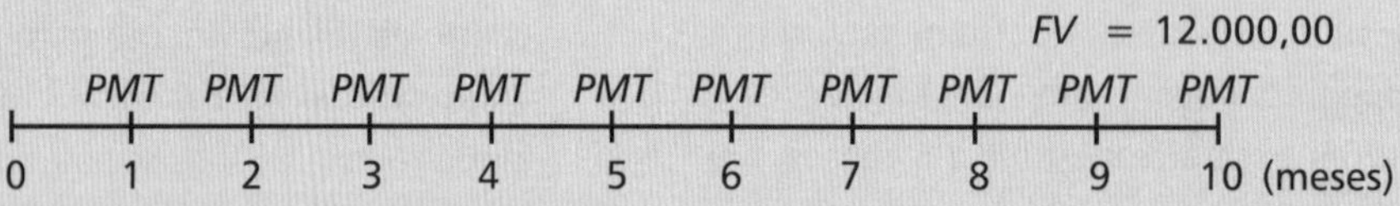

h) 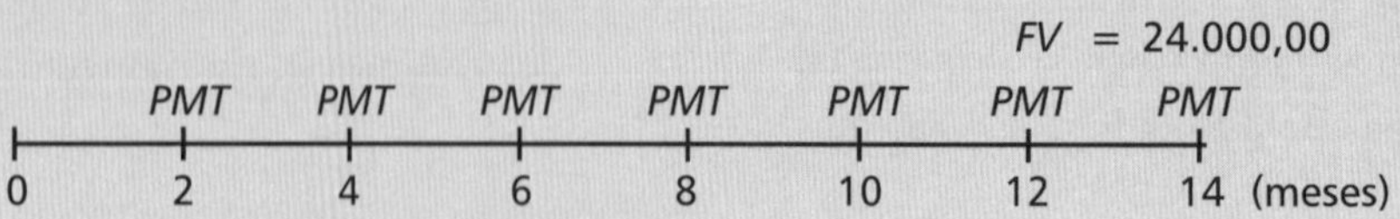

16. Uma instituição financeira publica que seu coeficiente de financiamento a ser aplicado sobre o custo do bem a recuperar nas contraprestações é de 0,054732. Admitindo-se um contrato de arrendamento de 36 pagamentos mensais e um valor residual garantido igual a 6% do valor global do bem arrendado, que atinge $ 3.500.000,00, determine o valor das contraprestações mensais e o custo efetivo do arrendamento.

17. Dois pagamentos no valor de $ 15.000,00 e $ 25.000,00 vencíveis, respectivamente, ao final dos 3º e 4º meses, serão substituídos por quatro pagamentos no final do 5º, 6º, 7º e 8º meses. A taxa de juros negociada é de 1,7% ao mês.
    a) se os valores dos quatro pagamentos forem iguais, determine o valor de cada parcela a ser paga;
    b) se os valores das duas primeiras parcelas forem iguais e o valor da 3ª e da 4ª for igual ao dobro de cada uma das outras parcelas, determine o valor de cada pagamento.

18. Uma empresa apresenta os seguintes compromissos de dívidas com um banco:
    - pagar $ 23.340,00 em um mês;
    - pagar $ 42.960,00 em dois meses;
    - pagar $ 99.180,00 em quatro meses;
    - pagar $ 253.400,00 em seis meses.

    As dívidas foram originariamente contratadas à taxa de juros de 1,8% ao mês.

    Prevendo dificuldades de caixa para honrar com os compromissos nas datas acertadas, a empresa propõe ao banco credor substituir a dívida por 4 pagamentos trimestrais iguais e sucessivos. O banco aceita a proposta, porém define em 2,4% ao mês a taxa de juros a ser cobrada na recomposição da dívida.

    Pede-se calcular o valor de cada parcela trimestral.

19. Admita que um investidor tenha aplicado $ 40.000,00 em um título com vencimento para 10 meses. A taxa líquida de juro prometida pela aplicação é de 0,85% ao mês. Pede-se:
    a) valor do título na data de resgate;
    b) o investidor vendeu o título 4 meses após a aplicação. O negócio foi realizado pela taxa de 0,6% ao mês. Calcular o valor pago ao investidor pela venda do título;
    c) determinar a rentabilidade efetiva auferida pelo investidor pela negociação do título (venda do título) 4 meses após ter aplicado seus recursos (adquirido o título).

Respostas

1. a) 0,181550
   b) 0,095141
   c) 0,059401

2. a) 4,5% a.m.
   b) 4,46% a.m.
   c) 6,17% a.m.

3. a) 0,257652
   b) 0,242347

4. a) 0,088857
   b) $ 1.599,43

5. a) 1,795% a.m.
   b) 2,05% a.m.
   c) 3,81% a.m.

6. a) 3,74% a.m.
   b) 4,26% a.m.

7. 0,296091

8. 0,061824

9. a) 0,070031
   b) 0,068283
   c) 0,071824

10. 0,344103

11. 0,162784

12. 5,24% a.m.

13. 2,72% a.m.

14. $ 787,17

15. a) $ 236,19
    b) $ 262,32
    c) $ 842,06
    d) $ 2.766,95
    e) $ 300,00
    f) X = $ 1.092,18
    g) $ 1.046,77
    h) $ 2.851,40

16. *Contraprestações:*
    Mês 1 a 35 = $ 188.993,28
    Mês 36 = $ 398.993,28
    Custo efetivo (i) = 4,25% a.m.
    ou: 64,8% a.a.

17. a) $ 10.495,06
    b) PMT_5 = $ 7.036,24
       PMT_6 = $ 7.036,24
       PMT_7 = $ 14.072,49
       PMT_8 = $ 14.072,49

18. PMT = $ 116.166,81

19. a) $ 43.533,04
    b) $ 41.998,24
    c) $ 0,8158% a.m.

9

Matemática Financeira e Estratégias Comerciais de Compra e Venda

É cada vez mais demandado o uso do cálculo financeiro na definição de estratégias comerciais de compra e venda, analisando a atratividade dos vários planos financeiros propostos. Para as várias decisões econômicas a serem tomadas por uma empresa, é indispensável o conhecimento da taxa efetiva de juros embutida nas operações a prazo, e o seu confronto com o desconto concedido em operações à vista.

A aplicação da Matemática Financeira nas operações comerciais objetiva determinar:

a) a efetiva redução do preço da mercadoria/produto, causada pelas condições de pagamento concedidas para determinada taxa de inflação ou custo de oportunidade;
b) o percentual de desconto nas operações à vista que seria equivalente à concessão do prazo respectivo;
c) para determinado nível de inflação, quais os planos de venda a prazo considerados economicamente mais interessantes.

Todas as estratégias comerciais são avaliadas, neste capítulo, com base na taxa de inflação da economia ou custo de oportunidade do dinheiro.

9.1 Estratégias de vendas

O objetivo da avaliação dessas estratégias é comparar as várias alternativas de venda expressas em moeda constante, ou seja, com poder de compra de mesma data. Evidentemente, o fluxo de valores das vendas poderia também ser descontado por um custo de oportunidade de mercado, como a taxa de desconto bancário de duplicatas, sem que isso alterasse a essência do raciocínio apresentado.

Por outro lado, o enfoque das estratégias de vendas a ser adotado neste item é preferencialmente voltado para o lado do vendedor, apurando-se assim a perda da venda. De forma oposta, esta perda transforma-se em benefício para quem compra.

9.1.1 Custo da venda a prazo

Foram amplamente discutidos no Capítulo 4 os desequilíbrios que a inflação exerce sobre o dinheiro, fazendo com que a moeda apresente diferentes valores no tempo. Nessa condição, é essencial que se trabalhe com o conceito de valor presente, ou seja, em moeda representativa de uma única data.

Por exemplo, suponha que uma empresa tenha vendido $ 34.000,00 para recebimento em 50 dias. Está claro que o valor do dinheiro varia no tempo motivado pela inflação e, também, pelos juros incorridos no financiamento desta venda. Logo, receber $ 34.000,00 hoje ou daqui a 50 dias não é evidentemente a mesma coisa em termos do efetivo valor do dinheiro. São dois momentos diferentes promovendo alterações no poder aquisitivo.

Para uma inflação, *por exemplo*, de 3% no período, o valor presente dessa renda atinge 97,1% de seu valor daqui a 50 dias, isto é:

$$PV = \frac{34.000,00}{1,03} = \$\ 33.009,70$$

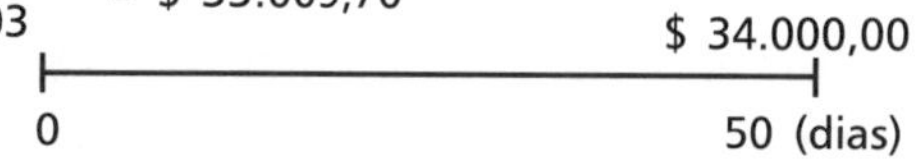

indicando ser indiferente receber $ 33.009,70 *hoje* ou $ 34.000,00 dentro de *50 dias*. A venda a prazo, nessas condições, equivale a conceder um desconto comercial em torno de 2,9% para pagamento à vista.

O raciocínio pode também ser desenvolvido utilizando-se, além da inflação, os juros reais do financiamento, elevando as perdas da venda a prazo. *Por exemplo*, admitindo-se uma taxa de desconto bancário desta venda de 6% para todo o período, o custo nominal do crédito concedido passa a:

$$\text{Custo da Venda a Prazo} = 6\% \times \$\ 34.000,00 = \$\ 2.040,00$$

indicando que o recebimento de \$ 34.000,00 em 50 dias equivale a \$ 31.960,00 (\$ 34.000,00 - 6%) hoje.

Dessa maneira, para uma correta avaliação dos resultados de uma operação de venda a prazo, o essencial é a aplicação do conceito do valor presente. A partir desse raciocínio têm-se, ao mesmo tempo, a perda determinada pela operação, o montante de desconto à vista que seria equivalente a uma transação a prazo e informações corretas para avaliar as melhores estratégias de vendas.

Exemplos:

1. Admita uma venda de \$ 6.000,00 realizada para recebimento em 5 prestações iguais (1 + 4).

   Para uma taxa de inflação de 1,3% ao mês, determinar a perda de capacidade aquisitiva desta venda a prazo.

   Solução:

$$PV = 1.200{,}00 + \frac{1.200{,}00}{(1{,}013)} + \frac{1.200{,}00}{(1{,}013)^2} + \frac{1.200{,}00}{(1{,}013)^3} + \frac{1.200{,}00}{(1{,}013)^4}$$

$$PV = \$\,5.848{,}00$$

   O *PV* calculado demonstra que a venda a prazo, nas condições assinaladas, reduz o preço à vista da mercadoria para 97,5% de seu valor. Ou seja, verifica-se uma perda aproximada de 2,5% determinada pelo prazo concedido.

   Esse percentual de 2,5% é também a taxa de desconto para pagamento à vista que torna o recebimento da venda equivalente, em termos de poder de compra, ao plano de cinco prestações mensais (1 + 4). É indiferente à empresa, mantendo-se em 1,3% ao mês a taxa inflacionária, vender à vista com desconto de 2,5% ou receber o produto da venda em 5 vezes, sendo o primeiro pagamento no ato.

2. Para um custo de oportunidade de 3,8% ao mês (taxa efetiva), qual alternativa proporciona a menor perda para o vendedor: (a) vender à vista com desconto de 6%; ou (b) vender para recebimento em 30 dias sem acréscimo.

   Solução:

   Pelo cálculo do valor presente das propostas, pode-se avaliar o custo de cada uma.

   Tomando-se a venda com base = 100, tem-se:

   a) $PV = 100 - (6\% \times 100) = 94{,}00$ (desconto comercial)

   b) $PV = \frac{100}{(1{,}038)} = 96{,}4$

   A venda em 30 dias proporciona maior valor presente sendo, portanto, a alternativa de maior atratividade para o vendedor.

3. Determinar a alternativa de venda de mais baixo custo dentre as relacionadas a seguir, admitindo um custo de oportunidade de 4% ao mês:

   a) venda à vista com desconto de 7%;

   b) venda em 3 pagamentos (1 + 2), sendo 40% de entrada e o restante em duas prestações mensais, iguais e sucessivas;

   c) vender no cartão de crédito. Neste caso, sabe-se que o pagamento é efetuado em 30 dias, além de serem cobrados 5% de comissão sobre o valor da compra.

   Solução:

   a) $PV = 100 - (7\% \times 100) = \mathbf{93}$

   b) Tomando-se a venda com base = 100, tem-se:

   40 (0) — 30 (1) — 30 (2) (meses)

$$PV = 40 + \frac{30}{(1{,}04)} + \frac{30}{(1{,}04)^2} = \mathbf{96{,}6}$$

   c) 100 − 5 = 95 (0 — 1 (mês))

$$PV = \frac{95}{1{,}04} = \mathbf{91{,}3} \text{ (menor recebimento)}$$

   Do ponto de vista de quem vende, a opção mais onerosa é vender por meio de cartão de crédito.

   A venda a prazo (1 + 2) proporciona o maior valor presente (a menor perda), constituindo-se na alternativa de venda economicamente mais interessante.

4. A atual posição da carteira de valores a receber de uma empresa revela um elevado índice de atrasos. A direção está avaliando alternativas para reduzir esse índice mediante incentivos (descontos) para quem pagar suas prestações pontualmente. Para tanto, foram preparadas duas propostas, conforme ilustradas a seguir:

   Proposta I: Pague metade agora e metade em 30 dias, sem acréscimo.

   A empresa concede um desconto de 20% na prestação para o cliente que pagar pontualmente.

   Proposta II: Entrada de 10% e o restante em 30 dias sem acréscimo.

   A empresa se compromete a devolver a entrada quando do pagamento da prestação (se realizada até a data de vencimento).

Desenvolva uma avaliação dessas duas alternativas de crédito, supondo um custo do dinheiro de 3,7% ao mês.

Solução:

(I)

50 ——— 50 – 20% = 40

0 ——— 30 (dias)

$$PV = 50 + \frac{40}{1,037} = \underline{\mathbf{88,6}}$$

Custo = 100 – 88,6 = **<u>11,4%</u>**

(II)

10 ——— 90 – 10 = 80

0 ——— 30 (dias)

$$PV = 10 + \frac{80}{1,037} = \underline{\mathbf{87,1}}$$

Custo = **<u>12,9%</u>**

Por apresentar menor valor presente (*PV*), a proposta (II) é a que apresenta o maior custo. A venda nessas condições indica que a empresa recebe, em moeda atual, o equivalente a 87,1% do valor da venda, registrando uma perda de 12,9%. Essa perda se reduz para 11,4% na proposta (I).

5. Como resultado de acirrada concorrência de mercado, uma empresa vem promovendo a venda de seus produtos por meio de uma política de desconto para pagamento à vista e prazos de pagamento:

As atuais condições de crédito praticadas pela empresa são:

- *Vendas à vista*: desconto de 25%.
- *Vendas a Prazo I (clientes comuns)*: é dado um desconto de 15% no preço de venda, sendo o valor líquido pago da forma seguinte:

  Entrada: 30%

  Restante: em 30 dias sem acréscimo.
- *Vendas a Prazo II (clientes especiais)*: é também concedido um desconto de 15%, sendo o valor líquido integralmente pago em 30 dias sem acréscimo.

A empresa está atualmente interessada em conhecer o custo dessas alternativas de crédito, simulando taxas mensais de custo de oportunidade do dinheiro de 0%, 3%, 5%, 7% e 10%.

Pede-se colaborar com a empresa calculando percentualmente as perdas determinadas por esta política de crédito.

Solução:

Perdas da Política de Crédito			
Custo do Dinheiro (% ao mês)	Venda à vista	Venda a Prazo I	Venda a Prazo II
0%	25%	15,0%	15,0%
3%	25%	16,7%	17,5%
5%	25%	17,8%	19%
7%	25%	18,9%	20,6%
10%	25%	20,4%	22,7%

O cálculo desses custos é mais facilmente apurado tomando-se uma base = 100. Assim, para um custo de oportunidade de 10% ao mês, por exemplo, tem-se:

- Venda a Prazo I

  Valor Líquido = 100 – 15 = 85

  Entrada = 85 × 30% = 25,5

  Em 30 dias = 85 – 25,5 = 59,5

  25,5 ——— 59,5

  0 ——— 1 (mês)

  $$PV = 25,5 + \frac{59,5}{1,10} = \underline{\mathbf{79,6}}$$

  Ou seja, o *PV* desse crédito representa 79,6% do valor integral da venda, resultando numa perda de 20,4%.
- Venda a Prazo II

  85

  0 ——— 1 (mês)

  $PV = \frac{85}{1,10}$ = 77,3, que equivale a um custo de 22,7%, e assim por diante.

9.2 Estratégias de compras

Em ambiente com inflação, ou que apresente um custo de oportunidade do dinheiro em nível relevante, torna-se bastante pertinente a discussão sobre as decisões de compras de estoques empresariais. Essa preocupação justifica-se, basicamente, diante da expectativa que se forma de obtenção de ganhos especulativos nos estoques (desde que os valores sejam reajustados em percentuais superiores aos da inflação geral da economia), ou também como maneira de se preservar a capacidade de compra do material.

Por exemplo, uma empresa, prevendo um aumento de 12% no preço de determinada mercadoria, está avaliando a alternativa de antecipar esta compra de forma a não pagar o reajuste esperado. Suponha que essa mercadoria permaneça 4 meses estocada antes de ser vendida.

Admitindo uma taxa prefixada de juros de 3,5% ao mês, o percentual de aumento evitado pela antecipação das compras será integralmente diluído em pouco mais de três meses, ou seja:

$$(1{,}035)^n = 1{,}12$$

$$n \times \log 1{,}035 = \log 1{,}12$$

$$n = \frac{\log 1{,}12}{\log 1{,}035} = \frac{0{,}049218}{0{,}014940} = 3{,}29 \text{ meses}$$

Dessa forma, o volume de compras não pode demorar mais de três meses (3,29 meses) para que seja vendido. Ao ultrapassar este prazo, o custo do dinheiro acumulado no período de venda superará a valorização registrada nos estoques. Se o prazo de venda dessas mercadorias for inferior a três meses, a empresa terá realizado um bom negócio.

Evidentemente, situações mais complexas podem surgir na prática, exigindo maior cuidado na avaliação da decisão de antecipar compras de estoques comerciais. Por exemplo, venda a prazo da mercadoria, compra a prazo, incidência de impostos sobre a venda etc. devem ser levados em consideração na formulação de estratégias de compras.

Os *exemplos ilustrativos* desenvolvidos a seguir visam retratar cada uma dessas situações, apresentando um detalhamento de suas principais características relevantes para a Matemática Financeira.

9.2.1 Exemplo 1: compra e venda à vista

Determinada mercadoria, vendida atualmente por \$ 1.750,00 a unidade, tem seu custo total de compra definido em \$ 1.350,00. Tanto a compra como a venda desta mercadoria ocorrem à vista.

Sabe-se que sobre essa operação incidem impostos sobre vendas, os quais totalizam o percentual líquido de 20% calculado sobre o preço de negociação. Esses impostos são pagos 30 dias após a venda da mercadoria.

A empresa tarda geralmente 3 meses para vender essa mercadoria, ou seja, o período de estocagem é de 3 meses.

Sendo de 3% ao mês o custo nominal do dinheiro, deseja-se saber se é interessante a aquisição dessa mercadoria nas condições estabelecidas.

Solução:

Graficamente, o problema pode ser representado da seguinte forma:

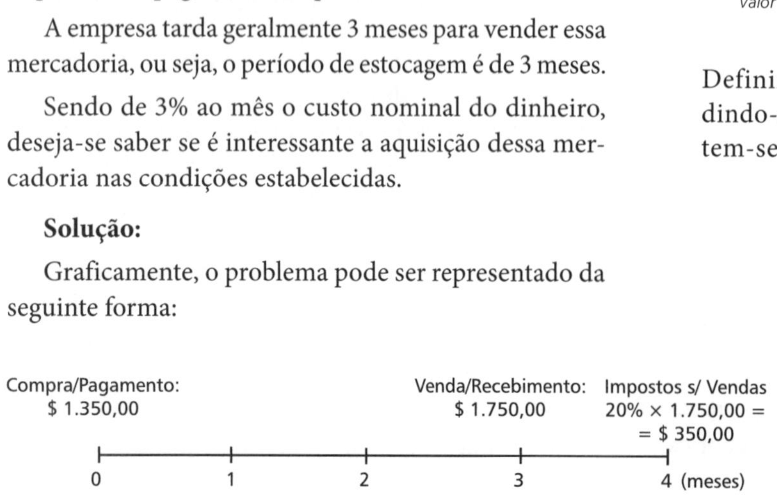

Observe que os valores constantes do fluxo financeiro acima são considerados nos momentos em que são transformados em dinheiro. Assim, os impostos são desembolsados ao final do quarto mês (um mês após a venda) e as vendas realizadas e recebidas no terceiro mês.

A avaliação da atratividade de compra dessa mercadoria é processada a partir do cálculo do valor presente dos fluxos de entrada de caixa (recebimento da venda) e saídas de caixa (pagamento de impostos e da mercadoria vendida), conforme ilustrado no gráfico acima.

Assim, vender uma mercadoria hoje para recebimento em 90 dias equivale, para um custo financeiro de 3% ao mês, a:

$$PV = \frac{1.750{,}00}{(1{,}03)^3} = 1.601{,}50$$

O custo de compra da mercadoria, pago à vista, soma \$ 1.350,00. Os impostos calculados sobre o preço de venda, por oferecerem um prazo de estocagem de 30 dias, têm o seguinte valor atualizado:

$$PV = \frac{20\% \times 1.750{,}00}{(1{,}03)^4} = \$\ 311{,}00$$

Logo, em valor presente:

Receita de Venda	\$ 1.601,50
Custo de Compra	(\$ 1.350,00)
Impostos s/Vendas	(\$ 311,00)
Resultado a Valor Presente:	(\$ 59,50)

Em termos de valor líquido atualizado, a operação apresenta prejuízo. Nestas condições, a antecipação das compras deve ser suficiente para atender a, no máximo, um mês e meio das vendas (1,476), isto é:

$$\underbrace{\frac{1.750{,}00}{(1{,}03)^{PE}}}_{\text{Valor de Venda}} - \underbrace{1.350{,}00}_{\text{Custo de compra}} - \underbrace{\frac{20\% \times 1.750{,}00}{(1{,}03)^{PE+1}}}_{\text{Impostos Pagos um mes apos as vendas}} = 0$$

Definindo o prazo de estocagem por *PE*, e dividindo-se cada membro da expressão por $(1{,}03)^{-PE}$, tem-se:

$$\frac{\dfrac{1.750{,}00}{(1{,}03)^{PE}}}{(1{,}03)^{PE}} - \frac{1.350{,}00}{(1{,}03)^{-PE}} - \frac{\dfrac{20\% \times 1.750{,}00}{(1{,}03)^{PE+1}}}{(1{,}03)^{-PE}} = 0$$

$$\left[\frac{1.750{,}00}{(1{,}03)^{PE}} \times \frac{1}{(1{,}03)^{-PE}}\right] - \frac{1.350{,}00}{(1{,}03)^{-PE}} - \left[\frac{350{,}00}{(1{,}03)^{PE+i}} \times \frac{1}{(1{,}03)^{-PE}}\right] = 0$$

$$\frac{1.750,00}{(1,03)^0} - \frac{1.350,00}{(1,03)^{-PE}} - \frac{350,00}{(1,03)^{PE+1-PE}} = 0$$

$$1.750,00 - \frac{350,00}{(1,03)} = \frac{1.350,00}{(1,03)^{-PE}}$$

$$1.410,20 = 1.350,00 \times (1,03)^{PE}$$

$$1,03^{PE} = 1,044588$$

Aplicando-se logaritmo, conforme demonstrado no Apêndice C:

$$PE = \frac{\log 1,044588}{\log 1,03} = \frac{0,018945}{0,012837} =$$
$$= 1,476 \text{ mês}$$

9.2.2 Exemplo 2: compra à vista e venda a prazo

Certo produto, adquirido à vista em 20.03 por \$ 190,00, foi vendido 21 dias após por \$ 310,00. A empresa ainda concedeu um prazo de pagamento de 15 dias ao cliente. Sabe-se que em 07.05 deve a empresa recolher \$ 21,60 de ICMS, e no dia 15.05 deve também recolher impostos sobre vendas no valor de \$ 8,20.

Para uma taxa de juros efetiva de 2,6% ao mês, pede-se avaliar o resultado desta operação.

Solução:

Graficamente, essa situação é representada da forma seguinte:

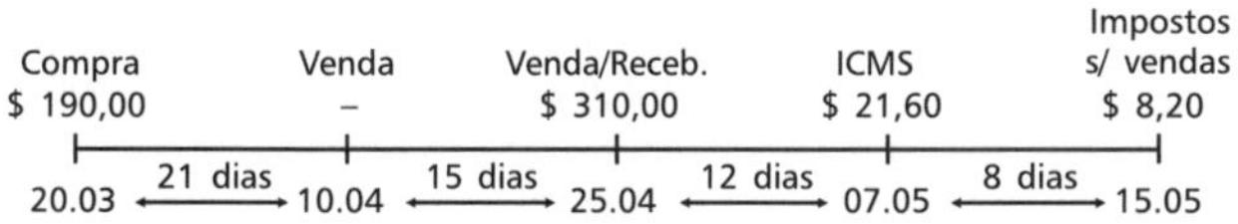

Taxa efetiva de juros: 2,6% ao mês, equivalendo a:

$(1,026)^{1/30} - 1 = 0,0856\%$ a.d.

O cálculo do resultado dessa operação pelo método do valor presente envolve a definição de uma data focal (data de comparação). A decisão do negócio não se altera, evidentemente, qualquer que seja a data escolhida.

Para ilustrar, são definidas duas datas na solução do problema: 20.03 (compra da mercadoria) e 25.04 (recebimento da venda).

Data Focal: 20.03

- A receita de venda (benefício de caixa), que ocorre efetivamente 36 dias após a data da compra da mercadoria, equivale na data focal de 20.03 a:

$$PV = \frac{310,00}{(1,000856)^{21+15}} = \frac{310,00}{(1,000856)^{36}} =$$
$$= 300,60$$

- Os custos da operação (desembolsos de caixa) são também expressos em valores da data focal, isto é:

Custo de Compra: \$ 190,00

ICMS:

$$\frac{21,60}{(1,000856)^{21+15+12}} = \frac{21,60}{(1,000856)^{48}} : \$ \; 20,73$$

Outros impostos s/vendas:

$$\frac{8,20}{(1,000856)^{48+8}} : \$ \; 7,82$$

- Logo, o resultado líquido atualizado da operação atinge:

Resultado = 300,60 – 190,00 – 20,73 – 7,82

Resultado = \$ 82,05

indicando a atratividade econômica da venda.

Data Focal: 25.04

$$\text{Resultado} = 310,00 - \left[190,00(1,000856)^{21+15} + \frac{21,60}{(1,000856)^{12}} + \frac{8,20}{(1,000856)^{3+12}}\right]$$

Resultado = 310,00 – (195,94 + 21,38 + 8,06)

Resultado = \$ 84,62

Esse resultado atualizado equivale, para a taxa de juros considerada, ao valor presente calculado na data focal de 20.03, isto é:

$$\frac{84,62}{(1,000856)^{36}} = \$ \, 82,05$$

9.2.3 Exemplo 3: compra a prazo e venda à vista

Um magazine recebe de um fornecedor oferta de uma mercadoria por \$ 700,00 para pagamento em 30 dias, ou \$ 731,50 para pagamento em 60 dias. O magazine trabalha com um prazo de venda desta mercadoria de três meses. Qual o custo financeiro que torna essas propostas equivalentes para o magazine?

Solução:

Graficamente, tem-se:

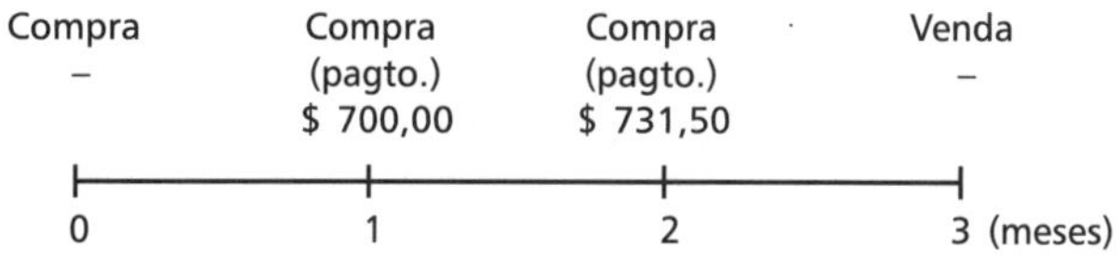

A mercadoria assume um custo financeiro durante o período em que permaneceu estocada, à espera de ser vendida. Esse custo é reduzido pelo prazo de pagamento concedido pelo fornecedor. Assim, em termos líquidos, a primeira proposta de pagamento em 30 dias envolve custo financeiro de 2 meses (3 – 1), e o pagamento em 60 dias reduz esse custo para um mês (3 – 2).

Pelas informações apresentadas, e supondo-se a inexistência de outros encargos sobre as vendas, conclui-se que é indiferente ao magazine adquirir a mercadoria em qualquer prazo oferecido desde que o seu custo financeiro (custo de financiar o estoque) seja igual a 4,5% ao mês. A esse percentual, os custos de compra são idênticos nas duas condições de pagamento oferecidas, proporcionando o mesmo resultado atualizado.

Em valores do momento da venda, tem-se:

$$700{,}00 \times (1 + i)^{3-1} = 731{,}50 \times (1 + i)^{3-2}$$

$$\frac{(1+i)^2}{(1+i)^1} = \frac{731{,}50}{700{,}00}$$

$$1 + i = 1{,}045$$

$$i = 4{,}5\% \text{ a.m.}$$

Assim, 4,5% é a taxa de juro mensal que torna equivalentes as duas propostas de compra. Quando o custo de financiar o estoque superar a taxa de 4,5%, torna-se mais interessante a compra em 60 dias.

A opção para compra em 30 dias é recomendada quando os juros cobrados pelos fornecedores do Magazine ficarem abaixo dos 4,5% ao mês.

9.2.4 Exemplo 4: compra e venda a prazo

Admita que uma empresa esteja avaliando a venda de um lote de mercadorias por $ 32.000,00. A expectativa é que esse lote demore 30 dias para ser vendido. Tipicamente, esse segmento de comércio trabalha com vendas a crédito, sendo o prazo de recebimento esperado de 90 dias.

O fornecedor da mercadoria fixou o seu preço em $ 24.500,00 para pagamento em 60 dias. Concede, no entanto, um desconto de 15% se o pagamento for efetuado em 30 dias e de 25% para pagamento à vista.

Sendo de 4% ao mês o custo financeiro da empresa, pede-se avaliar os resultados dessas opções de compra.

Solução:

Expressando-se os valores dos fluxos de caixa para o momento do recebimento da venda, tem-se para cada proposta de compra:

Compra da mercadoria à vista:

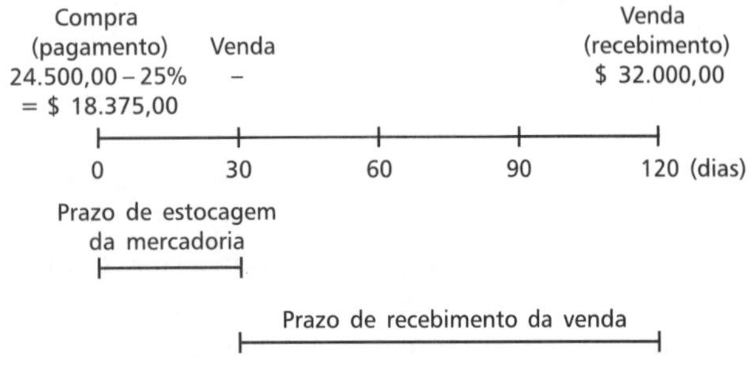

Resultado a valor presente (data de recebimento da venda):

$$PV = 32.000{,}00 - 18.375{,}00 \times (1{,}04)^{1+3}$$

$$PV = 32.000{,}00 - 18.375{,}00 \times (1{,}04)^4$$

$$PV = 32.000{,}00 - 21.496{,}20$$

$$PV = \$\ 10.503{,}80$$

Compra da mercadoria para pagamento em 30 dias:

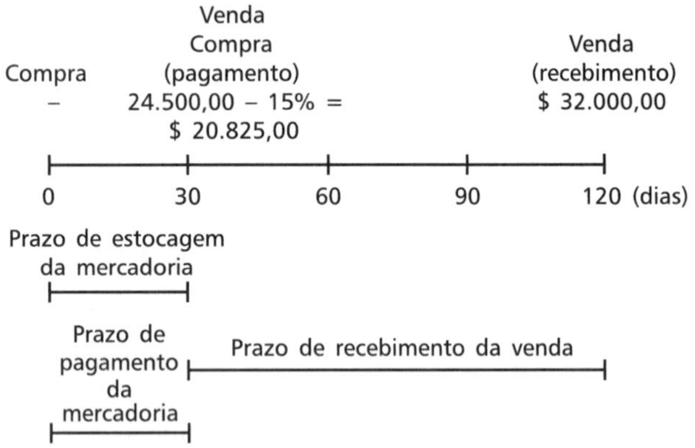

Resultado a valor presente (data de recebimento da venda):

$$PV = 32.000{,}00 - 20.825{,}00\ (1{,}04)^{1+3-1}$$

$$PV = 32.000{,}00 - 23.425{,}30$$

$$PV = \$\ 8.574{,}70$$

Compra da mercadoria para pagamento em 60 dias:

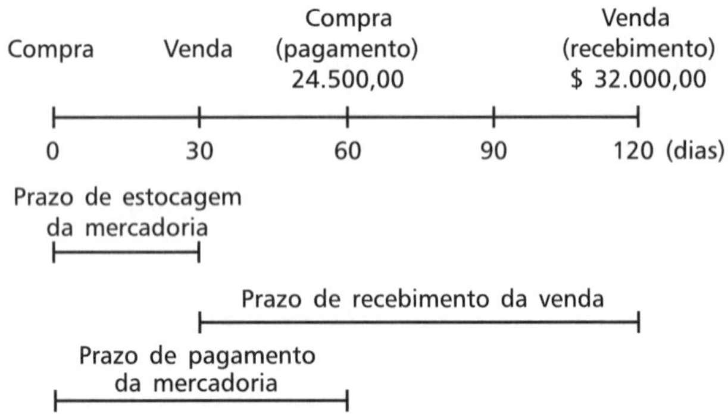

Resultado a valor presente (data da venda):

$$PV = 32.000{,}00 - 24.500{,}00\ (1{,}04)^{1+3-2}$$

$$PV = 32.000{,}00 - 24.500{,}00\ (1{,}04)^2$$

$$PV = 32.000{,}00 - 26.499{,}20$$

$$PV = \$\ 5.500{,}80$$

Pelos resultados calculados, a atratividade maior para a empresa é adquirir a mercadoria à vista, pois é a alternativa que oferece o maior resultado a valor presente. Mesmo a concessão de um crédito pelo fornecedor por 60 dias não tornou a compra a prazo mais vantajosa. Em verdade, para a empresa seria interessante a compra por 60 dias somente se o preço da mercadoria fosse fixado pelo fornecedor em menos de $ 19.874,40, isto é:

$$10.503,80 = 32.000,00 - \text{Custo} \times (1,04)^{1+3-2}$$

$$\text{Custo} \times (1,04)^2 = 21.496,20$$

$$\text{Custo} = \frac{21.496,20}{(1,04)^2}$$

$$\text{Custo} = \$\ 19.874,40$$

Em outras palavras, o incremento no preço por compra a prazo deve ser inferior ao custo financeiro da empresa. Assim, capitalizando-se 4% ao mês ao preço à vista de \$ 18.375,00 tem-se o preço máximo para pagamento em 60 dias, isto é:

$$\$\ 18.375,00 \times (1,04)^2 = \$\ 19.874,40$$

Exemplo:

1. Uma mercadoria tem seu preço de venda fixado em \$ 368,00 à vista, ou \$ 382,00 para pagamento em 30 dias da data da compra. Pela compra, a empresa tem uma compensação de ICMS (crédito) de 18%, sendo seu prazo de recuperação de 14 dias. Este percentual incide sobre o valor nominal da compra. Para uma taxa efetiva de juro de 3,4% ao mês, indicar se interessa à empresa adquirir a mercadoria à vista ou a prazo.

Solução:

a) *Compra à vista - Custo Líquido a Valor Presente*

Compra/Pagamento: \$ 368,00 — 0
ICMS: 18% × 368,00 = \$ 66,24 — 14 (dias)

$$PV = 368,00 - \frac{66,24}{(1,034)^{14/30}}$$

$$PV = \$\ 302,80$$

b) *Compra a Prazo - Custo Líquido a Valor Presente*

Compra — 0
ICMS: 18% × 382,00 = \$ 68,76 — 14
Pagto. Compra: \$ 382,00 — 30 (dias)

$$PV = \frac{382,00}{1,034} - \frac{68,76}{(1,034)^{14/30}}$$

$$PV = \$\ 301,70$$

A compra a prazo, por oferecer o menor custo líquido atualizado, é mais interessante que a opção à vista.

Observe que o incremento do preço a prazo é de 3,8%, superior à taxa de desconto considerada de 3,4%. A compensação do imposto decidiu pela compra a prazo.

9.3 Formação do preço de venda a valor presente

Um componente fundamental na formação do preço de venda é a aplicação dos conceitos de Matemática Financeira na definição de seu valor. Um preço de venda representa, efetivamente, o valor presente de um fluxo futuro de entradas (recebimentos) e saídas (desembolsos de despesas) de caixa esperados em determinado intervalo de tempo. Esses fluxos financeiros são descontados a uma taxa de juros que exprime, preferencialmente, o custo de oportunidade dos valores.

A metodologia de cálculo do valor presente envolve os prazos operacionais de pagamentos, estocagem, venda e cobrança.

O principal pressuposto da formação do preço de venda é que os valores do fluxo operacional não ocorrem num mesmo momento. Ou seja, a empresa adquire um produto em certo momento, cujo pagamento pode dar-se em outro, e investe ainda até a sua venda (período de estocagem), podendo o recebimento ocorrer posteriormente. Esses valores futuros do ciclo financeiro devem ser atualizados, a determinada taxa, a valores de hoje, de maneira a expressar o preço de venda.

Ilustrativamente, admita uma empresa interessada em avaliar o preço de venda à vista de determinado produto. As despesas da empresa são as seguintes:

- impostos s/vendas: 20%, prazo para recolhimento de 20 dias;
- comissões s/vendas: 3%, pagamento é efetuado no momento do recebimento da venda;
- custo de compra (líquido): \$ 83,20. O fornecedor concede 40 dias para pagamento;
- a empresa deseja apurar uma margem de lucro de 25% sobre o preço de venda; de forma a cobrir suas despesas fixas e obter um lucro final;
- a empresa trabalha com uma taxa de juro de 0,10% ao dia.

A partir desses dados, pode-se formar o preço à vista como o valor presente dos vários fluxos esperados de caixa. Representando o problema no formato de um demonstrativo de resultados a valor presente, tem-se o Quadro 9.1.

Quadro 9.1 *Formação do preço à vista*

	Preço de venda à vista	P
(–)	Custo de compra: $83,20/(1,001)^{40}$	79,94
(–)	Impostos s/vendas: $0,20\ P/(1,001)^{20}$	$0,196\ P$
(–)	Comissões s/vendas	$0,03\ P$
(=)	Lucro desejado:	$0,25\ P$

Exprimindo o preço de venda por meio de uma formulação matemática, apura-se:

$P - 79{,}94 - 0{,}196\,P - 0{,}03\,P = 0{,}25\,P$

$0{,}524\,P = 79{,}94$

$P = \$\ 152{,}56$

que representa o preço de venda à vista, expresso em valor atual, que cobre as despesas e promove uma margem equivalente a 25% de seu valor.

Admitindo que a venda será realizada para recebimento em 30 dias, tem-se o seguinte preço a prazo:

$$\frac{P}{(1{,}001)^{30}} - \frac{83{,}20}{(1{,}001)^{40}} - \frac{0{,}20P}{(1{,}001)^{20}} - \frac{0{,}03P}{(1{,}001)^{30}} =$$
$$= 0{,}25 \times \frac{P}{(1{,}001)^{30}}$$

$0{,}9705\,P - 79{,}94 - 0{,}196\,P - 0{,}0291\,P = 0{,}2426\,P$

$0{,}5028\,P = 79{,}94$

$P = \$\ 159{,}00$

que representa o preço de venda, para recebimento em 30 dias, expresso a valor presente.

No exemplo ilustrativo, foi admitido que a margem de lucro de 25% incide sobre o preço de venda a valor presente, e não sobre o preço nominal (a prazo).

Ao se considerar a margem de lucro sobre o preço de venda nominal, tem-se:

$0{,}9705\,P - 79{,}94 - 0{,}196\,P - 0{,}0291\,P = 0{,}25\,P$

$0{,}4954\,P = 79{,}94$

$\mathbf{P = \$\ 161{,}36}$

Exemplo:

1. Determinado comércio está avaliando o preço de certa mercadoria. O preço que o fornecedor oferece é de \$ 119,80, sendo o pagamento previsto para 20 dias.

   Os impostos incidentes sobre a venda totalizaram 20% de seu valor, devendo ser recolhidos, em média, 18 dias após. Outras despesas de responsabilidade da empresa:

   - Comissão s/vendas: 5%. Pagamento na data do recebimento da venda.
   - Despesas operacionais: 12% s/venda. Prazo de desembolso médio de 10 dias após a venda.

   A empresa espera vender a mercadoria num prazo médio de 16 dias. A margem de lucro desejada é de 15% sobre o preço de venda.

   Admitindo uma taxa de juro de 0,09% ao dia, determinar o preço de venda nas seguintes condições:

   a) venda à vista;
   b) venda a prazo (2 pagamentos), sendo o primeiro no ato da venda e o segundo após 30 dias.

Solução:

a) *Preço à Vista (Data da Venda)*

- Pela estrutura do demonstrativo de resultados, tem-se:

  Preço de Venda à Vista: P

  Custo de Compra:
  $[119{,}80 \times (1{,}0009)^{16}]$ /
  $(1{,}0009^{20})$: 119,37

  Impostos s/Venda:
  $0{,}20\,P/(1{,}0009)^{18}$: $0{,}1968\,P$

  Comissão s/Venda: $0{,}05\,P$

  Despesas Operacionais:
  $0{,}12\,P/(1{,}0009)^{10}$: $0{,}1189\,P$

  Margem de Lucro $0{,}15\,P$

  $P - 119{,}37 - 0{,}1968\,P - 0{,}05\,P - 0{,}1189\,P = 0{,}15\,P$

  $0{,}4843\,P = 119{,}37$

  $P = \$\ 246{,}48$

- Graficamente, tem-se a seguinte representação:

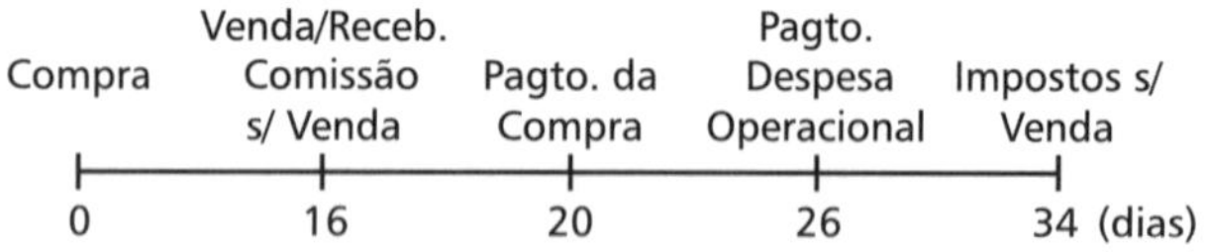

b) *Preço a Prazo (Data da Venda)*

A alteração com relação ao preço à vista ocorre no cálculo do valor presente do preço a prazo, isto é:

$$0{,}5\,P + \frac{0{,}5P}{(1{,}0009)^{30}} = 0{,}9867\,P$$

Logo:

$0{,}9867\,P - 0{,}1968\,P - 119{,}37 - 0{,}05 \times 0{,}5 \times P -$

$\frac{0{,}05 \times 0{,}5 \times P}{(1{,}0009)^{30}} - 0{,}1189\,P = 0{,}15\,P$

$0{,}9867\,P - 0{,}1968\,P - 0{,}025\,P - 0{,}0243\,P - 0{,}1189\,P = 0{,}15\,P$

$0{,}4717\,P = 119{,}37$

$P = \$\ 253{,}06$

Na ilustração, calculou-se a margem de lucro sobre o preço nominal. O valor de venda pode também ser calculado considerando o percentual desejado de lucro incidindo sobre o preço expresso a valor presente.

Exercícios resolvidos

1. Admita que uma mercadoria seja vendida à vista e adquirida com um prazo de pagamento de 4 meses. Essa mercadoria permanece ainda 2 meses em estoque antes de ser vendida. Sabe-se que a empresa vem conseguindo aplicar suas disponibilidades de caixa à taxa de juros de 2,3% ao mês no mercado financeiro.

Nessas condições, a empresa recebe uma oferta de venda à vista dessa mercadoria por $ 1.693,00 a unidade. No entanto, sabe-se que seu preço de custo (compra) é de $ 1.760,00.

Pode a empresa aceitar essa oferta? Suponha simplesmente a inexistência de outras despesas sobre vendas.

Solução:

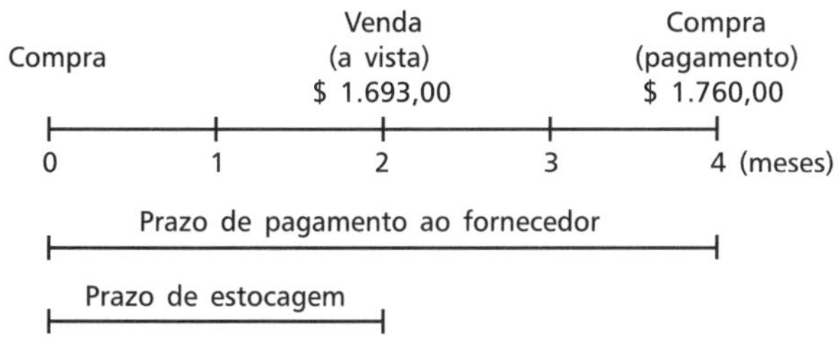

Expressando os valores do fluxo de caixa na data da venda, tem-se o seguinte valor atualizado:

$$PV = 1.693,00 - \frac{1.760,00}{(1,023)^2}$$

$PV = \$\ 11,25$

Ou, em valores da data de pagamento da compra da mercadoria:

$PV = 1.693,00\ (1,023)^2 - 1.760,00$

$PV = \$\ 11,77$

ou:

$PV = \$\ 11,25 \times (1,023)^2 = \$\ 11,77$

O ganho financeiro apurado pela empresa no período compreendido entre a data da venda (e o respectivo recebimento) e a do pagamento ao fornecedor permite que a empresa possa vender sua mercadoria a um preço abaixo de seu custo nominal. Nestas condições, a operação produz um valor presente positivo, indicando sua atratividade econômica.

2. Uma empresa vende determinado produto por $ 630,00. O produto foi adquirido à vista, tendo permanecido 29 dias em seus estoques antes da venda. A venda foi realizada para pagamento em 15 dias sem acréscimo.

O custo unitário de compra do produto atinge $ 420,00. Outros custos de responsabilidade da empresa são:

- ICMS: $ 11,50 pagos 5 dias antes de realizada a venda;
- IPI: $ 16,30 pagos quando da compra do produto;
- Impostos sobre vendas: $ 3,20 pagos 10 dias após a realização da venda.

Sendo de 0,10% ao dia a taxa de juro considerada, pede-se calcular o resultado desta operação comercial na data da venda.

Solução:

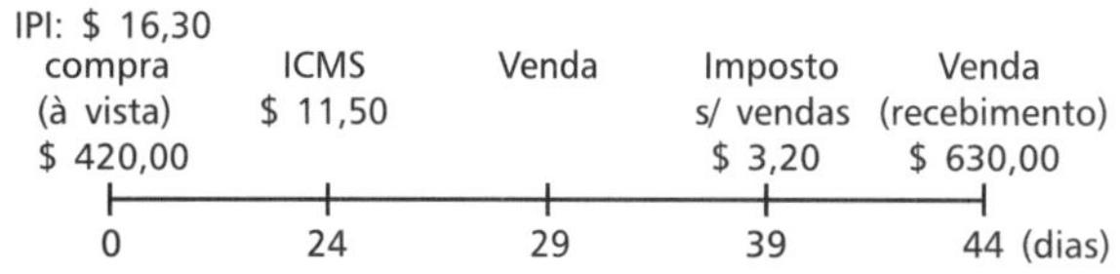

Resultado a valor presente (data da venda):

$$PV = \frac{630,00}{(1,001)^{15}} - \left[420,00(1,001)^{29} + 16,30(1,001)^{29} + 11,50(1,001)^{6} + \frac{3,20}{(1,001)^{10}}\right]$$

$PV = 620,63 - (432,35 + 16,78 + 11,56 + 3,17)$

$PV = 620,63 - 463,86$

$PV = \$\ 156,77$ (resultado na data da venda)

3. Certa loja incorre nos seguintes custos para cada $ 100,00 de compra de uma mercadoria:

- Frete: 1%, pago à vista;
- ICMS (crédito): 12%, com prazo de recuperação de 16 dias;
- IPI: 15%, pagamento à vista (no ato da compra);
- Condições de pagamento da compra: 2 pagamentos iguais, respectivamente, em 30 e 60 dias.

Calcular o preço total líquido da compra admitindo uma taxa de juros de 2,2% ao mês.

Solução:

$$\text{Valor da Compra: } \frac{0,50C}{1,022} + \frac{0,50C}{(1,022)^2} = 0,9679\ C$$

$\text{Frete} = 0,01\ C$

$$\text{ICMS (Crédito): } \frac{0,12C}{(1,022)^{16/30}} = (0,1186\ C)$$

$IPI: = \underline{0,15\ C}$

Custo Total de Compra a Valor Presente: 1,0093 *C*

O custo da compra da mercadoria equivale, a valor presente, a um preço 0,93% superior ao seu valor nominal. Por exemplo, se o preço de uma mercadoria estiver definido em \$ 170,00, o seu valor líquido atualizado de compra atinge:

$$\text{Custo a Valor Presente} = 1{,}0093 \times \$\ 170{,}00 = \$\ 171{,}58$$

4. Uma cadeia de lojas adquire um lote de mercadorias à vista por \$ 36.000,00. Essas mercadorias permanecem estocadas, em média, 2 meses antes de serem vendidas. O custo financeiro da empresa é de 3,4% ao mês, e a sua taxa de remuneração proveniente das aplicações no mercado financeiro atinge 2,0% ao mês.

Pede-se:

a) determinar o resultado a valor presente dessa operação, sendo o preço de venda a prazo (recebimento em 30 dias) da mercadoria de \$ 46.000,00;

b) se o fornecedor propuser a venda da mercadoria para pagamento em 4 meses, qual deve ser o valor máximo que a empresa deve pagar para que obtenha um resultado a valor presente idêntico ao da compra à vista?

Solução:

a)

Resultado a Valor Presente na Data da Venda:

$$PV = \left(\frac{46.000{,}00}{(1{,}034)}\right) - [36.000{,}00 \times (1{,}034)^2]$$

$$PV = 44.487{,}42 - 38.489{,}62$$

$$PV = \$\ 5.997{,}80$$

b)

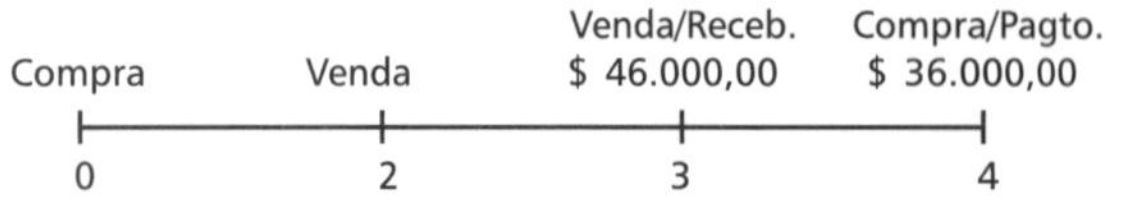

Data Focal: Data da Venda

$$PV = \left(\frac{46.000{,}00}{(1{,}034)}\right) - \left[\frac{36.000{,}00}{(1{,}02)^4} \times (1{,}034)^2\right]$$

$$PV = 44.487{,}42 - 35.558{,}46$$

$$PV = \$\ 8.928{,}96$$

O custo da mercadoria foi atualizado à taxa de 2,0% ao mês para incorporar o ganho pelo prazo de pagamento, e posteriormente corrigido à taxa de 3,4% ao mês para refletir o custo de estocagem.

Este é o resultado da venda da mercadoria nas condições de compra para pagamento em 4 meses pelo valor de \$ 36.000,00.

O valor máximo que a empresa deve pagar ao fornecedor para apurar um resultado de \$ 5.997,80, idêntico ao da compra à vista [questão a)], é obtido:

$$5.997{,}80 = \left[\frac{46.000{,}00}{1{,}034}\right] - \left[\frac{\text{Custo}}{(1{,}02)^4} \times (1{,}034)^2\right]$$

$$5.997{,}80 = 44.487{,}42 - 0{,}9877 \times \text{Custo}$$

$$0{,}9877 \times \text{Custo} = 38.489{,}62$$

$$\text{Custo} = \$\ 38.968{,}94$$

Exercícios propostos

1. Demonstre a proposta mais onerosa:

   a) vender à vista com desconto de 5%;

   b) vender em 3 vezes (1 + 2) sem acréscimo. Entrada de 40% do valor e duas prestações mensais, iguais e sucessivas.

   Sabe-se que o custo do dinheiro está definido em 3,4% ao mês.

2. Determine as perdas percentuais provocadas em cada uma das alternativas de venda ilustradas a seguir:

   a) venda à vista com desconto de 6%;

   b) venda a prazo para pagamento integral em 30 dias;

   c) venda em 5 pagamentos mensais e iguais, sendo o primeiro efetuado no ato.

   O custo do dinheiro é definido em 2,9% ao mês.

3. Uma revendedora está atualmente negociando suas mercadorias mediante desconto de 12% e prazo de pagamento de 30 dias.

A empresa está avaliando trabalhar exclusivamente com vendas à vista. Determine o desconto que pode conceder para pagamento à vista de forma que essa proposta seja equivalente, em termos de custo, às condições originais.

Admita uma taxa de 2,5% para o custo do dinheiro.

4. Uma empresa, com o intuito de dinamizar determinado segmento de mercadorias, está promovendo dois planos de vendas conforme demonstrados a seguir:

Plano I:

- venda para pagamento em 30 dias, sem acréscimo e sem entrada;
- desconto de 15% no preço de venda.

Plano II

- venda para pagamento em 30 dias sem acréscimo e sem entrada;
- a empresa paga ao cliente, no ato da compra, 10% do valor da nota fiscal em dinheiro.

Sendo de 3,2% ao mês a taxa corrente de juros, pede-se calcular as perdas percentuais determinadas pelos dois planos.

5. Um empréstimo é efetuado para pagamento ao final de dois meses. Sendo de 1,3% a taxa de inflação do primeiro mês e de 1,6% do segundo mês, determine a redução no poder de compra no momento da amortização da dívida.

6. Uma pequena indústria recebe uma oferta de compra de um lote de produtos para pagamento em 90 dias. Com problemas de caixa, a indústria propõe que a venda seja realizada à vista com desconto. Para uma inflação de 1,2% ao mês, calcule a taxa de desconto que torna equivalente (indiferente) a venda à vista e a venda para recebimento em 90 dias.

7. O preço à vista de uma mercadoria é de $ 1.210,00. A prazo (pagamento em 60 dias), o preço se eleva para $ 1.294,00. Sendo de 8,5% o custo do dinheiro no período, demonstre se o acréscimo no preço de venda cobriu o juro da venda a prazo.

8. Determinada mercadoria é vendida por $ 800,00 para pagamento em 60 dias. A loja oferece um desconto de 8% para pagamento à vista. Calcule a taxa mensal efetiva de juros cobrada nesta venda a prazo.

9. Uma empresa está promovendo a venda de seus produtos em 3 pagamentos (1 + 2). Nesse caso, o cliente paga somente as duas primeiras prestações, sendo a última quitada automaticamente após o pagamento da segunda.

As condições de pagamento definidas na proposta são:

- Entrada: 40%
  1ª prestação: 40%
  2ª prestação: 20%

Sendo de 3,4% ao mês o custo do dinheiro, determine a perda provocada por esta alternativa de crédito.

10. Certa empresa comercial tem normalmente concedido descontos de 20% a seus clientes especiais para pagamento em até 30 dias. Essa prática de venda é direcionada às pequenas e médias empresas revendedoras de suas mercadorias, as quais apresentam grande capacidade de compra.

Uma avaliação mais pormenorizada da carteira de valores a receber revela que os pagamentos vêm sendo realizados com atrasos de até 25 dias. Estatisticamente é demonstrado que somente 47% dos clientes pagam pontualmente suas compras, um percentual considerado muito baixo.

Visando elevar o nível de pontualidade de seus clientes, a empresa está estudando lançar um plano de venda aos revendedores com descontos decrescentes em função de inadimplência. Após uma avaliação da situação, foi adotada a seguinte tabela:

Desconto	Condições de Pagamento
25%	À vista
20%	Em 30 dias
15%	Com até 3 dias de atraso
10%	Com 4 a 6 dias de atraso
5%	Com 7 a 10 dias de atraso

Nas condições de pagamento propostas não estão previstas entradas. Sendo de 3,0% ao mês o custo do dinheiro, pede-se determinar:

a) custo da venda em 30 dias paga pontualmente;

b) custo das condições de venda admitindo que o cliente pague com:

- 3 dias de atraso;
- 4 dias de atraso;
- 6 dias de atraso;
- 7 dias de atraso;
- 10 dias de atraso.

11. Considerando uma taxa de juro de 2,6% ao mês, qual a melhor alternativa de compra a prazo:

a) compra para um único pagamento em 45 dias;

b) compra para 4 pagamentos mensais e iguais em 30, 60, 90 e 120 dias.

12. Selecione a melhor alternativa de compra para uma taxa de juros de 2,1% ao mês:

a) compra à vista por $ 3.200,00;

b) compra para pagamento ao final de um mês por $ 3.295,00;

c) compra para pagamento ao final de dois meses por $ 3.300,00.

Considere que no preço encontram-se embutidos o ICMS de 18% (crédito) e o custo financeiro cobrado pelo fornecedor. O prazo de recuperação do ICMS é de 17 dias.

13. Uma concessionária de veículos adquire à vista um veículo novo pelo preço unitário de $ 10.500,00.

O preço de venda ao público desse veículo é de $ 16.700,00. A concessionária realiza essa venda 17 dias após sua entrada em estoque, concedendo ao cliente ainda 10 dias de prazo para pagamento.

Além do custo de compra, a concessionária incorre também em outros desembolsos de caixa, conforme identificados a seguir:

- Impostos sobre vendas: $ 482,00, a serem pagos 30 dias após a venda;
- ICMS: $ 1.750,00, a serem pagos 14 dias após a venda;
- Comissão sobre venda: $ 550,00, a serem pagos 10 dias após o recebimento da venda.

Pede-se calcular o resultado dessa operação a valor presente na data da venda. Sabe-se que o custo financeiro da concessionária é de 0,16% ao dia e que consegue auferir no mercado financeiro 0,09% ao dia em suas aplicações financeiras.

14. Uma loja adquire uma mercadoria por $ 540,00, devendo pagar em três prestações mensais iguais de $ 180,00 cada uma, a primeira no ato da compra e as demais sequencialmente.

A mercadoria permanece, em média, 12 dias em estoque para venda. O lojista concede ao cliente, ainda, um prazo de 15 dias para pagamento.

Os impostos incidentes sobre a venda são de 20%, com um prazo médio de 25 dias para recolhimento. A loja paga também comissão de 3% sobre o valor nominal da venda, no momento de sua realização.

O comerciante tem como política de venda obter uma margem de lucro (margem de contribuição) equivalente a 15% do preço de venda.

Pede-se calcular o preço unitário de venda da mercadoria. Considere-se que os excedentes de caixa podem ser aplicados à taxa de 1,2% a.m. e que os encargos financeiros de empréstimos estão fixados em 2,5% a.m.

15. Uma distribuidora vende determinada linha de produtos com deságio de 12% sobre o preço de fábrica, e a gerência está atualmente avaliando os resultados de uma antecipação de compra destes produtos diante de um aumento dos preços. O aumento definido pelo fabricante é de 8%, e a distribuidora incorre nas seguintes despesas variáveis incidentes sobre as vendas:

- Impostos s/ vendas: 3,6%. Prazo médio de recolhimento de 15 dias. Admita que sejam esses os únicos impostos incidentes sobre as vendas;
- Comissão s/vendas: 3%. Prazo médio de pagamento de 20 dias.

A empresa trabalha com uma taxa de juro de 0,11% ao dia, e os fornecedores concedem normalmente um prazo de 30 dias para pagamento da compra. As vendas são realizadas à vista.

Pede-se:

a) custo de compra a valor presente para cada $ 100 de compra, antes e após o aumento de 8% do fabricante;

b) se a empresa demorar 20 dias para vender seus produtos, determinar a margem de contribuição (receitas de vendas – despesas variáveis) a valor presente para cada $ 100 de venda. Em seus cálculos admita que a distribuidora não opte pela antecipação da compra (compra e vende após a alta dos preços);

c) determinar a margem de contribuição a valor presente, para cada $ 100 de venda, na hipótese de a distribuidora adquirir os produtos antes da alta e vendê-los após pelo preço novo. Neste caso, prevê-se que a distribuidora demora 30 dias para vender o produto.

16. Uma mercadoria é vendida por $ 360,00 à vista, sendo seu custo total de $ 162,00. Na emissão da nota fiscal, a empresa incorre em impostos sobre vendas de 18%. Admite-se que esses impostos são recolhidos em 20 dias e o prazo de pagamento a fornecedores seja de 30 dias.

As demais despesas variáveis incidentes sobre as vendas atingem 20%. As despesas fixas equivalem a $ 21,00 por unidade. Essas despesas (fixas e variáveis) são pagas, em média, em 15 dias.

A empresa está atualmente avaliando o preço de venda a prazo desta mercadoria. As condições de venda a prazo são de dois pagamentos iguais, sendo a metade de entrada e o restante em 30 dias.

Mantendo-se em 2,2% ao mês a taxa efetiva de juros para os próximos meses, pede-se calcular:

a) resultado a valor presente na venda à vista da mercadoria;

b) preço de venda da mercadoria nas condições de venda a prazo. Considere que a empresa deseja manter inalterado seu resultado (em $) apurado na venda à vista.

17. Um computador está sendo negociado por $ 1.800,00 à vista, ou em três pagamentos (1 + 2) de $ 600,00 cada um, sendo o primeiro no ato da compra (entrada) e os restantes em 30 e 60 dias. A loja afirma que não cobra juros na venda a prazo.

A taxa de juros de mercado é de 2,35% ao mês. Pede-se calcular a taxa de desconto sobre o preço de venda do computador que a loja poderia conceder ao cliente.

18. Um empréstimo de $ 30.000,00 é concedido para ser pago em 3 parcelas iguais. A primeira vence em 40 dias, a segunda em 75 dias e a última em 110 dias. Determine o valor de cada parcela, admitindo uma taxa de juros de 1,5% ao mês.

19. Uma loja vende seus produtos em 4 pagamentos mensais e iguais (1 + 3), sendo o primeiro no ato da compra e os demais a cada 30 dias. Visando incentivar as vendas à vista, a loja vem oferecendo desconto de 5,5% sobre o valor da compra para o cliente que pagar no ato. Calcule a taxa de juros que a loja está cobrando em suas vendas a prazo.

20. Um automóvel novo é vendido por $ 45.000,00. Um comprador deu como entrada seu carro usado e financiou a diferença em 6 prestações mensais, iguais e sucessivas de $ 4.800,00. A taxa de juros considerada no financiamento é de 2,95% ao mês. Pede-se calcular o valor do carro usado dado como entrada na compra do veículo novo.

21. Uma mercadoria é adquirida por uma loja para revenda por $ 800,00. O prazo de pagamento ao fornecedor é de 25 dias, e o prazo médio de estocagem, de 20 dias. Os impostos comerciais totalizam a 20% do valor da venda pela loja, sendo o prazo de recolhimento de 15 dias após a venda.

A empresa incorre ainda nas seguintes despesas:

- comissões sobre vendas: 4% sobre o valor da venda, sendo pagas no ato do recebimento;
- outras despesas: representam 10% das vendas, sendo o pagamento realizado 20 dias após a realização das vendas.

A empresa deseja apurar uma margem de contribuição (Receitas de Vendas menos Despesas Variáveis) igual a 18% do preço de venda. A taxa de juros praticada pela empresa é de 2,7% ao mês (taxa efetiva).

Pede-se calcular o preço de venda da mercadoria nas seguintes condições:

a) venda à vista;

b) venda para recebimento em duas parcelas iguais (30 e 60 dias);

c) venda para recebimento de 20% no ato (entrada) e o restante em duas parcelas iguais a serem liquidadas em 30 e 60 dias.

Considere a data da venda como a data focal de cálculo do preço de venda da mercadoria.

22. Uma mercadoria é vendida por $ 10.000,00 para pagamento à vista. Um comprador oferece a seguinte proposta:

- entrada: 10%;
- pagamento de $ 2.500,00 em 60 dias;
- restante em quatro prestações mensais, iguais e consecutivas, sendo liquidadas a partir do final do 5º mês. A taxa de juro utilizada na operação está fixada em 14% ao ano (taxa efetiva).

Pede-se calcular o valor de cada prestação mensal.

23. Uma mercadoria sofreu um reajuste de 40% em seu preço de venda. Alguns dias após, a loja decide promover a venda dessa mercadoria concedendo um desconto de 40%. Pede-se calcular o desconto efetivamente concedido pelo comerciante em relação ao preço original da mercadoria.

24. Uma mercadoria teve dois reajustes sequenciais em seu preço de venda. O primeiro reajuste foi de 30%, e o segundo de 15%. Qual a taxa de desconto que deve ser concedida para que o preço da mercadoria seja igual ao seu valor original?

25. Uma mercadoria é vendida em uma loja por $ 2.200,00. O vendedor recebe uma comissão de venda igual a 7%. O lojista, por sua vez, aufere um lucro de 40% sobre o preço de custo. Pede-se calcular o preço de custo dessa mercadoria.

Respostas

1. Vender à vista.

2. a) $PV = 94$ (6%)
   b) $PV = 97{,}2$ (2,8%)
   c) $PV = 94{,}5$ (5,5%)

3. 14,15%

4. PV (I) = 82,4 (17,60%)
   PV (II) = 86,9 (13,1%)

5. 2,84%

6. 3,5%

7. Não. O reajuste no preço a prazo é de 6,9%, enquanto o custo financeiro atinge 8,5%.

8. 4,26% a.m.

9. 21,3% ($PV = 78{,}7$)

10. a) $PV = 77{,}67$ (– 22,33%)
    b) $PV = 82{,}28$ (– 17,72%)
    $PV = 87{,}03$ (– 12,97%)
    $PV = 86{,}86$ (– 13,14%)
    $PV = 91{,}60$ (– 8,4%)
    $PV = 91{,}33$ (– 8,67%)

11. a) $PV = 96{,}22$
    b) $PV = 93{,}82$
    Por apresentar o menor valor presente, a melhor alternativa é *b*.

12. a) PV = $ 2.630,74
    b) PV = $ 2.653,13

c) $PV = \$ 2.602,50$

A melhor alternativa é a compra em 60 dias.

13. $ 2.908,39

14. $ 880,90

15. a) Antes do aumento: $ 85,14.

Após o aumento: $ 91,96.

b) $ 7,01

c) $ 13,00

16. a) $ 45,63

b) $ 363,92

17. $PV = \$ 1.759,00$

18. $ 10.378,19

19. $i = 3,91\%$ a.m.

20. $ 18.954,33

21. a) $V = \$ 1.644,19$

b) $V = \$ 1.782,25$

c) $V = \$ 1.722,49$

22. $ 1.758,89

23. 16%

24. 33,11%

25. $ 1.461,43

10

Análise de Investimentos e Reposição de Ativos

Basicamente, toda operação financeira é representada em termos de fluxos de caixa, ou seja, em fluxos futuros esperados de recebimentos e pagamentos de caixa. A avaliação desses fluxos consiste, em essência, na comparação dos valores presentes, calculados segundo o regime de juros compostos a partir de uma dada taxa de juros, das saídas e entradas de caixa.

Em consideração ao conceito do valor do dinheiro no tempo, raciocínio básico da Matemática Financeira adotado neste livro, coloca-se como fundamental estudar-se somente os métodos que levem em conta o critério do fluxo de caixa descontado.

Dessa maneira, o capítulo desenvolve os métodos da *taxa interna de retorno e do valor presente líquido*, admitidos como os de maior utilização e rigor conceitual nas análises das operações financeiras (aplicações e captações) e de projetos de investimento. São formuladas, ainda, diversas situações especiais de análise de investimentos, como comparações entre os métodos, análise de projetos mutuamente excludentes, decisões com restrições orçamentárias etc.

O capítulo dedica-se, também, como uma das mais interessantes aplicações dos métodos de avaliação de caixa, às decisões básicas de reposição de ativos. O intuito principal é o de estabelecer uma linha de raciocínio financeiro nas decisões de substituição de ativos, incorporando preocupações associadas ao custo do investimento, vida econômica, valor de revenda etc.

10.1 Taxa interna de retorno (*IRR*)[1]

A taxa interna de retorno é a taxa de juros (desconto) que iguala, em determinado momento do tempo, o valor presente das entradas (recebimentos) com o das saídas (pagamentos) previstas de caixa. Geralmente, adota-se a data de início da operação – momento zero – como a data focal de comparação dos fluxos de caixa.

Normalmente, o fluxo de caixa no momento zero (fluxo de caixa inicial) é representado pelo valor do investimento, ou empréstimo ou financiamento; os demais fluxos de caixa indicam os valores das receitas ou prestações devidas.

Nessas condições, a identidade de cálculo da *taxa interna de retorno* é identificada da forma seguinte:

$$FC_0 = \frac{FC_1}{(1+i)^1} + \frac{FC_2}{(1+i)^2} + \frac{FC_3}{(1+i)^3} + \ldots + \frac{FC_n}{(1+i)^n},$$

deduzindo-se que:

$$FC_0 = \sum_{j=1}^{n} \frac{FC_j}{(1+i)^j}$$

onde: FC_0 = valor do fluxo de caixa no momento zero (recebimento – empréstimo, ou pagamento – investimento);

FC_j = fluxos previstos de entradas ou saídas de caixa em cada período de tempo;

i = taxa de desconto que iguala, em determinada data, as entradas com as saídas previstas de caixa. Em outras palavras, i representa a taxa interna de retorno.

Considerando que os valores de caixa ocorrem em diferentes momentos, é possível concluir que o método da *IRR*, ao levar em conta o valor do dinheiro no tempo, expressa na verdade a *rentabilidade*, se for uma aplicação, ou *custo*, no caso de um empréstimo ou financiamento, do fluxo de caixa. A rentabilidade ou custo é indicada em termos de uma taxa de juros equivalente periódica.

Por exemplo, admita um empréstimo de \$ 30.000,00 a ser liquidado por meio de dois pagamentos mensais e sucessivos de \$ 15.500,00 cada.

Graficamente, tem-se a Figura 10.1.

[1] IRR – *Internal Rate of Return* (Taxa Interna de Retorno).

Figura 10.1 *Ilustração do empréstimo*

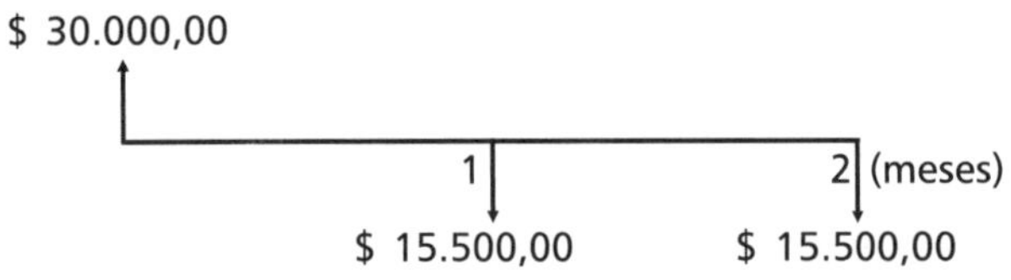

O custo dessa operação, calculado pelo método da taxa interna de retorno, atinge:

$$30.000,00 = \frac{15.500,00}{(1+i)} + \frac{15.500,00}{(1+i)^2}$$

Resolvendo a expressão com o auxílio de uma calculadora, tem-se o custo efetivo mensal de:

$$i = 2,21\% \text{ a.m.}$$

O custo obtido de 2,21% a.m. representa, diante das características enunciadas do método da IRR, a taxa de juros que iguala, em determinada data, a entrada de caixa ($ 30.000,00 – recebimento do empréstimo) com as saídas de caixa ($ 15.500,00 – valor de cada prestação desembolsada).

Conforme foi comentado, ainda, a data focal para o cálculo da taxa interna de retorno pode ser definida livremente, sem que isso interfira em seu resultado. *Por exemplo*, ao se fixar a data focal ao final do segundo mês, verifica-se que o custo não se altera, permanecendo inalterado em 2,21% ao mês, ou seja:

$$30.000,00\ (1+i)^2 = 15.500,00\ (1+i) + 15.500,00$$

Resolvendo, chega-se ao mesmo resultado:

$$IRR\ (i) = 2,21\% \text{ ao mês } (2,2141\% \text{ a.m.})$$

10.1.1 Interpretação da *IRR* por meio de planilha financeira

Uma visão mais ampla da IRR pode ser obtida ao elaborar-se a planilha financeira do empréstimo a ser liquidado com duas prestações iguais.

Observe na planilha apresentada no Quadro 10.1 que a taxa calculada de 2,21%* ao mês recai unicamente sobre o saldo devedor líquido da operação. As prestações determinadas por esta taxa, além de remunerarem o capital emprestado, permitem a liquidação completa da dívida ao final do prazo contratado.

Quadro 10.1 *Planilha financeira de uma operação de empréstimo*

Data (mês)	Saldo Devedor ($)	Amortização ($)	Juros ($)	Prestação ($)
0	30.000,00	–	–	–
1	15.164,20	14.835,80	664,20	15.500,00
2	–	15.164,20	335,80	15.500,00

* Juro (i) = 2,2141% a.m.

Outro exemplo ilustrativo permite fixar mais concretamente o conceito de taxa interna de retorno.

Admita que um investimento de $ 70.000,00 promova expectativas de benefícios de caixa de $ 20.000,00, $ 40.000,00, $ 45.000,00 e $ 30.000,00, respectivamente, ao final dos próximos quatro anos da decisão.

Observando-se que o investimento exige um desembolso inicial e quatro fluxos futuros de ingressos esperados de caixa, tem-se a Figura 10.2.

Figura 10.2 *Fluxos futuros do investimento*

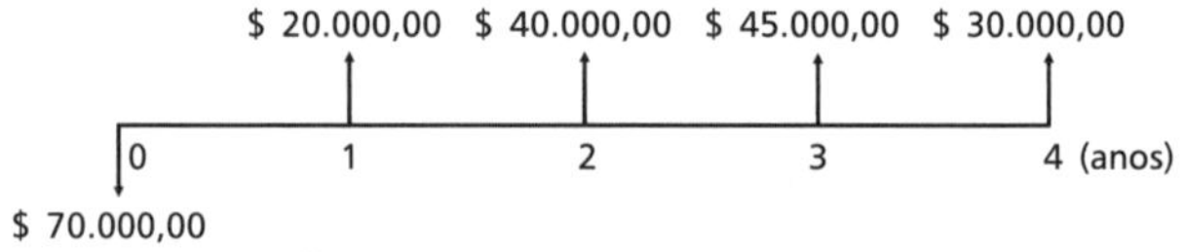

A expressão de cálculo é a seguinte:

$$70.000,00 = \frac{20.000,00}{(1+i)} + \frac{40.000,00}{(1+i)^2} + \frac{45.000,00}{(1+i)^3} + \frac{30.000,00}{(1+i)^4}$$

$$IRR(i) = 30\% \text{ a.a.}$$

Por meio do auxílio de uma calculadora financeira, apura-se uma taxa interna de retorno de 30,0% ao ano; isto é, ao se descontarem os vários fluxos previstos de caixa pela *IRR* calculada, o valor atualizado será exatamente igual ao montante do investimento de $ 70.000,00. Com isso, o resultado apurado denota a efetiva taxa de rentabilidade anual do investimento.

$$PV = \frac{20.000,00}{1,30} + \frac{40.000,00}{1,30^2} + \frac{45.000,00}{1,30^3} + \frac{30.000,00}{1,30^4}$$

$$PV = \$\,70.000,00$$

Deve ser ressaltado, ainda, que os 30,0% representam a taxa de retorno equivalente composta anual. A *IRR* não pode ser considerada como o ganho efetivo em cada período (ano), mas como a rentabilidade média ponderada geometricamente consoante o critério de juros compostos.

A rentabilidade total acumulada do projeto para os quatro anos atinge 185,6%, ou seja:

$$\text{Rentabilidade Total} = (1,30)^4 - 1 = 185,6\% \text{ p/os quatro anos}$$

De outra forma, ao se aplicar os fluxos de entrada de caixa à *IRR* de 30,0% ao ano, calcula-se um montante ao final do prazo igual a $ 199.927,00 (*FV*). Esse valor representa, na verdade, a riqueza econômica, ao final do último ano de vida do projeto, determinada pela aplicação de $ 70.000,00 (*PV*).

Relacionando-se esta riqueza de \$ 199.927,00 com o valor do investimento inicial de \$ 70.000,00, chega-se à rentabilidade de 185,6% referente aos quatro anos, ou seja:

$$IRR\ (i) = \frac{\$\,199.927{,}00}{\$\,70.000{,}00} - 1 = 1{,}856 \text{ ou } 185{,}6\%$$

Ao se mensurar a taxa equivalente composta anual da operação apura-se:

$$IRR\ (i) = \sqrt[4]{1 + 1{,}856} - 1 = 0{,}30 \text{ ou } 30{,}0\% \text{ a.a.}$$

que representa a taxa interna de retorno (rentabilidade anual) calculada para o investimento.

10.1.2 Quando a taxa de reinvestimento não coincide com a *IRR*

A demonstração mencionada no tópico anterior levou em consideração que os fluxos de caixa são reaplicados, ao longo do prazo da operação, à própria taxa interna de retorno calculada (30,0% ao ano). Nesta hipótese, a *IRR* do investimento representa efetivamente sua rentabilidade periódica.

Esse é um pressuposto implícito no método da *IRR*. Em outras palavras, a taxa interna de retorno de uma alternativa financeira somente é verdadeira na suposição de todos os fluxos de caixa, que se sucederão, sejam reaplicados à taxa de juro calculada pelo método. Em caso contrário, o resultado efetivo do investimento é outro.

Admita, no exemplo citado, que os fluxos de entrada de caixa possam ser reaplicados, até o final do prazo do investimento, à taxa de 22% ao ano. Ao reduzir a taxa de reaplicação dos resultados de caixa de 30% para 22% ao ano, a rentabilidade anual da alternativa também diminui, conforme demonstrado a seguir:

- *Montante da Reaplicação das Entradas de Caixa (FV)*:

  $$FV = 20.000{,}00\ (1{,}22)^3 + 40.000{,}00\ (1{,}22)^2 + 45.000{,}00\ (1{,}22) + 30.000{,}00$$

  $$FV = \$\ 180.753{,}00$$

- *Valor do Investimento (PV)*:

  $$PV = \$\ 70.000{,}00$$

- *Rentabilidade Periódica*:

  $$IRR(i) = \frac{\$\,180.753{,}00}{\$\,70.000{,}00} - 1$$

  $$IRR(i) = 158{,}22\% \text{ p/ todo o período (4 anos),}$$

equivalendo a:

$$IRR(i) = (2{,}5822)^{1/4} - 1 = \underline{26{,}76\% \text{ a.a.}}$$

Dessa maneira, pode-se concluir que a *IRR* esperada de uma decisão de investimento é dependente não somente dos resultados de caixa projetados para a alternativa, como também da *reaplicação* destes fluxos ao longo de todo o prazo. A rentabilidade se eleva em condições de a taxa de reaplicação superar a *IRR* calculada do investimento, ocorrendo o inverso quando a reaplicação for efetuada a uma taxa inferior.

Exemplos:

1. Determinar a taxa interna de retorno referente a um empréstimo de \$ 126.900,00 a ser liquidado em quatro pagamentos mensais e consecutivos de \$ 25.000,00, \$ 38.000,00, \$ 45.000,00 e \$ 27.000,00.

Solução:

O fluxo de caixa é representado graficamente da forma seguinte:

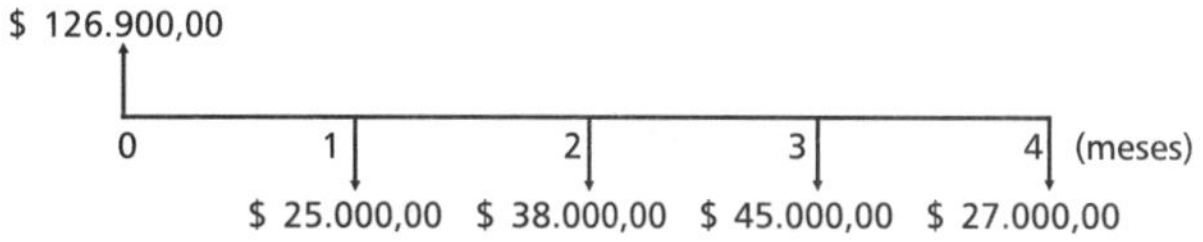

A formulação para a solução do problema apresenta-se:

$$126.900{,}00 = \frac{25.000{,}00}{(1+i)} + \frac{38.000{,}00}{(1+i)^2} + \frac{45.000{,}00}{(1+i)^3} + \frac{27.000{,}00}{(1+i)^4}$$

A *IRR* é a taxa de desconto (juros) que iguala os pagamentos do empréstimo (saídas de caixa) com o valor do capital emprestado (entrada de caixa) em determinada data.

Resolvendo-se a expressão com o auxílio de uma calculadora financeira, chega-se à *IRR* que representa o custo equivalente composto periódico da operação:

$$IRR\ (i) = 2{,}47\% \text{ a.m.}$$

2. Uma aplicação financeira envolve uma saída de caixa de \$ 47.000,00 no momento inicial, e os seguintes benefícios esperados de caixa ao final dos três meses imediatamente posteriores: \$ 12.000,00; \$ 15.000,00 e \$ 23.000,00. Determinar a rentabilidade (*IRR*) mensal efetiva dessa operação.

Solução:

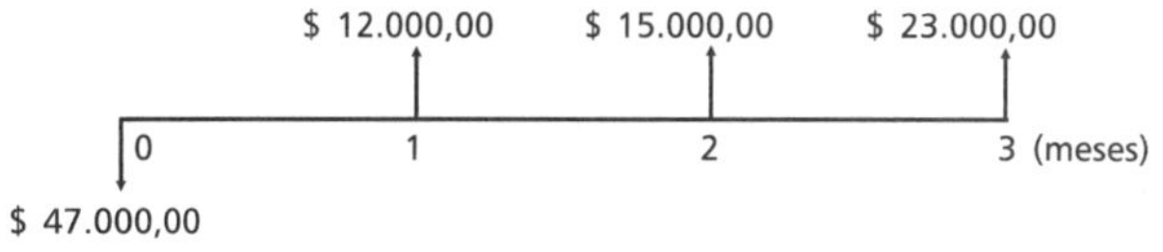

$$47.000{,}00 = \frac{12.000{,}00}{(1+i)} + \frac{15.000{,}00}{(1+i)^2} + \frac{23.000{,}00}{(1+i)^3}$$

Resolvendo-se a expressão:

$$IRR\ (i) = 2{,}84\% \text{ a.m.}$$

que representa a rentabilidade equivalente composta mensal da aplicação.

Mediante esse exemplo ilustrativo, é possível ressaltar-se, uma vez mais, que a *IRR* mensal de 2,84% assume implicitamente o pressuposto de que, para ser verdadeira, devem todos os fluxos intermediários de caixa serem reinvestidos à própria taxa interna de retorno calculada para a aplicação.

Em verdade, o método da *IRR* adota a hipótese de que os vários fluxos de caixa gerados da aplicação devem ser reaplicados, até o final do prazo da operação, em alternativas que rendam, pelo menos, os 2,84% ao mês obtidos de rentabilidade. Na situação de não se conseguir aplicar os valores de caixa a esse percentual, a taxa interna de retorno se modificará.

Ilustrativamente, ao se admitir que os dois fluxos iniciais de caixa sejam reinvestidos às taxas mensais de 2,0% e 1,5%, respectivamente, apuram-se os seguintes resultados:

- *Montante Acumulado ao Final do Período*:

$$FV_3 = 12.000,00 \times (1,02)^2 + 15.000,00 \times (1,015) + 23.000,00$$

$$FV_3 = 12.484,80 + 15.225,00 + 23.000,00$$

$$FV_3 = \$\ 50.709,80$$

- *Rentabilidade Total do Investimento*:

$$IRR(i) = \frac{\$\ 50.709,80}{\$\ 47.000,00} - 1 = 7,89\%\ \text{para os três meses}$$

- *Taxa Equivalente Composta de Rentabilidade Anual (IRR)*:

$$\sqrt[3]{1,0789} - 1 = 2,56\%\ \text{a.m.}$$

Observe que, mesmo que os fluxos de caixa ocorram exatamente como o previsto para cada período, a impossibilidade de reinvesti-los à *IRR* calculada de 2,84% ao mês promove a redução da rentabilidade da aplicação para 2,56% ao mês.

Assim, para que a taxa de rentabilidade calculada seja verdadeira, todos os fluxos de caixa gerados devem ser reaplicados pela própria *IRR* da operação até o final do prazo.

Muitas alternativas de aplicações financeiras economicamente atraentes em determinado momento poderão ter seus retornos reduzidos em épocas posteriores. Para tanto, basta tão somente ocorrer uma diminuição nos percentuais das taxas de reaplicação dos fluxos de caixa ao longo do tempo. Se a decisão de aceitar determinado investimento for tomada exclusivamente a partir do método da *IRR*, é importante que se esteja atento com relação ao reinvestimento dos fluxos intermediários de caixa.

Esta nova Taxa Interna de Retorno Ajustada a diferentes taxas de reinvestimento de mercado é geralmente denominada na literatura de Finanças como *Modified Internal Rate of Return* (*MIRR*).

10.1.3 Cálculo da Taxa Interna de Retorno Ajustada (*MIRR*)

Admita o seguinte fluxo de caixa de um investimento:

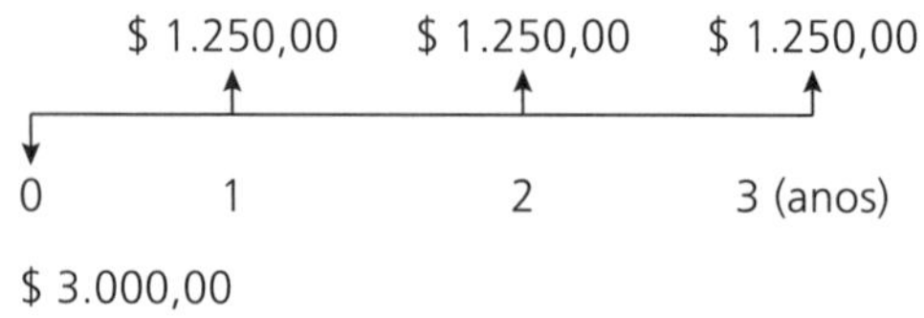

A *IRR* desse investimento atinge a:

$$\$\ 3.000,00 = \frac{\$\ 1.250,00}{(1+i)} + \frac{\$\ 1.250,00}{(1+i)^2} + \frac{\$\ 1.250,00}{(1+i)^3}$$

Solucionando a expressão, apura-se a seguinte taxa de retorno:

$$IRR\ (i) = 12,0\%\ \text{a.a.}$$

Conforme discutido anteriormente, essa taxa de retorno equivalente periódica (12% ao ano) é verdadeira desde que todos os fluxos de entradas de caixa previstos sejam reinvestidos a própria IRR do investimento. Assim, o montante acumulado (FV) ao final do 3º ano, ao se reinvestir todos os fluxos de caixa pela própria *IRR* calculada do projeto de 12,0% ao ano, atinge:

$$\boldsymbol{FV} = \$\ 1.250,00\ (1,12)^2 + \$\ 1.250,00\ (1,12) + \$\ 1.250,00$$

$$\boldsymbol{FV} = \$\ 4.218,00$$

Admitindo o pressuposto de reinvestir os fluxos intermediários de caixa a mesma taxa da *IRR* calculada, o fluxo de caixa anual é equivalente a:

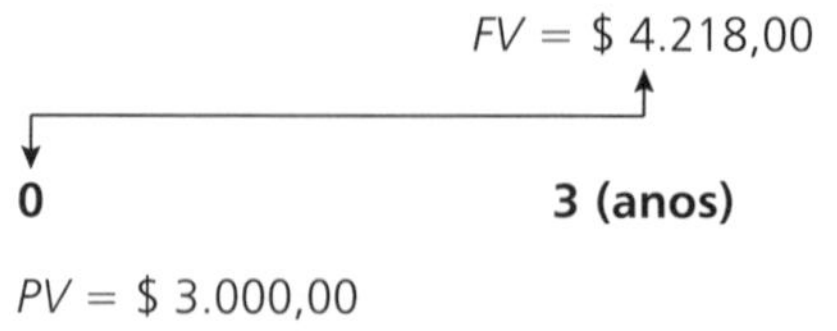

A taxa de retorno equivalente anual desse fluxo é a própria *IRR* do investimento, ou seja:

$$\$\ 4.218,00 = \$\ 3.000,00\ (1 + i)^3$$

$$(1 + i)^3 = \frac{\$\ 4.218,00}{\$\ 3.000,00}$$

$$IRR\ (i) = \left(\frac{\$\ 4.218,00}{\$\ 3.000,00}\right)^{1/3} - 1 = 12,0\%\ \text{a.a.}$$

Caso as oportunidades futuras de mercado estimem taxas diferentes da *IRR* calculadas de 12% ao ano, a taxa interna de retorno do investimento também se altera. Nessa situação de diferentes taxas de reinvestimento no período do investimento, apura-se a denominada *Taxa Interna de Retorno Modificada* (*MIRR*).

Assim, *por exemplo*, se a taxa de retorno futura prevista for de 10% no primeiro ano e de 8% no 2º ano, a *IRR Modificada* do investimento se reduz para 10,8% ao ano, ou seja:

$$MIRR\ (i) = \left[\frac{FV = (\$\ 1.250{,}00 \times 1{,}10 \times 1{,}08) + (\$\ 1.250{,}0 \times 1{,}08) + \$\ 1.250{,}00}{PV = \$\ 3.000{,}00} \right]^{1/3} - 1$$

MIRR (i) = 10,8% a.a.

Caso as taxas de mercado se elevem para 14% no primeiro ano e 15% no segundo ano, a MIRR também cresce, atingindo:

$$MIRR\ (i) = \left[\frac{FV = (\$\ 1.250{,}00 \times 1{,}14 \times 1{,}15) + (\$\ 1.250{,}00 \times 1{,}15) + \$\ 1.250{,}00}{PV = \$\ 3.000{,}00} \right]^{1/3} - 1$$

MIRR (i) = 12,98% a.a.

A *Taxa Interna de Retorno Modificada* (*MIRR*) pode ser interpretada como uma versão melhorada da *IRR* trazendo alguns benefícios, como considerar a realidade do mercado, calculando o retorno do investimento a partir das taxas futuras de mercado, e dispensar um tratamento para as múltiplas taxas de retorno de projetos não convencionais (mais de uma inversão de sinal) conforme será estudado mais adiante neste capítulo.

10.2 Valor presente líquido (*NPV*)[2]

O método do valor presente líquido para análise dos fluxos de caixa é obtido pela diferença entre o valor presente dos benefícios (ou pagamentos) previstos de caixa e o valor presente do fluxo de caixa inicial (valor do investimento, do empréstimo ou do financiamento).

A identidade de cálculo do *NPV* é expressa da forma seguinte:

$$NPV = \left[\frac{FC_1}{(1+i)} + \frac{FC_2}{(1+i)^2} + \ldots + \frac{FC_n}{(1+i)^n} \right] - FC,$$

$$\mathbf{NPV = \sum_{j=1}^{n} \frac{FC_j}{(1+i)^j} - FC_0}$$

onde: FC_j: representa o valor de entrada (ou saída) de caixa previsto para cada intervalo de tempo;

FC_0: fluxo de caixa verificado no momento zero (momento inicial), podendo ser um investimento, empréstimo ou financiamento.

Comparativamente ao método da *IRR*, o valor presente líquido exige a definição prévia da taxa de desconto a ser empregada na atualização dos fluxos de caixa. Na verdade, o *NPV* não identifica diretamente a taxa de rentabilidade (ou custo) da operação financeira; ao descontar todos os fluxos de entradas e saídas de caixa por uma taxa de desconto mínima aceitável, o *NPV* denota, em última análise, o resultado econômico da alternativa financeira expressa em moeda atualizada.

O *NPV* é caracteristicamente referenciado ao momento inicial (data zero).

Ilustrativamente, admita que uma empresa esteja avaliando um investimento no valor de $ 750.000,00 do qual esperam-se benefícios anuais de caixa de $ 250.000,00 no primeiro ano, $ 320.000,00 no segundo ano, $ 380.000,00 no terceiro ano e $ 280.000,00 no quarto ano.

Admitindo-se que a empresa tenha definido em 20% ao ano a taxa de desconto a ser aplicada aos fluxos de caixa do investimento, tem-se a seguinte representação e cálculo do *NPV* na Figura 10.3.

Figura 10.3 *NPV: representação e cálculo*

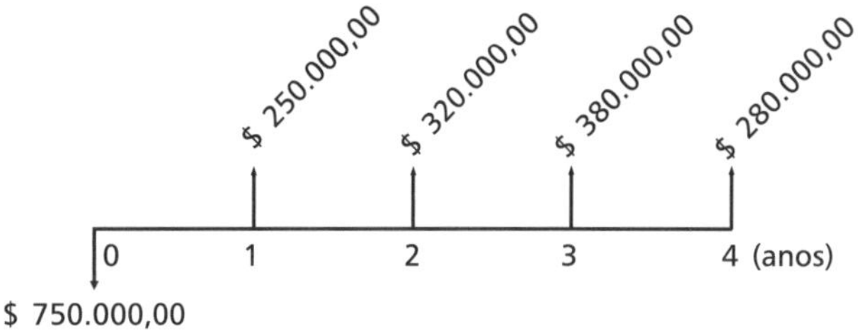

$$NPV = \left[\frac{250.000{,}00}{(1{,}20)} + \frac{320.000{,}00}{(1{,}20)^2} + \frac{380.000{,}00}{(1{,}20)^3} + \frac{280.000{,}00}{(1{,}20)^4} \right] - 750.000{,}00$$

$$NPV = (208.333{,}33 + 222.222{,}22 + 219.907{,}41 + 135.030{,}86) - 750.000{,}00$$

$$NPV = 785.493{,}82 - 750.000{,}00$$

$$NPV = \$\ 35.493{,}82$$

Observe que, mesmo descontando os fluxos de caixa pela taxa de 20% ao ano, conforme definida previamente, o *NPV* é superior a zero, indicando que a alternativa de investimento oferece uma taxa de rentabilidade anual superior aos 20%. Nessa situação, evidentemente, o investimento apresenta-se atraente, indicando sua aceitação econômica.

Ao se elevar a taxa de desconto para 30% ao ano, *por exemplo*, o valor presente líquido apresenta-se negativo, indicando que a rentabilidade implícita do investimento é inferior à taxa de desconto mínima exigida. Ou seja:

$$NPV = \left[\frac{250.000{,}00}{(1{,}30)} + \frac{320.000{,}00}{(1{,}30)^2} + \frac{380.000{,}00}{(1{,}30)^3} + \frac{280.000{,}00}{(1{,}30)^4} \right] - 750.000{,}00$$

[2] *NPV* – *Net Present Value* (Valor Presente Líquido).

$NPV = (192.307,69 + 189.349,11 + 172.963,13 + 98.035,78) - 750.000,00$

$NPV = 652.655,71 - 750.000,00$

$NPV = (\$\ 97.344,29)$

A Figura 10.4 ilustra graficamente o comportamento do valor presente líquido (*NPV*) do investimento admitindo diferentes taxas de desconto.

Figura 10.4 *NPV para diferentes taxas de descontos*

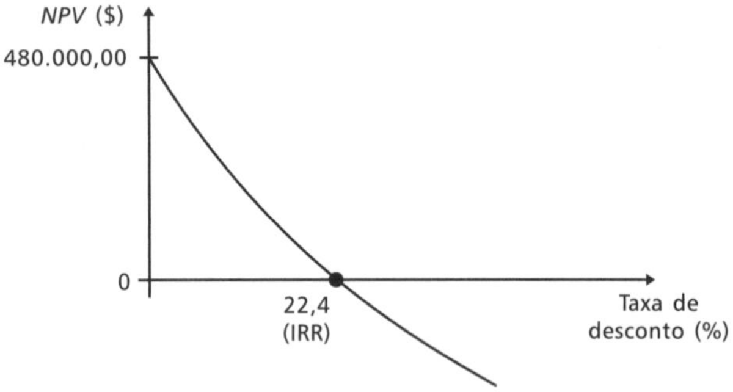

Observe na figura que o *NPV decresce* à medida que se *eleva* a taxa de desconto dos fluxos de caixa do investimento. Admitindo uma taxa de desconto de 0%, o *NPV* é determinado pela simples diferença entre os benefícios anuais totais de caixa e o montante do investimento inicial, isto é:

$NPV\ (i = 0\%) = (250.000,00 + 320.000,00 + 380.000,00 + 280.000,00) - 750.000,00$

$NPV\ (i = 0\%) = 1.230.000,00 - 750.000,00 = \$\ 480.000,00$

À medida que a taxa de desconto vai se distanciando de 0%, o valor presente dos fluxos de caixa decresce, proporcionando, em consequência, um *NPV* cada vez menor.

Até a taxa de 22,4% ao ano verifica-se que o *NPV* é positivo, indicando atratividade do investimento. A partir desta taxa o valor presente líquido passa a ser negativo, demonstrando que o projeto é incapaz de produzir uma riqueza econômica positiva para uma taxa de desconto superior aos 22,4% ao ano.

A taxa de desconto de 22,4%, que produz um *NPV* igual a zero (o valor presente das entradas de caixa iguala-se ao das saídas no momento zero), representa a taxa interna de retorno do investimento, conforme demonstrado no item anterior. Dessa maneira, o interesse econômico pela alternativa existe desde que a taxa de desconto definida como mínima aceitável seja inferior (ou igual) a 22,4% ao ano. Se a taxa exceder esse percentual, a alternativa é considerada sem atratividade econômica; o resultado do *NPV* é negativo, sugerindo que a taxa de rentabilidade (*IRR*) oferecida pela decisão é inferior àquela definida como mínima aceitável.

Dessa maneira, pode-se generalizar o critério de decisão do método do NPV pela seguinte regra: toda vez em que o NPV for igual ou superior a zero, o investimento pode ser aceito; caso contrário, existe indicação de rejeição.

Sempre que: $NPV > 0 - IRR >$ Taxa de Atratividade

$NPV = 0 - IRR =$ Taxa de Atratividade

$NPV < 0 - IRR =$ Taxa de Atratividade

10.2.1 Comparações entre *NPV* e *IRR*

Com o intuito de melhor compreender a relação entre o *NPV* e a *IRR*, é interessante descrever no gráfico os resultados dos fluxos de caixa da operação financeira descrita e interpretada sob dois ângulos: aplicação de capital e empréstimo de capital. Veja a Figura 10.5.

O gráfico *A*, conforme demonstrado na Figura 10.5, é representativo de um aplicador de capital que apura uma taxa de retorno de 22,4% ao ano. O gráfico *B*, por outro lado, reflete a posição de um tomador de capital

Figura 10.5 *Extensões dos métodos do NPV e IRR*

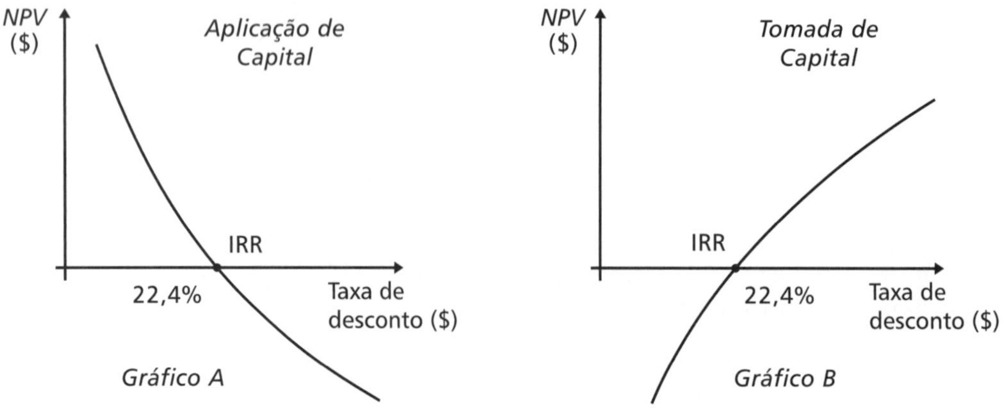

que obtém emprestados recursos a um custo de 22,4% ao ano.

A taxa interna de retorno, definida como a taxa de juros que iguala o *NPV* a zero, é representada graficamente pelo ponto em que a linha do valor presente líquido corta o eixo horizontal. Nas duas ilustrações gráficas, a *IRR* é igual a 22,4%.

No gráfico *A*, o *NPV* decresce à medida que a taxa de desconto se eleva, representando valores positivos até 22,4%. Para uma taxa de desconto igual a 22,4%, o *NPV* anula-se, indicando a *IRR* do fluxo de caixa.

Apesar de o gráfico *B* ter sido elaborado com base no mesmo exemplo, os valores de caixa apresentam sinais invertidos, resultando em curva também inversa em comparação ao gráfico *A*. Essa taxa periódica de 22,4% para quem toma capital emprestado é a taxa mínima que deve ser auferida na aplicação desses recursos. Taxas de desconto menores que 22,4% ao ano produzem *NPV* negativo, e maiores que 22,4% ao ano, *NPV* positivo. Em conclusão, a *IRR* de 22,4% é a menor taxa de desconto que produz um valor presente líquido positivo do tomador do empréstimo.

Exemplo:

1. Uma empresa está avaliando um investimento em uma nova unidade de negócios. O valor a ser investido no momento zero atinge $ 1.000.000,00, prevendo-se os seguintes fluxos de caixa ao final dos próximos 4 anos: $ 150.000,00, $ 200.000,00, $ 900.000,00 e $ 1.100.000,00.

   Admitindo que a empresa tenha definido em 20% ao ano a taxa de desconto dos fluxos esperados de caixa, determinar o valor presente líquido.

   Solução:

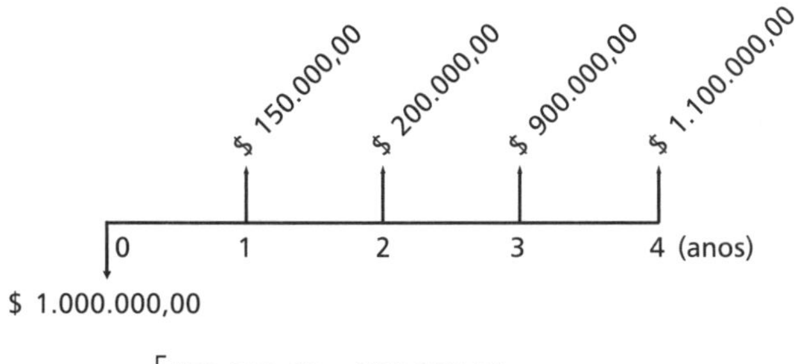

$$NPV = \left[\frac{150.000,00}{(1,20)} + \frac{200.000,00}{(1,20)^2} + \frac{900.000,00}{(1,20)^3} + \frac{1.100.000,00}{(1,20)^4}\right] - 1.000.000,00$$

$$NPV = (125.000,00 + 138.888,89 + 520.833,33 + 530.478,40) - 1.000.000,00$$

$$NPV = \$\ 315.200,62$$

O *NPV* é positivo, indicando a atratividade econômica do projeto. Sendo o *NPV* > 0, pode-se concluir que a rentabilidade do investimento, medida pela *IRR*, é superior à taxa de desconto exigida (taxa mínima de atratividade) de 20% ao ano. Mais especificamente, a *IRR* do investimento alcança:

$$1.000.000,00 = \frac{150.000,00}{(1+i)} + \frac{200.000,00}{(1+i)^2} + \frac{900.000,00}{(1+i)^3} + \frac{1.000.000,00}{(1+i)^4}$$

Resolvendo-se com o auxílio de uma calculadora financeira:

$$IRR\ (i) = 31,2\%\ \text{a.a.}$$

Dessa forma, os dois métodos de análise dos fluxos de caixa indicam a aceitação do investimento. O *NPV* oferece resultados atualizados maiores que zero, significando que o ganho oferecido pela proposta excede ao mínimo desejado pela empresa. O método da *IRR* indica que o investimento produz uma taxa de rentabilidade periódica superior à taxa de desconto mínima aceitável.

Deve ser ressaltado, ainda, que o método do *NPV*, identicamente ao da *IRR*, pressupõe implicitamente que os fluxos intermediários de caixa da alternativa devem ser reinvestidos à taxa de desconto utilizada. No entanto, por trabalhar com uma taxa de juros definida pelo próprio investidor, o método, nesse aspecto, é mais seguro que o anterior, em que a taxa de reinvestimento é a própria *IRR* do projeto, e não a taxa de desconto mínima aceitável estabelecida para o investimento.

10.3 Índice de lucratividade (*IL*) e taxa de rentabilidade (*TR*)

Esses métodos de análise de investimentos consideram também a metodologia do fluxo de caixa descontado. *O índice de lucratividade* (*IL*) é medido pela relação entre o valor presente dos fluxos de entrada de caixa e os de saída de caixa.

No exemplo ilustrativo dado, pode-se calcular o valor presente dos benefícios de caixa do investimento, para a taxa de atratividade de 20% ao ano, da forma seguinte:

$$PV\ (\text{Entradas}) = \frac{150.000,00}{(1,20)} + \frac{200.000,00}{(1,20)^2} + \frac{900.000,00}{(1,20)^3} + \frac{1.000.000,00}{(1,20)^4}$$

$$PV\ (\text{Entradas}) = \$\ 1.315.200,62$$

Sendo de $ 1.000.000,00 o desembolso previsto para o investimento, apura-se o índice de lucratividade de 1,315, ou seja:

$$IL = \frac{\$ 1.315.200,62}{\$ 1.000.000,00} = 1,315$$

Esse resultado indica, para cada $ 1 aplicado na alternativa, quanto o projeto produziu de retorno, expressos todos os resultados de caixa em valores atualizados pela taxa mínima de atratividade.

Quando o índice de lucratividade apresenta um valor maior que 1,0, indica a atratividade econômica do investimento. O valor presente das entradas de caixa é superior ao dos desembolsos, promovendo um *NPV* positivo. Ao contrário, ao assumir um valor menor que 1,0, o IL revela o desinteresse econômico pela alternativa de investimentos, a qual produz um valor presente líquido negativo.

A *taxa de rentabilidade* (*TR*), por outro lado, consiste na relação entre o *NPV*, determinado a partir da taxa de atratividade, e o valor presente dos desembolsos de capital.

No exemplo ilustrativo em consideração, a taxa de rentabilidade do investimento atinge a 31,52%, ou seja:

$$TR = \frac{NPC}{\text{Desembolso de Capital}} = \frac{\$ 315.200,62}{\$ 1.000.000,00} = 31,52\%$$

Os dois métodos são bastante próximos, promovendo as mesmas decisões com relação à atratividade de uma alternativa de investimento.

10.4 A *IRR* e investimentos convencionais e não convencionais

O conceito de *investimento convencional* prevê, conforme ilustrado no gráfico a seguir, uma ou mais saídas de caixa (dispêndios de capital) seguidas de fluxos de entradas de caixa, que representam os benefícios periódicos esperados de caixa da decisão.

A Figura 10.6 ilustra a sequência de um fluxo de caixa *convencional*, indicando *uma única inversão* de sinal no período 3.

Figura 10.6 *Fluxo de caixa convencional*

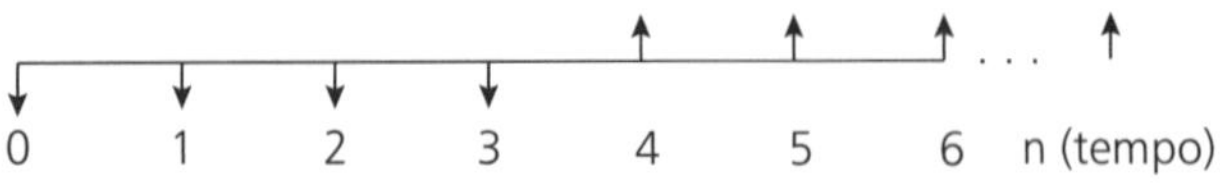

Na estrutura de investimento do tipo convencional, a *IRR sempre existe*, e há somente uma *única IRR*. Os fluxos de caixa apresentam somente uma *única inversão de sinal* na sequência do investimento.

Esse *Fluxo de Caixa Convencional*, com uma única inversão de sinal, pode algumas vezes não se verificar na realidade. Alguns tipos de investimentos podem gerar fluxos de caixa positivos e negativos ao longo de sua duração, conforme ilustrado na Figura 10.7. Esse tipo de fluxo de caixa é denominado *investimento não convencional*.

Figura 10.7 *Fluxo de caixa não convencional*

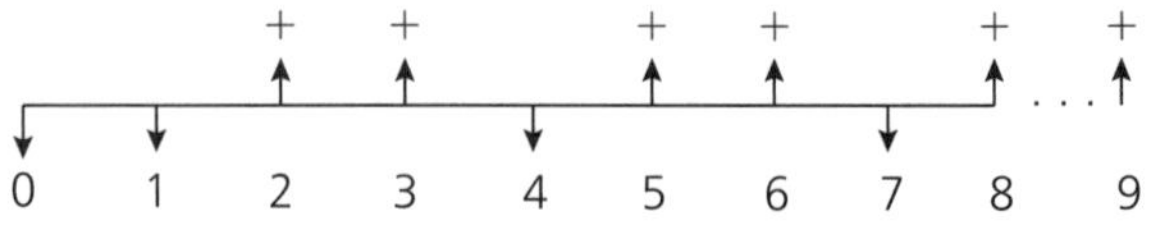

Importante destacar que o cálculo da taxa interna de retorno (*IRR*) de um fluxo de caixa não convencional, por apresentar mais de uma inversão de sinal ao longo da duração, pode apurar três respostas diferentes:

a) Uma única *IRR*;

b) Mais de uma *IRR* (múltiplas);

c) Não apresentar solução.

10.4.1 Investimento não convencional com uma única *IRR*

Alguns projetos, mesmo aqueles com mais de uma inversão de sinal, podem apresentar uma *única IRR*. Como ilustração, admita o seguinte *exemplo* de um investimento cujos fluxos de caixa apresentam três inversões de sinal em sua sequência:

ANO	FLUXOS DE CAIXA	
0	-$ 1.000,00	
1	-$ 100,00	
2	$ 200,00	*1ª inversão de sinal*
3	-$ 100,00	*2ª inversão de sinal*
4	$ 750,00	*3ª inversão de sinal*
5	$ 1.200,00	

O investimento produz um valor presente líquido igual a zero ao ser descontado pela taxa de 15,59% ao ano, que equivale a *IRR* da decisão.

Cálculo da *IRR*:

$$-\$ 1.000,00 - \frac{\$ 100,00}{(1+i)} + \frac{\$ 200,00}{(1+i)^2} - \frac{\$ 100,00}{(1+i)^3} + \frac{\$ 750,00}{(1+i)^4} + \frac{\$ 1.200,00}{(1+i)^5} = 0$$

Resolvendo a expressão apura-se uma taxa interna de retorno (*IRR*) positiva igual a *15,59% ao ano*. Simulando o cálculo do Valor Presente Líquido (*NPV*) para diferentes taxas de desconto tem-se os seguintes resultados:

TAXA	*NPV*	TAXA	*NPV*
0%	$ 950,00	*15,59%*	*IRR (NPV = 0)*
5%	$ 557,00	20%	–$ 158,40
10%	$ 256,61	25%	–$ 302,80

O *NPV* do projeto é zerado ao se descontar os fluxos de caixa, pela taxa de 15,59% ao ano, indicando ser esta a *taxa interna de retorno* (*IRR*) do investimento.

A representação gráfica do *NPV* do investimento, admitindo-se diferentes taxas de desconto, é apresentada na Figura 10.8.

10.4.2 Investimento não convencional com mais de uma *IRR*

Alguns padrões de investimentos podem apresentar *mais de uma* (*múltiplas*) Taxa Interna de Retorno (*IRR*). Para *ilustrar*, considere o seguinte fluxo de caixa de um investimento de padrão *não convencional*, que possui duas inversões de sinal ao longo de sua duração:

ANO	FLUXOS DE CAIXA	
0	$ 400,00	
1	–$ 100,00	*1ª inversão de sinal*
2	–$ 1.600,00	
3	$ 1.350,00	*2ª inversão de sinal*

Cálculo da *IRR* do investimento:

$$\$\,400{,}00 - \frac{\$\,100{,}00}{(1+i)} - \frac{\$\,1.600{,}00}{(1+i)^2} + \frac{\$\,1.350{,}00}{(1+i)^3} = 0$$

A solução da expressão aponta duas taxas de desconto que igualam entradas e saídas de caixa no momento atual (ano 0): 10,39% ao ano e 37,30% ao ano. Essa dualidade é explicada, conforme comentado, pelas diferentes inversões de sinais dos fluxos de caixa no período do investimento.

Figura 10.8 *NPV para diferentes taxas de desconto*

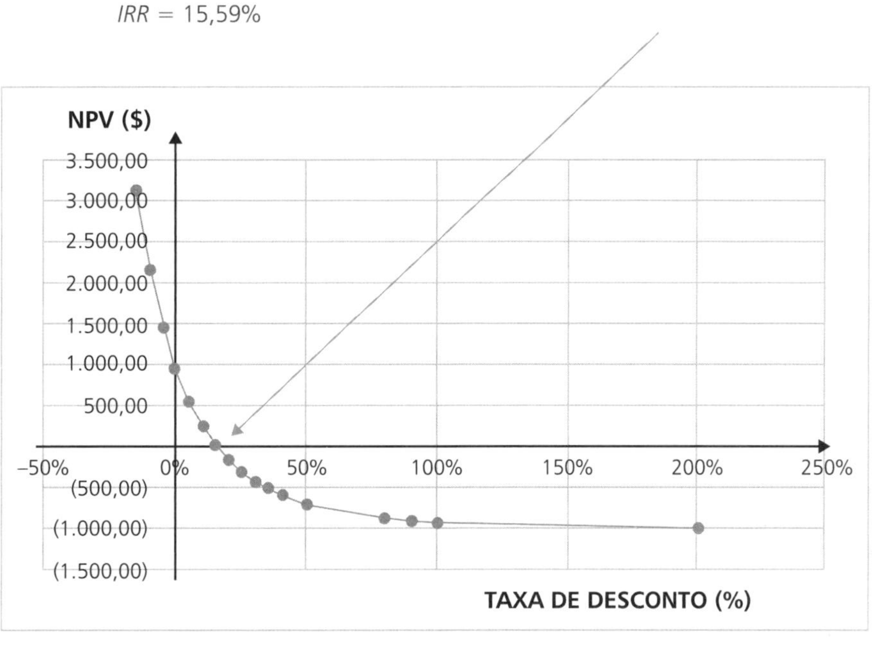

Cálculo do *NPV* para diferentes taxas de desconto:

TAXA	*NPV*
0%	$ 50,00
10,39%	*IRR_1 (NPV = 0)*
20%	–$13,19
37,3%	*IRR_2 (NPV = 0)*

A apresentação gráfica do projeto de investimento não convencional com mais de uma *IRR* é demonstrada na Figura 10.9. Observe que a curva corta o eixo horizontal em dois pontos (10,39% e 37,3%), indicando a presença de duas *IRRs*. O Valor Presente Líquido do investimento é nulo se calculado para essas duas taxas de desconto.

10.4.3 Investimento não convencional com *IRR* indeterminada

Projetos de investimentos não convencionais podem não apurar nenhuma *IRR* (*sem solução*) e o valor presente das entradas de caixa nunca se iguala ao valor presente das saídas de caixa. Para ilustrar, considere o seguinte projeto:

ANO	FLUXOS DE CAIXA
0	$ 2.000,00
1	– $50,00
2	– $8.000,00
3	$ 7.000,00

A taxa interna de retorno desse investimento é *indeterminada*:

Figura 10.9 *Múltiplas IRR*

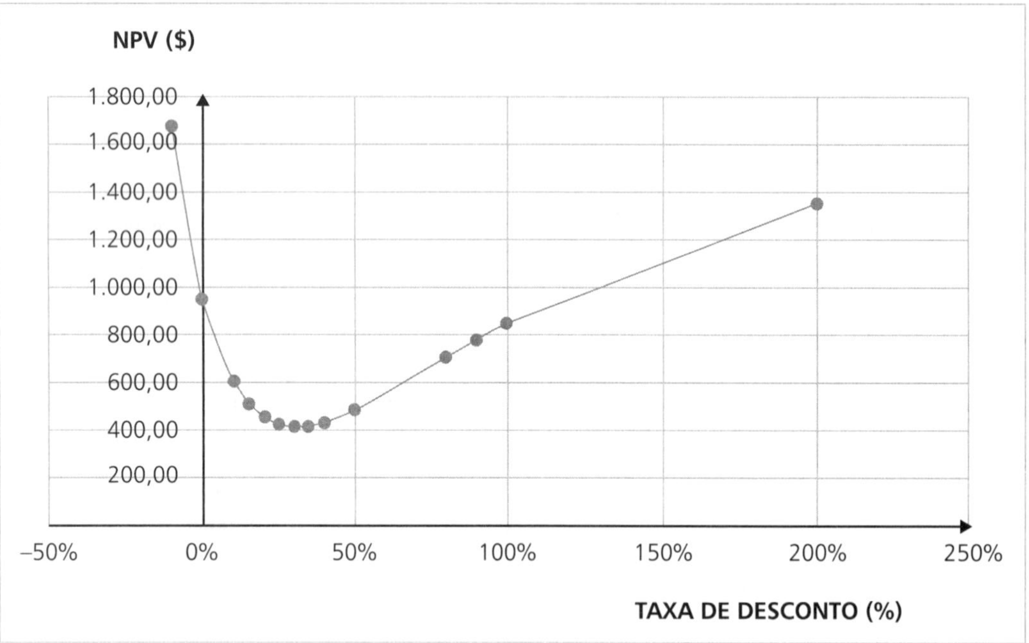

$$\$\ 2.000,00 = -\frac{\$\ 50,00}{(1+i)} - \frac{\$\ 8.000,00}{(1+i)^2} + \frac{\$\ 7.000,00}{(1+i)^3}$$

O cálculo da *IRR* do investimento não apresenta solução. Observe na representação gráfica (Figura 10.10) que a curva do *NPV* não corta, em nenhum momento, o eixo horizontal, indicando a inexistência de uma *IRR* do investimento.

Simulando o valor do *NPV* para diferentes taxas de desconto:

TAXA	*NPV*	TAXA	*NPV*
–70%	$ 172.293,70	20%	$ 453,70
–50%	$ 25.900,00	50%	$ 485,19
–20%	$ 3.109,40	80%	$ 703,36
0%	$ 950,00	100%	$ 850,00

Figura 10.10 *Inexistência de IRR*

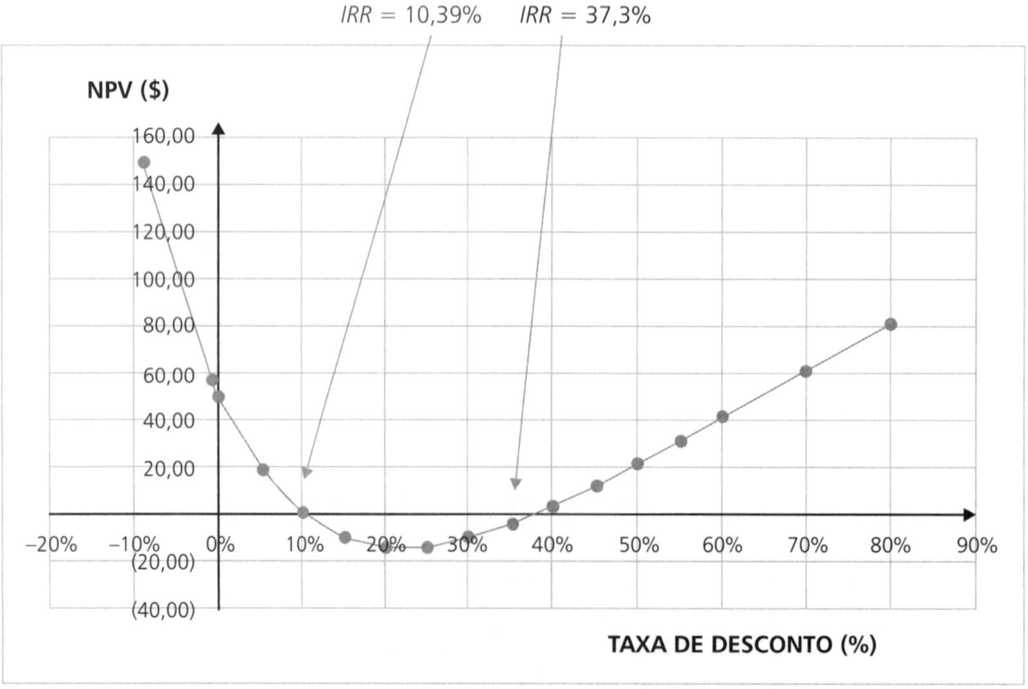

10.4.4 Algumas conclusões

O uso do método da Taxa Interna de Retorno é mais indicado para fluxos de caixa do tipo *convencional*, onde ocorre somente uma inversão de sinal, ou seja, fluxos de saídas (negativos) de caixa são seguidos por fluxos de entradas (positivos) de caixa, ou vice-versa. A presença de mais de uma inversão de sinal pode determinar, ainda, o cálculo de uma única *IRR*, múltiplas *IRR* (mais de uma taxa de retorno) ou até nenhuma taxa de retorno (problema sem solução).

Esse padrão convencional de fluxos de caixa, com uma única inversão de sinal, pode não se verificar em muitos projetos de investimentos, nos quais são previstos fluxos intermediários de caixa. A recomendação geralmente adotada no caso de múltiplas taxas de retorno é selecionar o método do Valor Presente Líquido (*NPV*) para avaliação de propostas de investimentos do tipo *não convencional*.

10.5 Comparação entre os métodos de análise de investimentos – projetos independentes

Uma alternativa de investimento de capital, quando tratada individualmente, é considerada economicamente atraente ao apresentar um *NPV* positivo ou uma *IRR* superior (no mínimo, igual) à taxa mínima de retorno requerida, ou um *IL* maior (ou igual) a 1,0, ou, ainda, uma *TR* positiva.

Para um único projeto de investimento, ou para projetos classificados como independentes (que podem ser implementados ao mesmo tempo), os métodos de análise que levam em conta os fluxos de caixa descontados convergem sempre para a mesma decisão.

Ilustrativamente, admita o seguinte investimento da Figura 10.11.

Figura 10.11 *Investimento em 5 anos*

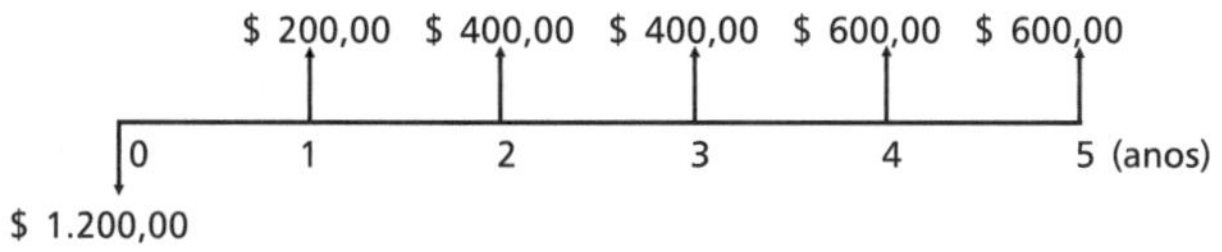

Sendo de 16% ao ano a taxa de atratividade definida para o investimento, são obtidos os seguintes resultados dos métodos de avaliação:

NPV	*IRR*	*IL*	*TR*
$143,00	20,2%a.a.	1,119	11,9%

$$NPV = \left[\frac{200,00}{1,16} + \frac{400,00}{(1,16)^2} + \frac{400,00}{(1,16)^3} + \frac{600,00}{(1,16)^4} + \frac{600,00}{(1,16)^5}\right] - 1.200,00$$

$$NPV = 1.343,00 - 1.200,00$$

$$NPV = \$\ 143,00$$

$$1.200,00 = \frac{200,00}{(1+i)} + \frac{400,00}{(1+i)^2} + \frac{400,00}{(1+i)^3} + \frac{600,00}{(1+i)^4} + \frac{600,00}{(1+i)^5}$$

$$IRR(i) = 20,2\%$$

- $IL = \dfrac{\$\,1.343,00}{\$\,1.200,00} = 1,119$
- $TR = \dfrac{\$\,143,00}{\$\,1.200,00} = 11,9\%$

Pelos resultados dos métodos de avaliação econômica, o investimento proposto é considerado atraente por todos. Apresenta um *NPV* positivo, indicando um retorno em excesso em relação ao ganho mínimo exigido. A *IRR* supera a taxa de atratividade definida para a alternativa, revelando uma rentabilidade esperada acima da mínima desejada. O *IL* é maior que 1,0, que representa o ponto de corte entre aceitação-rejeição desse método. Um *IL* maior que 1,0 confirma, conforme foi comentado, os resultados positivos demonstrados pelo *NPV* e *IRR*. Em consequência, a *TR* é também positiva, atingindo a 11,9%.

Dessa maneira, trabalhando-se com um único projeto de investimento, a aplicação dos métodos de avaliação é processada de maneira bastante simples, tendo como característica principal a total coincidência em termos de decisão aceitar-rejeitar.

Exemplo:

Admita três projetos de investimento com as seguintes estimativas de fluxos de caixa:

Fluxos de Caixa						
Projeto	*Investimento*	*Ano 1*	*Ano 2*	*Ano 3*	*Ano 4*	*Ano 5*
A	– $ 100,00	$ 30,00	$ 34,00	$ 35,00	$ 35,00	$ 38,00
B	– $ 200,00	$ 68,00	$ 68,00	$ 66,00	$ 64,00	$ 64,00
C	– $ 180,00	$ 50,00	$ 54,00	$ 58,00	$ 60,00	$ 62,00

As alternativas de investimento são independentes, isto é, não há restrições de serem aceitas ao mesmo tempo desde que haja atratividade econômica. A taxa de retorno requerida é de 18% ao ano. Determinar os resultados pelos métodos de análise de investimento: *NPV*, *IRR*, *IL* e *TR*.

Solução:

Projeto	*NPV*	*IRR*	*IL*	*TR*	Decisão
A	$ 5,80	20,4% a.a.	1,058	5,8%	Aceitar
B	$ 7,60	19,7% a.a.	1,038	3,8%	Aceitar
C	– $ 5,50	16,7% a.a.	0,969	– 3,1%	Rejeitar

10.6 Comparação entre os métodos de análise de investimentos – projetos mutuamente excludentes

Ao se considerar a comparação com alternativas de investimentos não independentes, podem ocorrer situações conflitantes, não revelando os métodos de análise a mesma indicação econômica. As razões que explicam essa divergência dos métodos são: disparidade de tamanho dos investimentos e diferenças com relação à evolução dos fluxos de caixa ao longo do tempo.

Na situação de conflito, o método do valor presente líquido é aceito como o que produz as melhores recomendações. A utilização da taxa interna de retorno identifica algumas limitações em relação à seleção das alternativas, não indicando necessariamente a melhor alternativa.

10.6.1 Investimentos com diferentes tamanhos

Para *ilustrar* as características dessa situação, admita as duas alternativas de investimento identificadas no Quadro 10.2. A taxa de retorno requerida para esses investimentos é de 20% ao ano.

Quadro 10.2 *Investimentos com tamanhos diferentes*

Investimento	Ano 0	Ano 1	Ano 2	Ano 3	*NPV*	*IRR*
A	($ 450)	$ 320	$ 230	$ 180	$ 80,6	32,5%
B	($ 900)	$ 360	$ 250	$ 900	$ 94,4	25,6%

Ao considerar as duas alternativas como *independentes* (a decisão com relação a um investimento não afeta o outro), não há nenhum conflito nos resultados apurados. Todos os métodos (*NPV* e *IRR*) convergem para a atratividade econômica dos dois investimentos por meio do *NPV* positivo, e da *IRR* maior que a taxa de retorno exigida.

Não se verificando restrições de natureza técnica ou orçamentária, os dois investimentos podem ser aceitos (implementados simultaneamente) como decorrência dos resultados positivos computados pelos métodos de avaliação.

Por outro lado, se os investimentos forem classificados como *mutuamente excludentes*, sabe-se que a escolha de uma alternativa elimina a possibilidade de se implementar a outra, mesmo que todas demonstrem atratividade econômica.

Avaliando-se os resultados calculados dos investimentos, evidencia-se uma situação decisorial de conflito. Pelo método do *NPV*, a alternativa *B* apresenta-se como a mais atraente diante de seu maior montante esperado de riqueza. O método da *IRR*, de maneira inversa, seleciona o investimento *A* como o mais atraente, proporcionando a melhor taxa percentual de retorno.

Essa dualidade de interpretação na seleção da melhor alternativa decorre em razão principalmente de o método da *IRR* ser expresso em termos relativos (taxa percentual), e não em valores absolutos, como é característica do valor presente líquido.

Observe que o desembolso de capital de *B* é o dobro de *A*, e a *IRR*, por se apresentar referenciada em porcentagem, não leva em conta essa disparidade de tamanho. Em termos de riqueza absoluta, inerente ao método do *NPV*, é mais atraente apurar-se um resultado de 25,6% sobre $ 900 do que de 32,5% sobre $ 450.

Outra maneira bastante esclarecedora de enfocar esse problema é efetuar uma análise incremental dos investimentos. A diferença entre os projetos é que *B* exige um investimento de $ 450 maior, prometendo em consequência fluxos de caixa adicionais de $ 40, $ 20 e $ 720, respectivamente, ao final dos próximos três anos, conforme se vê no Quadro 10.3.

Quadro 10.3 *Análise incremental dos investimentos*

	Ano 0	Ano 1	Ano 2	Ano 3
Invest. B	($ 900)	$ 360	$ 250	$ 900
Invest. A	($ 450)	$ 320	$ 230	$ 180
Valores Incrementais (B – A)	($ 450)	$ 40	$ 20	$ 720

Apurando-se o valor presente líquido e a taxa interna de retorno do investimento incremental, chega-se aos seguintes resultados positivos em termos de atratividade dos investimentos:

- Δ *NPV* = $ 13,8 (valor presente líquido incremental);
- Δ *IRR* = 21,3% a.a. (taxa interna de retorno incremental).

O *NPV* incremental define a riqueza adicional acrescida pelo investimento *B* de maior escala. Em outras palavras, é o custo máximo a que o investimento *B* pode elevar-se para que mantenha sua preferência em relação a *A*.

A *IRR* incremental representa a taxa de juros que torna os dois investimentos equivalentes em termos de atratividade econômica, produzindo o mesmo valor presente líquido. Essa taxa é conhecida como *intersecção de Fischer* e, para a ilustração em desenvolvimento, têm-se:

$$NPV_A = \left[\frac{320}{1{,}213} + \frac{230}{(1{,}213)^2} + \frac{180}{(1{,}213)^3}\right] - 450 = \$\,71{,}00$$

$$NPV_A = \left[\frac{360}{1{,}213} + \frac{250}{(1{,}213)^2} + \frac{900}{(1{,}213)^3}\right] - 900 = \$\,71{,}00$$

Para uma taxa de desconto de até 21,3% ao ano, o investimento *B* é preferível a *A*, apresentando maior riqueza líquida. A partir de 21,3% ao ano, no entanto, o investimento *A* passa a ser o mais atraente.

Em termos gráficos, tem-se o comportamento dos investimentos *A* e *B* mostrado na Figura 10.12.

Figura 10.12 *Intersecção de Fischer – projetos mutuamente excludentes*

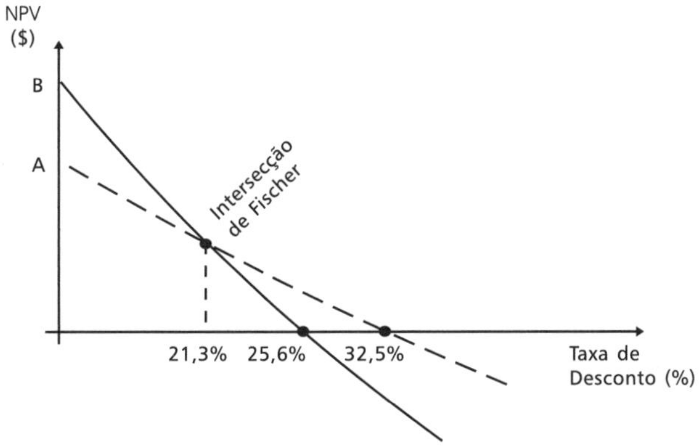

Como a taxa mínima de retorno exigida para os investimentos é de 20% ao ano, a alternativa *B* é a que promove, para esta taxa de desconto, o maior valor presente líquido, sendo, portanto, a melhor opção econômica de investimento.

Na situação descrita de conflito decisorial com disparidade de tamanho, o método do *NPV* é aceito como o que produz as melhores recomendações. A aplicação da *IRR* identifica algumas dificuldades em relação à seleção das alternativas, pois o método não leva em conta a escala do investimento.

10.6.2 *NPV* e restrições de capital

Quando há disparidade de tamanho, a melhor decisão é tomada selecionando-se a alternativa com *maior valor presente líquido*. Na ilustração anterior, demonstrou-se que o método do *NPV* leva em consideração a escala do investimento, destacando-se dos demais critérios de avaliação econômica.

Por outro lado, em situações que envolvem investimentos com disparidade, mas que produzem o mesmo valor presente líquido, a orientação de superioridade do método do *NPV* pode ser questionada.

Para *ilustrar* essa situação, são apresentados no Quadro 10.4 os investimentos *C* e *D*, para os quais está definida uma taxa mínima de atratividade de 20% ao período.

Quadro 10.4 *Investimentos díspares com mesmo NPV*

Investimento	Ano 0	Ano 1	Ano 2	Ano 3	Ano 4	*NPV*
C	– $ 300,0	$ 140,0	$ 160,0	$ 200,0	$ 43,5	$ 64,5
D	– $ 600,0	$ 220,0	$ 150,0	$ 615,2	$ 43,5	$ 64,5

Pelo método do *NPV*, os dois investimentos são atraentes e economicamente equivalentes, pois produzem o mesmo resultado líquido no momento presente.

A comparação envolve dois investimentos com diferentes tamanhos (o investimento *D* exige um desembolso de capital duas vezes maior que *C*) que produzem o mesmo valor presente líquido.

Em condições de restrição de capital, é necessário levar em conta a relação do valor presente líquido com o volume de recursos demandado pelo investimento, de forma a apurar-se o retorno oferecido por unidade de capital aplicado.

10.6.3 Investimentos de mesma escala

Em algumas situações de seleção de investimentos, pode-se deparar com alternativas que apresentam diferentes e conflitantes resultados econômicos, mas demandam o mesmo valor de desembolso inicial. Nesses casos, não há investimento incremental, conforme foi discutido ao se tratar de projetos com disparidade de tamanho. A análise é efetuada sobre o comportamento dos fluxos de caixa ao longo do tempo.

Considere, *por exemplo*, os investimentos *E* e *F* descritos no Quadro 10.5. A taxa mínima de retorno é fixada em 20% ao ano.

Quadro 10.5 *Investimentos com mesmo desembolso inicial*

Investimento	Ano 0	Ano 1	Ano 2	*NPV*	*IRR*
E	– $ 500,0	$ 650,0	$ 100,0	$ 111,1	43,9%
F	– $ 500,0	$ 80,0	$ 820,0	$ 136,1	36,3%

Admitindo inicialmente que os investimentos sejam *independentes*, isto é, podem ser implementados ao mesmo tempo, a orientação dos métodos de análise diante dos resultados é de aceitação das duas propostas. As alternativas *E* e *F* apresentam *NPV* positivos e a *IRR* de cada investimento supera a taxa mínima requerida de retorno.

No entanto, ao se considerar os investimentos como *mutuamente excludentes*, surge uma divergência técnica de decisão. O método do *NPV* seleciona o investimento *F* como o mais atraente (maior riqueza absoluta), e o método da *IRR* indica *E* como o mais desejável (maior taxa percentual de retorno).

Os investimentos apresentam algumas características que os diferenciam da situação anterior com distintas escalas. Os dois projetos demandam o mesmo volume de desembolso inicial ($ 500), mas apresentam nítidas diferenças no perfil de formação de seus benefícios de caixa ao longo do tempo.

No projeto *E*, os fluxos de caixa comportam-se de maneira decrescente no tempo, e no projeto *F*, de forma oposta, os fluxos de caixa são crescentes.

Essa dualidade de comportamento explica a natureza do conflito proporcionada pelos métodos de análise no tocante à seleção da melhor alternativa de investimento. Os métodos quantitativos trazem implícito o pressuposto de reinvestimento dos fluxos de caixa pela taxa de desconto utilizada (método do *NPV*) ou pela própria taxa de retorno calculada (método da *IRR*).

Nessas condições de reinvestimento automático, o método que apresentar fluxos de caixa decrescentes (valores maiores no início) é levado a determinar a uma maior *IRR*. Em verdade, quanto mais elevados se apresentarem os fluxos de caixa nos momentos iniciais do investimento, maior é a *IRR* calculada, uma vez que o método assume que os valores de caixa são reinvestidos a esta taxa de juros.

O mesmo não se verifica com o método do *NPV*. O método admite reinvestimento à taxa de desconto utilizada, geralmente inferior à *IRR* calculada. Fluxos de caixa mais elevados em períodos mais distantes promovem maior valor presente quando descontados pela taxa mínima de atratividade do que quando adotada a taxa interna de retorno.

Pela intersecção de Fischer, identificada pela taxa interna de retorno incremental [*F* – *E*], chega-se à taxa de juros de indiferença de 26,3% ao ano, ou seja (Quadro 10.6):

Quadro 10.6 *Cálculo da taxa de juros*

	Ano 0	Ano 1	Ano 2	Δ *IRR*
Fluxo de Caixa Incremental (*F* – *E*)	0	– $ 570,0	$ 720,0	26,3%

Graficamente, tem-se a representação mostrada na Figura 10.13.

Figura 10.13 *Decisões conflitantes*

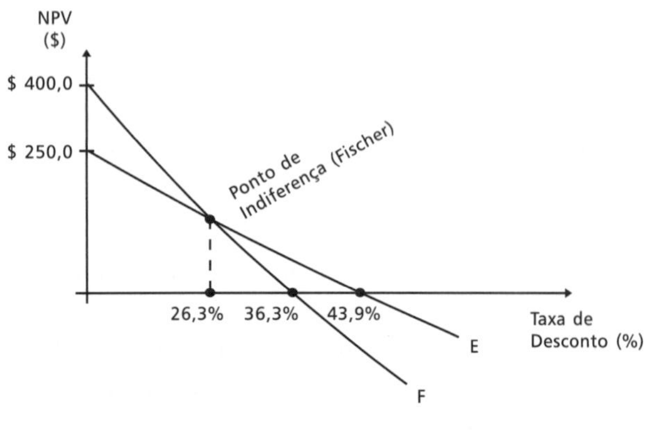

Até a taxa de investimento de 26,3% (ponto de indiferença), o projeto *F* é o mais desejável, apurando maior valor presente líquido. A partir dessa taxa até 43,9%, o investimento *E* passa a ser o mais atraente.

Se for de 20% ao ano a taxa de atratividade para as propostas, o projeto *F*, de maior *NPV*, se destacará como o mais desejável. No raciocínio da decisão, admite-se como mais provável o reinvestimento dos fluxos de caixa à taxa de retorno requerida do que à *IRR* calculada. Observe que, uma vez mais, a análise se desenvolve com base na taxa de reinvestimento dos fluxos de caixa.

10.7 Custo equivalente anual

O uso do método do custo equivalente anual é amplamente adotado nas decisões financeiras, citando-se principalmente aquelas envolvendo comprar ou arrendar, alternativas com diferentes vidas úteis, reposição de ativos, entre outras.

Considere, *ilustrativamente*, um investimento de $ 500.000,00 com uma vida útil esperada de 6 anos. Os fluxos de custos anuais que apresentam um valor presente de $ 500.000,00 são identificados como equivalentes anuais do investimento. Para uma taxa de 14% ao ano, tem-se:

$$PV = PMT \times FPV\ (i,\ n)$$

$$500.000{,}00 = PMT \times FPV\ (14\%,\ 6)$$

$$500.000{,}00 = PMT \times \frac{1-(1{,}14)^{-6}}{0{,}14}$$

$$PMT = 500.000{,}00 \times \frac{0{,}14}{1-(1{,}14)^{-6}}$$

$$PMT = 500.000{,}00 \times 0{,}257157$$

$$PMT = \$\ 128.578{,}75$$

O investimento, para as condições estabelecidas, torna-se indiferente se realizado com um desembolso imediato de $ 500.000,00, ou implementado mediante seis aplicações anuais de $ 128.578,75, que representam o custo equivalente anual da alternativa.

Considere outro exemplo para tornar mais claras as aplicações do método do custo equivalente anual. *Admita* que uma empresa tenha adquirido um caminhão para entrega de suas mercadorias por $ 60.000,00. A vida útil estimada desse veículo é de 5 anos, apresentando depois um valor residual equivalente a 20% do valor de compra.

Os custos operacionais anuais de manutenção e operação do caminhão estão previstos em $ 8.200,00/ano.

Pelas informações, pode-se apurar o custo equivalente anual da decisão de compra do veículo, admitindo-se uma taxa de juro de 12% ao ano.

Investimento Líquido

Valor Bruto do Caminhão:	\$ 60.000,00
Valor Residual Atualizado:	
$(20\% \times \$\ 60.000{,}00)/(1{,}12)^5$	6.809,10
Investimento Líquido:	\$ 53.190,90

Custo Equivalente Anual

Custo Anual do Investimento:	
$PMT = 53.190{,}90/FPV\,(12\%, 5)$	\$ 14.755,70
Custo Operacional	\$ 8.200,00
Custo Equivalente Anual:	\$ 22.955,70

A decisão de compra do caminhão promove, pelos resultados apurados, um custo equivalente de \$ 22.955,70/ano para a empresa. Uma eventual alternativa de "terceirização" das atividades de transporte deve ser avaliada pela comparação destes custos equivalentes e os desembolsos periódicos exigidos pelos serviços contratados.

Exemplo:

Determinar os fluxos de caixa constantes (equivalentes) a partir da série de valores de caixa não uniformes, conforme ilustração a seguir.

Considere uma taxa de juros de 16% ao ano.

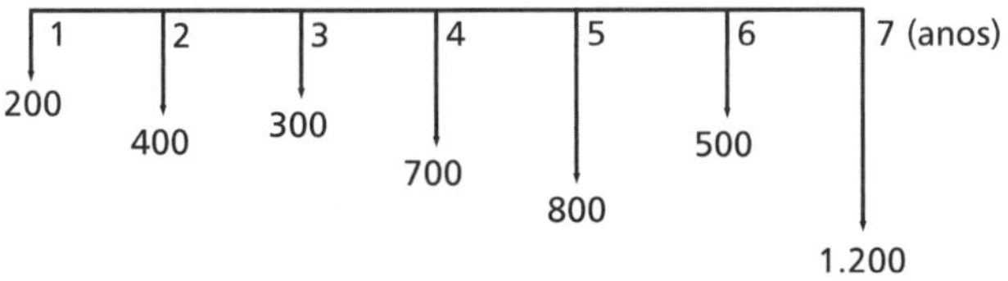

Solução:

Para o cálculo do fluxo equivalente anual de caixa, é necessário, inicialmente, apurar-se o valor presente da série, obtendo-se posteriormente o *PMT* equivalente.

$$PV = \frac{200}{1{,}16} + \frac{400}{(1{,}16)^2} + \frac{300}{(1{,}16)^3} + \frac{700}{(1{,}16)^4} +$$

$$+ \frac{800}{(1{,}16)^5} + \frac{500}{(1{,}16)^6} + \frac{1.200}{(1{,}16)^7}$$

$PV = \$\ 2.059{,}19$

Logo, o fluxo equivalente anual atinge:

$PMT = 2.059{,}19/FPV\,(16\%, 7)$

$$PMT = 2.059{,}19 \times \frac{0{,}16}{1-(1{,}16)^{-7}}$$

$PMT = 2.059{,}19 \times 0{,}247613$

$PMT = \$\ 509{,}88$

10.8 Substituição de ativos

A substituição refere-se, basicamente, à troca de ativos atualmente em uso (equipamentos, máquinas, veículos etc.), considerados de vida finita, por outros economicamente mais atraentes. A decisão de substituição pode ser justificada por inúmeras razões, citando-se altos custos de manutenção e operação, obsolescência tecnológica, perda de eficiência operacional, inadequação etc.

Como regra geral, um ativo deve ser mantido enquanto produzir um valor presente dos benefícios de caixa maior que o valor presente de seus desembolsos operacionais (custos). O custo total periódico de um ativo é formado pela soma do custo anual do investimento e de seus custos de operação e manutenção. Esse custo total tende a reduzir-se com o passar do tempo, porém até certo limite. A partir desse ponto mínimo, é esperado que o custo total do ativo comece a elevar-se, mantendo normalmente esta tendência conforme for ficando mais velho. Dessa maneira, o uso econômico de um ativo deve estender-se enquanto seu custo total estiver diminuindo, de acordo com o ilustrado na Figura 10.14.

Figura 10.14 *Comportamento esperado dos custos*

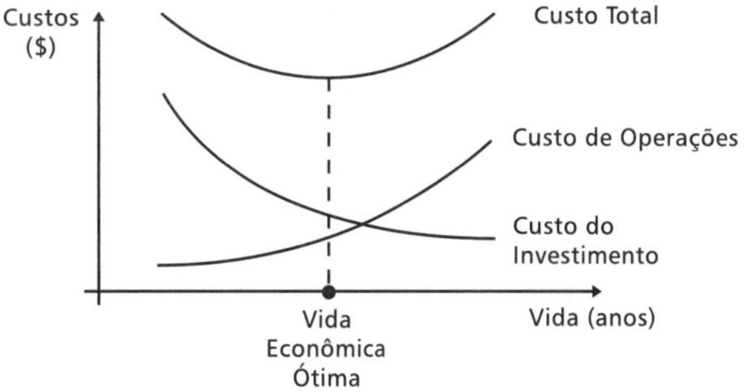

Ilustrativamente, admita um veículo utilitário cujo valor novo é de \$ 42.000,00. O veículo é utilizado na distribuição de produtos de uma indústria alimentícia e apresenta os seguintes valores esperados para os próximos cinco anos (Quadro 10.7):

Quadro 10.7 *Valores esperados do veículo*

	Valor de Revenda (\$)	Custos Operacionais (\$)
Ano 1	35.000,00	10.800,00
Ano 2	31.100,00	14.400,00
Ano 3	26.700,00	19.600,00
Ano 4	20.500,00	26.900,00
Ano 5	15.400,00	34.100,00

Para uma taxa de 12% ao ano, é desenvolvida no Quadro 10.8 uma avaliação da vida econômica do veículo.

Quadro 10.8 *Veículo: vida econômica*

	(1) Investimento Bruto (Custo/Ano)	(2) Valor de Revenda (Custo/Ano)	(3) = (1) – (2) Investimento Líquido (Custo/Ano)	(4) Custos Operacionais ($/Ano)	(5) = (3) + (4) Custo Total Anual ($/Ano)
Ano 1	47.040,00	35.000,00	12.040,00	10.800,00	22.840,00
Ano 2	24.851,32	14.669,81	10.181,51	12.498,11	22.679,62
Ano 3	17.486,60	7.912,52	9.574,08	14.602,75	24.176,83
Ano 4	13.827,85	4.289,31	9.538,54	17.175,76	26.714,30
Ano 5	11.651,21	2.424,11	9.227,10	19.839,80	29.066,90

(1) *Investimento Bruto*: representa o custo equivalente anual do valor do bem ($ 42.000,00). É obtido, para cada ano considerado, pela expressão:

$42.000,00 = PMT \times FPV\ (12\%, n)$

(2) *Valor de Revenda*: equivalente anual do valor residual do veículo. É determinado pela expressão do montante (*FV*), ou seja:

$FV = PMT \times FFV\ (i, n)$

Valor de Revenda = $PMT \times FFV\ (12\%, n)$.

(3) *Custos Operacionais*

- *1º ano*: $ 10.800,00/ano
- *2º ano*:

$$PV = \frac{10.800,00}{1,12} + \frac{14.400,00}{(1,12)^2}$$
$$= \$\ 21.122,45$$

$PMT = 21.122,45/FPV\ (12\%, 2)$: $ 12.498,11

- *3º ano*:

$$PV = \frac{10.800,00}{1,12} + \frac{14.400,00}{(1,12)^2} + \frac{19.600,00}{(1,12)^3}$$
$$= 35.073,34$$

$PMT = 35.073,34/FPV\ (12\%, 3)$: $ 14.602,75

e assim por diante.

A coluna (5) demonstra o custo equivalente anual do veículo, o qual atinge seu valor mínimo no segundo ano. A decisão de manter o veículo por dois anos é a mais econômica para a empresa, revelando a vida econômica ótima do ativo.

Exemplo:

Uma empresa está avaliando o melhor momento de venda de uma máquina. A máquina foi adquirida há dois anos, restando ainda mais três anos de vida física útil. Os resultados operacionais anuais projetados para a máquina são os seguintes:

	Ano 1	Ano 2	Ano 3
Benefícios de Caixa	$ 76.000,00	$ 44.000,00	$ 18.000,00
Valor Residual	$ 54.000,00	$ 23.000,00	nulo

O preço de venda da máquina no mercado é de $ 113.000,00. É esperada uma forte depreciação de seu valor pelo uso. A taxa de atratividade considerada para a decisão é de 15% ao ano. Em que momento deve a máquina ser vendida?

Solução:

A decisão deve levar em conta os resultados de caixa atualizados da máquina para cada uma das possíveis alternativas de venda.

a) *Vender a Máquina Imediatamente*

$PV = \$\ 113.000,00$

b) *Manter a Máquina por mais 1 Ano*

$$PV = \frac{76.000,00}{1,15} + \frac{54.000,00}{1,15}$$
$$= \$\ 113.043,50$$

c) *Manter a Máquina por mais 2 Anos*

$$PV = \frac{76.000,00}{1,15} + \frac{44.000,00}{(1,15)^2} + \frac{23.000,00}{(1,15)^2} = \$\ 116.748,60$$

d) *Manter a Máquina por mais 3 Anoss*

$$PV = \frac{76.000,00}{1,15} + \frac{44.000,00}{(1,15)^2} + \frac{18.000,00}{(1,15)^3} = \$\ 111.192,60$$

A opção economicamente mais atraente é a de manter a máquina por mais dois anos, e depois vendê-la por $ 23.000,00. Essa decisão é a que apresenta o maior valor presente em excesso ao preço de venda imediato.

10.8.1 Cálculo do custo de manter um ativo usado

Nas decisões de substituição, é importante conhecer-se o custo de manter um ativo usado e comparar esse valor com o de adquirir um ativo novo.

Para *ilustrar*, admita um ativo adquirido há três anos que apresenta um valor residual (valor de venda previsto ao final de sua vida útil) de $ 14.000,00.

Esse ativo tem mais sete anos de vida útil e um custo equivalente anual de operação de $ 38.000,00. Seu valor atual está estimado em $ 20.000,00.

A taxa de desconto utilizada nessas decisões é de 12% ao ano.

a) Determinar o custo equivalente anual desse ativo.

Solução:

- *Custo Equivalente do Investimento*

$20.000,00 = PMT \times FPV\ (12\%, 7)$

$PMT = 20.000,00/FPV\ (12\%, 7)$

PMT = \$ 4.382,40/ano

- ***Valor Residual Equivalente Anual***

14.000,00 = $PMT \times FFV$ (12%, 7)

PMT = \$ 1.387,60/ano

- ***Custo Total Equivalente*** = \$ 4.382,40 – \$ 1.387,60 + \$ 38.000,00

Custo Total Equivalente = \$ 40.994,80/ano

O cálculo do custo total pode também ser obtido pela expressão:

PMT = 20.000,00/FPV (12%, 7) – 14.000,00/FFV (12%, 7) – \$ 38.000,00

PMT = \$ 4.382,40 – \$ 1.387,60 + \$ 38.000,00

PMT = \$ 40.994,80/ano

b) Admita que um fabricante ofereça à empresa um novo equipamento para substituição pelo valor de \$ 110.000,00 e vida útil estimada de 10 anos. O valor residual desse novo ativo é de \$ 8.000,00 e o custo anual de operação atinge \$ 22.000,00. Determinar o seu custo total equivalente.

Solução:

PMT = \$ 110.000,00/FPV (12%, 10) – \$ 8.000,00/FFV (12%, 10) + \$ 22.000,00

PMT = \$ 19.468,30 – \$ 455,90 + \$ 22.000,00

PMT = \$ 41.012,40/ano

O custo anual equivalente de substituir o ativo usado é maior que o custo de manter o ativo em operação, justificando-se o desinteresse econômico pela substituição. O menor investimento e o maior valor residual do ativo usado compensaram o seu custo de operação mais elevado, proporcionando um menor custo equivalente anual.

É importante destacar que o exemplo ilustrativo não considerou os efeitos fiscais sobre os resultados contábeis de alienação do bem fixo, assim como sobre as diferenças de despesas operacionais e depreciação. A demonstração visou preferencialmente destacar os cálculos de custo equivalente direcionados às decisões de substituição de ativos.

10.8.2 Vidas diferentes nas decisões de substituição de ativos

Para *ilustrar* os efeitos de diferentes vidas estimadas dos ativos sobre as decisões de substituição, admita que uma empresa esteja avaliando trocar duas máquinas velhas por uma nova, com maior agregação tecnológica. As informações básicas dos ativos são apresentadas a seguir:

Máquinas Usadas

- Valor Contábil Líquido (descontada a depreciação): \$ 90.000,00
- Vida Útil Estimada: 3 anos
- Custos Operacionais: \$ 450.000,00/ano
- Não se prevê valor residual dessas máquinas ao final da vida útil

Máquinas Novas

- Valor Total de Aquisição: \$ 580.000,00
- Vida Útil Estimada: 5 anos
- Custos Operacionais: \$ 250.000/ano

A empresa adota a depreciação linear para seus ativos fixos. A taxa de desconto para esta decisão de substituição é de 12%.

Pede-se calcular:

a) Custo equivalente anual das duas máquinas usadas.

Solução:

PMT = \$ 90.000,00/FPV (12%, 3) + \$ 450.000,00

PMT = \$ 37.471,40 + \$ 450.000,00 = \$ 487.471,40/ano

b) Custo equivalente anual da máquina nova sem os efeitos fiscais.

Solução:

PMT = \$ 580.000,00/FPV (12%, 5) + \$ 50.000,00/FFV (12%, 5) + \$ 250.000,00

PMT = \$ 403.027,10/ano

c) Comparação entre os custos equivalentes.

ΔPMT = PMT (Máq. Nova) – PMT (Máq. Usada)

ΔPMT = \$ 403.027,10 – \$ 487.471,40 = (\$ 84.444,30)

O custo equivalente anual de adquirir uma máquina nova é \$ 84.444,30, maior que o das duas máquinas usadas.

A decisão de substituição de duas máquinas antigas por uma nova envolve, no exemplo ilustrativo, durações diferentes; as máquinas usadas têm vida prevista de 3 anos e a nova, de 5 anos. Assim, o custo de \$ 487.471,40/ano das máquinas usadas equivale a sua utilização por 3 anos, e o custo de \$ 403.027,10 da máquina nova equivale a 5 anos de duração.

Um enfoque geralmente usado para essa situação é o de admitir que o custo equivalente anual calculado para cada decisão se repita indeterminadamente, mantendo-se o uso das máquinas por um tempo indefinido. Em outras palavras, as opções de compra podem ser repetidas ao mesmo custo por um tempo bastante longo. Mantida essa hipótese, os valores podem ser comparados e tomada a decisão de escolha da alternativa de mais baixo custo equivalente anual.

Uma limitação desse enfoque mais simplificado é a possibilidade de surgimento no futuro de um maquinário mais eficiente, bem diferente dos atuais, trazendo relevantes alterações nos fluxos de caixa da empresa. Nesse caso de possível substituição futura dos ativos, deve a empresa incorporar em seus cálculos os novos resultados esperados.

10.8.3 Análise do momento da substituição

Admita que uma empresa esteja avaliando a atratividade de substituição de uma máquina usada por uma nova. Se decidir manter a máquina atual, incorrerá em custos crescentes para sua manutenção e reforma. A máquina em uso tem uma vida útil estimada de quatro anos e suas estimativas de resultados e custos estão no Quadro 10.9.

Quadro 10.9 *Máquina: estimativas de custos e resultados*

Ano	Custos Anuais	Valor Residual
Atual	–	$ 12.500,00
1	$ 3.400,00	$ 8.100,00
2	$ 6.200,00	$ 4.400,00
3	$ 8.900,00	$ 3.000,00
4	$ 13.000,00	–

O preço efetivo de revenda de mercado da máquina usada segue o valor residual previsto. Considere, por simplificação, que não há Imposto de Renda.

A máquina nova é oferecida à empresa por $ 25.500,00, com vida útil prevista de oito anos. São esperados gastos anuais de manutenção de $ 3.000,00 durante toda a sua duração. O valor residual ao final do 8º ano está estimado em $ 6.400,00.

Para um custo de oportunidade de 12% ao ano, em que momento deve a empresa substituir a máquina usada?

Solução:

- ***Custo Equivalente Anual da Máquina Nova***

Custo Equivalente Máquina

$PMT = \$ \ 25.500,00/FPV\ (12\%, 8) = \$ \ 5.133,2$

Custo Equivalente Manutenção

$PMT = \$ \ 3.000,0$

Valor Residual

$PMT = \$ \ 6.400,00/FFV\ (12\%, 8) = (\$ \ 520,3)$

Custo Equivalente Anual = $ 7.612,9

- ***Custo Equivalente da Máquina Usada***

– *Venda daqui a 1 ano:*

$$PV_0 = 12.500,00 + \frac{3.400,00}{1,12} - \frac{8.100,00}{1,12}$$
$$= \$ \ 8.303,60$$

Custo Final do 1º Ano = $ 8.303,60 × 1,12
= $ 9.300,00

– *Venda daqui a 2 anos:*

$$PV_1 = 8.100,00 + \frac{6.200,00}{1,12} - \frac{4.400,00}{1,12}$$
$$= \$ \ 9.707,10$$

Custo ao Final do 2º Ano = $ 9.707,10 × 1,12
= $ 10.872,00

– *Venda daqui a 3 anos:*

$$PV_2 = 4.400,00 + \frac{8.900,00}{1,12} - \frac{3.000,00}{1,12}$$
$$= \$ \ 9.667,90$$

Custo ao Final do 3º Ano = $ 9.667,90 × 1,12
= $ 10.828,00

– *Venda daqui a 4 anos:*

$$PV_3 = 3.000,00 + \frac{13.000,00}{1,12} = \$ \ 14.607,10$$

Custo ao Final do 4º Ano = $ 14.607,10 × 1,12
= $ 16.360,00

Os custos de manter a máquina usada são crescentes e superiores aos da máquina nova durante toda a vida estimada de quatro anos. A recomendação é a de substituição imediata da máquina usada.

Exercícios resolvidos

1. Estão sendo avaliadas quatro propostas de investimento cujas informações básicas são apresentadas a seguir:

Proposta	Investimento Na Data Zero ($)	Fluxos Esperados de Caixa			
		Ano 1 ($)	Ano 2 ($)	Ano 3 ($)	Ano 4 ($)
A	390.000,00	210.000,00	180.000,00	120.000,00	100.000,00
B	580.000,00	90.000,00	130.000,00	470.000,00	710.000,00
C	260.000,00	40.000,00	40.000,00	200.000,00	200.000,00
D	850.000,00	520.000,00	410.000,00	390.000,00	390.000,00

Pede-se:

a) determinar a *IRR* e o *NPV* de cada projeto admitindo uma taxa de desconto mínima aceitável de 25% ao ano. Indique, com base nesse retorno exigido, as propostas economicamente aceitáveis;

b) se a taxa de desconto exigida se elevar para 35%, quais propostas seriam aceitas?

Solução:

Proposta	*IRR*	*NPV* ($)	Aceitar (A)/ Rejeitar (R)
A	24,3% a.a.	– 4.400,00	R
B	32,1% a.a.	106.656,00	A
C	22,0% a.a.	– 18.080,00	R
D	37,8% a.a.	187.824,00	A

a) As propostas *A* e *C*, com *NPV* negativos, indicam uma rentabilidade menor que a taxa mínima aceitável. As propostas *B* e *D* são as que apresentam atratividade econômica, tanto pelo método da *IRR* (*IRR* > 25%) como do *NPV* (*NPV* > 0).

b) Elevando-se para 35% ao ano a taxa de desconto a ser aplicada aos fluxos de caixa, somente a proposta *D* mantém a atratividade econômica, promovendo uma taxa de rentabilidade (*IRR*) maior que a desejada.

2. Certa alternativa de investimento requer um dispêndio integral de capital de $ 150.000,00, estimando-se um retorno de $ 45.000,00, $ 60.000,00, $ 70.000,00, $ 80.000,00 e $ 100.000,00, respectivamente, ao final de cada um dos próximos 5 anos.

Admitindo-se que os quatro primeiros fluxos de caixa possam ser reinvestidos, até o prazo final de vida da alternativa, às taxas de 28%, 26%, 24% e 22%, respectivamente, pede-se determinar a *IRR* dessa operação considerando as diferentes taxas de reinvestimento.

Solução:

O montante acumulado dos fluxos de caixa ao final do 5º ano, considerando-se as taxas de reinvestimentos desses valores, atinge:

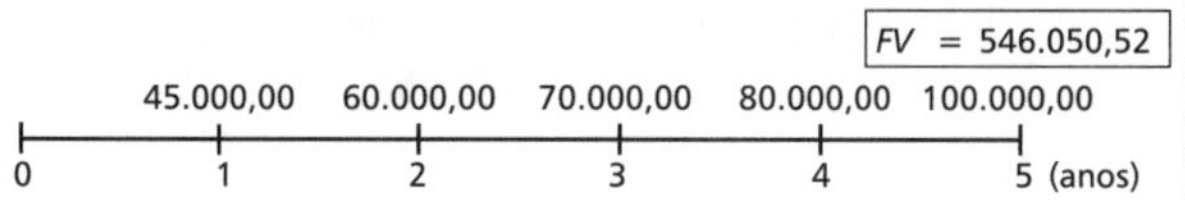

$FV = 45.000,00\ (1,28)^4 + 60.000,00\ (1,26)^3 + 70.000,00\ (1,24)^2 + 80.000,00\ (1,22) + 100.000,00$

$FV = 120.795,96 + 120.022,56 + 107.632,00 + 97.600,00 + 100.000,00$

$FV = \$\ 546.050,52$

Logo, a alternativa assume a seguinte configuração:

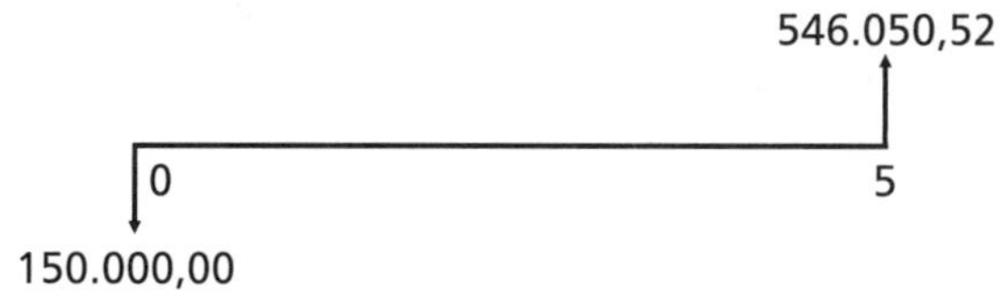

$$FV = PV \times (1 + i)^n$$

$546.050,52 = 150.000,00 \times (1 + i)^5$

$$(1 + i)^5 = \frac{546.050,52}{150.000,00}$$

$(1 + i)^5 = 3,640337$

$$\sqrt[5]{(1+i)^5} = \sqrt[5]{3,640337}$$

$1 + i = 1,295$

$i = 0,295$ ou: 29,5% a.a.

Essa taxa de rentabilidade representa a taxa interna de retorno da alternativa de investimento ajustada à remuneração prevista no reinvestimento dos fluxos intermediários de caixa.

3. Determinada empresa transportadora está avaliando a compra de um caminhão por $ 60.000,00. O veículo será usado durante 5 anos, após o que prevê-se um valor de revenda de $ 7.200,00. A empresa estima, ainda, um custo anual de manutenção, combustível etc. de $ 24.000,00, no primeiro ano, crescendo esse gasto aproximadamente 10% ao ano.

Segundo avaliação da empresa, são esperados benefícios líquidos de caixa gerados pelo caminhão de $ 60.000,00, $ 56.000,00, $ 48.000,00, $ 40.000,00 e $ 36.000,00, respectivamente, nos próximos 5 anos.

Para uma taxa de desconto de 12% ao ano, demonstre se é economicamente interessante a compra desse caminhão.

Solução:

Com base no método do *NPV*, a aquisição do caminhão nas condições apresentadas é atraente, dado o seu resultado líquido atualizado ser positivo. Em outras palavras, a compra do veículo produz uma riqueza econômica ao investidor. Ou seja:

→ *PV* das Entradas (Benefícios) de Caixa

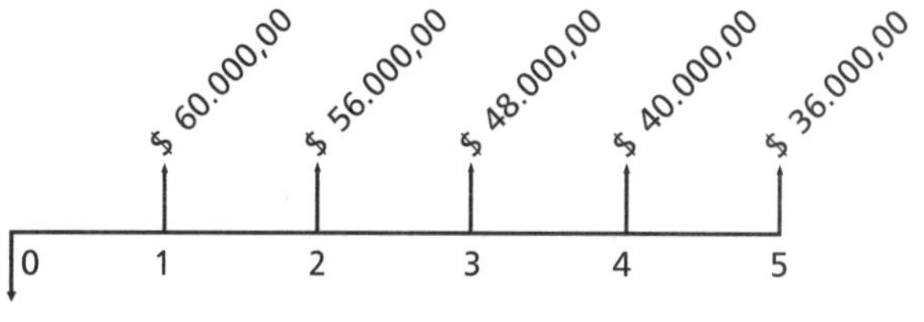

$$PV = \frac{60.000,00}{(1,12)} + \frac{56.000,00}{(1,12)^2} + \frac{48.000,00}{(1,12)^3} + \frac{40.000,00}{(1,12)^4} + \frac{36.000,00}{(1,12)^5}$$

$PV = 53.571,43 + 44.642,86 + 34.165,45 + 25.420,72 + 20.427,37$

$PV = \$\ 178.227,83$

→ *PV* das Saídas de Caixa

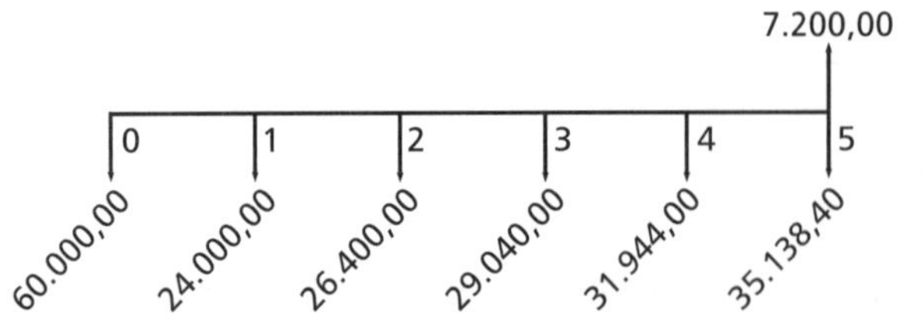

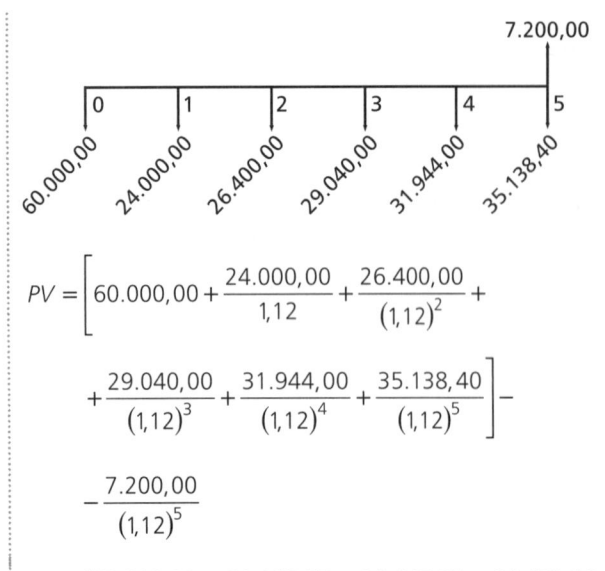

$$PV = \left[60.000,00 + \frac{24.000,00}{1,12} + \frac{26.400,00}{(1,12)^2} + \frac{29.040,00}{(1,12)^3} + \frac{31.944,00}{(1,12)^4} + \frac{35.138,40}{(1,12)^5}\right] - \frac{7.200,00}{(1,12)^5}$$

$PV = [60.000,00 + 21.428,57 + 21.045,92 + 20.670,10 + 20.301,00 + 19.938,47] - 4.085,47$

$PV = 163.384,06 - 4.085,47$

$PV = \$\ 159.298,60$

A proposta é vantajosa. Esta conclusão está implícita no valor presente líquido positivo, ou seja:

$NPV = 178.227,83 - 159.298,60$

$NPV = \$\ 18.929,23$

A rentabilidade oferecida pelo caminhão excede a taxa de desconto mínima aceitável.

4. Uma empresa possui um equipamento em uso avaliado em $ 34.000,00, com vida útil estimada de 6 anos. Os custos anuais de manutenção desse ativo atingem $ 3.900,00/ano. Não há valor residual.

A direção da empresa está avaliando os custos de aquisição de um novo equipamento para substituir o usado. O preço é de $ 40.000,00 e seus custos anuais de operação são de $ 5.000,00. Também não se prevê valor residual para esse novo ativo. A vida útil estimada do novo equipamento é de 12 anos.

A empresa entende que, ao adquirir o novo ativo imediatamente, somente o fará ao final da vida útil do equipamento em uso.

Se você admitir que a alternativa de compra possa ser repetida indeterminadamente ao mesmo custo, indique a decisão economicamente mais atraente: manter o ativo atual ou adquirir o novo, conforme valores descritos. Admita um custo de oportunidade de 12% ao ano.

Solução:

Custo Equivalente de Comprar Novo Ativo

$PMT = \$\ 40.000,00/FPV\ (12\%,\ 12) + \$\ 5.000,00 = \$\ 11.457,50$

Custo Equivalente do Ativo em Uso

$PMT = \$\ 34.000,00/FPV\ (12\%,\ 6) + \$\ 3.900,00 = \$\ 12.169,70$

A aquisição do novo equipamento no momento atual é mais econômica (apresenta menor custo equivalente anual). Em verdade, a empresa, ao substituir o equipamento existente, irá incorrer num custo de $ 11.457,50/ano indeterminadamente. Por outro lado, ao protelar a decisão para o 6º ano (final da vida útil do equipamento em uso), assumirá custos de $ 12.169,70/ano por 6 anos, e a partir do 7º ano, $ 11.457,50/ano indeterminadamente.

Exercícios propostos

1. Pede-se determinar a taxa interna de retorno dos investimentos com os seguintes fluxos de caixa anuais:

	Ano 0	Ano 1	Ano 2	Ano 3
Projeto A	– $ 10.000,00	$ 5.000,00	$ 4.000,00	$ 3.000,00
Projeto B	– $ 30.000,00	$ 9.000,00	$ 12.000,00	$ 15.000,00
Projeto C	– $ 50.000,00	$ 30.000,00	$ 10.000,00	$ 20.000,00

2. Um imóvel é colocado a venda por $ 360.000,00 à vista, ou em 7 prestações mensais nos seguintes valores:
   - as duas primeiras parcelas de $ 50.000,00;
   - as duas parcelas seguintes de $ 70.000,00;
   - as três últimas parcelas de $ 80.000,00.

   Determine o custo mensal desta operação expresso pela taxa interna de retorno.

3. Uma empresa contrata um financiamento de $ 25.000,00 para ser pago em 6 prestações trimestrais, iguais e sucessivas no valor de $ 8.600,00 cada. Sabe-se que a primeira prestação será liquidada ao final do 9º mês (dois trimestres de carência). Determine a *IRR* dessa operação de financiamento.

4. Uma empresa leva quatro duplicatas para desconto junto a um banco nos valores de \$ 28.000,00, \$ 65.000,00, \$ 47.000,00 e \$ 88.000,00, vencíveis, respectivamente, em 17, 28, 34 e 53 dias. O banco credita a importância líquida de \$ 218.720,00 na conta do cliente. Determine a taxa efetiva mensal de juros cobrada pelo banco.

5. Considere dois projetos de investimento com os seguintes fluxos anuais de caixa:

	Projeto A	Projeto B
Ano 0	– \$ 25.000,00	– \$ 70.000,00
Ano 1	\$ 10.000,00	\$ 40.000,00
Ano 2	\$ 8.000,00	\$ 20.000,00
Ano 3	\$ 6.000,00	\$ 20.000,00
Ano 4	\$ 4.000,00	\$ 10.000,00

a) determine a taxa interna de retorno de cada investimento;

b) sendo de 10% ao ano a taxa de desconto sugerida, calcular o valor presente líquido de cada investimento. Indique a alternativa que deve ser aceita.

6. A seguir são apresentados os *NPV* de quatro propostas de investimento admitindo-se diferentes taxas de desconto.

Taxa de Desconto	Projeto A (\$)	Projeto B (\$)	Projeto C (\$)	Projeto D (\$)
0%	25,2	50,0	40,0	50,0
4%	8,2	37,0	26,4	30,1
8%	(0,2)	25,9	14,9	13,7
12%	(9,9)	16,3	5,0	0,0
16%	(18,1)	7,9	(3,43)	(11,4)
20%	(25,2)	0,5	(10,8)	(21,0)

Pede-se:

a) se a taxa de desconto mínima aceitável atingir a 16%, indicar as alternativas de investimento que podem ser aceitas;

b) qual a alternativa que apresenta a maior taxa de rentabilidade periódica?;

c) qual a *IRR* da alternativa *D*?;

d) o projeto *C* é mais rentável (apresenta maior *IRR*) que o projeto *D*?;

e) a *IRR* do projeto *B* é maior ou menor que 20%?;

f) a *IRR* do projeto *A* é menor que 8%?

7. Suponha os seguintes fluxos anuais de caixa de um investimento:

Ano	*Fluxos de Caixa*
0	– \$ 15.000,00
1	\$ 7.000,00
2	\$ 5.000,00
3	\$ 3.000,00
4	\$ 2.000,00
5	\$ 1.000,00

Determine os *NPVs* dos projetos correspondentes às taxas de desconto de 0%, 5%, 10%, 15% e 20% ao ano.

8. Admita um ativo que tenha sido adquirido por \$ 140.000,00. Este ativo tem vida útil estimada de 7 anos e valor residual de \$ 15.000,00 ao final da vida. Os custos operacionais do ativo atingem a \$ 20.000,00 no 1º ano, crescendo à taxa aritmética constante de \$ 10.000,00/ano.

Para uma taxa de juro de 12% ao ano, determine o custo equivalente anual deste ativo.

9. Abaixo são apresentados os fluxos de caixa de três projetos de investimentos. Diante dessas informações, pede-se:

a) determinar a taxa interna de retorno de cada proposta;

b) admitindo-se uma taxa de retorno requerida de 25% ao ano, calcular o valor presente líquido de cada proposta;

c) se os projetos forem independentes, indicar o(s) projeto(s) selecionado(s);

d) se os projetos são mutuamente excludentes (somente um deles pode ser selecionado), discuta sobre aquele que você recomendaria.

	Investimento	Fluxos de Caixa (\$)				
Projetos	Ano 0	Ano 1	Ano 2	Ano 3	Ano 4	Ano 5
A	– \$ 45.000	\$ 9.000	\$ 21.000	\$ 30.000	\$ 18.000	\$ 24.000
B	– \$ 45.000	\$ 12.000	\$ 15.000	\$ 18.000	\$ 33.000	\$ 39.000
C	– \$ 75.000	\$ 24.000	\$ 21.000	\$ 15.000	\$ 60.000	\$ 135.000

10. Uma empresa está avaliando duas propostas de investimento cujas informações são apresentadas a seguir:

Projetos	Investimento Inicial	Fluxos de Caixa			
		Ano 1	Ano 2	Ano 3	Ano 4
I	$ 52.000	$ 36.000	$ 30.000	$ 24.000	$ 24.000
II	$ 52.000	$ 12.000	$ 16.000	$ 54.000	$ 68.000

A taxa de retorno exigida pelos investidores é de 30% ao ano. Pede-se:

a) determine o valor presente líquido e a taxa interna de retorno de cada projeto;

b) admitindo que os projetos possam ser implementados ao mesmo tempo (projetos independentes), você recomendaria os dois investimentos? E na hipótese de serem mutuamente excludentes, qual deles seria economicamente mais atraente?;

c) qual a taxa de desconto anual que determina o mesmo valor presente líquido para os dois projetos (intersecção de Fischer)?

11. Com base no investimento abaixo, pede-se determinar:

a) valor presente líquido (*NPV*);

b) taxa interna de retorno (*IRR*);

c) índice de lucratividade (*IL*);

d) taxa de rentabilidade (*IR*).

A taxa de retorno exigida do investimento é de 15% ao ano.

Ano 0	Ano 1	Ano 2	Ano 3	Ano 4	Ano 5
– $ 12.000	$ 2.000	$ 4.000	$ 4.000	$ 6.000	$ 6.000

12. Adiante são apresentados os fluxos de caixa dos investimentos *W* e *Z*. Pede-se determinar a taxa de desconto que torna os *NPV* dos investimentos iguais (intersecção de Fischer).

Investimento	Ano 0	Ano 1	Ano 2	Ano 3
W	– $ 280	$ 70	$ 110	$ 260
Z	– $ 280	$ 180	$ 120	$ 100

13. Uma empresa deve a um banco três pagamentos, vencíveis em 60, 90 e 100 dias, respectivamente de $ 4.700,00, $ 6.400,00 e $ 8.100,00. A dívida foi contraída com uma taxa de juro mensal de 1,8%. A empresa procura o banco para substituir sua dívida por seis pagamentos mensais e iguais, vencendo o primeiro em 90 dias e os demais sequencialmente. O banco define o valor de cada prestação em $ 3.432,20. Determine o custo efetivo mensal cobrado pelo banco na renegociação da dívida.

14. Uma determinada compra é efetuada mediante pagamento de $ 2.200,00 no ato, e mais três pagamentos no valor de $ 3.060,00 cada, vencíveis em 2, 3 e 5 meses. O valor da compra à vista é de $ 11.000,00. Determine o custo efetivo mensal considerado no financiamento.

15. Uma empresa está avaliando o seguinte projeto de investimento:

Ano 0	Ano 1	Ano 2	Ano 3	Ano 4	Ano 5
($ 700.000)	$ 140.000	$ 200.000	$ 250.000	$ 300.000	$ 500.000

A empresa avalia como elevar a rentabilidade do investimento para seu padrão de retorno de 15% ao ano. Pede-se calcular a *IRR* do investimento admitindo que possa reinvestir os fluxos intermediários de caixa a:

a) própria *IRR* apurada no investimento;

b) taxa padrão de retorno da empresa de 15% ao ano.

16. Considere os seguintes fluxos de caixa de dois investimentos:

Ano	Projeto X	Projeto W
0	– $ 20.000,00	– $ 150.000,00
1	$ 15.000,00	$ 100.000,00
2	$ 10.000,00	$ 50.000,00
3	$ 5.000,00	$ 40.000,00

Pede-se determinar:

a) a *IRR* de cada investimento;

b) com base no método da *IRR*, a alternativa que se apresenta mais rentável;

c) na avaliação pelo método da *IRR*, a característica ignorada dos investimentos;

d) a *IRR* incremental dos investimentos;

e) se a taxa de desconto apropriada para os investimentos for de 12%, projeto que deve ser escolhido.

17. Uma máquina é adquirida por $ 45.000,00 e não se prevê valor residual. O fabricante dá garantia por um ano. A partir do segundo ano, o comprador deve proceder à manutenção da máquina, sendo previsto um desembolso de $ 6.000,00. Estima-se que este custo cresce à taxa de 50% ao ano. Outros custos de operar a máquina são de $ 3.200,00 por ano, devendo crescer de acordo com uma progressão aritmética de razão $ 2.000,00.

    Para uma taxa de juros de 10% ao ano, pede-se demonstrar o custo total equivalente anual da máquina, admitindo-se uma vida útil de 8 anos.

18. Uma indústria está operando uma máquina há 3 anos, restando ainda uma vida útil prevista de 4 anos. O custo equivalente anual desta máquina está estimado em $ 6.711,60.

    A empresa recebe uma oferta para substituir sua máquina por uma mais moderna. O valor da máquina nova é de $ 28.000,00, tendo um valor residual de $ 4.200,00. A vida útil estimada é de 10 anos, e os custos anuais de manutenção e operação somam $ 1.000,00.

    Para uma taxa de retorno mínima de 12% ao ano, pede-se determinar se a empresa deve efetuar a substituição da máquina usada.

19. Um equipamento industrial tem ainda previsto 5 anos de vida útil. Seu valor atual de venda é de $ 25.000,00. Os valores residuais e os custos operacionais para cada um dos próximos 5 anos são apresentados a seguir. Pede-se determinar o custo total equivalente anual (recuperação do investimento e operacional) para cada ano de sua vida útil restante, admitindo uma taxa de desconto de 14% ao ano.

Ano	Valor Residual	Custo Operacional Anual
1	$ 17.300,00	$ 4.800,00
2	$ 15.000,00	$ 5.200,00
3	$ 11.400,00	$ 5.800,00
4	$ 4.100,00	$ 6.700,00
5	–	$ 8.700,00

20. Uma empresa está avaliando a aquisição de uma máquina que será utilizada no processo de produção. A máquina custa $ 73.000,00, tem uma vida útil de 10 anos e um valor residual previsto de $ 12.400,00. Os custos anuais de manutenção da máquina somam $ 11.000,00. Para operar a máquina é necessário somente um empregado com salário de $ 24,00/hora. A máquina tem capacidade de produção de 16 unidades por hora. A taxa de desconto utilizada para esta decisão é de 12% ao ano.

    a) desenvolva a formulação do custo equivalente anual total da máquina;
    b) qual o custo equivalente da máquina para uma quantidade de produção de 33.200 unidades?

21. Uma empresa está avaliando a aquisição de uma nova máquina por $ 1.600.000,00. A estimativa é que essa máquina eleve os fluxos de caixa da empresa em $ 420.000,00 por ano ao final de cada um dos próximos 5 anos. A vida útil estimada da máquina é de 5 anos, sem previsão de valor residual. A taxa de desconto adequada para o investimento é de 12,5% ao ano. Sabe-se ainda que ao final dos anos 2 e 4 serão necessários investimentos de $ 50.000 na máquina para manutenção. Pede-se avaliar a atratividade econômica em se adquirir a nova máquina.

22. Considere os seguintes rendimentos de dois títulos:

    Título A: negociado no mercado por $ 73.980,00 com prazo de 3 anos. O título não prevê pagamento de juros durante sua vida de 3 anos, devolvendo somente o seu valor nominal de $ 100.000 ao final do 3º ano.

    Título B: negociado no mercado por $ 97.500,00. Este título paga juros trimestrais de $ 9.620,00 durante sua duração de 3 anos.

    Pede-se:

    a) determinar a taxa de retorno (*IRR*) anual de cada título;
    b) admita que os fluxos de caixa do título *B* possam ser reinvestidos pela taxa de juro de 2,48% ao trimestre. Determinar a nova taxa interna de retorno (*IRR*) do título *B*.

Respostas

1. IRR_A = 10,65% a.a.
   IRR_B = 8,90 a.a.
   IRR_C = 10,70% a.a.

2. IRR = 7,08% a.m.

3. IRR = 14,65% a.t.

4. 0,111% a.d.; 3,39% a.m.

5. a) IRR_A = 5,51% a.a.
   IRR_B = 13,91% a.a.
   b) NPV_A = – $ 2.057,58
   NPV_B = $ 4.748,99 (indicado).

6. a) Somente *B*.
   b) *B*.
   c) 12%.
   d) Sim. C apresenta maior *IRR*.
   e) Maior.
   f) Sim.

7. NPV (0%) = $ 3.000,00
   NPV (5%) = $ 1.222,26
   NPV (10%) = – $ 263,24
   NPV (15%) = – $ 1.519,09
   NPV (20%) = – $ 2.591,95

8. $ 74.704,40

9. a) IRR_A = 30,78% a.a.
   IRR_B = 33,07% a.a.
   IRR_C = 39,45% a.a.
   b) NPV_A = $ 6.237,12
   NPV_B = $ 9.712,32
   NPV_C = $ 34.132,8
   c) Todos.
   d) Projeto C, de maior *NPV*.

10. a) NPV_I = $ 12.770,84
    NPV_{II} = $ 15.085,89
    IRR_I = 45,59% a.a.
    IRR_{II} = 41,97% a.a.
    b) Se independentes, os dois projetos são recomendados. Se mutuamente excludentes, o projeto mais atraente é o de maior valor presente líquido (projeto II);
    c) 34,95% a.a.

11. NPV = $ 1.807,35
    IRR = 20,2% a.a.
    IL = 1,1506
    IR = 15,06%

12. 16,14% a.a.

13. 2,25% a.m.

14. 1,28% a.m.

15. a) 22,39% a.a.
    b) 19,76% a.a.

16. a) IRR_X = 28,86% a.a.
    IRR_W = 15,51% a.a.
    b) Investimento *X*, com a maior *IRR*.
    c) Diferença de escala dos investimentos.
    d) *IRR* incremental = 13,43%
    e) NPV_X = $ 4,92
    NPV_W = $ 7,62

17. CUSTOS EQUIVALENTES ANUAIS - ($)

Ano	Recuperação do Investimento	Manutenção	Operação	Custo Total
1	49.500,00	–	3.200,00	52.700,00
2	25.928,60	2.857,10	4.152,40	32.938,10
3	18.095,20	4.713,00	5.073,10	27.881,30
4	14.196,20	6.606,30	5.962,30	26.764,80
5	11.870,90	8.841,10	6.820,30	27.532,30
6	10.332,30	11.632,10	7.647,10	29.611,50
7	9.243,20	15.208,50	8.443,23	32.894,93
8	8.435,00	19.854,90	9.209,00	37.498,90

18. *PMT* (Máq. Velha) = $ 6.711,60

PMT (Máq. Nova) = $ 5.716,20

A máquina nova tem menor custo equivalente anual.

19.

Ano	Recuperação do Investimento(1)	Custo Operacional Equivalente Anual	Custo Total equivalente Anual
1	$ 11.200,00	$ 4.800,00	$ 16.000,00
2	8.172,90	4.986,90	13.159,80
3	7.454,00	5.223,30	12.677,30
4	7.747,00	5.523,40	13.270,40
5	7.282,10	6.003,90	13.286,00

(1) 25.000 × FPV (14%,5) – Valor residual × FFV (14%,5)

20. a) $PMT = \$\ 23.213,24 + 1,5Q$

b) $PMT = \$\ 73.013,24$

21. Não é interessante.

$NPV = (175.282,22)$

$IRR = 7,94\%$ a.a.

22. a) $IRR_A = 10,57\%$ a.a.

$IRR_B = 11,24\%$ a.a.

b) $IRR_B = 10,78\%$ a.a.

11

Matemática Financeira e Títulos de Renda Fixa

Os títulos são denominados *renda fixa* quando se conhece a forma de rendimentos oferecidos. São assim conhecidos por fixarem os rendimentos desde o momento inicial da operação. Esses títulos são emitidos geralmente por instituições financeiras, sociedades por ações e governos, e negociados com os poupadores em geral.

Alguns exemplos de títulos ou papéis de renda fixa bastante negociados no mercado financeiro são os *certificados e recibos de depósitos bancários* (CDB e RDB), *debêntures* e *letras de câmbio*.

Esses papéis podem ser negociados de diversas formas, principalmente no que concerne à formação das taxas de juros, prazos, periodicidade dos rendimentos e tributação.

No Quadro 11.1, vemos as modalidades básicas de operação envolvendo títulos de renda fixa, as quais são tratadas neste item.

Os títulos *prefixados* caracterizam-se pela revelação antecipada do valor total da remuneração oferecida ao investidor. Ou seja, no momento da aplicação, o poupador toma conhecimento da taxa total (nominal) de juro a ser aplicada sobre o capital investido, a qual se mantém inalterada até o seu vencimento, independentemente das variações do mercado.

Se o título prefixado for negociado antes de seu vencimento, o investidor pode ter seu retorno alterado diante das novas expectativas de juros do mercado. Se as taxas de juros se elevarem o preço do título se *desvaloriza*, sendo negociado por um preço menor e promovendo uma perda de valor ao investidor (*deságio*). Nesse caso, os fluxos de rendimentos previstos são descontados por uma taxa de juros mais elevada, produzindo um valor presente (valor do título) menor. Ao contrário, se as taxas de mercado se reduzirem, o preço de negociação dos títulos se eleva, permitindo que o investidor apure um ganho (*ágio*), determinado pela valorização do título, em sua negociação.

Títulos pós-fixados costumam definir previamente a taxa real de juros e o indexador de correção monetária a ser aplicado sobre o capital investido. Esse indexador pode ser uma taxa de inflação (IPCA, por exemplo), ou uma taxa de juros adotada pelo mercado, como taxa DI (Depósito Interfinanceiro) e taxa Selic. O valor do resgate, no entanto, somente será conhecido no momento da liquidação da operação em função do comportamento verificado no índice de correção selecionado.

11.1 Certificados/recibos de depósitos bancários (CDB/RDB)

Os certificados/recibos de depósitos bancários são emitidos por instituições financeiras, visando captar recursos para suas operações de empréstimos.

A diferença básica entre os títulos é que o CDB pode ser negociado no mercado antes de seu vencimento mediante endosso, e o RDB é intransferível.

Sobre os rendimentos desses títulos de renda fixa incide imposto de renda, geralmente pago quando de seu resgate. Em algumas situações, o imposto é pago na fonte, isto é, no momento da realização do negócio. O critério de tributação tem-se alterado bastante no decorrer do tempo, não permitindo que se defina uma regra (assim como uma alíquota) geral e permanente para essas operações.

Quadro 11.1 *Operações com títulos de renda fixa*

	Quanto às Taxas de Juros	Quanto à Periodicidade dos Rendimentos
Títulos de Renda Fixa	Prefixados	Rendimento Final
		Rendimento Periódico
	Pós-Fixados	Rendimento Final
		Rendimento Periódico

Atualmente, o CDB e o RDB são tributados na fonte quando do resgate dos títulos de acordo com uma tabela regressiva com alíquotas decrescentes para prazos de aplicações maiores. A alíquota mais alta é de 22,5% calculada sobre o ganho de capital em aplicações com prazo de até 180 dias, e a mais baixa, de 15%, para investimentos acima de 720 dias.

De qualquer forma, a incidência do imposto de renda nas negociações com títulos de renda fixa determina a necessidade de conhecer os rendimentos e taxas *brutos* (apurados antes do IR) e *líquidos* (estabelecidos após o cálculo do IR).

A taxa de juros dos papéis de renda fixa é geralmente definida com base na taxa anual efetiva (capitalizada por juros compostos). A atribuição dessa taxa para intervalos de tempo menores é processada por meio da taxa equivalente composta, conforme estudada no segundo capítulo.

11.1.1 CDB/RDB com taxas prefixadas

Uma taxa prefixada incorpora uma expectativa de inflação mais os juros reais da operação. Existe juro real, evidentemente, se o indexador escolhido refletir adequadamente a evolução dos índices de preços da economia. Em alguns momentos da economia brasileira verificam-se situações em que o indexador da aplicação situa-se abaixo da taxa efetiva da inflação, consumindo o rendimento real da operação.

Dessa forma, a taxa prefixada é uma taxa nominal que incorpora, *a priori*, a correção (atualização) monetária e o juro real.

Essa modalidade de operação indica que os encargos são acumulados (capitalizados) e resgatados somente ao final do prazo de aplicação. A operação financeira é representada na Figura 11.1.

A simbologia a ser adotada nas operações com títulos de renda fixa apresenta algumas novidades em relação à que vem sendo adotada em juros compostos, principalmente pela interferência da tributação sobre os resultados. O tratamento a ser dispensado a essas operações, desde que não haja uma orientação explícita, segue o lado do investidor. Veja o Quadro 11.2.

Quadro 11.2 *Simbologia em operações com títulos de renda fixa*

- PV = valor da aplicação (capital);
- FV = valor de resgate (valor nominal, montante);
- IR = valor do imposto de renda;
- T = alíquota de IR;
- i_b, i_L = taxa nominal bruta (antes IR) e líquida (após dedução do IR), respectivamente.
- r_b, r_L = taxa real bruta e líquida, respectivamente.

11.1.2 Taxa prefixada com rendimento final

O imposto de renda incidente nessas operações, conforme comentado, tem sofrido nos últimos anos diversas alterações em sua metodologia de cálculo e alíquotas, prejudicando a definição de uma fórmula de cálculo genérica. Para as operações com títulos de renda fixa, a tributação será tratada neste livro considerando o cálculo do IR sobre o rendimento total da operação, sendo pago quando de seu resgate. A alíquota do imposto varia segundo o prazo de permanência do capital investido, de acordo com tabela regressiva de IR.

Graficamente, pode ser representada segundo seja a forma de tributação, como vemos na Figura 11.1.

Figura 11.1 *Taxa prefixada com rendimento final*

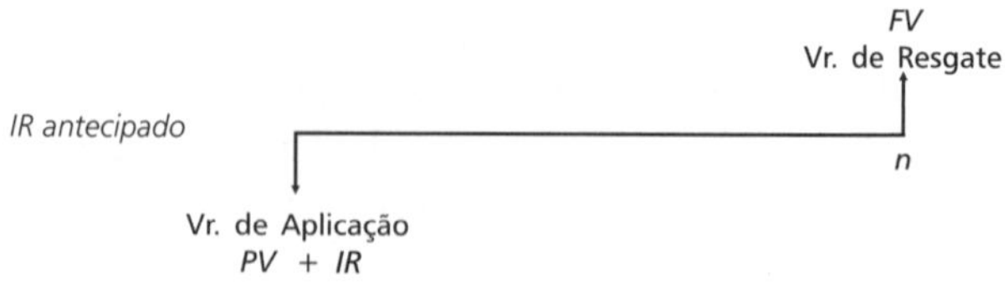

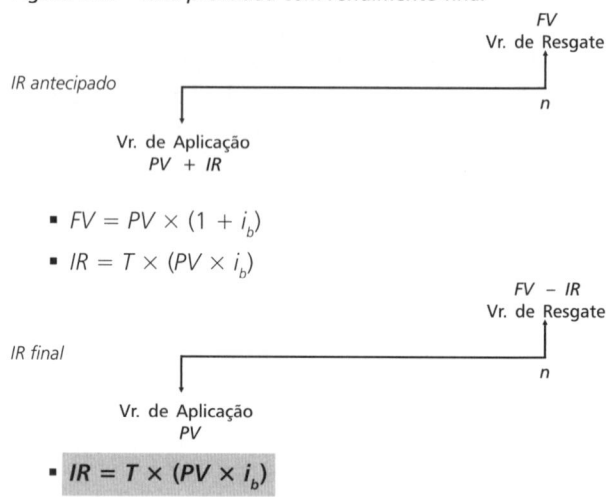

- $FV = PV \times (1 + i_b)$
- $IR = T \times (PV \times i_b)$

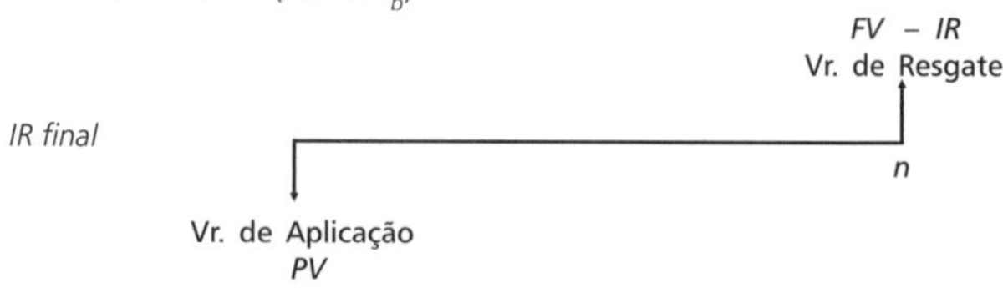

- $IR = T \times (PV \times i_b)$

O exemplo a seguir é desenvolvido de maneira a ilustrar detalhadamente o processo de cálculo dos resultados de uma operação com títulos de renda fixa.

Exemplo 1:

Suponha uma aplicação de $ 27.000,00 efetuada em título de renda fixa pelo prazo de um mês. A remuneração do papel é calculada à taxa bruta prefixada de 30% ao ano.

Com base nessas informações, pede-se determinar:

a) rendimentos brutos de aplicação (antes do IR);
b) rendimento nominal e real líquido (após IR). Admita que uma alíquota de 22,5% a ser aplicada sobre o rendimento final.

   A correção monetária (inflação) do período atinge a 1,1%.

Solução:

a) *Rendimentos Brutos da Aplicação*
   - Rentabilidade Nominal Bruta (i_b):

     i_b = 30% a.a.

     $i_b = \sqrt[12]{1,30} - 1$ = 2,21% a.m.

- Valor Bruto do Resgate:
  $ 27.000,00 × 1,0221 = $ 27.596,70
  Valor da Aplicação = (27.000,00)
  Rendimento Bruto Nominal: $ 596,70
- Rentabilidade Real Bruta (r_b):

$$r_b = \frac{1+0,0221}{1+0,011} - 1 = 1,098\% \text{ a.m.}$$

ou:

$$r_b = \frac{\$\,27.596,70}{\$\,27.000,00 \times 1,011} - 1 = 1,098\% \text{ a.m.}$$

- Valor Bruto do Resgate = 27.596,70
  Valor Corrigido da Aplicação:
  $ 27.000,00 × 1,011 = ($ 27.297,00)
  Rendimento Bruto Real: $ 299,70

> Rendimento *Real* é o ganho que excede à inflação. No exemplo, refere-se ao rendimento obtido do capital aplicado corrigido monetariamente, ou seja:
>
> Rendimento Real: 1,098% × $ 27.297,00 = $ 299,70
>
> Rendimento *Bruto* é o ganho calculado **antes** da dedução do imposto de renda.

b) *Rendimento nominal e real líquidos do IR*

IR Cobrado no Resgate – Para uma alíquota de 22,5% de IR calculada sobre o rendimento total e pago no resgate, tem-se:

Valor Bruto de Resgate	$ 27.596,70
Valor de Aplicação	($ 27.000,00)
Rendimento Bruto:	$ 596,70
IR: 22,5% × $ 596,70	($ 134,26)
Rendimento Líquido:	$ 462,44

Como o IR é pago por ocasião de resgate, tem-se o seguinte fluxo de caixa:

Valor Líquido de Resgate:
$ 27.596,70 – $ 134,26

Aplicação: Nominal: $ 27.000,00
Corrigido: $ 27.297,00

$$i_L = \frac{FV - IR}{PV\ \text{nominal}} - 1 = \frac{\$\,27.462,44}{\$\,27.000,00} - 1 = 1,71\% \text{ a.m.}$$

$$r_L = \frac{FV - IR}{PV\ \text{corrigido}} - 1 = \frac{\$\,27.507,20}{\$\,27.297,00} - 1 = 0,60\% \text{ a.m.}$$

ou:

$$r_L = \frac{1+i_L}{1+CM} - 1 = \frac{1+0,0171}{1+0,011} - 1 = 0,60 \text{ a.m.}$$

11.1.3 Extensões ao cálculo da taxa líquida

Muitas vezes é importante determinar a taxa líquida de um título de renda fixa diretamente de sua taxa bruta divulgada. Este cálculo deve ser imediato, de forma que se incorpore no processo de decisão de investir nestes papéis.

Para as operações em que o imposto de renda incidente sobre o rendimento nominal é pago, ao final, por ocasião do resgate do título, a expressão de cálculo da taxa líquida é bastante simplificada, apurando-se o IR diretamente sobre a taxa bruta, isto é:

$$i_L = i_b \times (1 - T)$$

Reportando-se ao exemplo ilustrativo anterior, tem-se:

i_L = 2,21% × (1 – 0,22) = 1,71% a.m.

A rentabilidade real líquida do IR, por seu lado, atinge:

- $r_L = \frac{1+0,0171}{1+0,011} - 1$

  r_L = 0,60% a.m.

Exemplo 2:

Um investidor aplica $ 400.000,00 em CDB prefixado pelo prazo 210 dias corridos. A taxa efetiva de juros do investimento é de 16,8% ao ano e a alíquota de IR é igual a 20% pagos no resgate. Admita ano comercial de 360 dias.

Valor Bruto do Resgate (FV)

FV = $ 400.000,00 × (1,168)210/360 = $ 437.926,93

Rendimentos da Aplicação (Bruto e Líquido)

Valor Bruto do Resgate	$ 437.926,93
Valor da Aplicação	($ 400.000,00)
Rendimento Bruto	$ 37.926,93
IR: 20% × $ 37.926,93	($ 7.585,40)
Rendimento Líquido	*$ 30.341,54*

Valor Líquido do Resgate:

$ 437.926,93 – $ 7.585,40: $ 430.341,53

Taxa de Rendimento (r_b, r_L)

Taxa Bruta de Retorno (r_b)

r_b = (1 + 0,168)30/360 – 1 = 1,30% a.m.

$r_L = r_b \times (1 - T)$

r_L = 1,30% × (1 – 0,20) = 1,04% a.m.

11.1.4 Taxa prefixada com rendimento periódico

Esse tipo de operação indica que os rendimentos são pagos periodicamente, e o principal resgatado ao final

Figura 11.2 *Taxa prefixada com rendimento periódico*

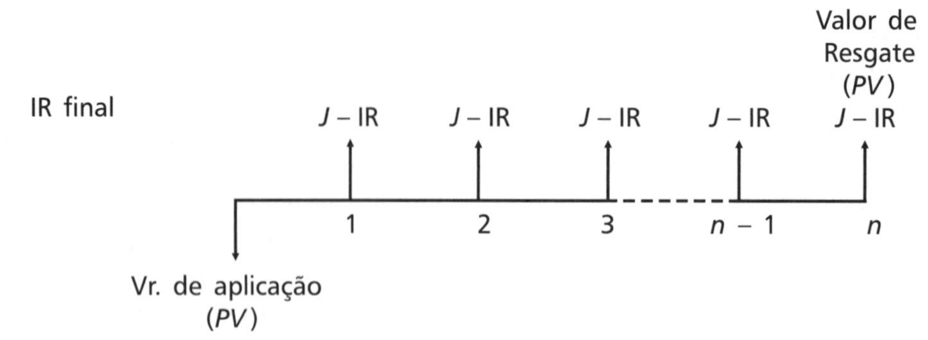

do período da aplicação. Identicamente ao rendimento final, a taxa de juros considerada em cada período de rendimento é apurada pela equivalente composta.

Graficamente, essa modalidade de operação pode ser apresentada conforme a Figura 11.2, sendo *J* o valor monetário dos rendimentos periódicos.

Conforme foi colocado, considerando que os juros são geralmente definidos em taxas anuais, os rendimentos são determinados pela taxa equivalente composta do período, assumindo a seguinte expressão básica:

$$J = PV \times i_{b,q}$$

onde: $i_{b,q}$ = taxa nominal (prefixada) bruta equivalente de juros a ser aplicada a cada período de rendimentos.

O imposto de renda na fonte incide sobre o total dos rendimentos.

Logo:

$$IR = T \times PV \times i_{b,q} \times n$$

onde: $i_{b,q}$ = taxa nominal (prefixada) bruta de juros (b) e equivalente (q) ao período de rendimento;

n = número de períodos de rendimento

Exemplo:

1. Admita uma aplicação de $ 25.000,00 num título de renda fixa, pelo prazo de um ano, com rendimentos trimestrais equivalentes à taxa prefixada de 18% ao ano. Os rendimentos nominais são tributados à alíquota de 15% e pagos no momento do resgate de cada parcela. Determinar a rentabilidade nominal líquida desta operação.

Solução:

- i_b = 18% a.a.
- Taxa Bruta Equivalente Trimestral:

$$i_{b,q} = \sqrt[4]{1+0,18} - 1 = 4,22\% \text{ a.t.}$$

Os juros (rendimentos) líquidos de cada período atingem:

Rendimento Nominal Bruto Trimestral:

$ 25.000,00 × 4,22% =	$ 1.055,00

IR s/ rendimento trimestral:

$ 1.055,00 × 15% =	($ 158,25)
Rendimento Nominal Líquido:	$ 896,75

Graficamente, pode ser representado o seguinte fluxo de caixa da aplicação:

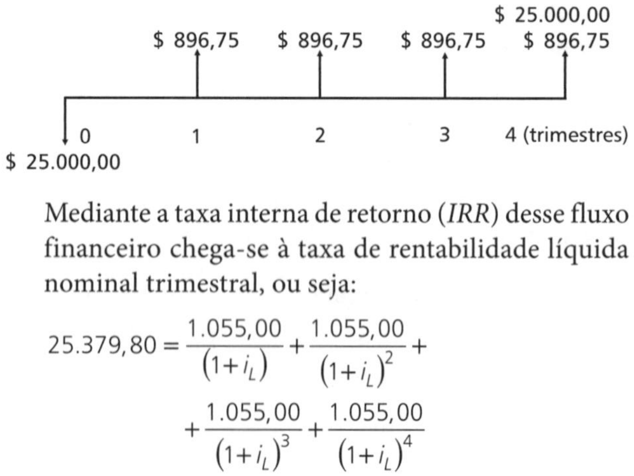

Mediante a taxa interna de retorno (*IRR*) desse fluxo financeiro chega-se à taxa de rentabilidade líquida nominal trimestral, ou seja:

$$25.379,80 = \frac{1.055,00}{(1+i_L)} + \frac{1.055,00}{(1+i_L)^2} + \frac{1.055,00}{(1+i_L)^3} + \frac{1.055,00}{(1+i_L)^4}$$

Resolvendo-se com o auxílio de uma máquina de calcular programável:

IRR (i_L) = 3,59% a.t. (15,14% a.a.)

11.1.5 CDB/RDB com taxas pós-fixadas

As denominadas taxas *pós-fixadas* são aquelas cuja correção monetária acompanha a evolução de um índice de preços definido para a operação. Em consequência, a taxa nominal de juros somente é conhecida *a posteriori*, e não antecipadamente, conforme é característica das taxas prefixadas.

A remuneração pós-fixada é composta de um indexador, que expressa a correção monetária ou inflação apurada segundo uma estimativa para o prazo da aplicação, mais uma taxa real de juros, a qual incide sobre o valor aplicado corrigido.

O imposto de renda será considerado sobre os rendimentos totais e pagos por ocasião do resgate.

A apuração dos resultados de uma operação pós-fixada é bastante simples, principalmente em razão de identificar, de forma dissociada, a taxa de correção monetária e a taxa real de juros.

Por exemplo, admita uma aplicação com rendimento real de 9,5% ao ano mais correção monetária.

O percentual de 9,5%, por incidir sobre o valor corrigido do investimento, representa o *ganho real* (r_b) da operação, ou seja, a taxa real de juros, isenta dos efeitos inflacionários.

Como a alíquota do IR incide sobre o rendimento total (nominal), o retorno líquido é obtido:

$$r_L = r_b\,(1 - IR)$$

Admitindo uma variação no índice de preços da economia de 6,0% ao ano e uma alíquota de IR de 22,5% aplicada sobre o ganho total, tem-se:

Retorno Nominal Bruto Total – $r_b = [(1 + 0{,}095) \times (1 + 0{,}06)] - 1$

$r_b = 16{,}07\%$

Rendimento Nominal Líquido – $r_L = 16{,}07\% \times (1 - 0{,}225) = 12{,}45\%$

Exemplos:

1. Admita a seguinte aplicação por 4 meses:

Valor Aplicado = $650.000,00

Taxa Real de Juros = 10,5% a.a.

Correção do Período = 2,62% a.q.

IR s/Rendimento Total = 15,0%

Pede-se apurar os resultados bruto e líquido da aplicação e a taxa de retorno nominal e real.

Solução:

Rendimento Bruto e Líquido

Valor Bruto do Resgate	= $ 650.000,00 × $(1{,}105)^{4/12}$ × 1,0262 = $ 689.603,5
Valor Investido	= ($ 650.000,00)
Rendimento Bruto	$ 39.603,50
Imposto de Renda (15%)	($ 5.940,50)
Rendimento Líquido	$ 33.663,00

Valor de Resgate Líquido

$ 689.603,5 – $ 5.940,50 = $ 683.663,00

Taxa Nominal Efetiva Bruta – i_b

$$i_b = [(1{,}105)^{4/12} \times 1{,}0262] - 1 = 6{,}09\% \text{ a.q.}$$

Ou:

$$i_b = \frac{\$\ 689.603{,}50}{\$\ 650.000{,}00} - 1 = 6{,}09\% \text{ a.q.}$$

Taxa Nominal Líquida – i_L

$$i_L = 6{,}09\% \times (1 - 0{,}15) = 5{,}1765\% \text{ a.q.}$$

Taxa Real Bruta– Líquida – r_L

$$r_b = (1{,}105)^{4/12} - 1 = 3{,}38\% \text{ a.q.}$$

$$r_L = 3{,}38\% \times (1 - 0{,}15) = 2{,}87\% \text{ a.q.}$$

Ou:

$$i_b = \frac{\$\ 689.603{,}50}{\$\ 650.000{,}00 \times 1{,}0262} - 1 = 3{,}38\% \text{ a.q.}$$

2. Suponha uma aplicação de $ 16.000,00 pelo prazo de 70 dias à taxa real de juros de 16% ao ano mais correção monetária a ser definida com base no indexador oficial de inflação. A variação nos índices oficiais de preços no período atingiu a 3,63%. A alíquota de imposto de renda é de 22,5% e incide sobre os rendimentos (juros) totais.

Determinar os rendimentos nominais e reais da operação.

Solução:

- *Rendimento Real*

$r_b = 16\%$ a.a., equivalendo a:

$r_b = (1{,}16)^{70/360} - 1 = 2{,}93\%$ p/70 dias

$r_L = 2{,}93\%\ (1 - 0{,}225) = 2{,}27\%$ p/70 dias

- *Rendimento Nominal*

$i_b = (1 + 0{,}0293) \times (1 + 0{,}0363) - 1 = 6{,}67\%$ p/70 dias

$i_L = (1 + 0{,}0227) \times (1 + 0{,}0363) - 1 = 5{,}98\%$ p/70 dias

11.1.6 Confronto entre a taxa prefixada e a taxa pós-fixada de juros

Conforme foi discutido, a taxa prefixada de juros é definida em termos nominais, incorporando uma expectativa futura de inflação. A operação somente realiza os rendimentos reais prometidos se a inflação futura não exceder a correção embutida na taxa. Se a inflação do período de aplicação ultrapassa o percentual considerado na taxa nominal, os juros reais são consumidos, podendo inclusive produzir uma rentabilidade negativa. Evidentemente, se a inflação fica abaixo do previsto, a remuneração real cresce acima do prefixado.

A taxa pós-fixada, por seu lado, acompanha a evolução do índice de preços selecionado para corrigir monetariamente o capital aplicado, definindo os juros integralmente em termos de taxa real. Essa modalidade, desde que o índice de correção selecionado seja representativo da efetiva inflação da economia, não oferece risco de gerar uma remuneração negativa em termos reais.

Assim, a decisão entre uma taxa pré e outra pós-fixada é dependente do comportamento da inflação. *Por exemplo*, a escolha entre aplicar um capital com rendimentos nominais (prefixados) de 34% ao ano, ou a juros reais de 14% ao ano mais correção monetária pós-fixada, é definida pela expectativa de inflação futura.

Comparativamente aos rendimentos pós-fixados, a taxa prefixada incorpora em seu percentual uma estimativa de inflação de 17,5%, isto é:

Taxa Pré (i) = (1 + r) × (1 + I)] – 1

Sendo: I = taxa de inflação e r = taxa real de juros

$$I\ (\text{Inflação}) = \frac{1+i}{1+r} - 1$$

$$I = \frac{1+0,34}{1+0,34} - 1 = \frac{1,34}{1,14} - 1 = 17,5\%$$

Assim, se no período de aplicação:

- $I < 17,5\%$: interessa aplicar em taxa prefixada, pois a correção embutida na taxa é maior que a inflação verificada;
- $I = 17,5\%$: é indiferente. Ambas as modalidades oferecem a mesma remuneração;
- $I > 17,5\%$: a melhor alternativa é a operação pós-fixada, pois os rendimentos acompanham a evolução da inflação no período.

Exemplo:

1. Um banco A oferece um CDB prefixado pagando uma taxa efetiva de juros de 14% ao ano. O banco B oferece para a mesma aplicação uma taxa de juros igual a 107% do CDI. Para um prazo de 70 dias corridos, e projetando-se um CDI efetivo anual de 12,25%, identificar a melhor alternativa de investimento.

Solução:

Banco A

Retorno (i) = $(1,14)^{70/360} - 1$ = *2,58% para 70 dias*

Banco B

Retorno (i) = (12,25% × 107%) = 13,1075% a.a.

Retorno (i) = $(1,131075)^{10/360} - 1$ = *2,42% para 70 dias*

A remuneração do título do banco *B* é inferior.

11.1.7 Desmembramento da taxa prefixada

Foi demonstrado ao longo deste capítulo que uma taxa prefixada de juro incorpora duas grandes partes:

a) Taxa real (r);

b) Taxa esperada de inflação (I).

A taxa real, por seu lado, embute em sua formação um juro mínimo praticado na economia, denominado taxa pura (livre de risco), e uma remuneração pelo risco envolvido na operação. Dessa maneira, tem-se na Figura 11.3 uma composição de taxa prefixada:

Ao se admitir que a taxa pura da economia brasileira seja a remuneração real de 0,5% ao mês paga por um título público federal, é possível desmembrar uma taxa prefixada em todas as suas partes, identificando os vários rendimentos oferecidos.

> A taxa *pura* de juro pode ser definida como uma taxa livre de risco e calculada líquida da inflação.

Assim, *ilustrativamente*, admita que um investidor esteja avaliando uma aplicação em um título de renda fixa que remunera à taxa prefixada de 34,5% ao ano. O prazo da aplicação é de um mês.

A taxa de inflação projetada pelo mercado para os próximos 30 dias é de 1,0%, e a alíquota vigente de imposto de renda é de 15% incidente sobre o rendimento total da aplicação.

Com base nessas informações, pode-se decompor a taxa prefixada conforme se vê na Figura 11.4.

Observe que a aplicação está oferecendo uma remuneração efetiva pelo risco de 0,61% ao mês. Em outras palavras, a taxa real de 1,11% ao mês excede uma alternativa admitida como sem risco em 0,61% ao mês, denotando o prêmio pelo risco pago pelo título.

Figura 11.3 *Composição de taxa prefixada*

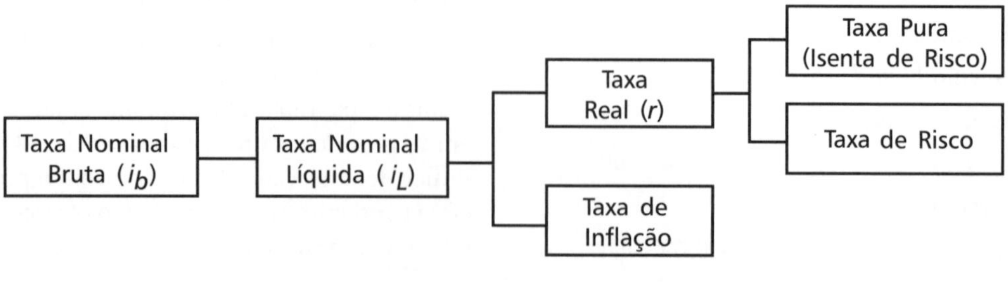

Figura 11.4 *Desdobramento da taxa prefixada*

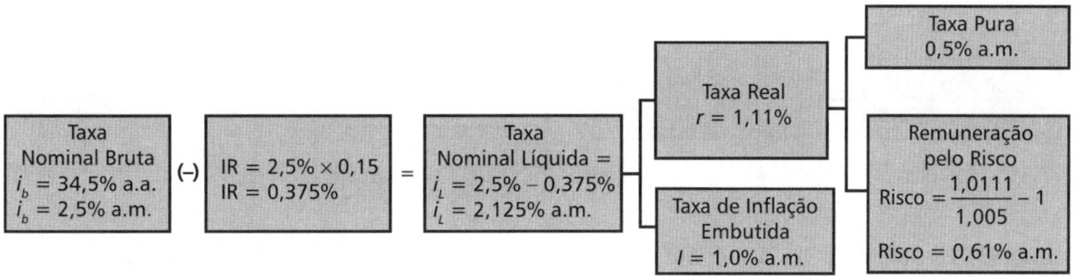

11.1.8 Diferentes variações dos índices de preços

Muitas vezes o índice de correção monetária de uma dívida, ou mesmo de uma aplicação financeira, pode destoar bastante dos índices de preços médios utilizados pelo mercado, provocando reflexos sobre o resultado real da operação.

Isso é mais comum, principalmente, em financiamentos atrelados a uma moeda estrangeira, cujos percentuais de variação cambial vêm sempre acompanhar os índices de preços da economia.

Ilustrativamente, admita um financiamento em dólar (US$) cobrando uma taxa de juro real de 15% ao ano mais variação cambial.

Se o percentual de variação cambial no período acompanhar exatamente a inflação da economia, é correto concluir que a operação apresenta um custo real de 15% ao ano, conforme a taxa de juro cobrada. No entanto, se a variação cambial for diferente dos índices gerais de preços da economia, o resultado desta diferença deve ser incorporado no cômputo do juro real da operação.

Por exemplo, se a taxa da inflação atingir 20% e a variação cambial 17% no período da operação, o custo real do financiamento reduz-se por esta sobreavaliação da moeda nacional, sendo calculado pela expressão:

- Custo Nominal (i) = $(1 + 0{,}15) \times (1 + 0{,}17) - 1 = 34{,}55\%$ a.a.
- Custo Real (r) com base na inflação =

$$= \frac{1+0{,}3455}{1+0{,}20} - 1 = 12{,}13\% \text{ a.a.}$$

$$r = 1{,}11\% \text{ a.m.}$$

inferior à taxa de 15% cobrada acima da variação do dólar.

Ao contrário, se a inflação da economia for de somente 12% no período, e mantendo-se em 17% a variação cambial, o custo real se eleva para:

- Custo Real (r) com base na inflação =

$$= \frac{1+0{,}3455}{1+0{,}20} - 1 = 20{,}13\% \text{ a.a.}$$

pela incorporação de uma maior desvalorização da moeda nacional.

Exemplos:

1. Suponha uma aplicação em título de renda fixa (CDB) que paga uma taxa nominal de 1,65% ao mês. A alíquota de IR incidente sobre os rendimentos prefixados é de 20%. Admitindo que a inflação no período tenha atingido a 0,6%, pede-se determinar:
   a) taxas nominal e real brutas (antes do IR);
   b) taxa real líquida do IR;
   c) considerando que seja de 0,5% ao mês a taxa livre de risco da economia, apurar a taxa de risco embutida na remuneração do CDB.

   Solução:

   a) *taxa nominal e real brutas*
   - taxa nominal (i_b): 1,65% a.m.
   - taxa real (r_b): $\frac{1{,}0165}{1{,}006} - 1 = 1{,}044\%$ a.m.

   b) *taxa real líquida do IR*
   - taxa nominal líquida do IR (i_L): $1{,}65\% \ (1 - 0{,}20) = 1{,}32\%$ a.m.
   - taxa real líquida do IR (r_L): $\frac{1{,}0132}{1{,}006} - 1 = 0{,}716\%$ a.m.

   c) *taxa de risco*
   - taxa de risco: $\frac{1{,}00716}{1{,}005} - 1 = 0{,}215\%$ a.m.

   Dessa forma, a taxa bruta de 1,65% ao mês do CDB considerada no exemplo pode ser decomposta conforme podemos ver na ilustração a seguir.

2. Uma aplicação de $ 37.000,00 é efetuada num título de renda fixa, emitido pelo prazo de 35 dias à taxa bruta efetiva de 37,5% ao ano. Determinar os rendimentos e a taxa de retorno nominais desta aplicação. Admita

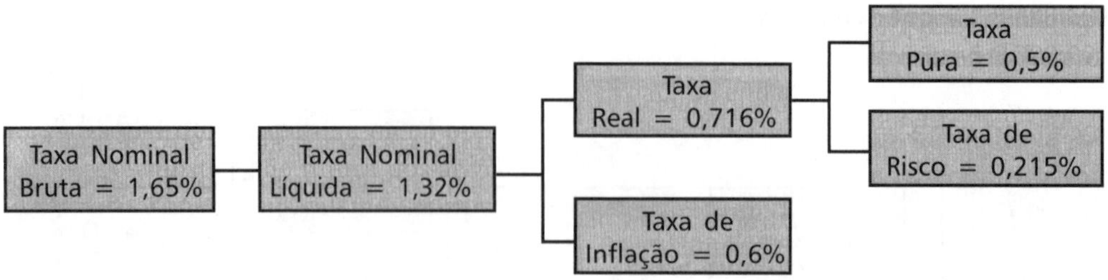

que a alíquota de IR seja de 20%, incidente sobre o total dos rendimentos e paga no resgate:

Solução:

- *Taxa Bruta de retorno*

  i_b = 37,5% a.a., equivalendo a:

  $i_b = (1{,}375)^{35/360} - 1 = 3{,}14\%$ p/35 dias

- *Taxa Líquida de retorno*

  $i_L = 3{,}14\% \times (1 - 0{,}20) = 2{,}51\%$ p/35 dias

- *Demonstração dos Rendimentos*

Valor Bruto de Resgate:	
$ 37.000,00 × 1,0314	$ 38.161,80
Capital Aplicado	($ 37.000,00)
Rendimentos Brutos:	$ 1.161,80
Imposto de Renda:	
20% × $ 1.161,80	(232,36)
Rendimentos Líquidos:	$ 929,44
Valor Líquido de Resgate:	
$ 38.161,80 – $ 232,36	$ 37.929,44

- *Graficamente*:

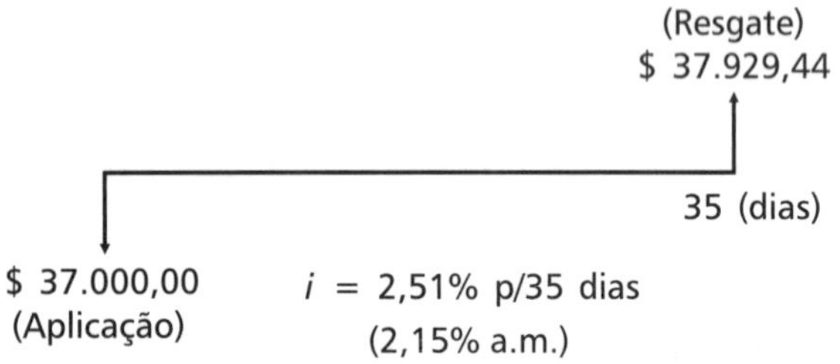

3. Uma pessoa aplicou $ 16.000,00 num título de renda fixa com rendimentos pós-fixados para ser resgatado ao final de 69 dias. A remuneração do título é calculada com base numa taxa de juros de 16% ao ano mais correção monetária. O índice de preços adotado como indexador da operação variou de 195,1 para 207,3 no período. Sendo de 31,5% a alíquota de IR incidente sobre os rendimentos reais e paga no resgate, determinar os rendimentos e as taxas reais mensais de retorno bruta e líquida.

Solução:

a) *Rentabilidade Real Bruta*

r_b = 16% a.a., equivalendo a

$r_b = (1{,}16)^{69/360} - 1 = 2{,}89\%$ p/69 dias (1,24% a.m.)

b) *Rentabilidade Real Líquida*

$r_L = 2{,}89\% \times (1 - 0{,}315) = 1{,}98\%$ p/69 dias

c) *Rendimentos Reais Brutos*

Valor de Resgate:

$\$ \; 16.000{,}00 \times \dfrac{207{,}3}{195{,}1} \times 1{,}0289 =$ $ 17.491,83

Capital Aplicado Corrigido:

$\$ \; 16.000{,}00 \times \dfrac{207{,}3}{195{,}1} =$ ($ 17.000,51)

Rendimentos Reais Brutos $ 491,32

d) *Rendimentos Reais Líquidos*

Rendimentos Brutos	$ 491,32
IR: 31,5%	($ 154,77)
Rendimentos Reais Líquidos	$ 336,55

4. Admita que um banco esteja pagando 16,5% ao ano de juros na colocação de um título de renda fixa de sua emissão. Apurar a taxa efetiva (equivalente) bruta e líquida (antes e após o IR) para os prazos seguintes. Considere uma alíquota de IR de 15%, incidente sobre os rendimentos nominais, e descontada ao final do prazo da operação:

a) 1 mês;

b) 7 meses;

c) 37 dias;

d) 100 dias.

Solução:

a) $i_b = (1{,}165)^{1/12} - 1 = 1{,}28\%$ a.m.
   $i_L = 1{,}28\% \times (1 - 0{,}15) = 1{,}088\%$ a.m.

b) $i_b = (1{,}165)^{7/12} - 1 = 9{,}32\%$ p/7 meses
   $i_L = 9{,}32\% \times (1 - 0{,}15) = 7{,}92\%$ p/7 meses

c) $i_b = (1{,}165)^{37/360} - 1 = 1{,}58\%$ p/37 dias
   $i_L = 1{,}58\% \times (1 - 0{,}15) = 1{,}34\%$ p/37 dias

d) $i_b = (1{,}165)^{100/360} - = 4{,}33\%$ p/100 dias
   $i_L = 4{,}33\% \times (1 - 0{,}15) = 3{,}68\%$ p/100 dias

11.1.9 Custo de captação com recolhimento compulsório

Admita que uma instituição financeira tenha colocado no mercado um CDB de sua emissão pagando a taxa efetiva de 15,3% ao ano. O prazo de colocação do título é de 63 dias. Admita ainda que o Banco Central, para a formação de um depósito compulsório, recolhe 8% do principal captado pela instituição financeira pelo prazo de emissão do título, liberando o valor retido somente quando de sua liquidação. Durante todo o período da operação, o Banco Central não paga nenhuma remuneração sobre o valor retido.

Pede-se determinar:

a) Rentabilidade mensal efetiva e líquida do IR do aplicador do título. Considere uma alíquota de 20% incidindo sobre a remuneração.

Solução:

a) Rentabilidade Bruta (i_b) = 15,3% a.a.

$i_b = (1{,}153)^{63/360} - 1 = 2{,}52\%$ p/ 63 dias

$i_b = (1{,}153)^{30/360} - 1 = 1{,}19\%$ a.m.

Rentabilidade Líquida (i_L) $= 1{,}19\% \times (1 - 0{,}20) = 0{,}95\%$ a.m.

b) Valor líquido de resgate do aplicador, admitindo que tenha investido $ 200.000,00.

Solução:

Valor Bruto: $ 200.000,00 × 1,0252 =	$ 205.040,00
Principal Aplicado =	(200.000,00)
Remuneração Bruta	$ 5.040,00
IR s/ Rendimentos (20%)	(1.008,00)
Remuneração Líquida =	$ 4.032,00
Valor do Resgate:	
$ 200.000,00 + $ 4.032,00 =	$ 204.032,00

c) Custo Efetivo do CDB para a Instituição Financeira emitente.

Solução:

Custo Efetivo (i) =

$$= \left[\frac{205.040{,}00 - (8\% \times 200.000{,}00)}{200.000{,}00 - (8\% 200.000{,}00)}\right] - 1 =$$

$= 2{,}74\%$ p/ 63 dias

$i = (1{,}0274)^{30/63} - 1 = 1{,}29\%$ a.m.

d) Suponha que existam 42 dias úteis no prazo de emissão do título de 63 dias corridos. Transformar o custo efetivo de captação da instituição financeira em taxa *over* mensal.

Solução:

Taxa Efetiva (i)	= 2,74% p/ 63 dias
Taxa *over* = $(1{,}0274)^{1/42} - 1$	= 0,06438% a.du.
Dias corridos do mês	= × 30 dias
Taxa *over* mensal	1,93% a.m.o.

A taxa efetiva de 2,74% para 63 dias corridos ou 1,93% a.m.o. é o custo mínimo pelo qual a instituição financeira pode emprestar os recursos captados, considerando o compulsório de 8% (logo, pode emprestar somente 92%), para que iguale suas receitas com despesas. Sobre esse custo é incluído um *spread*, representando a margem de ganho exigida na operação.

11.2 Riscos de ativos de renda fixa

Os principais riscos dos títulos de renda fixa são apresentados a seguir:

- *Risco de liquidez*: determinado pela facilidade e rapidez que o título pode ser negociado (convertido em dinheiro) antes de seu vencimento. Os títulos apresentam diferentes liquidez, alguns títulos apresentam liquidez imediata, como a caderneta de poupança, outros são resgatados em diferentes prazos, ou somente na data de vencimento, caso do RDB, estudado no início do capítulo (item 11.1). Em princípio, títulos com menor liquidez costumam apresentar maior retorno de forma a compensar o risco adicional.
- *Risco de crédito*: refere-se à possibilidade do emitente do título não honrar com o compromisso de resgate na data de vencimento. Também conhecido por risco de inadimplência. No mercado financeiro brasileiro o FGC (Fundo Garantidor de Crédito) garante o capital e os juros dos investidores até certo limite em caso de incapacidade de pagamento pelo emitente do título.
- *Risco de mercado*: este tipo de risco é mais comum em títulos prefixados. Se as taxas de juros de mercado superarem as taxas contratadas no investimento de renda fixa, o preço de mercado do título se desvaloriza, determinando perdas ao investidor caso decida vender o papel antes de seu vencimento. A taxa de retorno do título somente é garantida caso a aplicação seja mantida até o seu vencimento.

  Assim, pode-se definir o risco de mercado como a possibilidade de um título gerar um resultado negativo (desvalorização de seu preço) devido a variações nos principais parâmetros de mercado, como comportamento dos juros, preços das ações, variação cambial, inflação, PIB etc.
- *Risco de reinvestimento*: títulos com rendimentos periódicos (juros são pagos mensalmente, por exemplo, e não somente ao final do prazo) incorrem no risco de reinvestimento dos fluxos intermediários de caixa. O item 10.1.2 (Capítulo 10) tratou da

situação quando a taxa de reinvestimento dos fluxos de caixa for diferente da taxa interna de retorno.

Por exemplo, uma aplicação de 2 anos com rendimento intermediário de 5% ao ano, possui maior risco que investir no mesmo ativo pelo mesmo prazo, porém com rendimento final acumulado de 10,25%.

O retorno total da 1ª alternativa (rendimento intermediário) irá depender da taxa de juro de mercado do 2º ano. Caso se mantenha em 5% ao ano as duas formas produzirão o mesmo resultado.

Se a taxa de mercado do 2º ano for maior que 5%, o retorno total irá superar aos 10,25%; caso os juros do 2º ano caiam para menos de 5%, o investidor em juros pós-fixados terá uma remuneração menor.

Resultados Totais das Alternativas (i) para 2 anos:

Taxa do 2º ano = 5%

$$i = (1{,}05)^2 - 1 = 10{,}25\% \text{ p/ 2 anos}$$

Taxa do 2º ano = 6%

$$i = [(1{,}05) \times (1{,}06)] - 1 = 11{,}3\% \text{ p/ 2 anos}$$

Taxa do 2º ano = 4%

$$i = [(1{,}05) \times (1{,}04)] - 1 = 9{,}2\% \text{ p/ 2 anos}$$

11.2.1 Exemplo Ilustrativo – risco de reinvestimento e refinanciamento

Admita que uma Instituição Financeira (IF) tenha captado no mercado pela emissão de um CDB um capital de $ 100.000,00 pelo prazo de um mês, pagando uma taxa prefixada de juros de 1,2% ao mês. Esses recursos foram direcionados para lastrear um empréstimo de mesmo valor, pelo prazo de 2 meses, cobrando uma taxa de juros de 2,0 ao mês. O *spread* (ganho) da IF nesta intermediação financeira é igual a 0,8% no 1º mês.

A operação realizada apresenta o risco de descasamento de prazos: os recursos foram levantados para pagamento em um mês e aplicados para recebimento em dois meses. O risco da IF concentra-se na subida das taxas de juros de mercado na renovação do CDB ao final do 1º mês. Se a taxa se elevar, não há como repassar esse custo maior, onerando o ganho da operação para a IF.

Admita que no vencimento do CDB as taxas de juros de mercado tenham se elevado para 2,5% ao mês, taxa que deverá ser paga ao aplicador. Nessas condições, o curso do dinheiro de 2,5% no 2º mês supera os juros cobrados no empréstimo concedido (2,0% a.m.), produzindo uma margem financeira negativa para a IF.

Resultados da Operação: Prazo da Aplicação (Empréstimo) > Prazo de Captação (CDB)

1º mês

Receita Financeira do Empréstimo: 2,0% × $ 100.000,00 = $ 2.000,00

Custo Financeiro do CDB: 1,2% × $100.000,00 = ($ 1.200,00)

Spread (ganho) $ 800,00

2º mês – Taxa de Captação (CDB) sobre para 2,5%

Receita Financeira do Empréstimo: 2,0% × $ 100.000,00 = $ 2.000,00

Custo Financeiro do CDB: 2,5% × $ 100.000,00 = ($ 2.500,00)

Spread (ganho) ($ 500,00)

Diante da elevação dos juros de mercado, cenário desfavorável para o tipo de descasamento (*Prazo da Aplicação: Empréstimo > Prazo de Captação: Vencimento do CDB*), o resultado financeiro da IF foi negativo no 2º mês. O cenário mais favorável para a IF seria de redução dos juros, fato que iria determinar um barateamento no custo de captação e um aumento consequente do resultado financeiro (*spread*) da operação.

Resultados da Operação: Prazo de Captação (CDB) > Prazo de Aplicação (Empréstimo)

Por outro lado, se o prazo de captação (CDB) fosse maior que o de aplicação, ocorreria um ganho adicional para a IF se os juros de mercado AUMENTASSEM.

No exemplo em consideração, admita que o prazo de emissão do CDB fosse de 2 meses (taxa de juros = 1,2% ao mês) e o prazo do empréstimo de 1 mês (taxa de juros = 2,0% no mês).

O resultado financeiro do 1º mês é igual a:

1º mês

Receita financeira do empréstimo: 2,0% × $ 100.000,00 = $ 2.000,00

Custo financeiro do CDB: 1,2% × $ 100.000,00 = $ 1.200,00

Spread (ganho) $ 800,00

Ao se admitir que a taxa de juros aumente para 2,4% no 2º mês, o resultado se eleva para:

2º mês

Receita Financeira do Empréstimo: 2,4% × $ 100.000,00 = $ 2.400,00

Custo Financeiro do CDB: 1,2% × $ 100.000,00 = $ 1.200,00

Spread (ganho) $ 1.200,00

O resultado (*spread*) melhorou bastante no 2º mês pela queda nas taxas de juros, produzindo menor custo financeiro da captação (CDB). Em resumo, pode-se propor a seguinte conclusão da contribuição para a formação da margem de ganho diante dos descasamentos de prazos (aplicação e captação):

	Prazo Aplicação > Prazo Captação	Prazo Captação > Prazo Aplicação
Δ Juros	Reduz	Aumenta
↓ Juros	Aumenta	Reduz

11.3 Debêntures

As debêntures são títulos de crédito de longo prazo emitidos por companhias de capital aberto ou fechado, visando financiar investimentos de maior maturidade em ativos fixos e capital de giro e, inclusive, a reestruturação de dívidas da empresa.

Os rendimentos das debêntures são especificados em cada série lançada, assim como as demais condições: garantias, prazo de vencimento, prêmios etc.

Uma debênture é denominada *simples* quando resgatada exclusivamente em dinheiro, no vencimento. Quando o investidor puder optar por receber seu resgate em dinheiro ou em ações da empresa, os títulos são classificados como *conversíveis em ações.*

Além dos juros, normalmente pagos duas vezes por ano, as debêntures podem remunerar os investidores com prêmios expressos em juros adicionais, visando tornar o papel competitivo com as taxas vigentes no mercado.

As debêntures podem ainda conter certas cláusulas especiais, como resgate antecipado dos títulos, atualização monetária com base em índice geral de preços etc.

Em termos de garantia, as debêntures são geralmente subordinadas, indicando que o credor tem preferência no recebimento sobre os acionistas da empresa.

Exemplos:

1. Admita que uma empresa tenha colocado 5.000 debêntures no mercado no valor de $ 1.000 cada uma. O prazo de colocação desses títulos é de dois anos. A remuneração prometida aos investidores é de juros nominais de 30% ao ano com pagamento semestral. O principal é pago por ocasião do resgate.

Sabe-se ainda que a colocação das debêntures somente foi possível mediante um deságio (desconto) de 8% sobre o valor de emissão. O deságio é um desconto no valor nominal (valor de face) da debênture, permitindo uma elevação em sua rentabilidade. Pelo deságio, o preço de negociação do título torna-se menor que seu valor de emissão (nominal).

Pede-se calcular o fluxo de caixa da operação e a taxa efetiva anual de juros.

Solução:

- Valor Bruto da captação:
  5.000 deb. × $ 1.000 = $ 5.000.000
  (–) Deságio (8%) = 400.000
  Valor Líquido = $ 4.600.000
- Valor do resgate: $ 5.000.000
- *Encargos semestrais:*
  15% × $ 5.000.000 = $ 750.000
- *Fluxo de caixa da empresa emitente (tomadora dos recursos):*

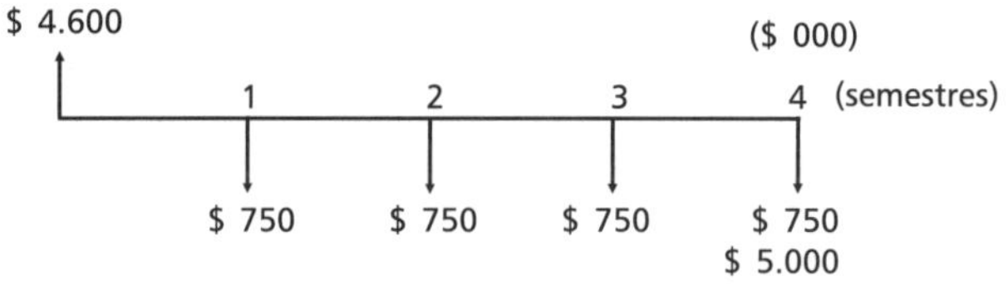

Taxa efetiva de juros:

$$4.600 = \frac{750}{(1+i)} + \frac{750}{(1+i)^2} + \frac{750}{(1+i)^3} + \frac{5.750}{(1+i)^4}$$

Taxa efetiva (i) = 17,97% a.s.

ou:

$$[(1,1797)^2 - 1] = 39,17\% \text{ a.a.}$$

2. Admita que uma debênture, com valor de resgate (nominal) de $ 1.000,00 esteja sendo negociada no mercado por $ 972,30. O título paga ainda juros de 8,5% ao semestre, e tem um prazo de resgate de dois anos. Determinar a rentabilidade efetiva desse título.

Solução:

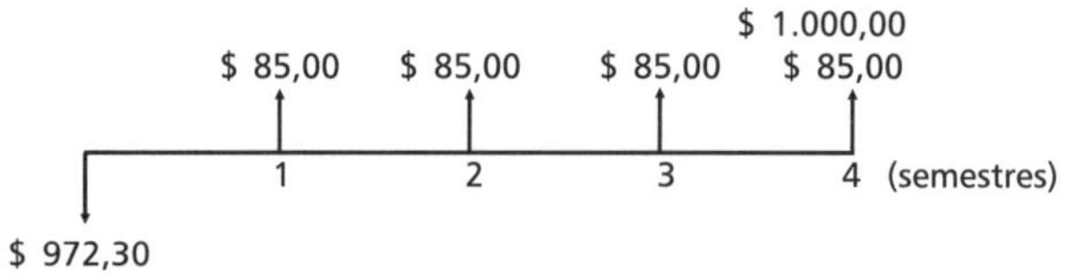

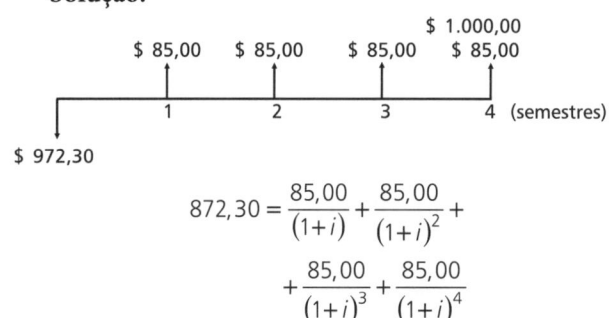

$$872,30 = \frac{85,00}{(1+i)} + \frac{85,00}{(1+i)^2} + \frac{85,00}{(1+i)^3} + \frac{85,00}{(1+i)^4}$$

Resolvendo-se:

Rentabilidade efetiva (i) = 9,36% a.s.

ou $[(1{,}0936)^2 - 1] = 19{,}6\%$ a.a.

A rentabilidade efetiva deve refletir o deságio do título (ganho de $ 1.000,00 - $ 972,30 = $ 27,70) mais os pagamentos semestrais de juros de $ 85,00.

A medida da taxa interna de retorno calculada representa a taxa efetiva de juros oferecida pelo título até o vencimento.

3. Suponha que no dia 1º-4-x1 uma empresa tenha emitido e colocado 500.000 debêntures no mercado ao valor nominal de 100 UMC[1] cada. O prazo de colocação desses títulos é de 2 anos, vencendo em 1º-4-x3.

A remuneração definida para essa captação é de juros de 20% ao ano, sendo a correção monetária definida pela variação da UMC. Os juros são pagos trimestralmente e calculados sobre o saldo devedor corrigido. A correção monetária é acumulada e paga por ocasião do resgate. Sabe-se ainda que a colocação somente foi possível mediante um deságio de 8% sobre o valor de emissão das debêntures.

Com base nessas informações pede-se determinar:

a) valor líquido recebido pela empresa pela colocação das debêntures;

b) valor de resgate das debêntures em dinheiro;

c) valor dos juros pagos trimestralmente;

d) custo real efetivo dessa operação.

Solução:

a) *Valor Líquido Recebido na Colocação*

O valor líquido recebido pela empresa, admitindo-se a inexistência de outras despesas que geralmente ocorrem (custos de lançamento, comissões etc.), atinge:

Valor Bruto da Captação:		
500.000 deb. × 100 UMC	=	50.000.000 UMC
(–) Deságio:		
50.000.000 UMC × 8%	=	(4.000.000)
Valor Líquido Recebido:		46.000.000 UMC

b) *Valor de Resgate*

O valor de resgate é de 50.000.000 UMC, sendo convertido em unidades monetárias de acordo com o valor da UMC na data.

c) *Juros Trimestrais*

Os juros a serem pagos trimestralmente aos debenturistas são mensurados pela taxa equivalente trimestral de 20% ao ano, ou seja:

$$\text{Juros} = 50.000.000 \text{ UMC} \times \left(\sqrt[4]{1{,}20} - 1\right)$$
$$= 50.000.000 \text{ UMC} \times 0{,}046635$$
$$= 2.331.750 \text{ UMC.}$$

d) *Custo Real*

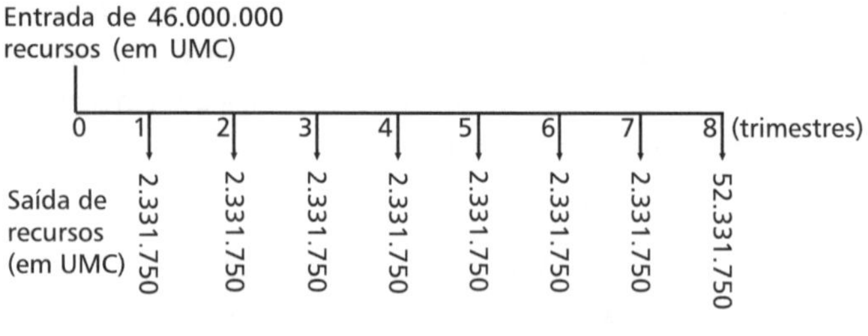

$$46.000.000 = \frac{2.331.750}{(1+i)} + \frac{2.331.750}{(1+i)^2} + \frac{2.331.750}{(1+i)^3} + \ldots + \frac{52.331.750}{(1+i)^8}$$

Resolvendo a expressão com o auxílio de uma calculadora apura-se o custo efetivo real de 5,95% ao trimestre, equivalendo a 26,0% ao ano de taxa efetiva – $[(1{,}0595)^4 - 1]$.

4. Admita uma debênture que prevê pagamentos semestrais de juros equivalente de 12,5% ao ano, mais correção pelo IGP-M. O valor nominal do título é de $ 1.000,00, sendo negociado no mercado a $ 966,00. O prazo de emissão da debênture é de 18 meses e a variação do IGP-M atinge, respectivamente, a 2,4%, 2,0% e 1,9% em cada semestre. Pede-se determinar:

a) rendimentos (juros) semestrais oferecidos pelo título;

b) valor de resgate da debênture;

c) taxa de rentabilidade semestral e anual do investidor.

Solução:

a) *Rendimentos (juros) semestrais*

- Juros (1º sem.) =
  $= \underbrace{(\$\ 1.000{,}00 \times 1{,}024)}_{\text{Principal corrigido}} \times \underbrace{[(1{,}125)]^{1/2} - 1]}_{\text{Juros semestrais}}$

  Juros (1º sem.) = $ 62,12
- Juros (2º sem.) = $(\$\ 1.000{,}00 \times 1{,}024 \times 1{,}02) \times [(1{,}125)^{1/2} - 1]$

  Juros (2º sem.) = $ 63,36
- Juros (3º sem.) = $(\$\ 1.000{,}00 \times 1{,}024 \times 1{,}02 \times 1{,}019) \times [(1{,}125)^{1/2} - 1]$

  Juros (3º sem.) = $ 64,56

b) *Valor de resgate*

resgate = $ 1.000,00 × 1,024 × 1,02 × 1,019

resgate = $ 1.064,33

[1] UMC = unidade monetária de capital de poder aquisitivo constante.

c) *Taxa de retorno*

$$966{,}00 = \frac{62{,}12}{(1+i)} + \frac{63{,}36}{(1+i)^2} +$$

$$+ \frac{64{,}56}{(1+i)^3} + \frac{1.064{,}33}{(1+i)^3}$$

IRR(i) = 9,64% a.s.

equivale a: $(1{,}0964)^2 - 1 = 20{,}20\%$ a.a.

11.4 Obrigações (bônus)

As obrigações (bônus) são também títulos de renda fixa de longo prazo, emitidos por órgãos governamentais ou empresas privadas, visando financiar seus investimentos.

Os títulos conhecidos por zero *coupon bond* (título de cupom zero) não emitem cupons de juros, ou seja, não realizam pagamentos intermediários aos investidores, sendo lançados no mercado com desconto, por um valor inferior ao seu valor de face.

Por exemplo, um título público prefixado (Tesouro Pré) apresenta um valor de face de $ 1.000,00, e está sendo negociado no mercado por $ 883,29. O prazo de vencimento do título é de 2 anos. O investidor adquire o título pelo valor de mercado e resgata pelo seu valor nominal no vencimento, apurando como ganho o deságio calculado na operação. Não há pagamentos intermediários de juros (zero *coupon bond*). Assim:

Valor de Face (Nominal) = $1.000,00

Valor de Mercado = $ 883,29

Deságio = Valor Nominal - Valor de Mercado

Deságio = $ 1.000,00 - $ 883,29 = $ 116,71

$$\text{Rendimento do Título} = \left(\frac{\$\ 1.000{,}00}{\$\ 883{,}29}\right) - 1 = 13{,}2\%$$

no período de 2 anos

Rendimento Equivalente Anual = (1,132)1/2 - 1
= 6,40% a.a.

Outros títulos costumam prever juros pagos aos investidores a cada semestre, ocorrendo a amortização do principal no momento do resgate. Outras formas de pagamentos de juro e principal podem também ocorrer, porém com menor frequência.

Os juros dos títulos que preveem pagamentos periódicos e são representados por cupons, cujos percentuais vigoram até o vencimento. Os rendimentos são padronizados pelo mercado em taxas nominais, geralmente expressos em taxa anual com capitalização semestral. Assim, para se obter a taxa de juro semestral do título, basta dividir a taxa anual por dois.

O título é adquirido no mercado pelo seu valor de face, geralmente fixado em $ 1.000,00. Este valor pode, no entanto, sofrer alterações determinadas pelas condições de mercado e saúde financeira da empresa emitente do título. Nestas condições, o título é negociado no mercado com ágio ou deságio em relação a seu valor previsto no vencimento (valor de face).

11.4.1 *Zero Coupon Bond*

Conforme demonstrado, o *zero coupon bond*, ou título de cupom zero, é um título normalmente emitido sem cupom, sendo negociado no mercado com desconto. O *zero coupon* não prevê pagamento de juros, oferecendo ao investidor somente o ganho pelo deságio (valor de resgate - valor pago pelo título). Seu preço de negociação equivale ao valor presente de seu valor de face, descontado a uma taxa de juro que reflete a expectativa de remuneração dos investidores.

A representação de um título de cupom zero pode ser vista na Figura 11.5.

Figura 11.5 *Título de cupom zero*

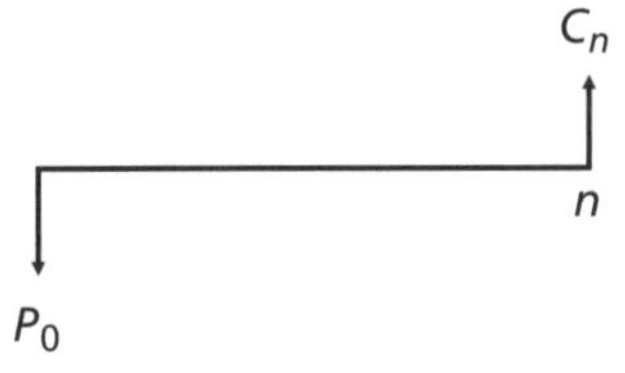

onde:

C_n = Valor de resgate do título no vencimento, também denominado valor nominal ou valor de face;

P_0 = Valor de negociação do título, sendo obtido por:

$$P_0 = \frac{C_n}{1+K}$$

K equivale a taxa de retorno exigida na aplicação.

Por exemplo, admita um título com vencimento para um ano e valor de face de $ 1.000,00. A taxa de desconto do título é fixada em 9% ao ano.

O preço de negociação do título no mercado atinge a $ 917,43, veja a Figura 11.6.

Figura 11.6 *Preço de negociação*

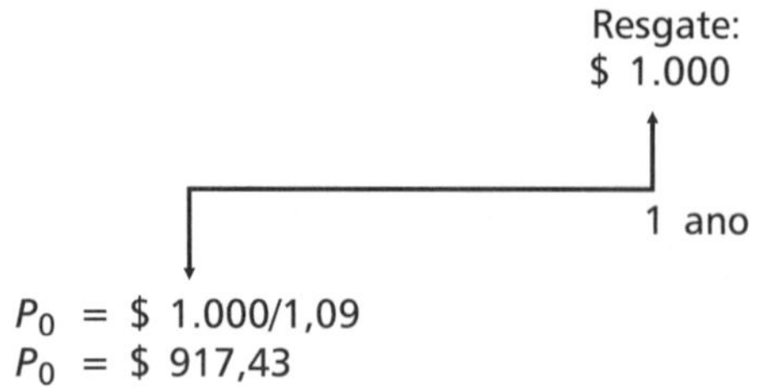

Exemplo:

Admita que um governo tenha emitido um título de cupom zero pagando taxa de 11% ao ano. O valor de face do título é fixado em $ 1.000,00, a ser resgatado no momento do vencimento. O prazo do título é de 3 anos.

Pede-se determinar o fluxo de caixa do título.

Solução:

Para o investidor, o fluxo de caixa apresenta-se da forma seguinte:

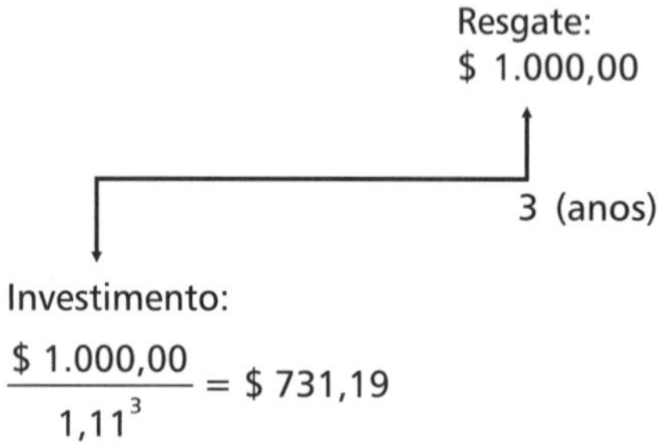

A rentabilidade efetiva da operação atinge, evidentemente, a taxa de 11% ao ano.

Se as taxas de mercado forem diferentes (maiores ou menores) da taxa de emissão do título, seu valor de mercado altera-se em relação ao preço de $ 731,19 calculado com base no cupom de 11% ao ano (taxa de emissão).

11.4.2 Relação entre prazo de emissão e taxa de desconto com o valor do título

O valor de um título de cupom zero aproxima-se de seu valor de face à medida que se aproxima seu vencimento. Para *ilustrar*, admita um título com maturidade de 10 anos e taxa de emissão de 8%. O valor do título no vencimento é de $ 1.000,00.

O valor do título modifica-se (aproxima-se de seu valor de face) quanto mais próxima a data de vencimento. Os cálculos mostrados na Tabela 11.1 demonstram esse comportamento do valor do título em relação ao prazo de vencimento.

Tabela 11.1 *Valor do título conforme o prazo*

Prazo do Título	Valor do Título
1 ano	P_0 = $ 1.000,00/1,08^9 = $ 500,2
3 anos	P_0 = $ 1.000,00/1,08^7 = $ 583,5
5 anos	P_0 = $ 1.000,00/1,08^5 = $ 680,6
7 anos	P_0 = $ 1.000,00/1,08^3 = $ 793,8
9 anos	P_0 = $ 1.000,00/1,08 = $ 925,9

Apesar da tendência demonstrada, os valores apurados podem ser diferentes em função das alterações das taxas de juros de mercado.

A taxa de juro, usado para descontar o fluxo de caixa, e o valor do título apresentam uma relação proporcionalmente inversa. Quando os juros sobem, o valor do título cai (*deságio*); ao contrário, ocorrendo uma redução na taxa de desconto, verifica-se uma valorização no preço do título (*ágio*).

A Tabela 11.2 ilustra o valor de um título com maturidade de 10 anos e valor de face de $ 1.000,00, admitindo diferentes taxas de desconto.

Tabela 11.2 *Taxas de desconto para um título*

Anos Transcorridos	Taxa de Juro		
	6% a.a.	8% a.a.	10% a.a.
0 ano	$ 558,4	$ 463,2	$ 385,5
3 anos	$ 665,1	$ 583,5	$ 513,2
6 anos	$ 792,1	$ 735,0	$ 683,0
9 anos	$ 943,4	$ 925,9	$ 909,1
10 anos	$ 1.000,0	$ 1.000,0	$ 1.000,0

O valor do título diminui à medida que se eleva a taxa de desconto. Quanto maior o prazo transcorrido do título, seu preço converge ao valor de face.

11.4.3 Títulos (bônus) com cupons

Títulos com cupons oferecem geralmente juros periódicos (semestrais) e devolução do principal aplicado ao final do prazo de emissão. Esses títulos são geralmente de longo prazo, variando a maturidade de 5 a 30 anos.

Os juros dos cupons são pagos de acordo com a taxa prometida pelo título, garantindo um determinado fluxo de rendimentos ao aplicador.

Se o investidor aceitar os juros oferecidos pelo cupom, o título é negociado por seu valor de face, ou seja, *ao par*. Ocorrendo alterações nas taxas de juros, o valor do título também sofre modificações, sendo cotado com ágio ou *deságio* em relação a seu valor de face.

Um título é negociado com *ágio* quando o retorno oferecido (cupom) superar a remuneração exigida pelo investidor (*K*). O *deságio* ocorre quando o investidor exigir uma taxa de retorno maior que os juros oferecidos pelo título. Quando a remuneração requerida pelo investidor for igual ao cupom, diz-se que o título é negociado *ao par*. Em resumo, tem-se:

Forma de negociação	Valor do Título	Retorno
ÁGIO	Valor de negociação > Valor de resgate	$K <$ cupom
AO PAR	Valor de negociação = Valor de resgate	$K =$ cupom
DESÁGIO	Valor de negociação < Valor de resgate	$K >$ cupom

11.4.4 Preço de mercado

O preço de negociação do bônus no mercado é obtido pelo valor presente dos fluxos esperados de rendimentos descontados a uma taxa de atratividade requerida pelos investidores, ou seja:

$$P_0 = \left[\frac{C_1}{(1+K)} + \frac{C_2}{(1+K)^2} + \frac{C_3}{(1+K)^3} + \ldots + \frac{C_n + P_n}{(1+K)^n}\right]$$

onde:

P_0 = preço de mercado do título;

K = taxa de retorno requerida pelo investidor do título.

Para *ilustrar*, admita um título com maturidade de 12 anos, valor de face de $ 1.000,00 e cupom de 9% ao ano, com pagamento semestral dos juros. Se o investidor aceitar descontar este título à taxa do cupom de 9%, seu preço de negociação será igual ao valor de face de $ 1.000,00. Diz-se, nesse caso, que o título é negociado *ao par*.

O fluxo de caixa do aplicador do título apresenta-se na Figura 11.7.

$$P_0 = \frac{\$\,45{,}0}{1{,}045} + \frac{\$\,45{,}0}{1{,}045^2} + \frac{\$\,45{,}0}{1{,}045^3} + \ldots \frac{1.045}{1{,}045^{24}}$$

$$P_0 = \$\,1.000{,}0$$

- Se a taxa de desconto elevar-se para 11% ao ano (5,5% ao semestre), o título é negociado com *deságio* de 13,15% em relação a seu valor de face.

$$P_0 = \frac{\$\,45{,}0}{1{,}05^5} + \frac{\$\,45{,}0}{1{,}055^2} + \frac{\$\,45{,}0}{1{,}055^3} + \ldots \frac{\$\,1.045{,}0}{1{,}055^{24}}$$

$$P_0 = \$\,868{,}5$$

- Se a taxa de desconto reduzir-se para 7% ao ano (3,5% ao semestre), o preço de negociação do título será superior a seu valor de face, oferecendo um ágio de 16,06%, ou seja:

$$P_0 = \frac{\$\,45{,}0}{1{,}035} + \frac{\$\,45{,}0}{1{,}035^2} + \frac{\$\,45{,}0}{1{,}035^3} + \ldots \frac{\$\,1.045{,}0}{1{,}035^{24}}$$

$$P_0 = \$\,1.160{,}6$$

Exemplo:

Admita uma obrigação com valor de face de $ 1.000 com maturidade de seis anos. A remuneração prometida são juros semestrais de 4%. Se os investidores aceitarem descontar esse título somente à taxa de 10% ao ano (5% ao semestre), calcular seu preço de mercado.

Calcular também o preço de mercado do título (Po) se a taxa de desconto se elevar para 13% ao ano.

Solução:

- *Taxa de desconto = 10% ao ano*

$$P_0 = \frac{40{,}00}{1{,}05} + \frac{40{,}00}{1{,}05^2} + \frac{40{,}00}{1{,}05^3} + \ldots \frac{\$\,1.040{,}0}{1{,}05^{12}}$$

$$P_0 = \$\,911{,}4$$

- *Taxa de desconto = 13% ao ano*

$$P_0 = \frac{40{,}00}{1{,}065} + \frac{40{,}00}{1{,}065^2} + \frac{40{,}00}{1{,}065^3} + \ldots \frac{\$\,1.040{,}0}{1{,}065^{12}}$$

$$P_0 = \$\,796{,}03$$

11.4.5 *Yield to Maturity* (YTM)

A *yield to maturity* (*YTM*) reflete o rendimento (*yield*) do título de renda fixa até seu vencimento (*maturity*). Essa medida de retorno admite o pressuposto de reinvestimento dos fluxos intermediários de caixa pela própria taxa de retorno.

Figura 11.7 *Fluxo de caixa do aplicador*

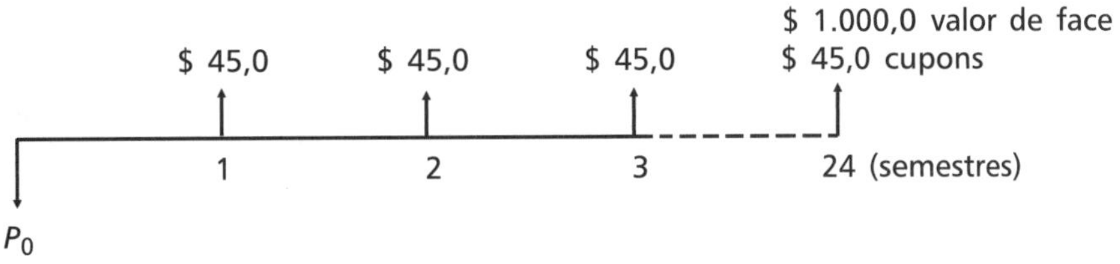

O cálculo da *YTM* leva em conta o valor de negociação do título no mercado (preço de compra), seu valor de resgate, o prazo e os rendimentos (juros) dos cupons. A formulação básica é:

$$P_0 = \frac{C_1}{(1+YTM)} + \frac{C_2}{(1+YTM)^2} + \frac{C_3}{(1+YTM)^3} + \ldots + \frac{C_n + P_n}{(1+YTM)^n}$$

onde:

P_0 = preço corrente de negociação do título;

$C_1, C_2, \ldots, C_n$ = juros periódicos representados pelos cupons previstos para cada período;

P_n = valor de resgate (valor de face) do título;

YTM = *yield to maturity*. Rentabilidade da obrigação de longo prazo se retida até sua data de vencimento. Representa, em outras palavras, a taxa de desconto que iguala os benefícios de caixa (juros e resgate) com o preço de negociação da obrigação.

Exemplo:

Considere uma obrigação com maturidade de quatro anos que paga juros semestrais proporcionais à taxa de 10% ao ano. Seu valor de face é de $ 1.000,00, e o preço de negociação de mercado é de $ 968,75.

Determinar a rentabilidade efetiva (*YTM*) dessa obrigação.

Solução:

Os fluxos de caixa dessa obrigação são representados:

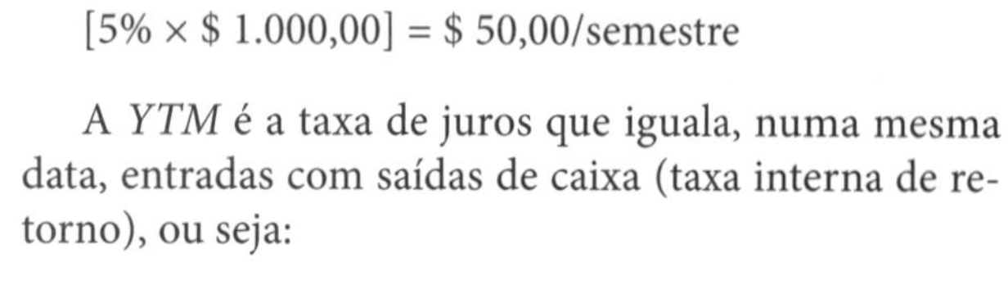

Os rendimentos dos cupons são de 5% ao semestre, equivalendo a:

[5% × $ 1.000,00] = $ 50,00/semestre

A *YTM* é a taxa de juros que iguala, numa mesma data, entradas com saídas de caixa (taxa interna de retorno), ou seja:

$$968,75 = \frac{50,00}{(1+\text{YTM})} + \frac{50,00}{(1+\text{YTM})^2} + \frac{50,00}{(1+\text{YTM})^3} + \ldots + \frac{1.050,00}{(1+\text{YTM})^8}$$

YTM = 5,49% a.s. (5,49% × 2 = 10,98% a.a.)

11.4.6 *YTM* e *IRR*

A *YTM* é geralmente expressa como uma taxa nominal anual. *Por exemplo*, ao se definir em 9,0% ao ano a *YTM* de um título, admite-se que a taxa de retorno equivale a 4,5% ao semestre (9,0%/2 sem.).

A taxa interna de retorno (*IRR*), por outro lado, é normalmente definida como uma taxa efetiva composta de juros.

Por exemplo, uma *YTM* de 10% reflete uma taxa nominal de 5% ao semestre. Ao se transformar a *YTM* em *IRR*, tem-se:

$IRR = [(1 + 0,05)^2 - 1] = 10,25\%$ a.a.

Exercícios

1. Transformar as *YTMs* a seguir em taxa interna de retorno (*IRR*) anual.

   a) *YTM* = 7,0% a.a.;

   b) *YTM* = 9,0% a.a.

   Solução:

   a) $IRR = [(1 + 0,035)^2 - 1] = 7,12\%$ a.a.

   b) $IRR = [(1 + 0,045)^2 - 1] = 9,20\%$ a.a.

2. Um título público federal tem sua rentabilidade efetiva anual expressa na *IRR* de 11,8%. Expressar esta taxa em *YTM*.

   Solução:

   IRR = 11,8% a.a.

   $[(1,118)^{1/2} - 1] = 5,736\%$ a.s.

   YTM = 5,736% × 2 = 11,47% a.a.

11.4.7 Relação entre valor do título e taxa de desconto

Os títulos de renda fixa, assim como os de renda variável (ações), depois de lançados primariamente são negociados pelos investidores no mercado secundário. Os preços dos títulos de renda fixa são definidos como consequência das forças de oferta e procura, sofrendo alterações de forma inversa à taxa de juros de mercado. Dessa forma, quanto maior o rendimento exigido da aplicação, ou seja, mais elevadas se apresentarem as taxas de juros de mercado, menor o preço de negociação do título; ao contrário, reduzindo-se os juros verifica-se uma valorização do preço do título.

Como o principal e os rendimentos (juros) prometidos pelo título são previamente estabelecidos, o preço de negociação define a sua taxa de rendimento efetiva. A Figura 11.8 ilustra a relação *preço/retorno* de um título de renda fixa.

Figura 11.8 *Preço e retorno de um título*

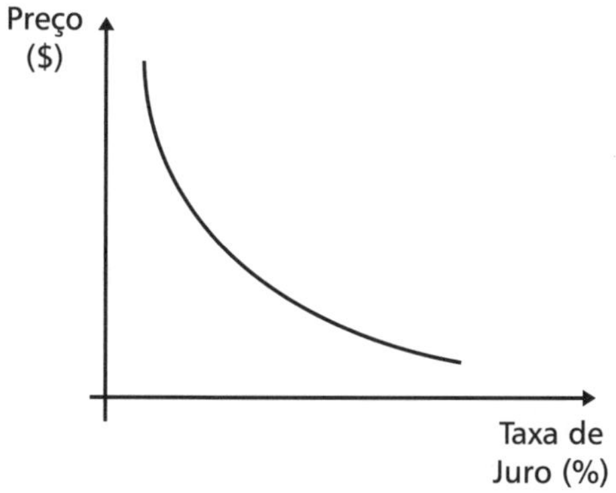

Observe que o comportamento desta relação não segue uma tendência linear, ou seja, não é uma linha reta, assumindo na prática uma forma *convexa*. É importante verificar, ainda, que a variação nos preços do título em decorrência de modificações nas taxas de juros ocorre a taxas decrescentes. *Por exemplo*, diante de uma elevação nos juros de mercado, os títulos de renda fixa apresentam valores cada vez menores, assumindo, porém, um comportamento decrescente.

Os títulos de renda fixa de longo prazo apresentam maior volatilidade diante de variações nas taxas de juros, oferecendo maior risco aos investidores. *Para ilustrar*, são apresentados na Tabela 11.3 os preços de mercado de três títulos com diferentes prazos de vencimento. Cada título possui valor nominal de $ 1.000,00 e paga anualmente juros de 8%.

Tabela 11.3 *Títulos com diferentes prazos*

	Prazo de Vencimento					
Taxa de Juros	**1 ano**	**Δ**	**5 anos**	**Δ**	**10 anos**	**Δ**
4%	$ 1.038,46		$ 1.178,07		$ 1.324,44	–
6%	$ 1.018,87	–1,9%	$ 1.084,25	– 8,0%	$ 1.147,20	–13,4%
8%	**$ 1.000,00**		**$ 1.000,00**		**$ 1.000,00**	
10%	$ 981,82	–1,8%	$ 924,18	– 7,6%	$ 877,11	–12,3%
12%	$ 964,29	–1,8%	$ 855,81	– 7,4%	$ 773,99	–11,8%
14%	$ 947,37	–1,7%	$ 794,02	– 7,2%	$ 687,03	–11,2%

Em decorrência do aumento dos juros, os preços dos títulos sofreram desvalorização no mercado. Conforme aumenta a taxa de juro, o preço do título diminui qualquer que seja a maturidade. A variação mais significativa no valor do título ocorre, no entanto, em títulos de maior maturidade. Observe na coluna de variação (Δ) que, para um título de um ano de prazo, a queda no seu preço de mercado diante de aumentos nas taxas de juros é bem mais discreta se comparada com a de 5 ou 10 anos. Se os juros subirem de 8% para 14% ao ano, por exemplo, o preço do título de prazo de um ano cai de $ 1.000,00 para $ 947,37, o título de 5 anos reduz-se para $ 794,02, e o de 10 anos produz queda ainda maior, atingindo o preço de $ 687,03.

11.5 Tributação vigente das aplicações de renda fixa

A atual legislação tributária brasileira prevê, essencialmente, dois tipos de impostos incidentes sobre os rendimentos auferidos nas aplicações com títulos de renda fixa:

- Imposto de Renda;
- Imposto sobre Operações Financeiras (IOF).

11.5.1 Imposto de Renda (IR)

O *fato gerador* do Imposto de Renda é o valor de resgate (montante) do título. O imposto tem como *base de cálculo* a diferença positiva entre o valor do capital aplicado e o valor do resgate, subtraindo-se, quando se verificar a incidência, o valor do IOF. O Imposto de Renda é cobrado do aplicador na *fonte*, e o seu recolhimento é de responsabilidade da instituição financeira.

As atuais alíquotas de IR reduzem conforme se eleva o prazo da aplicação, indo desde 22,5% para aplicações de curto prazo (até 180 dias) até 15,0% para prazos acima de 720 dias. O Quadro 11.3 apresenta as alíquotas vigentes de Imposto de Renda.

Quadro 11.3 *Alíquotas de IR*

Alíquotas de IR	
Tempo de Permanência	**Alíquota**
Até 180 dias	22,50%
de 181 a 360 dias	20,00%
de 361 a 720 dias	17,50%
acima de 720 dias	15,00%

11.5.2 Imposto sobre Operações Financeiras (IOF)

O IOF incide também sobre o valor do rendimento auferido na aplicação financeira. A principal diferença é que o imposto somente é devido quando o resgate é feito antes que a aplicação complete 30 dias. O Quadro 11.4 apresenta a tabela vigente do IOF.

Quadro 11.4 *Alíquotas do IOF*

Número de dias	% limite do rendimento	Número de dias	% limite do rendimento
01	96	16	46
02	93	17	43
03	90	18	40
04	86	19	36
05	83	20	33
06	80	21	30
07	76	22	26
08	73	23	23
09	70	24	20
10	66	25	16
11	63	26	13
12	60	27	10
13	56	28	06
14	53	29	03
15	50	30	00

Exercícios propostos

1. Admita que um banco esteja pagando 17,8% ao ano de juros efetivos na colocação de CDB de sua emissão. Apure a taxa efetiva (equivalente composta) bruta e líquida (antes e após o IR) para:
   a) 1 mês;
   b) 5 meses;
   c) 39 dias;
   d) 103 dias.

   A alíquota de IR para títulos de renda fixa é de 20% sobre os rendimentos totais.

2. A taxa bruta de um CDB está fixada em 1,7% ao mês. A alíquota de IR incidente sobre os rendimentos nominais atinge 20%. Capitalize a taxa líquida desse CDB para um ano.

3. Em 82 dias, um CDB rendeu 6,12% antes do IR. A alíquota do IR é de 20%. Apure a taxa líquida mensal e anual equivalentes.

4. A taxa efetiva paga por um CDB é de 1,9% ao mês. Para um mês de 30 dias, transforme essa taxa em linear.

5. Um título é emitido pelo valor de $ 10.000 e resgatado por $ 11.200 ao final de um semestre. Determine a taxa de rentabilidade mensal líquida desse título, admitindo:
   a) alíquota de 20% de IR pago por ocasião do resgate;
   b) alíquota de 9% de IR na fonte pago no momento da aplicação.

6. Um título prefixado é emitido pelo prazo de seis meses, pagando juros nominais de 9,5% ao semestre. Para um investidor que deseja obter um ganho real de 1,0% ao mês, qual deve ser o valor máximo de inflação no semestre?

7. Um título de renda fixa está sendo negociado à taxa prefixada bruta de 2,1% ao mês; o IR é de 20% calculado sobre os rendimentos nominais e pagos no resgate, e é de 0,9% ao mês a inflação estimada do período. Determine:
   a) rentabilidade nominal líquida do IR;
   b) rentabilidade real líquida do IR;
   c) remuneração pelo risco embutida na taxa real, admitindo uma taxa pura (livre de risco) de 0,5% ao mês.

8. Admita uma carteira constituída de três títulos de renda fixa, conforme demonstrados abaixo:

Título	Prazo de Resgate	Valor do Resgate	Taxa de Juros
A	114 dias	$ 10.923	1,16% a.m.
B	171 dias	$ 12.920	1,24% a.m.
C	212 dias	$ 31.180	1,40% a.m.

Pede-se determinar o valor presente dessa carteira.

9. Admita um título com valor de face de $ 1.000 que paga cupom de juros semestrais proporcionais a 10% ao ano. A taxa de retorno exigida pelos investidores é de 12% ao ano. Determine o valor de negociação do título que apresenta um prazo de resgate de quatro anos.

10. Uma obrigação de longo prazo paga cupom de 12% ao ano com rendimentos proporcionais semestrais. A maturidade do título é de 10 anos. O preço de negociação do título no mercado é de $ 1.015,20, e seu valor de face é de $ 1.000. Determine a rentabilidade efetiva (*YTM*) desse título.

11. Considere um título de valor de resgate de $ 1.000 e maturidade de oito anos. O título paga juros de 7,5% ao semestre. Calcule o valor de negociação (preço de mercado) do título, admitindo as seguintes taxas de retorno exigidas pelos investidores:

a) 6% ao semestre;

b) 9% ao semestre.

12. Uma debênture no valor de 10.000 UMC, com 3 anos de prazo, é emitida e negociada em determinada data com deságio de 6%. Os juros são pagos semestralmente pela taxa equivalente a 18% ao ano, e o principal corrigido é devolvido integralmente ao final do período. Sabe-se ainda que as várias despesas de emissão e lançamento dos títulos atingem 1,2% de seu valor nominal.

Elabore uma planilha demonstrando os vários fluxos de pagamentos desta operação e calcule a rentabilidade real efetiva quadrimestral e anual.

13. Em determinada data uma empresa emite 35.000 debêntures de valor nominal de $ 1.000,00 cada. O prazo de emissão é de um ano, sendo os títulos não conversíveis em ações.

As debêntures foram subscritas 60 dias após a sua emissão, sendo o seu valor nominal atualizado mensalmente pela variação nos valores da UMC. O preço a ser pago na subscrição é definido pelo valor nominal do título corrigido monetariamente até o momento da subscrição.

A taxa de juros estabelecida para a operação é de 20% ao ano, sendo calculada sobre o valor nominal corrigido. Os juros são pagos mensalmente aos debenturistas e a correção monetária, acumulada e resgatada ao final.

As variações mensais nas UMC são as seguintes:

Mês 1: 2,3%	Mês 5: 0,9%	Mês 9: 2,0%
Mês 2: 1,8%	Mês 6: 1,2%	Mês 10: 2,4%
Mês 3: 2,1%	Mês 7: 1,3%	Mês 11: 1,3%
Mês 4: 1,7%	Mês 8: 1,6%	Mês 12: 1,1%

As variações dos dois primeiros meses foram efetivamente ocorridas. Para os demais meses são estimativas. *Pede-se* calcular:

a) valor de subscrição;

b) valor mensal dos juros para o primeiro semestre;

c) valor de resgate;

d) custo real do período.

14. A taxa efetiva prefixada de um CDB é de 2,34% ao mês. A alíquota de IR na fonte incidente sobre os rendimentos atinge a 20%, e a inflação do período está prevista em 0,78%. Para uma taxa livre de risco (taxa pura de juros) de 0,5% ao mês, determine a taxa de risco embutida na remuneração do CDB.

15. Um título público está sendo negociado com um deságio de 34% em relação ao seu valor de face. O título foi emitido pagando juros semestrais de 5%, e tem ainda uma duração de três anos até o seu vencimento. Calcule a rentabilidade efetiva oferecida ao investidor deste título.

16. Determine o preço de negociação de um título com valor de face de $ 1.000 e maturidade de 4 anos. O título paga cupom semestral de 6%. Admita que a taxa de juro de mercado seja de:

a) 15% ao ano (7,5% ao semestre)

b) 10% ao ano (5,0% ao semestre)

17. Admita um título com valor de face de $ 1.000, maturidade de 2 anos, e cupom igual a 13% ao ano com pagamento semestral de juros. Esse título está negociado no mercado atualmente por $ 1.019,27. Determine o retorno auferido pelo investidor.

18. Um banco capta recursos por 50 dias através da colocação de um CDB pagando uma taxa de juro efetiva de 27,4% ao ano. Sobre o principal deve recolher 10% a título de depósito compulsório no Banco Central pelo prazo da operação. Não está previsto nenhum rendimento sobre este compulsório.

    Calcule o custo efetivo mensal e anual de captação do banco.

19. Um banco coloca um CDB de $ 100.000 de sua emissão no mercado por 61 dias, pagando a taxa efetiva de 31,8% ao ano. O Banco Central retém 10% do valor principal captado a título de depósito compulsório sem remuneração. Estes recursos permanecem retidos pelo prazo da emissão do CDB, retornando à instituição financeira quando da liquidação da operação.

    Pede-se:

    a) determinar a rentabilidade mensal efetiva do aplicador, considerando a incidência de IR de 20% sobre toda a remuneração;
    b) apurar o valor de resgate do aplicador;
    c) calcular o custo efetivo anual do CDB para o banco;
    d) existindo 40 dias úteis no prazo do CDB de 61 dias corridos, transformar a taxa efetiva do custo de captação do banco em taxa *over* mensal.

20. Uma pessoa aplicou $ 200.000,00 em um título de renda fixa com resgate para 120 dias. A taxa de juros da aplicação foi de 2,2% ao mês. Após 50 dias da aplicação, o investidor, necessitando de dinheiro, decidiu negociar o título no mercado, sendo a taxa de juros vigente de 1,6% ao mês. Pede-se determinar:

    a) valor de resgate do título se o investidor manter sua posição até seu vencimento (120 dias);
    b) valor recebido pelo investidor ao negociar o título após 50 dias da aplicação;
    c) a taxa de juros mensal efetivamente ganha pelo investidor na operação.

21. Um investidor aplicou recursos em um título pós-fixado à taxa *over* de 2,6% ao mês com capitalização diária e correção pelo IGPX (índice geral de preços selecionado para a operação). O aplicador paga no resgate do título imposto de renda de 20%, calculado sobre o ganho nominal obtido na aplicação. No momento da aplicação, deve ser pago um imposto sobre movimentação financeira de 0,4% incidente sobre o valor aplicado.

    Sabe-se que o prazo da operação foi de três meses e neste período são computados 63 dias úteis. O índice de preços considerado como adequado para melhor mensurar a inflação da economia é o IGPM. Os valores dos índices de preços nas datas de aplicação e resgate são apresentados a seguir:

Data	*IGPX*	*IGPM*
Data da aplicação	183,4	153,7
Data de resgate	189,1	160,8

    Determine a rentabilidade real e líquida do Imposto de Renda, em percentual ao mês, obtida pelo investidor.

22. Um título com valor nominal de $ 10.000,00 tem um prazo de vencimento de 4 anos e paga cupom semestral proporcional a 11% ao ano. O título é resgatado ao final do prazo por seu valor ao par. Pede-se determinar o preço de compra do título sabendo que a taxa de juros de mercado é de 13% ao ano (6,5% ao semestre).

23. Um título de valor nominal de $ 1.000,00 e resgatável daqui a três anos paga cupons semestrais de 4%. Calcule o valor de compra do título admitindo um rendimento desejado de 12% ao ano (6% ao semestre).

24. Um título com valor nominal de $ 1.000,00 está sendo negociado no mercado secundário de renda fixa por $ 965,30. O título tem um prazo de vencimento de dois anos e paga cupons semestrais proporcionais a 10% ao ano. Determine a rentabilidade nominal e efetiva anual desse título.

25. Um investidor avalia a compra de um título de valor nominal de $ 50.000,00 que paga cupons semestrais proporcionais a 9% ao ano. O prazo de resgate do título é de 6 anos.
   a) se o investidor desejar um rendimento nominal de 12% ao ano (capitalização semestral), qual o preço máximo que deve pagar pelo título?;
   b) se o investidor vender este título após 2 anos a uma pessoa que deseja ganhar 11% ao ano (5,5% ao semestre), determine o preço pago.

26. Uma debênture com prazo de emissão de 2 anos é negociada por $ 972,80. O seu valor nominal está fixado em $ 1.000,00. O título paga correção pelo IGP-M e juros semestrais equivalentes a 13,4% ao ano. A variação do IGP-M para cada um dos semestres de emissão da debênture é a seguinte:

1º semestre:	2,4%
2º semestre:	2,2%
3º semestre:	2,2%
4º semestre:	2,0%

   Pede-se determinar:
   a) taxa de juros equivalente semestral;
   b) rendimentos (juros) semestrais;
   c) valor de resgate do título;
   d) taxa de rentabilidade semestral e anual.

27. Um investidor adquire uma debênture de 12 meses com deságio de 4,5% sobre o valor nominal de $ 1.000,00. O título paga juros de 13,0% ao ano mais variação do IGP-M. Sendo de 2,6% e 2,3%, respectivamente, a variação monetária de cada semestre, pede-se determinar a taxa de retorno (semestral e anual) obtida pelo investidor. Todos os rendimentos são pagos no vencimento do título.

28. Uma debênture com prazo de 6 meses é negociada por $ 992,80, sendo o valor nominal de $ 1.000,00. O título paga juro de 12,2% ao ano mais variação do IGP-M. Sendo de 2,15% a correção monetária do período, pede-se determinar a taxa de rentabilidade mensal e semestral do investidor.

Respostas

1. a) 1,37% a.m., 1,10% a.m.;
   b) 7,06% p/ 5 meses; 5,65% p/ 5 meses;
   c) 1,79% p/ 39 dias; 1,43% p/ 39 dias;
   d) 4,80% p/ 103 dias; 3,84% p/ 103 dias.

2. 17,6% a.a.

3. 1,76% a.m.; 23,3% a.a.

4. 1,88% a.m.

5. a) 1,54% a.m.
   b) 1,72% a.m.

6. 3,15% a.s.

7. a) 1,68% a.m.
   b) 0,77% a.m.
   c) 0,27% a.m.

8. $ 50.760,52

9. $ 937,90

10. 5,87% a.s.

11. a) $ 1.151,59
    b) $ 875,31

12. Valor Líquido Recebido pelo Emitente

Valor Bruto da Emissão	10.000 UMC
(–) Deságio (6%)	(600)
(–) Despesas de Emissão e Lançamento	(120)
	9.280 UMC

Valor de Resgate = 10.000 UMC

Juros Semestrais = 862,78 UMC

Custo Real Efetivo = 10,3% a.s. ou 21,6% a.a.

13. **Solução**:

a) *Valor de Subscrição*

Valor de subscrição = (35.000 deb. × $ 1.000,00) × (1,023) × (1,018) = $ 36.449.490,00

Considerando os 60 dias entre o momento da emissão dos títulos e o da subscrição, o valor nominal é corrigido pela variação da UMC verificada no período.

b) *Valor Mensal dos Juros*

Mês	Valor Nominal Corrigido $	Juros $
0	35.000.000,00	–
1	35.000.000,00 × 1,023 = 35.805.000,00	–
2	35.805.000,00 × 1,018 = 36.449.490,00	–
3	36.449.490,00 × 1,021 = 37.214.929,30	37.214.929,30 × 1,53% = 569.388,40
4	37.214.929,30 × 1,017 = 37.847.583,10	37.847.583,10 × 1,53% = 579.068,00
5	37.847.583,10 × 1,009 = 38.188.211,30	38.188.211,30 × 1,53% = 584.279,60
6	38.188.211,30 × 1,012 = 38.646.469,90	38.646.469,90 × 1,53% = 591.291,00

c) *Valor de Resgate*

O resgate é fixado pelo valor nominal corrigido da debênture, isto é:

Variação da UMC = 1,023 × 1,018 × 1,021 × 1,017 × 1,009 × 1,012 × 1,013 × 1,016 × 1,02 × 1,024 × 1,014 × 1,011 = 1,2156 (ou: 21,56%)

Valor de Resgate = (35.000 deb. × $ 1.000,00) × 1,2156 = $ 42.546.000,00.

d) Não se verificando outras despesas de emissão e colocação, deságios, prêmios etc., o custo efetivo real é a própria taxa de juros considerada na operação, ou seja, 20% a.a.

14. Risco: 0,58%

15. 13,66% a.s. (29,19% a.a.)

16. a) $ 912,14
    b) $ 1.064,63

17. *YTM*: 5,94% a.s. (12,24% a.a.)

18. i = 2,26% a.m.
    i = 30,8% a.a.

19. a) i_L = 1,86% a.m.
    b) Valor de resgate: $ 103.831,80
    c) i = 35,78% a.a. (i = 2,58% a.m.)
    d) *Over* = 3,89% a.m.

20. a) $FV_{120\ dias}$ = $ 218.189,37
    b) $FV_{50\ dias}$ = $ 210.255,94
    c) i = 3,046% a.m.

21. i = 2,18% a.m.

22. Preço de Compra = $ 9.391,12

23. Preço de Compra = $ 901,65

24. Rentabilidade Nominal = 12% a.a.
    Rentabilidade Efetiva = 12,36% a.a.

25. a) $ 43.712,12
    b) $ 46.832,72

26. a) 6,49% a.s.
    b) 1º semestre: $ 66,45
       2º semestre: $ 67,91
       3º semestre: $ 69,41
       4º semestre: 70,80
    c) resgate: $ 1.090,94
    d) i = 9,67% a.s.
       i = 20,27% a.a.

27. i = 11,44% a.s.
    i = 24,19% a.a.

28. i = 8,99% a.s.
    i = 1,44% a.m.

12

Sistemas de Amortização de Empréstimos e Financiamentos[1]

Os sistemas de amortização são desenvolvidos basicamente para operações de empréstimos e financiamentos de longo prazo, envolvendo desembolsos periódicos do principal e encargos financeiros.

Existem diversas maneiras de se amortizar uma dívida, devendo as condições de cada operação estarem estabelecidas em contrato firmado entre o credor (mutuante) e o devedor (mutuário).

Uma característica fundamental dos sistemas de amortização a serem estudados neste capítulo é a utilização exclusiva do critério de juros compostos, incidindo os juros exclusivamente sobre o saldo devedor (montante) apurado em período imediatamente anterior.

Para cada sistema de amortização é construída uma planilha financeira, a qual relaciona, dentro de certa padronização, os diversos fluxos de pagamentos e recebimentos.

São consideradas também modalidades de pagamento com e sem carência, conforme estudadas em capítulos anteriores. Na carência, não há pagamento do principal, sendo pagos somente os juros. Eventualmente, os juros podem ser capitalizados durante o prazo de carência.

O capítulo trata dos seguintes sistemas de amortização:

a) Sistema de Amortização Constante (*SAC*);
b) Sistema de Prestação Constante (*SPC*) – também conhecido por Sistema de Amortização Francês (*SAF*);
c) Sistema de Amortização Misto (*SAM*);
d) Sistema de Amortização Americano (*SAA*);
e) Sistema de Amortizações Variáveis. Parcelas intermediárias.

[1] O capítulo é, em grande parte, uma condensação do trabalho "Sistemas de Amortizações de Empréstimos e Financiamentos", elaborado pelo autor, e publicado no *Boletim de Temática Contábil do IOB*, n. 12, abr. 1984.

12.1 Definições básicas

Os sistemas de amortização de empréstimos e financiamentos tratam, basicamente, da forma pela qual o principal e os encargos financeiros são restituídos ao credor do capital.

Antes do estudo desses vários sistemas, é importante que sejam definidos os principais termos empregados nas operações de empréstimos e financiamentos.

- **Encargos (Despesas) Financeiros** – Representam os juros da operação, caracterizando-se como custo para o devedor e retorno para o credor.

Os encargos financeiros podem ser prefixados ou pós-fixados. O que distingue essas duas modalidades é a correção (indexação) da dívida em função de uma expectativa (prefixação) ou verificação posterior (pós-fixação) do comportamento de determinado indexador.

Em outras palavras, nas operações pós-fixadas, há um desmembramento dos encargos financeiros em juros e correção monetária (ou variação cambial, no caso de a dívida ser expressa em moeda estrangeira) que vier a se verificar no futuro; e nas prefixadas estipula-se uma taxa única, a qual incorpora evidentemente uma expectativa inflacionária, para todo o horizonte de tempo.

Assim, para uma operação pós-fixada, a taxa de juros contratada é a taxa definida como *real*, isto é, aquela situada acima do índice de inflação verificado no período.

Além do encargo real da taxa de juros, as operações pós-fixadas preveem também a correção monetária (ou variação cambial) do saldo devedor da dívida, o que representa normalmente a recuperação da perda de poder aquisitivo (desvalorização perante a inflação) da parte do capital emprestado e ainda não restituído.

Nas operações prefixadas, os encargos financeiros são medidos por uma única taxa, a qual engloba os juros exigidos pelo emprestador e a expectativa inflacionária (correção monetária) para o período de vigência.

- **Amortização** – A amortização refere-se exclusivamente ao pagamento do principal (capital emprestado), o qual é efetuado, geralmente, mediante parcelas periódicas (mensais, trimestrais etc.). Alguns poucos tipos de empréstimos permitem que o capital emprestado seja amortizado por meio de um único pagamento ao final do período. Essa situação é descrita no denominado *Sistema de Amortização Americano*, a ser estudado mais adiante neste capítulo.

- **Saldo Devedor** – Representa o valor do principal da dívida, em determinado momento, após a dedução do valor já pago ao credor a título de amortização.

- **Prestação** – É composto do valor da amortização mais os encargos financeiros devidos em determinado período de tempo. Assim:

Prestação = Amortização + Encargos Financeiros.

- **Carência** – Muitas operações de empréstimos e financiamentos preveem um diferimento na data convencional do início dos pagamentos. Por exemplo, ao se tomar um empréstimo por 4 anos, a ser restituído em prestações trimestrais, o primeiro pagamento ocorrerá normalmente três meses (um trimestre) após a liberação dos recursos, vencendo-se as demais ao final de cada um dos trimestres subsequentes. Pode, no entanto, ocorrer um diferimento (carência) no pagamento da primeira prestação, iniciando-se, por exemplo, 9 meses após o recebimento do capital emprestado. Nesse caso, diz-se que a carência corresponde a dois trimestres, ou seja, ela equivale ao prazo verificado entre a data convencional de início de pagamento (final do primeiro trimestre) e a do final do 9º mês.

É importante acrescentar, ainda, que a carência significa a postergação só do principal, não sendo incluídos necessariamente os juros. Os encargos financeiros podem, dependendo das condições contratuais estabelecidas, serem pagos ou não durante a carência. É mais comum o pagamento dos juros durante o período de carência. Na hipótese de se decidir pela carência de juros, os mesmos são capitalizados e pagos junto com a primeira parcela de amortização do principal ou distribuídos para as várias datas pactuadas de pagamento.

- **Exemplo Ilustrativo Geral** – Visando ilustrar os principais sistemas de amortização normalmente adotados no mercado financeiro, admita, de uma maneira geral, um empréstimo com as seguintes condições básicas:

- Valor do Empréstimo = $ 100.000,00
- Prazo da Operação = 5 anos
- Taxa de Juros = 30% ao ano (efetiva)

12.2 Sistema de amortização constante

O Sistema de Amortização Constante (*SAC*), como o próprio nome indica, tem como característica básica serem as amortizações do principal sempre iguais (ou constantes) em todo o prazo da operação. O valor da amortização é facilmente obtido mediante a divisão do capital emprestado pelo número de prestações.

Os juros, por incidirem sobre o saldo devedor, cujo montante decresce após o pagamento de cada amortização, assumem valores decrescentes nos períodos.

Em consequência do comportamento da amortização e dos juros, as prestações periódicas e sucessivas do *SAC* são decrescentes em progressão aritmética.

Admita que o empréstimo de $ 100.000,00 descrito no *Exemplo Geral* deva ser pago, dentro de um prazo de 5 anos, em 10 prestações semestrais. Desconsiderando inicialmente a existência de um prazo de carência, pode-se elaborar a seguinte planilha financeira para a operação de empréstimo.

Quadro 12.1 *SAC sem carência*

Períodos (Semestres)	Saldo Devedor ($)	Amortização ($)	Juros ($)	Prestação ($)
0	100.000,00	–	–	–
1	90.000,00	10.000,00	14.017,50	24.017,50
2	80.000,00	10.000,00	12.615,80	22.615,80
3	70.000,00	10.000,00	11.214,00	21.214,00
4	60.000,00	10.000,00	9.812,30	19.812,30
5	50.000,00	10.000,00	8.410,50	18.410,50
6	40.000,00	10.000,00	7.008,80	17.008,80
7	30.000,00	10.000,00	5.607,00	15.607,00
8	20.000,00	10.000,00	4.205,30	14.205,30
9	10.000,00	10.000,00	2.803,50	12.803,50
10	–	10.000,00	1.401,80	11.401,80
Total	–	100.000,00	77.096,50	177.096,50

Conforme foi comentado, o *SAC* determina que a restituição do principal (capital emprestado) seja efetuada em parcelas iguais. Assim, o valor de cada *amortização* constante devida semestralmente é calculado pela simples divisão entre o principal ($ 100.000,00) e o número fixado de prestações (10 semestres), ou seja:

$$\text{Amortização} = \frac{\text{Valor do Empréstimo}}{\text{N}^{\underline{o}} \text{ de Prestações}}$$

$$= \frac{\$\,100.000,00}{10}$$

$$= \$\ 10.000,00/\text{sem.}$$

Os pagamentos desses valores determinam, como é natural, decréscimos iguais e constantes no saldo devedor em cada um dos períodos, ocasionando ainda reduções nos valores semestrais dos juros e das prestações.

Para o cálculo dos juros trabalhou-se, como é mais comum nessas operações de crédito de médio e longo prazos, com a taxa equivalente composta. Assim, para uma taxa nominal de 30% ao ano, conforme considerada no *Exemplo Ilustrativo Geral*, a taxa equivalente semestral atinge:

$$\text{Taxa Equivalente Semestral de 30\% a.a.} = \sqrt{1{,}30} - 1 = 14{,}0175\% \text{ a.s.}$$

Os *juros*, por incidirem sobre o saldo devedor imediatamente anterior, apresentam valores aritmeticamente decrescentes, conforme são apurados na penúltima coluna do Quadro 12.1. Para o final do primeiro semestre, os encargos financeiros somam: 14,0175% × 100.000,00 = $ 14.017,50; para o final do segundo semestre: 14,0175% × 90.000,00 = $ 12.615,80; para o final do terceiro semestre: 14,0175% × 80.000,00 = $ 11.214,00; e assim por diante.

Somando-se, para cada período, o valor da amortização do principal com os respectivos encargos financeiros, tem-se o valor da *prestação* semestral do financiamento. Assim, para o primeiro semestre a prestação atinge: $ 10.000,00 + $ 14.017,50 = $ 24.017,50; para o segundo semestre: $ 10.000,00 + $ 12.615,80 = $ 22.615,80; e assim sucessivamente.

Pode ser observado, uma vez mais, que a diminuição de $ 1.401,70 no valor dos juros em cada período é explicada pelo fato de as amortizações (fixas) reduzirem o saldo devedor da dívida (base de cálculo dos juros) semestralmente em $ 10.000,00. Esta diminuição provoca, em consequência, uma redução nos juros equivalente: 14,017% × $ 10.000,00 = $ 1.401,70.

12.2.1 Expressões de cálculo do *SAC*

São desenvolvidas a seguir expressões genéricas de cálculo de cada parcela da planilha do sistema de amortização constante.

- **Amortização (Amort)**: os valores são sempre iguais e obtidos por:

$$\text{Amort} = \frac{PV}{n}$$

onde: *PV* = principal (valor do financiamento);

n = número de prestações.

Logo:

$$\frac{PV}{n} = \text{Amort}_1 = \text{Amort}_2 = \text{Amort}_3 = \ldots = \text{Amort}_n$$

$$PV = \text{Amort}_1 + \text{Amort}_2 + \text{Amort}_3 + \ldots + \text{Amort}_n$$

- **Saldo Devedor (*SD*)**: é decrescente em *PA* (progressão aritmética) pelo valor constante da amortização. Logo, a redução periódica do *SD* é: *PV/n*.
- **Juros (*J*)**: pela redução constante do saldo devedor, os juros diminuem linearmente ao longo do tempo, comportando-se como uma *PA* decrescente. O valor periódico da redução é: $(P/n) \times i$, sendo *i* a taxa de juros.

As expressões de cálculo dos juros para cada período são:

- $J_1 = PV \times i$
- $J_2 = \left(PV - \frac{PV}{n}\right) \times i$

$$J_2 = \left(\frac{PV \times n - PV}{n}\right) \times i$$

$$J_2 = \left(\frac{PV(n-1)}{n}\right) \times i$$

$$J_2 = \frac{PV}{n} \times (n-1) \times i$$

- $J_3 = \left(PV - \frac{PV}{n} - \frac{PV}{n}\right) \times i$

$$J_3 = \left(PV - \frac{2PV}{n}\right) \times i$$

$$J_3 = PV - \frac{PV \times n - 2PV}{n} \times i$$

$$J_3 = \frac{PV(n-2)}{n} \times i$$

$$J_3 = \frac{PV}{n} \times (n-2) \times i$$

e assim por diante.

Para um período qualquer *t*, tem-se:

$$J_t = \left(PV - \frac{PV}{n} - \frac{PV}{n} - \cdots - \frac{PV}{n}\right) \times i$$

$$J_t = \left(PV - \frac{(t-1) \times PV}{n}\right) \times i$$

$$J_t = \left(PV - \frac{PV \times n - (t-1) \times PV}{n}\right) \times i$$

$$J_t = \left(PV - \frac{PV\left[n-(t-1)\right]}{n}\right) \times i$$

$$\boldsymbol{J_t = \frac{PV}{n} \times (n - t + 1) \times i}$$

Por exemplo, na ilustração geral calcular o valor dos juros para o período $t = 7$:

$$J_7 = \frac{100.000{,}00}{10} \times (10 - 7 + 1) \times 0{,}140175$$

$$J_7 = 10.000{,}00 \times 4 \times 0{,}140175$$

$$J_7 = \$\ 5.607{,}00$$

- **Prestação (*PMT*)**: é a soma da amortização com os juros, isto é:

$PMT = Amort + J$

$$PMT = \frac{PV}{n} + \left[\frac{PV}{n} \times (n - t + 1) \times i\right]$$

$$PMT = \frac{PV}{n} \times \left[1 + (n - t + 1) \times i\right]$$

Por exemplo, calcular no exemplo ilustrativo geral o valor da prestação no 5º semestre.

$$PMT_5 = \frac{100.000,00}{10} \times [1 + (10 - 5 + 1) \times 0,140175]$$

$$PMT_5 = 10.000,00 \times (1 + 6 \times 0,140175)$$

$$PMT_5 = 10.000,00 \times 1,84105 = \$\ 18.410,50$$

12.2.2 *SAC* com carência

Conforme foi comentado, a ilustração desenvolvida não previu a existência de prazo de carência para a amortização do empréstimo. Ao se supor uma carência de 2 anos (contada a partir do final do primeiro semestre), por exemplo, três situações podem ocorrer:

a) os juros são pagos durante a carência;

b) os juros são capitalizados e pagos totalmente quando do vencimento da primeira amortização;

c) os juros são capitalizados e acrescidos ao saldo devedor gerando um fluxo de amortizações de maior valor.

Os Quadros 12.2, 12.3 e 12.4, apresentados a seguir, ilustram essas situações.

O Quadro 12.2 demonstra uma situação em que os juros são pagos durante a carência estipulada. Assim, ao final dos quatro primeiros semestres, a prestação, constituída unicamente dos encargos financeiros, atinge \$ 14.017,50, ou seja, 14,0175% × \$ 100.000,00. A partir do quinto semestre, tendo sido encerrada a carência de 2 anos (4 semestres), inicia-se a amortização (devolução) do principal emprestado, sendo o fluxo de prestações, deste momento em diante, idêntico ao desenvolvido anteriormente no Quadro 12.1.

O Quadro 12.3 ilustra o plano de amortização da dívida na hipótese de os juros não serem pagos durante a carência. Neste caso, os encargos são capitalizados, segundo o critério de juros compostos, e devidos integralmente quando do vencimento da primeira parcela de amortização.

Quadro 12.2 *SAC com Carência (2 anos) e Pagamento dos Juros*

Períodos (Semestres)	Saldo Devedor (\$)	Amortização (\$)	Juros (\$)	Prestação (\$)
0	100.000,00	–	–	–
1	100.000,00	–	14.017,50	14.017,50
2	100.000,00	–	14.017,50	14.017,50
3	100.000,00	–	14.017,50	14.017,50
4	100.000,00	–	14.017,50	14.017,50
5	90.000,00	10.000,00	14.017,50	24.017,50
6	80.000,00	10.000,00	12.615,80	22.615,80
7	70.000,00	10.000,00	11.214,00	21.214,00
8	60.000,00	10.000,00	9.812,30	19.812,30
9	50.000,00	10.000,00	8.410,50	18.410,50
10	40.000,00	10.000,00	7.008,80	17.008,80
11	30.000,00	10.000,00	5.607,00	15.607,00
12	20.000,00	10.000,00	4.205,30	14.205,30
13	10.000,00	10.000,00	2.803,50	12.803,50
14	–	10.000,00	1.401,80	11.401,80
Total	–	100.000,00	133.166,50	233.166,50

Quadro 12.3 *SAC com Carência (2 anos) e Capitalização dos Juros*

Períodos (Semestres)	Saldo Devedor ($)	Amortização ($)	Juros ($)	Prestação ($)
0	100.000,00	–	–	–
1	114.017,50	–	–	–
2	129.999,90	–	–	–
3	148.222,60	–	–	–
4	168.999,70	–	–	–
5	90.000,00	10.000,00	92.689,30	102.689,30
6	80.000,00	10.000,00	12.615,80	22.615,80
7	70.000,00	10.000,00	11.214,00	21.214,00
8	60.000,00	10.000,00	9.812,30	19.812,30
9	50.000,00	10.000,00	8.410,50	18.410,50
10	40.000,00	10.000,00	7.008,80	17.008,80
11	30.000,00	10.000,00	5.607,00	15.607,00
12	20.000,00	10.000,00	4.205,30	14.205,30
13	10.000,00	10.000,00	2.803,50	12.803,50
14	–	10.000,00	1.401,80	11.401,80
Total	–	100.000,00	155.768,30	255.768,30

Quadro 12.4 *SAC com Carência (2 anos) com Juros Capitalizados e Acrescidos ao Saldo Devedor*

Períodos (Semestres)	Saldo Devedor ($)	Amortização ($)	Juros ($)	Prestação ($)
0	100.000,00	–	–	–
1	114.017,50	–	–	–
2	129.999,90	–	–	–
3	148.222,60	–	–	–
4	169.000,00	–	–	–
5	152.100,00	16.900,00	23.689,60	40.589,60
6	135.200,00	16.900,00	21.320,60	38.220,60
7	118.300,00	16.900,00	18.951,70	35.851,70
8	101.400,00	16.900,00	16.582,70	33.482,70
9	84.500,00	16.900,00	14.213,70	31.113,70
10	67.600,00	16.900,00	11.844,80	28.744,80
11	50.700,00	16.900,00	9.475,80	26.375,80
12	33.800,00	16.900,00	7.106,90	24.006,90
13	16.900,00	16.900,00	4.737,90	21.637,90
14	–	16.900,00	2.369,00	19.269,00
Total	–	169.000,00	130.292,70	299.292,70

Assim, ao final do primeiro semestre, o saldo devedor acrescido dos juros de 14,0175% atinge $ 114.017,50, isto é: $ 100.000,00 × 1,140175.

Ao final do segundo semestre, de forma idêntica, são calculados os juros de 14,0175% sobre o saldo devedor anterior de $ 114.017,50 e acrescidos ao mesmo, gerando um novo saldo devedor atualizado de $ 129.999,90 ($ 114.017,50 × 1,140175).

Seguindo o mesmo raciocínio, no terceiro semestre o saldo devedor atinge $ 148.222,60 ($ 129.999,90 × 1,140175), e no quarto período, $ 169.000,00 ($ 148.222,60 × 1,140175).

No quinto semestre, o saldo devedor é novamente corrigido por 14,0175%, atingindo o montante de $ 192.689,20. No entanto, de acordo com as condições estabelecidas para o financiamento, neste semestre inicia-se o pagamento das amortizações periódicas ($ 10.000,00/semestre), sendo liquidado também o montante capitalizado dos juros, o qual atinge $ 92.689,20, ou seja:

- Saldo Devedor Capitalizado pelos juros durante a carência (5º *semestre*): $ 192.689,20
- Valor do Financiamento: (100.000,00)

Juros: $ 92.689,20

A partir desse semestre, o esquema de cálculos da planilha financeira é idêntico ao apresentado anteriormente, no Quadro 12.1.

O Quadro 12.4, por outro lado, prevê uma situação em que os juros não pagos durante a carência são capitalizados e distribuídos uniformemente no fluxo de amortização do financiamento a partir do quinto semestre. De maneira contrária à situação descrita no Quadro 12.3, os encargos financeiros totais da carência (juros semestrais capitalizados durante a carência) não são pagos quando do vencimento da primeira parcela de amortização. Esses valores são capitalizados e acrescidos ao principal, produzindo novas parcelas semestrais de amortização.

Dessa forma, no quinto semestre (quando do término da carência), o saldo devedor, somado ao montante capitalizado de juros, atinge, conforme está demonstrado acima, $ 169.000,00. As parcelas semestrais de amortização totalizam, portanto, $ 16.900,00 ($ 169.000,00/10). Os valores dos juros e das prestações referentes aos demais semestres são apurados seguindo a metodologia de cálculo apresentada para o *SAC*.

É interessante notar, ainda, que nas três hipóteses de carência consideradas o valor total dos pagamentos semestrais (prestações) difere bastante. Na ilustração contida no Quadro 12.2, o total das prestações atinge $ 233.166,50; no Quadro 12.3, este valor sobe para $ 255.768,30; e no Quadro 12.4, o total atinge $ 299.292,70.

Na realidade, essas diferenças não estão efetivamente significando elevações no custo relativo da dívida. O que ocorre é um maior prazo na restituição do capital emprestado, o que determina maiores valores absolutos de juros. Ao se calcular a taxa interna de retorno (que mede, com maior rigor, o custo efetivo do empréstimo) para as três ilustrações sugeridas, chega-se, evidentemente a 14,0175% ao semestre (ou 30% ao ano), o que indica que o custo da operação não é alterado, apesar de os encargos financeiros assumirem valores monetários diferentes ao longo do tempo.

12.3 Sistema de prestação constante

O Sistema de Amortização Francês (*SAF*) ou Prestação Constante (*SPC*), amplamente adotado no mercado financeiro do Brasil, estipula, ao contrário do *SAC*, que as prestações devem ser iguais, periódicas e sucessivas. Equivalem, em outras palavras, ao modelo-padrão de fluxos de caixa, conforme estudado no Capítulo 7.

Os juros, por incidirem sobre o saldo devedor, são *decrescentes*, e as parcelas de amortização assumem valores *crescentes*.

Em outras palavras, no *SPC* os juros decrescem e as amortizações crescem ao longo do tempo. A soma dessas duas parcelas permanece sempre igual ao valor da prestação.

Com o intuito de melhor desenvolver a compreensão do sistema de prestação constante, considere o exemplo ilustrativo geral proposto anteriormente. O Quadro 12.5, a seguir, identifica a planilha financeira deste sistema, a qual é mais bem elaborada partindo-se da última coluna para a primeira. Isto é, calculam-se inicialmente as prestações e, posteriormente, para cada período, os juros e, por diferença, as parcelas de amortização e o respectivo saldo devedor.

Quadro 12.5 *SPC sem carência*

Períodos (Semestres)	Saldo Devedor ($)	Amortização ($)	Juros ($)	Prestação ($)
0	100.000,00	–	–	–
1	94.833,10	5.166,90	14.017,50	19.184,40
2	88.941,80	5.891,20	13.293,20	19.184,40
3	82.224,80	6.717,00	12.467,40	19.184,40
4	74.566,20	7.658,60	11.525,90	19.184,40
5	65.834,10	8.732,10	10.452,30	19.184,40
6	55.877,90	9.956,20	9.228,30	19.184,40
7	44.526,20	11.351,80	7.832,70	19.184,40
8	31.583,20	12.943,00	6.241,50	19.184,40
9	16.825,90	14.757,30	4.427,20	19.184,40
10	–	16.825,90	2.358,60	19.184,40
Total	–	100.000,00	91.844,00	191.844,00

As *prestações* semestrais são determinadas pela aplicação da fórmula de valor presente do modelo-padrão, conforme desenvolvida no item 7.1.1 do Capítulo 7, ou seja:

$$PV = PMT \times FPV\ (i,\ n)$$

onde: PV = valor presente

PMT = valor da prestação periódica, igual e sucessiva

FPV = fator de valor presente, sendo:

$$FPV = \frac{1-(1+i)^{-n}}{i}$$

Substituindo os valores do exemplo ilustrativo na equação, tem-se:

$$100.000{,}00 = PMT \times \frac{1-(1{,}140175)^{-10}}{0{,}140175}$$

$$100.000{,}00 = PMT \times 5{,}212555$$

$$PMT = \frac{100.000{,}00}{5{,}212555} = \$\ 19.184{,}40/\text{semestre}$$

Os demais valores da planilha são mensurados de forma sequencial em cada um dos períodos. Assim, para o primeiro semestre, tem-se:

- Juros (calculados sobre o saldo devedor imediatamente anterior):

  14,0175% × $ 100.000,00 = $ 14.017,50

- Amortização (obtida pela diferença entre o valor da prestação e o dos juros acumulados para o período):

  $ 19.184,40 – $ 14.017,50 = $ 5.166,90

- Saldo Devedor (Saldo Anterior no Momento Zero – Parcela de Amortização do Semestre)

  $ 100.000,00 – $ 5.166,90 = $ 94.833,10

Para o segundo semestre, os cálculos são os seguintes:

- Juros:

  14,0175% × $ 94.833,70 = $ 13.293,20

- Amortização:

  $ 19.184,40 – $ 13.293,20 = $ 5.891,20

- Saldo Devedor:

  $ 94.833,10 – $ 5.891,20 = $ 88.941,90

e assim por diante.

12.3.1 Expressões de cálculo do *SPC*

Conforme foi apresentado, no sistema de prestação constante as prestações são constantes, os juros são decrescentes e as amortizações são exponencialmente crescentes ao longo do tempo. As expressões básicas de cálculo destes valores são desenvolvidas a seguir.

- **Amortização (Amort)**: é obtida pela diferença entre o valor da prestação (PMT) e o dos juros (J), ou seja:

$$Amort = PMT - J$$

A amortização do primeiro período expressa-se:

$Amort_1 = PMT - J_1$, o que equivale a:

$$Amort_1 = PMT - (PV \times i)$$

Como o seu crescimento é exponencial no tempo, o valor da amortização num momento t qualquer é calculado:

$$Amort_t = Amort_1 \times (1 + i)^{t-1}$$

Por exemplo, na ilustração geral desenvolvida, o valor da amortização no quarto semestre (t = 4) atinge:

$$Amort_4 = 5.166{,}90 \times (1 + 0{,}140175)^{4-1}$$

$$Amort_4 = 5.166{,}90 \times (1{,}140175)^3 = 7.658{,}60$$

conforme demonstrado na planilha financeira (Quadro 12.5).

- **Prestação (*PMT*)**: conforme foi demonstrado, o valor da prestação é calculado mediante a aplicação da fórmula do valor presente desenvolvida para o modelo-padrão de fluxos de caixa, isto é:

$$PMT = PV \times \frac{1}{FPV(i,n)}$$

onde: $FPV\ (i,\ n) = \dfrac{1-(1+i)^{-n}}{i}$

- **Saldo Devedor (*SD*)**: calculado, para cada período, pela diferença entre o valor devido no início do intervalo de tempo e a amortização do período. Logo, para uma dada taxa de juros, o saldo devedor de qualquer período t é apurado da forma seguinte:

$$SD_t = PMT \times FPV\ (i,\ n - t)$$

Por exemplo, na ilustração geral desenvolvida no capítulo, o saldo devedor no 6º semestre do financiamento atinge:

$$SD_6 = 19.184{,}40 \times FPV\ (14{,}0175\%,\ 10 - 6)$$

$$SD_6 = 19{,}184{,}40 \times FPV\ (14{,}0175\%,\ 4)$$

$$SD_6 = 19.184{,}40 \times 2{,}912667 = \$\ 55.877{,}90$$

resultado que coincide com o demonstrado na planilha financeira (Quadro 12.5).

- **Juros (*J*)**: incide sobre o saldo devedor apurado no início de cada período (ou ao final de cada período imediatamente anterior). A expressão de cálculo de juros pode ser ilustrada da maneira seguinte:

- $J_1 = SD_0 \times i = PV \times i$
- $J_2 = SD_1 \times i = (PV - Amort_1) \times i$
- $J_3 = SD_2 \times i = (PV - Amort_1 - Amort_2) \times i$
- $J_4 = SD_3 \times i = (PV - Amort_1 - Amort_2 - Amort_3) \times i$

e assim sucessivamente.

Para um momento *t* qualquer:

$$J_t = SD_{t-1} \times i$$

Por exemplo, determinar os juros devidos no terceiro semestre do exemplo ilustrativo geral, conforme desenvolvido na planilha financeira do Quadro 12.5.

$SD_{t-1} = PMT \times FPV\,(i,\, n - t)$

$SD_{3-1} = 19.184{,}40 \times FPV\,(14{,}0175\%,\, 10 - 2)$

$SD_2 = \$\ 88.941{,}80$

$J_3 = SD_3 \times i$

$J_3 = 88.941{,}80 \times 0{,}140175$

$J_3 = \$\ 12.467{,}40$

e assim por diante.

12.3.2 *SPC* com carência

Identicamente aos demais sistemas, no *SPC* podem verificar-se períodos de carência, nos quais, ainda, os encargos financeiros podem ser pagos ou capitalizados. Os Quadros 12.6 e 12.7 ilustram, respectivamente, para o *exemplo geral* considerado, situações em que os juros são pagos durante a carência e capitalizados para resgate posterior (juntamente com as prestações).

Quadro 12.6 *SPC com Carência (2 anos) e Pagamento dos Juros*

Períodos (Semestres)	Saldo Devedor ($)	Amortização ($)	Juros ($)	Prestação ($)
0	100.000,00	–	–	–
1	100.000,00	–	14.017,50	14.017,50
2	100.000,00	–	14.017,50	14.017,50
3	100.000,00	–	14.017,50	14.017,50
4	100.000,00	–	14.017,50	14.017,50
5	94.833,10	5.166,90	14.017,50	19.184,40
6	88.941,80	5.891,20	13.293,20	19.184,40
7	82.224,80	6.717,00	12.467,40	19.184,40
8	74.566,20	7.658,60	11.525,90	19.184,40
9	65.834,10	8.732,10	10.452,30	19.184,40
10	55.877,90	9.956,20	9.228,30	19.184,40
11	44.526,20	11.351,80	7.832,70	19.184,40
12	31.583,20	12.943,00	6.241,50	19.184,40
13	16.825,90	14.757,30	4.427,20	19.184,40
14	–	16.825,90	2.358,60	19.184,40
Total	–	100.000,00	91.844,00	191.844,00

Quadro 12.7 *SPC com Carência (2 anos) e Capitalização dos Juros*

Períodos (Semestres)	Saldo Devedor ($)	Amortização ($)	Juros ($)	Prestação ($)
0	100.000,00	–	–	–
1	114.017,50	–	–	–
2	129.999,90	–	–	–
3	148.222,60	–	–	–
4	169.000,00	–	–	–
5	160.267,60	8.732,20	23.689,50	32.421,70
6	150.311,40	9.956,20	22.465,50	32.421,70
7	138.959,70	11.351,80	21.069,90	32.421,70
8	126.016,70	12.943,00	19.478,70	32.421,70
9	111.259,40	14.757,30	17.664,40	32.421,70
10	94.433,50	16.825,90	15.595,80	32.421,70
11	75.249,10	19.184,40	13.237,20	32.421,70
12	53.375,50	21.873,70	10.548,00	32.421,70
13	28.435,70	24.939,80	7.481,90	32.421,70
14	–	28.435,70	3.986,00	32.421,70
Total	–	169.000,00	155.217,00	324.217,00

O sistema francês (prestação constante), com carência e pagamento dos juros no período, conforme ilustrado no Quadro 12.6, segue basicamente o mesmo esquema anterior (*SPC* sem carência), diferenciando-se unicamente nas prestações dos quatro primeiros semestres (carência). Nesses períodos estão previstos somente pagamentos de $ 14.017,50 referentes aos juros do principal não amortizado (14,0175% × $ 100.000,00). Para os demais semestres, o raciocínio é idêntico ao formulado anteriormente, apurando-se prestações com valores constantes, juros decrescentes e amortizações crescentes.

No Quadro 12.7 está prevista a capitalização dos juros durante o período de carência de quatro semestres. Somando-se esse montante ao saldo devedor tem-se um novo valor ao final do quarto semestre de $ 169.000,00, o qual serve de base para o cálculo das prestações com vencimento a partir do quinto semestre, ou seja:

- Saldo Devedor (4º semestre) que serve de base para o cálculo das prestações após o período de carência (5º semestre):

  $\$ \ 100.000,00 \times (1,140175)^4 = \$ \ 169.000,00$

- Prestação (*PMT*) semestral a ser paga a partir do 5º semestre:

$$PV = PMT \times \frac{1-(1+i)^{-n}}{i}$$

$$169.000,00 = PMT \times \frac{1-(1,140175)^{-10}}{0,140175}$$

$$169.000,00 = PMT \times 5,212555$$

$$PMT = \frac{169.000,00}{5,212555} = \$ \ 32.421,70/\text{semestre}$$

O preenchimento da planilha financeira a partir do final do período de carência é análogo ao proposto anteriormente.

12.4 *SPC* e taxa nominal de juros

Uma alternativa de cálculo do *SPC* é verificada quando os períodos das prestações (normalmente mensais, mas não necessariamente) se apresentarem menores que o da taxa de juros e tem como característica básica o uso da taxa proporcional (linear) simples em vez da taxa equivalente composta de juros (taxa efetiva).

No *exemplo ilustrativo geral* proposto, utilizou-se a taxa equivalente semestral de 14,0175% para o cálculo dos juros no sistema francês (e no *SAC* também). Esse percentual, conforme estudado no Capítulo 2, quando capitalizado para um ano, é igual à taxa de 30% de acordo com o estabelecido na operação de empréstimo [$(1,140175)^2 - 1 = 30\%$]. No entanto, se fosse utilizado o *SPC* com taxa nominal no plano de amortização da dívida, a taxa semestral a ser considerada seria a taxa proporcional simples de 15% (30%/2), a qual, quando capitalizada para um ano, resulta num percentual efetivo superior à taxa contratada, ou seja:

- Taxa de Juros Contratada = 30% a.a.
- Taxa Linear Semestral = 30%/2 = 15% a.s.
- Taxa Efetiva Anual de Juros = $(1,15)^2 - 1$ = 32,25% a.a.

Deve ficar claro que o *SPC* com taxa nominal é o próprio sistema francês de amortização, introduzidas as observações comentadas. As alterações nos valores do plano de amortização são devidas, fundamentalmente, ao uso da taxa de juros proporcional simples em substituição à taxa equivalente composta.

Fica evidente, ainda, que se o período de amortização coincidir com o da taxa (prestações anuais e taxa de juros definidas também para ano, por exemplo), a taxa nominal de juros será a própria taxa efetiva da operação, e os valores do plano de amortização para o *SPC* com taxa nominal coincidirão com aqueles apurados pelo *SPC* com taxa efetiva.

12.5 Sistema de amortização misto

O Sistema de Amortização Misto (*SAM*) foi desenvolvido originalmente para as operações de financiamento do Sistema Financeiro de Habitação. Representa basicamente a média aritmética entre o sistema francês (*SAF*) ou Sistema de Prestação Constante (*SPC*) e o sistema de amortização constante (*SAC*), daí explicando-se a sua denominação. Para cada um dos valores de seu plano de pagamentos, deve-se somar aqueles obtidos pelo *SPC* com os do *SAC* e dividir o resultado por dois.

Os Quadros 12.1 e 12.5 apresentados anteriormente ilustram o plano de amortização do exemplo ilustrativo geral por meio do *SAC* e do *SPC*, respectivamente. Ao se adotar o sistema misto de amortização para o empréstimo contraído tem-se, para o primeiro período (semestre), os seguintes valores:

$$PMT_{SAM} = \frac{24.017,50 + 19.184,40}{2} = \$ \ 21.600,95$$

$$Juros_{SAM} = \frac{14.017,50 + 14.017,50}{2} = 14.017,50$$

$$\text{Amort}_{SAM} = \frac{10.000,00 + 5,166,90}{2} = \$ \ 7.583,45$$

$$SD_{SAM} = \frac{90.000,00 + 94.833,10}{2} = \$ \ 92.416,55$$

Para os demais semestres segue-se o mesmo raciocínio. A planilha financeira do sistema misto, elaborada por meio do *SAC* (Quadro 12.1) e *SPC* (Quadro 12.5), encontra-se demonstrada no Quadro 12.8.

Quadro 12.8 *SAM sem Carência*

Períodos (Semestre)	Saldo Devedor ($)	Amortização ($)	Juros ($)	Prestação ($)
0	100.000,00	–	–	–
1	92.416,60	7.583,50	14.017,50	21.601,00
2	84.470,90	7.945,60	12.954,50	20.900,10
3	76.112,40	8.358,50	11.840,70	20.199,20
4	67.283,10	8.829,30	10.669,10	19.498,40
5	57.917,00	9.366,00	9.431,40	18.797,40
6	47.939,00	9.978,10	8.118,60	18.096,70
7	37.263,10	10.675,90	6.719,90	17.395,80
8	25.791,60	11.471,50	5.223,40	16.694,90
9	13.413,00	12.378,70	3.615,40	15.994,10
10	–	13.413,00	1.880,20	15.293,20
Total	–	100.000,00	84.470,80	184.470,80

12.6 Comparações entre *SAC*, *SPC* e *SAM*

Uma avaliação comparativa dos três sistemas de amortização estudados (*SAC*, *SPC* e *SAM*) é desenvolvida a partir do exemplo ilustrativo geral. Os valores correspondentes a cada um dos planos de pagamento estão transcritos, conforme foram calculados anteriormente, no Quadro 12.9.

A partir das planilhas financeiras expostas no Quadro 12.9, observa-se que as *prestações* do *SAC* decrescem linearmente à razão de $ 1.401,70 por semestre. Este valor constante representa, conforme discutido, os juros de 14,0175% aplicados sobre o valor da amortização semestral ($ 10.000,00). No *SAF*, as prestações são sempre iguais, atingindo a $ 19.184,40 em cada período.

Graficamente, o comportamento das prestações para os critérios de amortização considerados é ilustrado na Figura 12.1.

Optando-se pelo *SAC*, o mutuário começa a pagar valores (prestações) maiores que no *SPC*. Este comportamento se mantém até o momento em que as duas retas descritas na Figura 12.1 se cruzam, indicando o momento da reversão.

O ponto em que as retas se cruzam indica valores iguais para as prestações. Calculando-se analiticamente este ponto de intersecção, conforme demonstrado a seguir, verifica-se que as prestações se igualam por volta da 4ª prestação. A partir daí, as prestações pelo *SPC* tornam-se maiores que as determinadas pelos demais sistemas de amortização.

PONTO DE IGUALDADE DAS PRESTAÇÕES

$$PMT_{SPC} = \$\ 19.184,40 \text{ (constante)}$$

$$PMT_{SAC} = \frac{PV}{n} \times [1 + (n - t + 1) \times i]$$

$$PMT_{SAC} = \frac{100.000,00}{10} \times [1 + (10 - t + 1) \times 0,140175]$$

Igualando-se:

$$PMT_{SPC} = PMT_{SAC}$$

tem-se:

$$\frac{100.000,00}{10} \times [1 + (10 - t + 1) \times 0,140175] = 19.184,40$$

$$10.000,00 \times [1 + 1,40175 - 0,140175 \times t + 0,140175] = 19.184,40$$

$$10.000,00 + 14.017,50 - 1.401,75 \times t + 1.401,75 = 19.184,40$$

$$1.401,75\, t = 6.234,85$$

$$t = \frac{6.234,85}{1.401,75} = 4,45$$

Esse resultado pode ser confirmado no Quadro 12.9 para as prestações calculadas. No 4º semestre, a prestação (*PMT*) pelo *SAC* de $ 19.812,30 é superior ao valor constante de $ 19.184,40 determinado pelo *SPC*, situando-se ligeiramente abaixo no 5º semestre. Logo, a intersecção se verifica entre estes dois períodos, verificando-se uma igualdade das prestações exatamente no semestre $t = 4,45$.

No que se refere à parcela de *amortização*, os valores são constantes no *SAC* e crescentes no *SPC*. No sistema francês, a parcela cresce exponencialmente à taxa de juros admitida na operação. Observe no Quadro 12.9 que o valor da amortização pelo *SPC* apresenta um crescimento composto de 14,0175% por semestre, taxa que representa os juros cobrados na operação.

Quadro 12.9 *Planilhas do SAC, SPC e SAM*

Períodos (Semestres)	SAC				SPC				SAM			
	SD	Amort	J	PMT	SD	Amort	J	PMT	SD	Amort	J	PMT
0	100.000,00	–	–	–	100.000,00	–	–	–	100.000,00	–	–	–
1	90.000,00	10.000,00	14.017,50	24.017,50	94.833,10	5.166,90	14.017,50	19.184,40	92.416,60	7.583,50	14.017,50	21.601,00
2	80.000,00	10.000,00	12.615,80	22.615,80	88.941,80	5.891,20	13.293,20	19.184,40	84.470,90	7.945,60	12.954,50	20.900,10
3	70.000,00	10.000,00	11.214,00	21.214,00	82.224,80	6.717,00	12.467,40	19.184,40	76.112,40	8.358,50	11.840,70	20.199,20
4	60.000,00	10.000,00	9.812,30	19.812,30	74.566,20	7.658,60	11.525,90	19.184,40	67.283,10	8.829,30	10.669,10	19.498,40
5	50.000,00	10.000,00	8.410,50	18.410,50	65.834,10	8.732,10	10.452,30	19.184,40	57.917,00	9.366,00	9.431,40	18.797,40
6	40.000,00	10.000,00	7.008,80	17.008,80	55.877,90	9.956,20	9.228,30	19.184,40	47.939,00	9.978,10	8.118,60	18.096,70
7	30.000,00	10.000,00	5.607,00	15.607,00	44.526,20	11.351,80	7.832,70	19.184,40	37.263,10	10.675,90	6.719,90	17.395,80
8	20.000,00	10.000,00	4.205,30	14.205,30	31.583,20	12.943,00	6.241,50	19.184,40	25.791,60	11.471,50	5.223,40	16.694,90
9	10.000,00	10.000,00	2.803,50	12.803,50	16.825,90	14.757,30	4.427,20	19.184,40	13.413,00	12.378,70	3.615,40	15.994,10
10	–	10.000,00	1.401,80	11.401,80	–	16.825,90	2.358,60	19.184,40	–	13.413,00	1.880,20	15.293,20
Total	–	100.000,00	77.096,50	177.096,50	–	100.000,00	91.844,00	191.844,00	–	100.000,00	84.470,80	184.470,80

Figura 12.1 *Comportamento das prestações*

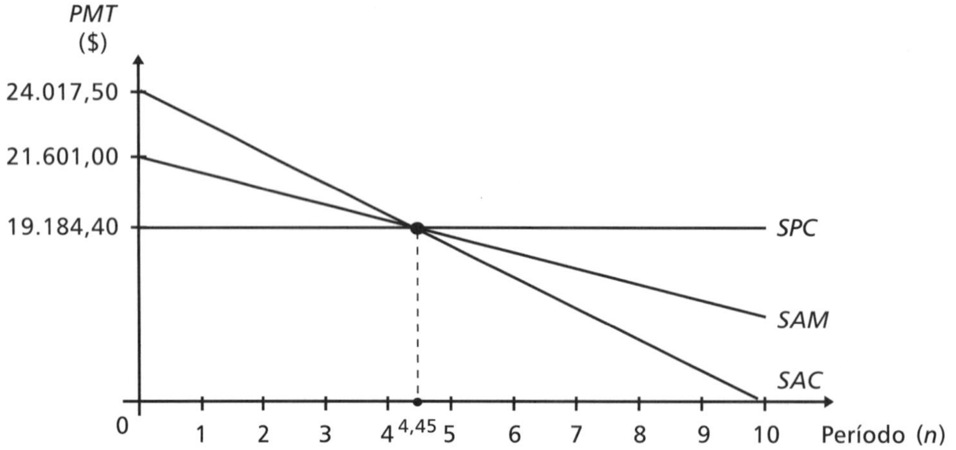

Pelos dados do Quadro 12.9, ainda, observa-se que os valores da amortização tornam-se iguais entre o 6º e o 7º semestre. Mais precisamente, esse ponto é obtido da forma seguinte:

$Amort_{SAC} = 10.000,00$ (constante)

$Amort_{SPC} = Amort_1 \, (1 + i)^{t-7}$

Igualando-se as expressões:

$Amort_1 \, (1 + i)^{t-1} = 10.000,00$

$5.166,90 \times (1,140175)^{t-1} = 10.000,00$

$$(1,140175)^{t-1} = \frac{10.000,00}{5.166,90}$$

$(1,140175)^{t-1} = 1,935396$

Aplicando-se log:

$(t - 1) \times \log 1,140175 = \log 1,935396$

$$t - 1 = \frac{\log 1,935396}{\log 1,140175} = \frac{0,286770}{0,056972}$$

$t - 1 = 5,034$

$t = 5,034 + 1 = 6,034$

As amortizações igualam-se na prestação $t = 6,034$.

No que se refere aos *saldos devedores*, o decréscimo no *SAC* é mais acentuado que nos demais sistemas. Quando do pagamento da 5ª prestação no *SAC*, por exemplo, o saldo devedor corresponde a 50% da dívida. No *SPC*, ao se liquidar a metade das prestações, o saldo devedor totaliza ainda a 65,8% da dívida, somente atingindo a marca dos 50% quando do pagamento da 7ª prestação (aprox.). Mais precisamente:

$SD_t = PMT \times FPV\,(i,\, n - t)$

$50.000,00 = 19.184,40 \times FPV\,(14,0175\%,\ 10 - t)$

$$\frac{1-(1,140175)^{-(10-t)}}{0,140175} = \frac{50.000,00}{19.184,0}$$

$$\frac{1-(1,140175)^{-(10-t)}}{0,140175} = 2,606284$$

$(1,140175)^{-10+t} = 0,634664$

$(1,140175)^{-10+t} = 0,634664$

$(1,140175)^{-10} \times (1,140175)^{t} = 0,634664$

$(1,140175)^{t} = 2,356454$

Aplicando-se logaritmo:

$$t = \frac{\log 2,356454}{\log 1,140175} = 6,53$$

As parcelas de *juros* apuradas para os três sistemas são definidas, evidentemente, com base no comportamento dos respectivos saldos devedores. O total dos juros calculados no *SPC* é bastante superior ao do *SAC*, ficando os valores do *SAM* numa posição intermediária.

Por se tratar de uma média do *SAC* e do *SPC*, o *sistema misto* dispensa maiores comentários. As prestações do *SAM* decrescem linearmente (PA decrescente), sendo a razão igual à metade da razão do *SAC*. No Quadro 12.9 verifica-se que as prestações do *SAC* apresentam razão igual a $ 1.401,70, exatamente o dobro da razão apurada no *SAM* de $ 700,85.

A prestação inicial no *SAM* é menor que a do *SAC*, porém maior que a do *SPC*. O inverso ocorre com a última prestação. Esse comportamento das prestações encontra-se graficamente ilustrado na Figura 12.1.

É importante ser acrescentado, ainda, que o *SAM*, diante de suas características de formação, é um plano de amortização financeiramente equivalente ao *SAC* e ao *SPC*. Ao se descontar as prestações do *SAM*, à taxa de juros *i*, o valor presente encontrado é exatamente igual ao financiamento (principal).

12.7 Sistema de amortização americano

O Sistema de Amortização Americano (*SAA*) estipula que a devolução do capital emprestado é efetuada ao final do período contratado da operação de uma só vez. Não se prevê, de acordo com esta característica básica do *SAA*, amortizações intermediárias durante o período de empréstimo. Os juros costumam ser pagos periodicamente.

Admita no *exemplo ilustrativo geral* descrito que os $ 100.000,00 captados devam ser amortizados pelo *SAA* mediante uma única parcela ao final do 3º ano. Os juros são pagos semestralmente à taxa efetiva de 14,0175%. O Quadro 12.10, a seguir, ilustra a planilha financeira desta operação.

Quadro 12.10 *SAA com Pagamento Periódico dos Juros*

Períodos (Semestres)	Saldo Devedor ($)	Amortização ($)	Juros ($)	Prestação ($)
0	100.000,00	–	–	–
1	100.000,00	–	14.017,50	14.017,50
2	100.000,00	–	14.017,50	14.017,50
3	100.000,00	–	14.017,50	14.017,50
4	100.000,00	–	14.017,50	14.017,50
5	100.000,00	–	14.017,50	14.017,50
6	100.000,00	100.000,00	14.017,50	114.017,50
Total	–	100.000,00	84.105,00	184.105,00

12.7.1 Fundo de amortização

Junto com o *SAA*, costuma ser constituído pelo mutuário um Fundo de Amortização no qual vão sendo acumuladas poupanças periódicas durante o prazo do empréstimo. O objetivo deste fundo é que o seu montante, ao final do prazo *n*, seja igual ao valor da dívida. Estes depósitos são remunerados por meio de uma taxa periódica de juros.

No *exemplo ilustrativo* considerado acima, admita que o tomador do empréstimo constitua um fundo de amortização no qual deve depositar certa quantia semestralmente durante todo o prazo do empréstimo. Os depósitos periódicos são remunerados pela instituição financeira à taxa de 4% ao semestre.

O valor de cada depósito deve produzir um montante ao final dos 3 anos igual ao valor devido da dívida; observe a Figura 12.2.

Conforme estudado no Capítulo 2, sabe-se que:

$$FV = PMT \times FFV\,(i,\, n)$$

$$100.000{,}00 = PMT \times \text{FFV}\,(4\%,\, 6)$$

Figura 12.2 *Montante ao final de 3 anos*

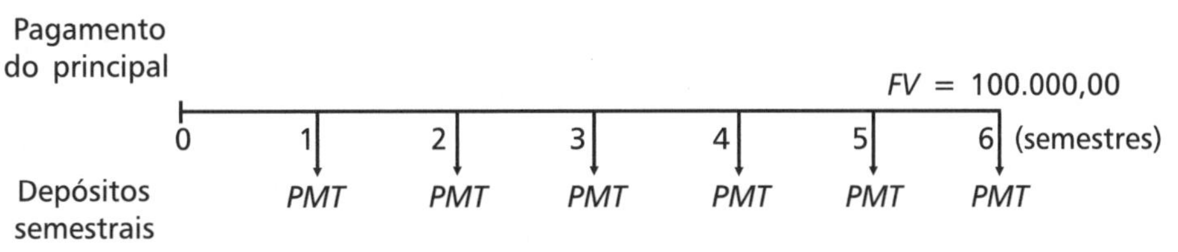

$$100.000{,}00 = PMT \times 6{,}632975$$

$$PMT = \frac{100.000{,}00}{6{,}632975} = \$\ 15.076{,}19$$

Dessa forma, $ 15.076,19 é o valor de cada depósito semestral que irá produzir um montante, ao final dos 3 anos, igual à amortização da dívida de $ 100.000,00.

12.8 Custo efetivo

Quando é cobrado unicamente juro nas operações de empréstimos e financiamentos, o custo efetivo, qualquer que seja o sistema de amortização adotado, é a própria taxa de juro considerada. O custo efetivo do exemplo ilustrativo geral, desenvolvido ao longo deste capítulo, é de 14,0175% ao semestre (ou 30% ao ano), que representa a taxa contratada para a operação.

Por outro lado, é comum as instituições financeiras cobrarem, além do juro declarado, outros tipos de encargos, tais como IOC (Imposto sobre Operações de Crédito), comissões, taxas administrativas etc. Essas despesas adicionais devem ser consideradas na planilha de desembolsos financeiros, onerando o custo efetivo da operação.

Nessas condições, torna-se indispensável a apuração do custo efetivo de um empréstimo, permitindo melhores comparações com outras alternativas. O cálculo do custo efetivo é desenvolvido pelo método da taxa interna de retorno, conforme estudado no Capítulo 2 (item 2.6).

12.8.1 Planilha com despesas adicionais

Ilustrativamente, admita que uma empresa tenha obtido um financiamento de $ 50.000,00 para ser amortizado em 4 prestações anuais de $ 12.500,00 cada. O financiamento foi concedido sem carência. O custo da operação é constituído de juros de 20% ao ano e IOC de 4,5%, incidente sobre o valor do crédito e pago quando da liberação dos recursos. O banco cobra ainda uma taxa de 1,0% ao final de cada ano, incidente sobre o saldo devedor, a título de cobrir despesas administrativas de concessão do crédito.

Pelos dados apresentados, pode-se elaborar a planilha financeira do financiamento levando-se em consideração as despesas adicionais de IOC e taxa administrativa. Veja o Quadro 12.11.

Conforme discutido no Capítulo 2, para se achar a taxa interna de retorno do fluxo de caixa deve ser determinado *i* da forma apresentada na Figura 12.3.

$$47.750{,}00 = \frac{23.000{,}00}{(1+i)} + \frac{20.375{,}00}{(1+i)^2} + \frac{17.750{,}00}{(1+i)^3} + \frac{15.125{,}00}{(1+i)^4}$$

Calculando-se:

$$i = 23{,}7\%\ \text{a.a.}$$

que representa o custo efetivo do empréstimo, levando-se em conta os encargos adicionais cobrados.

Quadro 12.11 *Planilha Financeira*

Período (Anos)	Saldo Devedor ($)	IOC ($)	Taxa Admin. ($)	Amortização ($)	Juros ($)	Prestação ($)
0	50.000,00	2.250,00	–	–	–	2.250,00
1	37.500,00	–	500,00	12.500,00	10.000,00	23.000,00
2	25.000,00	–	375,00	12.500,00	7.500,00	20.375,00
3	12.500,00	–	250,00	12.500,00	5.000,00	17.750,00
4	–	–	125,00	12.500,00	2.500,00	15.125,00
Total	–	2.250,00	1.250,00	50.000,00	25.000,00	78.500,00

Figura 12.3 *Taxa interna de retorno do fluxo de caixa*

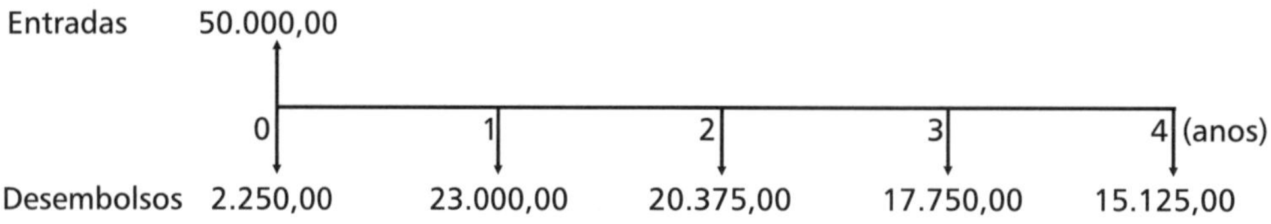

12.9 Planilha de financiamento com juros pós-fixados pela TLP[2]

Admita um financiamento Finame de $ 700.000,00 a ser liquidado em 24 meses. O primeiro ano é de carência, sendo pagos somente os encargos financeiros ao final de cada trimestre.

Após a carência, o tomador deve efetuar 12 pagamentos mensais pelo sistema francês de amortização, vencendo a primeira no 13º mês e as demais sequencialmente.

A taxa de juros contratada para essa operação é a efetiva de 5% ao ano, que equivale a 0,4074% ao mês, mais a TLP.

A TLP é uma taxa de juros de longo prazo, instituída pelo Conselho Monetário Nacional, que tem como base de cálculo as médias de juros dos títulos públicos federais das dívidas externas e internas.

O prazo de vigência dessa taxa é de três meses, sendo seu percentual geralmente divulgado pelo Banco Central no primeiro dia útil do período de sua vigência. A TLP

2 TLP – Taxa de Juros de Longo Prazo – Taxa utilizada pelo BNDES para remunerar seus empréstimos (antiga TJP).

foi regulamentada pela Resolução nº 2.121, de 30/11/94, do Banco Central do Brasil.

Admita, ilustrativamente, que as taxas TLP para cada um dos trimestres do prazo do financiamento sejam as seguintes:

1º Trim.: 6,8% 5º Trim.: 4,8%

2º Trim.: 6,2% 6º Trim.: 6,0%

3º Trim.: 7,7% 7º Trim.: 7,0%

4º Trim.: 6,0%

O Quadro 12.12 representa a planilha de pagamentos desse financiamento.

Quadro 12.12 *Planilha Financeira com Juros e TLP*

Mês	Saldo Devedor	Amortização	Juros	Prestação
0	700.000,00	–	–	–
3	700.000,00	47.600,00	9.174,60	56.774,60
6	700.000,00	43.400,00	9.123,00	52.523,00
9	700.000,00	53.900,00	9.251,90	63.151,90
12	700.000,00	42.000,00	9.105,80	51.105,80
13	642.962,20	57.037,80	2.851,80	59.889,60
14	585.692,10	57.270,10	2.619,40	59.889,60
15	528.188,60	57.503,50	2.386,10	59.889,60
16	493.032,40	60.509,20	2.255,10	62.764,30
17	432.276,70	60.755,70	2.008,60	62.764,30
18	371.273,50	61.003,20	1.761,10	62.764,30
19	328.623,10	64.926,80	1.603,30	66.530,10
20	263.431,80	65.191,30	1.338,80	66.530,10
21	197.974,90	65.456,90	1.073,20	66.530,10
22	141.508,80	70.324,30	863,00	71.187,30
23	70.898,00	70.610,80	576,50	71.187,30
24	–	70.898,00	288,80	71.187,30
Total	–	948.387,60	56.281,00	1.004.668,60

Durante o período de carência, os valores da planilha são calculados da forma seguinte:

- **Saldo Devedor**: permanece constante ($ 700.000,00), pois os encargos financeiros são pagos ao final de cada trimestre;
- **Amortização**: representa, para cada trimestre, a TLP do período aplicada sobre o saldo devedor de $ 700.000,00, ou seja:

  1º Trim.: $ 700.000,00 × 6,8% = $ 47.600,00

  2º Trim.: $ 700.000,00 × 6,2% = $ 43.400,00

  3º Trim.: $ 700.000,00 × 7,7% = $ 53.900,00

  4º Trim.: $ 700.000,00 × 6,0% = $ 42.000,00
- **Juros**: taxa efetiva de 5% ao ano, equivalendo a 1,2272% ao trimestre.

  Esse percentual é aplicado trimestralmente sobre o principal corrigido pela TLP. Assim:

  1º Trim.: ($ 700.000,00 × 1,068) × 1,2272% = $ 9.174,60

  2º Trim.: ($ 700.000,00 × 1,062) × 1,2272% = $ 9.123,00

  3º Trim.: ($ 700.000,00 × 1,077) × 1,2272% = $ 9.251,90

  4º Trim.: ($ 700.000,00 × 1,06) × 1,2272% = $ 9.105,80

Ao final da carência, o financiamento prevê 12 pagamentos mensais, corrigidos trimestralmente pela TLP.

Dessa maneira, para o 5º trimestre, as prestações são calculadas com base na formulação do fluxo de caixa padrão, conforme descrito no Capítulo 6, isto é:

$$PV = PMT \times FPV\,(i,\ n)$$

$$700.000{,}00 = PMT \times FPV\,(0{,}4074\%,\ 12)$$

Resolvendo-se:

$$PMT = \$\ 59.889{,}60$$

No início dos próximos três trimestres (16º mês, 19º mês e 22º mês), as prestações, e também os demais valores da planilha financeira, são corrigidos pela TLP publicada para o período, conforme consta do Quadro 12.11. Por exemplo, no 16º mês, tem-se:

- Prestação: $ 59.889,60 × 1,048 = $ 62.764,30
- Juros: ($ 528.188,60 × 1,048) × 0,4074% = $ 2.255,10
- Amortização: $ 62.764,30 – $ 2.255,10 = $ 60.509,20
- Saldo Devedor: ($ 528.188,60 × 1,048) – – $ 60.509,20 = 493.032,40

Para os demais trimestres, segue-se a mesma metodologia de cálculo.

Exercícios resolvidos[3]

1. Um empréstimo no valor de $ 420.000,00 foi concedido a uma empresa nas seguintes condições:

- Taxa de juros: 5% a.t.;
- Amortização: pagamentos trimestrais;
- Prazo de amortização: 3 anos.

Pede-se elaborar a planilha financeira para amortizações pelos sistemas *SAC* e *SPC*, admitindo que:

a) não haja carência;

b) haja carência de 2 trimestres.

Solução:

a) *Planilha pelo SAC com e sem Carência*

Período (Trimestres)	Sem Carência				Carência = 2 Trimestres			
	Saldo Devedor ($)	Amortização ($)	Juros ($)	Prestação ($)	Saldo Devedor ($)	Amortização ($)	Juros ($)	Prestação ($)
0	420.000,00	–	–	–	420.000,00	–	–	–
1	385.000,00	35.000,00	21.000,00	56.000,00	420.000,00	–	21.000,00	21.000,00
2	350.000,00	35.000,00	19.250,00	54.250,00	420.000,00	–	21.000,00	21.000,00
3	315.000,00	35.000,00	17.500,00	52.500,00	385.000,00	35.000,00	21.000,00	56.000,00
4	280.000,00	35.000,00	15.750,00	50.750,00	350.000,00	35.000,00	19.250,00	54.250,00
5	245.000,00	35.000,00	14.000,00	49.000,00	315.000,00	35.000,00	17.500,00	52.500,00
6	210.000,00	35.000,00	12.250,00	47.250,00	280.000,00	35.000,00	15.750,00	50.750,00
7	175.000,00	35.000,00	10.500,00	45.500,00	245.000,00	35.000,00	14.000,00	49.000,00
8	140.000,00	35.000,00	8.750,00	43.750,00	210.000,00	35.000,00	12.250,00	47.250,00
9	105.000,00	35.000,00	7.000,00	42.000,00	175.000,00	35.000,00	10.500,00	45.500,00
10	70.000,00	35.000,00	5.250,00	40.250,00	140.000,00	35.000,00	8.750,00	43.750,00
11	35.000,00	35.000,00	3.500,00	38.500,00	105.000,00	35.000,00	7.000,00	42.000,00
12	–	35.000,00	1.750,00	36.750,00	70.000,00	35.000,00	5.250,00	40.250,00
13	–	–	–	–	35.000,00	35.000,00	3.500,00	38.500,00
14	–	–	–	–	–	35.000,00	1.750,00	36.750,00
Total	–	420.000,00	136.500,00	556.500,00	–	420.000,00	178.500,00	598.500,00

$$\text{Amortização} = \frac{\$\ 420.000,00}{12\ \text{Trim.}} = \$\ 35.000,00/\text{Trim}$$

b) *Planilha pelo SPC com e sem Carência*

Período (Trimestres)	Sem Carência				Carência = 2 Trimestres			
	Saldo Devedor ($)	Amortização ($)	Juros ($)	Prestação ($)	Saldo Devedor ($)	Amortização ($)	Juros ($)	Prestação ($)
0	420.000,00	–	–	–	420.000,00	–	–	–
1	393.613,30	26.386,70	21.000,00	47.386,70	420.000,00	–	21.000,00	21.000,00
2	365.907,30	27.706,00	19.680,70	47.386,70	420.000,00	–	21.000,00	21.000,00
3	336.816,00	29.091,30	18.295,40	47.386,70	393.613,30	26.386,70	21.000,00	47.386,70

[3] Programas de cálculo estão disponíveis em: ASSAF NETO, Alexandre; LIMA, F. Guasti. *Investimentos no mercado financeiro usando a calculadora HP 12-C*. 2. ed. São Paulo: Inside Books Editora, 2008.

4	306.270,10	30.545,90	16.840,80	47.386,70	365.907,30	27.706,00	19.680,70	47.386,70
5	274.197,90	32.073,20	15.313,50	47.386,70	336.816,00	29.091,30	18.295,40	47.386,70
6	240.520,10	33.676,80	13.709,80	47.386,70	306.270,10	30.545,90	16.840,80	47.386,70
7	205.159,60	35.360,70	12.026,00	47.386,70	274.197,90	32.073,20	15.313,50	47.386,70
8	168.030,80	37.128,70	10.258,00	47.386,70	240.520,10	33.676,80	13.709,80	47.386,70
9	129.045,70	38.985,10	8.401,50	47.386,70	205.159,60	35.360,70	12.026,00	47.386,70
10	88.111,30	40.934,40	6.452,30	47.386,70	168.030,80	37.128,70	10.258,00	47.386,70
11	45.130,20	42.981,10	4.405,60	47.386,70	129.045,70	38.985,10	8.401,50	47.386,70
12	–	45.130,20	2.256,50	47.386,70	88.111,30	40.934,40	6.452,30	47.386,70
13	–	–	–	–	45.130,20	42.981,10	4.405,60	47.386,70
14	–	–	–	–	–	45.130,20	2.256,50	47.386,70
Total	–	420.000,00	148.640,10	568.640,00	–	420.000,00	190.640,10	610.640,10

$$PMT = PV \times \frac{1}{FPV(i,n)}$$

$$PMT = PV \times \frac{1}{FPV(5\%, 12)}$$

$$PMT = \$\ 47.386,70$$

2. Um empréstimo de $ 160.000,00 é concedido a uma empresa para ser liquidado em 2 anos e meio mediante pagamentos semestrais. A taxa de juros contratada é de 24% ao ano, e não há carência. Pede-se construir a planilha de desembolso desse empréstimo pelo sistema de amortização misto.

Solução:

Períodos (Semestres)	SAC				SPC			
	Saldo Devedor ($)	Amortização ($)	Juros ($)	Prestação ($)	Saldo Devedor ($)	Amortização ($)	Juros ($)	Prestação ($)
0	160.000,00	–	–	–	160.000,00	–	–	–
1	128.000,00	32.000,00	18.176,00	50.176,00	134.492,00	25.508,00	18.176,00	43.684,00
2	96.000,00	32.000,00	14.540,80	46.540,80	106.086,30	28.405,70	15.278,30	43.684,00
3	64.000,00	32.000,00	10.905,60	42.905,60	74.453,70	31.632,60	12.051,40	43.684,00
4	32.000,00	32.000,00	7.270,40	39.270,40	39.227,70	35.226,00	8.458,00	43.684,00
5	–	32.000,00	3.635,20	35.635,20	–	39.227,70	4.456,30	43.684,00
Total	–	160.000,00	54.528,00	214.528,00	–	160.000,00	58.420,00	218.420,00

Juros = 24% a.a. ($\sqrt{1{,}24} - 1 = 11{,}36\%$ a.s.)

Períodos (Semestres)	SAM			
	Saldo Devedor ($)	Amortização ($)	Juros ($)	Prestação ($)
0	160.000,00	–	–	–
1	131.246,00	28.754,00	18.176,00	46.930,00
2	101.043,20	30.202,90	14.909,60	45.112,40
3	69.226,90	31.816,30	11.478,50	43.294,80
4	35.613,90	33.613,00	7.864,20	41.477,20
5	–	35.613,90	4.045,80	39.659,60
Total	–	160.000,00	56.474,00	216.474,00

3. Uma pessoa está negociando a compra de um imóvel pelo valor de \$ 350.000,00. As condições de pagamento propostas são as seguintes:

   1º mês: \$ 70.000,00

   2º mês: \$ 50.000,00

   3º mês: \$ 80.000,00

   4º mês: \$ 60.000,00

   5º mês: \$ 90.000,00

Sendo de 2,5% ao mês a taxa corrente de juros, determinar o valor dos desembolsos mensais (amortização, juros e prestação) que devem ser efetuados caso o negócio seja realizado nessas condições.

Solução:

Períodos (meses)	Saldo Devedor (\$)	Amortização (\$)	Juros (\$)	Prestação (\$)
0	350.000,00	–	–	–
1	280.000,00	70.000,00	8.750,00	78.750,00
2	230.000,00	50.000,00	7.000,00	57.000,00
3	150.000,00	80.000,00	5.750,00	85.750,00
4	90.000,00	60.000,00	3.750,00	63.750,00
5	–	90.000,00	2.250,00	92.250,00
Total	–	350.000,00	27.500,00	377.500,00

4. Um financiamento para capital de giro no valor de \$ 2.000.000,00 é concedido a uma empresa pelo prazo de 4 semestres. A taxa de juros contratada é de 10% ao semestre. Sendo adotado o sistema americano para amortização desta dívida, e os juros pagos semestralmente durante a carência, calcular o valor de cada prestação mensal.

Admita, ainda, que a taxa de aplicação seja de 4% ao semestre. Calcular os depósitos semestrais que a empresa deve efetuar neste fundo de maneira que possa acumular, ao final do prazo do financiamento (4 semestres), um montante igual ao desembolso de amortização exigido.

Solução:

Planilha Financeira pelo SAA				
Períodos (Semestres)	Saldo Devedor (\$)	Amortização (\$)	Juros (\$)	Prestação (\$)
0	2.000.000,00	–	–	–
1	2.000.000,00	–	200.000,00	200.000,00
2	2.000.000,00	–	200.000,00	200.000,00
3	2.000.000,00	–	200.000,00	200.000,00
4	–	2.000.000,00	200.000,00	2.200.000,00
Total	–	2.000.000,00	800.000,00	2.800.000,00

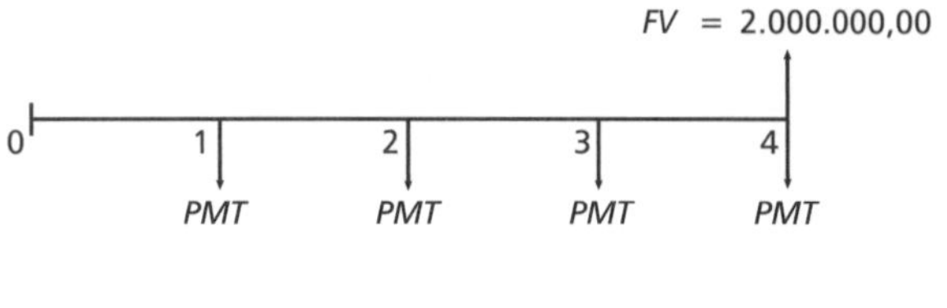

O valor de cada parcela a ser depositada semestralmente no fundo de amortização é de \$ 470.980,00, isto é:

$$PV = PMT \times FPV\,(i,\ n)$$

$$PV = PMT \times \frac{(1+i)^n - 1}{i}$$

$$PMT = PV \times \frac{i}{(1+i)^n - 1}$$

$$PMT = 2.000.000,00 \times \frac{0,04}{(1,04)^4 - 1}$$

$$PMT = 2.000.000,00 \times 0,235490$$
$$= \$\ 470.980,00$$

5. Um empréstimo no valor de \$ 80.000,00 será liquidado pelo sistema de amortização constante em 40 parcelas mensais. A taxa de juros contratada para a operação é de 4% ao mês. Determinar:

a) valor de cada amortização mensal;

b) valor dos juros e da prestação referentes ao 22º pagamento;

c) valor da última prestação;

d) valor do saldo devedor imediatamente após o pagamento da 10ª prestação.

Solução:

a) $\text{Amort} = \dfrac{PV}{n}$

$\text{Amort} = \dfrac{80.000,000}{40} = \$\ 2.000,00$

b) $J_t = \dfrac{PV}{n} \times (n - t + 1) \times i$

$J_{22} = \dfrac{80.000,00}{40} \times (40 - 22 + 1) \times 0,04$

$J_{22} = 2.000,00 \times 19 \times 0,04 = \$\ 1.520,00$

$PMT = \text{Amort} + \text{Juros}$

$PMT = 2.000,00 + 1.520,00 = \$\ 3.520,00$

ou

$PMT_{22} = \dfrac{PV}{n} \times [1 + [n - t + 1) \times i]$

$PMT_{22} = \dfrac{80.000,00}{40} \times [1 + (40 - 22 + 1) \times 0,04]$

$PMT_{22} = 2.000,00 \times (1 + 0,76) = \$\ 3.520,00$

c) $PMT_{40} = \dfrac{80.000,00}{40} \times [1 + (40 - 40 + 1) \times 0,04]$

$PMT_{40} = 2.000,00 \times (1 + 0,04) = \$\ 2.080,00$

d) $SD_{10} = 80.000,00 - (2.000,00 \times 10) =$ $\$\ 60.000,00.$

6. Um financiamento no valor de $ 900.000,00 é amortizado em 30 parcelas mensais pelo sistema francês. A taxa de juros contratada é de 2,8% ao mês. Determinar:

a) o valor de cada prestação mensal;

b) o valor da amortização e dos juros referentes ao 19º mês.

Solução:

a) *Prestação Mensal (PMT)*

$PMT = PV \times 1/FPV\ (i, n)$

$PMT = PV \times \dfrac{i}{1-(1+i)^{-n}}$

$PMT = 900.000 \times \dfrac{0,028}{1-(1,028)^{-30}}$

$PMT = 900.000 \times 0,049709 = \$\ 44.738,10$

b) Amort_{19} e J_{19}

$\text{Amort}_t = \text{Amort}_1 \times (1 + i)^{t-1}$

$\text{Amort}_1 = PMT - PV \times i$

$\text{Amort}_1 = 44.738,10 - (900.000 \times 0,028)$

$= \$\ 19.538,10$

Substituindo:

$\text{Amort}_{19} = 19.538,10 \times (1,028)^{19-1} = \$\ 32.118,70$

$J_t = SD_{t-1} \times i$

$SD_{t-1} = PMT \times FPV\ (i, n - t)$

$SD_{19-1} = 44.738,10 \times FPV\ (2,8\%, 30 - 18)$

$SD_{18} = 44.738,10 \times 10,073898 = \$\ 450.687,00$

Substituindo:

$J_{19} = 450.687,00 \times 0,028 = \$\ 12.619,20$

7. Admita que em determinada data um banco conceda um financiamento a uma empresa com as seguintes condições:

- Valor do financiamento: $ 600.000,00
- Prazo de Amortização: 12 meses com carência de 6 meses. Durante a carência o mutuário paga trimestralmente somente os encargos de juros e comissão do banco;
- Taxa de juros: 18% ao ano (taxa efetiva);
- Sistema de amortização: *SAC*;
- Comissão do banco: 0,2% ao mês calculado sobre o saldo devedor;
- IOC: 6,9% sobre o valor do financiamento (principal) e descontado quando da liberação dos recursos ao mutuário.

Pede-se elaborar a planilha de desembolsos desse financiamento.

Solução:

Comissão: 0,2% ao mês ou 0,6% ao trimestre.

Mês 3 = Mês 6: 600.000,00 × 0,6% = $ 3.600,00

IOC = 600.000,00 × 6,9% = $ 41.400,00

Juros = 18% a.a.

$\sqrt[12]{1,18} - 1 = 1,3888\%$ a.m.; $\sqrt[4]{1,18} - 1 = 4,2247\%$ a.t.

Período (meses)	Saldo Devedor ($)	Amortização ($)	Comissão ($)	IOC ($)	Juros ($)	Prestação ($)
0	600.000,00	–	–	41.400,00	–	41.400,00
3	600.000,00	–	3.600,00	–	25.348,00	28.948,00
6	600.000,00	–	3.600,00	–	25.348,00	28.948,00
7	550.000,00	50.000,00	1.200,00	–	8.333,00	59.533,00
8	500.000,00	50.000,00	1.100,00	–	7.638,60	58.738,60
9	450.000,00	50.000,00	1.000,00	–	6.944,20	57.944,20
10	400.000,00	50.000,00	900,00	–	6.249,80	57.149,80
11	350.000,00	50.000,00	800,00	–	5.555,40	56.355,40
12	300.000,00	50.000,00	700,00	–	4.861,00	55.561,00
13	250.000,00	50.000,00	600,00	–	4.166,50	54.766,50
14	200.000,00	50.000,00	500,00	–	3.472,10	53.972,10
15	150.000,00	50.000,00	400,00	–	2.777,70	53.177,70
16	100.000,00	50.000,00	300,00	–	2.083,30	52.383,30
17	50.000,00	50.000,00	200,00	–	1.388,80	51.588,80
18	–	50.000,00	100,00	–	694,40	50.794,40
Total	–	600.000,00	15.000,00	41.400,00	104.860,80	761.260,80

Exercícios propostos

1. Um banco concede um financiamento de $ 660.000,00 para ser liquidado em 8 pagamentos mensais pelo sistema *SAC*. A operação é realizada com uma carência de 3 meses, sendo somente os juros pagos nesse período.

   Para uma taxa efetiva de juros de 2,5% ao mês, elabore a planilha de desembolsos desse financiamento.

2. Um equipamento no valor de $ 1.200.000,00 está sendo financiado por um banco pelo prazo de 6 anos. A taxa de juros contratada é de 15% ao ano, e as amortizações anuais são efetuadas pelo sistema de prestação constante. O banco concede ainda uma carência de 2 anos para início dos pagamentos, sendo os juros cobrados neste intervalo de tempo.

   Elabore a planilha financeira deste financiamento.

3. Um empréstimo no valor de $ 5.000.000,00 foi concedido a uma empresa para ser devolvido no prazo de 24 meses. A taxa de juros cobrada trimestralmente é de 3,6% e as amortizações são efetuadas pelo sistema americano.

   Elabore a planilha financeira deste empréstimo.

4. Uma instituição empresta $ 850.000,00 a uma empresa para serem devolvidos em prestações quadrimestrais, pelo sistema americano, em 4 anos. A taxa de juros cobrada a cada quadrimestre é de 8,5%. Pede-se:
   a) elaborar a planilha financeira do empréstimo pelo *SAA*;
   b) sendo de 4,0% ao quadrimestre a taxa de aplicação, determinar os depósitos quadrimestrais para a constituição de um fundo de amortização.

5. Um banco concede um empréstimo de $ 480.000,00 para ser amortizado de acordo com as seguintes condições:

1º semestre:	$ 30.000,00
2º semestre:	$ 50.000,00
3º semestre:	$ 70.000,00
4º semestre:	$ 90.000,00
5º semestre:	$ 110.000,00
6º semestre:	$ 130.000,00

   O empréstimo é realizado com uma carência de um semestre.

   Sendo de 8% a taxa de juros paga semestralmente, determine os desembolsos periódicos exigidos por este empréstimo.

6. Um imóvel é colocado a venda por $ 60.000,00 de entrada mais seis prestações trimestrais de $ 24.000,00 cada. Sendo de 2,5% ao mês a taxa corrente de juros, determine a base de valor à vista do imóvel.

7. Um financiamento no valor de $ 240.000,00 deve ser saldado em 30 prestações mensais pelo sistema *SAC*. A taxa de juros contratada é de 4% ao mês. Determine o saldo devedor, os juros e a prestação referentes ao 19º mês.

8. Uma empresa levanta um financiamento de $ 4.000.000,00 sem carência para ser amortizado em 6 anos pelo *SPC*. Os pagamentos são efetuados trimestralmente e a taxa de juros contratada atinge 9% ao trimestre. Pede-se determinar:
   a) valor de cada prestação trimestral;
   b) valor da amortização e dos juros referentes à 15ª prestação;
   c) saldo devedor no 7º trimestre (logo após o pagamento da prestação).

9. Um financiamento no valor de $ 2.000.000,00 é concedido para ser amortizado em 24 pagamentos mensais pelo *SPC* com taxa nominal. A taxa de juros (linear) contratada é de 24% ao ano. Com base nestas informações, pede-se determinar:
   a) valor de cada prestação mensal;
   b) saldo devedor ao final do 18º mês;
   c) os valores de juro e amortização referentes ao 10º mês.

10. Um financiamento de $ 1.600.000,00 pode ser amortizado pelo *SAC*, *SPC* e *SAM*. O prazo é de 32 meses e a taxa de juros de 3% ao mês. Determine:
   a) o valor da 10ª prestação de cada um dos sistemas de amortização;
   b) o saldo devedor imediatamente após o pagamento da 20ª prestação pelos três sistemas de amortização;
   c) os valores de amortização e juros contidos na 27ª prestação dos três sistemas de amortização;
   d) em que momento as prestações do *SAC* e do *SPC* tornam-se iguais.

11. Um imóvel no valor de $ 500.000,00 está sendo financiado por um banco em 180 meses. A taxa de juros cobrada neste tipo de financiamento é de 1% ao mês e a amortização pode ser efetuada tanto pelo *SAC* como pelo *SPC*. Determine em que momento os valores das prestações apuradas pelos dois sistemas tornam-se iguais.

12. Seja um financiamento com prazo de amortização de 6 anos e juros de 48% ao ano. A operação é contratada pelo *SPC*. Pede-se determinar o momento em que o saldo devedor da dívida esteja reduzido à metade.

13. Um banco oferece um financiamento de $ 180.000,00 para ser liquidado em 24 pagamentos mensais, podendo na amortização ser usado tanto o *SAC* como o *SPC*. O financiamento não prevê carência e a taxa de juros é de 6% ao mês.

    O tomador do empréstimo está em dúvida quanto ao sistema de amortização que deve escolher. Para tanto, necessita de informações adicionais com relação ao comportamento das parcelas de financiamento. Pede-se:
   a) determinar em qual pagamento as parcelas das prestações se tornam iguais nos dois sistemas;
   b) determinar, após o 12º pagamento, qual o percentual que o saldo devedor corresponde da dívida pelo *SAC* e *SPC*.

14. Admita que uma empresa tenha captado um financiamento em moeda estrangeira (dólar) por meio de uma operação de repasse de recursos externos. As informações extraídas da operação são apresentadas a seguir:
   - Valor do financiamento = US$ 600.000.
   - Forma de pagamento = o principal é amortizado em 6 pagamentos trimestrais de US$ 100.000 cada.
   - Taxa de juros = 20% ao ano.
   - Comissão de repasse = fixada em 5% e calculada sobre o valor do repasse. A comissão é cobrada no ato da liberação dos recursos.
   - Comissão de abertura de crédito = fixada em 1% sobre o valor do repasse e cobrada no momento da liberação dos recursos.

    Elabore a planilha financeira em dólar e determinar o custo efetivo da operação.

Respostas

1.

Períodos (Meses)	*Saldo Devedor ($)*	*Amortização ($)*	*Juros ($)*	*Prestação ($)*
0	660.000,00	–	–	–
1	660.000,00	–	16.500,00	16.500,00
2	660.000,00	–	16.500,00	16.500,00
3	660.000,00	–	16.500,00	16.500,00
4	577.500,00	82.500,00	16.500,00	99.000,00
5	495.000,00	82.500,00	14.437,50	96.937,50
6	412.500,00	82.500,00	12.375,00	94.875,00
7	330.000,00	82.500,00	10.312,50	92.812,50
8	247.500,00	82.500,00	8.250,00	90.750,00
9	165.000,00	82.500,00	6.187,50	88.687,50
10	82.500,00	82.500,00	4.125,00	86.625,00
11	–	82.500,00	2.065,50	84.565,50
Total	–	660.000,00	123.753,00	783.753,00

2.

Períodos (Anos)	Saldo Devedor ($)	Amortização ($)	Juros ($)	Prestação ($)
0	1.200.000,00	–	–	–
1	1.200.000,00	–	180.000,00	180.000,00
2	1.200.000,00	–	180.000,00	180.000,00
3	1.062.915,70	137.084,30	180.000,00	317.084,30
4	905.268,80	157.646,90	159.437,40	317.084,30
5	723.974,80	181.294,00	135.790,30	317.084,30
6	515.486,70	208.488,10	108.596,20	317.084,30
7	275.725,40	239.761,30	77.323,00	317.084,30
8	–	275.725,40	41.358,80	317.084,30
Total	–	1.200.000,00	1.062.505,80	2.262.505,80

3.

Períodos (Trimestres)	Saldo Devedor ($)	Amortização ($)	Juros ($)	Prestação ($)
0	5.000.000,00	–	–	–
1	5.000.000,00	–	180.000,00	180.000,00
2	5.000.000,00	–	180.000,00	180.000,00
3	5.000.000,00	–	180.000,00	180.000,00
4	5.000.000,00	–	180.000,00	180.000,00
5	5.000.000,00	–	180.000,00	180.000,00
6	5.000.000,00	–	180.000,00	180.000,00
7	5.000.000,00	–	180.000,00	180.000,00
8	–	5.000.000,00	180.000,00	5.180.000,00
Total	–	5.000.000,00	1.440.000,00	6.440.000,00

4.

a) *Planilha Financeira pelo SAA.*

Períodos (Quadrimestres)	Saldo Devedor ($)	Amortização ($)	Juros ($)	Prestação ($)
0	850.000,00	–	–	–
1	850.000,00	–	72.250,00	72.250,00
2	850.000,00	–	72.250,00	72.250,00
3	850.000,00	–	72.250,00	72.250,00
4	850.000,00	–	72.250,00	72.250,00
5	850.000,00	–	72.250,00	72.250,00
6	850.000,00	–	72.250,00	72.250,00
7	850.000,00	–	72.250,00	72.250,00
8	850.000,00	–	72.250,00	72.250,00
9	850.000,00	–	72.250,00	72.250,00
10	850.000,00	–	72.250,00	72.250,00
11	850.000,00	–	72.250,00	72.250,00
12	–	850.000,00	72.250,00	922.250,00
Total	–	850.000,00	867.000,00	1.717.000,00

b) *Depósitos quadrimestrais* = $ 56.569,30.

5.

Períodos (Semestres)	Saldo Devedor ($)	Amortização ($)	Juros ($)	Prestação ($)
0	480.000,00	–	–	–
1	480.000,00	–	38.400,00	38.400,00
2	450.000,00	30.000,00	38.400,00	68.400,00
3	400.000,00	50.000,00	36.000,00	86.000,00
4	330.000,00	70.000,00	32.000,00	102.000,00
5	240.000,00	90.000,00	26.400,00	116.400,00
6	130.000,00	110.000,00	19.200,00	129.200,00
7	–	130.000,00	10.400,00	140.400,00
Total	–	480.000,00	200.800,00	680.800,00

6. 172.003,50

7. SD_{19} = $ 88.000,00

J_{19} = $ 3.840,00 PMT_{19} = $ 11.840,00

Amort = $ 8.000,00

8. a) PMT = $ 412.090,20

b) Amort_{15} = $ 174.071,40

J_{15} = $ 238.018,80

c) SD_7 = $ 3.520.746,80

9. a) PMT = $ 105.742,20

b) SD_{18} = $ 592.307,60

c) J_{10} = $ 27.174,20

Amort_{10} = 78.568,00

10. a) $PMT_{10}\ (SAC)$ = $ 84.500,00

$PMT_{10}\ (SPC)$ = $ 78.474,60

$PMT_{10}\ (SAM)$ = $ 81.487,30

b) $SD_{20}\ (SAC)$ = $ 600.000,00

$SD_{20}\ (SPC)$ = $ 781.136,50

$SD_{20}\ (SAM)$ = $ 690.568,20

c) $Amort_{27}$ (SAC) = \$ 50.000,00

J_{27} (SAC) = \$ 9.000,00

$Amort_{27}$ (SPC) = \$ 65.721,30

J_{27} (SPC) = \$ 12.753,30

$Amort_{27}$ (SAM) = \$ 57.860,60

J_{27} (SAM) = \$ 10.876,70

d) Aproximadamente na 14ª prestação (n = 14,016933)

11. Por volta da 65ª prestação (n = 64,96976)

12. Entre o 4º e o 5º pagamento (n = 4,46)

13. a) Em torno do 10º pagamento

b) *SAC* = 50%

SPC = 66,8%

14. *Planilha em Dólar*

Períodos (Trimestres)	Saldo Devedor ($)	Amortização ($)	Juros ($)	Prestação ($)
0	600.000,00	–	–	–
1	500.000,00	100.000,00	27.960,00	127.960,00
2	400.000,00	100.000,00	23.300,00	123.300,00
3	300.000,00	100.000,00	18.640,00	118.640,00
4	200.000,00	100.000,00	13.980,00	113.980,00
5	100.000,00	100.000,00	9.320,00	109.320,00
6	–	100.000,00	4.660,00	104.660,00
Total	–	600.000,00	97.860,00	697.860,00

Custo Efetivo = 6,69% a.t. ou 29,6% a.a.

13

Taxa e Prazo Médios de Operações Financeiras

O estudo de taxa e prazo médios de operações financeiras assume maior importância à medida que se desenvolvem as operações do mercado financeiro e de capitais. Esses assuntos são bastante pertinentes a um controle mais eficiente das operações financeiras e de suas carteiras de ativos e passivos, cada vez mais complexas e sofisticadas.

O capítulo dedica-se a um estudo mais aprofundado do tema, demonstrando suas formas práticas de cálculo com base sempre no critério de juros compostos.

13.1 Taxa média

A *taxa média* $(\bar{i})$ indica, para determinada carteira de aplicação ou captação, a taxa de juro média e periódica representativa das operações financeiras realizadas. Corresponde, em outras palavras, à taxa interna de retorno, conforme estudada no Capítulo 2, que iguala, em determinada data, todas as entradas e saídas de caixa provenientes das operações de captações ou aplicações processadas.

No caso de uma carteira de aplicações, a taxa média indica o retorno médio por período, definido em termos percentuais, das diversas operações. Para uma carteira de captações, a taxa média mede o custo percentual médio que os fornecedores de capital estão sendo remunerados em cada período.

A expressão básica de cálculo da taxa média apresenta-se da forma seguinte:

$$\sum_{j=1}^{n} PV_j = \sum_{j=1}^{n} \frac{PMT_j}{(1+\bar{i})^j}$$

onde: $\sum_{j=1}^{n} PV_j$ = somatório do valor presente de todos os valores aplicados ou captados em determinado período;

PMT_j = $PMT_1, PMT_2, ..., PMT_n$ = são todas as entradas (captações) ou saídas (aplicações) de caixa representativas das operações financeiras em determinado período;

$\bar{i}$ = taxa média de retorno (ou custo) determinada da carteira de operações financeiras no período. Representa, mais efetivamente, a própria taxa interna de retorno da carteira de operações.

Visando desenvolver uma aplicação prática da metodologia de cálculo da taxa média, considere inicialmente a seguinte *ilustração*.

Um investidor efetua, em determinado momento, as aplicações de recursos pelo prazo de 5 meses demonstradas no Quadro 13.1.

Quadro 13.1 *Recursos aplicados em 5 meses*

Aplicações	Valor Presente Valor da Aplicação	Taxa Mensal
A	$ 20.000,00	1,6%
B	$ 92.000,00	2,5%
C	$ 112.000,00	3,7%

Sendo de 5 meses o prazo de resgate para as três operações, têm-se os resultados no Quadro 13.2.

Quadro 13.2 *Resultados das aplicações*

Aplicações	Valor Presente (*PV*)	Valor Futuro (*FV*)	Juros
A	$ 20.000,00	$ 21.652,00	$ 1.652,00
B	$ 92.000,00	$ 104.089,60	$ 12.089,60
C	$ 112.000,00	$ 134.311,10	$ 22.311,10
Total	$ 224.000,00	$ 260.052,70	$ 36.052,70

$FV_A = 20.000,00 \times (1,016)^5$ = $ 21.652,00

$FV_B = 92.000,00 \times (1,025)^5$ = $ 104.089,60

$FV_C = 112.000,00 \times (1,037)^5$ = $ 134.311,10

$ 260.052,70

Graficamente, temos a Figura 13.1.

Figura 13.1 *Resultado em 5 meses*

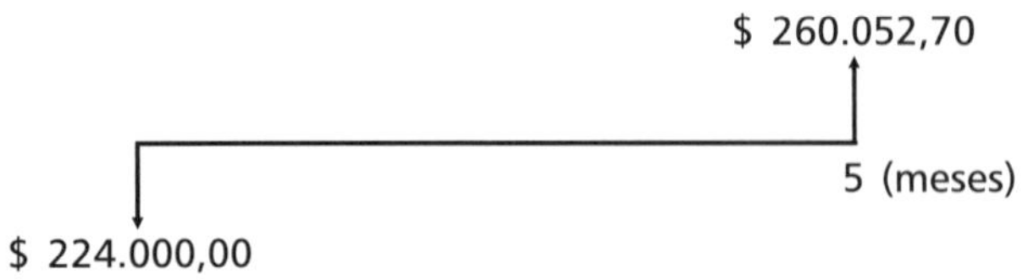

O cálculo da taxa média ($\bar{i}$) é obtido:

$$FV = PV \times (1 + \bar{i})^n$$

$$\frac{FV}{PV} = \left(1+\bar{i}\right)^n$$

$$\frac{260.052,70}{224.000,00} = (1 + \bar{i})^5$$

$$(1 + \bar{i})^5 = 1,160950$$

$$\sqrt[5]{\left(1+\bar{i}\right)} = \sqrt[5]{1,160950}$$

$$\bar{i} = 1,0303$$

$$i = 3,03\% \text{ a.m.}$$

Conclui-se que é equivalente aplicar os três capitais às taxas de 1,6%, 2,5% e 3,7%, respectivamente, pelo período de 5 meses, em relação à aplicação do total destes capitais à taxa média de 3,03% ao mês por 5 meses. Ambas as alternativas produzem o mesmo montante ao final do prazo, ou seja:

$$FV_5 = \$ \ 224.000,00 \times (1,0303)^5 = \$ \ 260.052,70$$[1]

A situação desenvolvida acima assume a hipótese simplificadora de todas as operações serem realizadas num mesmo momento, assim como os prazos de aplicação estarem definidos igualmente em 5 meses.

No entanto, várias outras situações podem ocorrer, envolvendo prazos diferentes para as operações ou, inclusive, datas desiguais para as aplicações (ou captações) financeiras.

Conforme é estudado a seguir, a solução desses casos envolve necessariamente expressar alguns dos valores (entradas ou saídas de caixa) num mesmo momento de tempo.

13.1.1 Taxa média de operações com prazos diferentes

Admita uma carteira de aplicações, todas efetuadas em um mesmo momento, cujos rendimentos são apropriados ao final dos respectivos prazos (Quadro 13.3).

[1] Uma vez mais, os números não se mostram totalmente exatos em razão de arredondamentos efetuados nos cálculos da taxa média. Ao considerar todas as casas decimais, tem-se: $FV_5 = \$ \ 224.000,00 \times (1,03029756)^5 = \$ \ 260.052,70$.

Quadro 13.3 *Carteira de aplicações*

Aplicação	Valor da Aplicação (valor atual)	Taxa Mensal	Prazo
A	$ 260.000,00	3,4%	15 meses
B	$ 85.000,00	1,8%	5 meses
C	$ 100.000,00	2,6%	10 meses
Total	$ 445.000,00	–	–

$$FV_A = \$ \ 260.000,00 \times (1,034)^{15} = \$ \ 429.320,30$$

$$FV_B = \$ \ 85.000,00 \times (1,018)^5 = \$ \ 92.930,40$$

$$FV_C = \$ \ 100.000,00 \times (1,026)^{10} = \$ \ 129.262,80$$

A carteira de aplicações é ilustrada na Figura 13.2.

Figura 13.2 *Resultados da carteira de aplicações*

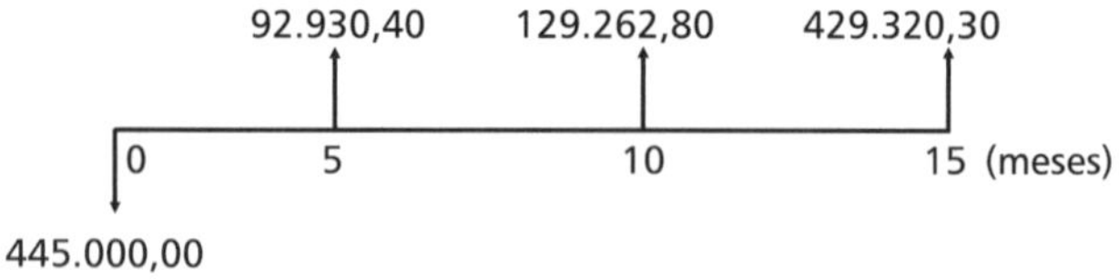

Ocorrendo todas as aplicações numa mesma data, a taxa média de retorno da carteira é a taxa de desconto composta (taxa interna de retorno) que iguala o total das aplicações com o valor atualizado dos montantes verificados em diferentes datas, ou seja:

$$445.000,00 = \frac{92.930,40}{\left(1+\bar{i}\right)^5} + \frac{129.262,80}{\left(1+\bar{i}\right)^{10}} + \frac{429.320,30}{\left(1+\bar{i}\right)^{15}}$$

Resolvendo-se a expressão, chega-se a:

$$\bar{i} = 3,13\% \text{ a.m.}$$

que corresponde à taxa média mensal de rentabilidade do fluxo de aplicações financeiras, também denominada por taxa interna de retorno.

O mesmo esquema de cálculo da taxa média pode também ser aplicado em carteira de operações financeiras envolvendo fluxos de caixa periódicos, os quais se justapõem ao longo do tempo.

Ilustrativamente, admita as aplicações efetuadas por um investidor em determinado momento, listadas no Quadro 13.4.

Quadro 13.4 *Aplicações do investidor*

Aplicação	Valor da Aplicação (Valor atual)	Nº de Prestações*	Mensal
A	$ 8.000,00	3	1,7%
B	$ 42.000,00	5	2,9%
C	$ 90.000,00	8	4,0%
Total	$ 140.000,00		

* Prestações mensais, iguais e sucessivas (PMT).

Pelos dados apresentados, são apurados os seguintes resultados:

$PMT_A = 8.000,00/FPV\,(1,7\%,\ 3) = \$\ \ 2.757,80$

$PMT_B = 42.000,00/FPV\,(2,9\%,\ 5) = \$\ \ 9.144,70$

$PMT_C = 90.000,00/FPV\,(4,0\%,\ 8) = \$\ 13.367,50$

Dessa maneira, evidenciam-se as seguintes entradas periódicas de caixa provenientes das aplicações financeiras realizadas:

Mês 1: 2.757,80 + 9.144,70 + 13.367,50 = $ 25.270,00

Mês 2: 2.757,80 + 9.144,70 + 13.367,50 = $ 25.270,00

Mês 3: 2.757,80 + 9.144,70 + 13.367,50 = $ 25.270,00

Mês 4: 2.757,80 + 9.144,70 + 13.367,50 = $ 22.512,20

Mês 5: 2.757,80 + 9.144,70 + 13.367,50 = $ 22.512,20

Mês 6: 2.757,80 + 9.144,70 + 13.367,50 = $ 13.367,50

Mês 7: 2.757,80 + 9.144,70 + 13.367,50 = $ 13.367,50

Mês 8: 2.757,80 + 9.144,70 + 13.367,50 = $ 13.367,50

A representação gráfica dos fluxos de caixa da carteira de aplicações apresenta-se na Figura 13.3.

De acordo com a definição proposta, a taxa média de retorno da carteira de aplicações é aquela taxa que, ao descontar os fluxos de caixa, apura um valor igual ao desembolso inicial. Logo:

$$140.000,00 = \frac{25.270,00}{(1+\bar{i})} + \frac{25.270,00}{(1+\bar{i})^2} + \frac{25.270,00}{(1+\bar{i})^3} + \frac{25.270,00}{(1+\bar{i})^4} + \frac{25.270,00}{(1+\bar{i})^5} + \frac{13.367,50}{(1+\bar{i})^6} + \frac{13.367,50}{(1+\bar{i})^7} + \frac{13.367,50}{(1+\bar{i})^8}$$

Efetuando-se os cálculos com o auxílio de uma calculadora financeira, chega-se à taxa de:

$\bar{i} = 3,676\%$ a.m.

13.1.2 Taxa média com diferentes momentos de aplicação

Para a ilustração dessa situação, admita um investidor com uma carteira de aplicações financeiras cujo resgate irá ocorrer daqui a 15 meses. As principais informações da carteira são apresentadas no Quadro 13.5.

Quadro 13.5 *Dados da carteira de aplicações*

Aplicação	Momento da Aplicação	Valor da Aplicação (Valor Atual)	Taxa Mensal	Prazo da Aplicação
A	t_0	$ 70.000,00	4,7%	15 meses
B	t_8	$ 30.000,00	3,0%	7 meses
C	t_4	$ 45.000,00	4,0%	11 meses
Total		$ 145.000,00		

Os montantes das operações são obtidos:

$FV_A = 70.000,00 \times (1,047)^{15} = \$\ 139.411,40$

$FV_B = 30.000,00 \times (1,03)^{7} = \$\ \ 36.896,20$

$FV_C = 45.000,00 \times (1,04)^{11} = \$\ \ 69.275,40$

Montante (FV): $ 245.583,00

Representação gráfica do fluxo de caixa:

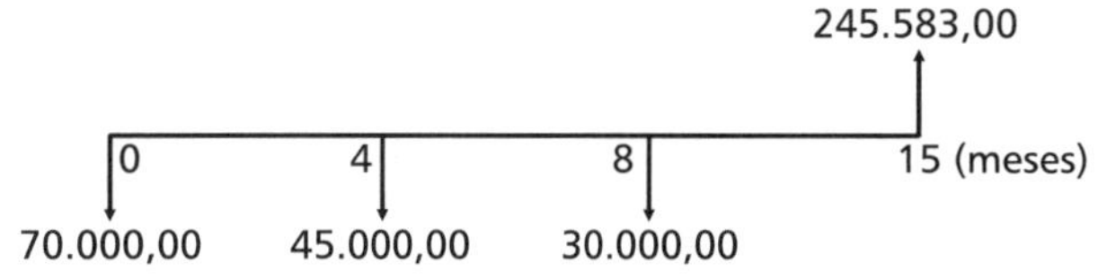

Observe que, apesar de as aplicações terem sido realizadas em momentos diferentes do tempo, está-se admitindo que os seus resgates ocorrerão numa única data (15º mês). Ou seja, os valores futuros (montantes) encontram-se capitalizados para um mesmo momento. Conforme comentou-se, é necessário para a Matemática Financeira que, pelo menos, um dos valores (valor presente ou valor futuro) esteja referenciado a uma mesma data.

Assim, para a ilustração dada, elabora-se a seguinte expressão de cálculo da taxa interna de retorno média:

$$70.000,00 \times (1+\bar{i})^{15} + 45.000,00 \times (1+\bar{i})^{11} + 30.000,00 \times (1+\bar{i})^{7} = 245.583,00$$

Resolvendo-se a equação com o auxílio de calculadoras financeiras, tem-se que:

$\bar{i} = 4,37\%$ a.m.

Observe que, ao se capitalizarem todas as aplicações da carteira para o 15º mês pela taxa média de juros calculada, apura-se um montante igual a $ 245.583,00, demonstrando a equivalência da taxa média de 4,37% a.m. com as várias taxas consideradas na carteira. Ou seja:

$$FV = 70.000,00 \times (1,0437)^{15} + 45.000,00 \times (1,0437)^{11} + 30.000,00 \times (1,0437)^{7}$$

$$FV = 133.036,70 + 72.064,20 + 40.482,10$$

$FV = \$\ 245.583,00$[2]

Conforme salientado, o exemplo ilustrativo foi desenvolvido admitindo-se que os términos das operações ocorrem no mesmo momento do tempo (15º mês).

Na prática, não se verificando esta identificação, o cálculo da taxa média é processado propondo-se uma única data de resgate para todas as aplicações. Em

[2] Os resultados foram obtidos utilizando-se a taxa média de juros com seis casas decimais, isto é: $\bar{i} = 4,373818\%$ a.m.

carteiras de captações financeiras, ao contrário, é mais comum expressar os valores captados numa única data, permanecendo somente os montantes (valores a pagar) referenciados em momentos distintos.

13.2 Prazo médio

O prazo (n) de uma operação, conforme foi amplamente estudado ao longo dos capítulos anteriores, reflete o número de períodos que compõem um fluxo de caixa. Em outras palavras, n indica a quantidade de períodos que as várias parcelas de caixa remunerarão o capital (emprestado ou aplicado) da operação.

Por outro lado, o *prazo médio* ($\overline{n}$) pode ser entendido como o tempo em que um ou mais fluxos de caixa, dada uma taxa de juros e regime de capitalização, produz uma única parcela equivalente a todo o fluxo. De outra maneira, indica o número de períodos em que uma única parcela de pagamento ou recebimento se torna equivalente (indiferente) a todos os fluxos de entradas ou saídas de caixa determinados por uma ou mais operações financeiras.

A expressão geral de cálculo do prazo médio apresenta-se da forma seguinte:

$$\sum_{j=1}^{t} VBF_j = \sum_{j=1}^{t} PV_j \times \left(1+\overline{i}\right)^{\overline{n}}$$

onde: VBF = valor bruto final. É apurado pela soma de todos os pagamentos ou recebimentos envolvidos em uma ou mais operações financeiras.

$\sum_{j=1}^{t} VBF_j$ = representa o somatório do valor bruto final das t operações consideradas.

$\sum_{j=1}^{t} PV_j$ = correspondente ao somatório do valor presente das t operações financeiras consideradas no cálculo do prazo médio, isto é, o total das entradas (ou saídas) de caixa referenciados no momento atual.

$\overline{i}$ = taxa média da operação financeira, conforme demonstrada no item precedente.

$\overline{n}$ = prazo médio das operações financeiras (duração). Representa, em verdade, a incógnita do problema.

Uma aplicação prática para melhor entendimento do conceito de prazo médio é desenvolvida a seguir.

Exemplo:

1. Determinar o prazo médio de um financiamento no valor de $ 18.700,00 a ser liquidado em 10 prestações mensais de $ 2.147,70 cada.

Solução:

Inicialmente, deve ser apurada a taxa (custo) média deste financiamento, ou seja:

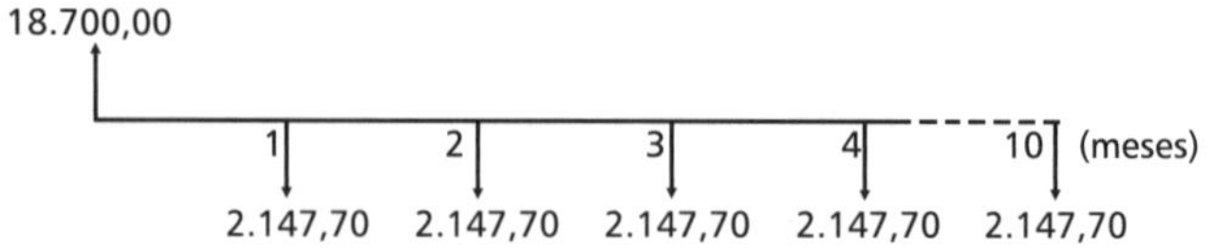

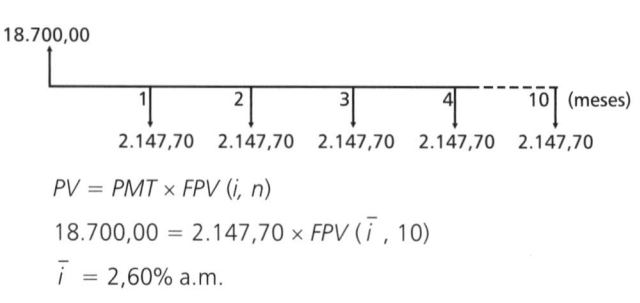

$PV = PMT \times FPV\,(i,\ n)$

$18.700,00 = 2.147,70 \times FPV\,(\overline{i}\,,\ 10)$

$\overline{i} = 2,60\%$ a.m.

Considerando a existência de uma única operação, 2,6% ao mês é a taxa média e a própria taxa de remuneração da operação.

Aplicando-se a expressão do prazo médio, tem-se:

$$\sum_{j=1}^{t} VBF_j \quad = \quad \sum_{j=1}^{t} \times PV_j \left(1+\overline{i}\right)^{\overline{n}}$$

$$\sum_{j=1}^{t} VBF_j \qquad = 10 \times 2.147,70 = \$\ 21.477,00$$

$$\sum_{j=1}^{t} PV \qquad = \$\ 18.700,00$$

$$\overline{i} \qquad = 2,6\%\ \text{a.m.}$$

Logo:

$$21.477,00 = 18.700,00 \times (1,026)^{\overline{n}}$$

$$(1,026)^{\overline{n}} = \frac{21.477,00}{18.700,00}$$

$$(1,026)^{\overline{n}} = 1,148503$$

Aplicando-se logaritmo, conforme ilustrado no Apêndice B:

$$\overline{n} = \log 1,026 = \log 1,148503$$

$$\overline{n} = \frac{\log 1,148503}{\log 1,026} = \frac{0,060132}{0,011147} = 5,39\ \text{meses}$$

Esse resultado revela que, ao final de 5,39 meses, o recebimento de uma única prestação de $ 21.477,00, que representa o valor bruto final do financiamento concedido, torna-se indiferente (equivalente) ao recebimento mensal e sucessivo de 10 prestações no valor de $ 2.147,70 cada, conforme o esquema apresentado acima.

Graficamente, esta equivalência é ilustrada da seguinte maneira:

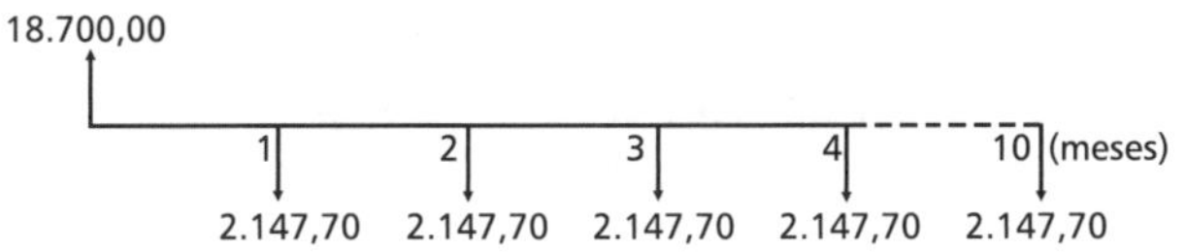

equivalente a:

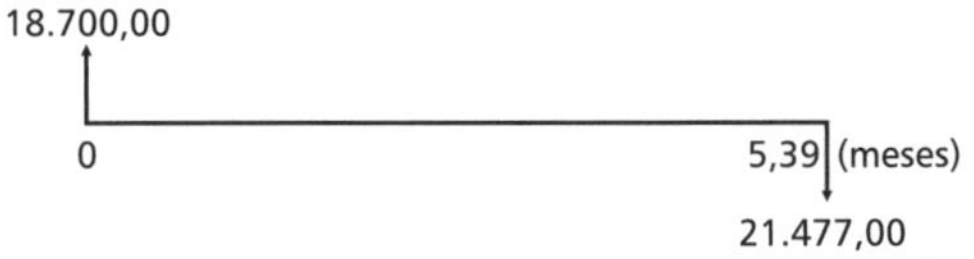

Observe que o valor presente dos dois fluxos de caixa é igual em $ 18.700,00, denotando a equivalência entre ambos, ou seja:

- $PV = 2.147{,}70 \times FPV\,(2{,}6\%,\ 10) = \$\ 18.700{,}00$
- $PV = 21.477{,}00/(1{,}026)^{5{,}39} = \$\ 18.700{,}00$

Da mesma maneira, se os fluxos de caixa forem aplicados à mesma taxa de juros considerada de 2,6% a.m., apura-se o mesmo montante ao final do prazo de 10 meses, isto é:

- $FV = 2.147{,}70 \times FFV\,(2{,}6\%,\ 10) = \$\ 24.172{,}20$
- $FV = 21.477{,}00 \times \times (1{,}026)^{10-5{,}39} = \$\ 24.172{,}20$

13.2.1 Prazo médio (*duration*) de Macaulay

Uma metodologia mais rigorosa de cálculo do prazo médio (*duration*) é apresentada pela formulação de Macaulay, a qual leva em conta os fluxos de caixa (juros e amortizações) ponderados pelas respectivas maturidades e trazidos a valor presente pela taxa de atratividade.

A formulação básica da *duration* de Macaulay[4] é apresentada:

$$Duration\ (D) = \frac{\sum_{j=1}^{n} C_t \times (t) / (1 + YTM)^t}{P_0}$$

onde: C_t = valores periódicos pagos referentes aos juros e amortizações do principal;

t = maturidade de cada fluxo de pagamento;

YTM = *Yield to Maturity* (taxa efetiva de juros da operação financeira), conforme estudada no Capítulo 11;

P_0 = preço de negociação de mercado do título, conforme calculado no Capítulo 11.

Exemplos

1. Determinar o prazo médio *duration* pela formulação de Macaulay de um título que oferece rendimentos de 6% ao semestre e maturidade de quatro anos. O valor de face do título é de $ 1.000.

Solução:

Como já explicado, o *duration* visa expressar o prazo médio a decorrer de um título de renda fixa até seu vencimento. Quando uma obrigação apresenta pagamentos ao longo de sua maturidade, o prazo de emissão do título pode não representar, de forma mais adequada, a duração média do investimento, demandando uma medida que envolve outras variáveis.

Utilizando a expressão de cálculo de Macaulay, tem-se:

$$D = \frac{\frac{\$60}{1{,}06} + \frac{\$60 \times 2}{(1{,}06)^2} + \frac{\$60 \times 3}{(1{,}06)^3} + \frac{\$60 \times 4}{(1{,}06)^4} + \frac{\$60 \times 5}{(1{,}06)^5} + \frac{\$60 \times 6}{(1{,}06)^6} + \frac{\$60 \times 7}{(1{,}06)^7} + \frac{\$60 \times 8}{(1{,}06)^8}}{\$1.000{,}00} \qquad D = \frac{\$6.582{,}38}{\$1.000{,}00} = 6{,}58 \text{ semestres}$$

Pelo modelo de Macaulay, o prazo médio a decorrer desse título equivale a 6,58 semestres. Assim:

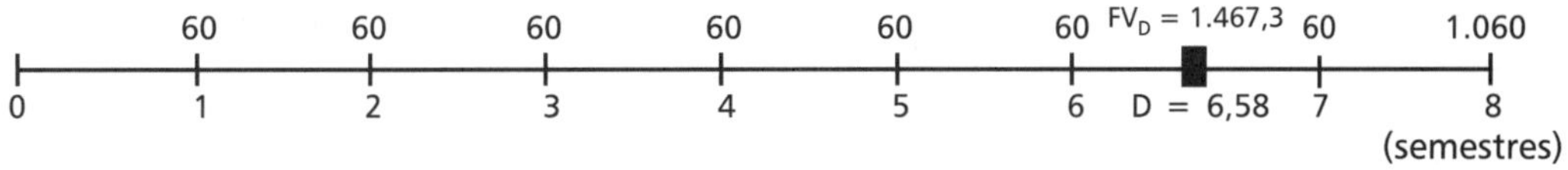

$FV\ (Duration) = 60(1{,}06)^{6{,}58-1} + 60(1{,}06)^{6{,}58-2} + 60(1{,}06)^{6{,}58-3} + 60(1{,}06)^{6{,}58-4} + 60(1{,}06)^{6{,}58-5} + 60(1{,}06)^{6{,}58-6} + 60(1{,}06)^{6{,}58-7} + 1.060(1{,}06)^{6{,}58-8}$

$FV\ (Duration) = \$\ 1.467{,}3$

equivalendo ao valor do investimento no título capitalizado pelos rendimentos até a *duration*:

$FV\ (Duration) = 1.000 \times (1{,}06)^{6{,}58}$

$FV\ (Duration) = \$\ 1.467{,}3$[3]

[3] MACAULAY, Frederick. Some theorical problems suggested by the movements of interest rates, bond yields and stock prices in the USA since 1865. *National Bureau of Economic Research*, 1938.

2. Considere a seguinte carteira de títulos de renda fixa:

Título	Resgate ($)	Prazo de Resgate	Juros
I	$ 70.000	21 dias	1,4% a.m.
II	$ 50.000	40 dias	1,8% a.m.

Pede-se determinar:

a) *Duration* de Macaulay;

b) Rentabilidade média mensal.

Solução:

a) $PV_I = \dfrac{\$\,70.000}{(1{,}014)^{21/30}} = \$\ 69.322{,}1$

$$PV_{II} = \frac{\$\,50.000}{(1{,}018)^{40/30}} = \frac{\$\,48.824{,}7}{\$\,118.146{,}8}$$

$$Duration = \frac{(69.322{,}1 \times 21) + (48.824{,}7 \times 40)}{118.146{,}8}$$

$$= 28{,}85 \text{ dias}$$

b) A rentabilidade média pode ser calculada pelo fluxo de caixa ou pela duração média

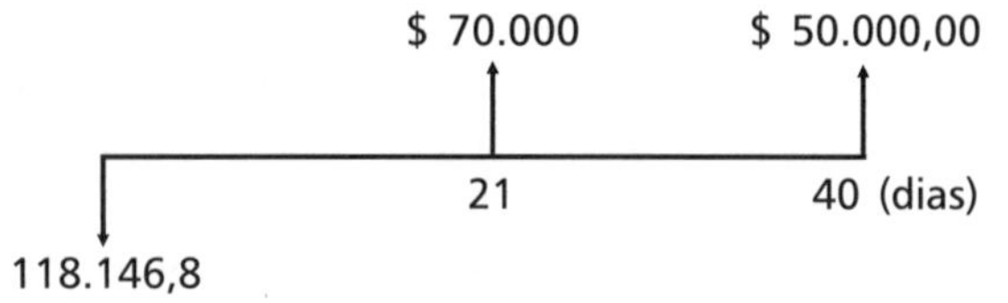

$$118.146{,}8 = \frac{70.000}{(1+i)^{21/30}} + \frac{50.000}{(1+i)^{40/30}}$$

Resolvendo-se:

$IRR\,(\bar{i}) = 1{,}63\%$ a.m.

Utilizando-se a ***duration***, tem-se:

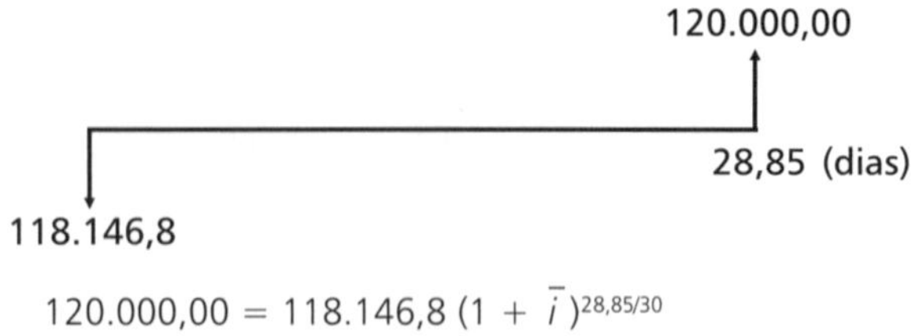

$120.000{,}00 = 118.146{,}8\,(1 + \bar{i})^{28{,}85/30}$

$IRR\,(\bar{i}) = 1{,}63\%$ a.m.

Exercícios resolvidos

1. Calcule a taxa média e o prazo médio da seguinte carteira de aplicações financeiras ilustradas a seguir, sabendo que o resgate ocorre ao final do prazo.

Aplicação	Valor da Aplicação ($)	Taxa Mensal de Juros	Prazo da Aplicação	Momento da Aplicação
I	8.000,00	3,0%	2 meses	t_8
II	22.000,00	3,5%	7 meses	t_3
III	45.000,00	4,1%	5 meses	t_5
IV	6.000,00	2,4%	10 meses	t_0
	$ 8.100.000,00			

Solução:

- **Taxa Média** – Seguindo o raciocínio desenvolvido anteriormente, tem-se:

$FV_I = 8.000{,}00 \times (1{,}03)^2 = \$\ 8.487{,}20$

$FV_{II} = 22.000{,}00 \times (1{,}035)^7 = \$\ 27.990{,}10$

$FV_{III} = 45.000{,}00 \times (1{,}041)^5 = \$\ 55.013{,}10$

$FV_{IV} = 6.000{,}00 \times (1{,}024)^{10} = \$\ 7.605{,}90$

Montante (FV): $ 99.096,30

Graficamente, tem-se:

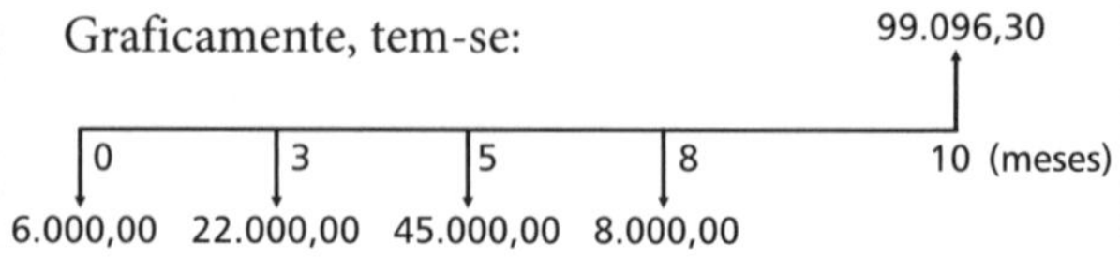

A taxa média de juros da carteira (taxa interna de retorno) é determinada pela formulação:

$6.000{,}00 \times (1 + \bar{i})^{10} + 22.000{,}00 \times (1 + \bar{i})^7 + 45.000{,}00 \times (1 + \bar{i})^5 + 8.000{,}00 \times (1 + \bar{i})^2 = 99.096{,}30$

Resolvendo-se com o auxílio de calculadora financeira:

$\bar{i} = 3{,}61\%$ a.m. (3,6145089%)

A taxa média de retorno calculada de 3,61% ao mês promove um montante das operações da carteira igual a $ 99.096,30.

- **Prazo Médio** – Para o cálculo do prazo médio têm-se as seguintes informações:

$$\sum_{j=1}^{t} VBF_j = \sum_{j=1}^{t} FV_j = \$\ 99.096{,}30$$

$$\sum_{j=1}^{t} FV_j = 8.000{,}00 + 22.000{,}00 + 45.000{,}00 + 6.000{,}00 = \$\ 81.000{,}00$$

$\bar{i} = 3{,}61\%$ a.m.

Aplicando-se a fórmula de cálculo, chega-se a:

$$\sum_{j=1}^{t} VBF_j = \sum_{j=1}^{t} PV_j \left(1+\bar{i}\right)^{\bar{n}}$$

$$99.096{,}30 = 81.000{,}00 \times (1{,}0361)^{\bar{n}}$$

$$(1{,}0361)^{\bar{n}} = \frac{99.096{,}30}{81.000{,}00}$$

$$(1{,}0361)^{\bar{n}} = 1{,}223411$$

$$\bar{n} = \frac{\log 1{,}223411}{\log 1{,}0361} = \frac{0{,}087572}{0{,}01502}$$
$$= 5{,}69 \text{ meses}$$

O cálculo do prazo médio revela que a aplicação dos quatro capitais, dadas as taxas de juros e os momentos considerados, é equivalente, segundo o modelo mais simplificado desenvolvido no item 13.2, a aplicar-se todo o capital de $ 81.000,00 por 5,69 meses capitalizado pela taxa média de juros de 3,61% ao mês.

Ambas as alternativas produzem o mesmo montante de $ 99.096,30 em t_{10}:

FV_{10} = 81.000,00 × $(1{,}0361)^{5{,}69}$ = $ 99.096,30

2. Determine a taxa média de juros e o prazo médio de dois financiamentos com as seguintes características:

Aplicação	Valor do Financiamento ($)	Nº de Prestações*	Taxa Mensal
A	16.000,00	5	6%
B	29.000,00	8	5%
Total	45.000,00	–	–

* Prestações mensais, iguais e sucessivas (*PMT*).

No cálculo do prazo médio, utilize a formulação simplificada apresentada no item 13.2 e a *duration* de Macaulay.

Solução:

- **Taxa Média**

PMT_A = 16.000,00/*FPV* (6%, 5) = $ 3.798,30

PMT_B = 29.000,00/*FPV* (5%, 8) = $ 4.486,90

Os desembolsos mensais de caixa exigidos pelos dois financiamentos são ilustrados a seguir:

Mês 1: 3.798,30 + 4.486,90 = $ 8.285,20
Mês 2: 3.798,30 + 4.486,90 = $ 8.285,20
Mês 3: 3.798,30 + 4.486,90 = $ 8.285,20
Mês 4: 3.798,30 + 4.486,90 = $ 8.285,20
Mês 5: 3.798,30 + 4.486,90 = $ 8.285,20
Mês 6: 4.486,90 = $ 4.486,90
Mês 7: 4.486,90 = $ 4.486,90
Mês 8: 4.486,90 = $ 4.486,90
$ 54.886,70

Graficamente:

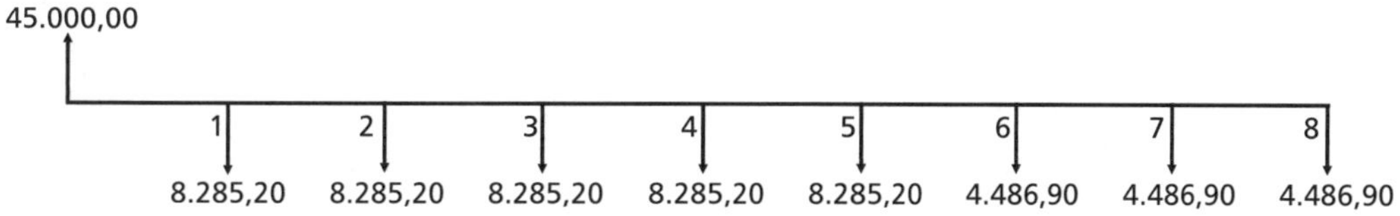

Expressão de cálculo da taxa média de juros:

$$45.000{,}00 = \frac{8.285{,}20}{(1+i)} + \frac{8.285{,}20}{(1+i)^2} + \frac{8.285{,}20}{(1+i)^3} + \frac{8.285{,}20}{(1+i)^4} + \frac{8.285{,}20}{(1+i)^5} + $$
$$+ \frac{4.486{,}90}{(1+i)^6} + \frac{4.486{,}90}{(1+i)^7} + \frac{4.486{,}90}{(1+i)^8}$$

Resolvendo-se a expressão com o auxílio de uma calculadora financeira, chega-se a:

$\bar{i}$ = 5,28% a.m.

- **Prazo Médio** (item 13.2)

$$\sum_{j=1}^{t} VBF_j = (5 \times 8.285{,}20) + (3 \times 4.486{,}90)$$
$$= \$\ 54.886{,}70$$
$$\sum_{j=1}^{t} PV_j = 45.000{,}00$$
$$\bar{i} = 5{,}28\%\ \text{a.m.}$$

Substituindo-se os valores na fórmula, apura-se o seguinte prazo médio:

$$54.886{,}70 = 45.000{,}00 \times (1{,}0528)^{\bar{n}}$$
$$(1{,}0528)^{\bar{n}} = \frac{54.886{,}70}{45.000{,}00}$$
$$(1{,}0528)^{\bar{n}} = 1{,}219704$$
$$n = \frac{\log 1{,}219704}{\log 1{,}0528} = \frac{0{,}086254}{0{,}022346}$$
$$= 3{,}86\ \text{meses}\ (3{,}863324)$$

Ilustrando o resultado graficamente, tem-se o seguinte contorno:

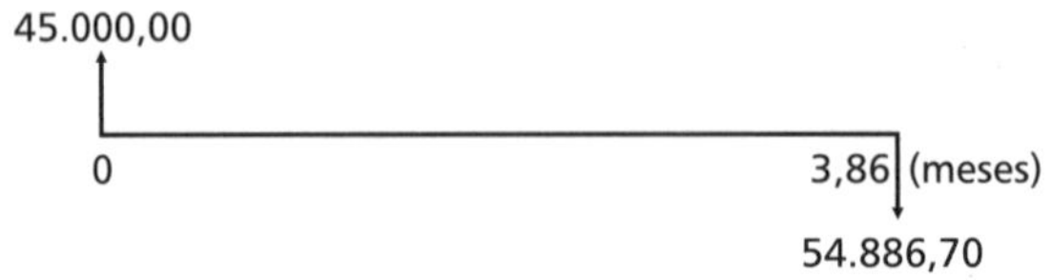

Os fluxos de caixa, capitalizados à taxa média de juros de 5,28% ao mês, produzem um montante de $ 67.905,80 ao final do mês 8, isto é:

$$FV_8 = 8.285{,}20 \times (1{,}0528)^7 + 8.285{,}20 \times (1{,}0528)^6 + 8.285{,}20 \times (1{,}0528)^5 + 8.285{,}20 \times (1{,}0528)^4 + 8.285{,}20 \times (1{,}0528)^3 + 4.486{,}90 \times (1{,}0528)^2 + 4.486{,}90 \times (1{,}0528) + 4.486{,}90$$

$$FV_8 = \$\ 67.905{,}80$$

O montante no mesmo momento do valor bruto final (*VBF*) de $ 54.886,70, considerado como equivalente no mês 3,86, atinge também:

$$FV_8 = 54.886{,}70 \times (1{,}0528)^{8-3{,}86} = \$\ 67.905{,}80$$

Comprovando-se, dessa maneira, os resultados.

- ***Duration*** **de Macaulay**

(1) Mês (n)	(2) Prestações – PMT ($)	(3) PV das prestações PMT/(1,0528)^n ($)	(4) = (1) × (3) ($)
1	8.285,2	7.869,7	7.869,7
2	8.285,2	7.475,0	14.950,0
3	8.285,2	7.100,1	21.300,3
4	8.285,2	6.744,0	26.976,0
5	8.285,2	6.405,8	32.029,0
6	4.486,9	3.295,1	19.770,6
7	4.486,9	3.129,9	21.909,3
8	4.486,9	2.972,9	23.783,2
TOTAL	54.886,7	44.992,5	168.588,1

$$Duration\ (D) = \frac{\$\ 168.588{,}1}{\$\ 45.000{,}0}$$
$$= 3{,}75\ \text{meses}\ (3{,}7464\ \text{meses})$$

Conforme foi demonstrado, a *duration* de Macaulay equivale a capitalizar o valor das aplicações até o *duration*, ou seja:

$$FV\ (Duration) = \$\ 45.000,0 \times (1,0528)^{3,75}$$
$$= \$\ 54.577,0$$

Esse montante é exatamente igual ao valor corrigido dos fluxos das prestações para o mesmo momento da *duration*:

$$FV\ (Duration) = 8.285,2\,(1,0528)^{3,75-1} + 8.285,2\,(1,0528)^{3,75-2} + 8.285,2\,(1,0528)^{3,75-3} + 8.285,2\,(1,0528)^{3,75-4} + 8.285,2\,(1,0528)^{3,75-5} + 4.486,9\,(1,0528)^{3,75-6} + 4.486,9\,(1,0528)^{3,75-7} + 4.486,9\,(1,0528)^{3,75-8}$$

$$FV\ (Duration) = \$\ 54.577,0$$

3. Um título com valor de face de $ 1.000,00 paga juros de 8% ao ano (4% ao semestre). A maturidade do título é igual a 3 anos. Os investidores exigem um retorno mínimo de 10% ao ano (5% ao semestre). Pede-se calcular:

a) preço de mercado do título;

b) *duration* do título.

Solução:

Cupom: 4% × $ 1.000,00 = $ 40,00

Preço de Negociação do Título no Mercado (P_0): ?

Valor Nominal (Resgate) do Título (N): $ 1.000,00

Prazo (n) = 3 anos (6 semestres)

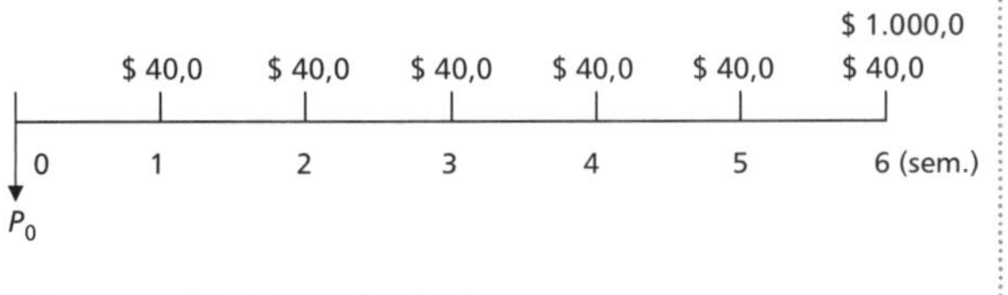

a) Preço de Mercado (P_0)

$$P_0 = \frac{\$\,40,0}{\$\,1,05} + \frac{\$\,40,0}{(1,05)^2} + \frac{\$\,40,0}{(1,05)^3} + \frac{\$\,40,0}{(1,05)^4} + \frac{\$\,40,0}{(1,05)^5} + \frac{\$\,40,0}{(1,05)^6}$$

$\mathbf{P_0 = \$\ 949,24}$

$$\text{b)}\ D = \frac{\sum_{t=1}^{n} C_t \times (t)/(1+YTM)^t}{P_0}$$

$$D = \frac{\frac{40,0}{1,05} + \frac{40,0\times 2}{(1,05)^2} + \frac{40,0\times 3}{(1,05)^3} + \ldots + \frac{1.040,0\times 6}{(1,05)^6}}{949,24}$$

D = 5,43 semestres

Exercícios propostos

1. Calcule a taxa média composta das seguintes carteiras de aplicações financeiras, sendo todas com resgate ao final do prazo.

a) *Carteira "X"*

Aplicações	Valor da Aplicação ($)	Taxa Mensal	Prazo da Aplicação	Momento da Aplicação
A	250.000,00	3,5%	10 meses	hoje (t_0)
B	440.000,00	5,5%	10 meses	hoje
C	180.000,00	3,0%	10 meses	hoje
D	300.000,00	4,0%	10 meses	hoje

b) *Carteira "W"*

Aplicações	Valor da Aplicação ($)	Taxa Mensal	Prazo da Aplicação	Momento da Aplicação
A	130.000,00	5,0%	12 meses	hoje (t_0)
B	480.000,00	9,0%	6 meses	hoje
C	250.000,00	6,0%	10 meses	hoje
D	360.000,00	7,5%	8 meses	hoje

c) *Carteira "Z"*

Aplicações	Valor da Aplicação ($)	Taxa Mensal	Prazo da Aplicação	Momento da Aplicação
A	115.000,00	7,0%	6 meses	t_4
B	70.000,00	6,0%	7 meses	t_3
C	20.000,00	3,5%	10 meses	t_0 (hoje)
D	250.000,00	8,5%	2 meses	t_8

2. Admita que uma Instituição Financeira tenha, em diferentes momentos, efetuado as seguintes captações de recursos:

Captações	Valor da Captação ($)	Taxa de Juros Contratada	Prazo da Captação	Momento da Captação
I	180.000,00	2,5%	12 meses	t_0 (hoje)
II	130.000,00	1,5%	3 meses	t_9
III	100.000,00	2,0%	5 meses	t_7
IV	250.000,00	3,0%	7 meses	t_5

Pede-se determinar o custo médio (taxa média) da carteira de captações da Instituição, admitindo que o resgate das operações ocorra ao final dos períodos.

3. Um título com valor de face de $ 1.000 é lançado prometendo uma remuneração linear de 10% ao

ano. Os juros são pagos ao final de cada semestre. O prazo do título é de três anos. Calcule a *duration* de Macaulay desse título.

4. Considere a seguinte carteira representativa de quatro títulos:

Títulos	Prazo de Resgate	Valor do Resgate	Taxa de Juros
A	58 dias	$ 37.800	1,1% a.m.
B	70 dias	$ 21.400	1,3% a.m.
C	98 dias	$ 55.400	1,5% a.m.
D	112 dias	$ 68.300	1,6% a.m.

Calcule a rentabilidade média da carteira e a *duration* de Macaulay.

5. Uma sociedade efetua, em determinado momento, as seguintes captações de recursos no mercado:

Captação	Valor da Captação ($)	Número de Pagamentos Mensais	Taxa de Juros
A	50.000,00	5	3,1% a.m.
B	120.000,00	8	3,6% a.m.
C	30.000,00	11	2,5% a.m.

Sabe-se que os recursos captados são pagos, de acordo com os prazos e taxas de juros considerados, em prestações mensais, iguais e sucessivas. Determine a taxa média de juros desta carteira de captações.

6. Calcule o prazo médio (*duration* de Macaulay) de uma operação de crédito direto ao consumidor, no valor de $ 14.500,00, a ser liquidada em 12 prestações mensais, iguais e sucessivas de $ 1.482,90 cada uma.

7. Determine a taxa média das seguintes captações financeiras realizadas em determinada data:

a) Valor Líquido Captado = $ 300.000,00

Juros = 6% ao mês

Prazo = 4 meses

Forma de Pagamento = 4 prestações mensais, iguais e sucessivas

b) Valor Líquido Captado = $ 540.000,00

Juros = 8% ao mês

Prazo = 7 meses

Forma de Pagamento = Resgate ao final do prazo.

8. Determine a taxa média mensal de juros de uma carteira de empréstimos com as operações seguintes:

- empréstimo: $ 70.000 a ser liquidado em quatro prestações semestrais, iguais e sucessivas de $ 25.000 cada uma;
- empréstimo: $ 200.000 a ser pago em sete parcelas semestrais e sucessivas de $ 40.000 cada uma.

9. Admita um empréstimo de $ 400.000,00 por 4 semestres à taxa de juros de 11,2% ao ano (taxa efetiva). São negociadas duas opções de pagar:

a) pagamento do principal ao final de dois anos e os juros ao final de cada semestre;

b) pagar o financiamento em quatro prestações semestrais, iguais e sucessivas.

Pede-se calcular a *duration* de cada alternativa.

10. Uma Instituição Financeira apresenta a seguinte carteira de ativos:

Ativo	*Duration*	$
Títulos Públicos	0,70 ano	45,0
Títulos Privados	0,90 ano	111,0
Empréstimos	0,60 ano	444,0
		600,0

Determine a *duration* média dos ativos.

11. Calcule a *duration* de um título de 3 anos com cupom anual de 9% ao ano (4,5% ao semestre). Os investidores exigem uma taxa mínima de retorno de 11% ao ano (5,5% ao semestre) do título. O valor nominal do título é de $ 1.000,00.

12. Determine a *duration* de um título com prazo de 4 anos, que paga cupom de 10% ao ano semestralmente. O título está sendo negociado no mercado c/ deságio 7% s/ o seu valor de face (valor nominal).

Respostas

1. a) $\bar{i} = 4{,}35\%$ a.m.
   b) $\bar{i} = 7{,}24\%$ a.m.
   c) $\bar{i} = 6{,}6\%$ a.m.

2. $\bar{i} = 2{,}56\%$ a.m.

3. $D = 5{,}329$ semestres

4. $\bar{i} = 1{,}477\%$ a.m.
   $D = 91{,}365$ dias

5. $\bar{i} = 3{,}29\%$ a.m.

6. $D = 6{,}11$ meses

7. $\bar{i} = 7{,}68\%$ a.m.

8. $\bar{i} = 10{,}5\%$ a.sem.

9. a) $D = 3{,}70$ semestre.
   b) $D = 2{,}43$ semestre.

10. $D = 0{,}564$ ano

11. $D = 5{,}37$ a.sem.

12. $D = 6{,}73$ a.sem.

14

Matemática Financeira e Avaliação de Ações

Os valores mobiliários, representados por ações e debêntures, são emitidos pelas Sociedades Anônimas de acordo com aprovação prévia da CVM – Comissão de Valores Mobiliários. Cabe à CVM o disciplinamento da emissão e a fiscalização do mercado de negociações de ações e debêntures.

A ação representa uma fração do capital social de uma Sociedade Anônima, sendo caracteristicamente definida como ativo de risco. A debênture, por seu lado, representa um título de crédito cujos rendimentos são calculados de maneira semelhante aos títulos de renda fixa, conforme estudados no Capítulo 11.

Todas as aplicações em valores mobiliários equivalem, ao longo do tempo, a um problema de Matemática Financeira, isto é, produzem fluxos de caixa mediante os quais é possível medir a rentabilidade da operação.

14.1 Avaliação de ações

Identicamente às demais operações financeiras, na avaliação de ações é necessário construir-se os fluxos de caixa, isto é, os fluxos dos benefícios econômicos de caixa esperados.

Fundamentalmente, os benefícios de caixa das ações são representados pelos *dividendos*, parcela do lucro líquido que as empresas distribuem aos seus proprietários periodicamente, e *valorização* de sua cotação, ou seja, ganhos de capital promovidos pelo aumento dos preços das ações.

O preço que uma ação está sendo normalmente negociada no mercado é denominado *valor de mercado* ou *cotação*. O valor presente do fluxo de benefícios esperados de caixa, descontados a uma dada taxa de juros (taxa de atratividade da aplicação), é definido por *valor teórico de mercado* ou *valor intrínseco* de uma ação. Estes dois valores são iguais caracteristicamente em condições de mercado eficiente.

As ações são consideradas aplicações de renda variável, pois os seus benefícios de caixa (dividendos e valorização) não são geralmente estabelecidos no momento da aquisição, variando em cada período como resultado de diversos fatores.

14.1.1 Aplicações em ações com prazo determinado

■ Para o caso mais simples de uma aplicação financeira em ação por determinado período no qual não está prevista a distribuição de dividendos, o fluxo de caixa pode ser estabelecido a partir da representação mostrada na Figura 14.1.

Figura 14.1 *Fluxo de caixa sem dividendos*

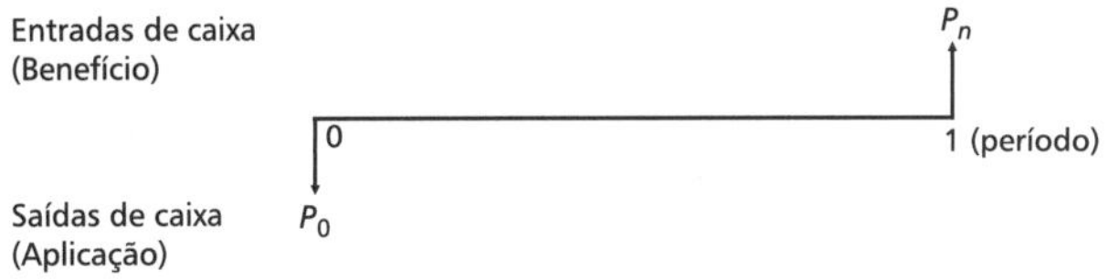

sendo: P_0 = preço de mercado (aquisição) da ação em t_0. Pode também representar o valor presente (PV) do fluxo de benefícios esperados de caixa;

P_n = preço de mercado esperado no momento da venda da ação.

A expressão de cálculo assume a forma seguinte:

$$P_0 = \frac{P_n}{(1+K)}$$

onde K representa a taxa de desconto da operação, ou seja, a taxa de retorno periódica exigida pelo investidor.

Exemplo:

1. Admita uma ação cujo valor de mercado atinja, em determinado momento, \$ 15,00. Sendo de 5% ao mês a taxa de retorno exigida por um investidor, pede-se:

a) demonstrar a atratividade da compra dessa ação pelo investidor prevendo-se que o seu preço de mercado suba para \$ 16,00 ao final de um mês;

b) se o investidor estimar que o preço de mercado dessa ação irá alcançar o valor de \$ 15,50 ao fim de um mês, qual o preço máximo que ele poderia pagar hoje de maneira que apure um retorno mínimo de 5% ao mês?

Solução:

a)

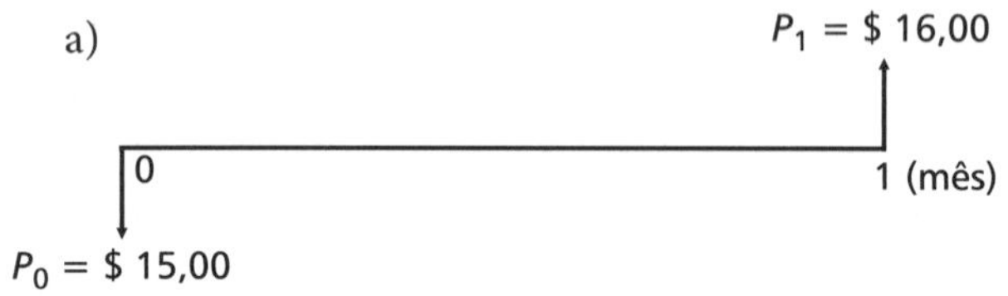

$$P_0 = \frac{P_n}{(1+K)}$$

$$15{,}00 = \frac{16{,}00}{(1+K)}$$

$$1 + K = \frac{16{,}00}{15{,}00}$$

$$K = 6{,}67\% \text{ a.m.}$$

O rendimento produzido nesta situação esperada atinge 6,67% no período, marca superior à taxa de retorno exigida pelo investidor de 5%. Logo, a alternativa de aplicação, considerando os benefícios esperados de caixa, é economicamente atraente.

b)

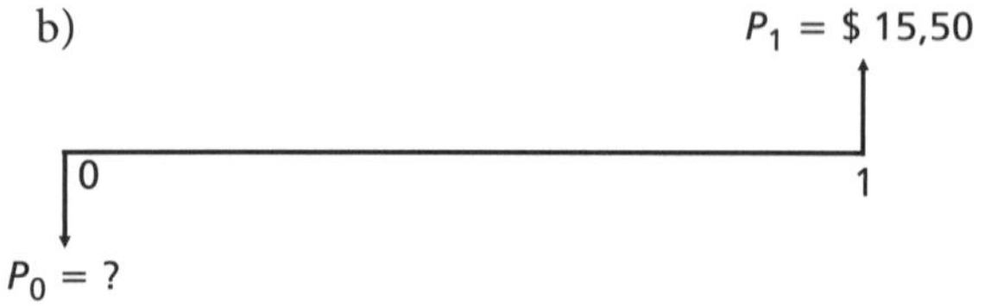

$$P_0 = \frac{P_n}{(1+K)}$$

$$P_0 = \frac{15{,}50}{(1+0{,}05)} = \$\ 14{,}76/\text{ação}$$

O preço máximo que o investidor poderia pagar pela ação, de forma a obter a rentabilidade mínima desejada de 5% ao mês, é de \$ 14,76. Logo, diante das expectativas de valorização da ação, o preço atual de mercado de \$ 15,00 é alto para o investidor, não sendo atraente a sua compra.

■ Para a alternativa de aplicação financeira em ação por determinado período *n*, no qual são previstos pagamentos de dividendos, tem-se a seguinte representação gráfica:

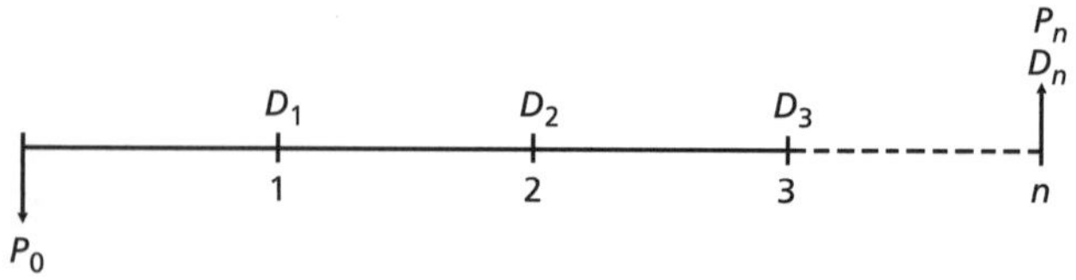

sendo: $D_1, D_2, D_3, ..., D_n$ os dividendos previstos de serem recebidos ao longo do período de aplicação.

A identidade básica de avaliação dessa situação, adotando-se sempre o conceito de fluxo de caixa descontado, apresenta-se da forma seguinte:

$$P_0 = \frac{D_1}{(1+K)} + \frac{D_2}{(1+K)^2} + \frac{D_3}{(1+K)^3} + \ldots + \frac{D_n}{(1+K)^n} + \frac{P_n}{(1+K)^n}$$

Genericamente, tem-se:

$$P_0 = \sum_{t=1}^{n} \frac{D_t}{(1+K)^t} + \frac{P_n}{(1+K)^n}$$

Exemplo:

1. Admita que um investidor tenha projetado em \$ 0,70 e \$ 1,00 os dividendos por ação a serem pagos, respectivamente, ao final de cada um dos próximos dois semestres. Tendo sido estimado, ainda, em \$ 20,00 o valor de venda ao final do segundo semestre, e definida em 10% ao semestre a taxa de retorno exigida pelo investidor para esta aplicação, pede-se:
   a) determinar o valor máximo a ser pago hoje por essa ação de forma que o investidor apure um retorno equivalente a 10% ao semestre;
   b) estando a cotação da ação atualmente fixada em \$ 19,50, calcular a rentabilidade que se obteria na aquisição dessa ação respeitando-se as demais condições estabelecidas no exemplo.

Solução:

a)

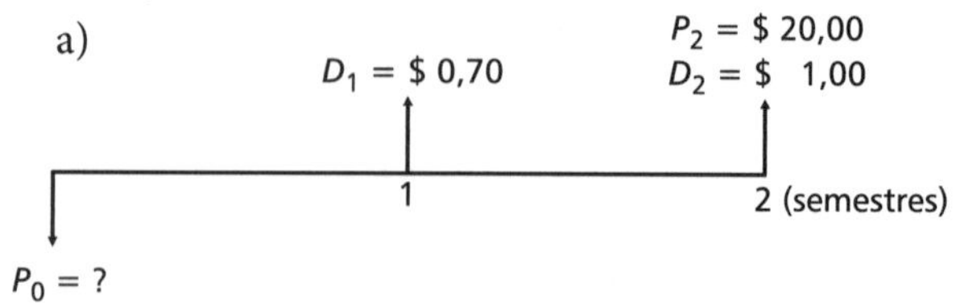

$$P_0 = \frac{0{,}70}{(1+0{,}1)} + \frac{1{,}00}{(1+0{,}1)^2} + \frac{20{,}00}{(1+0{,}1)^2}$$

$$P_0 = \frac{0{,}70}{1{,}1} + \frac{21{,}00}{(1{,}1)^2} = \$\ 17{,}99/\text{ação}$$

Para que se obtenha uma rentabilidade de 10% ao semestre, e considerando as previsões de dividendos semestrais e preço de venda ao final do ano, o preço máximo a ser pago por esta ação atinge \$ 17,99.

b)

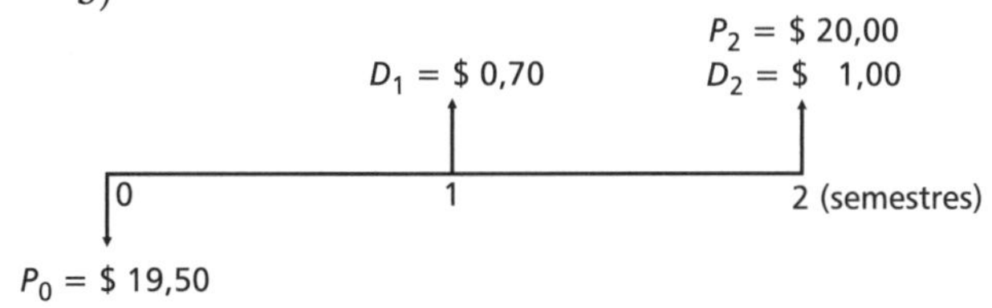

Pelo conceito de fluxo de caixa descontado, tem-se:

$$P_0 = \sum_{t=1}^{n} \frac{D_t}{(1+K)^t} + \frac{P_n}{(1+K)^n}$$

$$19{,}50 = \frac{0{,}70}{(1+K)} + \frac{1{,}00}{(1+K)^2} + \frac{20{,}00}{(1+K)^2}$$

$$19{,}50 = \frac{0{,}70}{(1+K)} + \frac{21{,}00}{(1+K)^2}$$

Resolvendo-se:

K = 5,59% a.s., ou 11,48% a.a.

A rentabilidade que se obteria de 5,59% ao semestre é inferior à taxa mínima exigida pelo investidor de 10% ao semestre, tornando desinteressante a aquisição da ação pela sua cotação de $ 19,50.

Dessa forma, para qualquer prazo definido da aplicação, e quaisquer que sejam os valores e os critérios de recebimento dos benefícios, o modelo do fluxo de caixa descontado, conforme é apresentado, permite que se calcule o valor teórico de compra (P_0) e de venda (P_n) da ação, assim como o retorno esperado (K) do investimento.

14.1.2 Aplicações em ações com prazo indeterminado

Existem situações em que o prazo do investimento em ações apresenta-se indefinido, não se prevendo o momento da venda. Nesses casos, por se tratar de prazo indeterminado (perpétuo), os únicos benefícios a serem considerados nos fluxos de caixa são os dividendos esperados, podendo ser representados graficamente conforme a Figura 14.2.

Figura 14.2 *Dividendos em prazo indefinido*

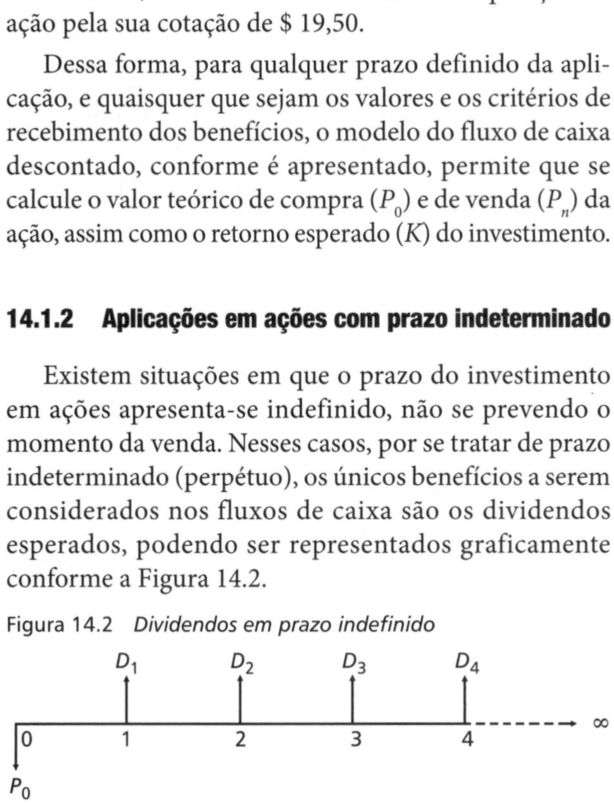

A tarefa de se prever os dividendos futuros nesses casos é complexa, envolvendo prazos dilatados. A expressão de cálculo apresenta-se:

$$P_0 = \frac{D_1}{(1+K)} + \frac{D_2}{(1+K)^2} + \frac{D_3}{(1+K)^3} + \frac{D_4}{(1+K)^4} + \ldots + \frac{D_\infty}{(1+K)^\infty}$$

ou, genericamente:

$$P_0 = \sum_{t=1}^{\infty} \frac{D_t}{(1+K)^t}$$

De acordo com o que foi desenvolvido no Capítulo 7 (item 7.3.3), um fluxo de caixa com duração indefinida é identificado pela relação entre o fluxo periódico de caixa e a taxa de desconto considerada, ou seja:

$$P_0 = \frac{D}{K}$$

Assim, a taxa de retorno esperada e o preço de compra são obtidos determinando-se, respectivamente, os valores de K e P_0 na equação.

Essa identidade, ainda, assume que os valores dos dividendos periódicos (D) se mantenham constantes ao longo do tempo.

Exemplo:

1. Uma pessoa adquire um lote de ações com o intuito de formar um pecúlio para sua aposentadoria. Não pretendendo se desfazer destas ações em tempo previsível, admite-se que a aplicação é realizada por prazo indeterminado. As ações foram adquiridas pelo preço de $ 27,50 cada. O investidor define ainda em 12% ao ano sua taxa mínima exigida de retorno. Pede-se demonstrar se o preço pela ação foi economicamente adequado, prevendo-se um fluxo anual de dividendos no valor de $ 3,30 por ação.

   Solução:

   Descontando-se o fluxo de dividendos de $ 3,30 à taxa de atratividade de 12% ao ano, conforme definida pelo investidor, chega-se a um valor presente de $ 27,50, igual ao valor pago pela ação. Logo, o investidor está ganhando exatamente a taxa de retorno desejada, sendo o preço pago o valor máximo permitido de compra. Isto é:

   $$P_0 = \frac{D}{K}$$

   $$P_0 = \frac{3{,}30}{0{,}12} = \$\ 27{,}50$$

   ou

   $$27{,}50 = \frac{3{,}30}{K}$$

   $$K = \frac{3{,}30}{27{,}50} = 12\%$$

■ Conforme foi comentado, o modelo de fluxos de caixa com duração indeterminada pressupõe que o valor dos dividendos permaneça inalterado ao longo dos anos. No entanto, podem ser previstos em diversas situações crescimentos periódicos nesses valores e, nesses casos, é utilizado o denominado modelo de *Gordon*[1] para a determinação do valor da ação.

Definindo-se por **g** a taxa *periódica* e *constante* de crescimento dos dividendos, tem-se para um fluxo de caixa indeterminado:

$$P_0 = \frac{D_0(1+g)}{(1+K)} + \frac{D_0(1+g)^2}{(1+K)^2} + \frac{D_0(1+g)^3}{(1+K)^3} + \ldots + \frac{D_0(1+g)^\infty}{(1+K)^\infty}$$

Ao se admitir que a taxa *constante* de crescimento (**g**) seja inferior à taxa de desconto (**K**), hipótese implícita no modelo, a extensa fórmula anterior é deduzida matematicamente para:

$$P_0 = \frac{D_1}{K - g}$$

ou:

$$K = \frac{D_1}{P_0} + g$$

Exemplo:

1. O dividendo de determinada ação está fixado em \$ 0,85 para o próximo ano. Está previsto também que estes dividendos irão crescer a uma taxa constante de 4% ao ano indefinidamente.

Admitindo-se que os acionistas dessa empresa desejam obter uma rentabilidade mínima de 15% ao ano, determinar o valor teórico de compra desta ação.

Solução:

Por se tratar de um fluxo de caixa indefinido, com os dividendos crescendo anualmente a uma taxa constante, é utilizado o modelo de Gordon para o cálculo do valor intrínseco da ação, ou seja:

$$P_0 = \frac{D_1}{K - g}$$

$$P_0 = \frac{\$\,0{,}85}{0{,}15 - 0{,}04} = \frac{\$\,0{,}85}{0{,}11} = \$\ 7{,}73/\text{ação}$$

Este é o preço máximo (teórico) que se pagaria por essa ação de forma a satisfazer o retorno mínimo desejado de 15%.

Exercícios resolvidos

1. Determine a rentabilidade produzida por uma ação adquirida no início de certo trimestre por \$ 60,00 e vendida por \$ 62,30 ao final desse mesmo período, após o investidor ter recebido \$ 0,90 sob a forma de dividendos.

Solução:

$$P_0 = \frac{P_h}{(1+K)} + \frac{D}{(1+K)}$$

$$60{,}00 = \frac{62{,}30}{(1+K)} + \frac{0{,}90}{(1+K)}$$

$$60{,}00 = \frac{62{,}30}{(1+K)}$$

$$1 + K = \frac{62{,}30}{60{,}00}$$

K = 5,33% a.t. (1,747% a.m.).

2. O preço atual de mercado de uma ação atinge \$ 4,00. Estimam-se os seguintes dividendos por ação a serem distribuídos, respectivamente, ao final dos próximos 4 trimestres: \$ 0,11; \$ 0,18; \$ 0,25; e \$ 0,33.

Para um investidor que deseja obter uma taxa de rentabilidade anual efetiva de 20% nessa aplicação, determine o preço pelo que a ação deveria ser vendida ao final de um ano.

Solução:

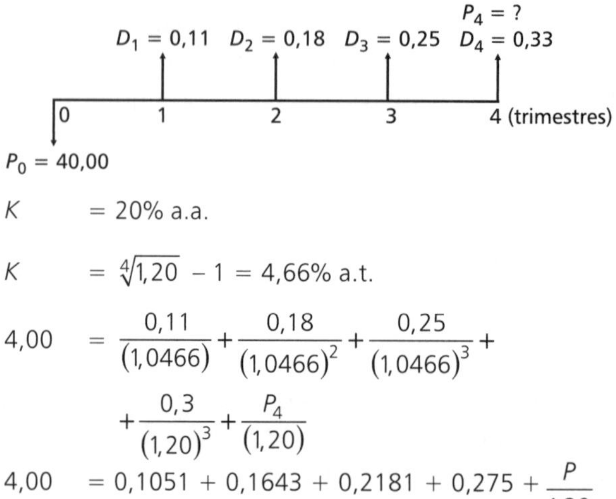

K = 20% a.a.

$K = \sqrt[4]{1{,}20} - 1 = 4{,}66\%$ a.t.

$$4{,}00 = \frac{0{,}11}{(1{,}0466)} + \frac{0{,}18}{(1{,}0466)^2} + \frac{0{,}25}{(1{,}0466)^3} + \frac{0{,}3}{(1{,}20)^3} + \frac{P_4}{(1{,}20)}$$

$$4{,}00 = 0{,}1051 + 0{,}1643 + 0{,}2181 + 0{,}275 + \frac{P}{1{,}20}$$

$$\frac{P}{1{,}20} = 3{,}2375$$

P_0 = \$ 3,885/ação

[1] Modelo desenvolvido por: Myron J. Gordon e Eli Shapiro (1959).

3. Uma empresa não pretende pagar dividendos nos próximos dois anos. Do 3º ao 7º ano prevê uma distribuição de \$ 1,50 por ação. Do 8º ao 12º ano estes dividendos anuais se elevam para \$ 2,10 por ação. A partir do 13º ano espera-se que os dividendos se elevem indefinidamente a uma taxa constante de 2,5% ao ano.

Para uma taxa de retorno exigida de 10% ao ano, determine o preço teórico de mercado dessa ação.

Solução:

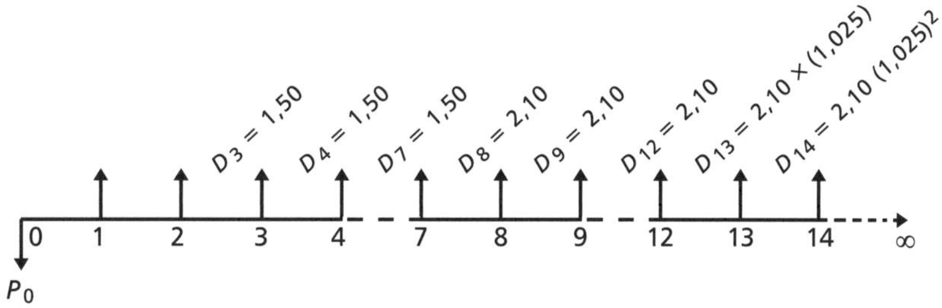

$$P_0 = \underbrace{\left[1{,}50 \times \frac{1-(1{,}10)-5}{0{,}10}\right]}_{\text{5 fluxos anuais, iguais e consecutivos}} \times \underbrace{(1{,}10)^{-2}}_{\text{carencia de 2 anos}} + \underbrace{\left[2{,}10 \times \frac{1-(1{,}10)^{-5}}{0{,}10}\right]}_{\text{5 fluxos anuais, iguais e consecutivos}} \times \underbrace{(1{,}10)^{-7}}_{\text{carencia de 7 anos}} + \underbrace{\left[\frac{2{,}10 \times 1{,}025}{0{,}10 - 0{,}025}\right]}_{\text{fluxo indefinido com crescimento a taxa } g} \times \underbrace{(1{,}10)^{-12}}_{\text{carencia de 12 anos}}$$

$P_0 = [5{,}6862 \times (1{,}10)^{-2}] + [7{,}96 \times (1{,}10)^{-7}] + [28{,}70 \times (1{,}10)^{-12}]$

$P_0 = 4{,}6993 + 4{,}085 + 9{,}1447$

$P_0 = \$\ 17{,}93$/ação

4. Determinada ação é adquirida em Bolsa de Valores por \$ 4,20. Ao final de 4 meses o acionista recebe \$ 0,22 de dividendos e vende sua ação por \$ 5,92. Admitindo-se que a taxa de inflação tenha atingido 7,25% no período, determine a rentabilidade real mensal auferida pelo investidor nesta aplicação.

Solução:

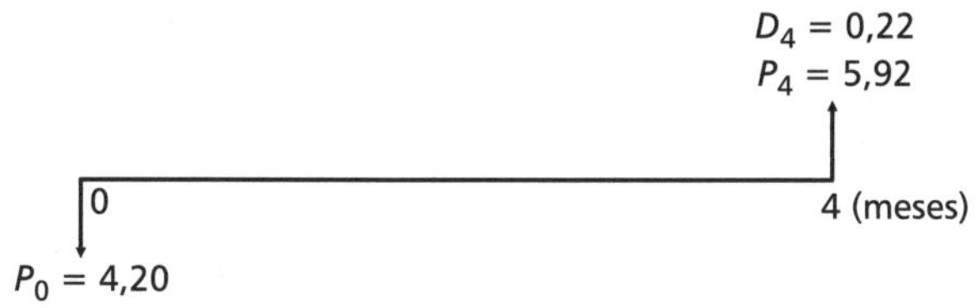

$P_0 = \dfrac{P_n}{(1+K)^n}$

$4{,}20 = \dfrac{5{,}92+0{,}22}{(1+K)^4}$

$(1+K)^4 = \dfrac{6{,}14}{4{,}20}$

$(1+K)^4 = 1{,}4619$

$\sqrt[4]{(1+K)^4} = \sqrt[4]{1{,}4619}$

$1 + K = 1{,}0996$

$K = 9{,}96\%$ ao mês ou 46,19% a.q.

Taxa de Inflação (I) = 7,25% ao quadrimestre

ou I = 1,77% ao mês.

Rentabilidade Real $(r) = \dfrac{1+0{,}0996}{1+0{,}0177} - 1$

$r = \dfrac{1{,}0996}{1{,}0177} - 1 = 8{,}0\%$ a.m.

5. A atual política de dividendos de uma empresa prevê uma distribuição anual de \$ 2,40 por ação indeterminadamente, atingindo 5% ao ano a taxa de crescimento desses valores.

Essa prática, no entanto, está em via de alteração pela empresa, a qual pretende estabelecer as seguintes condições:

- não haverá distribuição de dividendos para os próximos dois anos;
- a partir do 3º ano, os dividendos serão da ordem de \$ 2,86 por ação, crescendo indefinidamente também em 5% ao ano.

Pede-se determinar o impacto da implementação dessa nova política sobre o patrimônio (riqueza) dos atuais acionistas da empresa. Sabe-se ainda que os acionistas desejam um retorno de 20% ao ano sobre seus investimentos.

Solução:

- Política Atual

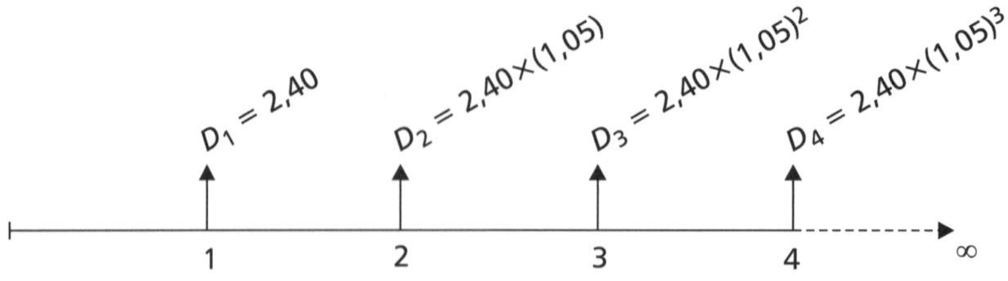

$$P_0 = \frac{D_1}{K - g}$$

$$P_0 = \frac{2,40}{0,20 - 0,05} = \$\,16,00/\text{ação}$$

- Proposta de Alteração

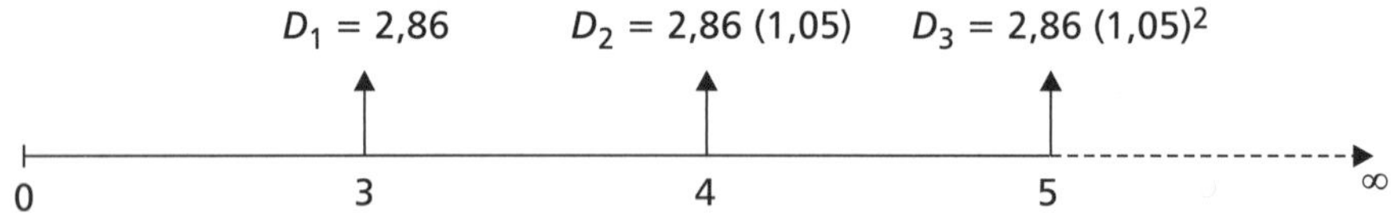

$$P_0 = \frac{2,86}{0,20 - 0,05} \times (1,20)^{-2} = \$\,13,24/\text{ação}$$

O valor teórico (intrínseco) da ação, que denota a riqueza de seu proprietário, é reduzido diante das alterações propostas na política de dividendos.

Exercícios propostos

1. Suponha que a ação de uma empresa esteja sendo vendida atualmente por \$ 2,20. A expectativa dos investidores é a de receber um dividendo de \$ 0,14 por ação ao final de um ano. Eles esperam também que possam vender a ação por \$ 2,46 logo após o recebimento do dividendo.

   Pede-se determinar o retorno esperado pelos investidores.

2. Uma empresa promete pagar um dividendo de \$ 0,22 por ação ao final de um ano. Após os dividendos espera-se que o preço de mercado da ação atinja \$ 4,40. Sendo a taxa de rentabilidade esperada de mercado de 12% ao ano, calcule o preço corrente da ação.

3. Se os dividendos de uma ação estão estimados indefinidamente em \$ 1,37 ao ano, e o seu preço corrente de mercado seja de \$ 10,50, qual a taxa de capitalização (taxa de retorno) anual definida pelo mercado?

4. Os investidores de uma empresa definem em 18% ao ano a taxa mínima de retorno exigida. Calcule o preço corrente da ação, admitindo que os dividendos anuais, atualmente definidos em \$ 1,00 por ação, cresçam indefinidamente a uma taxa constante de 3% ao ano.

5. Estima-se que os dividendos de uma empresa cresçam indefinidamente a uma taxa constante de 5% ao ano. Se o dividendo esperado para o próximo ano for de \$ 1,25, determinar o preço corrente desta ação admitindo-se uma taxa de desconto (K) de:

   a) 12% ao ano;

   b) 15% ao ano.

6. Em determinado mês o preço de mercado de uma ação atinge \$ 14,00. Este preço é baseado em expectativas permanentes de benefícios econômicos de caixa (dividendos), os quais deverão, espera-se,

crescer em 6% ao ano. A taxa de atratividade definida pelos investidores é de 18% ao ano.

Um quadrimestre após, no entanto, os investidores revisaram suas projeções e, diante de sinais de desaceleração da atividade econômica no futuro, reduziram a taxa de crescimento esperada dos dividendos para 4% ao ano.

Para um fluxo de benefícios de caixa indeterminado e mantendo-se inalterada a taxa de retorno exigida em 18% ao ano, pede-se determinar:

a) valor dos dividendos incorporados no cálculo do preço corrente de mercado da ação de $ 14,00, admitindo a previsão de crescimento de 6% ao ano. dos dividendos;

b) o novo preço teórico da ação como resultado da revisão das projeções de benefícios esperados. Admita um fluxo corrente de dividendos nesse período de $ 1,14 por ação.

7. Os dividendos atuais de determinada ação são de $ 0,65, sendo de 24% ao ano a taxa de retorno exigida pelos investidores. Calcule o preço teórico de mercado da ação admitindo-se que:

a) estima-se um crescimento de 8% ao ano nos dividendos nos três primeiros anos e, posteriormente, 6% ao ano indefinidamente;

b) espera-se que os dividendos cresçam 12% ao ano nos cinco primeiros anos, sendo indefinidamente nula a taxa de crescimento a partir do 6º ano.

8. Admita que o preço corrente de mercado de uma ação atinja $ 8,82. Estimam-se os seguintes benefícios econômicos desta aplicação: dividendos de $ 0,53 a serem pagos ao final de um mês. O preço corrente de mercado da ação no momento imediatamente após o pagamento dos dividendos está previsto em $ 8,85. Projetando-se uma taxa de inflação para o mês em 1,7%, determine o retorno real esperado do investidor para o período.

9. Admita que um investidor tenha efetuado, em determinado mês, as seguintes operações de compra e venda de ações:

Dia	Compras ($)	Vendas ($)
05	60.000,00	–
10	48.000,00	–
20	97.000,00	54.000,00
25	–	32.000,00

Admitindo-se que a sua carteira de ações esteja avaliada, a preços de mercado, em $ 121.000,00 ao final do mês, determine a rentabilidade mensal apurada por esse investidor.

10. Estão previstos os seguintes fluxos de dividendos anuais de uma ação:

- dividendos fixos de $ 0,52 por ação ao final de cada um dos próximos 4 anos;
- a partir do 5º ano os dividendos anuais se elevam para $ 0,76 indefinidamente.

Pede-se:

a) para uma taxa mínima de atratividade de 18% ao ano, determinar o preço máximo de compra dessa ação;

b) calcular o valor dos dividendos anuais constantes cujo valor presente seja equivalente ao preço teórico de compra determinado na questão anterior.

11. Um investidor adquire uma ação por $ 23,00. Ao final dos dois semestres seguintes ao momento da compra são distribuídos dividendos de, respectivamente, $ 1,40 e $ 2,00 por ação. Permanecendo com esta ação ainda por mais três meses após o recebimento do segundo dividendo, pede-se determinar o valor de venda desta ação de modo que o investidor apure uma rentabilidade mínima de 3% ao mês na aplicação.

12. Os dividendos por ação a serem distribuídos por determinada empresa estão previstos em $ 1,50 e $ 1,80 para o primeiro e segundo semestres de 20X9, respectivamente. Admitindo-se que um investidor tenha adquirido essa ação no início do ano por $ 11,00, qual deverá ser o seu preço de venda ao final de 20X9 (após o recebimento do dividendo previsto no 2º semestre), de modo que obtenha uma rentabilidade real mínima desejada de 20% ao ano? Estima-se em 14% a inflação de 20x9.

13. A projeção de distribuição de dividendos de determinada ação é de $ 0,58 para o próximo ano. Diante da evolução apresentada pelos lucros da empresa, espera-se que a taxa de crescimento desses dividendos atinja 3% ao ano acima da inflação. O horizonte do investimento é de 4 anos, findo o qual a ação será vendida.

    A taxa de retorno exigida pelo investidor na aplicação é de 20% ao ano acima da inflação. Está prevista ainda uma inflação média de 15% ao ano para os próximos 4 anos. Sabe-se também que o preço de mercado da ação tem-se valorizado em 7,5% ao ano acima da inflação.

    Pede-se determinar o preço máximo que o investidor deveria pagar hoje pela ação.

14. Uma empresa está avaliando as seguintes políticas de distribuição de dividendos:
    1. dividendos de $ 1,50 por ação pagos anualmente;
    2. nos próximos 3 anos não haverá distribuição de dividendos. A partir do 4º ano (inclusive), os dividendos serão da ordem de $ 2,15 por ação.

    Admitindo-se que os fluxos de dividendos das duas propostas sejam indeterminados, pede-se para um investidor que apresente uma taxa de atratividade de 20% ao ano, determinar o preço máximo que ele pagaria pela ação em cada uma das propostas acima.

15. Admita as seguintes estimativas de crescimento dos dividendos de uma ação:
    - 6% ao ano para os próximos 4 anos;
    - 9% ao ano para os 6 anos seguintes;
    - 5% ao ano para daí em diante.

    Sabe-se que o dividendo esperado para o próximo ano dessa ação é de $ 0,80. Fixando-se em 12% ao ano a taxa mínima de retorno requerida, determine o preço máximo que um investidor pagaria por esta ação e demonstrar o valor dos dividendos anuais esperados.

16. Um investidor adquire à vista $ 90.000,00 de ações na expectativa de um ganho mínimo de 3,5% ao mês. De posse destas ações, o comprador as vende por $ 93.000,00 para recebimento em três parcelas iguais e sucessivas, vencendo a primeira em 20 dias, a segunda em 25 dias e a terceira em 30 dias. Determine a rentabilidade da operação, comentando se o investidor fez um bom negócio.

Respostas

1. 18,18% a.a., ou 1,4% a.m.

2. $ 4,125

3. 13,05% a.a.

4. $ 6,67

5. a) $ 17,86;
   b) $ 12,50.

6. a) $ 1,68;
   b) $ 8,14.

7. a) $ 4,02;
   b) $ 4,05.

Valor dos Dividendos Anuais Esperados

Ano	Dividendos ($)	
1	0,80	Δ = 6% a.a.
2	0,848	
3	0,899	
4	0,953	
5	1,039	Δ = 9% a.a.
6	1,132	
7	1,234	
8	1,345	
9	1,466	
10	1,598	
11	1,678	Δ = 5% a.a.
12	1,762	
13	1,850	
.	.	.
.	.	.
.	.	.
∞	.	.

8. 4,57% a.m.

9. 2,20% a.m.

10. a) $ 3,58
    b) $ 0,64

11. $ 31,82

12. $ 11,49

13. $ 3,78

14. $ 7,50 e $ 6,22

15. Preço Máximo = $ 14,50

16. Sim, fez um bom negócio. O valor presente dos fluxos de recebimento é maior que o valor pago (PV = $ 90.372,73), denotando uma rentabilidade superior aos 3,5% exigidos (K = 4,015% a.m.).

15

Matemática Financeira, Títulos Públicos e Contratos Futuros

As operações envolvendo títulos públicos vêm ganhando importância cada vez maior nos mercados financeiros de todo o mundo. A participação destes papéis nas carteiras de investimentos é relevante, promovendo um alto volume de negociações.

Partindo de uma revisão da formação e cálculo da taxa de juro Selic desenvolvida anteriormente (Capítulo 6), este capítulo dedica-se ao estudo:

a) das principais títulos públicos federais negociados no mercado financeiro nacional;
b) da marcação a mercado dos títulos públicos;
c) da avaliação dos contratos futuros de taxas de juros lastreados em depósitos interfinanceiros, denominados Contratos Futuros DIs.

Os títulos públicos federais formam a Dívida Pública Mobiliária interna do Brasil, e são emitidos pela Secretaria do Tesouro Nacional (STN), responsável pela gestão e controle da Dívida Pública Mobiliária do Governo Federal.

Importante lembrar que, no mercado financeiro brasileiro, o prazo das operações é geralmente definido para operação das taxas de juros em contagem de dias *corridos*, tendo como padrão um ano de 360 dias, e em contagem de dias úteis, sendo o ano-base definido em 252 dias úteis.

15.1 Taxa Selic

O Selic – Sistema Especial de Liquidação e Custódia, de acordo com a definição do Banco Central, é o depositário central dos títulos da dívida pública federal interna. Neste sistema, são registradas e controladas, entre outras operações, as negociações secundárias envolvendo títulos públicos, sendo realizadas também as respectivas liquidações financeiras. O sistema é administrado pelo Banco Central, através do DEMAB – Departamento de Operações do Mercado Aberto em parceria com a ANDIMA – Associação Nacional de Instituições de Mercado Aberto.

Os títulos negociados no Selic apresentam normalmente elevada liquidez e risco bastante reduzido, considerando que são emitidos pelo poder público. As taxas destes títulos públicos negociados constituem-se na principal referência do mercado para a formação das taxas de juros. A taxa *overnight* da Selic representa a média ponderada das operações de financiamento de um dia lastreadas em títulos públicos federais. Em outras palavras, é a taxa de juro representativa de um dia útil.

A taxa Selic é o piso dos juros da economia brasileira. Os bancos definem a remuneração das aplicações de seus clientes a partir da Selic. Nas operações de empréstimos e financiamentos as instituições costumam definir os juros a serem cobrados pela taxa Selic; acrescentam a esta taxa um *spread* para cobrir seus custos operacionais e riscos.

A taxa Selic é atualmente fixada pelo Banco Central, em reuniões periódicas do COPOM – Comitê de Política Monetária, como resultado de uma política monetária que define uma meta para a taxa de juros.

Esta taxa META é normalmente expressa em taxa anual, ou seja, taxa *over* efetiva ao ano (base de 252 dias úteis), conforme estudada no Capítulo 6. Assim, admitindo-se que o COPOM tenha definido uma taxa meta Selic de 12% a.a., a *taxa equivalente por dia útil* é calculada da seguinte forma:

$$i_{du} = [(1,12)^{1/252} - 1] \times 100 = 0,0450\% \text{ a.du (ao dia útil)}$$

Por outro lado, sendo de 0,0476% a taxa ao dia útil, a *taxa efetiva anual over* atinge a:

$$I_{anual} = [(1,000476)^{252} - 1] \times 100$$
$$= 12,74\% \text{ a.a.o (ao ano } over\text{)}$$

Exemplo Ilustrativo 1: Considere uma aplicação financeira de $ 400.000,00 por 82 dias corridos e 57 dias úteis. O montante dessa operação acrescido dos rendimentos previstos atinge a $ 420.000,00 ao final do período.

Retorno por Dia Corrido:

$$i = \frac{\$\ 420.000,00}{\$\ 400.000,00} - 1 = 5,0\%\ \text{p/ 82 dias corridos}$$

$i = (1,05)1/82 - 1 = 0,0595\%$ a.d. corrido

Retorno por Dia Útil:

$$i\ (\text{ao dia útil}) = \left(\frac{\$\ 420.000,00}{\$\ 400.000,00}\right)^{1/57} - 1 = 0,0856\%\ \text{a.du}$$

i (ao mês *over*) = 0,0856% × 30 dias = 2,568% a.m.o

Exemplo Ilustrativo 2: Calcule a taxa *over* mensal das seguintes taxas efetivas:

Taxa Efetiva ao Período	Dias Úteis
a) 1,49%	21
b) 2,11%	44
c) 3,62%	67

Solução:

a) $(1,0149)^{1/21} - 1 = 0,07045\%$ a.du

0,07045% × 30 = 2,11% a.m.o

b) $(1,0211)^{1/44} - 1 = 0,04747\%$ a.du

0,04747% × 30 = 1,42% a.m.o

c) $(1,0362)^{1/67} - 1 = 0,05309\%$ a.du

0,05309% × 30 = 1,59% a.m.o

Exemplo Ilustrativo 3: Sendo de 2,4% ao mês a taxa *over* (a.m.o), determine a taxa efetiva para:

a) 65 dias

b) 77 dias

Solução:

Taxa p/ Dia Útil (a.du)

$$\frac{2,4\%}{30} = 0,08\%\ \text{a.du}$$

$(1,0008)^{65} - 1 = 5,34\%$ p/ 65 dias

$(1,0008)^{77} - 1 = 6,35\%$ p/ 77 dias

A Tabela 15.1 ilustra as taxas anuais *over* efetivas Selic definidas como meta no último mês dos anos 2010 a 2020, conforme disponibilizadas pelo Banco Central (www.bcb.gov.br). A última coluna calcula a taxa efetiva por dia útil, considerando o ano com 252 dias úteis. Assim, a taxa anual de dez./2020 equivale a: $[(1,019)^{1/252} - 1] \times 100 =$ 0,007469% a.du, (0,0075%) e assim por diante.

Em resumo, pode-se concluir que há dois tipos de taxa Selic: Selic *Meta* e Selic *Over*. A Selic *Meta* é estabelecida a cada 45 dias pelo Comitê de Política Monetário do Banco Central (COPOM/BACEN). A taxa Selic *Over* é a taxa praticada, amplamente adotada no mercado financeiro em operações lastreadas (garantidas) por títulos públicos.

Tabela 15.1 *Taxas Selic anuais de 2006 a 2017*

Referência	Taxa Anual Divulgada	Taxa por Dia Útil
Dez./2010	10,67%	0,0402% a.du
Dez./2011	10,91%	0,0411% a.du
Dez./2012	7,29%	0,0279% a.du
Dez./2013	9,90%	0,0375% a.du
Dez./2014	11,65%	0,0437% a.du
Dez./2015	14,15%	0,0525% a.du
Dez./2016	12,90%	0,0482% a.du
Dez./2017	6,90%	0,0265% a.du
Dez./2018	6,40%	0,0246% a.du
Dez./2019	4,91%	0,0190% a.du
Dez./2020	1,90%	0,0075% a.du

A taxa Selic *Over* é calculada diariamente pela média das operações compromissadas de um dia útil realizadas no sistema Selic. A *operação compromissada* é uma forma de empréstimo concedido com garantia dos títulos negociados. O vendedor dos títulos assume na operação o compromisso de recomprar os papéis negociados em uma data futura; o comprador, ao contrário, assume o compromisso de revender os títulos adquiridos no futuro.

15.2 Preço unitário (PU) de um ativo

O preço unitário (PU), ou preço de aquisição, equivale ao valor de negociação de um ativo no mercado. É calculado, na data da negociação, pelo valor total de resgate (valor nominal) do ativo descontado por uma taxa de juros que reflete o risco do investimento (taxa de atratividade do investidor).

Por exemplo, admita que um título a vencer em 42 dias tenha um valor nominal (valor de resgate) de $ 100.000,00. Sendo de 2,2% a taxa de juro efetiva para todo o período, o preço unitário de negociação do ativo atinge a:

$$PU = \frac{\$\ 100.000,00}{1,022} = \$\ 97.847,36$$

O valor do PU é uma função inversa da taxa de desconto. Quanto maior a taxa de juro, menor o PU, e vice-versa. Assim, quando as taxas de juros se elevam o preço dos títulos de renda fixa no mercado se reduzem, ocorrendo valorização quando as taxas diminuírem.

Exemplo:

Um título é negociado por um banco em determinado mês com 22 dias úteis à taxa efetiva de 8,4% a.a.o. Pede-se determinar:

a) taxa equivalente mensal paga pelo título;

b) preço unitário (PU) do título.

Solução:

a) Tx Equivalente (i) = $[(1{,}084)^{22/252} - 1] \times 100 =$

$= 0{,}706641\%$ p/ 22 du

b) $PU = \dfrac{NOMINAL = \$\,1.000{,}0}{(1{,}084)^{22/252}} = \$\,99{,}29832$

15.3 Contratos futuros de juros

Com a criação da Bolsa de Mercadorias & Futuros (BM&F, atual B3), foram desenvolvidos os contratos futuros de taxas de juros, atualmente baseados nas taxas dos Depósitos Interfinanceiros (DIs). Por isso, esses contratos são hoje conhecidos por DI-Futuro.

O objeto de negociação desses contratos são as taxas DIs, conforme calculadas pela Central de Custódia e Liquidação Financeira de Títulos (CETIP/B3).

Os principais padrões de negociação de um contrato DI-Futuro definidos pela B3 são os seguintes:

- Valor Nominal (valor do contrato no vencimento): R$ 100.000,00 (R$ 1,00 × 100.000 pontos).
- Taxa de Negociação: taxa efetiva anual com base em 252 dias úteis.
- Preço Unitário (PU): consiste no preço atual de negociação do título para receber R$ 100.000,00 em seu vencimento futuro. O título é negociado (cotado no mercado) pelo seu valor nominal descontado pela taxa de juro de negociação.

A formulação básica de cálculo do preço de um contrato, expressa em PU, apresenta-se:

$$PU = \frac{100.000}{\left(1 + \dfrac{i}{100}\right)^{n/252}}$$

onde: i = taxa e juro de negociação, correspondendo ao período de vencimento do contrato;

n = intervalo de tempo, em dias úteis, desde a data de negociação (inclusive), até a data de vencimento do contrato (exclusive).

Os contratos futuros DI vencem no primeiro dia útil do mês.

Exemplo:

Um contrato futuro com prazo corrido de um mês e que contém 22 dias úteis é negociado à taxa efetiva anual *over* de 14,5% a.a.o (ao ano *over*). O valor nominal do contrato atinge a R$ 100.000,00. O PU de negociação deste ativo é calculado da seguinte forma:

$$PU = \frac{R\$\,100.000{,}00}{1{,}145^{22/252}} = \$\,98.824{,}86$$

O investidor está aplicando R$ 98.824,86 hoje para receber, após 22 dias úteis (na data de vencimento do contrato), o valor de R$ 100.000,00, que corresponde a uma taxa efetiva anual *over* de 14,5%. Se um investidor tem a expectativa de a taxa futura de juros situar-se abaixo deste percentual, irá auferir um ganho ao aplicar seus recursos (comprar PU). *Por exemplo*, se a verdadeira taxa de juros verificada no período for de 13,2% a.a.o, conforme informada pela CETIP/B3, o aplicador irá apresentar o seguinte resultado:

Valor a Receber:	R$ 100.000,00
Valor a Pagar:	
R$ 98.824,86 × $1{,}132^{22/252}$:	R$ 99.900,37
Ganho:	**R$ 99,63**

O vendedor do contrato futuro, ao contrário, estava apostando numa taxa de juro anual acima de 14,5% definida para a operação. Como o juro ficou abaixo do mínimo desejado (13,2%) apura um prejuízo de R$ 99,63/contrato.

Exercícios

1. Determinar a taxa anual efetiva de um contrato futuro de DI, com 44 dias úteis até o seu vencimento, e cujo PU de negociação atinge a R$ 98.425,13.

Solução:

$$\text{Taxa Efetiva } (i) = \left[\left(\frac{100.000{,}00}{98.425{,}13}\right)^{252/44} - 1\right] \times 100$$

Taxa Efetiva (i) = 9,52% a.a.o (ao ano *over*)

2. O quadro a seguir fornece, em determinada data, informações sobre dois contratos futuros de juros negociados na B3. Sabe-se que o valor de cada contrato no vencimento é fixado em R$ 100.000,00. Pede-se determinar a taxa efetiva anual de juro (base de 252 dias úteis) prevista em cada contrato.

Contrato	Mês de Referência	PU Médio Negociado	Número de Dias Úteis
1	janeiro	R$ 98.327,30	21
2	fevereiro	R$ 97.291,40	19

Solução:

Contrato 1

$$i_{jan.} = \left(\frac{100.000{,}00}{98.327{,}30}\right) - 1 = 1{,}70\% \text{ p/ 21 du.}$$

ou

$$i_{jan.} = \left(\frac{100.000,00}{98.327,30}\right)^{252/21} - 1 = 22,44\% \text{ a.a.o.}$$

Contrato 2

Dias Úteis: 21 + 19 = 40

$$i_{jan.-fev.} = \left(\frac{100.000,00}{98.327,30}\right) - 1 = 2,78\% \; p/40 \text{ du.}$$

ou

$$i_{jan.-fev.} = \left(\frac{100.000,00}{97.291,40}\right)^{252/40} - 1 = 18,98\% \text{ a.a.o.}$$

Essa taxa calculada com base no bimestre (jan./fev.) é conhecida no mercado como taxa *spot* (mercado à vista).

Por outro lado, o comportamento da taxa de juros pode também ser calculado com base no mês, ou seja:

Taxa Anual Referente a Fevereiro

$(1 + i_{jan.-fev.}) = (1 + i_{jan.}) \times (1 + i_{fev.})$

$(1,0278) = (1,0170) \times (1 + i_{fev.})$

$i_{fev.} = 1,062\%$ p/ 19 du.

$i_{fev.} = (1,01062)^{252/19} - 1 = 15,0\%$ a.a.o.

Essa taxa calculada com base no mês (fevereiro) é adotada no mercado como taxa *forward* (taxa a termo).

15.4 Títulos públicos

Os títulos públicos podem ser emitidos pela União, Estados e Municípios. Este capítulo dedica-se aos títulos de responsabilidade do Governo Federal, emitidos pela Secretaria do Tesouro Nacional. O objetivo é demonstrar o cálculo financeiro básico dos principais títulos públicos negociados no Brasil.[1]

A emissão de títulos públicos é uma importante alternativa de captação de recursos para o governo, constituindo a denominada Dívida Mobiliária da União. Esses papéis apresentam-se também como uma interessante oportunidade de investimentos para os aplicadores de mercado em geral, constituídos por pessoas físicas e jurídicas.

O investidor não é obrigado a manter o título público até o seu vencimento. Se desejar, pode negociar os títulos adquiridos a qualquer momento, normalmente oferecendo algum deságio. O mercado de títulos públicos vem crescendo bastante no Brasil, sendo atualmente um dos principais papéis que compõem a carteira de fundos de investimentos.

Os títulos públicos oferecem remuneração a partir de taxas de juros prefixadas ou pós-fixadas, podendo o resgate prever atualização por algum índice de mercado, ou até mesmo correção cambial.

Os títulos públicos federais, emitidos pela Secretaria do Tesouro Nacional, são considerados os investimentos mais seguros, sendo garantidos pelo Governo, sugerindo reduzida possibilidade de inadimplência.

A negociação primária dos títulos públicos pode se realizar por: (a) oferta pública através de leilão; (b) oferta pública direta (sem leilão), também conhecida por Tesouro Direto; (c) emissão e colocação visando atender a algum objetivo específico previsto em lei.

Os principais títulos de responsabilidade do Tesouro Nacional são:

- Letras Financeiras do Tesouro – LFT (Tesouro Selic)
- Letras do Tesouro Nacional – LTN (Tesouro Pré)
- Notas do Tesouro Nacional – NTN

As características básicas desses títulos são apresentadas no Quadro 15.1.

Recentemente, esses títulos tiveram suas denominações alteradas, passando a ser classificados e conhecidos como mostrado no Quadro 15.2.

15.4.1 Marcação a Mercado (MaM)

Representa o ajuste do preço de um título ao seu valor (cotação) de mercado. Com a MaM, o valor de um título, ou de uma carteira de títulos, reflete quanto o investidor efetivamente receberia caso os papéis fossem vendidos naquela data. Indica, em outras palavras, o preço de um título caso fosse negociado (compra ou venda) naquele instante. Caso os juros de mercado subam ou diminuam os preços dos títulos públicos de renda fixa (prefixados), devem ser ajustados (reprecificados) de maneira a contemplar a nova remuneração aos investidores que adquirirem o título após essa alteração nas taxas. Para o investidor detentor desse título, ocorrerá prejuízo ou ganho somente se decidir vender antes de seu vencimento. Caso decida manter o papel até seu vencimento, irá receber o valor definido previamente.

Por exemplo, um título público de valor nominal de \$ 1.000,00 e prazo de três anos, adotando uma taxa de juros prefixada de 10% a.a., tem seu valor atual calculado em:

PU = \$ 1.000,00/$(1,10)^3$ = \$ 751,31.

Se as taxas de juros subirem para 12% a.a., por exemplo, o valor de mercado do título se reduz para:

PU = \$ 1.000,00/$(1,12)^3$ = \$ 711,78, apurando um prejuízo.

[1] As características dos cálculos operacionais dos títulos públicos federais, conforme desenvolvidas neste capítulo, foram obtidas, em sua essência, do documento COM (CÓDIGO OPERACIONAL DO MERCADO), elaborado pela ANDIMA e disponível em: www.andima.com.br.

Quadro 15.1 *Principais características dos títulos públicos federais*

Título	Valor Nominal	Rendimento	Pagamento dos Juros	Taxa de Juros
LTN – Letras do Tesouro Nacional	– Múltiplo de R$ 1.000,00 – Não há atualização	Deságio sobre o valor nominal	Não há	–
LFT – Letras Financeiras do Tesouro	– Múltiplo de R$ 1.000,00 – Atualizações pela taxa Selic desde a data-base	Pós-fixado (taxa Selic)	Não há	–
NTN-F – Notas do Tesouro Nacional Série F	– Múltiplo de R$ 1.000,00 – Não há atualização	Deságio sobre o valor nominal	Semestral	Definida quando da emissão do título
NTN-B – Notas do Tesouro Nacional Série B	– Múltiplo de R$ 1.000,00 – Atualizações pelo IPC-A desde a data-base	Pós-fixado	Semestral	Definida quando da emissão do título
NTN-C – Notas do Tesouro Nacional Série C	– Múltiplo de R$ 1.000,00 – Atualizações pelo IGP-M desde a data-base	Pós-fixado	Semestral	Definida quando da emissão do título
NTN-D – Notas do Tesouro Nacional Série D	– Múltiplo de R$ 1.000,00 – Atualizações pela variação da cotação do dólar dos EUA	Pós-fixado	Semestral	Definida quando da emissão do título

Quadro 15.2 *Nova denominação dos títulos federais*

TÍTULOS PREFIXADOS	
Denominação Antiga	Denominação Atual
Letra do Tesouro Nacional (LTN)	Tesouro prefixado
NTN-F com juros semestrais	Tesouro prefixado com juros semestrais
TÍTULOS PÓS-FIXADOS INDEXADOS AO IPC-A	
NTN-B Principal	Tesouro IPC-A +
NTN-B	Tesouro IPC-A + com juros semestrais
TÍTULOS PÓS-FIXADOS INDEXADOS AO IGP-M	
NTN-C	Tesouro IGP-M com juros semestrais
TÍTULOS PÓS-FIXADOS INDEXADOS À TAXA SELIC	
Letra Financeira do Tesouro (LFT)	Tesouro Selic

Se os juros caírem para 8% a.a., por exemplo, o valor do título sobre para:

PU = \$ 1.000,00/$(1,08)^3$ = \$ 793,83, apurando um lucro

Caso o investidor decida manter o título até o seu vencimento (três anos), irá receber exatamente os \$ 1.000,00 de valor nominal prometidos em sua emissão, independentemente de sua marcação a mercado.

Em cenários de alta dos juros, os títulos prefixados sofrem desvalorização, perda de seu valor. De forma contrária, se as taxas de juros de mercado caírem, o título é valorizado, aplicando-se uma marcação positiva. Se o investidor vender o título antes de seu vencimento, irá auferir um ganho.

A marcação a mercado pelas instituições financeiras tornou-se obrigatória no Brasil por Circular do Banco Central, oferecendo ao investidor maior transparência do capital aplicado, precificando os títulos de maneira mais próxima da realidade.

15.4.2 Principais medidas dos títulos públicos

- **Valor (preço) de Mercado:** Valor de negociação do título no mercado. Preço que o investidor irá pagar em caso de adquirir (investir) o título.
- **Valor de Face ou Valor Nominal:** valor de resgate do título na data de seu vencimento.
- **Data de Vencimento:** momento previsto para resgate do título, recebendo o investidor seu valor de face, conforme definido em sua emissão.

  Quando o investidor permanece até o vencimento do título, receberá exatamente o seu valor de face. Caso negocie o papel antes da data de vencimento, o valor a ser recebido é o do mercado.

- **Cupom:** para os títulos que pagam juros periódicos ao investidor, o cupom representa o valor dos juros. Os juros são definidos como uma porcentagem calculada sobre o valor nominal do título, sendo a taxa prevista em sua emissão. O percentual previsto de juro é denominado *taxa do cupom.*
- **Valor Nominal Atualizado (Ajustado):** alguns títulos públicos são corrigidos por índices de preços (IPC-A, IGP-M), como o Tesouro IPC-A e Tesouro IGP-M, ou pela taxa Selic, como o

Tesouro Selic. Esses papéis têm seu valor nominal corrigido desde a *data-base*, geralmente a data da emissão do título, até a data de sua liquidação no mercado. A correção desses títulos é feita pelo seu próprio indexador. A Secretaria do Tesouro Nacional divulga o Valor Nominal Atualizado (VNA) de alguns títulos.

15.5 Tesouro Prefixado (LTN)

Principais características:

Prazo – definido quando da emissão do título.

Remuneração – título prefixado. Não prevê pagamento de juros, sendo negociado com deságio sobre o valor nominal.

Valor Nominal – Valor de resgate no vencimento. Definido em múltiplo de R$ 1.000,00. O principal é resgatado na data de vencimento.

Negociação no Mercado Secundário – a taxa utilizada na negociação do Tesouro Pré é a taxa efetiva anual, apurada com base em 252 dias úteis, conforme estudada no Capítulo 6 (item 6.2.3). Desta forma, o prazo do título é também definido em dias úteis.

Formulações

$$\text{Taxa Efetiva Anual no Período} = \left[\left(\frac{N}{PU}\right) - 1\right] \times 100$$

$$\text{Preço unitário (PU)} = \frac{N}{(1+i)^{du/252}}$$

onde: *N*: Valor nominal (resgate) do título

PU: Preço unitário de compra do título

i: Taxa de retorno exigida

$$\text{Taxa Efetiva Anual } Over = \left[\left(\frac{N}{PU}\right)^{\frac{252}{du}} - 1\right] \times 100$$

onde: **du**: número de dias úteis a decorrer do título, definido pelo intervalo de tempo entre a data de liquidação (inclusive) e a data de vencimento (exclusive).

252: número de dias úteis do ano, conforme definição do Banco Central do Brasil.

O diagrama de fluxo de caixa de um Tesouro Prefixado é apresentado na Figura 15.1.

Figura 15.1 *Diagrama de fluxo de caixa de um Tesouro Prefixado*

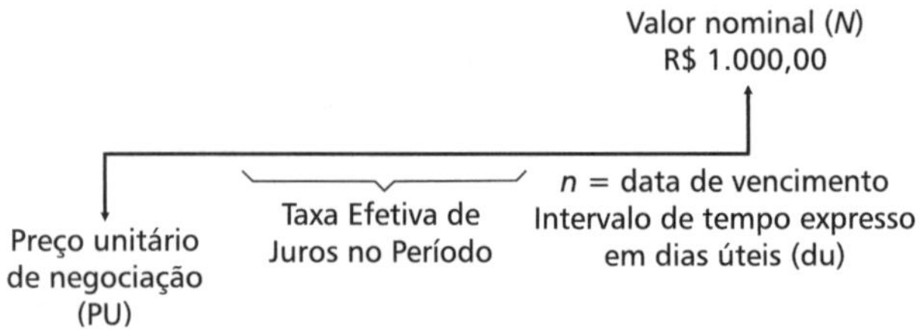

15.5.1 Exemplos: leilão primário de Tesouro Prefixado (LTN)

1. Admita que o Banco Central divulgue os seguintes resultados de um leilão primário de Tesouro Prefixado (LTN):

- Valor Nominal do Título: R$ 1.000,00
- PU Médio: R$ 712,396460
- Dias Úteis: 598
- Dias Corridos: 880

Pede-se calcular a taxa efetiva de juro no período e a taxa efetiva *over* anual.

Solução:

a) *Taxa Efetiva de Juro no Período*

$$\text{Taxa} = \frac{1.000,00}{712,396460} - 1 = 40,37\% \text{ no periodo}$$

b) *Taxa Efetiva* Over *Anual*

$$\text{Taxa} = \left[\left(\frac{1.000,00}{712,396460}\right)^{\frac{252}{598}} - 1\right] \times 100$$

$$= 15,36\% \text{ a.a.o}$$

(a.a.o: ao ano *over*).

2. Admita que uma instituição financeira tenha adquirido um lote de Tesouro Pré no mercado primário. O prazo do título é de 108 dias corridos, correspondendo a 76 dias úteis. A instituição define uma taxa *over* anual de 11,8% para o negócio. Pede-se calcular o PU (preço unitário) que a instituição deve oferecer no leilão.

Solução:

Representação gráfica do investimento:

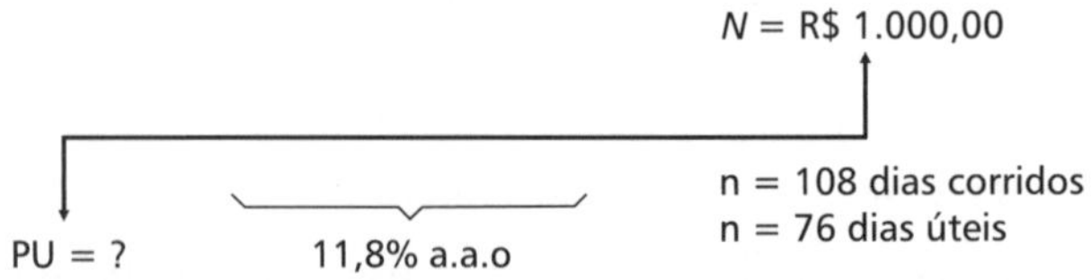

O PU é calculado, para uma determinada data, pelo valor presente dos fluxos de caixa esperados do título, ou seja:

$$PU = \left[\frac{N}{\left(1+\frac{Taxa}{100}\right)^{\frac{du}{252}}} \right]$$

$$PU = \left(\frac{1.000,00}{(1,118)^{76/252}} \right) = R\$\ 966,920053$$

Este preço de compra, se aceito no leilão dos títulos, irá propiciar uma taxa de retorno de 3,42% no período da aplicação, ou seja:

$$\text{Taxa de retorno} = \frac{N = R\$\ 1.000,00}{PU = R\$\ 966,920053} - 1 =$$
$$= 3,42\% \text{ ao período.}$$

15.5.2 Exemplos: mercado secundário de Tesouro Prefixado (LTN)

1. Admita um Tesouro Pré negociado no mercado secundário em 6/5 de determinado ano, à taxa de 10,7% a.a. Da data da negociação até o vencimento são computados 420 dias úteis. Pede-se determinar o preço unitário de compra (PU) do título.

Solução:

$$PU = \frac{R\$\ 1.000,00}{(1,107)^{420/252}} = R\$\ 844,151957$$

Na negociação do Tesouro Pré no mercado secundário, é considerado o prazo a decorrer em dias úteis. A operação é registrada no Selic – Sistema Especial de Liquidação e Custódia em PU (Preço Unitário).

2. Um investidor adquire um Título Tesouro Prefixado pelo preço unitário (PU) de R$ 931,314852. O prazo do título é de 127 dias úteis. Pede-se calcular:
   a) taxa efetiva de juro auferida pelo investidor no período da aplicação;
   b) taxa *over* efetiva anual.

Solução:

a) $$EFE(i) = \frac{R\$\ 1.000,00}{R\$\ 931,314852} - 1$$
$$= 7,375\% \text{ a.p. (no periodo)}$$

b) $i(over) = (1,07375)^{252/127} - 1 = 15,16\%$ a.a.o

3. Admita um Tesouro Pré negociado no mercado com as seguintes informações:
   - Data de vencimento: 1º-10-20x7
     Data de compra: 25-7-20x5
     Data de liquidação: 28-7-20x5
   - Taxa de retorno: 12,4640% a.a. (base: 252 du)
   - Dias úteis entre a data de liquidação do papel (28-7-20x5) e a data de vencimento (1º-10-20x7) = 529 du.

   Pede-se calcular:
   a) Preço de negociação (PU) do título

Solução:

$$PU = \frac{\$\ 1.000,00}{(1,124640)^{529/252}} = \$\ 781,469590$$

b) Demonstrar o cálculo da taxa de juro (retorno) do título.

Solução:

$$\text{Taxa}(i) = \left[\left(\frac{1.000,00}{781,469590} \right) - 1 \right] \times 100 =$$
$$= 27,9640\%\ p/529 \text{ du.}$$
$$\text{Taxa}(i) = \left[(1,279640)^{\frac{252}{529}} - 1 \right] \times 100 =$$
$$= 12,4640\% \text{ a.a.o}$$

15.6 Tesouro Selic (LFT)

O *Tesouro Selic*, denominação atual da Letra Financeira do Tesouro (LFT), é um título com rentabilidade pós-fixada emitido pelo Tesouro Nacional. O prazo de vencimento do título é definido quando de sua emissão, e não prevê pagamentos de juros. O valor nominal é R$ 1.000,00, sendo atualizado pela taxa média calculada no Selic, em operações com títulos públicos. O principal do título é resgatado na data de vencimento. A rentabilidade deste título é atrelada à taxa Selic.

Valor Nominal Atualizado – VNA – Valor nominal atualizado pela variação da taxa média Selic desde a data-base (inclusive) e a data de liquidação (exclusive). Este fator de atualização é divulgado pelo BACEN.

A *data-base* do título é a data de referência utilizada na atualização de seu valor nominal. Esta data pode ser anterior à data de emissão do título.

No mercado secundário a negociação do título processa-se com base em 252 dias úteis (taxa *over* ao ano).

Principais características:

Prazo: definido quando da emissão do título.

Remuneração: o título não prevê remuneração por pagamento de juros. É um papel com tipo de rentabilidade pós-fixada. O fator de remuneração do título é a taxa Selic, sendo do tipo *floating rate*.

O principal e os rendimentos são resgatados somente na data de vencimento do título.

Valor nominal: definido em múltiplo de R$ 1.000,00. Valor nominal é atualizado pela taxa média ajustada dos financiamentos no Selic, para títulos federais. Na negociação do título, a taxa utilizada é a rentabilidade ao ano, baseada em 252 dias úteis. A data-base do título é a data que serve de referência para atualização do valor nominal.

Exemplo Ilustrativo:

Admita um investimento no Tesouro Selic de Valor Nominal Atualizado (VNA), conforme divulgado pela Anbima, igual a $ 4.100,00. O VNA indica o valor do título no momento atual (caso seu vencimento fosse hoje).

O valor de resgate do título no vencimento é de $ 4.887,20, calculado pela variação da taxa Selic de 19,2% no período (Resgate = $ 4.100,00 × 1,192). O prazo da aplicação (data da aquisição do título até a data de resgate) é de 541 dias úteis.

Graficamente:

Compra — Valor Resgate: $ 4.887,20

$ 4.100,00 — Prazo 541 du — Vencimento

$$\text{Rentabilidade da Aplicação} = \frac{\$\ 4.887,20}{\$\ 4.100,00} - 1$$
$$= 19,2\%\ \text{p/541 du}$$

$$\text{Taxa Efetiva Anual} = (1,192)^{252/541} - 1 = 8,52\%\ \text{a.a.o.}$$

A rentabilidade para o período de investimento (541 du) foi de 19,2%, e a equivalente ao ano, de 8,52%. A rentabilidade do período foi igual a variação da taxa Selic considerando que o título foi negociado ao par.

15.6.1 Cálculo da cotação do Tesouro Selic

Estando em 12,0% a.a. a taxa Selic, *por exemplo*, e desejando um investidor obter uma rentabilidade de 12,30% no período, pede-se calcular a cotação do título Tesouro Selic que apure esta taxa de retorno requerida.

Solução:

$$\left[\frac{1,123}{1,120} - 1\right] \times 100 = 0,267857\%\ \text{a.a.}$$

Esta é a taxa de juros que, juntamente com a atualização pela taxa Selic projetada de 12,0% a.a., oferece uma rentabilidade efetiva de 12,30% a.a. ao investidor. Representa, em outras palavras, um acréscimo ao valor de face do título – fator de remuneração – para que promova a taxa de retorno desejada de 12,30% a.a. Caso a rentabilidade efetiva aceita pelo investidor seja superior à taxa Selic, tem-se um fator de desconto sobre o valor nominal.

No *exemplo ilustrativo*, admitindo-se ser de 380 dias úteis o prazo do título Tesouro Selic, a cotação do título atinge a:

$$\text{Cotação} = \frac{\text{Cotação Cheia} = 100,0}{1,00267857^{380/252}}$$
$$= 99,597441$$

Logo:

$$\text{Cotação} = 99,597441\%$$

- De maneira inversa, com a cotação do Tesouro Selic pode-se apurar a rentabilidade exigida pelo investidor acima da taxa Selic, ou seja:

$$\text{Rentabilidade} = \left[\left(\frac{100,0}{99,597441}\right)^{\frac{252}{380}} - 1\right] \times 100$$
$$= 0,267857\%\ \text{a.a.o}$$

Observe que, em razão de a remuneração adicional esperada pelo investidor ser geralmente reduzida, a cotação do título é bastante próxima da taxa Selic (perto de 100%).

Este percentual calculado reflete a taxa de *spread* de crédito definida pelo mercado para os títulos com diferentes vencimentos. Esta taxa é geralmente divulgada ao mercado.

15.6.2 Cálculo do acréscimo ao valor de face – Tesouro Selic

Admita as informações abaixo referentes à cotação média de um título Tesouro Selic, conforme divulgada pelo Banco Central:

- Valor de Face (Nominal): R$ 1.000,00
- Cotação Cheia: 100,0% do valor nominal
- Cotação Média: 99,3455%
- Dias Úteis de Emissão do Título: 2.442

Pede-se apurar o acréscimo sobre o valor de face, a taxa de retorno (a.a.o) e o PU (Preço Unitário) do título.

Solução:

- $\text{Acréscimo} = \dfrac{\text{Cotação Cheia} = 100,0}{\text{Cotação Média} = 99,3455}$

$$= 1,006588$$

A partir deste acréscimo, é possível apurar-se a rentabilidade média em taxa *over* efetiva anual, ou seja:

- Retorno Médio = $[(1,006588)^{252/2.442} - 1] \times 100$

  Retorno Médio = 0,067785% a.a.o (ao ano *over*)

Desta forma, pode ser sugerida a seguinte formulação de cálculo para a rentabilidade de uma LFT (Tesouro Selic):

$$\frac{\text{Rentabilidade}}{(\text{% a.a.o})} = \left[\left(\frac{\text{Cotação Cheia} = 100,0}{\text{Cotação Média}}\right)^{\frac{252}{du}} - 1\right] \times 100$$

Utilizando a formulação com os dados do exemplo, tem-se:

$$\text{Rentabilidade} = \left[\left(\frac{100,0}{99,3455}\right)^{\frac{252}{du}} - 1\right] \times 100$$

$$= 0,067787\% \text{ a.a.o}$$

- O Preço Unitário (PU) do título é calculado pelo produto da cotação do título (%) e o seu valor nominal, ou seja:

PU = cotação (%) × Valor Nominal ($)

Substituindo os valores:

PU = 99,3455% × R$ 100.000,00

PU = R$ 99.345,50

15.6.3 Cálculo do valor de mercado do Tesouro Selic – mercado secundário

O valor de mercado (PU a mercado) de um Tesouro Selic é desenvolvido pela seguinte formulação:

$$PU_{MaM} = \left[\left(\frac{VNA}{(11+i_s)^{\frac{DU}{252}}} - 1\right)\right] \times 100$$

onde:

VNA = valor nominal atualizado. A correção tem por base a variação da Selic nos dias úteis entre a data de emissão do título (data-base) e a data de avaliação (precificação). O VNA é calculado por meio da seguinte formulação:

$$VNA = 1.000,00 \times \sum_{i=1}^{n} (1 + \text{Selic})^{1/252}$$

O VNA é o produto do preço de emissão (PU = 1.000,00) corrigido pela taxa acumulada da Selic. Este valor atualizado é divulgado pelo Banco Central;

n = número de dias decorridos entre a data de emissão (ou data-base) e a data de precificação;

i_s = *spread* do papel definida pelo mercado. Taxa de retorno exigida pelo investidor acima da taxa Selic;

du = número de dias úteis existente da data de precificação do título até a sua data de vencimento;

PU_{MaM} = valor de mercado da LFT. Calculado pelo seu valor nominal atualizado (VNA) atualizado a valor presente aplicando a taxa de *spread* de crédito do título.

Exercício Ilustrativo

Admita um Tesouro Selic com prazo de 532 dias úteis até o seu vencimento. A taxa de *spread* para o título no mercado é de 0,273498% a.a., e a taxa Selic acumulada no período (532 du) atingiu a 21,924366%.

Pede-se calcular o valor nominal atualizado (VNA) e o valor a mercado (PU_{MaM}) do título.

Solução:

- Valor nominal atualizado (VNA)

VNA = 1.000,00 × 1,21924366 = R$ 1.219,243660

- Valor a mercado do Tesouro Selic (PU_{MaM})

$$PU_{MaM} = \frac{1.219,243660}{(1,00273498)^{\frac{532}{252}}} =$$

$$= R\$\, 1.212,233772$$

A precificação do título no mercado incorpora seu valor nominal atualizado (VNA) pela variação da Selic acumulada no prazo entre a data-base (emissão) e a data de precificação, acrescido do *spread* do papel conforme praticado pelos investidores.

15.7 Tesouro Prefixado com Juros Semestrais (NTN-F)

Principais características do título:

Prazo – Definido quando da emissão do título.

Remuneração – O título não sofre atualização de seu valor nominal. O título prevê pagamentos semestrais de juros, através de cupons, calculados sobre o valor nominal (R$ 1.000,00). A taxa de juros é definida quando da emissão do título, em porcentagem ao ano, e calculada sobre seu valor nominal.

Importante: o primeiro cupom de juros deve pagar os rendimentos totais previstos para o semestre, independente da data de liquidação da compra do título.

O pagamento do último cupom de juros ocorre na data de resgate do principal do título.

O principal é resgatado no vencimento.

Título Pré × Título Pré com Juros – A principal diferença entre o Tesouro Prefixado com juros semestrais e o Tesouro Prefixado (antiga LTN) são os pagamentos semestrais de juros previstos. O Tesouro Prefixado não prevê pagamentos de juros, oferecendo como rendimento o deságio no valor nominal do título. O título pré com juros semestrais promete um fluxo de pagamentos de cupons de juros, além de eventual ágio ou deságio sobre o valor nominal do título.

Valor Nominal – O valor nominal do título é definido em R$ 1.000,00. O título é resgatado pelo seu valor nominal, em parcela única, em sua data de vencimento. O Tesouro Prefixado com juros semestrais não sofre atualização do valor nominal.

Negociação – Para a contagem do prazo do título, é geralmente utilizado o critério de dias úteis entre as taxas, contemplando um ano de 252 dias úteis.

Formulações

$$\text{Taxa de Juros do Cupom no Semestre} = \left[(1+i)^{\frac{1}{2}} - 1\right] \times 100$$

onde: i = taxa de juro anual definida no edital de leilão da NTN-F.

O fluxo de caixa representativo da Nota do Tesouro Nacional Série F, para um prazo de dois anos, é apresentado na Figura 15.2.

Figura 15.2 *Fluxo de caixa da Nota Série F*

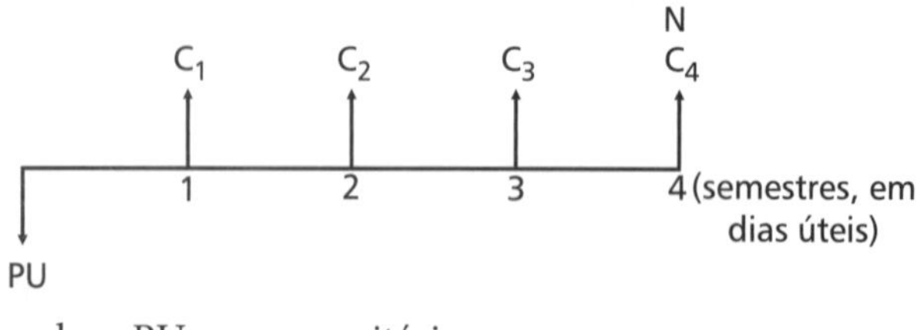

onde: PU: preço unitário;

N: valor nominal do título;

$C_1 \dots C_4$: valor do juro (cupom) previsto para cada período, de acordo com a taxa definida no leilão.

15.7.1 Cálculo do PU – Tesouro Prefixado com Juros

O preço unitário de um *Tesouro Pré com Juros* é determinado pelo valor presente dos pagamentos previstos, juros e principal, descontados pela taxa de retorno requerida pelo investidor. Conforme observado, o intervalo entre a data de liquidação e a data de pagamento é definido em dias úteis.

Para *ilustrar* essa operação, é calculado a seguir o PU do título admitindo uma taxa efetiva anual de juros de 12,2% e cupom de 6% ao ano, de acordo com o que ficou definido no edital de leilão do título. O número de dias úteis de cada parcela é apresentado no fluxo de caixa a seguir:

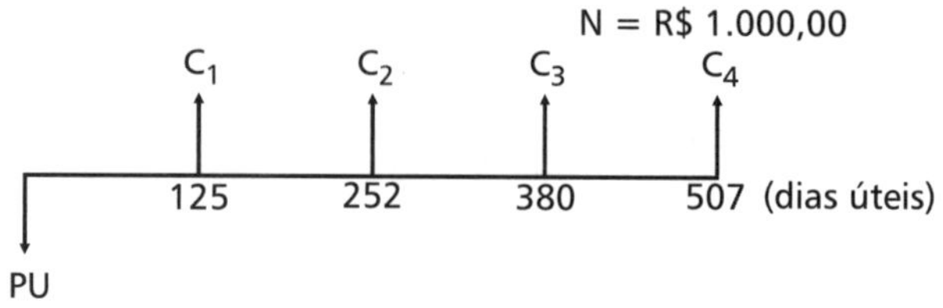

$$\text{Valor do Cupom (C)} = R\$\ 1.000,00 \times [(1,06)^{1/2} - 1] = R\$\ 29,56$$

O PU do título é calculado da seguinte forma:

$$PU = \left[\frac{29,56}{1,122^{125/252}} + \frac{29,56}{1,122^{252/252}} + \frac{29,56}{1,122^{380/252}} + \frac{29,56}{1,122^{507/252}} + \frac{1.000,00}{1,122^{507/252}}\right]$$

PU = R$ 895,830265

O investidor, ao adquirir o título pelo PU calculado de R$ 895,830265, aufere uma rentabilidade efetiva (taxa interna de retorno) de 12,2% ao ano.

15.7.2 Operação de leilão primário de Tesouro Prefixado com Juros Semestrais

Para o desenvolvimento da operação completa de leilão primário de um Tesouro Pré com juros, admita as seguintes informações divulgadas pelo Banco Central:[2]

- Valor nominal: R$ 1.000,00.
- Prazo de emissão: 1.477 dias corridos, correspondendo a 1.013 dias úteis.
- Juros: 10% a.a., equivalendo a: 4,880885% a.s.
- Data de emissão: 16-12-2005.
- Data de resgate: 1-1-2010.
- Preço unitário do título (PU) = R$ 881,275128.
- As datas dos pagamentos e respectivos valores previstos neste leilão de NTN-F são apresentados no Quadro 15.3, conforme divulgados pelo Banco Central.

[2] Para ilustrar o lançamento, utilizou-se de informações divulgadas pelo Banco Central e disponíveis em: www.andima.com.br (COM – Código Operacional de Mercado).

Quadro 15.3 *Leilão de NTN-F*

	Datas	Dias Corridos	Dias Úteis	Pagamentos
Juros – 1ª parcela	2-1-2006	17	11	48,808850
Juros – 2ª parcela	3-7-2006	199	135	48,808850
Juros – 3ª parcela	2-1-2007	382	260	48,808850
Juros – 4ª parcela	2-7-2007	563	384	48,808850
Juros – 5ª parcela	2-1-2008	747	510	48,808850
Juros – 6ª parcela	1-7-2008	928	633	48,808850
Juros – 7ª parcela	2-1-2009	1.113	764	48,808850
Juros – 8ª parcela	1-7-2009	1.293	886	48,808850
Principal + juros	4-1-2010	1.480	1.014	1.048,808850

O Banco Central divulga o PU com arredondamento de seis casas decimais e a taxa efetiva anual de juros com três casas decimais.

Para negociação dos títulos no mercado secundário, é utilizada a taxa efetiva anual, base em 252 dias úteis. Os prazos de pagamentos dos juros e do principal são também baseados em dias úteis.

Observe que, conforme previsto nos procedimentos comentados do título, a primeira parcela de juros é paga contemplando integralmente os juros do semestre, independentemente da data em que o título foi emitido.

São efetuados, a seguir, cálculos dos principais resultados deste leilão.

- *Juros Semestrais*

Os juros previstos em cada semestre são calculados seguindo a formulação apresentada:

$$\text{Juros semestrais} = N \times [(1 + i)^{1/2} - 1]$$

$$\text{Juros semestrais} = R\$\ 1.000{,}00 \times [(1{,}10)^{1/2} - 1] = R\$\ 48{,}808850$$

- *Taxa Efetiva de Juros – Dias Corridos*

A taxa efetiva anual oferecida por este título é calculada pela metodologia da taxa interna de retorno (IRR), ou seja:

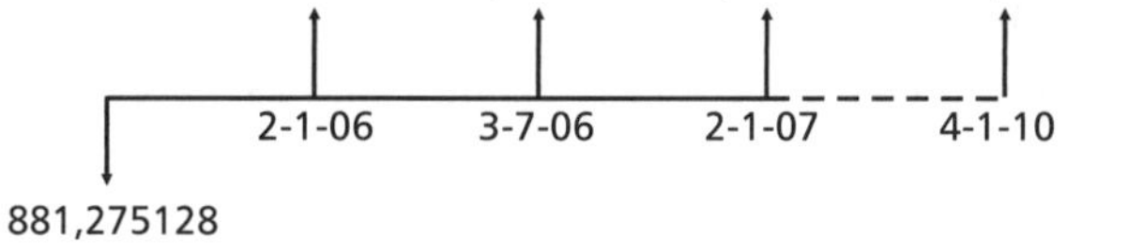

$$881{,}275128 = \left[\frac{48{,}808850}{1+i} + \frac{48{,}808850}{(1+i)^2} + \ldots + \frac{1.048{,}808850}{(1+i)^9}\right]$$

Com o auxílio de planilhas financeiras do tipo Excel é calculada:[3]

IRR(i) = 6,678% a.s., que equivale a 13,803% a.a. (taxa composta)

Esta taxa efetiva de 13,803% a.a. considera pagamentos de juros em intervalos semestrais de 180 dias cada. Ou seja, é a taxa efetiva de juros para dias corridos.

- *Taxa Efetiva de Juros – Dias Úteis*

Pelas características de negociação do título, é necessário que os fluxos de caixa sejam expressos em dias úteis. Assim:

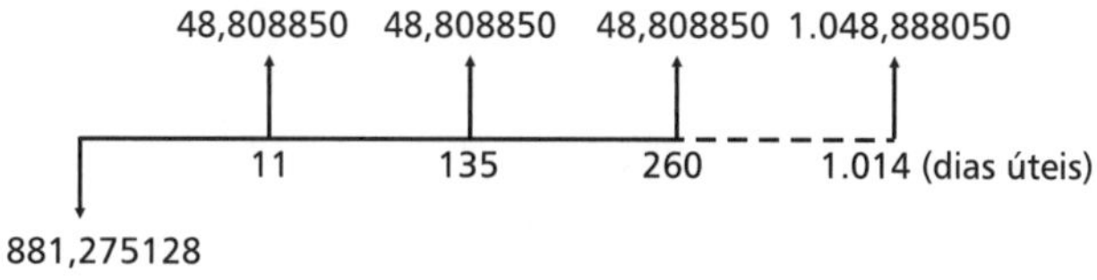

$$881{,}275128 = \left[\frac{48{,}808850}{(1+i)^{11/252}} + \frac{48{,}808850}{(1+i)^{135/252}} + \ldots + \frac{1.048{,}808850}{(1+i)^{1.014/252}}\right]$$

Calculando-se:

IRR(i) = 16,007% a.a.*

Foi através desta taxa efetiva de 16,007% a.a., base em dias úteis, que os fluxos de caixa do título foram descontados para se chegar em seu preço unitário (PU) médio de R$ 881,275128, conforme divulgado pela autoridade monetária. Esta taxa base em dias úteis torna-se, ainda, referência para negociações no mercado secundário. Os procedimentos de cálculo deste título no mercado secundário são similares ao apresentado no leilão primário.

---

[3] Para a utilização de calculadora financeira nas diversas operações, sugere-se: ASSAF NETO, Alexandre; LIMA, F. Guasti. *Investimentos no mercado financeiro usando a calculadora HP 12-C*. 4. ed. São Paulo: Inside Atlas, 2020.

15.8 Tesouro IGP-M e IPC-A com Juros Semestrais

Principais características:

Prazo – definido quando da emissão do título.

Remuneração – taxa de juros definida quando da emissão do título, prevendo pagamentos de cupons semestrais.

As datas de pagamento dos juros são definidas de forma retrospectiva a cada seis meses a partir da data de vencimento do título.

Valor Nominal – valor nominal na data-base é de R$ 1.000,00. O valor nominal do Tesouro IPC-A é atualizado pelo Índice de Preço ao Consumidor Amplo (IPC-A), e o Tesouro IGP-M é atualizado pelo Índice Geral de Preço de Mercado (IGP-M).

O resgate dos títulos ocorre na data de vencimento.

Os títulos (IGP-M e IPC-A) podem ser representados pelo seguinte diagrama de fluxo de caixa para um investidor:

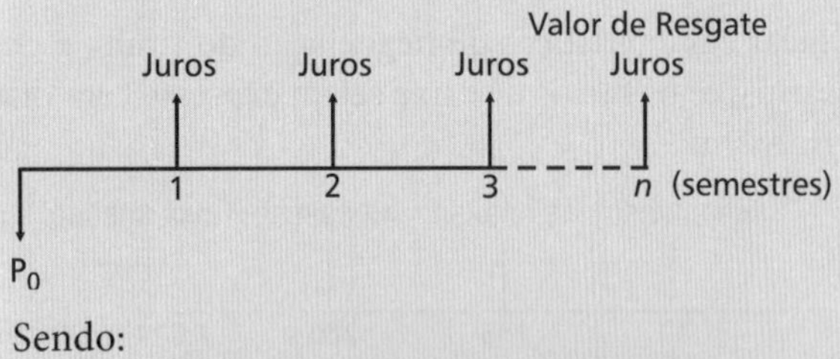

Sendo:

$$\text{Valor de resgate} = \text{R\$ } 1.000,00 \ \sum_{j=1}^{n}(1+I_j)$$

onde: I_j: taxa de inflação semestral.

Negociação – tanto no leilão primário, como no mercado secundário, a taxa de juro utilizada é a taxa efetiva anual, calculada com base em 252 dias úteis. Desta forma, os intervalos entre as datas são calculados em dias úteis.

Data-base – data de referência para correção do valor nominal da NTN, podendo ocorrer em data diferente da data de emissão.

Pagamento dos juros – semestralmente. O pagamento do primeiro cupom de juros calcula o total dos juros previstos para o semestre, independentemente da data da compra (e liquidação) do título.

15.8.1 Negociação do Tesouro IPC-A no mercado secundário

Admita um investidor que esteja avaliando adquirir um título do Tesouro IPC-A com pagamentos semestrais de juros (antiga NTN-B) no mercado. A taxa de juro definida para o título (remuneração mínima exigida) é de 9% a.a. (base de 252 dias úteis), mais atualização monetária pelo IPC-A.

O fator de atualização informado entre a data-base e a data de liquidação do título é de 1,0450. O título prevê quatro pagamentos semestrais de juros equivalentes a uma taxa efetiva de 6% a.a. Os intervalos entre as datas de pagamentos são:

1ª parcela de juros – 125 dias úteis.

2ª parcela de juros – 252 dias úteis.

3ª parcela de juros – 380 dias úteis.

4ª parcela de juros – 507 dias úteis.

A metodologia de avaliação do Tesouro IPC-A e IGP-M é similar à desenvolvida anteriormente para o Tesouro Prefixado.

- *Cálculo da cotação (%)*

– Valor dos Juros Semestrais = R$ 1.000,00 × $[(1{,}06)^{1/2} - 1]$

Juros Semestrais = R$ 29,5630

– Valor Presente (PV) do Título:

$$PV = \frac{29{,}5630}{1{,}09^{125/252}} + \frac{29{,}5630}{1{,}09^{252/252}} + \frac{29{,}5630}{1{,}09^{380/252}} + \frac{1.029{,}5630}{1{,}09^{507/252}}$$

$PV = 947{,}082349$

– Cotação (%) = $\dfrac{947{,}082349}{1.000{,}00} = 94{,}708235\%$

- *Cálculo do PU*

PU = Valor Nominal Atualizado (VNA) × Cotação (%)

Valor Nominal Atualizado (VNA) = R$ 1.000,00 × 1,0450
= R$ 1.045,00

PU = 1.045,00 × 94,708235% = R$ 989,701056

15.8.2 Cotação do Tesouro Indexado

Admita que em 15-7-2009 seja negociado no mercado um Tesouro IPC-A com vencimento para 15-12-2015. O número de dias úteis previsto para o período é de 1.589, sendo contados da data de liquidação (inclusive) até a data de venda do título (exclusive).

O valor nominal atualizado (VNA) do título em 15-7-2009 estava fixado em R$ 1.412,790810, e os juros oferecidos pelo título, de 7,32% ao ano.

Pede-se determinar a cotação (%) e o preço do mercado (em R$) do título.

- *Cotação do título*

$$\text{Cotação} = \frac{100}{(1+i)^{du/252}}$$

$$\text{Cotação} = \frac{100}{(1{,}0733)^{1.589/252}}$$

Cotação = 64,015658 (64,015658% de seu valor nominal)

- *Preço de mercado*

Preço = VNA × cotação

Preço = R$ 1.412,790810 × 64,015658%

Preço = R$ 904,407330

15.9 Notas do Tesouro Nacional Série D - NTN-D (Tesouro com Variação Cambial)

Principais características:

Prazo - definido quando da emissão do título.

Remuneração - pagamentos semestrais de juros calculados sobre o valor nominal atualizado. O juro é normalmente definido em taxa nominal anual (base 360 dias corridos).

Valor Nominal - atualizado pela variação cambial. Título é referenciado pela variação da cotação do dólar norte-americano. O resgate ocorre na data de vencimento.

Data-base - é a data de referência para atualização do valor nominal.

Leilão Primário - a liquidação do título é feita na forma de PU. No leilão primário é usado o critério de contagem de dias corridos entre as datas, considerando sempre o ano comercial de 360 dias corridos e o mês de 30 dias corridos. O Banco Central divulga os resultados do leilão na forma de cotação e taxa nominal anual, na forma de yield to maturity - YTM, conforme estudado no Capítulo 11.

Mercado Secundário - a forma de negociação usada é também a Yield to Maturity - YTM. Da mesma forma, considera-se na negociação o prazo em dias corridos (ano comercial).

15.9.1 Leilão primário de NTN-D

Admita que o Banco Central tenha divulgado as seguintes informações de um leilão de NTN-D:[4]

- Valor nominal: R$ 1.000,00
- Cotação média: 99,8555%
- Juros do título: 12% a.a. (taxa nominal)
- Prazo: 580 dias corridos
- Data de emissão: 4-10-20x1
- Data de liquidação: 17-10-20x2
- Data da 1ª parcela de juros: 7-11-20x2
- Data de resgate (vencimento): 7-5-20x3

- *Cálculo dos Juros Semestrais*

$$\text{Taxa semestral} = \frac{12\%}{2} = 6{,}0\%\ \text{a.s.}$$

Juros semestrais = 6,0% × R$ 1.000,00
= R$ 60,00

- *Representação Gráfica*

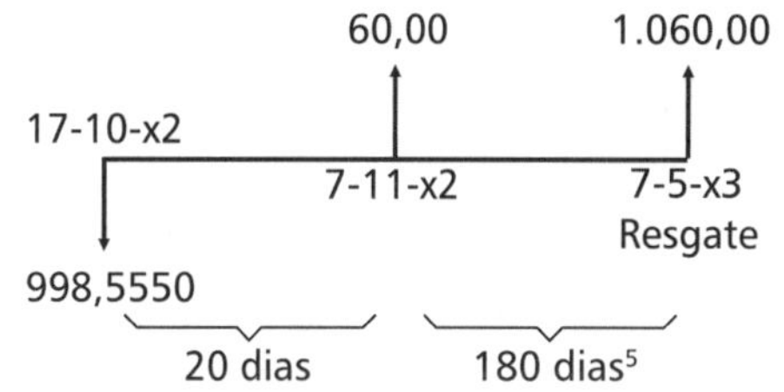

- *Taxa Efetiva de Juros*

$$998{,}5550 = \frac{60{,}00}{(1+i)^{20/360}} + \frac{1.060{,}00}{(1+i)^{200/360}}$$

IRR(i) = 24,31% a.a.

Observe que, se os fluxos de caixa forem descontados à taxa de 24,31% a.a., o valor presente será igual a 99,8555, que representa a cotação do título.

- *Taxa Efetiva Expressa em YTM*

O Banco Central divulga a taxa do título seguindo o formato da YTM. Desta forma, a taxa efetiva calculada deve ser convertida para YTM, que é a taxa básica de negociação do título no mercado. Assim:

Taxa efetiva semestral = $[(1{,}2431)^{1/2} - 1] \times 100 = 11{,}4944\%$

× 2

YTM: 22,99% a.a.

- *Valor Nominal Ajustado (Atualizado) do Título*

Admita, conforme apurado pelo documento citado da Andima, que a cotação do dólar seja de 3,8744 na data de liquidação e de 1,8000 na data de venda. Nestas condições, o valor nominal atualizado da NTN-D atinge:

[4] Informações do leilão disponibilizadas em www.anbid.com.br.

[5] Ano comercial (360 dias).

$$\text{Valor Nominal Atualizado} = R\$\,1.000,00 \times \underbrace{\frac{3,8744}{1,8000}}_{\substack{\text{Fator de} \\ \text{Variação} \\ \text{Cambial}}} =$$

$$= R\$\,2.152,44$$

- *PU do Título*

O PU pode ser calculado através da seguinte expressão:

PU = cotação (%) × valor nominal atualizado

PU = 99,8555% × R$ 2.152,44

PU = R$ 2.149,33

Exercícios resolvidos

1. Admita uma taxa Selic meta definida pelo Banco Central de 10,50% a.a. Pede-se determinar a taxa efetiva por dia útil.

Solução:

Taxa Efetiva por Dia Útil = $[(1,105)^{1/252} - 1] \times 100$

Taxa Efetiva por Dia Útil = 0,0396% a.du (ao dia útil)

2. Sendo de 1,70% a taxa *over* mensal, pede-se determinar a:

a) taxa por dia útil;

b) taxa efetiva mensal admitindo a existência de 21 dias úteis;

c) taxa efetiva *over* anual.

Solução:

a) Taxa por Dia Útil = $\frac{1,70\%}{30 \text{ dias}}$ = 0,0567% a.du

b) Taxa Efetiva Mensal = $[(1,000567)^{21} - 1] \times 100$

Taxa Efetiva Mensal = 1,1975%

c) Taxa Efetiva *Over* Anual = $[(1,000567)^{252} - 1] \times 100$

Taxa Efetiva *Over* Anual = 15,355%

3. Admitindo-se uma taxa anual Selic de 8,0%, pede-se calcular o preço (PU) de um título Tesouro Selic para as seguintes taxas mínimas de retorno:

a) 7,25%;

b) 8,0%;

c) 9,0%.

Solução:

a) $PU = \frac{\$\,1.000,0 \times 1,08}{1,0725} =$

= $ 1.006,99 – Ágio: 6,99%

b) $PU =$ **$ 1.000,0** – Ao Par

c) $PU = \frac{\$\,1.000,0 \times 1,08}{1,09} =$

= $ 990,83 – Deságio: 9,17%

4. Calcule o preço unitário de negociação de um contrato futuro com vencimento em 34 dias úteis. A taxa de desconto para avaliação deste contrato é igual à efetiva anual *over* de 11,8%.

Solução:

$$PU = \frac{\$\,100.000,0}{1,118^{34/252}} = R\$\,98.506,34$$

5. Um lote de LTN (Tesouro Prefixado) foi colocado em leilão pelo Tesouro Nacional pelo PU de R$ 899,136754. O valor nominal do título é de R$ 1.000,00, e o prazo de emissão definido pelo Ministério da Fazenda foi de 540 dias corridos, contendo 377 dias úteis. Pede-se determinar a taxa de juro efetiva anual *over*.

Solução:

$$\text{Taxa} = \left[\left(\frac{1.000,00}{899,136754}\right)^{252/377} - 1\right] \times 100 = 7,3654\%\ \text{a.a.o.}$$

6. A taxa de retorno anual exigida de um Tesouro Selic (LFT) é de 12,10%, e a Selic projetada para o ano atinge a 11,8%. Sendo de 480 dias úteis o prazo entre a liquidação do título e o seu resgate, pede-se determinar a sua cotação (%).

Solução:

$\frac{1,121}{1,118}$ = 1,00268336, que equivale a: 0,268336%

Taxa de juro que, capitalizada com a Selic projetada de 11,8% ao ano, forma a rentabilidade exigida pelo investidor.

$$\text{Cotação} = \frac{\textit{Cotação Cheia} = 100,0}{1,00268336^{480/252}} = 99,490869$$

Cotação = 99,490869%

7. Admita que um investidor adquira um Tesouro IGP-M (NTN-C) na expectativa de auferir rendimentos anuais efetivos de 11% (base de 252 dias úteis), mais correção calculada pelo IGP-M.

Principais características do título:

- Juros semestrais prometidos pelo título: 6% a.a. (taxa efetiva);
- Prazo do título: 2 anos;
- Admita que os juros sejam pagos em 127, 254, 379 e 505 dias úteis;
- Variação do IGP-M desde a data-base até a data de liquidação do título: 7,8%.

Pede-se calcular o PU do título.

Solução:

- Juros semestrais = $[1{,}06)^{1/2} - 1] \times 100 = 2{,}9563\%$ a.s.
- Valor dos juros = R$ 1.000,00 × 2,9563% = R$ 29,563/sem.

$$\text{Cotação (PV)} = \frac{29{,}563}{1{,}11^{127/252}} + \frac{29{,}563}{1{,}11^{254/252}} + \frac{29{,}563}{1{,}11^{379/252}} + \frac{29{,}563}{1{,}11^{505/252}} + \frac{1.000{,}00}{1{,}11^{505/252}}$$

Cotação (PV) = R$ 915,198845

$$\text{Cotação (\$)} = \frac{\text{R\$ } 915{,}198845}{\text{R\$ } 1.000{,}00} = 91{,}519885\%$$

- Valor nominal atualizado = R$ 1.000,00 × 1,078 = R$ 1.078,00
- PU = R$ 1.078,00 × 91,519885%

PU = R$ 986,584360

8. Admita que um investidor em NTN-D (Tesouro com variação monetária) deseja auferir um retorno efetivo de 13,5% a.a., além da variação cambial. Principais características do título:

- Remuneração: 6% a.a. (taxa nominal com pagamentos semestrais).
- Prazo do título: 2 anos (4 semestres).
- Variação verificada no dólar desde a data-base do título até sua data de vencimento: 8,5%.

Pede-se calcular:

a) Cotação (%) do título.

b) PU do título.

Solução:

a) *Cotação (%)*

- $\text{Rendimentos} = \frac{6\%}{2} \times \text{R\$ } 1.000{,}00 = \text{R\$ } 30{,}00/\text{sem.}$

$$\text{Cotação (PV)} = \frac{30{,}00}{1{,}135^{1/2}} + \frac{30{,}00}{1{,}135} + \frac{30{,}00}{1{,}135^{1{,}5}} + \frac{30{,}00}{1{,}135^{2}}$$

Cotação (PV) = R$ 878,950921

$$\text{Cotação (\%)} = \frac{\text{R\$ } 878{,}950921}{\text{R\$ } 1.000{,}00} = 87{,}895092\%$$

b) *PU do título*

PU = Valor Nominal Atualizado × Cotação (%)

PU = (R$ 1.000,00 × 1,085) × 87,895092%

PU = R$ 953,661748

9. Determine o preço teórico do Tesouro Prefixado (LTN) abaixo descrito em 1º-9-x9:

Taxa	Dias úteis até o vencimento
10,75% a.a.o	538
11,50% a.a.o	407

Solução:

$$PU = \frac{\text{R\$ } 1.000{,}00}{1{,}1150^{407/252}} = \text{R\$ } 838{,}778592$$

$$PU = \frac{\text{R\$ } 1.000{,}00}{1{,}1075^{538/252}} = \text{R\$ } 804{,}136260$$

10. Admita que a taxa de juro de mercado de um título Tesouro Pré seja de 7,973045% ao ano (base: 252 du). O prazo até o vencimento é de 188 dias úteis. Calcular o preço unitário a mercado (PU_{MaM}) do título.

Solução:

Preço unitário a mercado do título (PU_{MaM}):

$$PU_{MaM} = \frac{1.000{,}00}{(1 + 0{,}07973045)^{188/252}} = \text{R\$ } 944{,}377632$$

O preço de negociação do título é calculado com deságio de 5,56% em relação ao seu valor nominal.

11. Considere as seguintes informações de um título Tesouro Selic:

- data-base (emissão): 1º-7-20x2;
- data de vencimento: 1º-6-20x9;
- data de precificação: 1º-12-20x6;
- taxa de variação da Selic verificada entre a data de emissão e a data de precificação do título: 45,081661%;
- prazo em dias úteis entre a precificação do título e sua data de vencimento: 640 dias úteis (du);
- taxa de *spread* do título: 0,288955% a.a.

Pede-se precificar o título na data (1º-12-20x6).

Solução:

$$PU_{MaM} = \frac{1.000,00 \cdot 1,45081661}{(1+0,07973045)^{188/252}} =$$
$$= R\$\ 1.440,223946$$

12. Admita que um contrato futuro DI seja negociado no mercado em 1º-8 à taxa de 9,6% a.a.o. O vencimento do contrato está previsto para 3-9, primeiro dia útil do mês. No mês de agosto são calculados 22 dias úteis. Pede-se determinar:

a) preço unitário (PU) do contrato;

b) se a taxa média de agosto do CDI divulgada for de 10,1% a.a.o, demonstrar os resultados da operação para o aplicador (doador de recursos) e para o vendedor (captador de recursos).

Solução:

a) $$\text{PU da operação} = \frac{R\$\ 100.000,00}{1,096^{22/252}} =$$
$$= R\$\ 99.202,924540$$

b) resultado da operação:

Aplicador no contrato

O investidor adquiriu um contrato futuro por R$ 99.202,924540 na expectativa de receber R$ 100.000,00 após 22 dias úteis. Essa operação rende uma taxa de 9,6% a.a.o.

Valor a receber:	R$ 100.000,00
Valor a pagar:	
R$ 99.202,924540 × $1,101^{22/252}$	(R$ 100.039,74)
Perda por contrato:	(R$ 39,74)

Vendedor do contrato

Esse investidor vende um contrato futuro por R$ 99.202,924540 com o compromisso de pagar R$ 100.000,00 no vencimento. Na operação, está pagando uma taxa de juros de 9,6% a.a.o pelos recursos.

Valor a receber:	R$ 100.039,74
Valor a pagar:	R$ 100.000,00
Ganho por contrato:	R$ 39,74

Exercícios propostos

1. Sendo fixada pelo Banco Central a taxa Selic meta em 11,25% em certa data, determine a taxa equivalente por dia útil.

2. Calcule a taxa *over* efetiva anual a partir da taxa por dia útil de 0,0494%.

3. Sendo de 1,92% a taxa *over* mensal, pede-se determinar:
   a) taxa por dia útil;
   b) taxa efetiva mensal admitindo a existência de 22 dias úteis;
   c) taxa efetiva *over* anual.

4. Sendo de 1,32% a taxa *over* mensal, determine:
   a) taxa por dia útil;
   b) taxa efetiva mensal admitindo a existência de 20 dias úteis;
   c) taxa efetiva para um período de 51 dias úteis;
   d) taxa efetiva *over* anual.

5. Sendo de 2,17% a taxa efetiva de juro para um período de 50 dias corridos e 34 dias úteis, determine:
   a) taxa efetiva por dia útil;
   b) taxa ao mês *over*;
   c) taxa efetiva *over* anual.

6. Calcular o PU (preço unitário de negociação) de um contrato futuro com valor nominal de R$ 100.000,00, para vencer em 26 dias úteis. A taxa de juro para desconto é de 11,25% ao ano *over*.

7. Admita que o preço unitário de um contrato futuro de taxa de juro, com 17 dias úteis até o seu vencimento, seja de R$ 99.337,44. Determine a taxa anual efetiva da operação.

8. Determine a taxa efetiva anual *over* de um contrato futuro com prazo de 44 dias úteis e PU de R$ 97.901,20. O valor do contrato no vencimento, conforme padrão da bolsa, é de R$ 100.000,00.

9. Admita um contrato futuro negociado na BM&F à taxa de 16,2% ao ano *over*. O prazo do contrato no mês de referência é de 20 dias úteis, e seu valor nominal (valor a receber no vencimento) é padronizado pela bolsa em R$ 100.000,00. Determinar o PU do contrato futuro, ou seja, o preço que um investidor pagaria hoje para receber R$ 100.000,00 em seu vencimento.

10. Admita um contrato futuro de juros com um valor médio unitário de negociação (PU médio) de R$ 98.812,20. O contrato refere-se ao mês de abril/X7 e apresenta 20 dias úteis. Pede-se calcular a taxa efetiva anual de juro prevista no contrato (base de 252 dias úteis).

11. Sabe-se que um contrato futuro de juro é negociado na BM&F pelo preço unitário de R$ 96.619,20. O prazo verificado de hoje até a data de vencimento do contrato é de 63 dias úteis. Pede-se determinar a taxa efetiva anual (base 252 dias úteis) de juro deste contrato.

12. São apresentados a seguir, em 30-04, três contratos futuros de juros, conforme negociados na Bolsa de Mercadorias e Futuros:

Contrato	Mês de Referência	PU Médio Negociado	Dias Úteis
1	maio	R$ 98.975,30	22
2	junho	R$ 97.660,20	20
3	julho	R$ 96.420,40	21

Pede-se calcular a taxa efetiva anual (base 252 dias úteis) para cada um dos meses.

13. A taxa anual efetiva (base 252 dias úteis) de um título é de 12,75%. Qual a taxa de rentabilidade oferecida pelo título para um mês com 21 dias úteis?

14. Um contrato futuro de taxa de juro (DI Futuro), com vencimento para daqui a 37 dias úteis, está cotado em R$ 98.860,97. Determine a taxa de juro anual efetiva (base de 252 dias úteis) implícita do contrato.

15. Uma instituição adquiriu um lote de Tesouro Prefixado pagando um PU de negociação de R$ 911,276890. O valor nominal do título é de R$ 1.000,00 e o prazo, de 228 dias úteis. Pede-se calcular:

a) taxa efetiva de juro no período;

b) taxa efetiva *over* anual.

16. Uma instituição define uma taxa anual de juros de 11,2% em leilão de Tesouro Prefixado realizado. O prazo do título é de 119 dias úteis. Sendo de R$ 1.000,00 o valor nominal do título, pede-se determinar o PU pago pela instituição.

17. Determine o preço unitário de negociação (PU) de um título Tesouro Pré, com prazo de 68 dias úteis, considerando uma taxa efetiva anual (base de 252 dias úteis) de 12,25%.

18. Admita um Tesouro Prefixado com as seguintes características:

– Prazo: 188 dias úteis

- Preço Unitário (PU): R$ 923,178344
- Valor Nominal (N): R$ 1.000,00

Pede-se calcular a taxa de rentabilidade anual efetiva oferecida pelo título.

19. Sendo de 10,17% ao ano a taxa de rentabilidade efetiva de uma LTN de 330 dias úteis (base 252 dias úteis), pede-se calcular seu preço unitário de negociação.

20. Sendo de 99,823915 a cotação de um Tesouro Selic, e de R$ 1.312,45 o seu valor nominal atualizado pela Selic, pede-se determinar o preço unitário de negociação deste título.

21. Um título Tesouro Selic com prazo de 282 dias úteis apresenta uma cotação de 99,114318%. Calcule a taxa de rentabilidade anual efetiva (base de 252 dias úteis) do título.

22. Sendo o PU de um Tesouro Selic igual a R$ 1.287,14, e seu valor nominal atualizado de R$ 1.320,00, pede-se determinar a cotação (%) do título.

23. Admita um Tesouro Selic com 681 dias úteis de prazo contados da data de liquidação e a data de vencimento do título. A taxa anual esperada pelos investidores é de 0,23%. Determine a cotação do título.

24. O Banco Central divulgou o prazo de leilão primário de Tesouro Selic com prazo de 498 dias úteis. A Selic projetada anual efetiva para o período é de 11,25%. Os investidores vêm exigindo um retorno efetivo anual de 11,8%. Pede-se determinar:
    a) fator de acréscimo sobre o valor nominal do título. Ou seja, o acréscimo no valor nominal do título que forneça a taxa de retorno desejada pelo investidor;
    b) a cotação (%) do título;
    c) a rentabilidade média do ano (base de 252 dias úteis).

25. São definidas as seguintes características de emissão de um Tesouro prefixado com juros semestrais:
    - Prazo: 1 ano
    - Juros: taxa efetiva de 6% ao ano (cupom)
    - Pagamento de juros: semestral
    - Resgate do Principal: na data de vencimento
    - Valor Nominal do Título: R$ 1.000,00

    Os pagamentos dos juros ocorrem em 127 e 252 dias úteis. Para uma taxa efetiva anual de 10,90% (ao ano *over*), determinar o preço unitário de negociação do título.

26. Para aplicar em Tesouro IGP-M um investidor exige uma taxa de retorno de 10% ao ano (base 252 dias úteis), além de correção pelo índice de inflação. O título paga cupom de 6% ao ano e tem prazo de dois anos. Os dias úteis entre as datas de pagamentos dos juros são os seguintes:

    1º Pagamento de Juros: 125 dias úteis

    2º Pagamento de Juros: 252 dias úteis

    3º Pagamento de Juros: 380 dias úteis

    4º Pagamento de Juros: 502 dias úteis

    Pede-se determinar a cotação do título.

27. Admita que um investidor tenha adquirido um Tesouro com Variação Cambial na expectativa de um rendimento nominal anual de 10% (5% ao semestre), além da variação cambial. Outros dados da operação são os seguintes:
    - Juros semestrais prometidos pelo título (taxa nominal): 6% ao ano
    - Data de Liquidação Financeira: 1º-10-20x6
    - Data de Vencimento: 1º-10-20x8

    A variação cambial verificada desde a data-base do título até o momento de sua liquidação financeira atinge a 8,62%.

    Pede-se determinar:

    a) taxa efetiva anual de rendimento exigida pelo investidor;

b) cotação do título;

c) valor nominal do título atualizado pela variação cambial. Admita que o título foi emitido por um valor nominal de R$ 1.000,00.

28. Determine o preço teórico de um Tesouro Pré, com 538 dias úteis até o seu vencimento, e rendimento de 10,75% ao ano *over*. O valor de face do título é igual a $ 1.000,00.

29. Um Tesouro Prefixado, com prazo de 512 dias úteis, é negociado no mercado por R$ 794,184500. Pede-se determinar a taxa de rendimento oferecida pelo título.

30. Admita um Tesouro IPC-A com cupom de 6% ao ano e as seguintes datas previstas para pagamento dos juros: 64, 198, 310 e 440 dias úteis. A taxa praticada no mercado para esse título é de 8,124964% ao ano, que equivale à IRR (taxa interna de retorno do papel).

    Pede-se determinar a cotação desse título.

31. Informações de um Tesouro IPC-A:
    - Data de compra e liquidação do título: 15-9-20x4
    - Data de emissão: 25-7-20x1
    - Data de vencimento: 22-8-20x9
    - Taxa interna de retorno (IRR) do título: 10,12% ao ano.
    - Preço de compra: R$ 1.227,64
    - Valor nominal do título na data da compra: R$ 1.381,910287

    Pede-se calcular o valor nominal corrigido do título, a cotação e o preço a mercado do título.

32. Suponha um Tesouro Prefixado negociado no mercado por R$ 854,443912. O prazo do título até a data de vencimento atinge 383 dias úteis. Determinar a taxa de juro prefixada pelo mercado para o título.

33. Informações de um Tesouro Selic:
    - Data de vencimento do título: 17-6-20x9
    - Data de compra do papel: 26-10-20x3
    - Data de liquidação: 27-10-20x3
    - Data-base do título: 1º-5-19x5
    - Valor nominal do título na data-base: $ 1.000,00
    - Número de dias úteis entre a data de liquidação (27-10-20x3) e a data de vencimento (17-6-20x9) = 1.441
    - A taxa de juros do título é negativa: – 0,025%

    Pede-se:

    a) calcular a cotação do título (%);
    b) calcular o Valor Nominal Atualizado (VNA) do Tesouro Selic na data da compra. Admita que a variação acumulada da Selic no intervalo entre a data-base e a data de compra tenha sido de 229,694124%;
    c) calcular o VNA na data de liquidação do título. Para obtenção do VNA, o mercado, na liquidação do título, costuma trabalhar com a taxa meta da Selic, conforme definida pelo COPOM/BACEN. Admita que a Selic meta na data da compra seja de 10,75% ao ano;
    d) preço previsto para a data de liquidação do título.

Respostas

1. 0,042314% a.du

2. 13,25% a.a.o

3. a) 0,064% a.du
   b) 1,418% a.m. (efetiva)
   c) 17,495% a.a.o

4. a) 0,044% a.du
   b) 0,8837% a.m.
   c) 2,269% para o período de 51 dias úteis
   d) 11,723% a.a.o

5. a) 0,0632% a.du
   b) 1,895% ao mês *over*
   c) 17,25% a.a.o

6. R$ 98.906,09

7. 10,36% a.a.o

8. 12,92% a.a.o

9. R$ 98.815,46

10. 16,25% a.a.o

11. 14,75% a.a.o

12. i_{maio} = 12,52% a.a.o
    $i_{jun.}$ = 15,26% a.a.o
    $i_{jul.}$ = 15,70% a.a.o

13. 1,005%

14. 8,11% a.a.o

15. a) 9,736131% ao período
    b) 10,8146% a.a.o

16. R$ 951,104628

17. R$ 969,30

18. 11,31% a.a.o

19. R$ 880,88

20. R$ 1.310,14

21. 0,798155%

22. 97,510606%

23. 99,381089%

24. a) 1,009793505 (0,9793505%)
    b) 99,030148%
    c) 0,494382%

25. R$ 956,443202

26. 93,220108%

27. a) 10,25% a.a.
    b) 92,908099%
    c) R$ 1.086,20

28. R$ 804,14

29. 12,0% a.a.o

30. 98,1928%

31. VNA = R$ 1.381,910287
    Cotação = 90,7909%
    Preço = R$ 1.254,648787

32. 10,9% a.a.o

33. a) 100,143076%
    b) $ 3.296,94124
    c) $ 3.298,277365
    d) $ 3.302,996408

Apêndice A

Operações Básicas de Matemática

A.1 REGRAS DE SINAIS NAS OPERAÇÕES MATEMÁTICAS

a) Na soma de dois números com o mesmo sinal, efetua-se a operação e atribui-se ao resultado da soma o mesmo sinal.

Exemplos:

18 + (+35) = 18 + 35 = 53

–60 + (–30) = – 60 – 30 = –(60 + 30) = –90

b) Na soma de dois números com sinais desiguais, subtrai-se do maior o de menor valor absoluto e atribui-se à diferença encontrada o sinal presente no de maior valor absoluto.

Exemplos:

120 + (–70) = 120 – 70 = 50

40 + (–100) = 40 – 100 = –60

–80 + (+50) = –80 + 50 = –30

c) Na subtração de um número negativo, o sinal é alterado e os valores somados.

Exemplos:

120 – (–90) = 120 + 90 = 210

–150 – (–100) = –150 + 100 = –50

–200 – (–500) = –200 + 500 = 300

d) Na multiplicação ou divisão de dois números valem as seguintes regras:

- se os dois números tiverem o mesmo sinal, atribui-se ao resultado da operação sinal positivo;
- se os dois números tiverem sinais desiguais, atribui-se ao resultado da operação o sinal negativo.

Exemplos:

140 × 20 = 2.800

140 × (–20) = – 2.800

140 ÷ 20 = 7

–140 ÷ 20 = –7

–140 ÷ (–20) = 7

Exercícios propostos

Efetue as seguintes operações:

1) –300 + 150 + 800 – 950
2) 700 + (–300) + 2.000 – (–1.200) – 200
3) 500 – (–900) – 600 – (+100) + 400
4) –1.000 – (+300) + 500 – (–200) + 0 – 900
5) 18 × (–5) × 10
6) 12 × (–6) × 4 × (–5)

Respostas:

1) – 300; 4) –1.500;
2) 3.400; 5) – 900;
3) 1.100; 6) 1.440.

A.2 OPERAÇÕES COM FRAÇÕES

Frações são basicamente símbolos, representados por meio de sinais (– ou /), utilizados para indicar operações de divisão que não produzem quocientes inteiros. Por exemplo, 4 ÷ 5 = 4/5; 1 ÷ 3 = 1/3; 2 ÷ (–3) = 2/–3; e assim por diante.

Existem algumas regras úteis para o cálculo de operações com frações.

a) Nas operações de soma ou subtração, as frações devem inicialmente ser reduzidas (geralmente pelo mínimo múltiplo comum) a um mesmo denominador. Em seguida, os numeradores devem ser somados e mantido o denominador comum.

Exemplo:

$$\frac{3}{7} - 10 + \frac{35}{5} = \frac{9 - 210 + 245}{21} = \frac{44}{21}$$

b) Nas operações de multiplicação de fração, o resultado final é obtido pela multiplicação dos numeradores e denominadores.

Exemplo:

$$\frac{3}{7} \times (-10) \times \frac{35}{5} = \frac{3 \times (-10) \times 35}{7 \times 3} = \frac{-1.050}{21} = $$
$$= -50$$

c) Nas operações de divisão de frações, multiplica-se a fração do numerador pelo inverso da fração do denominador.

Exemplo:

$$\frac{3}{7} \div \frac{35}{5} = \frac{3}{7} \times \frac{3}{35} = \frac{9}{245}$$

$$\frac{3}{7} \div (-10) = \frac{3}{7} \times \frac{1}{-10} = \frac{3}{-70}$$

d) O resultado de uma fração não se altera ao multiplicar ou dividir o numerador e o denominador por um mesmo número não igual a zero.

Exemplo:

$$\frac{7}{20} = \frac{14}{40} = \frac{21}{60}$$

$$\frac{300}{500} \div \frac{100}{300} = \frac{3}{5} \div \frac{1}{3}$$

Exercícios propostos

Desenvolva as seguintes operações:

1) $\frac{2}{3} + \frac{7}{4} + \frac{5}{2}$

2) $2 + \frac{6}{9} - \frac{3}{4}$

3) $\frac{1}{3} \times \frac{3}{4} \times \frac{7}{8}$

4) $\frac{7}{12} \div \frac{1}{9}$

5) $\frac{1/3 - 2/5}{4/7 - 9/12}$

Respostas

1) $\frac{59}{12}$; 2) $\frac{23}{12}$;

3) $\frac{7}{32}$; 4) $\frac{21}{4}$;

5) $\frac{28}{75}$.

A.3 EXPRESSÕES NUMÉRICAS E PONTUAÇÃO

Com o intuito de se definir uma ordem na qual as operações indicadas em uma expressão numérica devem ser calculadas, costuma-se utilizar certas pontuações, como parênteses, colchetes e chaves.

A forma como a pontuação é colocada na expressão exerce evidentemente influência decisiva sobre o resultado. Por exemplo, a expressão:

9 – 7 + 4

pode ser identificada de duas maneiras, com diferentes resultados:

(9 – 7) + 4 = 6 ou

9 – (7 + 4) = –2

A solução de uma expressão numérica deve ser efetuada obedecendo sempre a seguinte ordem:

a) operações indicadas entre parênteses; ( )
b) operações indicadas entre colchetes; [ ]
c) operações indicadas entre chaves. { }

Por outro lado, nas expressões numéricas que não contêm sinais de pontuação, ou que apresentam mais de uma operação dentro da mesma pontuação, são estabelecidas certas prioridades para a sua solução, ou seja:

a) inicialmente, são efetuadas as operações de multiplicação e divisão;
b) posteriormente, são efetuadas na ordem as operações de adição e subtração.

Exemplo:

Calcular os resultados das seguintes expressões numéricas:

18 – 3 × 6 = 18 – 18 = **0**

24 + 10 × 3 – 20 = 24 + 30 – 20 = 54 – 20 = **34**

100 + {6 × [12 + 8 (6 – 1) – 15 × 3]}

100 + {6 × [12 + (8 × 5) – 45]}

100 + {6 × [12 + 40 – 45]}

100 + {6 × 7}

100 + 42 = **142**

Exercícios propostos

1) {300 – [(14 × 5) – 20 – (60 – 72)]}
2) 120 – 70 + {10 × [30 – (17 – 7) + (2 × 9 × 5)] – 5}
3) (40 + 90) × 2 – {8 + [9 × (3 + 7) – 10 × 6] × 4} + 40
4) {140 – 30 × [12 – (5 – 3) + 7 (2 + 1)]} – (170 – 50 × 3) × 0
5) (165 × 4) ÷ [22 + 70 – (40 – 60) + (12 ÷ 3) × 5]
6) {800 + [(170 × 2 – 40) – (50 × 4 – 1.200 ÷ 30) + 60 – 310] – 70 × 5}

Respostas:

1) 238;
2) 1.145;
3) 172;
4) –790;
5) 5;
6) 340.

A.4 MÉDIAS ARITMÉTICA E GEOMÉTRICA

A *média* é um valor típico (medida de tendência central) de um conjunto de dados. Podem ser definidos diversos tipos de médias, sendo as mais utilizadas a média aritmética e a média geométrica. Os conceitos destas medidas são aplicados, respectivamente, no desenvolvimento de juros simples e juros compostos.

A *média aritmética* (x) de um conjunto de números $a_1, a_2, a_3, ..., a_n$, é obtida pelo somatório das quantidades consideradas dividido por n (quantidade de números):

$$\bar{x} = \frac{a_1 + a_2 + a_3 + \ldots + a_n}{n}$$

Por exemplo, os juros mensais dos quatro primeiros meses de um ano foram, respectivamente, 7%, 8%, 8% e 13%. A taxa média mensal dos juros no período atinge:

$$\bar{x} = \frac{7\% + 8\% + 8\% + 13\%}{4} =$$

$$= \frac{36\%}{4} = 9\% \text{ ao mês}$$

Por outro lado, a *média geométrica* (X_G) de um conjunto de números $a_1, a_2, a_3, ..., a_n$, é a raiz n do produto desses dados, ou seja:

$$X_G = \sqrt[n]{a_1 \times a_2 \times a_3 \times \ldots a_n}$$

Por exemplo, a média geométrica dos números 4, 9 e 6 é:

$$X_G = \sqrt[3]{4 \times 9 \times 6} = \sqrt[3]{216} = 6$$

A.5 PROPORÇÕES

A proporção é entendida pela igualdade de duas razões, isto é:

$$\frac{a}{b} = \frac{c}{d}$$

Por exemplo, 3/5 e 6/10 são duas razões iguais e, portanto, proporcionais:

$$\frac{3}{5} = \frac{6}{10}$$

Em toda proporção, o produto dos meios ($b \times c$) é igual ao produto dos extremos ($a \times d$), ou seja:

$$b \times c = a \times d$$

Dessa maneira, se um dos termos da proporção for desconhecido, é possível calcular o seu valor mediante a propriedade apresentada.

Exemplo:

$$\frac{8}{9} = \frac{w}{18}$$

$$9 \times w = 8 \times 18$$

$$w = \frac{8 \times 18}{9} = \frac{144}{9} = 16$$

Apêndice B

Expoentes e Logaritmos

B.1 EXPOENTES

O produto $a \times a \times a \times a$ pode ser representado por a^4, no qual a denomina-se *base* e o número 4 é o *expoente*. Um expoente, em outras palavras, indica o número de vezes em que a base é multiplicada por si mesma.

De maneira geral, a potência n-ésima de um fator a é representada por:

$$\underbrace{a^n = a \times a \times a \times a \times \ldots \times a}_{n \text{ fatores}}$$

Exemplos:

$b^5 = b \times b \times b \times b \times b$

$3^6 = 3 \times 3 \times 3 \times 3 \times 3 \times 3 = 729$

$4^2 \times 5^4 = 4 \times 4 \times 5 \times 5 \times 5 \times 5 = 10.000$

$(1 + i)^5 = (1 + i) \times (1 + i) \times (1 + i) \times (1 + i) \times (1 + i)$

$(1 - r)^3 = (1 - r) \times (1 - r) \times (1 - r)$

B.1.1 Propriedades dos Expoentes

Se m e n forem números inteiros e positivos e a base diferente de zero, tem-se:

a) $a^m \times a^n = a^{m+n}$

Exemplo:

$5^3 \times 5^2 = 5^{3+2} = 5^5 = 3.125$

b) $\frac{a^m}{a^n} = a^{m-n}$ (desde que $m > n$)

Exemplo:

$\frac{4^8}{4^5} = 4^{8-5} = 4^3 = 64$

c) $(a^m)^n = a^{m \times n}$

Exemplo:

$(3^3)^2 = 3^{3 \times 2} = 3^6 = 729$

d) $(a \times b)^n = a^n \times b^n$

Exemplo:

$(4 \times 6)^2 = 4^2 \times 6^2 = 16 \times 36 = 576$

e) $\left(\frac{a}{b}\right)^n = \frac{a^n}{b^n}$

Exemplo:

$\left(\frac{3}{5}\right)^4 = \frac{3^4}{5^4} = \frac{81}{625}$

Exercícios propostos

Calcule as expressões abaixo:

1) $4^3 \times \frac{1}{8} \times 3^2 \times 1^5$

2) $10 \times 10^2 \times 10^3$

3) $\frac{a^4 \times a^6}{a^5}$

4) $\frac{(-5)^2}{\left(\frac{2}{4}\right)^3}$

5) $\frac{(1+r)^{10}}{(1+r)^4} \times (1 + r)^8$

6) $\left(\frac{a^7 + a^6}{a^9}\right)^5$

7) $\frac{a^3 \times b^6 \times a^5 \times b^4}{a^2 \times b^4}$

8) $\frac{\left(5 \times r^2\right)^3}{i^5}$

9) $5^3 - 25 \times [(3^4 \times 2) - (12^2 \div 3)] - (3^2 - 4^4 \times 2 + 1^6) \div 2$

Respostas:

1) 72;
2) 1.000,000;
3) a^5;
4) 200;
5) $(1 + r)^{14}$;
6) a^{20};
7) $a^6 \times b^6$;
8) $\frac{125 \times r^6}{i^5}$;
9) – 2.474.

B.1.2 Expoentes Zero, Negativo e Fracionário

Esses expoentes obedecem as seguintes definições:

a) $a^0 = 1$ $(a \neq 0)$

b) $a^{-n} = \frac{1}{a^n}$ (n inteiro e positivo)

c) $a^{m/n} = \sqrt[n]{a^m}$ (m e n inteiros e positivos)

Exemplos:

- $(2^3 + 3^5) \times 6^0 = (8 + 243) \times 1 = \mathbf{251}$
- $6^{-3} = \frac{1}{6^3} = \mathbf{\frac{1}{216}}$
- $\frac{1}{5^{-2}} = 5^2 = \mathbf{25}$
- $\frac{4^3}{2^{-2}} = 4^3 \times \frac{1}{2^{-2}} = \mathbf{4^3 \times 2^2 = 64 \times 4 = 256}$
- $\sqrt[4]{1,9} = (1,9)^{1/4} = \mathbf{1,174}$
- $27^{1/3} = \sqrt[3]{27} = \mathbf{3}$
- $9^{3/4} = \sqrt[4]{9^3} = \mathbf{\sqrt[4]{729}}$
- $280\ (1 + i)^{10} = \mathbf{560}$

  $(1 + i)^{10} = \mathbf{2}$

  $\sqrt[10]{(1+i)^{10}} = \sqrt[10]{2}$

  $1 + i = \sqrt[10]{2}$

  $i = 2^{1/10} - 1$

  $i = 0,07177$

Exercícios propostos

Resolver as seguintes expressões:

1) $\sqrt{1,092}$
2) $(1,073)^{2,31}$
3) $(-5)^3$
4) $(5)^{-3}$
5) $(1,195)^{1/12} - 1$
6) $(1,053)^{1/30} - 1$
7) $(2/3)^{3/4}$
8) $(2,175)^{4/5}$
9) $678 \times (1,09)^{-2/3}$
10) $\left(\sqrt[114]{1,782}\right)^{30} - 1$

Respostas:

1) 1,045;
2) 1,177;
3) – 125;
4) 0,008;
5) 0,015;
6) 0,0017;
7) 0,7378;
8) 1,8619;
9) 640,15;
10) 0,1642.

B.2 LOGARITMOS

A solução de uma equação cuja incógnita é o expoente pode ser apurada por logaritmo. Por exemplo, $3^x = 20$ revela que o valor do expoente (incógnita da expressão) situa-se entre 2 e 3, o qual poderá ser mais facilmente determinado com o uso de logaritmo.

A expressão básica do logaritmo é a seguinte:

$L = \log_b N,$

ou seja, o logaritmo de base b, de um valor positivo N, é igual à base b elevado ao expoente L. Em outras palavras, o logaritmo de N na base b é o expoente L que satisfaz a igualdade:

$b^L = N.$

Exemplos:

- $\log_2 32 = 5,$ dado que: $2^5 = 32$
- $\log_3 81 = 4,$ dado que: $3^4 = 81$
- $\log_{10} 10.000 = 4,$ dado que: $10^4 = 10.000$
- $\log_{10} 1 = 0,$ dado que: $10^0 = 1$
- $\log_{10} 0,1 = -1,$ dado que: $10^{-1} = \frac{1}{10} = 0,1$

Os logaritmos de base 10 são denominados de logaritmos comuns ou decimais, sendo simplesmente identificados por $\log N = x$, em vez de $\log_{10} N = x$.

São enunciadas três leis fundamentais dos logaritmos:

a) O logaritmo da multiplicação de dois ou mais múltiplos positivos é a soma dos logaritmos dos números.

- $\log (A \times B) = \log A + \log B$
- $\log (A \times B \times C) = \log A + \log B + \log C$

b) O logaritmo do quociente de dois números positivos é o logaritmo do numerador menos o logaritmo do denominador.

- $\log \frac{A}{B} = \log A - \log B$

c) O logaritmo da potência de um número positivo é o produto do expoente *n* da potência pelo logaritmo do número.

- $\log A^n = n \times \log A$

Exemplos:

$\log (6 \times 9) = \log 6 + \log 9 = 0{,}778151 + 0{,}954243$
$= 1{,}732394$

$\log (3 \times 5^2) = \log 3 + \log 5^2 = 0{,}477121 + 1{,}397940$
$= 1{,}875061$

$\log (5 \times 10^{-3}) = \log 5 + \log 10^{-3}$
$= \log 5 + (-3) \times \log 10 =$
$= 0{,}698970 + (-3) \times 1 =$
$= 0{,}698970 - 3 = -2{,}301030$

$\log \sqrt[3]{5} = \log 5^{1/3} = \frac{1}{3} \times \log 5$

$= \frac{1}{3} \times 0{,}698970 = 0{,}232990$

Exercícios propostos

Resolva as operações a seguir:

1) $30 \times (1{,}125)^n = 270$
2) $1 + 3^x = 201$
3) $420 \times (1{,}09)^{-n} = 80$
4) $200 \times (1 + i)^{15} = 3.000$
5) $\frac{(1{,}485)^n - 1}{0{,}485} = 0$
6) $\frac{1-(1{,}37)^{-n}}{0{,}37} = 2{,}35$
7) $8^x = 14{,}5 \times 3^x$
8) $\sqrt{97{,}5} \times \log 9 \div 1/4$

Respostas:

1) $n = 18{,}65$;
2) $x = 4{,}82$;
3) $n = 19{,}24$;
4) $i = 0{,}1979$;
5) $n = 0$;
6) $n = 6{,}47$;
7) $x = 2{,}7264$;
8) 37,6895.

Apêndice C

Noções sobre Progressões

C.1 PROGRESSÃO ARITMÉTICA

Progressão Aritmética (PA) é uma sucessão de números onde cada termo, considerado a partir do segundo, é exatamente igual ao termo anterior somado a um valor constante. Ou seja, a partir do segundo termo, a diferença existente entre cada termo imediatamente anterior é sempre igual (constante).

Sendo aK um termo qualquer de uma PA, pela definição, tem-se:

Valor constante = $a_K - a_{K-1}$

Esse valor constante é definido na PA por *razão*, sendo representado por r. O primeiro termo da progressão é definido por a_1 e o último por a_n.

A sucessão apresentada a seguir, composta de 7 termos, é um exemplo de PA, ou seja:

3, 5, 7, 9, 11, 13, 15,

sendo:

$a_1 = 3$

$a_n = 15$

$r = 2$

$n = 7$

Observe ainda que:

- $a_1 = 3$
- $a_2 = a_1 + r$
  $a_2 = 3 + 2 = 5$
- $a_3 = a_2 + r = a_1 + 2r$
  $a_3 = 5 + 2 = 3 + (2 \times 2) = 7$
- $a_4 = a_3 + r = a_1 + 3_r$
  $a_4 = 7 + 2 = 3 + (3 \times 2) = 9$

e assim por diante.

Pela sequência desse raciocínio pode-se apurar a expressão do *termo genérico* de uma PA, ou seja:

$$a_n = a_{n-1} + r$$

ou:

$$a_n = a_1 + (n - 1) \times r$$

Por exemplo, na ilustração numérica desenvolvida acima, determinar, por meio da expressão do termo genérico:

a) *4º termo da PA*

$a_n = a_1 + (n - 1) \times r$

$a_4 = 3 + (4 - 1) \times 2$

$a_4 = 3 + 3 \times 2 = 3 + 6 = 9$

b) *Último termo da PA*

$a_n = a_1 + (n - 1) \times r$

$a_n = 3 + (7 - 1) \times 2$

$a_n = 3 + 6 \times 2 = 3 + 12 = 15$

ou:

$a_n = a_{n-1} + r$

$a_n = 13 + 2 = 15$

C.1.1 Soma dos Termos de uma PA

A soma dos termos de uma PA (S_n/PA) é obtida pela seguinte identidade:

$$S_n/PA = \frac{(a_1 + a_2) \times n}{2}$$

No exemplo ilustrativo observa-se que a soma da sucessão de números atinge:

$S_n/PA = 3 + 5 + 7 + 9 + 11 + 13 + 15 = 63$

Pela fórmula:

$$S_{n/PA} = \frac{(3+15) \times 7}{2} = \frac{126}{2} = 63$$

Exemplo 1:

Calcular o último termo de uma progressão aritmética de 18 termos em que

$a_1 = 17$ e $r = 6$.

Solução:

$a_n = a_1 + (n - 1) \times r$

$a_n = 17 + (18 - 1) \times 6$

$a_n = 17 + 102 = 119$

Exemplo 2:

Calcular o décimo termo da PA:

7, 16, 25, 34, 43, ...

Solução:

Como $r = 9$, tem-se:

$a_{10} = a_1 + (n - 1) \times r$

$a_{10} = 7 + (10 - 1) \times 9$

$a_{10} = 7 + 81 = 88$

ou:

7, 16, 25, 34, 43, 52, 61, 70, 79, 88.

Exemplo 3:

Determinar o primeiro termo de uma PA admitindo-se que o oitavo termo seja 101 e a razão igual a 14.

Solução:

$a_n = a_1 + (n - 1) \times r$

$a_1 = a_n - (n - 1) \times r$

$a_1 = 101 - (8 - 1) \times 14$

$a_1 = 101 - 98 = 3$

Exemplo 4:

Determinar o primeiro termo de uma PA de 66 termos, sendo os três últimos ilustrados a seguir:

..., 8.030, 8.019, 8.008

Solução:

$a_n = 8.008$

$r = 8.008 - 8.019 = -11$

$c = 66$

$a_n = a_1 + (n - 1) \times (-r)$

$a_1 = a_n - (n - 1) \times (-r)$

$a_1 = 8.008 - (66 - 1) \times (-11)$

$a_1 = 8.008 - (-715) = 8.723$

Exemplo 5:

Calcular a razão de uma PA de 15 termos, sendo o primeiro termo igual a 48 e o último igual a 118.

Solução:

$a_n = a_1 + (n - 1) \times r$

$a_n - a_1 = (n - 1) \times r$

$$r = \frac{a_n - a_1}{n - 1}$$

$$r = \frac{118 - 48}{15 - 1} = \frac{70}{14} = 5$$

Exemplo 6:

Calcular o número de termos de uma PA de razão igual a 22, sendo

$a_1 = 12$ e $a_n = 254$.

Solução:

$a_n = a_1 + (n - 1) \times r$

$a_n - a_1 = (n - 1) \times r$

$$n - 1 = \frac{a_n - a_1}{r}$$

$$n = \frac{a_n - a_1}{r} + 1$$

$$n = \frac{254 - 12}{22} + 1 = \frac{242}{22} + 1 = 12$$

Exemplo 7:

Determinar a soma de uma PA representada pelos 50 primeiros números naturais ímpares:

Solução:

$a_1 = 1$

$r = 2$

$n = 50$

$a_n = a_1 + (n - 1) \times r$

$a_n = 1 + (50 - 1) \times 2$

$a_n = 1 + 98 = 99$

$$S_n/PA = \frac{(a_1 + a_n) \times n}{2}$$

$$S_n/PA = \frac{(1 + 99) \times 50}{2} = 2.500$$

Exemplo 8:

Calcular a soma dos 47 primeiros termos de uma PA, sendo:

$a_1 = 16$ e $a_{47} = 430$

Solução:

$$S_n/PA = \frac{(a_1 + a_n) \times n}{2}$$

$$S_n/PA = \frac{(16 + 430) \times 47}{2} = \frac{466 \times 47}{2}$$
$$= 10.481$$

C.2 PROGRESSÃO GEOMÉTRICA

Progressão Geométrica (PG) é uma sucessão de números positivos em que a divisão de cada número, a partir do segundo, pelo termo imediatamente anterior, produz sempre um mesmo resultado. Em outras palavras, um termo de uma PG é sempre igual ao precedente multiplicado por um valor constante e positivo.

Ilustrativamente, a seguir é apresentada uma PG de 7 termos com razão igual a 2:

5, 10, 20, 40, 80, 160, 320

Em PG a razão é expressa por q. Na ilustração $q = 2$, podendo ser apurada pela seguinte expressão de acordo com o enunciado acima:

$$q = a_K / a_{K-1}$$

Logo:

$$a_K = a_{K-1} \times q$$

a_K = termo qualquer de uma PG.

A formulação do *termo genérico* de uma PG, ilustrada pelos dados do exemplo ilustrativo considerado, é desenvolvida a seguir.

- $a_1 = a_1$
  $a_1 = 5$
- $a_2 = a_1 \times q$
  $a_2 = 5 \times 2 = 10$
- $a_3 = a_2 \times q = a_1 \times q \times q = a_1 \times q^2$
  $a_3 = 10 \times 2 = 5 \times 2 \times 2 = 5 \times 2^2 = 20$
- $a_4 = a_3 \times q = a_1 \times q \times q \times q = a_1 \times q^3$
  $a_4 = 20 \times 2 = 5 \times 2 \times 2 \times 2 = 5 \times 2^3 = 40$

e assim por diante.

Nessa sequência, o último termo da progressão é expresso da forma seguinte:

$$a_n = a_{n-1} \times q$$

ou:

$$a_n = a_1 \times q^{n-1}$$

Na PG ilustrada anteriormente, o último termo é igual a 320. Pela formulação apresentada, do valor desse termo é obtido:

$a_n = 160 \times 2 = 320$

ou:

$a_n = 5 \times 2^{7-1} = 320$

Se a razão for menor que 1 ($q < 1$), diz-se que a PG é decrescente. Por exemplo:

16.384, 4.096, 1.024, 256, 64, 16

Sendo:

$$q = \frac{a_K}{a_{K-1}} = \frac{4.096}{16.384} = 0,25$$

C.2.1 Soma dos Termos de uma PG

Para uma PG limitada, a soma dos termos é dada pela seguinte expressão:

$$S_n/PG = \frac{a_n \times q - a_1}{q - 1}$$

(PG Crescente)

$$S_n/PG = \frac{a_1 - a_n \times q}{1 - q}$$

(PG Decrescente)

Para o exemplo ilustrativo inicial de uma PG crescente com razão igual a 2, a soma de seus termos é determinada da seguinte forma:

$$S_n/PG = \frac{a_n \times q - a_1}{q - 1}$$

$$S_n/PG = \frac{320 \times 2 - 5}{2 - 1} = 635$$

ou:

$S_n/PG = 5 + 10 + 20 + 40 + 80 + 160 + 320 = 635$

A soma dos termos da PG decrescente, conforme apresentada, é apurada a seguir:

$a_1 = 16.384$

$a_n = 16$

$q = 0,25$

$$S_n/PG = \frac{a_1 - a_n \times q}{1 - q}$$

$$S_n/PG = \frac{16.384 - 16 \times 0,25}{1 - 0,25} = \frac{16.380}{0,75} =$$
$$= 21.840$$

ou:

$S_n/PG = 16.384 + 4.096 + 1.024 + 256 + 64 + 16 = 21.840$

Exemplo 1:

Determinar o último termo de uma PG sabendo-se que o primeiro termo é igual a 13, a razão igual a 6 e o número de termos igual a 12.

Solução:

$a_n = a_1 \times q^{n-1}$

$a_n = 13 \times 6^{12-1}$

$a_n = 4.716.361.728$

Exemplo 2:

Calcular o décimo termo da PG:

27, 135, 675 ...

Solução:

$a_n = a_1 \times q^{n-1}$

$a_{10} = 27 \times 5^{10-1}$

$a_{10} = 52.734.375$

Exemplo 3:

O primeiro termo de uma PG é 4, a sua razão também é 4, e o último termo é 16.777.216. Calcular o número de termos desta PG.

Solução:

$a_n = a_1 \times q^{n-1}$

$16.777.216 = 4 \times 4^{n-1}$

$16.777.216 = 4^{1+n-1}$

$16.777.216 = 4^n$

Por tentativa e erro ou aplicando-se o logaritmo, chega-se a $n = 12$, isto é:

$4^n = 16.777.216$

$n \times \log 4 = \log 16.777.216$

$$n = \frac{\log 16.777.216}{\log 4} = 12$$

Exemplo 4:

Determinar a razão de uma PG sabendo-se que:

$a_1 = 17$

$a_n = 11.262.492$

$n = 18$

Solução:

$a_n = a_1 \times q^{n-1}$

$11.262.492 = 17 \times q^{18-1}$

$$\frac{11.262.492}{17} = q^{17}$$

$662.499,53 = q^{17}$

$\sqrt[17]{662.499,53} = \sqrt[17]{q^{17}}$

$(662.499,53)^{1/17} = q$

$q = 2,2$

Exemplo 5:

Em uma PG, o último termo é igual a 15.309, a razão é igual a 3 e o número de termos é igual a 8. Calcular o primeiro termo.

Solução:

$a_n = a_1 \times q^{n-1}$

$$a_1 = \frac{a_n}{q^{n-1}}$$

$$a_1 = \frac{15,309}{3^{8-1}} = \frac{15.309}{2.187} = 7$$

Exemplo 6:

Achar a soma dos 15 primeiros termos da seguinte PG:

4, 12, 36, 108, ...

Solução:

$a_1 = 4$

$$q = \frac{a_K}{a_{K-1}} = \frac{36}{12} = 3$$

$a_n = a_1 \times q^{n-1}$

$a_n = 4 \times 3^{15-1} = 19.131.876$

$$S_n/PG = \frac{a_n \times q - a_1}{q-1}$$

$$S_n/PG = \frac{19.131.876 \times 3 - 4}{3-1} = \frac{57.395.624}{2} = $$
$$= 28.697.812$$

Exemplo 7:

Calcular a soma de uma PG cujo primeiro termo é igual a 9, a razão é igual a 5 e o número de termos é igual a 10.

Solução:

$$S_n/PG = \frac{a_n \times q - a_1}{q-1}$$

$a_1 = 9$

$q = 5$

$a_n = a_1 \times q^{n-1}$

$a_n = 9 \times 5^{10-1} = 17.578.125$

$$S_n/PG = \frac{a_n \times q - a_1}{q-1}$$

$$S_n/PG = \frac{17.578.125 \times 5 - 9}{5-1} = \frac{87.890.616}{4} = $$
$$= 21.972.654$$

Exemplo 8:

Determinar o valor do último termo e da soma dos termos de uma PG com os seguintes dados:

$a_1 = 700$

$a_2 = 70$

$n = 6$

Solução:

$a_1 = 700$

$q = \dfrac{70}{700} = 0{,}10$ (PG decrescente)

$a_n = a_1 \times q^{n-1}$

$a_n = 700 \times 0{,}1^{6-1} = 0{,}007$

$$S_n/PG = \frac{a_1 - a_n \times q}{1-q}$$

$$S_n/PG = \frac{700 \times 0{,}007 \times 0{,}10}{1-0{,}10} = 777{,}777$$

Bibliografia

ASSAF NETO, Alexandre. *Mercado financeiro*. 14. ed. São Paulo: Atlas, 2018.

ASSAF NETO, Alexandre; LIMA, F. Guasti. *Investimentos no mercado financeiro usando a calculadora HP 12-C*. 4. ed. São Paulo: Atlas, 2020.

FABOZZI, Frank J. *Mercados, análise e estratégias de bônus*: títulos de renda fixa. Rio de Janeiro: Qualitymark, 2000.

FARO, Clóvis de. *Princípios e análise de cálculo financeiro*. Rio de Janeiro: LTC, 1990.

GORDON, Myrror. Dividends, earnings and stock prices. *Review of Economics and Statistics*, v. 41, May 1959.

GRANT, Eugene L. *et al. Principles of engineering economy*. 7. ed. New York: John Wiley & Sons.

JUER, Nilton. *Matemática financeira*. 4. ed. Rio de Janeiro: IBMEC, 1987.

MATHIAS, W. Franco; GOMES, J. Maria. *Matemática financeira*. 6. ed. São Paulo: Atlas, 2009.

PUCCINI, Abelardo de Lima. *Matemática financeira*. 6. ed. Rio de Janeiro: LTC, 1998.

SHINODA, Carlos. *Matemática financeira para usuários do Excel*. São Paulo: Atlas, 1998.

SILVA, Armindo Neves da. *Matemática das finanças*. Lisboa: McGraw-Hill, 1993. v. 1 e 2.

VIEIRA SOBRINHO, J. Dutra. *Matemática financeira*. 8. ed. São Paulo: Atlas, 2018.

Sites

www.institutoassaf.com.br

www.bcb.gov.br

www.bmfbovespa.com.br

www.bondsonline.com

https://www.anbima.com.br/

www.tesouro.fazenda.gov.br

Índice alfabético

T

V

Y

Z

2024
1 2 3 4 5 6 7 8 9 10